머리말

법은 공동생활을 하는 사회의 구성원들의 사회적 행위를 규율하는 잣대이다. 한 사회의 법은 그 사회의 배분관계를 표현하는 것으로 각자의 몫을 나눌 수 있도록 표시된 사회적 행위의 정형이라고 할 수 있다. 또한 법은 개인의 권리보장의 보루이다. 1776년 7월 4일 토머스 제퍼슨은 '독립선언문' 초안에서 "누구도 인간의 자유와 평등 그리고 행복을 추구할 권리를 빼앗을 수 없다"고 선언하였다. 이러한 권리보장의 정신은 미국제정헌법과 수정헌법에 담겨졌으며, 오늘날 대부분 국가의 헌법에서 그 정신을 수용하고 있다.

필자가 대학에서 법학을 전공하며 많은 수업을 들었지만, 법학을 '빵을 위한 학문'이라고 말씀하신 은사님의 말씀이 가장 잊혀지지 않는다. 당시에는 법학에 대한 세속적인 평가로 이해되었다. 물론 처음으로 말한 독일의 시인 쉴러도 법학의 부정적인 면을 한마디로 표현한 것이다. 세월이 흘러 조금의 세상 경험을 하고 법학을 바라보니 '빵을 위한 학문'이란 부정적인 말이 조금은 다르게 새겨진다. 우리의 일상생활에서 빵을 나눔이 가장 중요한 일의 하나이고 그 기준이 되는 것이 법이며, 생존인 빵을 뺏기지 않기 위해 주장할 수 있는 근거가 되는 것도 법이니, 너무도 중요하고 이를 위한 공부는 보람과 가치있는 일이라는 생각이 든다.

우리의 일상생활 속에서 법을 떠나, 법과 무관한 행위는 많지 않다. 법에 대한 어느 정도의 이해와 법적사고는 복잡다기한 우리 사회를 살아가는데에 필요한 부분이라 생각된다. 본서는 그러한 목적에서 법사상 중심의 법학개론서 보다는 현행법의 이해에 중점을 두고 서술하였다. 기초적인 법지식을 습득할 수 있도록 헌법, 민법, 형법, 민사소송 · 형사소송법, 행정법, 노동법의 기본적인 이론과 관련 조문 및 판례들을 소개하였다. 덧붙여서 법학개론 시험을 준비하는 수험생들에게 도움이 될 수 있도록 경비지도사 시험문제 등을 중심으로 정리하여 해설해 보았다.

본서가 출간될 수 있도록 바쁘신 가운데에도 많은 도움을 주신 대구시 이명주 인권옴부즈만님, 편집과 디자인을 맡아 수고해주신 강태호실장님께 감사의 말씀을 드린다. 또한 출간이 가능하도록 지원을 아끼지 않으신 대구한의대 출판부에 감사의 말씀을 드린다.

2020년 3월

조 성 제

목차

제1장 법학의 기초이론 ······ 03

제1절 법이란 무엇인가? ······ 05

제2절 법의 이념 ······ 11

제3절 법의 연원(法源) ······ 15

제4절 법의 분류 ······ 25

제5절 법의 해석과 적용 ······ 31

제6절 법의 효력 ······ 37

제7절 권리와 의무 ······ 43

기출문제 ······ 49

제2장 헌법 ······ 63

제1절 헌법의 개념 ······ 65

제2절 대한민국 헌법 총설 ······ 69

제3절 기본권과 의무 ······ 81

제4절 정치제도론(통치기구론) ······ 103

기출문제 ······ 121

제3장 민사법 ······ 137

제1절 민법의 의의와 기본원리 ······ 139

제2절 총칙(권리의 주체, 객체, 권리의 변동) ······ 143

제3절 계약과 손해배상 ······ 175

제4절 민사소송법 ······ 185

기출문제 ······ 192

제4장 형법 ······ 213

제1절 형법의 이해 ······ 215

제2절 범죄론 ······ 227

제3절 형벌론 ······ 255

제4절 형법각칙 ······ 263

기출문제 ······ 274

제5장 형사소송법 ······ 291

제1절 형사소송의 기초 ······ 293

제2절 수사 ······ 303

제3절 공소 ······ 323

제4절 공판 ······ 327

제5절 증거 ······ 333

제6절 재판 ······ 343

제7절 상소 ······ 347

제8절 비상구제절차 ······ 349

제9절 특별절차 ······ 351

기출문제 ······ 352

제6장 행정법 ······ 369

제1절 행정과 권력분립 ······ 371

제2절 행정의 의의 ······ 375

제3절 행정의 분류 ······ 381

제4절 우리나라 행정법의 기본원리 ······ 385

제5절 법치행정의 원리 ······ 387

제6절 행정법의 일반법원칙 ······ 395
제7절 행정상의 법률관계 ······ 401
제8절 공권과 공의무 ······ 417
제9절 행정상의 법률요건과 법률사실 ······ 421
제10절 일반행정작용 ······ 427
제11절 그 밖의 행정작용 ······ 445
제12절 행정상의 의무이행 확보수단 ······ 453
제13절 행정구제법 ······ 459
기출문제 ······ 481
제7장 노동법 ······ 489
제1절 노동법의 성립 및 체계 ······ 491
제2절 한국 노동법의 체계 ······ 499
기출문제 ······ 521

제1장
법학의 기초이론

1절 **법이란 무엇인가?**
2절 **법의 이념**
3절 **법의 연원(法源)**
4절 **법의 분류**
5절 **법의 해석과 적용**
6절 **법의 효력**
7절 **권리와 의무**

제1절 법이란 무엇인가?

1. 법의 개념

법이 무엇이냐는 기본적인 물음에 대하여 학자들은 다양한 견해를 보이고 있다. "하나의 정의를 하는 것은 아름다우나 때로는 매우 어려운 일이다. 아직도 법학자는 끊임없이 법의 정의가 무엇인가를 찾고 있다"고 한 칸트의 말은 정의의 어려움을 알 수 있게 한다. 법이라는 단어는 라틴어의 'jus', 독일어의 'Recht', 프랑스어의 'droit' 등으로 '옳은 것', 정의를 뜻한다. 영어의 'law'는 정하여진 것, 계율이라는 의미를 가지고 있다. 또한 한자의 '法'은 물 '水' 와 갈 '去'를 합한 것으로 '치수', '다스림' 으로 물이 자연의 이치에 따라 위에서 아래로 물이 흘러가듯이 모든 일이나 분쟁을 순리에 맞게 처리한다는 뜻을 가진다.

법은 행위규범이고, 사회규범이며 강행규범이다. 주장되고 있는 견해들의 공통적인 내용을 살펴보아, 법을 정의해 보면, 법이란 " 인간의 사회공동생활에 있어서 행위의 준칙으로서 국가에 의하여 강행되는 사회규범" 이라고 할 수 있다.

1) 행위의 준칙

법이 규율대상으로 하고 있는 것은 사람의 행위이다. 법은 인간이 사회 공동생활을 영위하는데 있어서 '해서는 안되는 행위'와 '하여야 할 행위'를 규정하고 있다. 이러한 행위는 "사람의 의사에 의하여 지배되거나 지배가능한 사회적 의미있는 신체작용"을 말한다. 그러므로 법은 원칙적으로 사람의 내심의 의사 내지 관념에 대해서는 적용되지 않는다. 사람의 행위 중에서 적극적인 거동이 작위이며, 소극적인 거동이 부작위이다. 예를 들어 타인에게 상해를 가한다든지, 노무를 제공하는 행위는 작위이고, 산모가 아기에게 수유하지 않은 행위, 위기에 놓여있는 사람을 구조해야 할 의무가 있는 자가 그대로 방치하는 행위는 부작위이다. 부작위는 아무것도 하지 않는 것이 아니라 규범적으로 의무있는 자에게 기대되는 일정한 행위를 하지 않는 것을 말한다.

결론적으로 법은 일정한 행위를 하여야 하고, 또 하지 않아야 할 행위의 준칙이라 할 수 있다.

2) 사회질서를 유지하는 사회규범

인간은 사회적 동물이며, 법은 인간이 사회생활의 질서를 유지하기 위하여 지켜야 규범이며, 사회법칙이다. 사회가 질서를 유지하려면 사회구성원 모두가 지켜야 할 기준이 있어야 하며, 이러한 기준은 사회구성원들의 동의에 따라 만들어지게 되는데 이를 사회규범이라고 한다. 봄이 가면 여름이 오는 것 같이 자연의 세계는 항상 변화하며 인간의 의지와는 별개의 독립된 질서를 지니며, 어떠한 원인으로부터 어떤 결과가 반드시 발생하는 필연의 모습을 가지게 되는데, 이를 자연법칙 즉 존재의 법칙(Sein)이라고 한다. 이에 반하여 사회규범은 인간이 어떠한 목적을 달성하기 위하여 만들어 낸 것이며 '있어야 한다(Sollen)'라는 마땅히 있어야 할 당위의 법칙을 말한다. 예를 들어 "살인을 하지 말라". "타인의 물건을 훔치지 말라"는 것은 그렇게 해서는 안 된다는 당위를 말하는 것이다. 인간의 공동생활의 목적인 질서유지, 공공이익의 증진을 위하여 필요한 사회규범으로 존재하는 것이 법이다.

3) 국가에 의하여 강제되는 강제규범

법은 국가권력에 의하여 그 준수가 강제되는 규범이다. 법은 정치적으로 조직된 사회, 즉 국가 속에서 스스로를 관철시키기 위하여 강제라는 수단을 갖고 있는 규범이며, 국가의 승인에 의하여 비로서 법으로서의 존재를 가지게 된다. 사회규범에는 종교, 관습, 도덕, 법 등이 있으며, 종교, 관습, 도덕 등은 사람이 따르며 지켜야 할 것이지만 이를 위반하더라도 각자의 양심에 맡겨질 뿐 별도의 제재는 따르지 않는다. 반면에 법규범을 위반하는 자에 대하여는 국가권력에 의하여 제재가 따르게 된다. 이러한 법적 강제는 법의 실효성을 확보하여 질서를 유지하기 위하여 행사되는 강제작용이다.

2. 법의 구조

사회규범은 상호관련성과 체계적 통일성을 가지고 있다. 이를 법체계 내지 법질서라고 한다. 법체계 내지 법질서를 구조적으로 보면 명령 규범 · 제재규범 · 조직규범 등으로 나누어 볼 수 있다.

강제성을 가지지 않는 도덕 · 관습 · 종교 등 다른 사회규범은 명령규범의 성격만을 갖고 있지만, 법규범은 명령규범, 제재규범, 조직규범의 성격을 가지고 있다. 법규범은 행위자에 대하여 특정한 행위를 할 것을 명하거나 금지하는 명령규범과 그에 위반 하였을 때에 그 행위에 대하여 제재를 가하기 위한 제재규범의 성격을 가진다. 제재규범은 법을 위반한 때의 처벌을 내용으로 하는 것이므로 재판규범의 성격을 갖게 된다. 재판규범은 법률생활관계에서 이의나 다툼 혹은 위법행위가 있는 경우에, 재판을 통하여 법률관계를 정비 · 확정하거나, 침해된 법질서를 회복하기 위한 기준이나 절차를 규정해 놓은 것이다. 또한 법규범은 조직규범의 성격을 가지고 있는데, 법규범 가운데에는 국가나 지방자치단체 등 행정기관의 설치와 조직, 권한 등에 관하여 규정하는 규범이 이에 해당한다. 조직규범은 일반 국민의 행위와는 상관이 없거나 적은 것이 일반적이므로, 제재 등에 대하여 규정하고 있지 않다는 점이 특징이다. 조직규범의 예로는 헌법상 국회에 관한 규정, 정부조직법, 법원조직법, 지방자치법 등을 들 수 있다.

3. 법과 다른 사회규범

인간의 사회생활을 규율하는 규범에는 도덕, 종교, 관습, 법 등이 있는데, 이들은 태생적으로 완전히 별개로 떼어내어 논의할 수 없는 관계이다. 모든 사회규범이 미분화 상태이었던 것이 사회가 발달하면서 법과 다른 사회규범의 분화가 생기게 되었고, 법은 국가권력에 의하여 독립된 사회생활의 규범으로 정립되었다. 법의 본질을 좀 더 명확하게 논의하기 위해서는 법과 도덕, 종교, 관습 등이 어떠한 차이점이 있는지에 대한 이해와 함께 상호관련성에 대한 논의도 필요하다.

1) 법과 도덕

법과 도덕과의 관계에 있어서 옐리네크(G. Jellinek)는 "법은 도덕의 최소한"이라고 하여 도덕 중에서 그 실현을 강제할 필요가 있는 것을 법으로 한다고 하고, 슈몰러(G. schmoller)는 법은 "최대한의 도덕" 이라고 하여 도덕이 사회생활의 전면에 확대됨을 강조하였다. 이러한 법과 도덕의 구별과 관계에 대한 문제는 법학에 있어서 가장 어려운 문제 중의 하나로, 예링(Jhering)은 "법과 도덕의 구별의 어려움은 수많은 배들이 난파했던 케이프 혼(희망봉, Cape Horn)과 같다"고 하여 그, 어려움을 잘 표현하고 있다.

자연법론자들은 "자연법은 실정법을 초월한 영구불변의 인륜의 대도"라고 보기 때문에 법과 도덕을 구별하지 않았다. 인간이 만드는 법은 그 보다 궁극적인 도덕에 기초하고 그에 합치되어야만 법으로서의 효력을 가지며, 부정(unjust law)한 법은 있을 수 없다고 보아 법과 도덕을 일원적으로 파악하고 있다. 메르켈, 켈젠 등으로 대표되는 법실증주의자들은 "법의 내용이 도덕에 반하더라도 법은 어디까지나 법이다"라고 하여 법을 실정법에 국한하고 자연법의 존재를 부정하여 법과 도덕을 엄격히 구별하였다.

아래에서는 법과 도덕은 어떤 차이점이 있으며 어떤 관련성이 있는지, 법과 도덕에 관한 학설들을 검토해 봄으로써 양자간의 차이점과 관련성을 살펴보고자 한다.

(1) 법과 도덕의 차이

① 법의 외면성과 도덕의 내면성

법은 공동체 구성원의 외면적 행위를 규율한다. 반면에 도덕은 구성원의 내면적 양심을 규율한다. 로마의 법학자들이 "누구나 생각하는 것만으로는 벌을 받지 않는다"라고 한 것이나 "생각에는 세금이 붙지 않는다"는 독일의 격언은 이를 잘 나타내고 있다.

② 법의 타율성과 도덕의 자율성

법은 타율성을 가지나 도덕은 자율성을 본질로 한다. 법은 외부에서 강요당하는 규범임에 반하여, 도덕은 강요받지 않더라도 자기 스스로 지키는 규범이라는 것이다.

③ 법의 양면성과 도덕의 일면성

법은 국가와 국민, 권리와 의무, 채권과 채무와 같이 대립되는 양면을 가진 사실을 규율하고 있으나, 도덕에서는 권리는 없고 의무만 있다는 것이다.

④ 법의 강제성과 도덕의 비강제성

법은 그 실현이 국가의 강제력에 의하여 보장된다. 따라서 일정한 범죄에 대하여 형벌을 가하고 채무를 임의로 불이행하는 경우에는 강제집행을 할 수 있게 된다. 반면에 도덕은 위반사실에 대하여 사회적 비난이 있을 수 있으나 강제하는 것은 불가능하기에 도덕규범의 유지력은 개인에게 맡겨질 뿐이다.

(2) 법과 도덕의 효력

도덕은 개인의 양심이나 사회적 비난에 의하여, 법은 국가권력에 의한 물리적 강제력에 의하여 그 실효성이 뒷받침되고 있다. 법에 의한 강제는 도덕에 의한 경우보다 실효적이라고 할 수 있다. 하지만 법은 국가의 강제력으로 실효성이 보장되지만 도덕적 지지를 얻지 못할 경우, 실효성을 가질 수 없게 된다.

2) 법과 관습

관습이란 특정범위의 사람들이 사회생활에 있어서 동일한 행위를 반복함으로써 어느 정도 그 구성원들을 구속하기에 이른 사회규범이다. 따라서 관습은 법과 마찬가지로 사회에서 적용되는 규범이지만 법보다는 도덕에 가깝다.

법과 관습의 차이를 살펴보면, 성립면에서 법은 국가라고 하는 권력에 의해 성립하는데 비하여, 관습은 사회에서 자생적으로 발생한 것이다. 또 효력의 면에서는 법은 국가권력에 의하여 현실적으로 강행되는 것이나, 관습의 경우에는 이를 위반하더라도 사회적으로 비난을 받을 뿐, 형벌을 받는 것은 아니다. 다만 관습은 법의 보충적 효력을 가진다.

관습은 현실생활 속에서 무의식적 내지 자생적으로 생겨난 규범이므로, 종교, 도덕 등에 비하여 특정한 목적이나 이상성이 희박하다. 관습이 사회구성원의 법적확신을 가져올 정도일 때에는 관습법이라는 법의 일종이 되며, 이에 이르지 못한 관습은 사실인 관습이 된다.

3) 법과 종교

고대의 원시사회에서는 법과 종교가 혼동되어 법학은 신이 하는 일과 사람이 하는 일에 대한 지식이다" (로마의 법학자 Ulpianus)라고 하여 양자가 분리되지 못한 상태에 있었으나, 사회가 조직화되어 국가권력이 자리 잡으면서 점차 법규범과 종교규범이 분화되기에 이르렀다. 종교규범은 신의 존재를 본능적으로 의식하고 그를 신앙하는데서 나타나는 내재적 규범이다.

법과 종교의 차이는 법은 국가권력에 의하여 강제되는 규범인 데 대하여, 종교는 강제되는 것이 아니라 종교를 믿는 사람들 각개인의 신앙을 기초로 하여 성립하며 유지되는 규범이라는 것이다. 다만 법과 종교는 사회에 대하여 일정한 태도를 가지고 생활할 것을 요구하는 생활방식에 관한 사회규범으로 사회의 정의나 평화를 실현하려는 공통의 목적을 가지고 있다.

제2절 법의 이념

1. 의의

법의 이념(Idee)은 법의 가치판단의 기준이며 법형성의 기본원리이다. 법은 사람이 정립하는 것임으로, 그 자체가 실현하고자 하는 가치 즉 지향하는 이념이 분명히 있으며, 이를 탐색하는 것은 법의 본질을 이해하는 것이다.

법의 이념이란 법이 추구해야할 이념, 즉 법이 실현하여야 할 궁극적 가치를 말한다. 법의 목적은 법의 현실적 가치, 즉 실천적 가치를 의미하나, 법의 이념은 법의 궁극적 가치, 즉 이상적 가치를 의미하는 점에서 차이가 있다. 하지만 법의 이념과 목적을 동일하게 보는 견해도 있다.

법의 이념은 법의 형성과 법의 실현(적용)에 있어서의 가치기준이 되어 입법자에게는 입법의 방향을 제시하고 법적용자들(재판관 등)에게는 법의 해석과 적용의 기준을 제시한다.

법의 이념에 대하여는 다수의 학자들이 여러 가지로 설명하여 왔지만 독일의 법학자 라드브루흐(Radbruch)는 "법의 이념은 정의와 합목적성, 법적 안정성에 가치를 두고 있다"고 하였다.

2. 정의

법은 본질적으로 정의와 불가분의 관계이다. 그리스어로 법(Dike)과 정의(Dikaion)는 언어적으로 불가분적이며, 로마에서도 법(Ius)은 정의(Iustitia)에서 유래하였고 정의와 형평의 술(術)이라고 불리어졌다. 법은 정의의 근원에서 항상 정의를 실현하려는 데 있다. 그러므로 정의는 실정법의 가치기준이며 입법자의 의도이자 목적이다.

플라톤은 육체를 떠나 이데아에 향하는 부분은 이성이요, 육체의 영향을 받으면서도 이데아를 향하는 부분은 기개요, 육체에 전적으로 예속하는 부분은 물욕이다. 이러한 이성 · 기개 · 물욕은 각각 특수한 덕을 가지는데, 이성의 덕은 지혜요, 기개의 덕은 용기요, 물욕의 덕은 절제이다. 그리고 이 세부분이 각각 자기의 본분을 지키고 이성의 지휘아래 조화가 될 때, 이를 정의라고 보았다.

아리스토텔레스의 정의론은 그의 저서 '니코마키아 윤리학' 제5편에서 논의되고 있는데 그는 정의의 원리는 평등에 있다고 보았으며, 과한 것도 아니고 부족한 것도 아닌 중용의 상태가 정의의 상태라고 하였다. 아리스토텔레스는 평등을 절대적 평등과 상대적 평등으로 나누었다. 전자에서 이루어지는 것이 평균적 정의라고 하면, 후자에서는 배분적 정의라고 한다. 평균적 정의는 과잉을 막고 부족을 보충하며 그럼으로써 두 당사자가 동등동가(同等同價)라고 보고 공평하게 취급하는 데에 반하여 배분적 정의는 국가가 개인의 가치에 따라 지위를 배당하고 가치에 상응하는 만큼 배분하는 것을 원리로 한다. 다시 말하면 평균적 정의는 '모든 사람에게 같게 하라'(like for all)는 것이다.모든 선거권자에게 1표의 투표권을 주는 것, 급부와 반대 급부, 손해와 배상, 범죄와 형벌이 이에 해당한다. 배분적 정의는 '같은 것은 같게, 같지 않은 것에는 같지 않게'(like for like, unlike for unlike)하라는 원리로, 부자에게 세율을 높이고, 기여 상속인에게 기기여분을 고려하는 것이 이에 해당한다. 평균적 정의와 배분적 정의의 관계를 생각해 보면 전자를 지나치게 강조하면 악평등이 되고, 반대로 후자를 지나치게 강조하면 개인과 개인사이의 균형이 깨어지게 된다. 따라서 평균적 정의와 배분적 정의를 적절히 조화하여 양자를 균형있게 실현하는 것이 요구된다.

3. 합목적성

법은 본질적으로 국가의 의사이고 국가는 법적제도이므로 법의 목적은 국가의 목적과 직결된다. 여기에서 법이 그 목적에 맞추어 형성되고 운영될 것이 요구되는데, 이를 합목적성이라고 한다. 합목적성이란 설정된 목적달성을 위한 수단이 나름대로의 적합성을 지니고 있음을 말한다. 즉 국가와 사회가 전체적으로 어떤 가치를 추구하는 것이 이상적인가를 예상하고 그것에 맞추어 방향을 설정하는 것을 말한다. 따라서 국가의 법질서를 어떠한 표준과 가치관에 의하여 구체적으로 제정하고 실시할 것인가를 결정하는 기준이 된다. 예를 들어 자유민주적 기본질서, 공공복리, 인권의 보장 등은 우리나라 헌법이 지향하는 목적이다. 이 경우에 일반법이 자유민주적 기본질서, 공공복리, 인권의 보장의 가치실현에 부합하도록 제정되고 또한 수범자들의 행동을 그에 맞게 통제하고 제한하는 방향성을 가질 때 그 법은 합목적성을 가지게 된다. 합목적성은 상대적인 것으로 그 시대의 가치관에 따라서 다르게 표현된다. 자유주의 국가는 개인의 자유가 최상의 합목적적 가치이며, 잔체주의 국가는 민족이나 국가에 최상의 가치를 두고 개인의 가치에 우선한다. 오늘날 현대국가는 개인의 이익과 사회의 이익을 조화시켜 공공복리의 증진을 지향하고 있다.

합목적성을 3대 정의론에 비추어 살펴보면, 공리주의 정의론에 있어서는 행복, 자유주의 정의론에서는 자유, 공동체적 정의론에 있어서는 공공의 미덕이 인간이 추구하는 합목적성이 된다.

4. 법적 안정성

법적 안정성이란 합목적성을 달성하기 위하여 제정된 법이 현실적으로 수범자들에게 준수되고 있는 상태를 말하는 것으로, 인간이 법에 따라 안심하고 생활 할 수 있는 상태, 즉 법에 의하여 보호되는 사회생활의 질서와 안정을 말한다.

법의 이념으로써 법적 안정성은 법에 의한 사회의 안정성이 아니라 법 자체의 안정을 의미하는 측면이 크다. 법의 안정성이 보장되면 나아가서 사회질서의 안정성도 보장되기 때문이다. 만약 법자체가 자의적으로 적용된다면 사회질서는 유지될 수 없어 혼란에 빠져 법의 실효성은 보장되지 못한다. 따라서 법의 실효성을 확보하기 위하여는 법적 안정성이 전제되어야 한다.

법적안정성을 갖기 위하여는 첫째, 법의 내용이 명확해야 하고, 둘째, 법의 내용이 실현가능하여야 하며, 셋째, 법의 내용이 함부로 변동되지 않아야 하고, 넷째, 법의 내용이 국민의 법의식 수준에 합치되어야 한다.

5. 법 이념의 상호관계

법의 이념인 정의 · 합목적성 · 법적안정성은 상호 보완관계에 있지만 때로는 상호 모순되어 대립하기도 한다. 정의만을 강조하면 법적안정성이 해쳐지고, 법적안정성만 강조하면 정의가 훼손되고 합목적성이 결여될 수 있다. 예를 들어 일제 강점기때에 반민족행위자에 대한 처벌이나 친일행위자 후손의 재산권 박탈을 위한 소급입법은 정의를 실현 할 수 있지만 법적안정성은 침해된다.

현실적으로 정의 · 합목적성 · 법적안정성사이에 충돌이 발생하는 경우에 어떤 법이념을 우선하여야 할지는 국가와 시대에 따라서 차이가 있다. 경찰국가에서는 국가의 안정을위하여 정의나 합목적성을 희생시켰고, 19세기 법실증주의의 시기에는 법의 실정성과 안정성을 유지하기 위하여 정의나 합목적성을 경시하였다. 자연법 사상이 지배하는 시대에는 정의가 최상의 이념이었으며, 수정자본주의와 민주복지국가의 시대에는 합목적성이 우선가치가 된다.

생각건데, 법의 세가지 이념인 정의 · 합목적성 · 법적안정성은 서로 보완하고 협력하여 조화를 이룰 때, 비로서 '법에 의한 지배(Rule by law)'가 아니라 '법의 지배의 원칙(Rule of law)'을 달성할 수 있다.

제3절 법의 연원(法源)

1. 의의

법의 연원 또는 법원이란 법의 존재형식을 말한다 다시 말하면 법은 어떠한 형태로 존재하는 것인가, 법의 존재는 어떤 것에 의하여 인식될 수 있는 것인가를 말한다.

법원은 우리가 법에 따라 행위하려고 하거나 분쟁을 해결하기 위하여 법을 적용하려고 하는 경우, 우리는 무엇을 가지고 법의 의미내용을 인식할 것인가의 문제를 해결해 준다.

법원은 일반적으로 법관이 재판의 근거로 원용할 수 있는 것을 말하며, 표현 형식에 따라 성문법원과 불문법원으로 구별된다.

성문법원이란 문자로 표현되고 문서의 형식을 갖춘 법원을 말한다. 입법기관에 의하여 특별한 절차를 거쳐서 제정되는 것이기 때문에 제정법원이라고도 하며, 이에는 헌법 · 법률 · 조약 · 명령 · 조례 · 규칙이 있다. 불문법원이란 일정한 절차에 따라 입법기관에 의해 제정된 법이 아니라, 관습 · 판례 등에 의하여 생성된 법을 말한다. 따라서 이를 비제정법이라고도 하며, 관습법 · 판례법 · 조리 등이 이에 해당한다. 주로 대륙법계 국가에서는 성문법이, 영미법계 국가에서는 판례법이 주요 법원이 된다.

2. 성문법

성문법이란 문서의 형식을 갖추고 일정한 절차와 형식을 따라서 권한있는 기관이 제정 · 공포한 법을 말하며, 제정법이라고도 한다.성문법과 불문법을 구별하는 중요한 기준은 제정절차와 형식이다. 성문법은 반드시 입법기관에서 제정되고 법전으로 존재하지만 불문법은 관습, 판례, 조리 등으로 사회현실을 반영하여 성립되고 구체적인 존재형식은 없다. 성문법주의 국가는 우리나라와 프랑스, 독일, 이탈리아, 중국, 일본 등 대륙법계국가이다. 오늘날에는 성문법주의가 지배적이다. 불문법주의의 영미법에서도 관습법으로 규율할 수 없는 사회현상이 급증하고 질서의 명확화라는 요청에서 성문법이 늘고 있는 추세이다.

성문법주의는 첫째, 법의 통일 · 정비로 법적질서를 안정화시키고, 둘째, 법의 의미와 내용이 명확하여 법을 구체적으로 시행하기에 적합한 장점이 있는 반면에, 단점으로는 첫째, 법의 경화로 유동적인 사회실정에 적응하기 어렵고, 둘째, 입법의 기술화로 인하여 법에 대한 이해가 어렵다는 점이다.

1) 헌법

국가의 근본법으로 국가의 통치원리와 통치조직 그리고 국민의 기본권을 규정하고 있는 국가의 최고법이다. 헌법은 주권자인 헌법제정권력에 의해 제정 · 개정되어 다른 법규범의 존재근거가 된다. 따라서 다른 규범이 헌법에 위반되면 효력이 없으며 이러한 의미에서 헌법을 수권규범(授權規範)이라고 한다. 하위법인 법률 · 명령 · 규칙 등은 헌법에 저촉되어서는 아니 된다(헌법→법률→명령→조례→규칙). 또한 헌법은 법률보다 상위의 법규범이며, 법조문 내에서의 법률이라는 용어에는 헌법은 포함되지 않는다. 따라서 헌법은 법체계의 단계적 구조에서 최고의 법적지위를 갖는다.

헌법은 개정절차의 난이도에 따라 경성헌법과 연성헌법으로 나뉜다. 전자는 일반법률의 경우에 비하여 엄격한 개정절차를 필요로 하는 것으로, 대부분 국가의 성문헌법이 여기에 속한다. 우리나라 현행헌법도 개정절차로서 대통령과 국회의 발의와 국민투표에 의한 국민의 승인을 거치도록 하고 있으므로, 경성헌법에 속한다. 후자는 일반법률과 같은 절차로 개정될 수 있는 것이고, 성문헌법전을 갖고 있지 않은 영국헌법이 그 예이다. 현행 우리 헌법은 1948년 7월 12일 제정되었고, 제9차 개정을 거쳤으며 전문과 본문(10장 130조) 및 부칙으로 구성되어 있다.

2) 법률

법률이라는 용어는 최광의 의미, 광의의 의미, 협의의 의미로 이해할 수 있다. 최광의 법률은 성문법은 물론 불문법도 포함한 법일반 즉 법규범과 같은 의미이다. 광의의 법률은 명령 · 조례 · 규칙 기타 일체의 성문법규를 의미한다. 협의의 법률은 국회의 의결을 거쳐 제정된 성문법을 말하고 형식적 의의의 법률이라고도 한다.

여기서의 법률은 협의의 법률을 말한다. 법률의 제정권은 헌법 제40조에서 「입법권은 국회에 속한다」고 규정하고 있으므로 입법기관인 국회의 의결을 거쳐 대통령(또는 국회의장)이 서명 · 공포함으로써 제정된 성문법이다. 헌법은 국민의 권리 · 의무에 관한 사항 기타 중요한 사항은 반드시 법률로써 규정할 것을 요구하고 있으며, 이를 입법사항 또는 법규사항이라고 한다. 법률은 헌법보다 하위에 있기에 헌법에 위배되는 법률은 무효이며, 법률보다 하위의 효력을 가지는 명령 · 규칙은 법률에 위배될 수 없다.

3) 명령

명령은 행정부에 의하여 제정된 법규범이다. 명령은 행정권에 의하여 국회의 의결을 거치지 않고 제정되는 법형식으로서 법규명령과 행정규칙으로 나누어 볼 수 있다. 명령은 법률보다 하위에 있으므로 명령에 의하여 헌법 또는 법률을 개폐할 수는 없다. 다만 법률과 같은 효력을 가지는 대통령의 긴급명령, 긴급재정 · 경제명령은 법률을 개폐할 수 있는 경우가 있다.

(1) 법규명령(Rechtsverordnung)

법규명령이란 법규의 성질을 갖는 명령을 말한다. 법규명령에는 헌법상 근거가 있는 대통령령, 총리령, 부령, 중앙선거관리위원회 규칙, 대법원 규칙, 헌법재판소 규칙과 헌법에는 근거가 없지만 다수설이 법규성을 인정하는 감사원 규칙이 있다.

법규명령에는 위임명령과 집행명령이 있다.

① 위임명령 (Ermachtigungsverordnung)

법률의 구체적인 위임을 받은 법규적 사항을 정하는 명령을 말한다. 법률로부터 위임받은 범위 내에서 새로운 법규적 사항을 정할 수 있으며 법령을 보충한다는 의미에서 보충명령이라고도 한다. 반드시 법률의 구체적인 위임(근거)이 있어야 한다.

② 집행명령 (Ausfuhrungsverordung)

법규규정의 범위 내에서 그 실시에 관한 구체적 사항을 규정하는 명령을 말한다. 집행명령은 새로운 법규적 사항을 정할 수 없다. 그러나 새로운 법규사항이냐 아니냐 하는 것은 명백하지 아니하며, 또는 양자는 통상 시행령이나 시행규칙이라는 하나의 명령에서 규율됨이 일반적이므로 양자의 구별은 분명하지 아니한 경우가 많다. 집행명령은 상위법을 집행하기 위한 것이므로 상위법의 집행과 무관한 독자적인 집행명령은 인정될 수 없다. 집행명령도 법규명령의 하나이므로 법규성을 갖는다.

(2) 행정규칙(Verwaltungsvorschrift)

행정규칙이란 행정조직 내부에서의 조직이나 절차를 상세히 규율하거나 상급관청이 하급 행정청에 대한 그러한 내용을 설정하는 명령을 의미한다. 훈령 또는 행정명령으로 불리기도 한다.

① 광의의 법원(행정사무기준설)개념을 취하여 예외적으로 행정규칙의 법규성을 인정하는 다수설의 견해이다.

② 협의의 법원(법규설)개념을 취하여 행정규칙의 법규성을 부인하는 소수설로 나누어져 있다.

4) 자치법규(조례 · 규칙)

자치법규란 지방자치단체가 법령과 명령의 범위 안에서 제정하는 자치에 관한 법규로서 조례와 규칙이 있다. 조례란 지방자치단체가가 제정하는 것이며, 법령의 범위 안에서 지방자치단체의 권한에 속하는 모든 사무 즉, 자치사무 및 단체위임사무를 제정할 수 있다. 규칙은 지방자치단체의 장이 법령과 조례에 반하지 않는 범위내에서 그 권한에 속하는 사항에 관하여 제정하는 자치법규이다. 자치법규는 그 지방자치단체 내에서만 효력을 갖는다.

자치법규는 법률이나 대통령령 또는 총리령 · 부령과 같은 국가의 명령에 위반하지 않는 범위내에서 그 효력을 가지는 것이고 형식적 효력은 당연히 국가의 법령보다 하위에 있다.

5) 조약, 일반적으로 승인된 국제법규

(1) 의의

조약이란 명칭 여하를 불문하고 국가 간 또는 국가와 국제기구 간의 문서에 의한 합의를 말하며, 일반적으로 승인된 국제법규란 우리나라가 체약국이 아닌 조약으로서 국제사회에서 일반적으로 그 규범성이 승인된 것과 국제관습법을 말한다.

(2) 법원성 여부

헌법은 제6조 제1항에서 "헌법에 의하여 결정 · 공포된 조약과 일반적으로 승인된 국제법규는 국내법과 동일한 효력을 가진다"라고 규정하고 있으므로 조약과 국제법규상의 국내행정에 관한 사항(예〉이중과세방지협정, 우호통상항해조약, 지적 소유권에 관한 조약 등)은 별도의 국내법에의 수용절차없이(별도의 법률의 제정 등 입법조치없이) 당연히 행정법의 법원이 된다.

(3) 효력

① 국제법학자 중에는 조약이 헌법보다 우선하는 효력을 갖는다는 주장도 있으나 우리의 통설은 조약 등은 헌법보다 하위이고 법률 또는 명령과 동등한 효력을 갖는다고 본다.

② 즉, 통설에 의하면 ㉠입법사항에 관한 조약(헌법 제60조 제1항에 열거된 국회의 동의를 요하는 조약)등은 법률과 동등한 효력을 갖고 ㉡입법사항과 관련없는 조

약 등은 원칙적으로 명령과 동등한 효력을 갖는다.

③ 조약이 국내법률 등과 충돌할 경우에는 특별법우선의 원칙 및 신법우선의 원칙에 의해 해결된다.

6) 법의 단계(법질서)

헌법 → 법률 → 명령 → 자치법규(조례-규칙)

- 대통령령
- 총리령
- 부령 등

3. 불문법

불문법이란 성문으로 표현되지 않은 법, 즉 성문법 이외의 법을 말하며, 입법기관에 의해 문서로서 제정 · 공포되어 있지 않으므로 비제정법이라고도 하며, 여기에는 관습법, 판례법, 조리가 있다, 불문법주의 국가로는 영국과 미국 등 영미법계 국가들이 이에 해당한다. 법의 존재형식을 역사적으로 살펴보면, 불문법이 성문법보다 먼저 발달하였지만, 사회가 복잡하고 경제규모가 확대되어 감에 따라 오늘날에는 질서의 명확화라는 요청으로 성문법의 중요성이 더해지고 있다. 불문법의 장점으로는 첫째, 문장의 형식으로 법이 고정되어 있지 않음으로써 유동적 사회현상에 탄력적으로 적응하기 쉽다는 점, 둘째, 법의 성립과정에서 입법자의 자의 또는 정당간의 타협에 의해 법이 탄생하는 것이 아니라, 사회적 필요 내지 국민의 확신에 따라 법이 성립될 수 있다는 점이다. 불문법의 단점으로는 첫째, 법적안정성에 취약하고, 둘째, 법의 존재여부가 명확하지 않아 법 발견에 어려움이 있고 국론분열을 초래할 수 도 있다. 셋째, 법의 성립에 많은 시간이 걸리며 국가의 법을 통일적으로 정비하기가 어렵다는 점이다.

1) 관습법

(1) 관습법의 의의

관습법이란 국민(국민의 전부 또는 일부) 사이에 장기적 · 계속적 관행이 반복되어지고, 그 관행이 국민 일반의 법적 확신(정의감)을 얻어 법적 규범으로 승인된 것을 말한다. 관습법은 법적 규범으로 승인되지 않은 사실인 관습과 구별된다.

(2) 관습법의 법원성

종래에는 관습법에 대하여 법원성을 인정할 수 있는지에 대해 논란이 있었으나 오늘날은 일반적으로 법원성을 인정한다. 우리나라 헌법재판소[1]는 수도서울의 관습헌법론, 대법원은 분묘기지권[2]과 수목의 집단이나 미분리과실의 소유권이전에 관한 명인방법[3]에 있어서 관습법을 확인한바 있다.

(3) 관습법의 성립요건

① 객관적 요건

장기적이고 일반적인 관행 · 관습의 존재가 필요하다.

② 주관적 요건

법적 확신이 있는 경우에 인정된다. 법적 확신의 존재 여부는 특정인이 아닌 일반인의 인식을 기준으로 한다.

③ 형식적 요건

관습법이성립하기 위해서는 형식적 요건으로서 국가의 승인이 필요한지와 관련하여 관행의 존재와 법적확신의 존재만으로 가능하다는 법적확신설과 관행과 법적 확신의 존재 이외에 국가의 승인까지 필요하다는 국가승인설이 있으나, 법적확신설(국가승인 불요설)이 통설 · 판례이다.

---

1) 헌법재판소는(2001. 10. 21.) 서울이 대한민국의 수도인 것은 조선시대 이래 600년간 전통적으로 형성된 계속된 관행이라고 하여 수도서울의 관습헌법론을 제시하였다. 동 판결에서 관행이 관습(헌)법이 되기 위한 성립요건을 다음과 같이 판시하였다. " 헌법사항에 관하여 어떤 관행이 존재하는데, 국민이 그 관행의 존재를 인식하고 사라지지 않을 관행이라고 인정할 만큼 충분한 기간 동안 반복 내지 계속되고(반복, 계속성), 반대되는 관행이 이루어지지 않았으며(항상성), 명확한 내용을 가지고 있으며(명료성), 관행이 헌법관습으로서 국민들의 승인 내지 확신 또는 컨센서스를 얻어 국민이 강제력을 가진다고 믿고 있어야 할 것(국민적 합의)(2004헌마554 · 2004헌마566)".

2) 대법원은 타인 소유의 토지에 승낙없이 분묘를 설치한 경우에도 20년간 평온 · 공연하게 그 분묘를 점유하면 관습상 물권인 분묘기지권을 시효로 취득한다고 보았다(대법원 2011. 11. 10. 2011다63017 · 63204판결)

3) 명인방법이란 농작물이나 임목 같은 지상물을 토지로부터 분리하지 않고 독립하여 거래하기 위한 공시방법을 말한다. 대법원은 땅과 분리하여 입목을 매수한 사람이 "입산금지 소유자 아무개"라고 써서 붙였다면 입목 소유권의 취득의 명인방법으로 부족함이 없다고 판결하였다(대법원 1967.12.18. 66다2382 · 2383 판결)

(4) 관습법의 효력

① 보충적 효력

관습법의 효력에 관하여는 성문법이 없는 경우 보충적 효력만을 인정하는 견해(보충적 효력설)와 성문법을 개폐하는 효력까지도 인정하는 견해(개폐적 효력설)의 대립이 있는데, 보충적 효력설이 다수설 · 판례이다.

② 헌법에 반하는 관습법

헌법에 반하는 관습법은 그 효력을 인정할 수 없다. 판례도 헌법에 위반하면 관습법으로서의 효력이 인정되지 않는다고 하였다.

2) 판례법

(1) 의의

판례법은 법원의 판결로 형성된 법이다. 판례는 법규정처럼 체계적인 문서는 아니지만, 그 논리가 추후에 발생하는 유사한 사건에 준거기준으로 적용되는 불문법이다. 판결은 직접적으로는 소송사건의 분쟁을 해결함을 목적으로 하는 것이지만 판결에 나타난 법의 해석 · 운용의 기준은 동종의 다른 사건에도 하나의 지침 · 기준이 되는 선례구속의 원칙으로 나타난다. 선례구속의 원칙은 법원의 앞선 판결이 뒤 따르는 비슷한 사항을 구속한다는 원칙이다.

(2) 외국의 경우

① 영 · 미법계 국가

영 · 미법계 국가는 선례구속성(판례구속성)의 원칙이 확립되어 있기 때문에 판례가 가장 기본적인 법원이 된다.

② 대륙법계 국가

대륙법계 국가에는 선례구속성(판례구속성)의 원칙이 없다. 따라서 상급법원의 판결은 당해 사건 이외에는 하급법원을 법적으로 구속하는 효력이 인정되지 않는바, 대륙법계 국가에서는 판례의 법원성 여부가 문제된다.

(3) 우리나라의 경우

우리나라 역시 대륙법계에 속하므로 판례의 법원성 여부가 문제된다.

① 법원성 긍정설

대법원판결이 법원이라는 규정은 없으나 행정권이 법률의 해석과 적용의 실제에 있어서 원칙적으로 대법원의 판례에 따르지 않을 수 없고, 대법원의 판결이 갖는 사실상의 구속력과 사실상의 구속력도 구속력이다. 종전에 대법원에서 판시한 사항을 변경할 경우에는 대법관 전원의 3분의 2 이상의 합의체에서 심판하여야 하므로(법원조직법 제7조 제1항), 대법원 판례 변경이 힘들다는 점, 소액사건 심판절차에서는 판례위반을 상고 또는 재항고사유로 하고 있다는 것을 고려할 때 대법원의 판례는 사실상은 물론 실정법상으로도 법원의 성격을 갖는다고 한다.

② 법원성 부정설

법원조직법 제8조의 "상급법원의 재판에 있어서의 판단은 당해 사건에 관하여 하급심을 기속한다"는 규정의 상급법원 판결의 하급심에 대한 법적 구속력은 당해사건에 한해서만 인정되고 동종의 다른 사건에는 인정되지 않는 것을 의미한다. 동종의 다른 사건에 대하여는 사실상의 구속력만이 있을 뿐이라고 한다.

③ 결어

법적 · 제도적면에서는 판례의 법원성을 인정하기 어렵지만, 현실적 · 실질적인면을 고려하면 판례의 법원성이 어느 정도 인정되고 있다고 볼 수 있다.

대판원의 판례가 사안이 서로 다른 사건을 재판하는 하급심법원을 기소하는 효력은 없다
대법원의 판례가 법률해석의 일반적인 기준을 제시한 경우에 유사한 사건을 재판하는 하급심법원의 법관은 판례의 견해를 존중하여 재판하여야 하는 것이나, 판례가 사인이 서로 다른 사건을 재판하는 하급심법원을 직접 기속하는 효력이 있는 것은아니다(대판 1996. 10. 25, 96다31307)

3) 조리

조리(條理)란 일반적 상식으로 판단할 수 있는 사물의 이치를 말한다. 대법원은 조리를 '사물의 도리에 따르는 이치'라고 판시하고 있다. 조리는 이성에 의하여 승인된 사회생활의 원리로서 경험법칙, 사회통념, 공서양속, 신의성실, 정의, 형평으로 표현된다. 입법자가 미처 예상하지 못한 사건 또는 사회의 변화에 의하여 새로운 유형의 사건이 발생하여 법관이 구체적 사건을 재판하고자 할 때 법이 없는 경우, 즉 법의 흠결시에 최후의 법원으로서 법률행위해석의 기준 및 재판의 준거가 된다.

우리 민법 제1조에서는 '민사에 관하여 법률에 규정이 없으면 관습법에 의하고 관습법이 없으면 조리에 의한다'고 규정함으로써 법의 흠결시에는 조리에 따라 재판하여야 한다는 원칙을 명문화하여 조리가 직접 민사법원의 하나임을 인정하고 있다. 다만 형법의 영역에서는 죄형법정주의 원칙에 의하여 조리의 법원성은 부정된다.

제4절 법의 분류

1. 개요

인간생활을 규율하는 법규범은 사회 속에서 단편적으로 흩어져 있는 것이 아니고, 법규범의 통일체로 이루어졌는데, 이것을 법의 체계라고 한다. 일반적으로 우리는 법체계를 통하여 법을 구분하여 보는데 이를 법의 분류라고 한다. 법의 분류는 법의 본질적인 구분이 아니고 편의상의 구분에 불과하며 분류의 기준에 따라서 여러 가지로 나누어 볼 수 있다. 법은 법이 실증적으로 제정법화 되었느냐의 여부에 따라 자연법과 실정법으로 나눌 수 있고 실정법은 법의 주체,효력 및 지역적 범위에 따라서 국내법과 국제법으로 나눌 수 있다. 그리고 생활관계의 실제에 의해 공법 · 사법 · 사회법으로, 적용의 범위에 따라서 일반법과 특별법으로, 법의 강제력의 유무에 따라서 강행법과 임의법으로, 권리의무의 실체와 실현의 절차에 따라 실체법과 절차법 등으로 분류할 수 있다.

2. 실정법과 자연법

1) 실정법

실정법은 초경험적인 것에 기원을 둔 영구불변의 자연법과는 달리 특정한 시대와 특정한 장소에서 효력을 가지는 법규범이다. 실정법에는 국가기관이 제정하는 헌법 · 법률 · 명령 · 규칙 등 성문법과 관습법 · 판례법 등과 같이 경험적인 사실에 기하여 성립되는 불문법도 포함된다.

이러한 실정법은 19세기 초에 태동된 법실증주의자에 의해 주장된 성문법의 무흠결, 성문법의 몰가치적 인식을 전제로 법해석의 기술을 반전시킴으로서 크게 성장하였다. 실정법을 위반하였을 때에는 국가의 힘인 공권력에 의하여 제재를 받게 된다. 법을 실증적으로 고찰하는 법실증주의 입장에서는 실정법만이 법이며, 자연법의 존재는 부정한다.

2) 자연법

자연법론은 고대의 그리스 · 로마 그리고 중세에도 있었지만 17-18세기에 논의되었던 근대의 자연법론은 '있는 그대로의 자연' 이나 신과 결부된 자연법의 이론이 아니라 자연상태에서의 인간, 즉 국가와 실정법을 초월한 인간본성 혹은 이성에 기초한 자연법이론이다.

소크라테스 이전의 그리스 철학자들은 시간과 공간에 따라 변하는 실정법 외에 영원불변하는 자연법이 존재한다고 보았다. 아리스토텔레스는 정치적인 사회에는 자연적인 법과 실정적인 법이 존재한다고 보았으며, 자연법은 보편 타당한 법으로서 어디서든지 동일한 효력을 가지며, 사람에 의하여 어떻게 인정 받는가에 관계없이 고유한 가치를 시원적으로 가진다고 하였다. 중세에 들어와 자연법은 그리스도교의 교의와 결합되면서 신법(神法)과 동일시되었다. 즉 자연질서는 신의 이성인 영구법(永久法)이므로 인간은 이를 따라야 하며, 자연법은 이 영구법을 따르는 것이라고 보았다.

종교개혁 이후 중세 교회의 권위와 구속에서 벗어나게 되면서 자연법의 개념은 새로운 전기를 맞이하였다. 그로티우스는 자연법을 인간의 이성으로 발견할 수 있다고 보았다. 이러한 생각들을 토대로 자연법은 인간의 이성이 만들어내는 것이며 이성에 의해 발견되는 것이므로, 인간의 사회생활을 이성적으로 분석하면 민족이나 사회 · 시대에 보편적으로 적용할 수 있는 법체계의 기반을 세울 수 있다고 판단하게 되었다. 이처럼 법의 근원을 인간의 이성과 일치하는 사회 질서에서 찾으려는 시도는 신권설(神權說)에 대항하여 절대 왕정의 합리적 법률제도를 정립하는 계기가 되었다. 이러한 변화 속에서 자연법은 근대에 들어와 '자연권' 관념으로 바뀌었고, 이 자연권이 법을 창조하는 인간의 주관적 권리로 파악되었다.

특히 자유주의적 자연법은 현실적인 국가제도 속에서 인간의 자유를 확립하는데에 그 목표를 두었다. 이러한 자유주의적 자연법론은 1776년 미국의 독립선언과 그 무렵의 각 주헌법, 그리고 1789년 프랑스 대혁명의 인권선언에 침전되어 인류의 사상사에 빛나는 기념비를 남겼다.

오늘날 자연법은 어떠한 선험적인 근거에서 시대나 장소, 사회나 국가 또는 민족을 초월하여 보편타당성을 지닌 인간의 이성에 의하여 인식되는 법이라 할 수 있다. 자연법을 인정하는 근거는 인간생활에는 정의의 기준이 있어야 하고 이러한 정의에 따라 행동해야 한다는 인간의 이성에 기초한다고 볼 수 있다. 이러한 이유로 자연법은 실정법의 상위법으로서 타당성을 부여받으며, 자연법에 합치되지 않는 실정법은 악법이라고 한다. 자연법은 실정법에 대한 지도원리로서의 가치는 높게 평가될 수 있으나, 자연법자체가 가지는 관념성과 추상성을 극복하기 어렵다는 단점이 있다.

3. 국내법과 국제법

국내법과 국제법은 법의 주체, 법원 및 법이 행해지는 범위를 기준으로 분류 한 것이다. 국내법은 한 국가에 의하여 인정되고 그 국가내에서만 적용되는 법인데 비하여, 국제법은 국가, 국제조직 및 개인을 규율하는 국제사회의 법으로 국제조약과 국제관습법이 있다. 국제법은 과거에는 국가간을 규율하는 법으로 보았으나, 국제사회의 조직화와 긴밀화로 일정한 범위내에서 국제조직과 개인도 국제법의 주체가 되었다. 국내법은 국가의 제정 또는 승인과 같이 하나의 국가의 단독의사에 의하여 이루어지는데, 국제법은 다수 국가간의 명시적 또는 묵시적 합의에 이루어진다.

국제법과 국제사법(International private law)은 구별되어야 하는데, 국제법은 국제공법만을 가리키는 '국가간의 법'을 의미하고 국제사법은 국내법의 일부로서 섭외적 법률관계에 있어서의 준거법이다. 국제사법은 한 국가안에 있어서의 그 국민과 외국인과의 법률관계를 정하는데 있어서 자국법을 적용하느냐, 외국의 법을 적용하느냐를 정하는 법이므로, 국내법의 일부이다.

국제조약은 국제법 주체간에 국제법상의 관계를 설정하기 위한 명시적 합의로 조약은 쌍방적 국제 법률행위이며, 단독의 의사표기에 의하여 법적 효과가 발생하는 일방적 법률행위와 다르다. 국제관습법은 국가간 또는 국제사회에서 관행적으로 이루어지는 관습이 국제적으로 용인되고 법적확신이 있는 것을 말한다.

우리나라 헌법 제6조 제1항은 "헌법에 의하여 체결 · 공포된 조약과 일반적으로 승인된 국제법규는 국내법과 같은 효력을 가진다"고 규정하고 있다. 일반적으로 헌법>국제법=법률>명령의 순이며, 법률과 국제법과의 관계는 '신법우선의 원칙', '특별법 유선의 원칙'이 적용된다.

4. 공법 · 사법 · 사회법

1) 공법과 사법

법을 공법과 사법으로 분류하는 것은 로마법 이래 전통적인 방법이다. 19세기 자유방임주의 시대에는 국가의 간섭을 최대한으로 줄이고, 개인의 자유를 최대한 인정함으로써 사법분야가 확대되었다. 한편 20세기에 들어서 산업자본의 확대로 부의 불평등과 자본주의의 모순이 나타나고, 이를 조절하기 위한 사회보장정책이 확대됨에 따라 '사법의 공법화' 현상이 대두되고, 공법과 사법의 중간영역인 사회법이 등장하였다.

공법(public law)과 사법(private law)의 구별에 관해서는 그 구별을 부인하는 법일원설과 그 구별을 인정하는 이원설로 나뉜다. 이원설은 그 구별기준을 어디에 두느냐에 따라 학설이 갈라지고 있다. 공법은 공익을 보호하는 법이고, 사법은 사익을 보호하는 법이라는 이익설, 공법은 국가와 공공단체 상호간 그리고 그들과 국민들 상이의 관계를 규율하는 법이라는 법률주체설, 사법은 평등한 법률관계, 공법은 불평등하거나 지배복종의 관계를 규율하는 법이라는 법률관계설, 공법은 권력적 통치관계를 규율하는 법이고, 사법은 서로 대등한 인간의 사회생활 관계를 규율하는 법이라는 생활관계설 등이 있다.

2) 사회법

사회법은 인간의 사법적 생활관계에 있어서 경제적인 약자를 보호할 목적으로 공법적인 통제를 가하여 개인 사이의 실질적 평등을 실현하고자 하는 모든 법을 말한다. 라드브루흐는(G. Radbruch)는 사회법을 공법도 사법도 아닌 중간적인 성격을 가지고 있는 '새로운 제3의 법'이라고 말하였다. 사회법에는 노동관계법, 경제법, 사회보장법 등이 있다.

5. 일반법과 특별법

일반법은 법의 효력이 누구에게나 보편적으로 적용되는 법이다. 특별법은 법의 효력이 특정한 사람, 장소, 대상에 대해서만 미치는 법이다.

예를 들어 적용되는 사람을 기준으로는 헌법, 민법, 형법 등은 전 국민을 대상으로 하는 일반법이고, 국가공무원법, 소년법 등은 특별법이다. 장소를 기준으로 하면 법의 효력이 국가의 전영역에 걸쳐서 미치는 법이 일반법이고, 국가영역의 일부지역에만 미치는 법을 특별법이라고 한다. 헌법, 민법, 형법 등은 일반법이고, 시 · 도 · 군의 조례, 규칙은 특별법이다. 규율대상을 기준으로 하면 민법은 민사에 관하여 일반법이고, 상법은 사인간의 거래 가운데 상거래를 대상으로 하는 민사특별법이다.

일반법과 특별법이 저촉할 때에는 「특별법은 일반법에 우선한다」는 원칙에 의해서 특별법은 일반법에 우선하여 적용되고, 일반법은 특별법에 규정이 없을 때에는 보충적으로 적용된다.

6. 강행법과 임의법

강행법은 당사자의 의사와 무관하게 적용되는 법이고, 강행규정은 법규정 가운데 당사자의 의사와 무관하게 적용되는 법률규정이다. 강행규정은 선량한 풍속 기타 사회질서와 관련된 규정이다. 임의법은 당사자의 의사에 따라서 그 적용이 배제될 수 있는 법이다. 임의규정은 당사자의 의사에 따라서 적용이 배제도리 수 있는 법률규정이다. 민법 제105조는 임의 규정을 "법령 중에 선량한 풍속 기타 사회질서에 관계없는 규정"으로 정의하고, 당사자의 의사에 의해 배제될 수 있음을 명문화하고 있다.

7. 실체법과 절차법

실체법은 권리 · 의무의 실체를 규율하는 법이며, 절차법은 실체법이 정한 권리 · 의무를 구체적으로 실현하는 절차를 규정한 법이다. 헌법 · 민법 · 형법 · 상법 등은 실체법이고, 민사소송법 · 형사소송법 · 행정소송법 · 파산법 · 부동산등기법 등은 절차법이다.

법의 분류

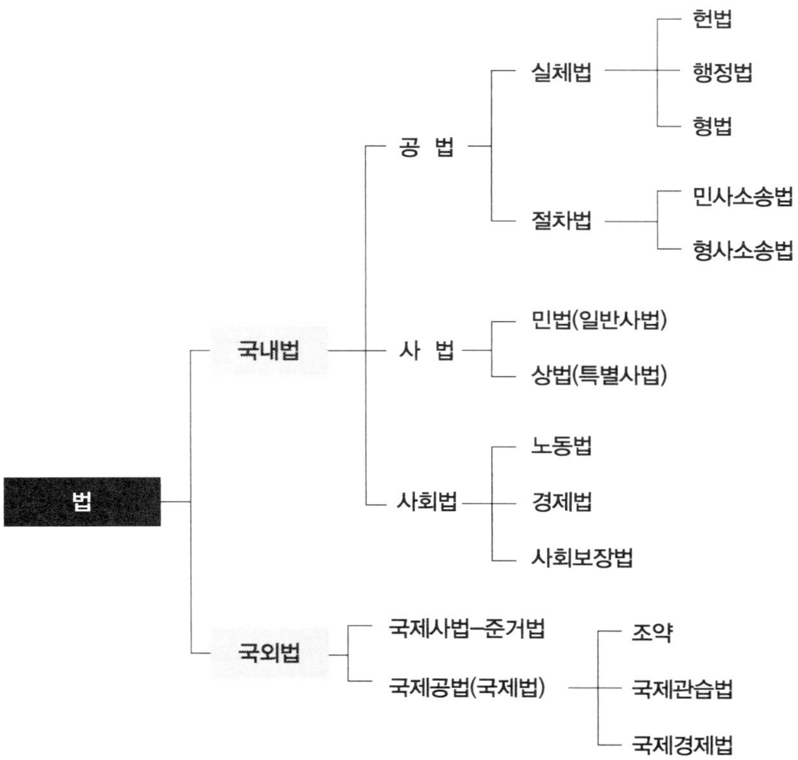

제5절 법의 해석과 적용

법규정은 일반적 · 추상적이기 때문에 그것을 구체적인 사건에 적용하기 위해서는 법의 의미 · 내용을 그 사건에 결부시킬 수 있도록 구체화하여야 한다. 다시 말하면 법을 적용함에 있어서는 구체적으로 법적 가치판단의 대상이 되는 사회적 사실관계를 확정하여야 하며, 그에 적용될 법규의 의미나 내용을 명백히 하여야 한다.

1. 법의 해석

1) 의의

법의 해석은 추상적 · 일반적으로 규정된 법규범을 개개의 구체적인 사건에 적용하기 위하여 법규범의 의미와 내용을 밝히고 확정하는 것을 말한다, 즉 객관적으로 존재하는 법에 대하여 법의 목적과 이념에 합당하게 그 의미 · 내용을 명백히 하는 것으로 법의 내용을 파악하는 과정이다. 해석의 대상이 되는 법은 주로 성문법이며, 불문법은 그 존재 자체에서 내용을 나타내므로 해석보다는 그 존부가 문제된다.

2) 법해석의 종류

법해석의 종류는 구속력을 가지느냐의 여부에 따라, 국가기관에 의한 해석과 학문적 해석으로 나눌 수 있다. 국가기관에 의한 해석은 법규를 제정 · 집행 · 선언할 권위있는 국가기관이 그 권한에 근거하여 해석하는 것으로서 유권해석이라고 한다. 학문적 해석은 법학적 견지에서 법을 해석하는 것으로 학리해석 또는 무권해석이라고 한다.

(1) 유권해석

법을 해석하는 권한 있는 국가기관에 의하여 법규범의 의미가 확정 · 설명되는 경우로서, 구속력이 있는 공권적 해석이라고도 한다. 유권해석은 어떤 기관에 의한 해석이냐에 따라 다시 입법해석, 사법해석, 행정해석 등으로 나눌 수 있다.

① 입법해석

입법해석은 입법부에 의한 해석을 말하며, 입법권에 근거하여 일정한 법개념 또는 법규범의

해석을 다시 법규정으로 정해 놓은 것을 말한다. 이는 실질적으로는 법의 해석이 아니라 새로운 법규정의 정립이라고 할 수 있다. 예를 들어 민법 제98조는 "본법에서 물건이라 함은 유체물 및 전기 기타 관리할 수 있는 자연력을 말한다"고 규정하고 있는데, 이 규정은 물건의 개념해석을 법조문으로써 하고 있는 입법해석이다.

② 사법해석

사법해석은 사법기관인 법원의 재판을 통하여 행하여지는 해석으로, 재판해석이라고도 한다. 영미법계에서는 판례가 법원성을 가지므로 사법해석은 법적구속력을 가진다. 대륙법계에도 판례는 사실상의 구속력을 가지고 있고, 법원조직법에서는 "상급법원의 재판에 있어서의 판단은 당해 사건에 관하여 하급심을 기속한다" 규정함으로 당해사건에 대해서는 법적 구속력을 가지게 됨을 고려해 보면 유권해석으로 파악할 수 있다.

③ 행정해석

행정해석은 행정기관에 의한 해석으로, 행정관청에서 법을 집행함에 있어서 필요한 경우, 법 집행권한에 근거하여 내리는 해석이다. 행정관청이 스스로의 판단에 의하여 법을 해석하는 경우도 있고, 상급행정관청이 법의 해석에 관하여 회답, 훈령 등의 형식으로 해석하는 경우도 행정해석으로 유권해석이다.

(2) 학리해석

학리해석은 법문 자체, 법의 입법취지 및 그 법을 적용할 사물의 성질 등을 기초로 하여 법의 의미나 내용을 확정하는 것이다. 학리해석은 권한있는 기관에 의한 해석이 아니라 주로 법학자의 학리에 기초하여 행하여지는 지식적 해석을 말하며, 공권력을 가지고 있지 않기 때문에 무권해석이라고 한다. 학리해석은 문리해석과 논리해석으로 나뉜다.

① 문리해석

문리해석은 법령의 문장 및 문구의 의의를 기초로 하여 문자 그대로 해석하는 방법이다. 문리해석은 법해석의 기초적인 단계에서 이루어지는 해석방법이며, 문리해석만으로는 법의 해석이 완전할 수 없기에 법해석의 첫 단계에 지나지 않는다.

② 논리해석

논리해석은 법문의 의미를 논리학의 법칙에 따라서 해석하는 방법이다. 논리해석은 법규정의 문언이나 자구에 구애받지 않고, 입법의 목적, 배경, 취지 등 제반사정을 고려하여, 법규정 전체에 관하여 유기적 · 논리적인 연관성에 입각하여 해석하는 방법이다.논리해석은 확장해석, 축소해석, 유추해석, 반대해석 등의 여러 가지 방법이 사용된다.

㉠ 확장해석

확장해석은 법문의 의미를 보통의 뜻보다 넓게 해석하는 방법이다. 예를 들어 '우마차 통행금지'를 모든 동물이 끄는 차의 통행금지로 해석하는 것이다. 확장해석은 주로 사법의 분야에서는 받아들여지지만, 죄형법정주의가 요구되는 형법에 있어서는 인정될 수 없는 것이 일반적이다.

㉡ 축소해석

축소해석은 확장해석과는 반대로 법문의 의미를 본래의 의미보다 축소하여 해석하는 방법이다. 법령의 용어를 보통의 뜻보다 좁게 해석하는 방법이다.

예를 들어, 일반적으로 재물은 부동산과 동산이 포함되는 것으로 이해되지만, 형법 제329조의 절도죄의 객체인 재물에는 부동산이 포함되지 아니한다고 해석하는 것이다.

㉢ 반대해석

반대해석은 명문으로 규정된 이외의 경우에는 그와 반대로 된다고 해석하는 방법이다. 예를 들어, 민법 제3조는 "사람은 생존하는 동안 권리와 의무의 주체가 된다"는 규정은 사람이 사망하는 경우에는 권리와 의무가 없다고 해석되는 경우이다.

㉣ 물론해석

법문이 규정하는 사항에 관한 입법상의 취지와 사물의 당연한 성질로 미루어 어떤 다른 사항에 관하여는 그 법문의 규정이 당연히 적용된다고 해석하는 것을 말한다. 민법 제 396조는 채무불이행에 관하여 채권자에게 과실이 있는 때에는 법원은 손해배상의 책임 및 그 금액을 정함에 있어서 이를 참작하여야 한다고 규정하고 있는데, 이때 과실보다 더 중한 귀책사유인 고의는 당연히 포함된다고 해석되는 것이다. 물론해석은 법문의 자구 중에 다른 사항이 당연히 포함되어 있다고 해석되는데 반하여, 확장해석은 법문의 자구 외로 확장하여 해석한다는 점에 차이점이 있다.

㉤ 유추해석

유추라 함은 어떠한 사항에 대하여 직접적인 규정이 없는 사항에 대하여, 그와 유사한 성질의 사항에 관한 법령을 그 사항에 적용하는 것이다. 유추는 직접 적용할 법규가 없을 때, 유사한 다른 법규를 적용하는 것이므로, 법규정에 나타난 문구의 의미를 그 목적에 적합하도록 법규의 범위안에서 확장하는 확장해석과는 다르다. 또한 유추는 적용할 법규가 전혀 없을 때, 그와 입법취지가 같은 다른 법규정을 적용하는 것이므로 법조문에 근거를 두고 그 언어적 표현과는 반대의 의미로 해석하는 반대해석과는 차이가 있다. 예를 들어, 권리능력 없는 사단의 법률관계에 관하여는 민법에 규정이 없으므로 민법상의 법인의 규정을 유추적용하는 경우이다. 유추는 준용과 구별된다. 준용이란 비슷한 사항에 관하여 법규를 규정하는 경우에 중복적으로 규정하는 번잡을 피하기 위하여 법규를 그대로 적용할 것을 규정한 것을 말한다. 예를 들어, 법문에 「.......에 준용한다」고 규정한다. 유추는 법해석의 방법인데 반하여, 준용은 입법기술상의 방법이다.

2. 법의 적용

1) 의의

법의 적용이란 인간의 사회생활에서 발생한 구체적 사실에 대하여 법의 내용을 구체적으로 실현시키는 것이다. 법규범은 그 성질상 일반적 · 추상적인 내용으로 나타나기 때문에, 어떤 구체적인 사건에 대하여 법률효과가 발생하려면 법의 적용이라는 과정을 거쳐야 한다.

2) 법의 적용순서

오늘날 법규가 적용된다는 것은 재판과정에서 명확히 나타난다. 재판과정을 살펴보면 적용될 추상적 법규를 대전제로 하고, 사회에서 일어나는 구체적 사건을 소전제로 하며, 재판을 통하여 판결이라는 결론(사실에 법을 적용하여 내린 판결)을 이끌어 내는 '삼단 논법' 형식을 밟아서 법규정이 적용된다. 예를 들어 "타인의 재물을 절치 한자는 6년 이하의 징역 또는 1000만원 이하의 벌금에 처한다"(형법 제329조)는 법규를 대전제로 하고, 갑이 을의 재물을 절치했다는 사실을 소전제로 하여, 재판을 통하여 판결로써 갑을 2년의 징역에 처한다는 결론을 이끌어 내는 것이 절도죄에 관한 형법 제329조를 적용하는 단계인 것이다.

법의 적용에 있어서는 구체적 사실을 확정하는 문제를 사실문제라고 하고, 법의 검색과 법의 해석의 문제를 법률문제라고 한다.

3. 사실의 확정

법이 적용되기 위해서는 먼저 법의 적용대상인 사실의 존부 및 그 내용이 확정되어야 한다. 발생한 사실에 대하여 구체적이고 명백한 진상이 밝혀지면 비로서 법을 적용하게 된다. 다시 말하면 '절도 행위를 했다는 사실'을 확정하지 못하면 어떠한 법규를 적용할 것인지를 결정하지 못할 것이다. 사실확정을 하는 방법으로는 입증, 추정, 간주(의제)가 있다.

1) 입증

사실의 입증은 법률관계 또는 사실관계의 존재를 판단하는데 필요한 증거자료를 제시하는 것이다. 객관적 자료에 의하여 사실의 존재 및 내용을 확정하는 것을 말하며, 사실판단은 법관이 하게 되는데 자의적인 판단이 아니라 증거에 의한 판단이어야 한다. 증거는 일정한 사실을 주장하는 자가 제출하여야 하는데, 소송상 증거에 의하여 그 사실의 존부를 확정할 수 없는 경우에 법원은 그 사실의 존부를 어느 일방에게 불이익하게 가정하여 재판하지 않으면 안된다. 이때 법원으로부터 불이익한 법률적 판단을 받는 당사자의 위험 또는 불이익을 입증책임 또는 '거증책임'이라고 한다. 형사소송법에 있어서는 원칙적으로 검사가 입증책임을 지며. 민사소송에서는 원고와 피고가 주장하는 바에 따라 입증책임을 진다.

2) 추정

사실의 추정은 명확하지 않은 사항을 잠정적으로 있는 것으로 가정하여 법률효과를 발생시키는 것이다. 따라서 추정은 어디까지나 잠정적인 것에 불과하므로 이와 다른 사실을 주장하는 자는 반대의 증거를 제출함으로 그 법률효과를 전복시킬 수 있다. 처가 혼인 중 임신한 자(子)는 부(夫)의 자(子)로 추정한다(민법, 제844조 제1항)는 규정은 추정의 예이다.

3) 사실의 의제 또는 간주

사실의 의제는 그 사실의 진실여부와는 관계없이 법에 의하여 일정한 효과를 부여하는 것이다. 즉 사실의 진부를 불문하고 그렇다고 일응 인정하는 것을 말하는데, 법에서는 '본다'라고 규정하고 있다. 의제라는 것은 인정할 수 있는 상태는 아니나, 인정할 필요에 의하여 그 효력을 인정하는 것이다. 따라서 사실의 존부, 진부여하를 불문하고 반대의 증거를 가지고도 법규가 의제한 법률효과가 전복되지 않는 점에서 추정과 구별된다. 이는 법적 안정성 · 공익적 측면 등 법률정책적으로 인정된 것이다. 예를 들어, 실종선고를 받아서 사망으로 간주된 자가 생존하고 있음을 입증하더라도 그것만으로 바로 선고의 효과가 전복되는 것은 아니며, 별도의 선고의 취소를 위한 판결절차를 밟아야 한다. 따라서 사실의 확정에 있어서 추정보다 간주의 효력이 더 강하다.

4. 법의 발견과 흠결

1) 법의 발견

구체적 사실이 확정되면 그 사실에 적용할 법을 발견해야 한다. 법의 발견은 많은 법규중 어떠한 법을 적용할 것인가를 정하는 과정이다. 그러나, 어느 생활관계에 해당하는 법을 발견하기 위해서는 먼저 법의 의미내용을 명백히 할 필요가 있는데 이것이 바로 법의 해석이다.

2) 법의 흠결

법의 흠결이란 구체적 사건에 적용할 법규가 없는 경우이다. 이런 것이 특히 문제가 되는 것은 재판을 하는 법관이 적용법규가 없다는 이유로 재판을 할 수 없다고 선언하는 것이 가능한가에 있다. 그러므로 법의 흠결문제는 구체적으로 적용할 법규가 없을 때에 어떻게 재판하는냐의 문제이다. 이에 대한 일반적 견해는 유추에 의해 해결해야 한다는 입장이다.

제6절 법의 효력

1. 의의

법의 효력은 법이 구속력을 가지고 사회생활을 규율하는 힘을 말한다. 즉 법이 생명력을 가지고 현실사회에서 실현되는 것을 말한다. 법의 효력은 크게 주가지로 나눌 수 있다. 하나는 법이 왜 효력을 가지게 되는지 그 근거를 찾는 실질적인 문제이며, 다른 하나는 법의 효력이 어느 때, 어느 사람과 어느 장소에서 발생하는가의 형식적인 문제이다.

실질적 효력은 규범이 사실로서 행하여지지 않으면 아니된다고 하는 요구인 법의 타당성과 규범이 실제로 사실로서 행하여지고 있다는 상태인 법의 실효성을 가지고 있는힘을 말한다. 형식적 효력은 법의 효력범위 즉 적용범위를 말하며, 그 적용범위는 시간적 · 장소적 · 인적으로 법의 효력이 미치는 범위를 말한다.

결국 법은 그 타당성과 실효성이 있어야 하며, 시간적 · 장소적 · 인적으로 적용될 수 있어야만 완전한 효력을 갖는다.

2. 법의 실질적 효력

1) 의의

법이 효력을 갖는다는 것은 법이 실제로 실행될 가능성을 의미한다. 또한 법은 규범으로서 실현되어야 한다는 본질적 요소를 내재하고 있는데, 이와 같이 법 자체가 실현되어야 한다는 당위성의 요구를 법의 타당성이라고 하며, 이는 법이 구속력을 가질 수 있는 법의 가치를 의미한다. 그러나 법은 규범으로서의 요구를 지니고 있는 것만으로써 실제로 효력을 가지는 법이 되는 것이 아니고, 사실상 사회생활에서 그 내용이 실현될 수 있는 힘을 갖추어야 한다. 이처럼 법이 사람들에 의하여 실제로 준수되는 것을 법의 실효성이라고 한다.

2) 법의 사실적 실효성

법의 사실적 실효성이란 법질서에 대한 위법상태가 발생한 경우 강제수단을 발동하여 국가가 권력으로써 그 효력을 보장하는 것, 즉 법을 위반하지 못하도록 하는 강제력을 말하는데, 법의 실효성을 보장하는 것은 국가 권력이기 때문에 개인에 의한 자력구제는 원칙적으로 인정되지 않는다. 즉, 법 자체가 실현되어야 한다는 당위성(타당성), 즉 법의 가치인 구속력을 의미한다.

3) 법의 규범적 타당성

법의 규범적 타당성이란 일반인을 수범자(受範者)로 하는 행위규범으로서의 법이 사실로서 실현되지 않으면 안된다는 요구, 즉 국민이 자발적으로 법을 따르도록 하는 정당성을 말한다, 이는 법이 구속력을 가질 수 있는 법의 가치를 의미한다. 법의 타당성은 하나의 견해에서 그 근거를 찾기보다는 법의 목적 특히 사회공동체의 법의 이념과 각 구성원들의 지지를 확보하는 것에서 찾아야 하는 것이 바람직하다.

4) 법의 타당성과 실효성

규범적 타당성이 없는 법은 사실적 실효성이 있어도 악법에 불과하며 사실적 실효성이 없는 법은 규범적 타당성이 있더라도 현실을 규제하는 실정법의 소임을 다할 수 없고 사문화 될 것이다. 따라서, 법은 규범적 타당성과 사실적 실효성을 가짐으로써 확보될 수 있다. 법실증주의자들은 법적 안정성을 강조하여 악법도 정당한 절차를 거쳐 제정되었다면 이미 법으로 인정해야 하고 당연히 준수해야 한다고 한다. 이에 반하여 자연법론자들은 정의에 반하는 법은 악법이며, 악법을 준수할 필요는 없다고 한다.

3. 법의 형식적 효력

법의 형식적 효력은 법의 적용범위를 의미한다. 법의 적용범위는 시간 · 장소 · 사람을 기준으로 하여 고찰하고자 한다.

1) 시간적 효력범위

(1) 법의 시행

법의 효력은 그 시행일부터 폐지 일까지 계속된다(시행기간, 유효기간). 관습법은 성립과 동시에 효력이 발생한다. 그러나 성문법의 경우에는 시행에 앞서 공표되어야 하는데, 성립된 법을 공표하는 행위를 공포라고 한다.

법은 시행에 앞서 공포하며, 법률은 특별한 규정이 없는 한 공포한 날(관보가 발행된 날)로부터 20일이 경과함으로써 효력이 발생한다(헌법 제53조 제7항).

다만, 권리제한 · 의무부과에 관한 규정은 공포한 날로부터 30일이 경과함으로써 효력이 발생한다.

(2) 법의 폐지

법의 폐지는 법이 종래 가지고 있던 효력을 잃게 되는 것을 말한다. 법의 폐지에는 명시적 폐지와 묵시적 폐지가 있다.

명시적 폐지는 명문의 규정에 의하여 법이 폐지되는 것이다. ① 법령의 제정시에 미리 그 시행기간을 규정하고 있어 그 기간의 종료로 폐지되는 경우이다. 이러한 법을 한시법이라고 한다. ② 신법의 명시적 규정에 의하여 구법의 일부 또는 전부를 폐지한다고 규정한 때에는 구법은 당연히 폐지된다.

묵시적 폐지는 명문에 의한 폐지가 아닌 것으로, 법의 저촉과 목적의 소멸이 있다. ①동일사항에 관하여 신법과 구법이 서로 모순 · 저촉되는 그 저촉의 한도에서 신법의 제정으로 구법이 당연히 폐지된다. 여기에서 "신법은 구법을 깨뜨린다"는 원칙이 지배한다. 그리고 상위법과 하위법이 저촉되는 경우에는 하위법이 효력을 상실한다. ②법의 목적이 소멸하면 법이 규율한 사항이 소멸되어 버리므로 법은 폐지된다.

(3) 법률불소급원칙

① 내용

법률불소급원칙은 모든 법은 그 법이 시행되는 날로부터 효력이 있고, 그 법이 시행되기 이전에 발생한 사항에는 효력이 없다는 원칙이다. 이 원칙은 법률 효력의 소급으로 인하여 사회생활의 법적안정성을 해치는 것을 방지하기 위한 것이다. 헌법 제13조 1항은 '모든 국민은 행위시의 법률에 의하여 범죄를 구성하지 아니하는 행위로 소추되지 아니한다'라고 규정하고 있으며, 형법 제1조 제1항도 '범죄의 성립과 처벌은 행위시의 법률에 의한다'.고 규정함으로 이 원칙을 명문화하고 있다.

② 예외

소급효의 인정이 사회의 실정이나 국민의 정의 · 형평관념에 부합할 때 소급효를 인정하기도 한다. 민법 부칙 제2조에서 신법의 소급효를 인정하고 있고, 형법 제1조 제2항도 '범죄 후 법률의 변경에 의하여 그 행위가 범죄를 구성하지 아니하거나 형이 구법보다 경한 때에는 신법에 의한다'고 규정하고 있다.

우리 형법은 제1조 2항에서 "범죄 후 법률의 변경에 의하여 그 행위가 범죄를 구성하지 아니하거나 형이 구법보다 경한 때에는 신법에 의한다"고 규정하여 형법의 행위시법주의와 소급효금지원칙에 대한 예외를 허용하고 있다. 즉 행위자에게 유리한 신법의 소급적용을 허용하고 있다.

(4) 경과법(經過法)

법령의 제정 · 개폐가 있었을 때, 구법 시행시에 발생한 사항에는 구법을 그대로 적용하고, 신법 시행시에 발생한 사항에는 신법을 적용하는 것이 원칙이다. 그러나 구법 시행당시의 사항이 신법 시행 후에도 계속하여 진행되고 있는 경우에는 구법을 적용할 것인가, 신법을 적용할 것인가의 문제가 생기게 된다. 이를 해결하기 위하여 제정된 법을 경과법 또는 시제법(時際法)이라고 한다.

2) 장소적 효력범위

(1) 원칙

법의 장소적 효력이란 법이 어떠한 지역적 범위에서 적용될 것인가 하는 법의 공간적 효력을 말한다. 법은 원칙적으로 그 나라의 영역에서 발생하는 모든 사건에 적용되며, 국가의 영역은 주권이 미치는 범위(영토, 영해, 영공)이다. 따라서 그 나라의 영역내에 있는 모든 사람에게 내외국인을 불문하고 일률적으로 적용된다.

(2) 예외

한 나라의 법은 원칙적으로 그 국가의 전 영역에 걸쳐 적용되지만 아래와 같은 예외가 있다.

첫째, 지방자치단체가 제정한 자치법규인 조례와 규칙은 그 제정 목적상 그 지방에 한하여 적용된다.

둘째, 법의 제정목적이 특정한 지역을 대상으로 하는 경우에는 그 지역에 대해서만 효력을 미친다. 도시계획법은 계획상의 도시에, 농지개혁법은 대상 지역의 농지에 한하여 적용된다.

셋째, 자국의 선박 · 항공기(기국주의)는 자국 영역의 연장으로 보아 공해상은 물론 타국의 영역 내에서도 자국법이 적용된다. 본법은 대한민국 영역 외에 있는 대한민국의 선박 또는 항공기내에서 죄를 범한 외국인에게 적용된다(형법 제4조).

넷째, 정치적인 이유로 자국법을 배제하고 다른 나라의 법이 적용될 수 있다. 외국에 의한 점령지역이나 조차지, 영사재판권 행사지역 등에 대해서는 자국법의 효력이 미치지 않는다.

3) 인적 효력범위

(1) 일반원칙

법의 인적효력범위에 관한 문제는 법이 어떠한 사람에게 적용되는가의 문제이다. 즉 누가 법의 적용을 받으며, 또 누가 법의 적용으로부터 제외되는가 하는 문제이다. 법의 장소적 효력에 의하면 법은 그 나라 전 영역에 걸쳐 그 효력이 미치는 것이 원칙이지만, 그 법의 효력이 그 나라에 거주하는 외국인에게 미치는지, 또는 외국에 거주하는 자국민에게 미치는가가 문제된다. 이에 대해서는 속인주의와 속지주의의 대립이 있다. 오늘날 대부분의 국가에서는 속지주의를 원칙으로 채택하고 보충적으로 속인주의를 가미하여 양자의 조화를 기하고 있다.

(2) 속지주의

속지주의란 국가의 영토를 기준으로 하여 그 영토내의 사람은 국적여하를 불문하고 자국법을 적용한다는 원칙을 의미한다. 즉, 그 영토 내에 살고 있는 자국인뿐만 아니라, 외국인까지도 모두 그 나라의 법적용을 받는다는 것이다.

(3) 속인주의

속인주의란 국적을 기준으로 하여 자국민(自國民)이 어디에 있든 자국법을 적용한다는 원칙을 의미한다.

(4) 대인적 효력의 예외

법은 특별한 신분을 가진 자에 대하여는 그 효력이 미치지 않는 경우가 있다.

① 국내법상의 예외

㉠ 대통령

대통령은 내란 또는 외환의 죄를 범한 경우를 제외하고는 재직 중 형사상의 소추를 받지 아니한다(헌법 제84조).

㉡ 국회의원

국회의원은 현행범인인 경우를 제외하고는 회기 중 국회의 동의없이 체포 또는 구금되지 아니한다(헌법 제44조 제1항). 국회의원이 회기전에 체포 또는 구금된 때에는 현행범인이 아닌 한 국회의 요구가 있으면 회기 중 석방된다(헌법 제44조 제2항).

② 국제법상의 예외(치외법권에 의한 예외)

치외법권을 누리는 자는 국제법상 현재 체류하는 나라의 과세권, 경찰권, 재판권 등으로부터 면제되는 특권이 있는데, 이러한 특권을 누리는 자로는 외국의 원수, 대통령, 국왕, 외교사절(대사 · 공사 등) 및 그 가족과 수행원, 외국에 거주하는 군대, 외국 영해상의 군함의 승무원 등이 있다.

제7절 권리와 의무

1. 법률관계

사람들의 사회생활관계는 관습 · 도덕 · 종교 · 법 등 여러 가지의 사회규범에 의하여 규율되고 있다. 그 중에서 법에 의하여 규율되는 사회생활관계를 법률관계라고 한다. 이러한 법률관계는 당사자인 권리자와 의무자의 주관적인 입장에서 보면 권리와 의무이며, 이를 제3자의 객관적 입장에서 보면 권리 · 의무관계 즉 법률관계이다. 중세의 봉건사회는 지배 · 복종의 관계에서의 법률관계로 의무본위로 구성되었다. 근대사회에 있어서는 상하의 신분이 평등한 권리자로 인정되어 법률관계는 권리본위로 형성되었다. 현대에 와서는 근대의 개인주의와 자유주의 사상에 입각한 권리본위의 법구조는 사회정의와 공동선의 입장에서 의무의 측면이 강조되게 되었다.

1) 권리의 개념

권리는 특정한 이익을 누리게 하기 위하여 법에 의하여 특정인에게 주어진 법률상의 힘이라고 할 수 있다. 권리는 특정한 이익을 내용으로 하며, 법규정에 의한 반사적이익은 권리가 될 수 없다. 여기서 이익이란 사람이 사회생활 가운데 가지게 되는 재산적이익과, 생명, 자유, 명예 등 비재산적 이익도 포함한다.

권리는 특정에게 부여된 것으로 그 권리를 가지는 사람이 특정되어야 한다. 여기서 사람은 자연인과 법인을 포함하는 의미이다. 권리는 법률상의 힘을 말하며, 사실상의 함이나, 물리적인 실력과는 구별된다. 이 힘은 법에 의하여 정당화 된 것으로 의사무능력자, 행위무능력자, 또는 권리의 존재를 알지 못했던 사람도 권리의 주체가 된다.

2) 권리의 분류

권리는 여러 가지 기준에 의하여 분류가 가능하지만 가장 기본적인 분류는 권리의 존립근거인 법의 분류에 따르는 것이다. 이에 따르면 권리를 공권, 사권, 사회권으로 나눌 수 있다.

(1) 공권(公權)

공권은 공법관계에서 발생하는 당사자 일방이 가지는 권리(공법에 의해 인정되는 권리)이다. 공법을 국내법과 국제법으로 분류하듯이 공권도 국내법상의 공권과 국제법상의 공권으로 나눌 수 있다.

① 국내법상의 공권

국내법상의 공권은 국가, 공공단체, 개인이 공법관계에서 가지는 권리를 말하며, 그 귀속주체에 따라 국가적 공권과 개인적 공권으로 나눌 수 있다.

국가적 공권은 국가나 공공단체가 그 자체의 존립이나 국민에 대하여 강제하기 위하여 가지는 권리를 말하며 여러 가지 기준에 따라 분류된다. 권리의 목적으로 나누어 보면 행정조직법, 재정권, 군정권, 형벌권, 경찰권이 있고, 권리의 내용으로 나누어 보면, 명령권, 강제권, 형성권 등이 있다. 권리의 작용을 기준으로 하면 입법권, 사법권, 행정권 등이 있다.

개인적 공권은 개인이 국가나 공공단체에 대하여 갖는 권리이다. 여기에는 자유권, 참정권, 수익권 등이 있다.

② 국제법상의 공권

국제법상의 공권은 국가가 국제법상 갖게 되는 권리를 말하며, 독립권, 주권, 평등권, 자위권, 외교적 보호권, 상호존중을 받을 권리 등이 있다. 주권은 국제법상 다른 국가권력이나 국제적인 권력에도 복종하지 않고 자주적으로 통치하고 독립적으로 행동할 수 있는 권리를 말하며, 영토주권(국내관할권)과 대외주권(독립권)이 있다. 외교적 보호권은 국가가 외국에 체류하고 있는 재외국민이 체류국으로부터 부장한 대우를 받거나 불법하게 권리침해를 받는 경우에 체류국에 대하여 적절한 구제를 요구할 수 있는 권리이다. 자위권은 현존 또는 급박한 위해로부터 국가 또는 국민을 방위하기 위하여 부득이 필요한 한도내에서 실력을 행사할 수 있는 국가의 권리이다. 평등권은 모든 국가가 평등하게 국제법상의 권리 · 의무를 가지고 있음을 말한다.

(2) 사권(私權)

사권은 사법관계에서 당사자인 권리주체가 갖는 권리이다(사법에 의해 인정되는 권리). 사인상호간에 있어서 발생되는 권리와 개인이 국가와 공공단체와의 대등한 관계속에서 발생되는 권리이다. 사권은 여러가지 기준에 의하여 나누어 볼 수 있다.

① 권리의 내용에 의한 분류

권리의 내용으로 분류하면 인격권, 재산권, 신분권, 사원권 등이 있다.

㉠ 인격권은 권리자인 인격자와 분리할 수 없는 그 자신을 객체로 하는 권리이다(생명

권 · 신체권 · 성명권 · 자유권 · 명예권 · 정조권 등).

㉡ 재산권은경제적인 이익을 목적으로 하는 권리이다(물권 · 채권 · 무채재산권–저작권, 특허권, 상표권 등). 물권은 일정한 물건을 직접 지배하여 이익을 얻는 배타적 권리를 말하고, 채권은 특정인(채권자)이 특정인(채무자)에 대하여 일정한 행위를 청구할 수 있는 권리를 말한다.

㉢ 신분권은 권리자 자신의 일정한 신분에 따르는 권리로서 권리자로부터 분리할 수 없는 권리이다(친족권 · 상속권 등). 신분권은 신분과 끊을 수 없는 일신전속적인 권리이며, 거래의 객체가 될 수 없다.

㉣ 사원권은 사단법인의 사원이 그 사원의 지위에서 법인에 대하여 갖는 권리이다. 사단법인의 운영에 참가하는 것을 내용으로 하는 공익권(의결권, 소수사원권, 의무집행권 등)과 사단법인에 대한 사원 자신의 권리의무를 내용으로 하는 자익권(이익배당청구권, 시설이용권 등)이 있다.

② 권리의 작용에 의한 분류

권리의 작용에 따라 분류하면 지배권, 청구권, 형성권, 항변권으로 나눌 수 있다.

㉠ 지배권은 권리의 내용인 일정한 이익을 직접 지배하는 권리이다(물권 · 무채재산권 · 친족권 등). 물권이 침해되었을 때, 손해배상청구권이나 방해제거청구권 등의 물권적 청구권이 생긴다.

㉡ 청구권이란 타인에게 작위 또는 부작위를 요구할 수 있는 권리이다. 청구권은 지배권과는 달리 권리의 목적인 이익을 행수하기 위하여 타인의 행위를 필요로 하며, 채권이 대표적인 예이다.

㉢ 형성권은 권리자의 일방적 의사표시에 의하여 법률관계를 발생 · 변경 · 소멸시키는 형성적 작용을 하는 권리(취소권 · 추인권 · 해제권 · 해지권 등)이다.

㉣ 항변권은 타인이 요구하는 청구권에 대하여 그 청구를 거절할 수 있는 권리이다(보증인의 최고 · 검색의 항변권 · 동시이행의 항변권 등).

③ 권리의 효력범위에 의한 분류

권리의 효력을 표준으로 하면 절대권과 상대권으로 분류할 수 있다.

㉠ 절대권은 모든 사람에게 주장할 수 있는 권리를 말하며, 물권 · 인격권 · 무체재산권 등이 그 예이다.

㉡ 상대권은 특정인에게만 주장할 수 있는 권리를 말하며, 채권 · 부양청구권 등이 그 예이다.

④ 권리의 이전성에 의한 분류

권리의 이전성을 표준으로 하면 일신전속권권과 비전속권으로 분류할 수 있다.

㉠ 일신전속권은 권리의 성질상 권리자에게만 전속하여 양도, 상속 등으로 타인에게 이전할 수 없는 것을 말하며, 인격권 · 신분권 등이 그 예이다.

㉡ 비전속권은 권리자로부터 분리할 수 있는 권리이며, 양도성과 상속성이 인정되는 권리로 재산권 등이 그 예이다.

⑤ 권리의 독립성에 의한 분류

주된 권리는 다른 권리에 대하여 종속관계에 있지 않고 완전히 독립된 권리이다. 소유권, 원본채권 등이 그 예이다. 종된 권리는 다른 권리에 대하여 종속관계에 있는 권리이다. 담보물권(채권을 담보하는), 이자채권 등이 그 예이다.

(3) 사회권

사회권은 사회법상의 권리이다. 사회권은 공법과 사법이 혼합된 사회법상의 권리이기 때문에 공권과 사권의 혼합적 성격을 가지고 있다. 이는 국민이 인간다운 생활을 영위하는데 필요한 조건의 형성을 국가에 대하여 요구할 수 있는 권리를 말하는 것이다.

사회권은 헌법상의 근로의 권리, 교육을 받을 권리, 근로자의 단결권, 단체교섭권, 단체행동권, 사회적 약자들의 국가의 보호를 받을 권리, 국가로부터 혼인 및 가족생활과 모성 및 보건을 보호받을 권리 등이 그 예이다.

3) 권리의 행사와 남용

현대에 와서는 근대의 개인주의와 자유주의 사상에 입각한 권리본위의 법구조는 사회정의와 공동선의 입장에서 의무의 측면이 강조되게 되었다. 이러한 점은 권리의 행사를 일정한 경우에 제한하는 형태로 나타나게 되었다. 권리를 제한하는 형태는 재산권의 제한, 신의성실원칙,

권리남용금지원칙 등으로 나나타게 되었다.

① 재산권의 제한

우리 헌법은 제23조에서 모든 국민의 재산권은 보장되지만 재산권의 행사는 공공복리에 적합하도록 규정하고 있다. 재산권 행사의 공공복리성을 명시함에 따라 권리가 사회적인 성격을 띠게 되었고, 권리자가 권리를 행사함에 있어서도 공공복리를 위하여 의무를 수반하게 되었다.

② 신의성실의 원칙

신의성실의 원칙은 모든 사람은 사회공동생활의 일원으로서 그 질서유지를 위하여 서로 상대방의 신뢰를 그르치지 않도록 성실하게 행동하여야 한다는 원칙이다. 우리 민법은 제2조 1항에서 권리의 행사와 의무의 이행은 신의에 좇아 성실히 하여야 한다고 규정하여 민법의 일반원칙으로 명문화되었다. 더나아가서 오늘날에는 행정법, 민사소송법 등 모든 법분야에 적용되는 대원칙으로 작용하기에 이르렀다.

③ 권리남용금지의 원칙

권리남용금지의 원칙은 외견상 적법한 권리의 행사인 것처럼 보이는 경우라도 그 권리가 인정된 사회적 목적에 위반되는 경우에는 권리의 남용으로서 금지된다는 것이다. 오직 타인을 해할 목적으로 권리를 행사하는 경우, 적법한 이익이 없음에도 권리를 행사하는 경우, 공서양속에 위반되는 방법으로 권리를 행사ㄹ하는 경우 등은 권리의 남용이 되어 금지된다.

4) 법의 반사적 이익

법의 규정이 국가나 타인에게 일정한 의무를 부과함으로, 누리게 되는 이익을 말한다. 법에 의해 보호되는 법률상이익이 아니므로, 반사적이익의 침해는 손해배상이나 행정소송의 대상은 되지 못한다. 예를 들어 의료법 제15조 1항은 의료인은 진료나 조산 요청을 받으면 정당한 사유 없이 거부하지 못한다고 규정하고 있다. 따라서 의사는 정당한 이유 없이는 진료를 하여야 함으로, 환자는 진료를 받게 되는데, 이는 반사적이악에 해당한다.

2. 의 무

(1) 의무의 개념

의무라 함은 일정한 행위를 하여야 할 또는 하지 않아야 할 법률상의 구속을 말한다. 법률상의 구속은 개인의 의사와는 관계없이 어떤 행위를 하거나 하지 않도록 법률상 강제되는 것을 말한다. 이러한 의무에는 작위의무, 부작위의무, 급부의무, 수인의무가 있다.

(2) 의무의 분류

의무는 의무를 발생시키는 근거에 따라서 공의무, 사의무, 사회법상의무(사회의무)로 누눌 수 있으며, 의무의 내용에 다라서 작위의무와 부작위의무, 급부의무, 수인의무 등으로 나눌 수 있다.

1) 공의무(公義務)

공의무는 공법상에 있어서 존재하는 의무를 말하며, 국제법상의 공의무와 국내법상의공의무로 나눌 수 있다. 국내법상 공의무는 국가적 공의무와 개인적 공의무로 나뉜다.

국제법상 공의무는 국가가 국제법상의 주체로서 가지는 의무이며, 국내문제 불간섭의 의무와 조약이행의무 등이 있다. 국내법상 공의무는 국내의 공법관계로부터 도출되는 의무를 말한다. 국가가 국밈에 대하여 지는 의무인 국가적 공의무는 국민의 자유를 보장할 의무, 국민평등을 확보할 의무, 참정을 인정하는 의무, 국민의 수익권 확보의무 등이 있다. 국민이 국가에 대하여 지는 의무인 개인적 공의무는 납세의 의무, 재판복종의 의무, 근로의 의무, 공용비용부담의 의무 등이 있다.

2) 사의무(私義務)

사의무는 사법관계에서 사권에 대응하는 의무이다. 사인상호간에 있어서 발생되는 의무와 개인이 국가와 공공단체와의 대등한 관계속에서 발생되는 의무이다. 예를 들어 채권이 발생하게 되면 이에 대한 채무가 발생하게 된다.

3) 사회법상 의무

사회법상 의무는 사회권에 대응하는 사회법관계에서 발생하는 의무로서 국가 또는 사용자가 지는 의무이다. 국가가 근로자의 단결권을 보장할 의무, 사용자가 근로자의 단체교섭에 응하여 단체협약을 체결할 의무등이 그 예이다.

기출문제(경비지도사 시험 중심)

1. 다음 중 법의 의의로서 타당하지 않은 것은?

① 법은 사회적 규범이다. ② 법은 당위를 강제하는 규범이다.
③ 법은 존재를 강제하는 규범이다. ④ 법은 정치적으로 조직된 사회의 강제규범이다

정답 : ③ 법은 '마땅히 그러하여야 한다'라는 관계를 표시하는 당위규범이다.

2. 형법이 살인죄를 규정하는 것은 사람을 죽이지 말라는 의미이다. 이것과 관계있는 것은?

① 강제규범 ② 재판규범 ③ 조직규범 ④ 행위규범

정답 : ④ 행위규범은 그 구성원에게 할 수 있는것과 하여서는 안될 것을 지시하는 것이다.

3. 다음 중 법의 규범성에 관한 설명으로 맞는 것은?

① 법은 개인의 행위규범일 뿐 사회규범은 아니니다.
② 법은 작위나 부작위를 지시하거나 금지하는 행위규범이다.
③ 법을 위반할 경우 강제력이 동원되며 양심등 인간내면을 직접강제할 수 있다
④ 법의 이념 중 정의와 법적안정성이 충돌 될 때에는 항상 법적안정성이 우선되어야한다

정답 : ② ③ 인간 내면을 직접 강제할 수는 없다.
④ 항상 법적안정성이 우선 될 수는 없으며 개별적 사안에 따라 판단 되어져야 한다고 본다.

4. 사회규범에 관한 설명으로 옳지 않은 것은?

① 사회규범에는 법 · 도덕 · 종교 · 관습 둥이 있다.
② 사회의 질서유지를 위하여 사회규범이 필요하다.
③ 사회규범은 인간의 자의에 의한 행위를 규제하는 기능이 있다.
④ 자연법론자들은 법과 도덕을 구별한다.

정답 : ④ 자연법론자들은 법과 도덕의 구별을 부인한다.

5. 다음 중 사회규범에 관한 내용으로 옳지 않은 것은 어느 것인가?

① 사회가 있는 곳에 법이 있다.
② 사회의 질서유지를 위하여 반드시 사회규범이 필요하다.
③ 사회규범에는 관습, 법, 정의 등이 있다.
④ 법실증주의자들은 법과 도덕의 구별을 부인한다.

정답 : ④ "법은 도덕의 최저한"(Jellinek)이고 "법은 최소한의 도덕"이라고 하여 양자의 상호관계를 단적으로 보여주고 있는 바와 같이 실정법만을 법으로 보는 법실증주의자들은 법과 도덕을 구별하고 있다.

6. 다음 중 나머지 셋과 그 성질상 다른 하나는 어느 것인가?

① 인정법 ② 당위의 법칙 ③ Sollen의 법칙 ④ 존재의 법칙

정답 : ④ 자연법칙은 인간의 의사와는 독립된 객관적으로 "사실상 그러하다"라는 관계를 표시하는 존재(Sein)의 법칙이며, 법규범은 "마땅히 그러해야 한다"는 관계를 표시하는 당위(Sollen)의 법칙이다. 그러므로 법규범은 정치적으로 조직된 사회에 있어서, 그 구성원에 의해 일반적으로 승인되고 또 궁극에는 물리적 강제력에 의해 유지되며, 지배기구에 의해 정립되고 또 직접 강행되는 규범이라고 하겠다(인정법).

7. 법에 대한 설명으로 틀린 것은?

① 당사자의 의사에 의해 그 적용을 지배할 수 있는 법이 임의법이다.

② 민법은 실체법이고 민사소송법은 절차법이다

③ 법은 강제규범이라는 점에서 도덕과 구별된다.

④ 법령에 규정이 없는 경우, 법해석에 의해 성질이 비슷한 다른 법령의 규정을 적용하는 것을 준용이라고 한다.

정답 : ④ 유추는 법해석의 한 방법으로, 서로 비슷한 A와B 사실이 있을 때 A사실에 대해서만 규정이 있고, B사실에 대해서는 규정이 없는 경우, A사실에 관한 규정을 B사실에 적용하는 것을 말한다.

준용은 법률상 명문으로써 지시되어 있는 점에서 단순한 해석상의 유추적용(類推適用)과 다르며, 같은 종류의 규정을 되풀이하는 번잡을 피하기 위한 입법기술의 하나이다. 그 예로서 점유(占有)에 관한 여러 규정을 포괄적으로 준점유에 준용한다고 한 민법 제210조를 들 수 있다. 이 밖에 미성년자에 대한 규정의 한정치산자에 대한 준용(10조), 한정치산선고취소 규정의 금치산자에 대한 준용(14조), 공유규정의 준공유에 대한 준용(278조) 등도 좋은 예이다. 준용은 그 성질에 있어서는 유추와 비슷하지만, 유추가 법관이나 기타 법률해석자가 쓰는 해석기술인 데 대하여, 준용은 입법상의 기술이라는 데에 양자의 근본적인 차이가 있다.

① 강행법규는 당사자의 의사와 상관없이 법률의 규정이 우선 적용되는 법률을 말하며, 임의법규는 법률의 규정이 있으나 당사자 간의 합의가 있으면 합의가 우선하는 규정을 말한다.

② 실체법은 법률관계의 실체에 관한 법을 말한다.

주법(主法)이라고도 하며, 권리 · 의무의 존부를 규율함으로써, 법률관계의 실현과정 내지 권리 · 의무의 실현절차를 규율하는 절차법 또는 조법(助法)에 대립한다. 법률관계의 실체란 권리 · 의무의 내용, 귀속자, 범위 등을 말한다. 민법 · 상법 · 형법 등이 이에 속하며, 민사소송법 · 형사소송법은 그에 대한 절차법이다.

실체법은 절차법이 있음으로써 실효성을 갖게 된다. 그리고 실체법과 절차법이 충돌하는 경우에는 실체법이 우선한다.

절차법은 권리의 실질적 내용을 실현하기 위하여 취해야 할 방법을 규율한 법을 말한다.

실체법에 대립되는 개념이며, 보통 소송 또는 재판절차를 규율하는 법(형사소송법 · 민사소송법 · 행정소송법 등)을 실체법(민법 · 상법 · 형법 등)에 대하여 절차법이라고 말한다.

8. 법에 관한 다음 설명 중 잘못된 것은?
① 법은 도덕의 최소한이다.
② 법은 하나의 인과법칙으로 그에 상당하는 처벌이 뒤따른다.
③ 법은 국가에 의해서 강제되는 규범이다.
④ 법은 주로 인간의 외부 행위를 규제한다.

정답 : ② 법은 사회현상으로서 인과법칙이 적용되는 자연현상과 구별된다.

9. 다음 중 법과 도덕의 차이에 대하여 서로 올바르게 비교한 것이 아닌 것은 어느 것인가?
① 외면의 행위, 내면의 행위 ② 타율성, 자율성 ③ 합법성, 윤리성 ④ 절대성, 상대성

정답 : ④ 법과 도덕을 다음과 같이 구별할 수 있다. (1) 법은 "경험적" 사실에 의하여 성립하는 것이지만, 도덕은 "선험적"인 이성에 의해 발생한다. (2) 법은 "현실"에 의하여 생기며 현실상 행해지는 규범이므로 일반 평균임을 대상으로 하는데 반하여(상대성), 도덕은 평균인에게는 지키기 어려운 높은 이상을 지향한다(절대성). (3) 법은 법률 · 명령의 형식으로 문자에 의해 "표시"되는 데 반하여, 도덕은 그러한 형식으로 표시되지 않는다. (4) 법은 인간의 "외면적 행위"를 규율하는 데 반하여, 도덕은 인간의 "내면적 행위"를 규율한다. (5) 법은 타율성을 가지는 데 반하여, 도덕은 자율성을 가진다. (6) 법에는 권리에 대응하는 의무가 있듯이 양면성을 가지는 데 반하여, 도덕의 의무는 편면적이다. (7) 법은 그 실현이 국가의 강제력에 의해 보장되는 데 반하여, 도덕은 그러한 강제력이 없다. 강제력의 유무에 따라 양자를 구별하는 기준으로 보는 것이 가장 타당하다.

10. 도덕적인 규범개념이 법규범 중에 도입되어 오늘날 법률로서의 효력을 가지게 된 예는?
① 법률불소급의 원칙 ② 신의성실의 원칙 ③ 죄형법정주의 ④ 일사부재리의 원칙

정답 : ② 도덕적인 규범개념이 법규범중에 도입되어 오늘날 법률로서의 효력을 가지게 된 예로는 신의성실의 원칙을 들 수있다. 신의성실의 원칙이란 민법 제2조에서 규정하는데 이는 권리의 행사와 의무의 이행은 신의에 좇아 성실히 하여야 한다는 것을 말한다.

11. 법과 관습에 대한 설명 중 바르지 못한 것은?
① 법은 국가라는 조직적 사회에서 성립한다.
② 법은 보편적 이기보다는 지역적인 특수성을 갖는다.
③ 관습을 위반하면 그 제재로 사회의 비난이 있을 뿐이다.
④ 법 위반시는 국가권력에 의한 조직적 강제가 그 제재로 주어진다.

정답 : ②

12. 법의 본질에 관한 설명으로 틀린 것은?
① 행위규범, 재판규점, 조직규범의 통일체이다. ② 근거가 정당하여야 한다.
③ 존재의 법칙을 바탕으로 한다. ④ 사회의 공통선을 목적으로 하는 사회규범이다.

정답 : ③

법이란 사회의 목적, 가치의 실현을 위해 인간이 준수해야 할 사회규범이다. 또한 인간 또는 국민으로서 마땅히 지켜야 할 것을 정한 행위규범이며, 불법행위시 처벌을 받는 재판규범(강제규범)이며, 행위규범과 재판규점을 통합하여 그 존립의 기초와 적용방식을 부여하는 조직원리에 관한 규범(조직규범)이다.

법이란 그 근거가 정당하여, 타당해야 하며 국가사회 구성원의 법적인식 또는 법적확신이 가하여져 일반에 준수되어지는 것이므로 반드시 존재의 법칙을 바탕으로 하지는 않는다.

따라서 ③ 존재의 법칙을 바탕으로 하는 것은 틀린 말이다.

13. 다음 중 라드부르흐가 제시한 법의 이념에 해당하지 않는 것은?

① 정의 ② 법적안정성 ③ 법집행과정의 투명성 ④ 합목적성

정답 : ③ 라드부르흐는 법의 이념을 정의, 법의 목적인 유용성(합목적성) 그리고 법적 안정성으로 보았다.

14. 라드브르흐는 민족이나 국가와 같은 것을 가치로 삼는 주의를 무엇이라고 했는가?

① 단체주의 ② 개인주의 ③ 국가주의 ④ 문화주의

정답 : ① 합목적성을 강조한 라드브르흐는 개인주의에 있어서는 평균적 정의가, 단체주의에 있어서는 배분적정의가, 문화주의에 있어서는 문화가 법목적이라 할 수 있다고 한다.

15. 정의를 평균적 정의와 배분적 정의로 구분한 자는?

① 켈젠(Kelsen) ② 플라톤(Platon) ③ 라드브루흐(Radbruch) ④ 아리스토텔레스(Aristoteles)

정답 : ④

아리스토텔레스(Aristoteles)는 정의를 평균적 정의(교환적 정의), 배분적 정의(비례적 정의)로 나누었다. 따라서 ④ 아리스토텔레스가 정답이다.

16. "악법도 법이다"라는 말이 표현하는 의미는?

① 법의 경제성 ② 법의 안정성 ③ 법의 타당성 ④ 법의 강제성

정답 : ② "악법도 법이다" 라는 말은 법이 제정되면 그 내용여하를 불문하고 지켜져야 한다는 의미에서 법의 안정성을 의미한다.

17. 아리스토텔레스는 정의를 평균적 정의와 배분적 정의로 구분하였다. 다음 중 배분적 정의와 관계있는 것은?

① 급부와 반대급부 ② 손해와 배상 ③ 소득과 누진세 ④ 범죄와 형벌

정답 : ③ 배분적 정의 :상대적 · 비례적 평등으로서 사람의 능력이나 공적에 따라 다르게 취급함을 인정하는것이다(공법 영역에서 타당).

18. 다음 중 자연법론의 주장에 해당하는 것은?

① 모든 사람은 천부인권을 갖는다. ② 악법도 법이다.

③ 실정법은 도덕에 우선한다. ④ 아무리 사악한 법이라도 적법절차에 따라 제정되었으면 법이다.

정답 : ① 자연법은 실정법과 차원을 달리 하는데 절대적 정의를 보여주고 실정법의 옳고 그름을 판단하는 기준이 되며 실정법의 효력의 근거이기도 하다. 악법은 이러한 자연법에 반하는 실정법으로 자연법론에 따르면 그 효력이 부인된다.

19. "범은 최소한의 도덕"이라고 본 학자는?

① Georg Jellinek ② Gustav Radburch ③ Montesquieu ④ Hans Kelsen

정답 : ① ② 라드부르흐는 법의 이념으로 정의, 합목적성, 법적안정성을 든다.

③ 몽테스키외는 3권분립론을 주장하였다. ④ 켈젠은 법단계설을 주장하였다.

20. 법의 목적을 최대다수의 최대행복이라고 표현한 사람은?

① Bentham ② Kelsen√③ Aristoteles ④ Dicey

정답 : ① 벤담은 법의 목적은 최대다수의 최대행복이라는 공리에 봉사하는 것이라고 한다

21. 다음의 법학자 중 법단계설을 주장한 사람은 누구인가?

① 아리스토텔레스 ② 다이시 ③ 홉스 ④ 켈젠

정답 : ④ 법의 단계 : 국내법인 헌법 · 법률 · 명령 · 규칙 · 자치법규는 모두 동일한 효력이 있는 것이 아니라, 헌법을 최상위로 하여 일정한 단계를 이루고 있어서 하위의 법은 상위의 법에 저촉하여서는 안 되며, 또 하위의 법으로써 상위의 법을 개정하거나 폐지할 수 없다. 자치법규 중에서는 조례가 규칙보다 상위에 있다(Kelsen : 법단계설).

헌법 – 법률 – 명령 · 규칙 – 자치법규(조례 · 규칙)

22. 법령의 시행기일에 대하여 특별규정이 없는 경우 공포한 날로부터 며칠이 경과하면 효력이 발생하는가?

① 30일 ② 20일 ③ 10일 ④ 7일

정답 : ② 법은 시행에 앞서 공포하며, 특별한 규정이 없는 한 법은 공포한 날로부터 20일을 경과하면 효력이 발생한다. 권리의제한 의무부과에 관한 규정은 30일이 경과하여야 한다.

23. 법의 실효성이란?

① 법의 실현이 국가권력에 의하여 보장되어 있는 상태의 법의 효력을 말한다.

② 국민전체의 지지를 받고 있는 상태의 법의 효력을 말한다.

③ 법이 그 의미, 내용대로 실현되지 않으면 안된다는 요청을 띠는 성질을 말한다.

④ 법이 그 자체 규범의미의 타당성이 있는 효력을 말한다.

정답 : ① 법의 실효성이란 법의 현실적인 효력을 말한다.

24. 다음 중 법의 효력에 관한 내용 중 틀린 것은 어느 것인가?
① 임의규정은 강행규정에 우선한다. ② 상위법은 하위법에 우선한다.
③ 특별법은 일반법에 우선한다. ④ 신법은 구법에 우선한다.

정답 : ① 강행규정은 임의규정에 우선한다.

25. 다음 중 법규의 적용시에 당사자의 의사를 고려할 것인가 여부를 표준으로 하는 법의 분류방식에 해당하는 것은?
① 원칙법과 예외법 ② 강행법과 임의법 ③ 실체법과 절차법 ④ 일반법과 특별법

정답 : ② 당사자의 의사가 법규보다 우선 고려되는 경우, 이를 임의법이라 하고, 당사자의사 보다 법규가 우선 적용될 때 이를 강행법이라 한다.

26. 법의 효력에 관한 원칙이 아닌 것은?
① 상위법은 하위법에 우선 ② 신법은 구법에 우선
③ 특별법은 보통법에 우선 ④ 국내법은 국제법에 우선

정답 : ④ 헌법 제6조 제1항에 의하면 헌법에 의하여 체결 · 공포된 조약과 일반적으로 승인된 국제법규는 국내법과 동일한 효력을 가진다.

27. 법이 변경된 경우에 어떠한 사실이 신법의 적용을 받는가, 구법의 적용을 받는가에 대하여 설정해 두는 규정을 무엇이라고 하는가?
① 원칙주의 ② 임의규정 ③ 경과규정 ④ 단속규정

정답 : ③ 법이 변경된 경우에 어떠한 사실이 신법(新法)의 적용을 받는가, 구법(舊法)의 적용을 받는가에 대하여 설정해 두는 명문(明文)의 규정을 말한다.

28. 다음 중 조약 및 일반적으로 승인된 국제법규는 어느 것인가?
① 규칙과 동등한 효과 ② 법률과 동등한 효과 ③ 조례와 동등한 효과 ④ 헌법과 동등한 효과

정답 : ② 헌법에 의하여 체결, 공포된 조약과 일반적으로 승인된 국제법규는 국내법과 같은 효력을 지닌다.(헌법 제6조 제1항). 통설에 의하면㉠입법사항에 관한 조약(헌법 제60조 제1항에 열거된 국회의 동의를 요하는 조약)등은 법률과 동등한 효력을 갖고 ㉡입법사항과 관련없는 조약 등은 원칙적으로 명령과 동등한 효력을 갖는다.

29. 다음 중 설명으로 틀린 것은?
① 속인주의에 의하면 외국에 거주하는 자국민에 대하여 자국법이 적용된다.
② 속지주의에 의하면 영토내에 거주하는 외국인에 대하여 자국법이 적용된다.
③ 타국의 영역내에 있는 선박 · 항공기에 대하여는 타국법이 적용된다.
④ 공법상의 권리 · 의무는 국외에 있어서도 자국법의 적용을 받는다.

정답 : ③ 기국주의에 따라 선박 군함 항공기는 자국법의 적용을 받는다.

30. 우리나라 사람이 프랑스에서 프랑스국민을 살해한 경우에 우리나라 법이 적용되는 것을 무엇이라고 하는가?

① 속인주의　② 속지주의　③ 법치주의　④ 국제법주의

정답 : ① 형법상의 경우 범죄지의 여하를 불문하고, 자국인이 행한 범죄에 대해 자국의 형법을 적용하는 원칙

31. 다음 중 설명이 잘못된 것은?

① 법의 대인적 효력에 관하여 속인주의가 원칙이고 속지주의는 보충역할을 한다.

② 타국의 영역내에 있는 선박・항공기에 대하여는 자국법이 적용된다.

③ 외국원수, 외국외교사절 등에게 타국의 법은 적용되지 않는다.

④ 신법이 구법보다 피고인에게 형벌이 가벼울 때에는 신법을 적용한다.

정답 : ① 법의 대인적 효력에 관하여 국제사회에서는 영토를 상호 존중하는 입장에서 속지주의를 원칙으로 하고 있다.

32. 다음 기술 중 적절하지 못한 것은?

① 대통령은 재직 중 민, 형사상 소추를 받지 아니한다.

② 국회의원에게는 불체포특권이 인정된다.

③ 외국원수는 치외법권이 인정된다.

④ 우리나라는 속지주의를 원칙으로 하며, 속인주의를 예외적으로 인정하고 있다.

정답 : ① 대통령의 형사상 특권 : 대통령은 내란 또는 외환의 죄를 범한 경우를 제외하고는 재직 중 형사상의소추를 받지 않으며, 탄핵심판에 의하지 아니하고는 임기 중 정치적 책임을 지지 않는 특권을 누린다(헌법, 제65조 제4항).

33. 법령의 단어 및 문장의 의미를 하나하나 살피고 조문전체의 구조를 검토하여 그 의미내용을 명확히 하는 법해석 방법은?

① 문리해석　② 유추해석　③ 유권해석　④ 확대해석

정답 : ①

34. 다음 중 유권해석에 해당하지 않는 것은?

① 사법해석　② 입법해석　③ 논리해석　④행정해석

정답 : ③ 법의 해석이란 일반적・추상적으로 규정되어 있는 법규범을 구체적인 사건에 적용・집행하기 위하여 그 의미와 내용을 명확히 밝히는 것을 말한다. 이러한 법의 해석은 구속력을 가지느냐의 여부에 따라 유권해석과 학리해석으로 나누어진다. 유권해석은 다시 해석의 주체에 따라 입법해석, 행정해석, 사법해석으로 구분되며, 학리해석은 해석의 방법에 따라 문리해석과 논리해석으로 구분된다. 논리해석은 구속력이 없는 학리해석에 속한다.

35. 법의 해석방법 중 논리해석에 해당하지 않는 것은?

① 문리해석 ② 확장해석 ③ 물론해석 ④ 보정해석

정답 : ①

논리해석은 구속력이 없는 학리해석에 속한다. 그 예로는 다음과 같다.

㉠ 확장해석 : 법령의 용어를 보통의 뜻보다 넓게 해석하는 방법

㉡ 축소해석 : 법령의 용어를 보통의 뜻보다 좁게 해석하는 방법

㉢ 반대해석 : 명문으로 규정된 이외의 경우에는 그와 반대로 된다고 해석하는 방법

㉣ 물론해석 : 입법상의 취지와 사물의 당연한 성질로 미루어 어떤 다른 사항에 관하여는 그 법문의 규정이 당연히 적용된다고 해석

㉤ 유추해석 : 직접 규명하고 있는 법규가 없는 경우 그 사안에 대하여 그 사안과 중요한 점에서 유사한 사안에 적용되는 법규의 적용

따라서 ① 문리해석은 논리해석에 해당하지 않는다.

36. 다음 중 소위 정의규정은 어디에 해당하는가?

① 행정해석 ② 사법해석 ③ 입법해석 ④ 반대해석

정답 : ③ 입법해석이란 법률의 규정으로 직접 법률의 정의개념을 해석하는 것이다.

37. 법규의 형식적 효력순위가 옳게 배열된 것은?

① 헌법 –법률 –명령 –조례 –규칙

② 헌법 –규칙 –법률 –조례 –명령

③ 조약 –헌법 –법률 –조례 –명령 –국회규칙

④ 헌법 –법률 –조례 –규칙 –명령

정답 : ① 법의 효력순위는 헌법 법률–명령–조례–규칙

38. 법원의 일반적인 적용순서로 가장 옳은 것은?

① 제정법 –판례법 –관습법 –조리 ② 판례법 –관습법 –제정법 –조리

③ 제정법 –조리 –관습법 –판례법 ④ 제정법 –관습법 –판례법 –조리

정답 : ④ 일반적인 법 적용순서로는 제정법 관습법 –조리이나 판례법의 경우 조리보다 우선한다.

39. 다음 중 지방자치단체의 장이 제정하는 법률은?

① 헌법 ② 법률 ③ 조례 ④ 규칙

정답 : ④ 지방자치단체의 장이 제정하는 법령을 규칙이라 하고, ③ 지방의회가 법령의 범위 내에서 제정 하는 법령을 조례라 한다.

40. 법원(法源)에 관한 다음 설명 중 잘못된 것은?

① 법 실증주의자는 관습법을 제1차적 법원으로 한다.

② 자연법은 실정법에 대해서 초월적인 것이다.

③ 민사에 관하여는 민법 –관습법 –조리의 순으로 적용된다.

④ 불문법국가에서는 판례법이 중요시된다.

정답 : ① 실증주의자들에게 있어서는 성문법이 제1차적 법원이다.

41. 우리 나라의 법 중 판례의 법원성에 관해 규정하고 있는 법은?

① 대법원규칙 ② 국회법 ③ 법원조직법 ④ 형법

정답 : ③ 법원조직법 8조에 판례의 법원성에 관한 규정이 있다.

42. 아래의 기술 가운데 가장 부적당한 것은?

① 법원(法源)은 법의 연원이라고도 하며, 법에 대한 인식 수단 내지는 존재형식을 가리킨다.

② 성문법이라 함은 그 제정의 주체가 반드시 의회인 경우에 국한된다.

③ 법의 이념 내지 속성에 있어서 법적 안정성도 그 한 요소를 이룬다.

④ 정의는 법이 추구하는 이념에 있어 그 한 출발점인 동시에 궁극적인 목적이다.

정답 : ② 성문법에는 의회가 제정하는 법률 뿐만 아니라 헌법, 조약과 일반적으로 승인된 국제규범, 명령(법규명령) 자치법규 등이 있다.

43.다음 중 ( )에 들어갈 말을 순서대로 바르게 묶은 것은?

협의의 ( )란 헌법에서 말하는 ( )을 의미한다. 이는 국회의 의결을 거쳐 제정된 ( )을 뜻한다.

① 법률–법률–성문법 ② 법률–법률–성문법 ③ 명령–법률–불문법 ④ 법률–법률–불문법

정답 : ①

(1) ‘법률’이란 입법기관인 국회의 의결을 거쳐 대통령 또는 국회의장이 서명 · 공포함으로써 제정된 성문법을 의미한다.

(2) ‘명령’이란 행정권에 의하여 국회의 의결을 거치지 않고 제정되는 법형식으로 법률보다 하위에 있는 법이다.

(3) ‘성문법’이란 법전에 명시된 법률을 의미한다.

(4) ‘불문법’이란 법전에 명시된 법률이 아닌 판례법, 관습법과 같은 무형의 법률을 의미한다.

따라서 협의의 법률이란 헌법에서 말하는 법률을 의미하며 이는 국회의 의결을 거쳐 제정된 성문법을 뜻하기 때문에 ①이 정답이다.

44. 다음 중 성문법주의의 단점인 것은?

① 법체계의 통일　② 법의 존재 파악　③ 법적 안정성 유지　④ 법의 고착화

정답 : ④ ① ,② ,③은 성문법주의의 장점이고, ④는 단점이다.

45. 관습법의 성립요건이 아닌 것은?

① 관행이 존재할 것

② 그 관행이 선량한 풍속, 기타 사회질서에 반하지 않을 것

③ 관행을 일반 국민이 법규범으로서의 의식을 가지고 지킬 것

④ 관행이 법원의 판결 속에 나타날 것

정답 : ④ 객관적 요건으로 장기적이고 일반적인 관행 · 관습의 존재가 필요하며,

주관적 요건으로 법적 확신이 있어야 한다. 법적 확신의 존재 여부는 특정인이 아닌 일반인의 인식을 기준으로 한다. 다음으로 관습법이 성립하기 위해서 형식적 요건으로서 국가의 승인이 필요한지가 문제되는데 관행의 존재와 법적 확신의 존재만으로 가능하다는 법적 확신설(법력 내재설)과 관행과 법적 확신의 존재 이외에 국가의 승인(법원의 판결)까지 필요하다는 국가승인설이 있으나, 법적 확신설(법력 내재설, 국가승인 불요설)이 통설 · 판례이다.

46. 조리에 관한 설명으로 올바른 것은?

① 법 실증주의자들은 조리의 법원성을 부인하나 자연법론자들은 이를 긍정한다.

② 민사재판에서는 적용할 법이 없더라도 조리에 따라 재판 할 수 없다.

③ 형사재판에 있어서 처벌법규가 없더라도 피고인의 죄가 클 경우에는 조리에 기하여 처벌 할 수 있다.

④ 조리는 관습법에 우선하여 적용한다.

정답 : ① ② 민사에 관하여 민법이 없으면 관습법에 의하고 관습법이 없으면 조리에 의한다.

47. 법체계에 관한 다음 설명 중 바르지 못한 것은?

① 국내법체계는 공법, 사법, 사회법으로 나누어진다.

② 국제사법은 섭외적 사법관계를 규율하는 국제법이라 한다.

③ 국가간의 규율인지에 따라 국제법체계, 국내법체계로 분류한다.

④ 자본주의 법체계에 대립하는 공산주의 법체계가 있다.

정답 : ② 국제사법(섭외사법)은 국가 상호간의 관계를 정하는 것이 아니라 한 국가 안에 있어서의 그 국민과외국인과의 법률관계를 정하는 데 있어서 자국법을 적용하느냐 그 외국인의 본국법을 적용하느냐를 정하는 법이므로 국내법의 일부이다. 따라서 이와 구별하기 위해 국제법을 국제공법이라 한다.

48. 다음 중 공법과 사법의 어느 것에도 속하지 않는 것은?

① 국제법　② 국제사법　③ 상법　④ 노동법

정답 : ④ 사회법에 속하는 것으로는 노동법, 사회보장법, 경제법이 있다.

49. 특별법에 관한 설명으로 틀린 것은?
① 군형법은 군인 및 군무원 등에게 적용된다는 점에서 형법의 특별법이다.
② 상법은 기업의 생활관계를 다룬다는 점에서 민법의 특별법이다.
③ 국가보안법은 국가보안이라는 특수적 사항에 적용된다는 점에서 형법의 특별법이다.
④ 헌법은 모든 국내법 중에서 최고규범이라는 점에서 민법의 특별법이다.

정답 : ④

특별법이란 특정한 장소 · 사람 · 사물에만 적용되는 특수적으로 좁은 효력범위를 갖는 법으로 법의 적용에 있어서 특별법 우선의 원칙이 인정된다.

형법의 특별법에는 군형법, 특례법, 특가법 등이 있으며, 민법의 특별법은 상법 등이 있고, 그 외 특별법으로는 국가보안법, 소년법, 국가공무원법, 조례, 규칙 등이 있다.

따라서 ④ 헌법은 민법의 특별법이 아니라, 모든 법률의 상위개념이며 민법이 헌법의 하위법률이다.

50. 법의 적용에 있어서 가장 먼저 해야 할 일은?
① 구체적인 사실의 확정 ② 법규정을 찾는 일 ③ 법규정의 해석 ④ 타당한 결론의 도출(판결)

정답 : ① 법 적용에는 구체적인 사실의 확정(소전제) → 법규정을 찾는 일(대전제)→타당한 결론의 도출(판결)의 순서를 따른다.

51. 법률의 적용과 관련하여 사실의 의제에 관한 설명으로 틀린 것은?
① 법률에 규정에 의하여 사실을 인정하는 것을 의미한다.
② 법문에서는 '간주한다' 또는 '본다'라고 표현한다.
③ 반증을 통해 사실의 의제를 번복할 수 없다.
④ 죄형법정주의를 취하고 있는 형법은 사실의 의제와 관련된 규정을 두고 있지 않다.

정답 : ④

'의제'란 일정한 사실관계를 확정하는 것으로, 사실의 진부를 불문하고 그렇다고 인정하는 것을 말하는데 법에서는 "본다"라고 하고 있다. 또한 반대의 증거를 가지고도 의제된 사실을 뒤집을 수 없는데 이는 죄형법정주의의 법적 안정성과 관계된다.

52. 법의 해석방법에 대한 틀린 설명은?
① 입법해석은 입법기관인 국회에 의한 해석이다.
② 유권해석이란 권위 있는 대학교수의 학리적 해석을 말한다.
③ 형법상 상해의 개념에 생리적 장애뿐 아니라 머리카락 절단도 포함함은 확장해석에 해당한다.
④ 논리해석에는 확장해석, 축소해석, 물론해석, 목적해석 등이 있다.

정답 : ② 유권해석이란 공적 구속력을 갖는 국가기관이 행하는 해석으로 입법해석 · 사법해석 · 행정해석이 있다.

53.다음 법의 해석 중 확장해석이 속하는 것은?

① 사법해석　② 입법해석　③ 문리해석　④ 논리해석

정답 : ④ 논리해석은 법령제정의 목적에 따라, 논리적 추리에 의하여 해석하는 방법이다. 논리해석에는 확장해석, 축소해석, 반대해석, 물론해석, 유추해석 등이 있다. 유권해석은 국가기관이 행한 해석으로서 공적 구속력을 가지는데, 입법해석 · 사법해석 · 행정해석 등이 있다.

54. 유추해석에 관한 다음 설명 중 바르지 못한 것은?

① 민법에서는 유추해석을 금한다.

② 형법에서는 유추해석을 금한다.

③ 죄형 법정주의 파생원칙 중에 유추해석 금지가 포함된다.

④ 의심스러울 때는 피고인에게 유리하게 해석하여야 한다.

정답 : ① ① 유추해석이란 어떠한 법규를 그 법규의 문언에 명시되어 있지 아니하나 이와 유사한 사실에 적용하여 해석하는 것을 말하며 형법에서는 금지되지만 민법에서는 논리해석의 한 방법으로 허용된다.

55. 입법기술상 규정의 중복과 번잡을 피하고 법조문의 간략화를 위하여 동일한 사항에 대하여 다른 법규의 적용을 명문으로 규정한 경우는?

① 해석작용　② 유추작용　③ 준용　④ 원용

정답 : ④ 준용이란 입법기술상의 방법으로 명문의 규정이 있는 경우에 인정된다. 이에 비하여 ② 유추란 명문규정은 없지만 그와 유사한 사항에 관한 법규를 적용하는 것으로 이는 법해석의 한 방법이다.

56. 사실 여하를 불문하고, 일정한 상태를 인정하는 것이며, 이에 대하여는 반증을 가지고 그 효력을 깨뜨리지 못한다. 이것을 인정할 수 있는 상태는 아니나 인정할 필요에 의하여 효력을 인정하는 것은 무엇인가?

① 간주　② 추정　③ 유추　④ 준용

정답 : ①

57. 권리에 대한 설명으로 틀린 것은?

① 권리의 본질에 관해 오늘날의 통설은 권리법력설이다.

② 고대에 있어서 법률관계는 의무의 측면에서 규율한다.

③ 현대법학에서의 법률관계는 권리본위의 측면에서 규율한다.

④ 이익설은 예링이 이익법학과 목적법학의 이론에 입각하여 주장한 학설이다.

정답 : ③ 역사적으로 고대에 있어서 법률관계는 의무본위로 근대에 있어서는 권리본위로 발전해왔다. 그러나 현대법학에 있어서는 근대의 권리본위에 대한 반동으로 의무를 강조하는 경향이 나타나고 있다고 본다.

58. 물권, 채권, 무체재산권 등 경제적 이익을 내용으로 하는 권리는 무엇인가?

① 재산권 ② 인격권 ③ 지배권 ④ 형성권

정답 : ①

59. 재산권임과 동시에 지배권으로서의 성격을 갖는 것은?

① 무체재산권과 물권 ② 물권과 채권 ③ 친족권과 상속권 ④ 인격권과 항변권

정답 : ① 지배권은 타인의 행위를 끼어들게 하지 않고서 일정한 객체에 대하여 직접 지배력을 발휘할 수 있는 권리이다. 물권, 지적재산권, 인격권이 이에 해당한다.

60. 재산권에 대한 다음 설명 중 잘못된 것은?

① 채무의 강제이행시 수인의 채권자가 있다면 모든 채권자들은 채권성립의 선후와 관계없이 평등하게 다루어진다.

② 재산권은 물권과 채권으로 대별된다.

③ 소유권은 물건을 사용, 수익, 처분할 수 있는 권리로서 우리 헌법은 재산권을 절대적으로 보장하고 있다.

④ 법률과 관습법이 인정하는 물권이외에는 당사자들이 마음대로 새로운 물권을 창설할 수 없다.

정답 : ③

우리 헌법은 공공필요에 의해 재산권을 수용 · 사용 · 제한할 수 있다고 본다.

헌법 제23조 ①모든 국민의 재산권은 보장된다. 그 내용과 한계는 법률로 정한다.

② 재산권의 행사는 공공복리에 적합하도록 하여야 한다.

③ 공공필요에 의한 재산권의 수용 · 사용 또는 제한 및 그에 대한 보상은 법률로써 하되, 정당한 보상을 지급하여야 한다

제2장
헌법

1절 **헌법의 개념**
2절 **대한민국 헌법 총설**
3절 **기본권과 의무**
4절 **정치제도론(통치기구론)**

제1절 헌법의 개념

1. 헌법의 의의

헌법이란 국민의 기본권을 보장하고 국가의 통치조직과 통치원칙을 정하는 국가의 근본규범이다. 국가 최고의 법이며, 근본법 · 기본법이라고 할 수 있다.

2. 헌법개념의 변천

1) 고유한 의미의 헌법

국가에 고유한 헌법이라 함은 국가의 통치체제에 관한 기본사항을 정한 국가의 기본법을 말한다. 이러한 의미의 헌법은 어떠한 시대, 어떠한 국가를 막론하고 국가가 존재하는 곳이면 성문형식이건 불문형식이건 반드시 존재한다.

2) 근대 입헌주의 헌법

국민의 자유와 권리를 보장하고 권력분립에 의하여 국가의 권력을 억제하는 것을 내용으로 하는 헌법을 말한다. 근대입헌주의 헌법은 국민주권주의, 기본권 존중주의, 권력분립주의, 성문헌법주의, 의회주의, 법치주의를 요소로 한다. 입헌주의는 국민의 기본권을 보장하고 국가권력의 분립을 규정한 헌법에 의거하여 통치할 것을 요구하는 정치원리이다.

3) 현대 복지주의적 헌법

근대 입헌주의 헌법이 실질화 되도록 발전한 것으로 국민의 인간다운 생활을 보장하기 위한 사회적 법치국가의 이념에 입각한 헌법을 말한다. 1919년 독일의 바이마르 헌법을 그 효시로 볼 수 있다.

현대 복지주의적 헌법은 국민주권주의의 실질화, 기본권보장과 사회정의의 실현, 권력행사의 통제와 합리적 조정, 사회적 시장경제질서체제의 보장, 실질적 · 절차적 법치주의를 그 요소로 하고 있다.

3. 형식적의미의 헌법과 실질적 의미의 헌법

1) 형식적 의미의 헌법

형식적 의미의 헌법은 헌법이라는 명칭을 가진 성문 법전인 헌법전이라고 하는 법전의 형식을 갖추고 있는 것을 말한다. 토크빌(19세기 프랑스 정치학자)이 '영국에는 헌법이 없다'라고 한 것은 영국은 실질적의미의 헌법은 가지고 있으나, 성문화된 형식적 의미의 헌법은 없다는 것을 의미한다.

2) 실질적의미의 헌법

실질적의미의 헌법이란 형식여하에 관계없이 그 내용이 국가의 구성 · 조직 및 작용에 관한 사항, 국민의 기본적 인권에 관한 사항을 규정하고 있으면 헌법으로 보는 의미이다. 그러므로 헌법이라는 법전이외에 국적법 · 공직선거 및 선거부정방지법 · 국회법 · 정부조직법 · 법원조직법 등과 같은 법률도 포함 되는 것이며, 성문법 이외에도 헌법에 관한 관습법 및 조리까지도 헌법개념에 포함된다.

4. 헌법의 분류

1) 존재형식에 따른 분류

성문헌법은 문서화된 헌법전을 가지는 형태이다. 오늘날 대부분의 국가는 성문헌법형태이다. 최초의 성문헌법은 1776년에 제정된 미국의 버지니아 헌법을 들 수 있다. 불문헌법은 문서화된 헌법전을 가지지 아니하는 형태이며, 관습법의 형태로 존재한다. 불문헌법 국가로는 영국, 오스트레일리아, 캐나다 등을 들 수 있다.

2) 개정절차에 따른 분류

경성헌법은 헌법의 개정절차가 법률의 개정절차보다 엄격한 형태를 말한다. 오늘날 대부분의 국가는 정국의 안정과 헌법의 권위를 유지하기 위하여 경성헌법의 형태를 취하고 있으며, 우리나라도 경성헌법이다.

연성헌법은 법개정절차가 일반 법률의 개정절차와 동일한 절차와 방법으로 개정할 수 있는 헌법을 말한다. 영국헌법이 이에 해당한다.

3) 제정주체에 따른 분류

헌법은 제정 주체에 따라 흠정헌법, 협약헌법, 국약헌법, 민정헌법으로 나눌 수 있다. 흠정헌법은 군주의 일방적인 의사에 의하여 제정한 헌법을 말한다. 1814년 프랑스헌법, 1889년 일본의 명치헌법이 그 예이다. 협약헌법은 군주와 국민대표와의 협약에 의하여 제정한 헌법이며, 1809년 스웨덴헌법과 1930년 프랑스 헌법을 들 수 있다. 국약헌법은 국가와 국가간의 조약에 의하여 제정되어진 헌법이며, 1867년 오스트리아 헌법, 1949년 서독기본법을 들 수 있다. 민정헌법 은 국민이난 국민의 대표기관에 의해서 제정된 헌법이며, 오늘날 대부분의 국가는 민정헌법이다.

4) 헌법의 효력에 따른 분류

헌법의 효력에 따른 분류는 뢰벤슈타인이 분류한 것으로 규범적 헌법, 명목적 헌법, 가식적 헌법으로 나눌 수 있다. 규범적 헌법은 미국과 독일 등의 국가처럼 헌법규범과 헌법현실, 특히 권력행사의 현실이 일치하는 헌법을 말한다. 명목적 헌법은 헌법규범이 아직까지 현실을 규율하지 못하고 교육적인 효과만을 가진 것을 말한다. 가식적(장식적 헌법)헌법은 어의만이 헌법일 뿐 현실을 규율하려는 목적에서 출발한 것은 아니고, 헌법을 가졌다는 것을 외국에 과시하기 위하여 제정된 것을 말한다.

5) 헌법의 독창성에 따른 분류

독창적 헌법은 새로이 창조되고 다른 것에서 유래되지 않은 원천적인 헌법을 말한다. 1787년 미국의 대통령제 헌법, 1931년 중국의 5권 분립제, 1918년 레닌 헌법의 평의회제 등이 있다.

모방적 헌법(전래적 헌법) 다른 국가의 헌법을 대폭적으로 모방하여 만든 헌법을 말한다. 우리나라 헌법을 포함하여, 오늘날 대부분의 국가는 모방헌법이다.

5. 헌법의 제정과 개정

1)헌법의 제정

헌법의 제정은 실질적으로는 정치적 통일체의 종류와 형태에 관하여 헌법제정권력자가 결정한 근본적인 결단을 규범화한 것이며, 형식적으로는 성문헌법으로서의 헌법의 법전화를 말한다. 국가의 기본질서인 헌법을 제정할 수 있는 힘인 헌법제정권력은 시원성과 자율성을 갖는다. 시원성을 갖는 헌법제정권력이지만 무제한의 것은 아니고 법치주의 원리, 민주주의 원리 등 근본규범에 의한 제한을 받는다. 헌법제정권력은 헌법에 의하여 비로서 나오는 권력인 입법권, 행정권, 사법권, 헌법개정권력과는 구별된다. 오늘날 민주국가에서는 국민만이 헌법제정권력의 주체가 된다.

2)헌법의 개정

헌법 개정은 성문헌법이 정하는 절차에 따라 그 헌법의 동일성을 해치지 않는 범위내에서 헌법 조항의 수정, 삭제, 증보함으로써 헌법의 형식이나 내용에 변경을 가하는 행위이다. 헌법의 개정에 있어서 헌법이 정하는 절차에 따르기만 하면 어떠한 내용을 가진 조항이라도 개정할 수 있는가와 관련한 개정한계가 문제된다.

헌법개정권력은 헌법제정권력에 의해 제도화된 것이므로 헌법제정권력의 소재를 변경하거나 헌법의 동질성을 파괴하는 개정을 할 수는 없다. 헌법개정의 형식적 합법성 보다는 실질적 합법성이 더 중요함으로 헌법개정의 한계를 인정하는 입장이 통설이다. 한계의 주요기준으로는 국민주권주의, 자유기본질서, 인간의 존엄성존중, 국제평화주의, 사유재산제, 자본주의적 경제질서 등이다.

제2절 대한민국 헌법 총설

1. 한국헌법의 제정

1) 한국헌법의 제정

1948년 5월 10일 선거로 198인의 제헌국회의원을 선출하였다. 제헌국회에서는 국회의장인 이승만의 서명을 받아 1948년 7월 17일 헌법을 공포하였다. 제헌헌법의 주요내용으로는 대통령중심제, 국회단원제, 근로자의 이익균점권, 농지개혁제도 등이다.

2) 헌법전문 의의와 법적 효력

헌법전문은 헌법의 본문 앞에 쓰여진 서문으로 헌법전의 일부를 구성하고 있는 헌법질서를 말한다.

헌법전문의 내용은 헌법의 성립유래, 대한민국 임시정부의 법통계승, 자유민주적 기본질서, 조국의 평화적 통일, 기본적 인권의 존중, 세계평화주의, 민족문화국가의 지향 등을 담고 있다. 헌법전문은 대한민국의 법질서에 있어서 최고의 규범이다. 즉, 헌법본문을 비롯한 모든 법령에 상위하는 효력을 지닌다. 우리 헌법재판소도 '모든 국가기관과 국민이 존중하고 지켜야 하는 최고의 가치규범이다'라고 하여, 그 효력을 긍정하고 있다.

2. 우리 헌법의 개정역사와 절차

1) 우리 헌법의 개정경과

헌법제정 후 지금까지 9차에 걸친 개정이 있었다. 헌법의 개정에는 기존 헌법의 일부내용을 변경하는 일부개정과 기존 헌법의 내용 대부분을 변경하는 전면개정이 있다. 전면개정은 헌법의 대부분의 내용을 변경하지만 기존 헌법의 기본적인 동일성과 연속성을 유지하는 점에서 헌법제정과 다르다. 우리나라 헌법개정에 있어서 1960년 6월 헌법, 1962년 헌법, 1972년 헌법, 1980년 헌법, 1987년 헌법은 전면개정에 해당하고, 1952년 헌법, 1954년 헌법, 1960년 11월 헌법, 1969년 헌법은 일부개정에 해당한다.

대한민국 헌법 개정사

회수(공포일자)	구 분	개 정 요 지	비 고
헌법제정 (1948.7.17)	제1공화국 (초대국회)	대한민국헌법제정	5.10 총선거 제헌국회
제1차 개정 (1952.7. 4) 발췌개헌	제1공화국 (제2대국회)	① 국회양원제 ② 정 · 부통령의 직선제 ③ 국회의 국무원 불신임제(개별 · 연대) ④ 국무위원 임명에 있어서 국무총리의 제청권	공고 절차 위반, 일사 부재의 원칙 위배로 위헌
제2차 개정 (1954.11.27) 사사오입개헌	제1공화국 (제3대국회)	① 초대 대통령 3선제한 철폐 ② 국무총리제 폐지 ③ 주권의 제약과 영토변경을 가져오는 국제조약에 대한 필수적 국민투표제 ④ 국무위원의 개별적 불신임제 ⑤ 자유시장 경제체제로 전환 ⑥ 군법회의에 관한 헌법적 근거 설정 ⑦ 국민발안제도(국민투표, 헌법 개정 제안)	의결정족수 미달의 위헌
제3차 개정 (1960.6.15) 4.19 혁명 후 의원내각제 개헌	제2공화국 (제4대국회)	① 언론 · 출판 · 집회 · 결사의 자유보장(절대적 자유) ② 의원 내각책임제도 ③ 복수정당제 보장과 정당의 헌법상 지위 강화 ④ 중앙선거관리위원회의 헌법기관화 ⑤ 헌법재판소 설치 ⑥ 대법원장 선거제 ⑦ 지방자치단체장의 직선제 ⑧ 개별적 법률유보규정 수정 · 삭제 ⑨ 경찰의 중립	개정 후 국회 자진해산
제4차 개정 (1960.11.29)	제2공화국 (제5대국회)	① 소급입법권의 부여 ② 특별재판부 및 특별검찰부 설치 ③ 부칙 개정	3.15 부정선거자 처벌과 공민권 제한 및 부정축재자 처벌을 위한 소급특별법제정
제5차 개정 (1962.12.26) 5.16 군사정변 후	제3공화국	① 인간의 존엄과 가치의 존중 조항 신설 ② 국가안전을 위해 기본권보장 다소 약화 ③ 정당정치적 경향 강화, 공직선거에 소속 정당의 공천을 요건으로 하고 당적이탈 · 변경의 경우 의원직 상실 ④ 단원제 환원	국가재건 최고회의, 전면개정

제5차 개정 (1962.12.26) 5.16 군사정변 後	제3공화국	⑤ 대통령제 중심제 ⑥ 헌법재판소를 폐지하고 위헌법률심사권을 법원에 부여 ⑦ 법관 임명에 법관추천회의 제청제 ⑧ 헌법개정에 국회의결을 거쳐 필수적 국민투표 ⑨ 긴급명령권 부활 ⑩ 4.19와 5.16 이념 첨가(전문) ⑪ 국가안전보장회의 신설	국가재건 최고 회의, 전면개정
제6차 개정 (1969.10.21.) 3선개헌		① 대통령의 3선금지규정의 철폐 ② 대통령에 대한 국회의 탄핵소추의 엄격화 ③ 국회의원과 국무위원의 겸직가능	
제7차 개정 (1972. 12.27) 유신헌법	제4공화국	① 통일주체국민회의에 의한 대통령 선출 ② 대통령의 국회해산권 ③ 대통령임기 연장과 중임제한 철폐 ④ 대통령의 국회의원 정수 1/3 추천권 ⑤ 헌법위원회 설치	
제8차 개정 (1980.10.27)	제5공화국	① 독과점 규제조항 신설 ② 선거인단에 의한 대통령 선출 ③ 대통령의 단입제 채택 ④ 헌법개정 절차의 일원화, 대통령의 임기 연장을 위한 헌법개정의 효력 제한 ⑤ 정치활동 규제법 제정 근거명시(부칙) ⑥ 국가의 전통문화계승 및 민족문화창달의무조항 신설 ⑦ 농지의 임대차 · 위탁경영 인정 ⑧ 경제조항의 현실화 및 강화	
제9차 개정 (1987.10.29 1988.2.25 발효	제6공화국 (현행헌법)	① 대통령의 직선제와 임기5년 ② 대통령의 권한 축소, 기본권 강화 ③ 국회의 권한 강화 ④ 군의 정치개입 금지 ⑤ 대통령의 입후보 요건의 완화 ⑥ 대통령의 비상조치권과 국회 해산권의 삭제 ⑦ 대통령의 긴급 재정 · 경제 명령권의 인정 ⑧ 헌법재판소의 신설 ⑨ 선거연령을 법률에 위임 ⑩ 사법권의 독립의 강화 ⑪ 구속적부심사 제도의 전면확대 ⑫ 국정감사권의 부활	3.15 부정선거자 처벌과 공민권 제한 및 부정축재자 처벌을 위한 소급특별법제정

2) 현행 헌법의 개정절차

헌법 개정은 국회 재적의원 과반수 또는 대통령의 발의로 제안된다(제128조 제1항).

제안된 헌법개정안은 대통령이 20일 이상의 기간 이를 공고하여야 한다(제129조).

국회는 헌법 개정안이 공고된 날로부터 60일 이내에 의결하여야 하며, 국회의 의결은 재적의원 3분의 2이상의 찬성을 얻어야 한다(제130조 제1항). 헌법개정안은 국회가 의결한 후 30일 이내에 국민투표에 붙여 국회의원 선거권자 과반수의 투표와 투표자 과반수의 찬성을 얻어야 한다(제130조 제2항). 헌법 개정안이 국민투표에 의하여 찬성을 얻은 때에는 헌법개정은 확정되며, 대통령은 즉시 이를 공포하여야 한다(제130조 제3항). 일반적으로는 공포 즉시 효력이 발생한다.

3. 대한민국의 국가형태

1) 국가의 구성요소

국가는 일정한 지역을 바탕으로 고유한 통치권 아래 법적으로 결합된 일정한 사람들의 집단이라고 할 수 있다. 국가는 일정한 공간과 지배권, 일정한 사람의 3가지요소로 구성되어 있다.

(1) 주권

주권(主權)이란, 국가의사를 전반적 · 최종적으로 결정할 수 있는 최고의 결정권, 헌법제정권력으로 이해된다. 주권론은 군주주권론에서 국민주권론, 국가주권론, 다시 국민주권론으로 변하였다. 주권은 대외적 독립성 · 대내적 최고성을 본질적 특성으로 하면서, 시원성 · 항구성 · 단일불가분성 · 불가양성 · 자율성과 같은 속성을 가진다.

(2) 국민

국민이란 국가의 구성원으로서 자연인을 말한다. 국민이 되는 요건을 국적이라 하며, 우리나라는 국적법을 통하여 국적의 취득과 상실을 규정하고 있다. 국적의 취득에는 선천적 취득과 후천적 취득이 있으며, 국적의 선천적 취득에는 혈통주의와 출생지주의가 있으나 우리나라는 혈통주의를 취하고 있다. 국적의 후천적 취득에는 혼인, 귀화, 인지, 국적회복 등의 사유가 있다. 국적상실의 원인으로는 혼인, 입양, 국적이탈 등이 있다.

(3) 영역

국가의 영토고권이 배타적으로 행사되는 공간을 말하며, 영토, 영해, 영공 등이 있다. 영토는 육지와 도서에 의해 구성되는 국가영역으로 대한민국의 영토는 한반도와 그 부속도서이다(헌법 제3조) 북한지역은 우리의 영역으로 우리나라 법의 규범력은 있지만 실효성은 없다. 영해는 영토의 연안선에 접속한 일정범위의 수역을 발하며, 우리나라는 영해의 폭을 12해리로 정하고 있다. 영공은 영토와 영해의 상공이다. 그 범위는 지배가능한 상공으로서 오늘날에는 우주공간이 시작되는 곳까지로 이해되고 있다.

2)국가의 형태

국가형태는 군주국과 공화국, 민주적 공화국과 전제적 공화국, 연방국과 단일국 등으로 나눌 수 있다. 우리나라는 헌법 제1조 1항에 의해 민주공화국의 형태와 하나의 헌법에 의해 규율되는 단일국의 형태를 취하고 있다. 민주공화국의 정치형태는 의회민주주의, 간접민주주의를 중심으로 직접민주주의가 가미되어 있으며, 민주주의제도를 유지하기 위하여 방어적 · 전투적 민주주의를 채택하고 있다.

4. 대한민국헌법의 기본원리

헌법의 기본원리는 모든 법규정의 해석과 입법 및 정책방향의 기준이 된다. 헌법의 기본원리는 헌법제정권력자인 국민이 내리는 근본적인 결단이기 때문에 헌법개정의 한계이기도 하다.

1) 민주적 기본원리

(1) 국민주권주의

우리나라 헌법 제1조 2항은 '대한민국의 주권은 국민에게 있고, 모든 권력은 국민으로부터 나온다'고 규정하여 국민주권주의 원칙을 명문화하고 있다. 우리 헌법은 국민주권주의를 구체화하기 위하여 간접민주정치를 원칙적으로 채택하면서 직접민주정치의 방법을 가미하고 있다.

(2) 권력분립주의

헌법은 국가권력의 집중과 남용으로부터 국민의 자유와 권리를 보호하기 위하여 입법권은 국회에게, 행정권은 대통령을 중심으로 하는 행정부에, 사법권은 법관으로 구성된 법원에게 그 권한을 각각 나누어 행사하도록 하고 있다.

(3) 법치주의

근대이후의 헌법은 사람의 지배가 아닌 법의 지배를 상정하였다. 국민의 대표기관인 국회가 제정한 법률에 의한 지배를 통하여 행정과 사법의 자의를 배제하고 개인의 자유와 권리를 보호하기 위함이다. 즉 법치주의란 행정권 등의 작용이 법률에 기속되는 동시에 법률의 적용을 보장하는 재판제도를 가짐으로써 인권보장을 달성하려는 원리이다.

2) 사회 · 경제영역의 기본원리

(1) 문화국가의 원리

문화국가원리는 헌법상 명문의 규정이 있는 것은 아니지만 오늘날 국가의 기본원리로 인정되고 있다. 여기에서 문화란 교육 · 학문 · 문학 · 예술 등 '인간의 정신적 · 창조적 활동영역'으로 파악할 수 있다. 그리고 문화국가란 국가가 개인의 문화적 자유와 자율을 보장함과 더불어 적극적으로 개인의 문화적 생활을 구현하기 위하여 노력하는 국가를 말한다.

(2) 사회복지국가의 원리

19세기 산업혁명 이후 빈부간의 갈등이 심화되면서 국가는 단순히 형식적 자유의 보장자로서만 그치는 것이 아니라 실질적으로 국민의 자유와 권리를 보장하기 위하여 개입할 수 밖에 없고 이러한 국가의 기능과 역할을 헌법에 수용되기 시작하였는데 이를 사회복지국가 원리라고 말할 수 있다.

사회복지국가의 원리는 20세기에 이르러 본격적으로 헌법의 원리로 대두되었으며, 1919년 바이마르헌법은 사회복지국가의 원리를 수용하였다.

우리 헌법은 사회복지국가원리를 명문으로 규정하고 있지 않지만 헌법의 전문, 사회적 기본권의 보장, 계획경제와 재분배 의무에 관한 경제조항 등과 같이 사회복지국가원리를 수용하고 있다. 사회복지국가란 경제 · 사회 · 문화의 모든 영역에서 정의로운 사회질서의 형성을 위하여 사회현상에 관여하고 분배하고 조정하는 국가이며, 궁극적으로 국민 각자가 실제로 자유를 행사할 수 있는 실질적 조건을 마련해 줄 의무가 있는 국가이다.

(3) 사회적 시장경제질서

사회적 시장경제질서는 경제재의 생산과 분배가 자유경쟁원칙에 따라 행하여지되, 경제에 대한 국가의 통제가 사회정의 실현과 경제적 약자를 보호하기 위하여 경제에 대한 국가의 통제를 강조하는 체제이다. 헌법재판소도 우리헌법상의 경제질서는 사회적 시장경제질서의 성격을 가지고 있다고 본다.

3) 국제영역의 기본원리

(1) 국제평화주의

우리 헌법은 제5조 1항에서 '대한민국은 국제평화의 유지에 노력하고 침략적 전쟁을 부인한다'고 규정하며 국제평화주의를 명시하고 있다. 헌법 전문에서도 '안으로는 국민생활의 균등한 향상을 기하고 밖으로는 항구적인 세계평화와 인류공영에 이바지함으로써'라고 하여 국제평화주의를 천명하고 있다.

(2) 국제법 존중주의

국제평화주의 이념이 국제사회에서 구현되기 위해서는 국제질서의 기본규범인 국제법이 존중되어야 한다. 우리 헌법 제6조 1항은 '헌법에 의하여 체결 · 공포된 조약과 일반적으로 승인된 국제법규는 국내법과 같은 효력을 가진다'고 제6조 2항은 '외국인은 국제법과 조약이 정하는 바에 의하여 그 지위가 보장된다'라고 규정하여 국제법존중주의를 명시하고 있다.

(3) 평화통일주의

우리헌법은 전문을 비롯하여 여러 조항에서 평화통일 원칙을 선언하고 있다. 헌법 전문에서는 '평화적 통일의 사명'을 가지며, 제4조에서는 '대한민국은 통일을 지향하며, 자유민주적 기본질서에 입각한 평화적 통일정책을 수립하고, 제66조 3항에서는 대통령은 조구의 평화적 통일을 위한 성실한 의무를, 제69조의 대통령의 취임선서문에서는 조국의 평화적 통일을 선서하도록 규정하고 있다. 그리고 제92조 1항에서는 '평화통일정책의 수립에 관한 대통령의 자문에 응하기 위하여 민주평화통일자문회의를 둘 수 있다'라고 규정하고 있다.

5. 대한민국의 기본제도

1) 정당제도

정당이라 함은 국민의 이익을 위하여 책임 있는 정치적 주장이나 정책을 추진하고, 공직선거의 후보자를 추천 또는 지지함으로써 국민의 정치적 의사형성에 참여함을 목적으로 하는 국민의 자발적 조직을 말한다(헌법 제8조 2항, 정당법 제2조). 민주주의 발전단계에서 헌법의 정당에 대한 태도는 적대적 단계, 무시의 단계, 승인 및 합법화의 단계, 오늘날에는 헌법에의 편입단계로 정립되었다.

현행헌법 제8조에서는 정당설립의 자유, 목적 · 활동 · 조직의 민주성 및 위헌정당해산절차, 국민의 의사형성에 필요한 조직, 국가의 보호 및 정치자금의 국고보조 등을 규정하고 있다. 우리 헌법은 정당이 국가기관은 아니지만 헌법상 보장되는 기관임을 밝히고 있으며, 민주주의적 다원성이 정당제도를 통하여 반영될 수 있도록 복수정당제를 보장하고 있다.

2) 선거제도

(1) 의의

국민주권의 원리는 오늘날 직접민주정보다는 간접민주정 즉 대의제를 채택하고 있다. 오늘날 대의제는 민주적인 선거제도를 통하여 실현된다. 선거제도는 합의에 의한 대의민주 정치를 구현하기 위하여 주권자인 국민의 대표자를 선출하는 제도이다. 우리 헌법상에서는 선거제도와 관련하여서 국회의원선거와 대통령선거에 있어서 국민의 보통 · 평등 · 직접 · 비밀선거를 명시하고 있다.

(2) 선거의 기본원칙(헌법 제41조 1항, 제67조: 보통 · 평등 · 직접 · 비밀)

① 보통선거는 제한선거의 반대되는 것으로 선거인의 사회적 신분 · 재산 · 지위에 관계 없이 모든 사람에게 선거권 및 피선거권을 부여하는 제도

② 평등선거란 불평등선거(차등선거)에 반대되는 것으로 1인 1표 원칙에 따라 모든 선거인이 평등하게 한표를 행사하고 1표 1가(價)의 원칙에 따라 모든 선거인의 성과가치도 평등한 선거를 말한다.

③ 직접선거는 간접선거에 반대되는 것으로 선거인이 직접 대표자를 선출하는 선거를 말한다. 민주주의 발전과정에서 초기에는 선거인이 후보자에게 직접 투표하는 것을 의미하였는데, 오늘날에는 선거결과가 선거권자의 투표에 의해 직접 결정될 것을 요구하는 원칙이다. 비례대표제를 실시하는 선거에 있어서 직접선거의 원칙은 의원의 선출뿐만 아니라 정당의 비례적인 의석확보도 선거권자의 투투표에 의하여 직접 결정될 것을 요구하게 된다.

④ 비밀선거는 공개선고 또는 공개투표에 반대되는 것으로 선거인의 의사결정 또는 투표내용이 알려지지 아니하는 선거를 말한다. 공개선거는 개인의 자유로운 의사표명기회를 사실상 차단시킬 위험이 있기에 금지된다.

⑤ 자유선거에 대하여 우리 헌법에서는 명문화하고 있지 않지만 자유선거는 민주주의선거의 당연한 원칙으로 인정된다. 자유선거는 강제선거에 반대되는 것으로 자신의 선거권을 외부의 강제나 간섭없이 의사형성과 의사실현을 할 수 있는 선거를 말한다.

(3) 대표제와 선거구

① 대표제

대표제는 대표결정방식 또는 의원정수 배분방법을 말한다.

㉠ 다수 대표제는 다수의 후보자 중에서 선거인으로부터 다수득표를 한 후보자를 당선자로 결정하는 선거제도이다. 다수대표제는 선거제도로서 간명하여 가장 오래된 선거제도이며 오늘날에도 널리 시행되고 있다. 다수당에 유리하며 소선거구제와 결부되기 쉽다. 다수대표제의 장점으로는 안정적 다수파를 확보함으로 헌정체제의 안정을 기할 수 있다는 점이며 단점으로는 많은 유효투표를 사표로 만들기 때문에 선거인의 정확한 의사가 의회에 반영되지 못하게 된다는 점이다.

㉡ 비례대표제는 다수대표제의 단점을 극복하기 위하여 각 정치세력의 득표율에 비례하여 대표자를 배분하는 선거제도이다. 비례대표제는 사표의 방지를 통하여 대표선출에 있어서 선거인의 의사를 정확하게 반영하려는 취지에서 마련된 것이다. 소선거구에 있어서 사표로 머물게 되는 군소정당이나 새로운 정치세력의 의사가 의회로 진출

할 수 있는 기회를 제공함으로서 소수파를 보호할 수 있다. 또한 이를 통하여 다수파의 횡포를 방지할 수 있으며, 정당정치의 활성화에도 기여하게 된다.

㉢ 직능대표제는 선거인단을 각 직능별로 분할하고 그 직능을 단위로 대표를 선출하는 제도이다. 하지만 직능별 분할이 현실적으로 불가능하기 때문에 이 제도는 실시되지 못하고 있다.

② 선거구제

선거구제는 선거인단을 지역단위로 분할하는 방식을 말한다. 소선거구제는 하나의 선거구에서 1인 내지 2인을 선출하는 제도이다. 대선거구제는 하나의 선거구에서 5인이상을 선출하는 제도이다. 중선거구제는 하나의 선거구에서 3인~4인 정도를 선출하는 제도이다. 소선거구제의 장점으로는 ㉠ 양대정당제의 확립, ㉡ 정치적 안정 확보, ㉢선거인의 대표 선택용이, ㉣ 선거인과 의원간의 유대강화, 단점으로는 ㉠과다한 사표 발생, ㉡ 정당득표율과 의석획득율의 차이, ㉢ 지방 토착인물의 과다 선출 용이, ㉣매수 등에 의한 부패가능성 등이 있다.

3) 공무원제도

(1) 공무원의 의의

공무원은 광의로는 선거에 의한 선출 또는 법률에 의한 임명의 절차에 의하여 국가 또는 공공단체의 공무를 담당하는 일체의 자를 의미한다. 헌법 제7조1항은「공무원은 국민전체에 대한 봉사자이며, 국민에 대하여 책임을 진다」라고 규정하고 있는데, 이는 광의의 공무원 개념이다. 협의의 공무원은 국가공무원법과 지방공무원법에 의하여 공무원의 자격을 갖는 자로 국가 또는 지방자치단체와 공법상의 근무관계에 있는 자를 말한다.

(2) 직업공무원제도

① 연혁

직업공무원 제도는 바이마르 헌법에서 비롯되었으며, 우리 헌법에는 공무원의 헌법적 지위는 건국헌법부터 규정되었으나, 직업공무원 제도를 처음으로 도입한 것은 제3차 개정헌법이다.

② 의의

직업공무원제도란 공직이 정권쟁취의 전리품이 되는 엽관제를 지양하고, 정치세력의 교체에도 불구하고 일관성 있는 공무수행의 독자성을 유지하고, 정권교체에 따른 국가작용의 중단과 혼란을 예방하기 위하여 공무원의 신분이 보장되는 공직구조에 관한 제도를 의미 한다. 직업공무원제도에서 말하는 공무원은 국가 또는 공공단체와 근로관계를 맺고 공법상 특별행정법관계에서 공무를 담당하는 것을 직업으로 하는 협의의 공무원을 말하며, 정치적 공무원은 포함되지 않는다.

4) 지방자치제

지방자치제란 국가의 업무를 지장을 단위로 한 지방자치단체를 설치하여 그 지방의 고유한 사무로 분장한 다음 중앙정부의 간섭없이 이를 수행하는 국가작용을 의미한다. 지방자치를 통하여 서로 여건과 환경이 다른 여러 지방의 특색을 살림으써 공동체의 분열없이 다원적인 정치질서를 유지하고, 국가와 지방자치단체간에 권력을 분할하여 행사함으로써 국가권력의 집중을 해소할 수 있다.

지방자치제도의 법적성격에 대해 지방자치권은 주민들에 의하여 구성된 자치단체가 교유하게 보유하는 것이라는 자치고유권설(기본권보장설)과 제도적보장설로 나뉘는데 통설은 제도적 보장설의 입장이다. 제도적 보장이라 함은「지방자치제는 역사적 · 전통적으로 형성된 제도의 일종으로서 그 본질적 내용을 입법에 의하여 폐지하거나 유명무실한 것이 되게 하여서는 아니된다」는 의미이다. 지방자치단체는 주민의 복리에 관한 사무를 처리하고 재산을 관리하며, 법령의 범위 안에서 자치에 관한 규정을 제정할 수 있다(헌법 제117조 1항).

제3절 기본권과 의무

1. 기본권의 의의

1) 인권과 기본권

인권(Human Rights, Menschen Rechte)이란 인간이기 때문에 당연히 갖는 생래적이며 기본적인 권리이며, 이에 대하여 기본권(Fundamental Rights, Grudrechte)은 헌법이 보장하는 국민의 권리로서 법적 · 제도적으로 보장되고 또한 제약되는 개념으로 일반적으로 구분하고 있다.우리 헌법은 제10조 전단에서 인간의 존엄과 가치를, 제2문에서 개인이 가지는 불가침의 기본적 인권을 확인하고 보장할 의무를 규정하고 있다. 또한 제37조 제1항에서는 국민의 자유와 권리는 헌법에 열거되지 아니한 이유로 경시되지 아니한다고 규정하고 있다. 이는 기본권이 명문으로 규정되어 있지 않더라도 보장되어야 할 것을 확인하는 규정이며 그 내용을 인권에서 찾아볼 수 있음을 가능케 하는 규정이라 볼 수 있다. 헌법 제10조의 기본적 인권은 인권과 같은 의미로 인간이 기본적으로 가지는 권리라는 인권의 성격을 강조한 말이라고 해석할 수 있다. 따라서 인권과 기본권을 구별할 실익이 없으며 양자를 동일시하여도 무방하다고 볼 수 있다. 다만 여기에서의 인권은 21세기에 인권의 새로운 내용으로 이해되고 있는 평화권, 개발도상국들의 발전권 등 개인의 주관적 권리와는 거리가 있는 권리들은 제외되는 것으로 이해하는 것이 타당하다.

2) 근대헌법에서의 기본권 보장

(1) 영 국

민주주의의 발전과정은 인간의 자유와 권리를 확대한 역사라고 할 수 있다. 영국은 민주주의 정착과정에서 대헌장(1215), 권리청원(1628), 인신보호영장제(1679), 권리장전(1689)을 통하여 인간의 자유와 권리보장을 위한 제도적 장치가 확립되었다.

(2) 미 국

미국은 1776년 독립전쟁을 통하여 식민국가에서 새로운 독립국가를 건설하였다. 버지니아 인권선언에서는 주권국가의 시민의 자유와 권리를 확인하면서 헌법에 이를 보장하기 위한 제도적 장치로서 권력분립제도를 도입하였다. 1787년 최초의 연방헌법이 제정되었으며, 미국 헌법은 특유의 증보식 헌법개정방식을 채택하고 있다. 1791년 수정헌법 10개조의 권리장전이 추가됨으로써 헌법전상 직접 기본권이 명문화 되었다.

(3) 프랑스

1789년 프랑스 혁명은 국가내부에서 자행되어 온 절대군주에 의한 전제적 지배에 대한 저항으로서 시민혁명이었다. 자유, 평등, 박애를 구호로 한 인간과 시민의 권리선언(인권선언,1789)이 채택되었고 이를 기초로 혁명헌법이 탄생되었다. 프랑스혁명의 구호인 자유, 평등, 박애는 오늘날까지 인간의 자유와 권리를 보장하는 기본원리로 기능하고 있으며, 프랑스 헌법의 국시로 명시되고 있다. 특히 혁명의 구호였던 박애의 원리는 프랑스 제4공화국 헌법 전문에서 사회권을 규정함으로 20세기의 사회권과 연대권 출현에 기여하게 되었다.

(4) 독일

근대입헌국가의 형성이 지체되어, 헌법상의 인권보장이 뒤늦게 정립되었다. 프랑크푸르트 헌법(1849)과 프로이센 헌법(1850)은 시민혁명에 의한 헌법으로 보기 힘들며, 비스마르크 헌법(1871)은 외견적 입헌주의 헌법이라고 볼 수 있다. 한편, 1919년의 바이마르공화국헌법은 현대적 인권을 헌법에 보장한 최초의 헌법으로 평가될 수 있다. 그리고 바이마르공화국의 비극적 종말과 나치즘에 의한 인간존엄성말살에 대한 반성으로서 1949년에 제정된 독일기본법은 인간의 존엄을 헌법상 최고의 가치로 삼고 있다.

3) 현행 헌법상 기본권의 분류

(1) 인간으로서의 존엄과 가치 · 행복추구권(제10조)

(2) 평등권(제11조)

(3) 자유권

① 신체의 자유

② 사회적 · 경제적 자유권

직업 선택의 자유 · 거주이전의 자유 · 주거의 자유, 사생활의 비밀과 자유 · 통신의 자유, 재산권의 보장(제14조, 제15조, 제16조, 제18조, 제23조))

③ 정신적 자유권

양심의 자유 · 종교의 자유 · 학문과 예술의 자유(제19조, 제20조)

④ 표현의 자유

언론 · 출판 · 집회 · 결사의 자유(제21조, 제22조)

(4) 사회적 기본권(생존권적 기본권)

① 교육을 받을 권리(제31조)

② 근로의 권리(제32조)

③ 근로자의 단결권 · 단체교섭권 · 단체행동권(근로3권, 제33조)

④ 인간다운 생활을 할 권리(제34조)

⑤ 환경권(제35조)

⑥ 혼인 및 가족생활과 보건에 관한 권리(제36조)

(5) 청구권적 기본권(기본권 보장을 위한 기본권)

① 청원권(제26조)

② 재판청구권(제27조)

③ 형사보상청구권(제28조)

④ 손해배상청구권(제29조)

⑤ 형사피해자의 국가구조제도 – 범죄피해자의 구조청구권(제30조)

(6) 참정권적 기본권(정치적 기본권)

① 선거권(제24조)

② 공무담임권(제25조)

③ 국민투표권

4) 기본권의 제한과 한계

'국민의 자유와 권리는 헌법에 열거되지 아니한 이유로 경시되지 아니한다' 는 헌법규정을 보듯이 기본권은 최대한 보장되어야 한다. 그러나 기본권은 어떠한 경우에도 제한 되지 않는 절대적인 것은 아니다. 기본권 제한은 헌법에서 직접 기본권을 제한하는 명시적 규정을 두는 헌법유보에 의한 제한과 헌법이 입법자에게 기본권을 법률에 의하여 제한 할 수 있도록 명시적 규정을 두는 법률유보에 의한 제한, 법률로써 제한 할 수 없는 절대적 기본권(양심의 자유에서 내심, 종교의 자유에서 신앙)과 같이 기본권의 내재적 한계에 의하여 제한된다.

일반적 헌법유보는 헌법에서 직접 기본권 일반이 헌법적 질서 또는 특정한 헌법원리에 의하여 제한된다고 명시하는 것이다. 우리헌법은 일반적 헌법유보에 관한 명문규정은 두고 있지 않다. 개별적 헌법유보는 헌법에서 특정한 개별적 기본권이 헌법적 질서 또는 특정한 헌법원리에 의하여 제한된다고 명시하는 것이다. 헌법상 표현의 자유에 관한 규정(헌법 제21조 4항), 재산권행사의 공공복리적합성 규정(헌법 제23조 2항), 군인 등에 대한 2중배상제한 규정(헌법 제29조 2항)등이다.

일반적 법률유보는 기본권 일반에 대하여 법률로써 제한 할 수 있도록 규정한 것이다. 우리헌법 제37조 2항은 "국민의 모든 자유와 권리는 국가안전보장 · 질서유지 또는 공공복리를 위하여 필요한 경우에 한하여 법률로써 제한할 수 있으며, 제한하는 경우에도 자유와 권리의 본질적인 내용을 침해할 수 없다"고 규정하여 일반적 법률유보에 관하여 명시하고 있다. 개별적 법률유보는 개별적 기본권에 법률유보조항을 두어서 특정한 기본권을 법률로써 제한 할 수 있도록 규정한 것이다. 헌법 제23조 1항(재산권), 제12조(신체의 자유), 제13조(죄형법정주의) 등이 그 예이다.

2. 인간의 존엄과 가치 · 행복추구권

1) 의의

헌법은 제10조에서 "모든 국민은 인간으로서의 존엄과 가치를 가지며, 행복을 추구할 권리를 가진다. 국가는 개인이 가지는 불가침의 기본적 인권을 확인하고 이를 보장할 의무를 진다"고 규정하고 있다. 인간의 존엄과 가치 · 행복추구권 규정은 인간존엄성 존중사상 및 기본권의 초국가성 · 자연권성을 의미한다. 동 규정의 규범적 의미는 개인주의 · 자유주의 법원리에 입각한 인간 우선의 원리를 선언함과 동시에 국가 및 국민의 활동의 목표가 되고, 모든 법령해석의 궁극적 해석기준과 헌법개정금지의 대상이 되며, 모든 기본권 규정의 목적 조항에 해당한다.

인간으로서의 존엄과 가치는 1962년 제3공화국 헌법에서 규정되었으며, 1980년 제5공화국 헌법에서 행복추구권이 추가되어 현행헌법에 이르고 있다.

2) 인간의 존엄과 가치

인간의 존엄과 가치는 다른 개별적 기본권과 같이 독자적 내용을 가진 주관적 공권인 동시에 모든 기본권 조항에 적용될 수 있는 일반원칙의 선언이라고 볼 수 있다. 헌법재판소도 인간의 존엄과 가치의 기본원리적 성격과 더불어 구체적권리성을 인정하고 있다. 인간의 존엄과 가치의 향유주체는 자연인이며, 법인이나 법인격없는 단체는 주체가 될 수 없다. 내국인뿐만 아니라 외국인도 그 주체가 될 수 있다.

주관적 공권으로서의 인간의 존엄과 가치는 일반적 인격권으로 이해할 수 있다. 일반적 인격권은 인격에 대하여 소극적으로 침해받지 않을 권리와 적극적으로 보호받을 권리를 포함한다. 일반적 인격권의 내용은 명예권, 성명권, 초상권 등이 있다.

인간의 존엄과 가치에 대한 공권력에 의한 침해행위에 대하여는 청원권, 헌법소원심판청구권, 국가배상청구권 등을 통하여 구제받을 수 있으며, 사인에 의한 침해행위에 대하여서는 민사상 불법행위에 대한 손해배상청구권을 행사할 수 있다.

3) 행복추구권

행복추구권은 미국의 버지니아 인권선언(1776년)에서 최초로 규정되었으며, 우리 헌법에서는 인간의 존엄과 가치와 병렬적으로 규정되고 있다. 행복추구권의 법적성격에 대해서는 행복추구권은 독자적인 기본권으로서의 성격과 더불어 다른 기본권과 결합하여 헌법에 열거되지 아니한 새로운 기본권을 도출하는 근거로 이해한다. 행복추구권의 독자적인 기본권성을 인정하더라도 행복추구권은 다른 기본권에 대한 보충적 기본권으로서 성격을 지니며, 우선적으로 적용되는 다른 기본권이 존재하여 그 침해 여부를 판단하는 이상, 행복추구권 침해 여부를 독자적으로 판단할 필요는 없는 것으로 이해할 수 있다.

헌법재판소는 행복추구권속에 일반적 행동자유권과 개성의 자유로운 발현권, 성적자기 결정권, 소비자의 자기결정권이 함축되어 있으며 일반적 행동자유권으로부터는 계약의 자유가 파생된다고 본다.

3. 평등권

1) 의의

근대입헌주의 헌법에서는 평등의 원리를 헌법상 최고의 원리로 선언하였다. 평등권은 1776년 버지니아 권리장전을 통하여 헌법상 원리로 수용되었고, 1789년 프랑스 혁명의 구호인 자유 · 평등 · 박애는 프랑스 헌법 제1조에서 프랑스의 국시로 채택되었다.

우리 헌법은 전문에서 "정치 · 경제 · 사회 · 문화의 모든 영역에 있어서 각인의 기회를 균등히 하고,..... 국민생활의 균등한 향상을 기하고"라고 하여 평등원칙을 규정하고 있다. 또한 제11조에서는 "모든 국민은 법 앞에 평등하다. 누구든지 성별 · 종교 또는 사회적 신분에 의하여 정치적 · 경제적 · 사회적 · 문화적 생활의 모든 영역에 있어서 차별을 받지 아니한다. 사회적 특수계급의 제도는 인정되지 아니하며, 어떠한 형태로도 이를 창설할 수 없다. 훈장등의 영전은 이를 받은 자에게만 효력이 있고, 어떠한 특권도 이에 따르지 아니한다"고 하여 평등권을 규정하고 있다. 헌법재판소는 평등권을 기본권보장에 관한 헌법의 최고원리, 기본권 중의 기본권으로 판시하고 있다.

2) 법 앞의 평등

(1) 법의 의미

법 앞에 평등이라 할 경우 법은 의회에서 제정한 형식적의미의 법률뿐만 아니라 국가의 법체계를 형성하는 모든 법규범을 말한다. 따라서 성문법과 불문법을 불문하고, 헌법 · 법률 · 명령 · 규칙 등 모든 법규범이 여기에 포함된다.

(2) 법앞의 의미

법앞에의 의미에 관해서는 법적용평등설(입법자비구속설)과 법내용평등설(입법자구속설)이 대립하고 있다.

법적용평등설은 법앞에 평등을 법을 구체적으로 집행하고 적용하는 국가작용인 집행과 사법(司法)에 대한 규제원리로 이해하는 입장이고, 법내용평등설은 법앞에 평등을 법의 집행과 적용뿐만 아니라 법의 제정까지도 포함하는 모든 국가작용에 대한 규제원리로 이해하는 입장이다.

헌법재판소는 법앞에 평등을 "법을 적용함에 있어서 뿐만 아니라 입법을 함에 있어서도 불합리한 차별대우를 하여서는 아니된다는 것을 뜻한다. 즉 사리에 맞는 합리적 근거없이 법을 차별하여 적용하여서는 아니됨은 물론 그러한 내용의 입법을 하여도 아니된다는 것"이라고 판시하였다. 따라서 법앞에 평등은 법내용의 평등을 의미하고, 입법자까지도 구속하는 것으로 이해될 수 있다. 평등이란 합리적 근거에 의한 차별대우 즉 상대적 평등을 의미하며, 입법 · 행정 · 사법의 모든 영역에 적용된다. 상대적 평등의 기준으로는 합리성, 자의금지의 원칙, 형평과 정의 등이 있다.

3) 침해와 구제

평등권 침해에 대하여는 일반적인 기본권 침해에 대한 구제절차를 밟을 수 있다. 헌법상의 구제수단으로는 청원권, 재판청구권, 행정쟁송권, 국가배상청구권, 형사보상청구권, 위헌법률 · 명령 · 규칙 · 처분심사제, 헌법소원심판청구권 등이 있다.

4. 자유권적 기본권

1) 신체의 자유(제12조)

(1) 의의

신체의 자유는 1215년 마그나카르타, 1628년 권리청원, 1679년 인신보호법, 1689년 권리장전, 1776년 버지니아 권리장전, 1789년 프랑스인권선언 등에 규정된 인간의 가장 기본적 권리로 이해된다. 오늘날 신체의 자유는 가장 기본적 자유이며 신체의 자유보장 정도가 자유와 권리 보장의 척도가 되고 있다.

(2) 실체적 보장

① 죄형법정주의

헌법 제12조 1항 후문에서 "누구든지 법률에 의하지 아니하고는 체포 · 구속 · 압수 · 수색 또는 심문을 받지 아니하며, 법률과 적법한 절차에 의하지 아니하고는 처벌 · 보안처분 또는 강제노역을 받지 아니한다"라고 하여 죄형법정주의를 규정하고 있다. 그 파생원칙으로 제13조 1항에서 형벌법규의 소급효금지(모든 국민은 행위시의 법률에 의하여 범죄를 구성하지 아니하는 행위로 소추되지 아니하며...)를 규정하고 있다.

② 소급입법에 의한 참정권제한과 재산권박탈금지

헌법 제13조 2항에서 "모든 국민은 소급입법에 의하여 참정권의 제한을 받거나 재산권을 박탈당하지 아니한다"고 규정하여 소급입법에 의한 참정권제한과 재산권박탈금지를 명시하고 있다.

③ 일사부재리의 원칙 내지 이중처벌금지의 원칙

헌법 제13조 1항 후문에서는 "...동일한 범죄에 대하여 거듭 처벌받지 아니한다"라고 하여 일사부재리의 원칙 내지 거듭처벌금지의 원칙을 규정하고 있다. 형사재판에 있어서 확정판결에 의하여 실체적 확정력이 발생하게 되면 이후 동일사건에 대해서는 거듭 심판받지 않는다는 원칙이다.

④ 연좌제의 금지

헌법 제13조 3항에서는 "모든 국민은 자기의 행위가 아닌 친족의 행위로 인하여 불이익한 처우를 받지 아니한다"고 하여 연좌제를 금지하고 있다. 이는 근대형법의 기본원리인 자기책임과 개인책임의 원리에 반하기 때문이다.

(3) 절차적 보장

① 적법절차원칙

헌법 제12조 1항 후문은 "법률과 적법한 절차에 의하지 아니하고는 처벌 · 보안처분 또는 강제노역을 받지 아니한다"고, 제3항은 "체포 · 구속 · 압수 또는 수색을 할 때에는 적법한 절차에 따라 검사의 신청에 의하여 법관이 발부한 영장을 제시하여야 한다"고 규정하여 적법절차원칙을 명시하고 있다. 우리나라에서는 1987년 제6공화국 헌법에서 최초로 규정되었으며, 적법절차원칙은 형사사법작용에서 출발하였으나, 오늘날에는 법 전영역에 있어서 강조되는 원칙이다.

② 영장주의 원칙

헌법 제12조 3항에서 "체포 · 구속 · 압수 또는 수색을 할 때에는 적법한 절차에 따라 검사의 신청에 의하여 법관이 발부한 영장을 제시하여야 한다"고 규정하여 영장주의 원칙을 명시하고 있다.

③ 체포 · 구속이유 등 고지제도

헌법 제12조 5항에서는 "누구든지 체포 또는 구속의 이유와 변호인의 조력을 받을 권리가 있음을 고지 받지 아니하고는 체포 또는 구속을 당하지 아니한다. 체포 또는 구속을 당한 자의 가족 등 법률이 정하는 자에게는 그 이유와 일시 · 장소가 지체 없이 통지되어야 한다"고 규정하여 체포 · 구속이유 등 고지제도를 명시하고 있다.

④ 체포 · 구속 적부심사제도

헌법 제12조 6항에서는 "누구든지 체포 또는 구속을 당한 때에는 적부의 심사를 법원에 청구할 권리를 가진다"고 규정하여 체포 · 구속 적부심사제도를 명시하고 있다.

(4) 형사피의자와 형사피고인의 권리보장

형사피의자는 불법한 체포 · 구속 · 압수 · 수색 또는 심문을 받지않을 권리, 고문을 받지않을 권리와 묵비권[4], 영장에 의하지 아니하고는 체포 · 구속 · 압수 · 수색을 받지 아니할 권리, 변호인의 조력을 받을 권리[5], 체포 · 구속 적부심사청구권, 무죄추정의 원칙, 형사보상청구권[6], 국가배상청구권을 가진다.

형사피고인은 형사피의가가 가지는 권리 이외에 신속하고 공정한 재판을 받을 권리[7], 국선변호인의 변호를 받을 권리 등이 있다.

---

4) 모든 국민은 고문을 받지 아니하며, 형사상 자기에게 불리한 진술을 강요당하지 아니한다(헌법 제12조, 2항).

5) 누구든지 체포 또는 구속을 당한 때에는 즉시 변호인의 조력을 받을 권리를 가진다. 다만, 형사피고인이 스스로 변호인을 구할 수 없을 때에는 법률이 정하는 바에 의하여 국가가 변호인을 붙인다(헌법 제12조 4항).

6) 형사피의자 또는 형사피고인으로서 구금되었던 자가 법률이 정하는 불기소처분을 받거나 무죄판결을 받은 때에는 법률이 정하는 바에 의하여 국가에 정당한 보상을 청구할 수 있다(헌법 제28조).

7) 모든 국민은 신속한 재판을 받을 권리를 가진다. 형사피고인은 상당한 이유가 없는 한 지체없이 공개재판을 받을 권리를 가진다(헌법 제27조 3항).

① 처벌 등의 법률주의

모든 국민은 신체의 자유를 가진다. 누구든지 법률에 의하지 아니하고는 체포 · 구속 · 압수 · 수색 또는 심문을 받지 아니하며, 법률과 적법한 절차에 의하지 아니하고는 처벌 · 보안처분 또는 강제노역을 받지 아니한다(제12조, 제1항).

② 고문금지 및 진술거부권(묵비권)

모든 국민은 고문을 받지 아니하며, 형사상 자기에게 불리한 진술을 강요당하지 아니한다(제12조, 제2항).

③ 영장제도와 영장주의의 예외

체포 · 구속 · 압수 또는 수색을 할 때에는 적법한 절차에 따라 검사의 신청에 의하여 법관이 발부한 영장을 제시하여야 한다. 다만, 현행범인인 경우와 장기3년 이상의 형에 해당하는 죄를 범하고 도피 또는 증거인멸의 염려가 있을 때에는 사후에 영장을 청구할 수 있다(제12조, 제3항).

④ 변호인의 조력을 받을 권리

누구든지 체포 또는 구속을 당한 때에는 즉시 변호인의 조력을 받을 권리를 가진다. 다만, 형사피고인이 스스로 변호인을 구할 수 없을 때에는 법률이 정하는 바에 의하여 국가가 변호인을 붙인다(제12조, 제4항).

2) 사회적 · 경제적 자유권

(1) 거주 · 이전의 자유

모든 국민은 거주 · 이전의 자유를 가진다(헌법 제14조). 거주 · 이전의 자유는 사람의 사회 · 경제생활의 불가결한 자유로서, 국민이 자기가 원하는 장소에 주소나 거소를 설정하고 이를 이전하거나, 그 의사에 반하여 거주지를 이전당하지 아니할 자유이다. 거주 · 이전의 자유는 개인의 주관적 공권이다. 따라서 국가는 개인의 거주 · 이전의 자유를 침해하여서는 안된다. 거주 · 이전의 자유는 인간의 신체 이동의 자유라는 점에서 인신의 자유와 관련되고, 인간이 집단적으로 이동할 경우에는 집회 · 시위의 자유와도 관련된다. 거주 · 이전의 자유의 주체는 원칙적으로 내국인이며, 내국인에는 자연인, 법인, 단체도 포함된다. 외국인에 대하여는 다른 나라에 준하여 출입국관리법 등을 통하여 거주 · 이전의 자유를 특별히 제한하고 있다.

(2) 직업선택의 자유

모든 국민은 직업선택의 자유를 가진다(헌법 제15조). 직업 선택의 자유는 국민이 자기가 원하는 직업을 선택할 수 있는 자유와 영업의 자유 그리고 무직업의 자유도 포함한다. 직업선택의 자유는 삶의 보람이요 생활의 터전인 직업을 개인의 창의와 자유로운 의사에 따라 선택케 함으로서 자유로운 인격의 발전에 이바지하게 하는 한편 자유주의적 경제 · 사회질서의 요소가 되는 기본적 인권이다. 자연인 중에서 내국인은 직업선택의 자유의 주체가 된다. 외국인은 원칙적으로 직업선택의 자유를 누리지만 국가정책적으로 일정한 제한이 있게 된다. 법의의 경우, 사법인은 직업선택의 자유가 인정되나, 공법인은 기본권의 수범자이므로 그 주체성은 부인된다.

(3) 주거의 자유

모든 국민은 주거의 자유를 침해받지 아니한다. 주거에 대한 압수나 수색을 할 때에는 검사의 신청에 의하여 법관이 발부한 영장을 제시하여야 한다(헌법 제16조).

주거의 자유는 주거의 평온과 불가침을 헌법상 개인의 권리로서 보장하는 것이다. 주거의 자유는 넓은 의미의 사생활의 비밀과 자유의 영역에 속한다. 주거의 자유는 사생활에 관한 가정 고전적인 자유인 점에 비하여, 헌법 제17조의 사생활의 비밀과 자유는 현대적인 정보사회에서 개인의 사생활 보호를 위한 기본권이다.

주거의 자유는 개인의 방어권적 성격을 갖는 주관적 공권이다. 주거의 자유의 주체는 자연인이며 내 · 외국인을 불문한다. 법인이나 단체도 각기 고유한 사적인 생활 공간을 확보하고 있으므로 주거의 자유가 보장된다.

(4) 사생활의 비밀과 자유

모든 국민은 사생활의 비밀과 자유를 침해받지 아니한다(헌법 제17조). 사생활의 비밀과 자유는 1980년 제5공화국헌법 이래 규정되고 있다.

사생활의 비밀이란 프라이버시의 권리로서 사생활의 공개를 강요당하지 않는 권리이며, 사생활의 자유란 사생활의 자유로운 형성과 유지를 제한받지 아니하는 권리다. 사생활의 보호는 집회 · 결사의 자유와 같은 집단적 성격의 기본권과는 구별되는 개인적 기본권이다. 사생활의 비밀과 자유는 인간의 존엄성에 기초하고 있으므로, 그 주체는 자연인에 한하는 것이 원칙이며, 내 · 외국인을 불문한다.

(5) 통신의 자유(제18조)

모든 국민은 통신의 비밀을 침해받지 아니한다(헌법 제18조). 통신의 자유는 개인이 그 의사나 정보를 편지 · 전화 · 전신 등의 통신 수단에 의해 전달하는 경우에 본인의 의사에 반하여 그 내용이나 당사자 등을 공개당하지 않을 자유이다. 통신의 자유는 양심의 자유 · 종교의 자유 · 학문의 자유 등 과 같은 내면적 정신 활동의 자유와는 달리, 표현의 자유와 마찬가지로 외면적 정신활동의 자유로 볼 수 있다. 통신의 자유는 사생활보호를 기초로 한 표현행위를 보호하려는 점에서 언론 · 출판의 자유와는 구별된다.

통신의 자유는 자연인과 법인 모두에게 인정된다. 자연인에는 외국인도 포함된다.

(6) 재산권의 보장

모든 국민의 재산권은 보장된다. 그 내용과 한계는 법률로 정한다. 재산권의 행사는 공공복리에 적합하도록 하여야 한다. 공공필요에 의한 재산권의 수용 · 사용 또는 제한 및 그에 대한 보상은 법률로써 하되, 정당한 보상을 지급하여야 한다(헌법 제23조).

산업사회의 발달에 따라 야기된 빈부격차와 사회적 갈등으로 인하여 1919년 바이마르헌법에 이르러서는 재산권의 절대성 및 계약의 자유를 대신하여 재산권의 사회적 구속성을 강조한 수정자본주의 원리가 지배하게 되었다. 우리 헌법의 재산권보장 조항도 이러한 원리에 기초하여 규정된 것으로 이해할 수 있다.

현행 헌법은 국민의 재산권을 보장하면서도 이를 절대적인 것으로 보지 않고, 사회적 구속성의 범위내에서 인정된다는 한계를 강조하고 있다. 이에 따라 재산권의 구체적인 내용과 한계는 입법자에 의하여 형성된다는 기본권형성적 법률유보규정을 두고 있다. 또한 재산권의 제한은 정당한 보상을 전제로 하고 있다.

재산권보장은 제도보장이면서 사유재산으로서 자유권적인 성격을 가진다고 보는 권리 · 제도 동시보장설이 다수의 견해이며 헌법재판소의 입장이다. 자연인과 법인 등은 재산권의 주체가 될 수 있다. 다만 외국인이나 외국법인에 대해서는 국가정책이나 국제조약 등에 의하여 특별한 제한이 가능하다(외국인 토지법 등)

3) 정신적 자유권

(1) 양심의 자유

모든 국민은 양심의 자유를 가진다(헌법 제19조). 여기서의 양심은 인간의 윤리적 · 도덕적 내심영역의 문제이다. 헌법이 보호하려는 양심은 어떤일이 옳고 그름을 판단함에 있어서 그렇게 행동하지 아니하고는 자신의 인격적인 존재가치가 허물어지고 말 것이라는 강력하고 진지한 마음의 소리이지, 막연하고 추상적인 개념으로서의 양심은 아니다. 우리 헌법은 제헌헌법에서 양심의 자유를 종교의 자유와 같은 조문에 규정하였으나, 제3공화국 헌법 이래 종교의 자유와 분리하여 규정하고 있다.

양심의 자유는 인간 내심의 자유이므로 인간의 자유 중에서 가장 기본적인 자유이다. 그리고 양심의 자유의 본질적 내용인 내심의 자유는 자연권이며 절대적 기존권이다. 양심의 자유의 주체는 자연인이다. 헌법상의 '모든 국민'은 내 · 외국인을 불문한다. 양심의 자유의 본질상 법인은 양심의 자유의 주체가 될 수 없다.

(2) 종교의 자유

모든 국민은 종교의 자유를 가진다. 국교는 인정되지 아니하며, 종교와 정치는 분리된다(헌법 제20조). 헌법 제20조는 종교의 자유와 정교분리의 원칙을 규정하고 있다.

종교의 자유는 인간내면의 신앙이므로 인간의 자유 중 가장 기본적인 자유이다. 따라서 종교의 자유의 본질적 내용인 신앙의 자유는 자연권이며 절대적 기본권이다. 종교의 자유의 주체는 자연인이다. 헌법상의 '모든 국민'은 내 · 외국인을 불문한다. 신앙의 자유와 같은 내심의 자유의 본질상 법인은 종교의 자유의 주체가 될 수 없다. 그러나 교회의 선교의 자유 등은 종교적 행위의 자유로서 인정된다.

(3) 학문의 자유

모든 국민은 학문과 예술의 자유를 가진다. 저작자 · 발명가 · 과학기술자와 예술가의 권리는 법률로써 보호한다(헌법 제22조). 우리 헌법은 학문과 예술의 자유를 동일한 조항에서 규정하고 있으며, 학문과 예술의 자유는 상호 밀접한 관계를 형성하고 있다.

학문의 자유는 진리탐구의 자유를 의미한다. 진리탐구는 객관적 진리에 대한 주관적 진리탐구를 의미한다. 특히 헌법 제31조 4항에서는 진리탐구의 전당인 대학의 자율성을 보장하고 있다.

학문의 자유의 주체는 헌법상의 '모든 국민'이라는 표현에도 불구하고 내 · 외국인을 포함한다. 학문의 자유도 대학자치제라는 제도보장적 성격을 갖고 있기 때문에 대학 등 연구기관도 그 단체의 성격에 따라 일정한 경우, 학문의 자유의 주체가 될 수 있다.

(4) 예술의 자유

모든 국민은 학문과 예술의 자유를 가진다. 저작자 · 발명가 · 과학기술자와 예술가의 권리는 법률로써 보호한다(헌법 제22조). 예술의 자유는 미를 추구하는 자유이다. 예술활동의 본질은 예술가의 인상, 경험, 체험 등을 일정한 언어형태를 수단으로 하여 직접적인 표상으로 나타내는 자유로운 창조적 형성이다.

예술의 자유는 인간의 자유로운 인격의 창조적 발현을 위한 주관적 공권이다. 또한 예술의 자유는 문화국가원리에 기초한 제도로서의 예술을 보장하여야 하는 객관적 가치질서로서의 성격을 갖는다.

예술의 자유는 인간의 권리이기 때문에 내 · 외국인을 불문하고 누리는 자유이다. 법인이나 단체가 예술의 자유의 주체가 될 수 있는가에 대해서는 견해의 대립이 있다.

4) 표현의 자유(언론 · 출판 · 집회 · 결사의 자유)

모든 국민은 언론 · 출판의 자유와 집회 · 결사의 자유를 가진다. 언론 · 출판에 대한 허가나 검열과 집회 · 결사에 대한 허가는 인정되지 아니한다. 통신 · 방송의 시설기준과 신문의 기능을 보장하기 위하여 필요한 사항은 법률로 정한다. 언론 · 출판은 타인의 명예나 권리 또는 공중도덕이나 사회윤리를 침해하여서는 아니된다. 언론 · 출판이 타인의 명예나 권리를 침해한 때에는 피해자는 이에 대한 피해의 배상을 청구 할 수 있다. 집회와 결사의 자유는 원칙적으로 법률로써 제한할 수는 없으나, 집회와 결사의 방법이나 그에 수반하는 활동이 범죄를 구성하는 경우에는 규제를 받는다(헌법 제21조).

표현의 자유는 언론 · 출판의 자유와 집회 · 결사의 자유를 총괄하는 개념이며, 민주주의 사회에서 필요불가결한 자유이다. 언론 · 출판의 자유와 집회 · 결사의 자유는 개인적 의사의 표현인 언론 · 출판의 자유와 집단적 의사의 표현인 집회 · 결사의 자유로 나눌 수 있다. 언론 · 출판의 자유는 개인적 자유권으로서의 성격에 언론 · 출판의 제도적 보장으로서의 성격이 결부된 것으로 이해할 수 있다. 언론 · 출판의 자유는 사상이나 의견을 단순히 표현 · 전달하는 자유 이외에 알권리, 보도기관의 자유와 책무, 액세스권, 반론권까지 포괄하는 의미이다.

언론 · 출판의 자유는 인간의 권리이므로 외국인에게도 기본권 주체성이 원칙적으로 인정된다. 또한 언론기관의 자유까지 포괄하기 때문에 신문사, 통신사 등 법인에게도 기본권 주체성이 인정된다.

5. 사회적 기본권(생존권적 기본권)

1) 교육을 받을 권리

모든 국민은 능력에 따라 균등하게 교육을 받을 권리를 가진다. 모든 국민은 그 보호하는 자녀에게 적어도 초등교육과 법률이 정하는 교육을 받게 할 의무를 가진다. 의무교육은 무상으로 한다. 교육의 자주성 · 전문성 · 정치적 중립성 및 대학의 자율성은 법률이 정하는 바에 의하여 보장된다. 국가는 평생교육을 진흥하여야 한다. 학교교육 및 평생교육을 포함한 교육제도와 그 운영, 교육재정 및 교원의 지위에 관한 기본적인 사항은 법률로 정한다(헌법 제31조).

교육을 받을 권리는 통상 국가에 의한 교육조건의 개선 · 정비와 교육기회의 균등한 보장을 적극적으로 구할 수 있는 권리로 이해된다. 헌법 제31조 2항 내지6항의 소정의 교육을 받게 할 의무, 의무교육의 무상, 교육의 자주성 · 전문성 · 정치적 중립성 · 대학의 자율성, 평생교육진흥, 교육제도와 그 운영 · 교육재정 및 교원지위법률주의 등은 수학권의 효율적인 보장을 위한 규정이다.

교육을 받을 권리를 좁게는 수학권의 의미로, 넓게는 수학권과 함께 교육을 시킬 자유 즉 교육의 자유까지 포함하는 의미로 이해할 수 있다.

교육을 받을 권리를 좁게 수학권으로 이해하게 되면 사회권의 성격을 갖게 된다. 헌법재판소는 교육을 받을 권리를 사회권으로 이해하고 있다. 교육을 받을 권리의 주체는 자연인으로서의 국민이다. 수학권의 주체는 개개 국민이고 교육기회제공청구권의 주체는 학령아동의 부모이다.

2) 근로의 권리

모든 국민은 근로의 권리를 가진다. 국가는 사회적 · 경제적 방법으로 근로자의 고용의 증진과 적정임금의 보장에 노력하여야 하며, 법률이 정하는 바에 의하여 최저임금제를 시행하여야 한다. 모든 국민은 근로의 의무를 진다. 국가는 근로의 의무의 내용과 조건을 민주주의원칙에 따라 법률로 정한다. 근로조건의 기준은 인간의 존엄성을 보장하도록 법률로 정한다. 여자의 근로는 특별한 보호를 받으며, 고용 · 임금 및 근로조건에 있어서 부당한 차별을 받지 아니한다. 연소자의 근로는 특별한 보호를 받는다. 국가유공자 · 상이군경 및 전몰군경의 유가족은 법률이 정하는 바에 의하여 우선적으로 근로의 기회를 부여받는다(헌법 제32조).

근로의 권리는 1919년 바이마르헌법에서 규정된 이래, 제2차 세계대전 이후의 헌법에서 일반적으로 수용되었다. 우리헌법에서는 제헌헌법에서부터 근로의 권리를 규정하고 있다. 근로의 권리는 인간이 생활에 필요한 기본적 수요를 충족시키기 위한 육체적 · 정신적 활동을 할 수 있는 권리로서, 근로능력을 가진 자가 일을 하려고 하여도 일할 기회를 가질 수 없을 경우에 일할 기회가 제공되도록 국가의 적극적인 개입과 뒷받침이 요구되는 권리이다.

근로의 권리는 개인의 일할 권리를 국가로부터 침해받지 아니할 자유권적 성격과 경제적 약자인 근로자의 인간다운 생활을 영위하기 위한 생존권적 성격을 동시에 갖지만 기본적으로 생존권적 성격이 강한 구체적인 권리이다.

근로의 권리는 자연인 중에서 원칙적으로 대한민국 국민에 한한다. 또한 근로자 개인을 보호하기 위한 것이므로 개인인 근로자가 그 주체가 되는 것이며, 노동조합은 원칙적으로 근로의 권리의 주체가 될 수 없다.

3) 근로자의 단결권 · 단체교섭권 · 단체행동권(근로3권)

근로자는 근로조건의 향상을 위하여 자주적인 단결권 · 단체교섭권 및 단체행동권을 가진다. 공무원인 근로자는 법률이 정하는 자에 한하여 단결권 · 단체교섭권 및 단체행동권을 가진다. 법률이 정하는 주요방위산업체에 종사하는 근로자의 단체행동권은 법률이 정하는 바에 의하여 이를 제한하거나 인정하지 아니할 수 있다.

1919년 바이마르헌법에서 도입된 근로3권은 1946년 프랑스 제4공화국헌법 전문에 이어졌다. 우리헌법에서는 제헌헌법에서부터 근로3권을 규정하고 있다. 오늘날 사회정의의 실현과 근로자의 실질적인 평등을 구현하기 위하여 헌법상 가치를 갖는 기본권으로서 근로3권을 보장하고 있다.

근로3권은 근로자의 근로조건을 개선함으로써 그들의 경제적 · 사회적 지위의 향상을 기하기 위한 것으로서 자유권적인 성격보다는 생존권 내지 사회적 기본권으로서의 성격이 강조되는 것으로 이해된다. 또한 근로3권은 개인적 기본권의 측면보다는 집단적 기본권의 성격이 강하다.

근로3권을 향유하는 자는 근로자이며, 자연인 중 대한민국 국민에 한한다. 근로자는 직업의 종류를 불문하고 임금 · 급료 기타 이에 준하는 수입에 의하여 생활하는 자를 말한다.

4) 인간다운 생활을 할 권리

모든 국민은 인간다운 생활을 할 권리를 가진다. 국가는 사회보장 · 사회복지의 증진에 노력할 의무를 진다. 국가는 여자의 복지와 권익의 향상을 위하여 노력하여야 한다. 국가는 노인과 청소년의 복지향상을 위한 정책을 실시할 의무를 진다. 신체장애자 및 질병 · 노령 기타의 사유로 생활능력이 없는 국민은 법률이 정하는 바에 의하여 국가의 보호를 받는다. 국가는 재해를 예방하고 그 위협으로부터 국민을 보호하기 위하여 노력하여야 한다(헌법 제34조).

1919년 바이마르헌법에서 '인간다운 생활'을 규정한 이래 세계 각국의 헌법에서 인간다운 생활을 할 권리를 규정하고 있다. 이러한 정신은 1948년 12월에 선언된 세계인권선언 등을 통하여 국제적 보장으로 나아가고 있다. 우리헌법도 제헌헌법 이래 인간다운 생활을 할 권리를 규정하고 있다.

인간다운 생활을 할 권리는 다른 사회적 기본권에 관한 헌법규범들의 이념적 목표를 제시하고 있는 동시에 국민이 인간적 생존의 최소한을 확보하는데 있어서 필요한 최소한의 재화를 국가에게 요구할 수 있는 권리를 내용으로 한다. 인간다운 생활을 할 권리에 대하여 헌법재판소는 최소한의 물질적인 생활을 요구할 수 있는 법위내에서 구제적 권리성을 인정하고 있다. 인간다운 생활을 할 권리는 자연인의 권리이기 때문에 법인에게는 인정되지 않는다. 국민의 권리로서 자연인 중 내국인에게만 인정되며 외국인에게는 인정되지 않는다.

5) 환경권

모든 국민은 건강하고 쾌적한 환경에서 생활 할 권리를 가지며, 국가와 국민은 환경보전을 위하여 노력하여야 한다. 환경권의 내용과 행사에 관하여는 법률로 정한다. 국가는 주택개발정책 등을 통하여 모든 국민이 쾌적한 주거생활을 할 수 있도록 노력하여야 한다(헌법 제35조).

1970년대 이후 경제개발로 인한 환경문제의 중요성이 부각되기 시작하여, 1980년 헌법에 헌법상 기본권으로 환경권이 명문화 되었다. 환경권은 개인이 누려야 할 건강하고 쾌적한 환경에 대한 침해배제를 청구할 수 잇는 자유권적인 면과 건강하고 쾌적한 환경에서 생활할 수 있도록 배려하는 보호 · 보장청구권의 면도 갖고 있다. 이러한 면으로 환경권은 총합적 기본권으로 이해되고 있으며, 사회권으로서의 환경권은 추상적 권리로서 한계를 가진다.

환경권의 주체는 자연인인 국민의 권리이며 성질상 법인에게는 인정되지 않는다. 원칙적으로 국민에 한정되지만 외국인에게도 제한적으로 인정되어야 한다.

6) 혼인 및 가족생활과 보건에 관한 권리

혼인과 가족생활은 개인의 존엄과 양성의 평등을 기초로 성립되고 유지되어야 하며, 국가는 이를 보장한다. 국가는 모성의 보호를 위하여 노력하여야 한다. 모든 국민은 보건에 관하여 국가의 보호를 받는다(헌법 제36조).

혼인제도와 가족제도는 인간의 존엄성존중과 민주주의 원리에 따라 규정되어야 함을 천명한 것이다. 개인의 존엄과 양성의 본질적 평등의 바탕위에서 모든 국민은 스스로 혼인을 할 것인가 하지 않을 것인가를 결정할 수 있고, 혼인을 함에 있어서도 그 시기는 물론 상대방을 자유로이 선택할 수 있는 것이며, 이러한 결정에 따라 혼인과 가족생활을 유지할 수 있고, 국가는 이를 보장하여야 한다.

혼인과 가족에 관한 권리에 대하여는 사회권설, 제도보장설, 사회권 · 제도보장병유설 등의 대립이 있는데, 혼인과 가족에 관한 권리는 기본권으로서의 성격과 제도보장으로서의 성격을 동시에 갖는다고 본다.

혼인과 가족에 관한 권리는 인간의 존엄 및 양성평등원리에 기초해 있기 때문에 자연인으로의 국민에 한정되는 것이 아니라 외국인에게도 인정되어야 한다. 성질상 법인에게는 인정되지 않는다.

6. 청구권적 기본권(기본권 보장을 위한 기본권)

1) 청원권

모든 국민은 법률이 정하는 바에 의하여 국가기관에 문서로 청원할 권리를 가진다. 국가는 청원에 대하여 심사할 의무를 진다(헌법 제26조).

청원권은 국민이 국가기관에 대하여 의견이나 희망을 진술할 수 있는 권리이다. 헌법상 보장된 청원권은 공권력과의 관계에서 일어나는 여러 가지 이해관계, 의견, 희망 등에 관하여 적법한 청원을 한 모든 국민에게 국가기관이 청원을 수리할 수리할 뿐만 아니라 이를 심사하여 청원자에게 그 처리결과를 통지할 것을 요구할 수 있는 권리이다. 청원권의 법적성격에 관하여는 자유권설, 참정권설, 청구권설, 참정권과 청구권의 2중적 성격설 등이 있다. 청구권의 본질적인 면을 살펴보면, 국민이 국가기관에 대하여 의견이나 희망을 진술하여 국가가 이를 수리 · 심사할 것을 청구할 수 있는 적극적인 권리라는 점에서 청구권적 성격이 강하다고 생각된다.

헌법상 '국민'이라고 규정되어 있지만 청원권의 주체는 자연인으로서의 일반국민 및 특수신분관계에 있는 국민을 포함하며, 외국인과 법인에게도 인정된다. 다만 특수신분관계에 있는 공무원, 군인 등은 자신의 직무와 관련된 청원 및 집단적 청원은 제한 될 수 있다.

2) 재판청구권

모든 국민은 헌법과 법률이 정한 법관에 의하여 법률에 의한 재판을 받을 권리를 가진다. 국민 또는 군무원이 아닌 국민은 대한민국의 영역 안에서는 중대한 군사상 기밀 · 초병 · 초소 · 유독음식물공급 · 포로 · 군용물에 관한 죄 중 법률이 정한 경우와 비상계엄이 선포된 경우를 제외하고는 군사법원의 재판을 받지 아니한다. 모든 국민은 신속한 재판을 받을 권리를 가진다. 형사피고인은 상당한 이유가 없는 한 지체 없이 공개재판을 받을 권리를 가진다. 형사피고인은 유죄의 판결이 확정될 때까지는 무죄로 추정된다. 형사피해자는 법률이 정하는 바에 의하여 당해 사건의 재판절차에서 진술할 수 있다(헌법 제27조).

재판청구권은 국가에 대하여 독립된 법원에 의하여 헌법과 법률이 정한 법관에 의한 재판을 받을 권리이다. 재판청구권은 재판이라는 국가적 행위를 청구할 수 있는 적극적 측면과 헌법과 법률이 정한 법관이 아닌 자에 의한 재판이나 법률에 의하지 아니한 재판을 받지 아니하는 소극적 측면을 가지고 있다.

재판청구권은 국가에 대하여 기본권을 보장하기 위하여 재을 청구하는 권리이다. 재판청구권은 헌법상 보장된 기본권을 실질적으로 보장하기 위한 사법절차상 기본권 또는 소송상 기본권이라는 점에서 보조적 · 형식적 기본권이며, 개인이 갖는 주관적 공권이다.

재판청구권은 자연인인 국민과 외국인 모두에게 인정되며, 법인과 단체에게도 인정된다.

3) 국가배상청구권

공무원의 직무상 불법행위로 손해를 받은 국민은 법률이 정하는 바에 의하여국가 또는 공공단체에 정당한 배상을 청구할 수 있다. 이 경우 공무원 자신의 책임은 면제되지 아니한다. 군인 · 군무원 · 경찰공무원 기타 법률이 정하는 자가 전투 · 훈련 등 직무집행과 관련하여 받은 손해에 대하여는 법률이 정하는 보상외에 국가 또는 공공단체에 공무원의 직무상 불법행위로 인한 배상은 청구할 수 없다(헌법 제29조).

국가배상청구권은 공무원의 직무상 불법행위로 손해를 받은 국민이 국가나 공공단체를 상대로 배상책임을 청구하는 권리이다. 국가배상청구권이 채권인 점에 비추어 보면 헌법 제23조의 재산권의 일종이다. 그러나 국가배상책임은 실체적 기본권인 재산권으로서의 성격보다는 오히려 절차적 기본권인 청구권적 기본권으로서의 성격이 강하다. 또한 국가배상청구권은 헌법에 의하여 실정적으로 보장되는 국가내적 권리라는 성격을 갖고 있다. 국가배상청구권의 법적 성격에 관하여는 헌법 제29조에 의하여 직접 효력이 발생하는 주관적 공권이기 때문에 공권으로 보아야 한다. 그러나 우리나라는 소송절차에 있어서 행정소송이 아닌 민사소송으로 처리하고 있으며 그러한 면에서 판례의 입장은 사권으로 이해되고 있다.

국가배상청구권의 주체는 우리나라 국민과 내국법인을 포함한다. 외국인에 대하여는 국가배상법 제7조에 의하여 상호주의가 적용된다. 헌법 제29조 2항에서는 군인 · 군무원 · 경찰공무원에 대하여 2중배상을 금지하고 있기 때문에 그 기본권 주체성이 제한되고 있다.

4) 손실보상청구권

공공필요에 의한 재산권의 수용 · 사용 또는 제한 및 그에 대한 보상은 법률로써 하되, 정당한 보상을 지급하여야 한다(헌법 제23조 3항).

손실보상제도는 국가의 적법한 권력행사에 의하여 국민에게 재산상의 손해를 주었을 경우에 그 피해자에게 주는 금전적 보상제도로서 특별한 희생에 대한 공평부담원칙에서 유래되었다.

여기서의 정당한 보상이란 침해된 재산권의 객관적 가치를 완전히 보상하는 것을 의미한다. 즉 손실보상은 원칙적으로 피수용재산의 객관적인 재산가치를 완전하게 보상하는 것이어야 한다는 완전보상을 뜻하는 것으로서 보상금액 뿐만아니라 보상의 시기나 방법 등에 있어서도 어떠한 제한을 두어서는 아니된다는 것을 의미한다.

손실보상청구권의 주체는 공용수용 · 사용 · 제한 등 적법한 공권력의 발동으로 인하여 재산상 특별한 희생을 당한 국민이다. 내국인과 외국인, 법인도 주체가 된다.

5) 형사피해자의 국가구조제도(범죄피해자의 구조청구권)

타인의 범죄행위로 인하여 생명 · 신체에 대한 피해를 받은 국민은 법률이 정하는 바에 의하여 국가로부터 구조를 받을 수 있다(헌법 제30조).

범죄피해자의 구조청구권은 타인의 범죄행위로 인하여 생명 · 신체에 대한 피해를 받은 국민이 국가에 대하여 유족구조 또는 장해구조를 청구할 수 있는 권리이다.

범죄피해자의 구조청구권은 1987년 헌법에서 처음으로 도입되었으며 이에 따라 범죄피해자보호법이 제정되었다. 범죄피해자의 구조청구권의 법적성격에 관하여는 국가책임의 성질과 사회보장적 성격에 근거를 두고 있는 청구권적 기본권이라고 할 수 있다.

범죄피해자의 구조청구권의 주체는 생명 또는 신체를 해하는 범죄행위로 인하여 사망한 자의 유족이나 장해 또는 중상해를 입은 자이다.

7. 참정권적 기본권(정치적 기본권)

참정권은 주권자인 국민이 국가기관의 형성과 국가의 정치적 의사형성과정에 참여하는 권리이다. 참정권은 인간으로서의 권리가 아니라 국민으로서의 권리이므로 국가내적 권리이다. 또한 일신전속적 권리이기 때문에 양도나 대리행사가 불가능한한 권리이다.

1) 선거권

모든 국민은 법률이 정하는 바에 의하여 선거권을 가진다(헌법 제24조). 공직선거법에서는 선거연령을 18세 이상으로 정하고 있다. 선거권은 자연인 중 국민만이 누리는 권리이며 재외동포도 포함된다. 원칙적으로 외국인은 선거권을 갖지 못한다. 다만 공직선거법에서는 일정한 요건을 구비한 외국인에게 지방선거의 선거권을 인정하고 있으며, 주민투표법에서도 일정한 자격을 갖춘 외국인에게 투표권을 부여하고 있다.

2) 공무담임권

모든 국민은 법률이 정하는 바에 의하여 공무담임권을 가진다(헌법 제25조). 공무담임권은 일체의 국가기관과 공공단체의 직무를 담임할 수 있는 권리이다. 이에 대하여 피선거권은 선거직 공무원이 될 수 있는 자격요건이기 때문에 공무담임권보다 좁은 개념이다.

8. 국민의 기본의무

국민의 기본의무란 국가 구성원인 개개의 국민이 부담하는 여러 가지의무 중에서 헌법에서 규정된 의무이다 우리헌법상 국민의 기본의무는 납세의 의무, 국방의 의무, 교육을 받게 할 의무, 근로의 의무, 환경보전의 의무, 재산권행사의 공공복리적합의무 등이 있다. 헌법상 명문규정은 없지만 헌법과 법률의 준수의무, 국가수호의무 등도 국민의 기본의무에 포함된다.

제4절 정치제도론(통치기구론)

1. 정치제도(통치기구)의 의의와 조직원리

1) 의의

헌법 제1조 1항에서 '대한민국은 민주공화국이다'라고 하여 대한민국은 민주주의 국가임과 공화국형태를 취하고 있음을 명확히 하고 있다. 그리고 제2항에서는 '대한민국의 주권은 국민에게 있고, 모든 권력은 국민으로부터 나온다'고 규정하여 우리나라의 권력의 원천은 국민에게 있음을 밝히고 있다.

우리 헌법은 제3장 이하[4]에서는 권력의 원천인 국민으로부터 비롯되는 모든 국가권력에 관한 합리적 체계를 규정하고 있는데, 이는 국민주권주의를 구체적으로 구현하는 정치제도이다. 이러한 정치제도는 대의제와 권력분립의 원리에 기초한다. 국민의 주권적 의사를 대표하는 대의제는 정치제체에 대하여 국민적 정당성을 확보하여 부여해 주는 기본원리이다. 대의제의 현실적 구현인 권력분립의 원리는 '권력에 의한 권력의 통제'를 위한 합리적 제도로 정립되어야만 한다. 이러한 제도는 의원내각제 · 대통령제 · 이원정부제 등의 모습으로 헌법에 구현되게 된다. 헌법상 어떠한 정부형태를 취할 것인지는 헌법제정이나 헌법개정 과정에서 나타난 국민의 주권적 의사를 통하여 결정된다.

2) 대의제(국민대표제)

대의제도는 국민대표제, 대의민주주의, 대표민주주의, 의회민주주의 등으로 다양하게 표현되고 있다. 오늘날 주권자인 국민이 직접 국정을 담당할 수 없는 현실에서 국민을 대신하여 국민으로부터 선출된 의원으로 구성된 의회에 국민적 정당성을 부여하는 국가의사의 결정원리며, 정치조직원리이다.

국민주권이론에 의하면 ㉠주권의 주체는 하나의 통일체로서의 전체국민이다. ㉡ 전체국민이 선출한 대표자가 국정을 책임지는 대의제 원리가 도출된다. ㉢ 대표자를 선출하는 선거인은 교양과 재산을 가진 자에게만 허용되는 제한선거제를 채택한다. ㉣당선된 대표자는 전체국민을 대표하는 자유위임(기속위임금지)의 법리에 따르며, 자유위임의 문제점을 극복하기 위하여

---

4)헌법 제3장 국회, 4장 정부, 5장 법원, 6장 헌법재판소까지를 말한다.

통치방식은 권력분립원리에 따를 수 밖에 없다고 본다.

인민주권이론에 의하면 ㉠주권의 주체는 구체적인 개개인의 종합이며, 현실적 · 구체적인 주권자인 인민자신이 직접 통치하는 직접민주제를 이상으로 한다. ㉡ 주권자인 인민의 투표권행사는 어떠한 제한도 불가능하므로 보통선거제를 채택한다. ㉢인민을 대신하여 대표가 선출되어도 그 대표자는 항상 인민의 지시 · 통제를 받는 기속위임의 법리를 따른다. 따라서 국민의 직접적인 지시 · 통제를 받는 체제에서 권력분립의 원리는 반드시 채택해야 하는 필수적 원리는 아니라고 본다.

국민주권이론은 대의민주주의의 정착과 자유위임의 법리, 권력분립주원리의 채택의 모습으로, 인민주권이론은 제한선거가 아닌 보통선거의 일반화와 대의제를 보완하려는 직접민주제의 도입의 모습으로 헌법상에 나타나고 있다. 이러한 모습을 살펴보면 국민주권이론과 인민주권이론은 하나의 융합되고 타협적인 모습으로 헌법체제에 정착하고 있음을 알 수 있다.

3) 권력분립주의

권력의 분립은 절대군주정에 의하여 신음하던 근대시민세력이 그들의 자유를 위하여 군주의 압제에 대항하는 근대의 정치적 · 역사적 투쟁의 산물이다. 이러한 권력분립의 이념은 국민의 자유권 보장이다. 즉, 국민의 자유권을 보장하기 위한 정치조직원리가 권력분립의 원리이다.

권력분립의 원리는 국가작용의 원활한 수행 및 권력의 남용을 방지하고, 개인의 기본권 보장을 위하여 입법 · 행정 · 사법 등의 국가기능이 상호 독립성을 유지하는 가운데 각기 상이한 기관이 담당하게 하는 것이 합리적이라는데에 기초한 이론이다. 또한 권력분립의 원리는 상호 분립된 권력 사이의 공화를 통한 균형을 이룸으로써 정치적 자유의 원동력으로서의 기능을 하고 있으며, 대의제 원리에 따라 의회 등에 의한 국민의 자유와 권리의 침해가능성을 방지하는 중요한 원리로 정착되었다.

(1) 고전적 권력분립론

로크는 그의 저서(Two Treatises on Civil Government-시민정부이론 또는 정부이론)에서 입법권과 집행권과의 분립과 입법권 우의를 주장하였다. 이 이론은 영국의 의원내각제에 많은 영향을 미쳤다. 몽테스키웨는 「법의 정신」에서 입법권, 사법권, 행정권의 3권분립론을 주장하여 사법권 독립의 기초를 마련하고 권력분립이론을 완성(체계화)하였다. 그의 권력분립이론의 특징은 3권의 견제와 균형을 강조하여 전제를 억제하고 개인의 자유보장을 그 이념으로 하였다. 그의 이론은 미국의 대통령제와 18C의 독일, 프랑스의 정치제도에 많은 영향을 주었다. 이에 반하여 루소는 직접민주정을 주장하는 입장이므로 권력분립에 대하여여는 부정적이다.

(2) 현대적 실질적 권력분립론

고전적 권력분립이론은 권력(권력자, 국가)에 대한 의심에서 출발한 소극적, 방어적 태도에 기인하기 때문에 적극국가를 특징으로 하는 현대국가의 요청에 따라 수정을 요하게 되었다.

① 동태적 권력분립론

뢰벤슈타인(K. Lowenstein)은 고전적 권력분립주의를 "20세기 현실에 비추어보면 낡고 유리적인 것"이라고 하면서 오늘날의 다원적 대중사회에 있어서는 동태적 기능적 권력분립론으로 국가기능을 정책결정 · 정책집행 · 정책통제 등으로 재구성해야 한다고 주장하였다. 그러나 그도 전통적 권력분립이론의 존재의의를 완전히 부정하지는 않았다. 현대국가의 사회권적 기본권을 충족시키는 복리행정의 수요를 고려할 때, 권력집중이 불가피하다 할 것이나 자유권적 기본권 역시 그 중요성이 상존하고 있는 한 권력분립은 민주국가의 중요한 원리라는 점은 변함이 없다.

② 포괄적 권력분립이론

케기(Kagi)는 국가기능에 의한 권력분립을 전제로 ㉠헌법제정권과 개정권의 분리 ㉡입법부의 양원제 ㉢복수정당체 ㉣임기제 ㉤연방제와 지방자치제 등의 포괄적 권력분립론을 주장하였다.

2. 정부형태론

1) 의의

국가의 통치질서형태로서의 정부형태는 국가의 헌정체제로 지칭되기도 하고, 또는 대통령제, 의원내각제(의회제), 이원정부제(반대통령제) 등 집행권과 입법권과의 관계에 관한 문제로 이해되기도 한다.

2) 의원내각제

의원내각제는 유럽 각국에서 널리 시행되었거나, 현재 시행되고 있는 제도이지만, 각국의 특수한 상황에서 정착된 제도이므로 어느 특정의 모델에 제한시킬 수 없고, 그 개념정의도 다양하다. 의원내각제의 용어는 대통령제에 대칭되는 개념인 의회제를 지칭하는 것으로 볼 수 있다. 일반적으로 통용되고 있는 내각제 · 내각책임제 · 의원내각제 등은 학문적인 분류로서의 의원내각제에 관한 논의와 관계없이 대통령제에 대응하는 정부형태로서의 의회제적인 정부형태 일반을 지칭하는 것으로 이해된다

정부의 성립과 존립이 국회의 신임을 필수조건으로 하는 정부형태를 내각책임제 또는 의회정부제라고도 한다. 행정부는 의회에서 선출된 내각이 운영하고 그 내각은 의회에 대하여 정치적 책임을 지는 정치제도로, 대통령제와 함께 현대 입헌민주국가의 양대 정부형태를 이룬다. 이 제도에서는 내각이 그 성립 및 존속에 있어 특히 국회의 신임을 필요로 하며, 국회의 내각불신임이 있을 때에는 내각은 총사직하거나 국회를 해산하여 국민에게 신임을 묻는 총선거를 실시하고 그 결과에 따라 진퇴를 결정한다. 우리나라에서는 제2공화국 시절 의원내각제를 실시한 바 있다.

이 제도는 입법부와 행정부에 관한 한, 대통령제에서와 같은 엄격한 권력분립의 원리가 적용되지 않는다. 오히려 '권력의 융화' 또는 '융화를 통한 의존'의 원리에서 국회가 내각을 조직 · 해산하는 권한을 가짐으로써 내각에 대한 국회의 법적 우위성을 인정하는 데 그 특징이 있다. 그리고 국회의 다수당 또는 연합함으로써 다수를 차지하는 연합정당들이 입법부인 국회를 지배한다. 동시에 행정부의 핵심인 다수당내각 또는 연립내각을 조각함으로써 정당을 통한 입법권과 행정권의 연대가 이루어진다. 이와 같이 이 제도는 국회의 내각신임에 의한 국회의 법적 우위성을 기초로 하는 입법권과 행정권의 융합을 그 원리로 한다. 그러나 이것이 국회의 법적인 절대우위성과 국회의 입법권 및 행정권의 집중을 의미하는 것은 아니다. 즉 국회와 내각은 별개의 국가기관이고, 국회는 내각의 행정권을 스스로 행사할 수 없을 뿐만 아니라 내각에 대한 지시통제권을 가지지 않는다.

책임정치의 구현, 의회 · 내각의 대립시 신속한 해결이 장점이나 군소정당의 난립시 정국의 불안정 초래, 다수당의 횡포, 강력한 정책의 추진 곤란 등이 단점이다.

3) 대통령제

대통령제는 권력의 엄격한 분립이 행하여지고 상호간의 독립이 보장되며, 대통령이 독립하여 행정권을 행사하는 정부형태이다.

의원내각제를 실시하고 있는 나라는 다양하지만 대통령제는 미국이 대표적이며, 중남미, 아시아 등의 국가에서 채택하고 있다. 미국의 대통령제는 의원내각제 모델에 반대되는 권력분립의 엄격성을 특징으로 한다. 1787년 미국헌법의 제정을 통하여 정부형태의 한 모델로 제시되고 있는 대통령제는 ㉠집행부의 일원성, ㉡대통령 직선제, ㉢집행부와 입법부의 상호 독립성을 그 기본적 요소로 하고 있다.

기본적 요소의 내용을 살펴보면, ㉠입법부와 행정부를 서로 독립시키어 국무위원은 국회의원의 겸직이 금지되고, 국무위원의 국회출석발언권과 행정부의 법률안제출권이 없으며, 대통령의 법률안 거부권이 인정된다. ㉡양원제가 대부분이고 부통령제를 두는 것이 보통이다. ㉢행정부는 일원적이며, 대통령은 국가원수인 동시에 행정부의 수반이며, 국무회의는 자문기관이다.

대통령제의 장점으로는 대통령의 임기 중 정국이 안정되고, 국회의 행정부에 대한 부당한 간섭을 억제할 수 있으며, 후진국에 있어서는 행정부와 국회의 견제와 균형으로 다수당의 독주를 견제할 수 있다. 단점으로는 국회와 행정부의 상호대립 · 억제로 말미암아 강력한 정책을 신속하게 시행할 수 없으며, 정당정치가 성숙하지 못한 국가에서는 행정부의 독선을 초래할 염려가 있으며, 국정운영의 책임이 국회와 행정부에 분산되어 책임정치를 할 수 없다는 점이다.

4) 이원정부제

절충형 정부형태의 한 전형으로 볼 수 있는 이원정부제(반대통령제)의 집행부는 실질적인 권한을 갖는 대통령과 의회 앞에 정치적 책임을 지는 수상을 중심으로 하는 정부의 이원적 구조를 취하고 있다. 평상시에는 수상이 행정권을 행사하며 대통령은 다만, 외교 · 국방권만 가지며, 위기시에는 대통령이 행정권을 전적으로 행사하는 제도이다.

이원정부제(반대통령제)를 취한 대표적인 예는 프랑스헌법이다. 여기에서 대통령은 국민의 직선에 의하여, 수상은 의회에서 각각 선출된다. 그러므로 행정부내의 갈등이 우려되며, 위기를 빙자한 대통령의 독재가 가능하다는 단점이 있다.

3. 국회

국회는 국민에 의하여 선출된 의원들로 구성되는 합의체의 국가기관으로서 입법권을 행사한다. 국회가 다수결의 원리에 의하여 입법이나 국가정책을 등을 결정하으로써 국회를 중심으로 국정이 운영되는 정회방식을 의회주의라고 한다.

1) 국회의 헌법상의 지위

국회의 헌법상 지위는 각국의 정부형태에 따라 다르다. 내각책임제 정부형태에서는 국회가 정부를 비판 · 견제하는 기능이외에 내각을 구성하고 해체시키는 권한까지 가진다. 대통령제에 있어서는 엄격한 3권분립으로 행정부와 국회가 상호 분리되어 대등한 지위에서 견제와 균형의 입장에 있다고 본다.

공통적인 특성은 국민의 대표기관으로서의 지위, 입법기관으로서의 지위, 국정의 감사 · 비판기관으로서의 지위를 지니며, 최고기관 중의 하나이다.

(1) 국민의 대표기관

대표민주제, 간접민주제에 있어서는 국회는 국민의 대표기관이다. 국회는 국민들로부터 아무런 지시나 감독을 받지 아니하고, 국민의 의사에 반하는 결의도 유효하며, 임기 중 국회의원을 교체할 수 없다. 이러한 면에서 그 대표의 성질은 법적 대표가 아니라 정치적 · 윤리적 대표로 본다.

(2) 입법기관

우리헌법은 입법권은 국회에 속한다고 규정함으로 국회가 입법권의 주체임을 명시하고 있으며, 입법은 국회가 중심이 되어야 한다는 점을 분명히 하고 있다. 입법이란 국가통치권에 의거하여 국가와 국민 및 국민 상호간의 관계를 규율하는 일반적 · 추상적 법규범을 정립하는 작용이다.

'입법권은 국회에 속한다'는 의미는 국민의 대표기관인 국회에서 국민의 권리 · 의무에 관한 사항과 국가의 기본적인 통치조직이나 작용에 관한 사항을 법률의 형식으로 정하여야 한다는 것이다. 즉 헌법의 바로 하위의 규범으로서 헌법이념을 구체화하는 법률이라는 형식의 법규범은 적어도 국회에서 제정되어야 한다는 것을 의미한다.

(3) 국정통제기관

국회는 국민의 정치적 대표기관으로서 정부의 행정권 행사에 대한 통제적 기능을 담당한다. 이를 위하여 국회는 국정감사 및 조사권, 국무총리 · 국무위원에 대한 국회출석요구권, 질문권, 대통령 · 국무총리 · 국무위원에 대한 탄핵소추권, 국무총리 · 국무위원에 대한 해임건의권, 예산안 심의 · 확정권, 대통령의 긴급권 발동에 대한 승인권 등을 가진다.

2) 국회의 권한

(1) 입법에 관한 권한

① 법률제정권

국회는 국민의 권리 · 의무에 관한 법규사항을 법률로 규정할 수 있는 권한을 가지고 있으며, 헌법에서 명시적으로 국회의 의결을 거친 형식적 법률로 제정하도록 요구하는 법률사항도 법률이라는 형식의 법규범을 정립한다.

헌법상 법률안제출권은 국회의원과 정부에게 있다. 정부의 법률안은 국무회으의의 필수적 심의를 거쳐야 하며, 국회의원은 10인 이상의 찬성으로 의안을 발의 할 수 있다. 국회 상임위원회 심의를 거쳐 본회의에서 과반수 출석과 출석의원 과반수 찬성으로 의결한다. 그리고 법률안의 정부에로의 이송, 대통령의 서명과 공포의 순으로 이루어진다.

② 헌법개정에 관한 권한

국회는 재적의원 과반수의 찬성으로 헌법개정안을 발의할 수 있고, 재적의원 2/3이상의 찬성으로 의결할 수 있다.

③ 조약의 체결 · 비준에 대한 동의

대통령은 국민의 권리 · 의무와 국가의 재정에 상당한 부담이 되는 조약을 체결 · 비준하는 경우 국회의 동의를 얻어야 한다.

(2) 재정에 관한 권한

재정이란 국가 또는 공공단체가 그 존립을 유지하고 활동하는데 필요한 재화를 취득 · 관리 · 운용하는 모든 활동을 말한다. 국민부담의 합리성과 민주성을 제고하기 위하여 재정에 관한 기본사항을 헌법에서 정하는 재정입헌주의를 채택하고 있다.

① 예산안심의 · 확정권

예산이란 1회계연도에 있어서 세입과 세출의 예정계획으로 국회가 의결함으로서 성립되는 법규범을 의미한다. 정부는 매회계연도마다 예산안을 편성하여 회계연도 개시 90일 전까지 국회에 제출하여야 하며, 국회는 이를 심의하여 회계연도 개시 30일 전까지 의결하여야 한다. 국회는 정부가 제출한 예산안을 삭감할 수 있으나 증액이나 항목변경은 정부의 동의없이는 할 수 없다. 대통령은 국회에서 심의 · 의결된 예산에 대해서는 거부권을 행사할 수 없다.

② 예산외에 국가의 부담이 될 계약에 대한 동의권

국가가 2회계연도 이상에 걸쳐 채무를 부담하는 계약을 체결할 때에는 국회의 의결을 얻어야 한다.

③ 예비비설치 동의권 및 예비비 지출승인권

예측할 수 없는 예산의 지출 또는 예산초과지출에 충당하기 위한 예비비는 미리 국회의 의결을 얻어야 하며, 예비비의 지출은 차년도 국회의 승인을 얻어야 한다.

④ 기채동의권

정부는 국채를 모집할 때 국회의 의결을 거쳐야 한다.

⑤ 결산심사권

감사원은 매년 세입 · 세출의 결산을 검사하고, 그 결과를 대통령과 차년도 국회에 보고하여야 한다.

(3) 헌법기관 구성에 관한 권한

① 대통령선출권

대통령선거에서 최고 득표자가 2인 이상일 때 재적의원 과반수가 출석한 국회에서 다수득표자를 당선자로 한다.

② 헌법기관구성원의 선출권

헌법재판소 재판관 3인, 중앙선거관리위원회 위원 3인의 선출권이 있다.

③ 헌법기관구성원 임명에 대한 동의권

국회는 국무총리 · 대법원장 및 대법관 · 헌법재판소장 · 감사원장의 임명에 대한 동의권을 가진다.

(4) 국정통제에 관한 권한

① 탄핵소추권

탄핵이라함은 일반적인 사법절차나 징계절차에 따라 소추 또는 징계가 곤란한 행정부의 고위직 공무원이나 법관 등과 같은 신분이 보장된 공무원이 직무를 집행함에 있어서 위헌 · 위법의 행위를 한 경우에 국회가 소추하여 헌법재판소에서 결정하는 절차를 말한다. 탄핵대상자로는 대통령 · 국무총리 · 국무위원 · 헌법재판소재판관 · 법관 · 중앙선거관리위원회위원 · 감사원장 · 감사위원 · 검사 · 군장성 등이며, 탄핵사유는 직무집행에 있어서 위헌 · 위법이다.

탄핵절차는 국회에서 소추를 의결하고 헌법재판소에서 탄핵심판결정을 한다. 국회에서의 소추와 의결은 대통령은 재적의원 과반수의 발의에 의하여 2/3찬성으로 의결하며, 그 이외의 탄핵대상자에 대하여는 재적의원 1/3이상의 발의에 의하여 과반수찬성으로 의결한다. 헌법재판소에서는 탄핵심판에 대하여는 재판관 9명 중 6명이상의 찬성으로 결정하며, 탄핵이 인용결정되면 공직에서 파면된다.

② 국정조사 · 감사권

국회는 입법에 관한 권한 · 재정에 관한 권한 · 국정통제에 관한 권한 등을 유효 · 적절히 행사하기 위하여 특정한 국정사항에 대하여 조사할 수 있는데, 이를 국정조사권이라 한다. 그리고 국회는 매년 정기적으로 국정전반에 관하여 감사할 수 있는 국정감사권을 가진다.

국정조사 · 감사권의 발동범위는 국회의 권한 사항에 한정되고, 재판에 간섭하거나 중대한 국익과 관련되거나 개인 사생활의 비밀에 관련된 경우는 그 범위가 제한된다.

③ 국무총리 · 국무위원의 해임건의권

국회는 재적의원 과반수의 찬성으로 대통령에게 국무총리 · 국무위원의 해임을 건의할 수 있다.

④ 일반사면에 대한 동의권

대통령이 일반사면을 할 경우에는 국회의 동의를 얻어야 한다.

3) 국회의 회의 운영

국회의 의사는 민주적 정당성을 확보할 수 있도록 절차적 정당성의 원칙과 능률성의 원칙도 고려되어 이 두가지 원칙이 상호 조화되는 가운데 진행되어야 한다. 국회의사의 기본원칙으로는 ㉠의사공개의 원칙, ㉡다수결원칙, ㉢ 회기계속의 원칙, ㉣ 일사부재의의 원칙이 있다.

① 국회의 일반의결 정족수

재적의원 과반수 출석과 출석의원 과반수 찬성으로 의결하며 가부동수인 경우 부결로 본다(법률안 의결 · 예비비 승인 · 예산안의 의결 · 긴급명령의 승인 · 조약동의 · 공무원 임명동의 · 일반사면동의 · 의원의 체포 및 석방동의).

② 국회의 특별의결 정족수

㉠ 재적의원 2/3 이상 찬성

재적의원 2/3 이상 찬성이 필요한 사안으로는 헌법개정안 의결(제130조 1항), 의원제명(제64조 3항), 대통령에 대한 탄핵소추 의결(제62조 2항 단서) 등이 있다.

㉡ 재적의원 과반수의 찬성

재적의원 과반수의 찬성이 필요한 사안으로는 헌법개정안 발의(제128조 1항), 대통령 탄핵소추 발의(제65조 2항), 탄핵소추 의결(대통령 제외, 제65조2항), 국무총리 등 해임건의(제63조 3항), 계엄해제 요구(제77조5항), 국회의장 및 부의장 선출(국회법 제17조)등이 있다.

㉢ 재적의원 1/3 이상 찬성

재적의원 1/3 이상 찬성이 필요한 사안으로는 국무총리 등 해임발의(제63조), 탄핵소추 발의(대통령은 제외, 제65조 2항)등이 있다.

㉣ 재적의원 과반수 출석과 출석의원 2/3 이상 찬성

재적의원 과반수 출석과 출석의원 2/3 이상 찬성이 필요한 사안으로는 법률안의 재의결(제53조, 제4항)등이 있다.

㉤ 재적의원 1/4 이상 찬성

재적의원 1/4 이상 찬성이 필요한 사안으로는 임시국회 집회요구(제47조, 제1항) 등이 있다.

㉥ 재적의원 과반수 출석과 출석의원 다수 찬성

재적의원 과반수 출석과 출석의원 다수 찬성이 필요한 사안으로는 국회법상-임시의장 · 상임위원회의 위원장 선출(국회법, 제17조 · 제41조), 헌법상-국회에서의 대통령 당선자 결정(제67조 2항)등이 있다.

㉦ 출석의원 과반수 찬성

출석의원 과반수 찬성이 필요한 사안으로는 본회의 비공개 결정(제50조 1항)등이 있다.

4) 국회의원의 지위와 특권

(1) 국회의원의 지위

국회의원은 국회의 구성원으로서 국회운영 및 활동에 관한 권리 · 의무를 가지며, 국민의 대표자로서 국민의 여론을 수렴하여 입법과 정책에 반영하여야 한다. 또한 정당의 대표자로서 소속정당의 주의 · 이념에 따라 의정활동을 하게 되며, 공무원으로서 국가이익을 우선하여 양심에 따라 직무를 행할 지위에 있다.

(2) 국회의원의 특권

헌법은 국회의원이 그 직을 성실히 수행할 수 있도록 하기 위하여 면책특권과 불ㅍ체포특권을 부여하고 있다.

면책특권은 국회의원이 국회에서 직무상 행한 발언과 표결에 관하여 국회 외에서 책임을 지지 아니함을 말한다. 여기서 국회는 국회 본회의 및 상임위원회 회의를 포함하며, 책임은 민사 · 형사상 법적책임을 말한다. 따라서 국회내에서의 징계책임과 여론에 의한 정치적 책임까지 면제되는 것은 아니다.

불체포특권은 현행범인인 경우를 제외하고는 회기 중 국회의 동의 없이 체포 또는 구금되지 아니하며, 회기 중에 체포 또는 구금된 때에는 현행범인이 아닌 한 국회의 요구가 있으면 회기 중에 석방됨을 말한다. 여기서 회기는 정기회와 임시회, 휴회기간도 회기중에 포함된다.

5. 행정부

1) 대통령의 헌법상의 지위

대통령의 지위는 정부형태에 따라 다르다. 대통령제하의 대통령은 엄격한 3권분립하에 국가원수임과 동시에 행정부의 수반으로서의 지위를 지니나, 의원내각제에 있어서의 대통령은 정치적 영향력을 갖지 않는 국가원수로 형식적 · 의례적 지위를 갖고 있을 뿐이다.

(1) 국가원수로서의 지위

국가원수는 대외적으로 국가를 대표하고 대내적으로는 국민의 통일성 · 전체성을 대표할 수 있는 자격을 가진 국가기관을 말한다. 헌법상 대통령은 국가원수로서 대외적으로 국가를 대표하며, 국가와 헌법을 수호할 지위에 있고, 국정의 통합 · 조정자로서의 지위에 있으며, 헌법기관 구성자로서의 지위를 가진다.

(2) 행정부의 수반으로서의 지위

행정부의 수반은 행정부를 조직하고 총괄하는 행정에 관한 최고책임자를 말한다. 우리헌법은 행정권은 대통령을 수반으로 하는 정부에 속한다고 규정하고 있다. 행정권의 수반으로서 대통령은 행정의 최고지휘권자 · 최고책임자로서의 지위를 가지며, 국무회의 의장으로서의 지위를 가진다.

(3) 대통령의 신분상의 지위

① 대통령의 선임과 임기

대통령은 국민의 보통 · 평등 · 직접 · 비밀선거에 의하여 선출된다. 대통령의 입후보자격(피선거권)은 국회의원 피선거권이 있고 선거일 현재 만40세에 달하여야 한다. 최고득표자가 2인 이상인 때에는 국회의 재적의원 과반수가 출석한 공개회의에서 다수표를 얻은 자를 당선자로 한다. 대통령 후보자가 1인일 때에는 그 득표수가 선거권자 총수의 1/3이상이 되어야 대통령으로 당선될 수 있다.

대통령의 임기는 5년으로 하며, 중임할 수 없다. 대통령의 임기연장 또는 중임변경을 위한 헌법개정은 그 헌법개정제안 당시의 대통령에 대하여는 효력이 없다.

② 대통령의 권한과 의무

대통령의 일반적 권한으로는 국회의 입법과정에서의 법률안제출권, 법률안거부권과 행정부 수반으로서 행정입법권, 공무원 임명권, 국군통수권과 사법부에 관하여 재판관 등의 임명권, 사면권 등이 있다.

대통령의 일반적 비상적권한으로는 긴급재정 · 경제처분 및 명령권과 긴급명령권(헌법 제76조), 계엄선포권 등이 있다.

대통령의 의무로는 대통령은 헌법준수 · 국가보위 · 조국의 평화적 통일 · 민족문화의 창달 등의 직무를 성실히 수행할 의무와 선서의무를 지며, 공 · 사의 직을 겸할 수 없다.

그리고 전직대통령에 대하여는 그 신분과 예우에 관하여는 별도의 법률로써 정하여 보장하고 있다(전직대통령예우에 관한법률).

③ 대통령의 형사상 특권과 권한대행

대통령의 형사상 특권에 대하여는 대통령은 내란 또는 외환의 죄를 범한 경우를 제외하고는 재직 중 형사상의 소추를 받지 아니하며, 대통령은 탄핵결정에 의하지 아니하고는 공직으로부터 파면되지 아니한다(헌법 제65조 4항)고 규정하고 있다.

대통령의 권한 대행은 대통령이 궐위되거나 사고로 인하여 직무를 수행 할 수 없을 때에는 1차적으로 국무총리가 그 권한을 대행하고, 2차적으로는 법률이 정한 국무위원의 순서에 따라 그 권한을 대행한다(헌법 제71조).

2) 정부 조직과 권한

(1) 정부의 개념과 구조

우리헌법상 정부의 의미는 대통령을 수반으로 하는 행정부의 의미로 이해할 수 있다. 정부는 대통령을 정점으로 하여 국무총리 · 국무위원 · 행정각부 및 감사원으로 구성되고, 행정에 관한 중요정책을 심의하기 위하여 대통령 · 국무총리 · 국무위원으로 구성된 국무회의가 있다. 그리고 대통령의 자문기관으로 국가원로자문회의, 국가안정보장회의, 민주평화통일자문회의, 국민경제자문회의 등이 있다.

(2) 국무회의

국무회의는 정부의 권한에 속하는 중요한 정책을 심의하는 합의제 심의기관으로서 헌법상 필수기관이다. 국무회의는 대통령 · 국무총리와 15인 이상 30인 이하의 국무위원으로 구성되며, 대통령은 국무회의의 의장이 되고 국무총리는 대통령을 보좌하고 국무회의의 부의장이 된다.

국무회의는 헌법 제 89조에 규정된 사항을 심의하는데, 이러한 심의는 필수적이기는 하지만 대통령은 이 심의에 구속되지는 않는다고 본다.

(3) 국무총리

헌법은 국무총리는 대통령이 국회의 동의를 얻어 임명하고, 국무총리는 대통령을 보좌하며, 행정에 관하여 대통령의 명을 받아 행정각부를 통할하나고 규정하고 있다(헌법 제86조) 행정부의 제2인자로서, 대통령의 유고시 대통령의 권한 대행자이며, 법률이나 대통령령의 위임 또는 직권으로 총리령을 발할 수 있다. 또한 대통령의 국법상 행위에 대해서 부서의 의무가 있으며, 국무위원의 임명에 대한 제청권과 국무위원해임건의권을 가진다.

군인은 현역을 면한 후가 아니면 국무총리로 임명될 수 없으며, 국회는 국무총리의 해임을 건의할 수 있다.

(4) 국무위원

헌법상 국무회의의 구성원이며 대통령의 보좌시관으로서의 지위를 가지는 국무위원은 국무총리의 제청에 의하여 대통령이 임명한다. 그 수는 15인 이상 30인 이하이며 군인은 현역을 면한 후가 아니면 임명될 수 없다.

국무위원은 국무회의의 구성원으로서 국무회의에 안건을 제출할 수 있으며, 출석하여 발언하고 심의에 참가하는 권한을 가진다. 또한 대통령이 문서로써 하는 국법상 행위에 대하여는 부서할 권한과 책임이 있다.

(5) 행정각부

행정각부는 대통령을 수반으로 하는 정부의 구성단위로서 국무회의의 심의를 거쳐 대통령이 결정한 정책과 그 밖의 행정부의 권한에 속하는 사항을 집행하는 중앙행정기관이다. 행정각부의 장은 법률이 정하는 바에 따라서 소관사무를 결정 · 집행할 수 있는 권한을 가지며, 부령을 제정 · 공포하는 권한을 가진다. 행정각부의 장은 국무위원 중에서 국무총리의 제청에 의하여 대통령이 임명하며 국무위원이 아닌 자는 행정각부의 장이 될 수 없다.

(6) 감사원

감사원은 국가의 세입 · 세출의 결산, 국가 및 법률이 정한 단체의 회계검사와 행정기관 및 직무에 관한 감찰을 하기 위하여 대통령의 소속하에 설치된 헌법상 필수기관으로 독립된 합의제 기관이다.

감사원은 원장을 포함한 5인 이상 11인 이하의 감사위원(임기 4년)으로 구성되며, 1차에 한하여 중임이 가능하고, 원장은 대통령의 동의를 얻어 임명한다. 감사원은 국가의 세입 · 세출의 결산의 결산을 매년 검사하여 대통령과 차년도 국회에 보고하여야 한다.

6. 법원

사법은 구체적인 법적분쟁이 발생한 경우에, 제3자의 객관적 입장에서 무엇이 법인가를 찬단하고 선언함으로써 법질서를 유지하기 위한 작용이다. 우리헌법은 사법권은 법관으로 구성된 법원에 속한다고 규정하고 있다(헌법 제101조)

1) 법원의 헌법상 지위

(1) 사법기관으로서의 지위

사법권은 법관으로 구성된 법원에 속한다(제101조 제1항)라고 규정하여 사법에 관한 권한은 원칙적으로 법원이 행사함을 의미하고 있다. 사법에는 민사 · 형사재판을 포함하여 행정재판 · 군사재판 · 헌법재판을 포함한다. 우리헌법은 법원사법에 대한 예외로서 헌법재판소의 권한에 속하는 사항과 국회의원의 자격심사 · 징계 · 제명 · 행정심판 등을 각각 국회와 행정부에 부여하고 있다.

(2) 중립적 권력으로서의 지위

국회와 행정부는 정치적 권력기관의 성격을 가지지만 법원은 행정권에 의한 자의적 침해와 의회의 다수파에 의한 부당한 입법으로부터 국민의 자유와 권리를 보장하기 위하여 사법권의 독립이 엄격히 확보된 기관이다.

(3) 기본권과 헌법보장기관으로서의 지위

사법부는 국민의 기본권이 침해된 경우에는 그 사법적 보장을 위한 기관이다. 법원은 기본권보장의 최후의 보루이다.

2) 사법권의 독립

사법권의 독립이란 사법권을 행사하는 법관이 구체적인 사건을 재판함에 있어서 외부의 지시나 간섭에 구속되지 않고 오로지 헌법과 법률에 의해 양심에 따라 독립하여 재판함을 말한다.

우리헌법은 사법권이 독립을 위하여 법관의 물적 독립과 인적 독립에 대하여 규정하고 있다.

물적 독립은 판결의 자유를 의미한다. 즉 재판에 있어서 헌법과 법률 그리고 양심에만 구속되고 그 밖의 국가기관이나 소송당사자, 여론 등으로부터 독립되어야 함을 말한다. 재판상의 독립이라고도 한다.

인적 독립 즉 법관의 신분보장은 법관인사의 독립, 임기의 보장, 신분보장, 법관의 보수의 보장을 의미한다. 법관은 탄핵 또는 금고이상의 형의 선고에 의하지 아니하고는 파면되지 않으며, 징계처분에 의하지 아니하고는 정직 · 감봉 기타 불리한 처분을 받지 않는다.

3) 법원의 권한

법원은 쟁송에 관한 재판권을 가진다. 민사소송, 형사소송, 행정소송, 선거소송 등의 법적분쟁에 관하여 재판권을 가진다. 그리고 헌법과 법률의 하위규범인 명령 · 규칙에 대한 심사권을 가진다. 즉 법원은 명령 · 규칙 등이 헌법이나 법률에 위반되는 여부가 재판의 전제가 될 때에는 각급법원이 심사할 수 있으며, 최종적 심사권은 대법원이 가진다. 또한 법률이 헌법에 위반되는 여부가 재판의 전제가 될 때, 법원은 헌법재판소에 제청하여 그 심판을 구할 권한이 있다.

4) 사법의 절차

법원은 최고법원인 대법원과 고등법원, 지방법원, 가정법원, 군사법원 등으로 구성되며, 3심제에 의한 재판이 진행된다.

우리헌법은 재판의 심리와 판결을 공개하도록 규정하고 있다. 다만 심리는 국가안전보장 또는 안녕질서를 방해하거나 선량한 풍속을 해할 염려가 있으면 법원의 결정으로 공개하지 아니할 수 있다.

7. 헌법재판소

헌법재판은 헌법규범의 실효성을 담보하는 헌법보장제도로서의 가치를 가진다. 헌법재판소는 헌법에 관한 분쟁이나 의문이 있을 때 사법적 방법에 따라 해결하는 헌법 보장기관이며, 정치적 사법기관이며, 기본권 보장기관, 권력의 통제 · 순화기관, 헌법재판에 관한 최종심판기관이다.

헌법재판소는 입법권이나 행정권의 자의적이고 부당한 권력작용으로부터 헌법을 수호하는 지위에 있으므로 궁극적으로 헌법에 규정된 국민의 기본권을 보장하는 역할을 하게 된다.

1) 헌법재판소의 구성과 결정

헌법재판소는 법관의 자격을 가진 9인의 재판관으로 구성하며, 국회에서 선출하는 3인과 대통령이 지명하는 3인, 대법원장이 지명하는 3인을 포함하여 9인의 재판관은 대통령이 임명한다. 헌법재판소의 장은 국회의 동의를 얻어 재판관 중에서 대통령이 임명하며, 재판관의 임기는 6년으로 연임할 수 있다.

헌법재판소의 위헌법률심사, 탄핵결정, 정당해산결정, 또는 헌법소원에 관한 결정에는 재판관 6인 이상의 찬성이 있어야 한다.

2) 헌법재판소의 권한

(1) 위헌법률심판권

법률이 헌법에 위반되는 여부가 재판의 전제가 된 경우, 법원은 헌법재판소에 그 판단을 요구할 수 있고 헌법재판소는 위헌여부를 심판한다.

(2) 탄핵심판권

국회에서 발의 · 의결된 탄핵안은 최종적으로 헌법재판소의 심판에 의하여 결정된다.

(3) 위헌정당해산심판권

정부는 정당의 목적이나 활동이 민주적 기본질서에 위배될 때, 국무회의 심의를 거쳐 헌법재판소에 그 해산을 제소할 수 있다. 헌법재판소의 심판에 의하여 해산결정이 있으면 정당은 해산되며, 소속 국회의원은 자격을 상실하게 된다.

(4) 권한쟁의심판권

권한쟁의심판은 기관 상호간의 원활한 업무수행 및 견제와 균형의 원리를 실현시키는데 권한쟁의 심판의 목적이 있다.

국가기관 상호간, 국가와 지방자치단체간 및 지방자치단체 상호간의 권한쟁의에 관한 심판이 헌법재판소의 관할 사항이다.

(5) 헌법소원심판권

헌법소원은 본질적으로 개인의 주관적인 기본권 보장 기능과 위헌적인 공권력 행사를 통제하는 객관적 헌법질서보장기능을 가진다. 헌법재판소법 제68조에서는 권리구제형 헌법소원과 위헌심사형 헌법소원에 대하여 규정하고 있다.

헌법재판소법 제68조 1항은 "공권력의 행사 또는 불행사로 인하여 헌법상 보장된 기본권을 침해받은 자는 법원의 재판을 제외하고는 헌법재판소에 헌법소원심판을 청구할 수 있다. 다만, 다른 법률에 구제절차가 있는 경우에는 그 절차를 모두 거친 후에 청구할 수 있다"고 하여 권리구제형 헌법소원을 규정하고 있다.

68조 제2항은 "법률의 위헌 여부 심판의 제청신청이 기각된 때에는 그 신청을 한 당사자는 헌법재판소에 헌법소원심판을 청구할 수 있다. 이 경우 그 당사자는 당해 사건의 소송절차에서 동일한 사유를 이유로 다시 위헌 여부 심판의 제청을 신청할 수 없다"고 하여 위헌법률심판을 청구하는 위헌심사형 헌법소원을 규정하고 있다.

8. 선거관리위원회

1) 의의

선거관리위원회는 독립된 헌법기관이며, 헌법상 필수기관, 합의제기관이다. 우리헌법은 선거와 국민투표의 공정한 관리 및 정당에 관한 사무를 처리하기 위하여 선거관리위원회를 두며, 각급선거관리 위원회의 조직 · 직무범위 기타 필요한 사항은 법률로 정한다고 규정하고 있다(헌법 제114조 1항, 7항). 이에 근거하여 선거관리위원회법이 제정되었다.

2) 선거관리위원회의 구성

중앙선거관리위원회는 대통령이 임명하는 3인, 국회에서 선출하는 3인, 대법원장이 지명하는 3인의 위원으로 구성하며 위원장은 위원 중에서 호선한다. 위원의 임기는 6년이며, 연임이 가능하나, 정당에 가입하거나 정치에 관여할 수 없다. 그리고 위원은 탄핵 또는 형벌에 의하지 아니하고는 파면되지 아니한다.

중앙선거관리위원회는 법령의 범위 내에서 선거관리 · 국민투표관리 또는 정당사무에 관한 규칙을 제정할 수 있으며 선거사무와 국민투표사무에 관하여 관계 행정기관에 필요한 지시를 할 수 있다.

기출문제(경비지도사 시험 중심)

1. 자유민주주의적 헌법규범의 법적 성격이라고 할 수 없는 것은?

① 영구불변의 근본법 ② 최고규범성 ③ 수권규범성 ④ 기본권보장규범성

정답 : ① 헌법은 시대성, 사회성을 초월한 영구불변의 근본법으로 볼 수는 없다.

2. 헌법의 분류에서 다음 중 우리 헌법에 해당하는 것은?

① 불문헌법, 연성헌법, 국약헌법 ② 불문헌법, 경성헌법, 전제헌법

③ 성문헌법, 경성헌법, 민정헌법 ④ 성문헌법, 연성헌법, 민정헌법

정답 : ③ 우리헌법은 입헌주의적 헌법으로 성문헌법, 민정헌법, 경성헌법의 성격이다.

3. 다음 중 군주단독의 의사에 의하여 제정된 헌법은?

① 국약헌법 ② 민정헌법 ③ 흠정헌법 ④ 명목적 헌법

정답 : ③ 군주국가에서 군주의 단독 의사에 제정된 헌법을 흠정헌법이라고 한다.

4. 헌법의 해석에 있어 가장 우선시되는 것은?

① 문리적 해석 ② 체계적 해석 ③ 역사적 해석 ④ 주관적 해석

정답 : ① 법의 해석단계는 문리적-논리적-체계적 해석의 순으로 하여야 한다.

5. 헌법개정에 관한 현행 헌법의 내용으로 옳지 않은 것은?

① 헌법개정안은 국회만이 제안하며 그 재적의원 과반수의 발의로 제안된다.

② 대통령은 제안된 헌법개정안을 20일 이상 공고하여야 한다.

③ 헌법개정안에 대한 국회의 의결은 필수적 절차이다.

④ 헌법개정안에 대한 국민투표는 필수적 절차이다.

정답 : ① 대통령이나 국회의원(재적과반수)의 발의로 제안된다.

현행헌법상 헌법개정절차이다

제128조 제1항 : 대통령이나 국회의원(재적과반수)의 발의로 제안.

제129조 : 제안된 헌법개정안은 대통령이 20일 이상의 기간 이를 공고하여야 한다.

제130조 제1항 : 국회는 헌법개정안을 공고한 날로부터 60일 이내에 의결하여야 한다. 국회의 의결에 는 재적의원의 3분의 2 이상의 찬성을 얻어야 한다.

제130조 제2항 : 국회가 의결한 후 30일 이내에 국민투표에 붙여 국회의원선거권자 과반수의 투표와 투표자 과반수의 찬성을 얻어야 한다.

6. 헌법상 헌법개정에 관한 설명으로 옳은 것은?
① 헌법개정은 국회 재적의원 과반수 또는 정부의 발의로 제안된다.
② 대통령의 임기연장 또는 중임변경에 관해서는 이를 개정할 수 없다.
③ 헌법개정이 확정되면 대통령은 즉시 이를 공포하여야 한다.
④ 헌법개정안에 대한 국회의결은 출석의원 3분의 2 이상의 찬성을 얻어야 한다.

정답 : ③

①,④ 헌법개정은 국회의 특별의결 정족수로 재적의원 2/3 이상 찬성으로 의결되며, 재적의원 과반수의 찬성으로 헌법개정 발의된다.

② 헌법 제70조 대통령의 임기는 5년으로 하되, 중임할 수 없다. 또한 헌법 제128조 제2항 대통령의 임기연장 또는 중임변경을 위한 헌법개정은 그 헌법개정 초안 당시의 대통령에 대하여는 효력이 없다.

따라서 ③ 헌법이 개정되면 대통령은 즉시 이를 공포해야 하는 것이 옳은 답이다.

7. 대한민국은 민주공화국이다"라는 헌법 제 1조 제 1항이 가장 기본적으로 요구하는 것은?
① 단일제국가의 수립 ② 기본권의 보장 ③ 국제평화주의 추구 ④ 군주제의 불채택

정답 : ④ 공화국이라 함은 군주국에 대칭되는 국가형태로서 군주제를 부정하는 비군주국을 말한다.

8. 국가연합이란?
① 완전한 주권과 독립을 향유하고 국제법상 완전한 능력을 가진 단일국가를 말한다.
② 복수국가의 공동방위 또는 일반적 안녕을 목적으로 하는 조약에 의한 결합국가를 말한다.
③ 헌법, 중앙기관 및 정부를 가진 영속적 결합과 같은 현상의 국가를 말한다.
④ 수 개의 국가가 서로의 이익을 위하여 공동행위를 위해 일시적으로 같은 입장을 취하는 경우 일련의 국가결합을 말한다.

정답 : ② 국가연합이란 복수국가의 공동방위 또는 일반적 안녕을 목적으로 하는 조약에 의한 결합국가를 말한다.

9. 다음 중 우리 헌법의 기본원리가 아닌 것은 어느 것인가?
① 기본권 존중원칙 ② 사유재산 절대의 원칙
③ 평화통일주의 ④ 국민주권주의

정답 : ② 사유재산 존중의 원칙은 인정되지만, 그것의 행사에는 일정한 사회적 제약이 있다. 따라서 절대의 원칙은 아니다.

10. 다음 중 대한민국 헌법의 기본원리가 아닌 것은?
① 국민주권의 원리 ② 사회적 민주주의 ③ 문화국가의 원리 ④ 법치주의

정답 : ② 현행헌법의 기본원리에는 국민주권주의, 자유민주주의와 권력분립주의, 법치국가주의, 평화통일주의, 문화국가주의, 기본권존중주의, 복지국가(사회국가)주의, 사회적 시장경제주의(재산권의 상대적 보장), 국제평화주의 등이 있다.

11. 다음 중 민주적 기본질서의 원리와 거리가 먼 것은 어느 것인가?

① 포괄입법주의 ② 권력분립주의 ③ 법치주의 ④ 의회민주주의

정답 : ① 포괄입법주의는 결과적으로 행정권에 기한 법규창조력을 인정하게 되므로, 실질적 법치주의에 반한다. 따라서 민주적 기본질서의 원리와는 거리가 멀다.

12. 다음 중 독점기업의 폐해를 억제하기 위한 수정자본주의적 원리는 어느 것인가?

① 문화국가원리 ② 법치국가원리 ③ 야경국가원리 ④ 사회국가원리

정답 : ④ 사회적 국가라 함은 모든 국민의 기본적 수요를 충족시켜줌으로써 건강하고 문화적인 생활을 영위하게 하는 것이 정부의 책임인 동시에 그 요구가 국민의 권리로 인정되는 국가를 말하며, 우리 헌법의 기본원리의 하나인 사회국가원리는 사회정의의 구현을 법치국가적 방법으로 구현하려는 국가적 원리를 말한다.

13. 다음 중 법치주의의 내용과 가장 거리가 먼 것은?

① 기본적 공권과 자유권의 보장 ② 법생활에서의 예측가능성

③ 권력분립주의 ④ 실질적 법치주의보다 형식적 법치주의가 강조된다.

정답 : ④ 오늘날 법치주의란 실질적 법치주의를 말한다. 형식적 법치주의는 법 제정절차만 적법하면 그 내용은 묻지 않고 법치주의가 완성된 것으로 보기에, 국민의 자유와 권리가 제대로 보장되지 못한다. 반면에 실질적법치주의는 법 제정절차 뿐만 아니라, 그 내용도 헌법에 합치해야 법치주의가 완성된 것으로 보기에, 국민의 자유와 권리가 최대한 보장 될 수 있다.

14. 우리나라 헌법에 관한 설명 중 틀린 것은?

① 대통령의 계엄선포권을 규정하고 있다.

② 국무총리의 긴급재정경제처분을 규정하고 있다.

③ 국가의 형태로서 민주공화국을 채택하고 있다.

④ 국제평화주의를 규정하고 있다.

정답 : ② 대통령이 긴급명령, 긴급재정 · 경제명령을 발할 수 있다. 국무총리에게는 인정되지 않는다.

15. 다음 설명 중 옳지 않은 것은?

① 대한민국의 영토는 한반도와 그 부속도서로 한다는 조항은 1948년 제헌헌법 당시부터 규정되어 있었다.

② 헌법 제3조의 규정에 비추어 북한 주민도 대한민국의 국민이다.

③ 헌법 제3조에 따르면 북한정부의 실질이 인정된다.

④ 헌법은 평화통일의 원칙을 선언하고 있으므로 무력에 의한 북진통일은 헌법에 위반된다.

정답 : ③

16. 다음 중 국제법규에 관한 헌법상 기본원칙이 아닌 것은?)

① 대한민국은 국제평화의 유지에 노력한다.

② 대한민국은 침략적 전쟁을 부인한다.

③ 헌법에 의하여 체결 · 공포된 조약과 일반적으로 승인된 국제법규는 국내법보다 하위의 효력을 가진다.

④ 외국인은 국제법과 조약이 정하는 바에 의하여 그 지위가 보장된다.

정답 : ③ 헌법 제6조 ①항 헌법에 의하여 체결 · 공포된 조약과 일반적으로 승인된 국제법규는 국내법과 같은 효력을 가진다.

①,② 헌법제5조 ①항 대한민국은 국제평화의 유지에 노력하고 침략적 전쟁을 부인한다.

④ 헌법 제6조 ②항 외국인은 국제법과 조약이 정하는 바에 의하여 그 지위가 보장된다.

17. 정당에 관한 설명으로 옳지 않은 것은?

① 정당해산결정의 집행은 국회의장이 한다.

② 정당은 민주적 기본질서를 존중하여야 한다.

③ 정당의 지구당은 특별시 · 광역시 · 도 중 5이상에 분산되어야 한다.

④ 정당은 민주적인 내부질서를 유지할 의무가 있다.

정답 : ① ① 정당해산결정의 집행은 중앙선거관리위원회가 한다(헌법재판법 제60조).③ 정당법 제26조.

18. 다음 중 비례대표제에 관한 내용으로 옳지 않은 것은?

① 사표를 방지, 소수자 대표를 보장한다. ② 군소정당의 난립의 방지 및 정국의 안정

③ 득표수와 정당별 당선의원의 비례관계의 합리화 ④ 각기 국가의 정당사정을 고려하여 채택

정답 : ② 비례대표제의 장 · 단점을 요약하면 다음과 같다.

구분	내 용
장점	i) 선거인의 의사를 정확하게 반영한 대표자를 선출(투표가치의 평등실현 가능). ii) 민주정치의 요체인 정당정치에도 적합. iii) 소수당에게도 의석을 배분(소수자보호 : 다수의사 횡포방지)
단점	i) 다당제 내지 군소정당의 난립으로 정국불안을 초래할 위험(의원내각제와 갈등). ii) 불안정한 정치상황의 초래. iii) 기술적 곤란성과 절차적 복잡성을 수반. iv) 선거인과 대표자 사이가 소원해짐. v) 선거의 직접성 원칙에 모순(후보자명부의 정당작성 : 정당간부의 횡포 가능)

19. 지방자치에 관한 설명으로 옳지 않은 것은?
① 지방자치단체의 위임사무는 법령을 통해 국가가 위임한 사무이다.
② 지방의회와 지방자치단체장 간의 권한쟁의가 있는 경우는 헌법재판소에서 심판한다.
③ 지방자치단체는 주민의 복리에 관한 사무를 처리하고 재산을 관리한다.
④ 지방의회의원은 임기 4년의 명예직이다.

정답 : ② 국가기관과 지방자치단체간 및 지방자치단체 상호간의 권한쟁의에 관한 심판권은 헌법재판소에 있지만(헌법 제111조 제1항 4호), 지방의회와 지방자치단체장 간의 지방자치단체 기관내부의 권한쟁의에 대한 심판권은 대법원에 있다(지방자치법 제159조 참조).

20. 조례에 관한 설명 중 옳지 않은 것은?
① 조례도 법규의 성격을 가진다.
② 국가의 사무를 제외한 모든 사무는 법률의 수권이나 위임이 없을지라도 법령에 위배되지 아니하는 한 원칙적으로 조례로서 규정할 수 있다.
③ 조례는 기관위임사무에 관한 사항을 그 내용으로 할 수 있다.
④ 이미 법령이 존재하는 사항에 관해서는 그보다 강하게 규제하는 조례는 법률의 위임이 있어야 제정할 수 있다.

정답 : ③ 조례의 제정 범위는 지방자치단체의 고유사무, 단체위임사무에 한한다. 기관위임사무에 관한 사항은 조례제정 범위의 밖이다. ② 조례는 법령의 범위내에서 지방의회의 의결로서 제정한다. 다만, 주민의 권리제한 · 의무부과 · 벌칙을 정할 때에는 반드시 법률의 위임이 있어야 한다(지방자치법 제15조).

21. 현행헌법에 규정되어 있는 내용이 아닌 것은 ?
① 국정감사권 ② 국민소환권 ③ 헌법소원 ④ 긴급명령권

정답 : ② 국민소환은 우리나라 헌법이 인정하고 있지 않다. 주민소환은 지방자치법제 20조에서 규정하고 있다.

22. 『모든 국민은 법 앞에 평등하다. 누구든지 성별 · 종교 또는 사회적 신분에 의하여 정치적 · 경제적 · 사회적 · 문화적 생활의 모든 영역에 있어서 차별을 받지 아니한다고 한다』라고 한다. 여기서 말하는 법 앞의 평등은 어떠한 법을 말하는가?
① 실질적인 법
② 형식적인 법
③ 형식적인 법과 실질적인 일체의 법
④ 특별법

정답 : ③ 헌법 제11조의 법은 국회에서 입법하는 형식적의미의 법률에 한정하지 않고 대한민국의 법체계를 형성하는 모든 법규범을 말한다.

23. 기본권의 효력에 관한 설명 중 가장 옳지 않은 것은?
① 과거 기본권은 행정과 사법을 구속할 뿐, 입법은 구속하지 못한다는 견해가 있다.
② 오늘날 기본권은 입법, 행정, 사법의 모든 국가권력을 구속하는 것으로 인정된다.
③ 기본권의 대사인적 효력은 사법질서의 독자성과 사적 자치의 원칙 때문에 오로지 법원의 판결을 통한 간접효력으로만 인정된다.
④ 기본권은 오늘날 사인간의 관계에도 효력을 미친다고 보는 것이 통설이다.

정답 : ③ 기본권 중에는 헌법의 명문규정에 의하여 사인간에 직접효력을 갖는 것도 있다.

24. 다음 중 자유권적 기본권이 아닌 것은 어느 것인가?
① 종교의 자유 ② 신체의 자유 ③ 청원권 ④ 직업선택의 자유

정답 : ③ 은 청구권적 기본권이다.

25. 자유권적 기본권을 최초로 규정한 헌법이라고 볼 수 있는 것은?
① 버지니아 헌법 ② 바이마르 헌법 ③ 프랑크프르트 헌법 ④ 독일기본법

정답 : ①

26. 다음 중 신체의 자유에 대한 설명으로 잘못된 것은?
① 신체의 자유는 인간의 모든 자유 중에서 가장 원시적인 자유이다.
② 범죄와 형벌은 법령 또는 관습법으로만 정한다.
③ 법률에 의하지 아니하고는 체포. 구속. 압수. 수색 또는 심문을 받지 아니한다.
④ 법률과 적법한 절차에 의하지 아니하고는 처벌,보안처분,또는 강제노역을 받지 아니한다.

정답 : ② 신체의 자유를 확보하기 위해 범죄와 형벌은 법률로 정해야 하는 죄형법정주의가 지배한다. 따라서 관습법으로 정할 수 없다. 범죄와 형벌을 행정입법에 위임 할 수 있느냐에 데 대해서는 헌법재판소와 법원은 범죄의 종류와 형벌의 상한과 폭을 법률로서 정하고 난 뒤 위임할 수 있다고 보았다

27. 헌법상 신체의 자유에 관한 내용으로 틀린 것은?
① 영장제도 ② 고문의 금지 ③ 변호인의 조력을 받을 권리 ④ 형사보상청구권

정답 : ④

(1) 헌법은 제12조 1항 '모든 국민은 신체의 자유를 가진다'고 규정하여 신체의 자유를 보장하고, '누구든지 법률에 의하지 아니하고는 체포 · 구속 · 압수 · 수색 또는 심문을 받지 아니하며, 법률과 적법한 절차에 의하지 아니하고는 처벌 · 보안처분 또는 강제노역을 받지 아니한다'고 규정하고 있다. (2) 헌법 제12조 4항에서 '체포 또는 구속을 당한 때에는 변호인의 조력을 받을 권리를 가진다'고 규정한다. 따라서 구속된 피의자가 불기소처분을 받은 후 그 구속되었던 기간 동안 법률과 대통령령에서 규정한 보상금을 받게 되는 제도인 ④ 형사보상청구권은 신체의 자유에 관한 내용에 해당하지 않는다.

28. 다음 중 외국인에게도 내국인과 같이 인정되는 것은?
① 형사보상 청구권 ② 평등권 ③ 출입국의 자유 ④ 국가배상청구권

정답 : ① 외국인에게도 내국인과 같이 인정되는 것은 형사보상청구권, 인간의 존엄과 가치, 신체의 자유, 양심의 자유, 종교의 자유 등이다. 참정권, 생존권 등은 인정되지 않지만 평등권, 재산권, 거주 이전의 자유, 국가배상청구권 등은 제한적으로 인정된다.

29. 헌법 제10조의 "인간의 존엄과 가치"에 관한 설명으로 옳지 못한 것은?
① 기본권의 이념적 기초이고 기본권의 핵심으로서 우리 헌법 최고의 객관적 규범이다.
② 기본권 실현의 방법적 기초이다.
③ 국가목적적인 국가를 부인하는 의미를 갖는다.
④ 개인이익우선의 원칙을 명백히 하는 것이다.

정답 : ② 기본권 실현의 방법적 기초는 헌법 제11조 평등권 규정이고 인간의 존엄과 가치는 기본권의 이념적 기초이다.

30. 평등권에 대한 설명 중 옳지 않은 것은?
① 헌법상 법 앞의 평등은 상대적 평등을 의미한다.
② 정치적 영역에서도 상대적 평등이 중시된다.
③ 역평등(reverse equality)은 일반적으로 현대적인 평등원리에 모순된다고 할 수 없다.
④ 헌법 제11조 제1항 본문의 "성별 · 종교 또는 사회적 신분에 의하여..."는 예시적 규정이다.

정답 : ② 정치적 영역에서는 절대적 평등이, 사회적 · 경제적 영역에서는 상대적 평등이 더 중시된다.

31. 적법절차원리에 관한 설명으로 옳지 않은 것은?
① 미국헌법상 적법절차원리는 절차적 개념에서 실체적 개념으로 확장되었다.
② 적법절차조항의 적용대상은 형사절차에 한정된다.
③ 적법절차의 원리와 법치주의의 원리는 상호 대체적이며 보완적 성격이 강하다.
④ 현행헌법에서는 제12조 신체의 자유보장 조항에서 적법절차원리를 규정하고 있다.

정답 : ② 제12조 제1.3항의 영장주의와 관련하여 적법절차를 규정하고 있지만, 이는 그 대상을 한정적으로 열거하고 있는 것이 아니라 그 적용대상을 예시한 것에 불과하다(통설).

32. 죄형법정주의에 관한 설명으로 옳지 않은 것은?
① 죄형법정주의에서 파생되는 명확성의 원칙은 구성요건이 명확할 것을 의미한다.
② 형벌법규를 법률이 아닌 하위명령에 위임하는 것은 허용되지 않는다.
③ 어떤 법률의 개념이 다의적이고 그 어의의 테두리 안에서 여러 가지 해석이 가능할 때, 헌법에 합치되는 해석을 택하여야 한다.
④ 다소 광범위하고 어느 정도의 범위에서는 법관의 보충적 해석을 필요로 하는 개념을 사용하여 규정하였다 하더라도 그 적용단계에서 다의적으로 해석될 우려가 없다면 명확성의 원칙에 위배되지 않는다.

정답 : ② 형벌법규는 죄형법정주의의 원칙(형벌법규법률주의, 형벌법규불소급의 원칙, 절대적 부정기형금지의 원칙, 법규내용명확성의 원칙)에 따라 형식적 의미의 법률로 정하여야 함이 원칙이나, 복잡다기한 현대국가에 있어서 모든 사항을 형식적 의미의 법률로 규정한다는 것은 불가능한 것이므로 예외적으로 처벌법규(형벌법규 포함)의 위임은 특히 긴급한 필요가 있거나 미리 법률로써 정할 수 없는 부득이한 사정이 있는 경우에 한하여 인정될 수 있다(헌재결 1991.7.8, 91헌가4 참조).

33. 구속적부심사제도 관한 설명으로 타당하지 아니한 것은?

① 제헌헌법에서 도입된 이후 현행 헌법에 이르기까지 일관되게 채택되고 있다.

② 구속뿐만 아니라 체포의 경우에도 그 적부심사를 법원에 청구할 수 있도록 하고 있다.

③ 청구권자는 구속된 피의자와 그 변호인, 그 직계친족, 형제자매, 고용주도 포함된다.

④ 현행법제상 피고인에게는 구속적부심사청구권이 인정되지 아니한다.

정답 : ④ 심사청구 후 피의자에 대하여 공소제기가 있는 경우에도 피고인의 신분이지만 구속적부심사를 청구할 수 있다.

34. 청원에 관한 설명으로 옳은 것은?

① 구두에 의한 청원도 가능하다.　② 국가원수에 대한 청원은 금지된다.

③ 재판에 간섭하는 청원은 수리하지 않는다.　④ 법인과 외국인의 청원은 허용되지 아니한다.

정답 : ③

①은 틀림 : 청원은 문서로 하여야 한다(헌법 제26조).

청원불수리사항(청원법 제5조 1항)

1. 감사 · 수사 · 재판 · 행정심판 · 조정 · 중재 등 다른 법령에 의한 조사 · 불복 또는 구제절차가 진행 중인 때
2. 허위의 사실로 타인으로 하여금 형사처분 또는 징계처분을 받게 하거나 국가기관 등을 중상모략하는 사항인 때
3. 사인간의 권리관계 또는 개인의 사생활에 관한 사항인 때
4. 청원인의 성명 · 주소 등이 불분명하거나 청원내용이 불명확한 때

② 국가원수에 대한 청원은 가능하다.

청원권의 주체로 헌법상에는 국민으로 규정되어 있지만 자연인으로서의 일반국민, 외국인과 법인에게도 널리 인정된다고 본다.

35. 헌법상 재산권의 보장과 제한에 관한 설명으로 틀린 것은?

① 모든 국민의 재산권은 보장되나 그 내용과 한계는 헌법으로 정한다.

② 재산권의 행사는 공공복리에 적합하도록 하여야 한다.

③ 공공필요에 의한 재산권의 수용 · 사용 또는 제한은 법률로 하여야 한다.

④ 공공필요에 의한 재산권의 침해는 법률에 따른 정당한 보상을 지급하여야 한다.

정답 : ①

헌법 제23조 제2항은 재산권의 내용과 한계는 법률로 정한다고 규정하고 있다.

따라서 ① 재산권의 내용과 한계는 헌법이 아닌 법률로 정해야 한다.

36. 환경권에 대한 설명으로 옳지 않은 것은?

① 환경권을 헌법상 기본권으로 명문화하여 보장하고 있는 것은 오늘날 세계각국의 거의 공통적인 현상이다.

② 법인은 환경권의 주체가 될 수 없다는 것이 다수설의 견해이다.

③ 우리 헌법은 국가뿐만 아니라 국민에게도 환경보전을 위하여 노력하여야 할 의무를 규정하고 있다.

④ 환경권은 법률에 의하여 제한할 수 있다.

정답 : ① 환경권을 헌법에 명문규정을 두고 있는 국가는 한국(제35조, 8차헌법에서 신설)과 독일(1972년 기본법 제72조)이고, 개별입법을 통해 두고 있는 국가는 미국(1971년 국가환경정책법)과 일본 등이다. 따라서 헌법상 기본권으로 직접 명문화하여 보장하는 것이 세계각국의 공통적인 현상이 아니다. ② 환경권의 주체는 모든 국민이며, 법인은 제외된다.

37. 다음 중 행정기관에 의하여 기본권이 침해된 경우의 구제수단으로서 부적당한 것은?

① 행정소송 ② 형사재판청구권 ③ 국가배상청구권 ④ 이의신청과 행정심판청구

정답 : ② 형사재판청구권은 불법행위로 인한 개인의 기본권침해가 발행한 경우 그 회복 또는 구제를 청구하는 것으로, 일반 국민은 직접 형사재판을 청구할 권리를 가지지 아니하며 원칙적으로 검사만이 공소를 제기할 수 있다.

38. 다음 중 몽테스키외의 3권분립론의 가장 중심된 사상은?

① 국민주권주의 ② 직접민주주의 ③의회제도의 확립 ④ 국민의 자유권보장

정답 : ④ 권력분립의 원리란 국가의 통치작용을 입법 · 사법 · 행정으로 나누고 이들 작용을 서로 다른 기관에 귀속시킴으로써 기관 상호간에 견제와 균형의 관계를 유지하게 하는 원리를 말한다. 이러한 권력분립의 이론은 국가권력이 하나의 기관에 집중되어 남용되는 폐단을 방지하고, 개인의 자유와 권리를 보장하기 위해 성립되었다. 권력분립이론의 창시자인 로크(J. Loke)는 「시민정부2론」에서 입법권 · 행정권의 2권분립을 주장하였다. 이는 국민주권을 전제로 한 입법권의 우월을 전제로 한 것이다. 몽테스키외(Montesquien)는「법의 정신」에서 입법권 · 행정권 · 사법권의 3권분립을 주장하여 권력분립을 완성하였다.

39. 헌법상 통치구조에 관한 다음 기술 중 옳지 않은 것은?

① 법원의 재판에 이의가 있는 자는 헌법재판소에 헌법소원심판을 청구할 수 있다.

② 헌법재판소는 지방자치단체 상호간의 권한의 범위에 관한 분쟁에 대하여 심판한다.

③ 행정법원은 행정소송사건을 담당하기 위하여 설치된 것으로서 3심제로 운영된다.

④ 법원의 재판에서 판결선고는 항상 공개하여야 하지만 심리는 공개하지 않을 수 있다.

정답 : ① 헌법재판소법 제68조는 법원의 재판은 헌법소원의 대상이 되지 못한다고 규정하고 있다.

40. 다음 중 정부형태의 전통적 분류에 속하지 않는 것은?
① 입헌군주제 ② 대통령제 ③ 의회정부제 ④ 의원내각제

정답 : ③ 정부형태는 전통적인 분류방법에 의하면 의원내각제와 대통령제로 나눌 수 있는데, 오늘날에는의회정부제(회의제) · 이원정부제(이원집정부제) 등이추가되고있다.

41. 의원내각제에 관한 설명으로 옳지 않은 것은?
① 의회의 내각불신임이 본질적 요소이다. ② 각료와 의원의 겸직이 허용된다.
③ 행정부의 이원적 구조가 특징이다. ④ 양원제가 그 전제이다.

정답 : ④ ① 내각은 의회에 대하여 정치적 책임을 진다. ② 상호 협력관계에 있으므로 국회의원은 정부각료를 겸할 수 있고, 정부는 국회에 출석하여 발언할 수 있으며, 또한 법률안제출권도 갖는다. ③ 국가원수로서의 지위는 대통령이나 군주에게, 행정수반으로서의 지위는 수상 또는 총리에게 귀속됨으로 행정부는 이원화되어 있다.

42. 대통령책임제에 관한 설명과 가장 거리가 먼 것은 ?
① 공화제 국가에서만 채택이 가능하고 군주제 국가에서는 취할 수 가 없다.
② 미국에서 독창적으로 창조된 제도이다.
③ 국가 위기시에 대처능력이 의원내각제의 경우보다 우월하다고 할 수 있다.
④ 정당정치와 조화되지 않을 가능성이 의원내각제의 경우보다 더 심하다고 할 수 없다.

정답 : ④ 대통령제는 군주제와 조화되기 어려우며 국회와 정부가 상호 독립성의 원리에 의해 운영되기에 상호 의존성의 원리에 의하여 운영되는 의원내각제에 비해 정당정치와 조화되기가 보다 어렵다.

43. 다음 중 국회 권한의 성격 중 다른 하나는 어느 것인가?
① 조약체결동의 ② 국정감사 ③ 국회규칙 제정 ④ 법률제정

정답 : ③ 국회자율권은 국회가 타기관의 간섭을 받지 않고, 자체 문제 또는 의사에 대하여 독립적인 결정을 할 수 있는 권한으로 의사자율권, 내부조직권, 내부경찰권(질서자율권), 신분자율권, 규칙제정권 등이 그 예이다.

44. 외국과의 조약 · 체결의 동의권의 권한을 갖는 기관이라고 볼 수 있는 것은?
① 헌법재판소의 권한 ② 국회의 권한 ③ 선거관리위원회의 권한 ④ 감사원의 권한

정답 : ②

45. 국회에 관한 설명으로 옳지 않은 것은?
① 국회의 임시회는 대통령 또는 국회재적의원 4분의 1 이상의 요구에 의하여 집회된다.
② 국회의 국정감사 · 국정조사는 계속중인 재판에 관여할 목적으로 행하여질 수 없다.
③ 헌법개정안 의결을 위해서는 국회재적의원 3분의 2 이상의 찬성을 요한다.
④ 국회의 국회의원에 대한 징계처분에 대하여는 법원에 제소할 수 있다.

정답 : ④ ① 헌법 제47조 제1항. ② 국감법 제8조. ③ 헌법개정안 의결(제130조 제1항).④ 헌법 제64조 제4항.

46. 국회의 국정조사권에 과한 설명 중 옳지 않은 것은 ?
① 국정조사권의 기원은 1689년 영국의 의회에서 비롯되었다.
② 우리나라는 건국헌법이래 국정조사권을 규정하고 있다.
③ 국정조사권은 국민에게 국정에 관한 정보를 제공하여 국민의 알권리를 충족하여 주는 역할을 담당한다.
④ 독일기본법은 국정조사권을 명문으로 규정하고 있다.

정답 : ② 건국헌법에서 규정한 것은 국정감사권이었으며, 국정조사권이 헌법에 명문으로 규정된 것은 5공화국헌법이다.

47. 다음 중 국정감사 및 조사에 관하여 맞는 것은?
① 국정감사는 공개가 원칙이고, 국정조사는 비공개가 원칙이다.
② 재판절차의 신속성에 하자가 있는 경우 국정조사의 대상이 될 수 없다.
③ 개인의 사생활에 관계되는 것은 예외적으로도 국정조사의 대상이 될 수 없다.
④ 국정감사는 정기적이며 국정조사는 수시로 할 수 있다.

정답 : ④ 국정감사권이란 국회가 매년 정기적으로 국정 전반에 관하여 감사할 수 있는 권한을 말하고, 국정조사권이란 국회가 그 유효적절하게 행사하기 위하여 특정한 국정사안에 대하여 조사할 수 있는 권한을 말한다.

48. 국회에서의 의결정족수가 다른 하나는?
① 대통령에 대한 탄핵소추의 의결
② 헌법개정안의 의결
③ 국회의원제명의 의결
④ 법률안의 재의결

정답 : ④ 법률안재의결(헌법 제53조 제4항)은 재적의원 과반수의 출석과 출석의원 3분의 2 이상의 찬성을 요함. ①②③은 재적의원 3분의2 이상의 찬성을 요함.

49. 헌법상 국회의 법률제정과 관련된 기술 중 옳지 않은 것은?
① 법률안은 국회의원 뿐만 아니라 정부도 제안할 수 있다.
② 국회의 위원회도 그 소관사항에 관하여 법률안을 제출할 수 있다.
③ 대통령이 15일 이내에 공포나 재의를 요구하지 아니한 경우에는 법률로 확정되며 즉시 효력을 발생한다.
④ 국회에서의 재의는 재적의원 과반수의 출석과 출석의원 3분의 2이상의 찬성으로 확정된다.

정답 : ③ 당해 법률에 특별한 규정이 없는 한 공포한 날로부터 20일을 경과함으로써 효력을 발생한다.(헌법 제53조 제7항)

50 예산과 법률에 관한 설명 중 가장 옳지 않은 것은?

① 법률안과는 달리 국회는 예산심의를 전면 거부할 권한이 없다.

② 예산은 정부에만 제출권이 있고, 법률은 정부와 국회 양자가 제출권을 갖는다.

③ 법률안은 공포가 효력발생요건이나, 예산안은 공포가 효력발생요건이 아니다.

④ 현행헌법은 영국, 미국, 독일 등과 같이 예산법률주의를 택한다.

정답 : ④ 현행헌법은 영국, 미국, 독일 등과 같이 예산법률주의를 택하지 않고 예산과 법률을 별개의 국가행위형식으로 하고 있다.

51. 국회의원의 불체포 특권과 면책특권에 관한 기술 증 옳은 것은?

① 국회의원에 대한 체포동의는 국회재적의원 과반수의 찬성이 있어야 한다.

② 국회의원이 국회내에서 직무상 행한 발언과 표결에 대하여는 그 임기가 끝난 후에도 책임을 지지 아니한다.

③ 일단 국회내에서 직무상 한 발언과 표결에 대하여는 이를 다시 원외에서 발표하거나 출판하는 경우에도 면책된다.

④ 국회의원의 면책특권은 의원개인의 이익을 위해서만 인정된다.

정답 : ② ① 재적의원과반수의 출석과 출석의원과반수의 찬성(헌법 제49조)

52. 우리나라 헌법사에서 채택하지 않았던 제도는 ?

① 대통령의 국회해산제 ② 대통령에 대한 국민 소환제

③ 선거인단에 의한 대통령 간접선거 ④ 국회에 의한 대통령 간접선거

정답 : ② ① 국회해산은 1960년 헌법(제2공화국)에서는 국무원에 의해서, 1972년(제4공화국) 헌법과 1980년(제5공화국) 헌법에서 대통령이 하도록 규정하였다 ② 국민소환제는 우리 헌정사에서 채택된 바 없다. ③ 선거인단에 의한 대통령 간접선거는 1980년(제5공) 헌법에서 채택한 바 있다. ④ 국회에 의한 대통령 간접선거는 건국헌법과 1960년(제2공, 3차 개정)헌법에서 채택한 바 있다.

53. 대통령의 법률안거부권에 관한 설명 중 옳지 않은 것은?

① 법률안의 일부에 대한 거부는 인정되지 아니한다.

② 대통령이 거부권을 행사하여 국회에 환부하면 국회는 그 법률안을 재의에 붙이고, 재적의원 과반수의 출석과 출석의 3분의 2 이상의 찬성으로 전과 같이 의결하면 그 법률안은 법률로 확정된다.

③ 법률안이 국회의 재의절차에서 법률로 확정되면 대통령은 지체없이 공포하여야 한다.

④ 현행 헌법상 거부권 행사의 요건에 관한 명문규정이 없기 때문에 대통령은 아무런 제한을 받음이 없이 거부권을 행사할 수 있다.

정답 : ④ ④법률안거부권행사는 법률안이 헌법에 위반될 때, 법률안이 집행불가능한 경우,국가이익에 반하거나, 집행부에 대한 부당한 정치적 공세를 내용으로 하는 경우에 행사할 수 있다. 정당한 이유가 없는 법률안 거부권의 남용은 탄핵소추가 된다. ①②③ 헌법 제53조.

54. 일반사면의 절차는?
① 대통령이 단독으로 명한다.
② 대통령이 대법원장의 동의를 얻어 명한다.
③ 국회의결로써 명하되 대통령의 동의를 얻어야 한다.
④ 대통령이 국무회의의 심의와 국회의 동의를 거쳐 명한다.

정답 : ④ 대통령은 일반사면을 하려면 국무회의의 심의를 거쳐(헌법 제89조 9호),국회의 동의를 얻어야 한다(헌법 제79조 제2항).

55. 헌법상 대통령의 권한으로 틀린 것은?
① 사면(赦免)권 ② 공무원임면(任免)권 ③ 영전(榮典)수여권 ④ 부서(副署)권

정답 : ④

헌법상 대통령의 권한은

(1) 비상권한 : 긴급처분 · 명령권(76조), 계엄선포권(77조), 국민투표부의권(72조) 등

(2) 행정에 관한 권한 : 행정에 관한 최고 결정권과 지휘권, 법률집행권, 국가의 대표 및 외교에 관한 권한, 정부구성권, 공무원임면권, 국군통수권, 재정에 관한 권한, 영전수여권 등

(3) 국회와 입법에 관한 권한 : 국회임시회의 집회요구권, 국회출석발언권, 헌법개정에 관한 권한, 법률안 제출권과 그 거부권 및 공포권, 명령제정권 등

(4) 사법에 관한 권한 : 위헌정당해산제소권, 사면 · 감형 · 복권에 관한 권한 등

따라서 ④ 부서(副署)권은 대통령의 권한에 해당하지 않으며, 국무위원의 권한에 해당한다.

56. 계엄에 관한 설명으로 옳지 않은 것은?
① 국회가 계엄의 해제를 요구한 때에는 대통령은 이를 해제하여야 한다.
② 계엄에는 비상계엄과 경비계엄이 있다.
③ 비상계엄선포시는 초법적으로 영장제도나 언론, 출판 등의 자유에 제한을 가한다.
④ 계엄선포시 대통령은 사전에 국회에 통고하여야 한다.

정답 : ③ 비상계엄이 선포된 때에는 법률이 정하는 바에 의하여 영장제도, 언론 · 출판 · 집회 · 결사의 자유, 정부나 법원의 권한에 관하여 특별한 조치를 할 수 있다(헌법 제77조 제3항).

57. 헌법상 국무총리의 지위에 관한 설명으로 옳지 않은 것은?
① 국무총리는 그 직권으로 총리령을 발할 수 있다.
② 종전에는 헌법에 국무총리 서리에 관한 규정이 있었으나 제7차 헌법개정시 삭제되었다.
③ 국무총리는 국무위원의 해임을 대통령에게 건의할 수 있다.
④ 현역군인은 국무총리가 될 수 없다.

정답 : ② 헌법에 명문화된 바 없다.

58. 감사원에 관한 설명으로 옳지 않은 것은?

① 감사원은 세입 · 세출의 결산을 매년 검사하여 대통령과 차년도 국회에 그 결과를 보고하여야 한다.

② 감사원은 국무총리의 직속기관이다.

③ 감사원의 조직과 직무범위에 관하여는 법률로 정하여야 한다.

④ 감사원장은 국회의 동의를 얻어 대통령이 임명하며, 감사위원은 감사원장의 제청으로 대통령이 임명한다.

정답 : ② 대통령의 직속기관이다.

59. 법관의 신분보장에 관한 설명으로 옳지 않은 것은?

① 법관은 헌법재판소에 의한 탄핵결정이 있으면 파면된다.

② 법관은 금고 이상의 형의 선고나 징계처분에 의하여 파면된다.

③ 법원조직법은 법관의 다른 공직에의 겸임 · 정치활동에의 관여 등을 금지하고 있다.

④ 법관도 중대한 심신상의 장해로 직무를 수행할 수 없는 경우에는 법률이 정하는 바에 의해 퇴직될 수 있다.

정답 : ② 법관은 탄핵 또는 금고 이상의 형의 선고에 의하지 아니하고는 파면되지 아니하며, 징계처분에 의하지 아니하고는 정직 · 감봉 기타 불리한 처분을 받지 아니한다(헌법 제106조제1항).

60. 탄핵심판에 관한 설명으로 옳은 것은?

① 탄핵심판은 고위직 공무원의 정치적 과오에 대한 법적 제재의 성격을 갖는다.

② 탄핵소추의 의결을 받은 자는 헌법재판소의 심판이 있을 때까지는 그 직무상의 권한을 행사할 수 있다.

③ 탄핵심판과 민 · 형사재판 사이에는 일사부재리의 원칙이 적용되지 아니한다.

④ 탄핵결정은 헌법재판소 재판관 과반수의 찬성으로 한다.

정답 : ③ 헌법재판소법 제54조 제1항. ① 헌법과 법률에 위배되지 않는 정치적 실책이나 부당행위 등은 해임건의 사유일 뿐 탄핵소추사유가 되지 않는다. ② 피소추자는 헌법재판소의 결정이 있을 때까지 그 권한행사가 정지된다(헌법재판소법 제50조) ④ 탄핵소추의결은 재적의원 3분의2 이상의 찬성이 있어야 한다(헌법 제62조 제2항).

61. 다음 중 헌법재판소의 권한 중 틀린 것은?

① 위헌법률 심판　② 헌법소원 심사　③ 정당해산 심판　④ 선거소송 재판

정답 : ④ 선거소송은 법원에서 이루어진다.

헌법재판소의 권한에는 위헌법률심판권, 위헌정당해산심판권, 탄핵심판권, 헌법소원, 권한쟁의심판권이 있다.

제3장
민사법

1절 **민법의 의의와 기본원리**
2절 **총칙(권리의 주체, 객체, 권리의 변동)**
3절 **계약과 손해배상**
4절 **민사소송법**

제1절 민법의 의의와 기본원리

1. 민법의 의의

법에 의하여 강제되는 규범들 중 일반 사인 간의 생활관계를 규율하는 일반사법을 민법이라 하며, 이러한 민법은 실질적 의미와 형식적 의미로 나눌 수 있다. 실질적 의미의 민법이란 개인상호 간에 사람으로서 사회생활을 영위함에 있어서 지켜야 할 법 즉 법률의 형식을 불문하고 사법 중에서 모든 국민들에게 일반적으로 적용되는 일반사법을 말하며, 형식적 의미의 민법은 성문의 민법전을 말하는 것으로 우리 현행민법은 1958년 2월 22일 법률 제471호로 제정 · 공포되어 1960년 1월 1일부터 시행되었고 2017년 10월 31일까지 수차례의 개정을 거쳐 현재 본문 1,118조문과 부칙으로 이루어져 있다.

2. 민법의 기본원리와 지도이념

1) 근대 민법의 기본원리

(1) 소유권 절대의 원칙(사유재산 존중의 원칙)

근대법은 인간 생활의 기초가 되는 물질적 기초를 국가 또는 권력으로부터 보호하기 위하여 사적 소유권을 절대권으로 보호하기 시작하였다. 따라서 시민의 소유권은 국가라 할지라도 이를 존중하지 않으면 안 된다. 따라서 국가가 무상으로 사용하거나 침해를 해서는 안 된다는 원칙이다.

(2) 계약자유의 원칙(사적 자치의 원칙, 법률행위 자유의 원칙)

당사자 상호간에 권리와 의무를 발생시키는 법적 원인 중 가장 중요한 것이 '계약'이라 할 수 있다. 이러한 계약은 주체들이 자유로이 체결할 수 있어야 한다. 이 원칙은 법률행위 자유의 원칙, 사적자치의 원칙이라고도 불리 운다. 계약자유의 원칙은 계약체결의 자유, 계약체결의 상대방을 선택하는 자유, 계약내용을 결정하는 자유 및 계약방식을 선택할 수 있는 자유를 그 내용으로 한다.

(3) 과실책임의 원칙(자기책임의 원칙)

개인이 계약을 자유로이 체결하고, 소유권이 절대적으로 보장된다 하더라도 발생한 모든 결과에 까지 책임을 지게해서는 합리적으로 목적을 달성하기 어렵다. 개인이 그의 권리행사로 타인에게 손해를 준 경우에도 그 행위가 위법하고 또한 동시에 고의나 과실이 있는 경우에만 책임을 지고, 그러한 고의나 과실이 없는 경우에는 책임을 지지 않는다. 이를 과실책임의 원칙이라 하며, 달리 자기책임의 원칙이라고도 한다.

2) 현대 민법의 기본원리(근대 민법의 수정원리)

(1) 소유권 상대(공공)의 원칙

원래 국가는 개인의 소유권에 대하여 간섭하거나 침해하지 않음이 원칙이나, 그 권리의 행사에 있어 소유권은 공공복리에 적합하도록 행사되어야 한다. 소유권 자유의 원칙은 권리남용금지의 법리에 의하여 그 자의적 행사가 억제되고 사적 소유권과 공공복리의 조정이 중요하게 되었다.

(2) 계약공정의 원칙

계약자유의 원칙은 공공의 질서와 선량한 풍속, 공정한 법률행위, 신의성실의 원칙 속에서만 유지되고, 이러한 사회적 기준에 이르지 못하는 계약은 성립하지 못한다. 우리민법도 제2조 제1항에서 "권리의 행사와 의무의 이행은 신의에 좇아 성실히 하여야 한다"고 하여 계약은 공정하여야 한다는 대원칙을 선언하고 있다.

(3) 무과실 책임의 원칙

근대 산업사회에서의 대규모적 기업은 경영자체에 위험은 내포하는 동시에 사용자는 기업경영이 책임에 있어서 고의, 과실의 엄격한 증명에 의해 자기책임을 회피한다는 것은 사용자측의 논리에 불과한 것이다. 현행 근로기준법은 근로자의 업무상 재해에 대하여 기업자에게 무과실 책임을 지우고 있다. 한편 민법은 사용자의 배상책임 등을 중간책임으로 규정하여 무과실책임의 원칙으로 접근하고 있다.

3) 민법의 지도이념

(1) (소유권)공공복리의 원칙

소유권, 즉 재산권의 행사가 공공의 복리에 적합하여야 한다는 원칙이다(헌법 제23조 제2항).

(2) 신의성실의 원칙

권리의 행사와 의무의 이행은 신의에 좇아 성실히 하여야 한다(민법 제2조 1항). 권리자와 의무자는 사회공동체의 일원으로 상대방의 신뢰를 존중하여 성실하게 행동하여야 한다.

(3) 권리남용금지의 원칙

권리는 남용하지 못한다(민법 제2조 2항). 겉으로는 권리행사처럼 보이나, 실질적으로는 신의성실의 원칙과 권리의 사회성에 반하는 부당한 권리행사를 말한다. 권리남용이 되면 권리행사로서의 효과는 발생하지 않는다. 반면 손해를 끼친 경우 권리자는 손해배상의 책임을 질 수 있다.

제2절 총칙(권리의 주체, 객체, 권리의 변동)

1. 권리의 주체

사인 간에는 권리와 의무의 관계를 가진다. 이처럼 권리를 향유하고 의무를 부담하는 자를 권리의 주체라고 한다. 권리능력이나 인격이란 권리의 주체가 될 수 있는 법률상의 지위 또는 자격을 의미하며 민법상 권리의 주체에는 자연인과 법인이 있다.

1) 자연인

(1) 권리능력

권리능력은 권리 · 의무의 주체가 될 수 있는 일반적 · 추상적인 자격이다. 사람은 생존한 동안 권리와 의무의 주체가 된다(민법 제3조). 즉 모든 사람은 생존하는 동안 권리 능력을 취득하고 사망에 의하여 권리능력을 상실한다.

① 시기

자연인은 출생에 의하여 권리능력을 취득하게 되는데, 태아가 모체로부터 완전히 노출되었을 때 권리능력을 취득하게 된다. 따라서 태아로 있는 동안에는 권리능력이 없다, 그러나 민법은 특별한 경우 태아를 이미 출생한 것으로 본다(태아의 권리능력). 예외적으로 불법행위로 인한 손해배상의 청구(민법 제762조), 부의 인지(민법 제858조), 상속(민법 제1000조), 유증(민법 제1064조) 등이다.

② 종기

사망과 동시에 권리능력을 상실한다. 2인 이상이 동일한 위난으로 사망했으나 사망의 시기를 알 수 없을 때에는 동시에 사망한 것으로 추정한다(민법 제30조). 또한 어떤 사람이 일정기간 동안 생사불명인 경우 법원은 이해관계인이나 검사의 청구로 실종신고를 할 수 있다. 실종신고를 받은 자는 실종기간이 만료했을 때에 사망한 것으로 본다. 실종기간은 보통실종은 5년, 특별실종인 전쟁실종 · 선박실종 · 항공기실종 등의 위난실종은 1년이다.

(2) 의사능력

권리능력자가 권리를 얻고 의무를 부담하기 위하여는 일정한 지능수준이 필요하다고 본다.

사적자치의 원칙에 근거하여 개인의 사법상의 권리 · 의무의 변동은 당사자 자신의 의사에 의하여 이루어진다. 여기서 말하는 의사는 권리 · 의무의 변동을 목적으로 하는 의사이므로, 권리 · 의무의 변동이라는 결과를 이해할 수 있는 능력을 전제로 한다. 따라서 의사능력이란 자연인이 개개의 유효한 법률행위를 함에 있어서 그 행위의 결과를 합리적으로 판단하고, 그의 의사를 결정할 수 있는 정신적 능력을 의미한다.

(3) 행위능력

① 의의

행위능력이란 단독으로 법률적으로 유효한 행위를 할 수 있는 능력을 의미한다. 행위능력을 가지지 못한 자를 (행위)무능력자라고 한다.

② 행위무능력자(미성년자 · 피성년후견 · 특정후견)

㉠ 미성년자

ⓐ 19세 미만의 자(민법 제4조)를 말하며, 미성년자가 법률행위를 함에는 법정대리인(친권자나 후견인)이 행하거나 법정대리인의 동의를 얻어야 한다(민법 제5조 1항).

ⓑ 법정대리인의 동의 없이 미성년자가 단독으로 한 법률행위는 법정대리인은 물론, 미성년자도 취소할 수 있다(민법 제5조 2항).

ⓒ 미성년자가 권리만을 얻거나 의무만을 면하는 행위(민법 제5조1항), 법정대리인이 범위를 정하여 처분을 허락한 재산의 처분행위(민법 제6조), 법정대리인으로부터 허락을 얻은 특정영업(민법 제8조 1항)에 관하여는 단독으로 법률행위를 할 수 있다.

ⓓ 미성년자가 혼인을 한 때에는 성년자로 본다(성년의제, 민법 제826조의2).[9]

㉡ 피성년후견

ⓐ 가정법원은 질병, 장애, 노령, 그 밖의 사유로 인한 정신적 제약으로 사무를 처리할 능력이 부족한 사람에 대하여 본인, 배우자, 4촌 이내의 친족, 미성년후견인, 미성년후견감독인, 성년후견인, 성년후견감독인, 특정후견인, 특정후견감독인, 검사 또

---

9)민법에서는 만 19세 미만의 미성년자도 결혼하게 되면 그때부터 성년에 달한 것으로 보는데, 이를 성년 의제(成年擬制)라고 한다. 이 경우에는 부모의 친권은 소멸하고 후견도 종료한다. 미성년자에게 자녀가 있는 경우라면 독립하여 친권을 행사할 수 있다. 일단 미성년자가 결혼하여 성년으로 의제가 되면, 그 후 이혼, 배우자의 사망 등으로 혼인이 해소되어도 그 효과는 소멸하지 않고 계속 성년으로 의제가 된다. 성년 의제는 민법상에서만 적용되는 것으로, 민법 이외의 공법 관계에서는 적용되지 않는다.

는 지방자치단체의 장의 청구에 의하여 한정후견개시의 심판을 한다(민법 제12조).

ⓑ 가정법원은 피한정후견인이 한정후견인의 동의를 받아야 하는 행위의 범위를 정할 수 있다(민법 제13조 1항). 가정법원은 한정후견인의 동의를 받아야만 할 수 있는 행위의 범위를 변경할 수 있다(민법 제13조 2항). 한정후견인이 피한정후견인의 이익이 침해될 염려가 있음에도 그 동의를 하지 아니하는 때에는 가정법원은 피한정후견인의 청구에 의하여 한정후견인의 동의를 갈음하는 허가를 할 수 있다(민법 제13조 3항). 한정후견인의 동의가 필요한 법률행위를 피한정후견인이 한정후견인의 동의 없이 하였을 때에는 그 법률행위를 취소할 수 있다. 다만, 일용품의 구입 등 일상생활에 필요하고 그 대가가 과도하지 아니한 법률행위에 대하여는 그러하지 아니하다(민법 제13조 4항).

ⓒ 특정후견

ⓐ 정법원은 질병, 장애, 노령, 그 밖의 사유로 인한 정신적 제약으로 일시적 후원 또는 특정한 사무에 관한 후원이 필요한 사람에 대하여 본인, 배우자, 4촌 이내의 친족, 미성년후견인, 미성년후견감독인, 검사 또는 지방자치단체의 장의 청구에 의하여 특정후견의 심판을 한다(민법 제14조 1항).

ⓑ 특정후견은 본인의 의사에 반하여 할 수 없다(민법 제14조 2항). 특정후견의 심판을 하는 경우에는 특정후견의 기간 또는 사무의 범위를 정하여야 한다(민법 제14조 3항).

③ 무능력자 상대방의 보호 (상대방의 최고권 · 상대방의 철회권과 거절권 · 무능력자의 사술에 의한 경우의 취소권의 배제)

㉠ 상대방의 최고권

ⓐ 제한능력자의 상대방은 제한능력자가 능력자가 된 후에 그에게 1개월 이상의 기간을 정하여 그 취소할 수 있는 행위를 추인할 것인지 여부의 확답을 촉구할 수 있다. 능력자로 된 사람이 그 기간 내에 확답을 발송하지 아니하면 그 행위를 추인한 것으로 본다(민법 제15조1항).

ⓑ 제한능력자가 아직 능력자가 되지 못한 경우에는 그의 법정대리인에게 추인여부의 촉구를 할 수 있고, 법정대리인이 그 정하여진 기간 내에 확답을 발송하지 아니한 경우에는 그 행위를 추인한 것으로 본다(민법 제15조 2항).

ⓒ 특별한 절차가 필요한 행위는 그 정하여진 기간 내에 그 절차를 밟은 확답을 발송하지 아니하면 취소한 것으로 본다.(민법 제15조 3항)

㉡ 상대방의 철회권과 거절권

ⓐ 철회권 : 제한능력자가 맺은 계약은 추인이 있을 때까지 상대방이 그 의사표시를 철회할 수 있다. 다만, 상대방이 계약 당시에 제한능력자임을 알았을 경우에는 그러하지 아니하다(민법 제16조 1항).

ⓑ 거절권 : 제한능력자의 단독행위는 추인이 있을 때까지 상대방이 거절할 수 있다(민법 제16조 2항).

ⓒ 철회와 거절의 의사표시는 제한능력자에게도 할 수 있다(민법 제16조 3항).

㉢ 무능력자의 사술(詐術) : 미성년자나 피한정후견인이 속임수로써 법정대리인의 동의가 있는 것으로 믿게 한 경우에도 철회와 거절의 의사표시를 할 수 있다(민법 제17조).

(4) 주소 · 거소 · 가주소

① 주소

민법은 생활의 근거가 되는 곳을 주소로 한다. 주소는 동시에 두 곳 이상 있을 수 있다(민법 제18조). 우리 민법은 생활의 실질적 관계에 의하여 주소를 결정하는 실질주의의 입장을 취하고 있다. 정주의 의사는 고려하지 않고 정주의 사실만을 요건으로 하는 객관주의와 주소의 개수에 관하여는 복수주의의 입장이다.

② 거소

사람이 다소의 기간 계속하여 거주하는 장소로서 그 밀접한 정도가 주소보다 못한 곳이 거소이다. 거소만 가지는 자가 있을 수 있다. 주소를 알 수 없으면 거소를 주소로 보며, 국내에 주소 없는 자에 대하여는 국내에 있는 거소를 주소로 본다(민법 제19조, 제20조).

③ 가주소

민법은 거소외에 가주소를 인정하고 있다. 당사자는 어느 행위에 있어서, 일정한 장소를 가려서 정하여 가주소로 할 수 있으며, 가주소를 정한 때에는 그 행위에 관하여는 이를 주소로 본다(민법 제21조). 주소에 관하여 발생하는 효과가 가주소에 관하여 발생한다.

(5) 부재와 실종

부재자는 종래의 주소나 거소를 떠나 복귀하는 것이 불분명한 자이고, 실종자는 부재자를 전제로 하여 그 생사가 불분명한 경우에 인정되는 것이다. 사람이 그의 주소를 떠나서 짧은 시일내에 돌아올 가망이 없는 때, 즉 부재자가 발생한 경우에는 그 부재자나 배우자 · 상속인, 기타 이해관계인의 이익을 보호하기 위한 방법이 필요하다.

이에 관하여, 우리 민법은 부재자가 아직 살아 있는 것으로 추측하여 그의 재산을 관리해 주면서 돌아오기를 기다리는 부재자의 재산관리제도를 두고 있으며, 부재자의 생사불명의 상태가 일정기간 계속하고 살아 있을 가능성이 적게 된 때에, 그 자를 사망한 것으로 보고, 그 자를 중심으로 하는 법률관계를 확정 · 종결케 하는 실종선고제도를 두고 있다.

① 부재의 재산관리제도

㉠ 부재자

민법은 종래의 주소나 거소를 떠나서 당분간 돌아올 가망이 없는 자를 부재자로 정의하고 있다. 부재자에는 생존과 그 소재가 명백한 경우에도 당분간 돌아올 가능성이 없는 자와 생사가 불명이어서 돌아올 가능성이 없는 자가 있다. 부재자의 요건으로 생사불명일 것은 필요하지 않으며, 생사불명일 경우에도 실종선고를 받을 때까지는 부재자가 된다.

㉡ 부재자의 재산관리

부재자가 재산관리인을 정하지 아니한 때 또는 본인의 부재 중 재산관리인의 권한이 소멸한 때 이해관계인이나 검사의 청구에 의하여 법원이 재산관리에 관하여 필요한 처분을 명하여야 한다. 본인이 그 후에 재산관리인을 정한 때에는 법원은 본인, 재산관리인, 이해관계인 또는 검사의 청구에 의하여 그 명령을 취소하여야 한다(민법 제22조).

② 실종선고

㉠ 실종

실종이란 사람의 소재 및 생사를 알 수 없는 생사불명의 상태를 말한다.

㉡ 실종선고

부재자의 생사가 일정기간 분명하지 아니한 때에 일정한 절차에 따라 법원이 그 부재자에 대해 실종선고를 하여 그를 사망한 것으로 간주하는 제도자 실종선고이다. 실종선고를 받은 사람을 실종자라 한다.

ⓐ 부재자의 생사가 5년간 분명하지 아니한 때에는 법원은 이해관계인이나 검사의 청구에 의하여 실종선고를 하여야 한다(민법 제27조 1항). 전지에 임한 자, 침몰한 선박 중에 있던 자, 추락한 항공기 중에 있던 자, 기타 사망의 원인이 될 위난을 당한 자의 생사가 전쟁종지 후 또는 선박의 침몰, 항공기의 추락 기타 위난이 종료한 후 1년간 분명하지 아니한 때에도 법원은 이해관계인이나 검사의 청구에 의하여 실종선고를 하여야 한다(민법 제27조 2항).

ⓑ 실종선고의 효과

실종선고를 받은 자는 5년 또는 1년의 기간이 만료한 때에 사망한 것으로 본다(민법 제28조). 본인의 생존 그 밖의 반대의 증거를 들어서 실종선고의 효과를 다투지 못하며, 사망의 효과를 뒤집으려면 실종선고를 취소하여야 한다.

ⓒ 실종선고의 취소

실종자의 생존한 사실 또는 실종기간이 만료한때와 다른 때에 사망한 사실, 실종기간의 기산점 이후의 어떤 시점에 생존하고 있었던 사실의 증명이 있으면 법원은 본인, 이해관계인 또는 검사의 청구에 의하여 실종선고를 취소하여야 한다. 그러나 실종선고 후 그 취소 전에 선의로 한 행위의 효력에 영향을 미치지 아니 한다 (민법 제29조 1항).실종선고의 취소가 있을 때에 실종의 선고를 직접 원인으로 하여 재산을 취득한 자가 선의인 경우에는 그 받은 이익이 현존하는 한도에서 반환할 의무가 있고 악의인 경우에는 그 받은 이익에 이자를 붙여서 반환하고 손해가 있으며 이를 배상하여야 한다.(민법 제29조 2항).

(6) 동시 사망

2인 이상이 동일한 위난으로 사망한 경우에, 누가 먼저 사망하였는지에 따라서 상속여부에 중대한 영향을 미친다. 그러나 동시에 사망하였는지 또는 사망시기가 다른지에 대한 입증은 대단히 곤란하다. 그러한 이유로 우리 민법은 2인 이상이 동일한 위난으로 사망한 경우에는 동시에 사망한 것으로 추정한다(민법 제30조).

(7) 인정사망

민법에는 규정이 없으며, '가족관계의 등록 등에 관한 법률'에서 정하고 있는 것으로 인정사망제도가 있다. 수해나 화재 등으로 인하여 사망의 확률이 매우 높은 상황에 있어서 사망의 확증은 없으나 사망한 것이 거의 확실한 경우, 이를 조사하고 집행한 관공서의 보고에 따라 사망한 것으로 인정하는 제도로서, 수해 · 화재 그 밖의 사변으로 인하여 사망한 자가 있는 경우에는 그를 조사한 관공서는 지체 없이 사망지의 시 · 읍 · 면의 장에게 사망의 통보를 하여야 한다. 이 통보에 의하여 가족관계등록부에 사망을 기록하게 되는데 이것이 인정사망이다. 시신의 확인은 없지만 고도의 사망확율이 있음에도 불구하고 실종선고의 절차를 밟게 하는 것은 불필요한 면이 있기 때문이다.

2) 법인

(1) 의의

자연인이 아니면서 법에 의하여 법인격이 인정되는 것으로서 하나의 실재로서 기관에 의하여 독자의 행위를 할 수 있는 실제체를 법인이라 하며, 법인은 공법인과 사법인이 있다. 공법인은 특정한 공공의 목적을 위하여 설립된 법인으로 국가, 공공단체가 있고, 사법인은 설립이나 운영에 있어 국가의 공권력이 관여하지 않는 법인으로 사단법인과 재단법인이 있다. 공법인은 사법의 규율을 받지 아니하며 사법인만 사법의 규율을 받는다.

(2) 법인의 종류

① 공법인 · 사법인

법인의 설립 및 관리에 관하여 국가의 공권력이 관여하는 것은 공법인이고, 주로 경제적 목적을 위한 사적 또는 자치적인 조직체가 되는 법인은 사법인이다. 또한 공법의 규율을 받는 법인은 공법인이고, 사법의 규율을 받는 법인은 사법인이라 할 수 있다. 국가와 지방자치단체는 공법인이고, 민법과 상법상의 법인은 사법인에 해당한다. 공법인에 대한 쟁송은 행정소송에 의하고, 부담의 징수는 세법상의 강제징수절차에 의하며, 불법행위의 경우에는 민법상의 불법행위 책임이 아닌 국가배상법상의 책임을 지게 된다.

② 사단법인 · 재단법인

사단법인이란 법인의 실체가 일정한 목적을 위하여 결합된 사람의 단체 즉 사단을 그 실체로 하는 법인을 말한다. 사단법인은 단체의사에 의하여 자율적으로 활동한다.

재단법인이란 법인의 실체가 일정한 목적을 위하여 제공된 재산인 경우를 말한다. 재단법인은 설립자의 의사에 의하여 타율적으로 구속되는 면이 있다.

③ 영리법인 · 비영리법인(공익법인)

영리를 목적으로 하는 사단법인이 영리법인이다. 구성원의 이익을 꾀하고 법인의 기업이익을 구성원 개인에게 분배하여 경제적 이익을 주는 것을 목적으로 하는 법인이다. 구성원이 없는 재단법인은 영리법인이 될 수 없다.,

학술, 종교, 자선, 기예, 사교 기타 영리 아닌 사업을 목적으로 하는 사단법인 또는 재단법인을 비영리법인이라고 한다. 비영리사업의 목적달성에 필요하며, 그 본질에 반하지 않는 정도의 영리행위를 하는 것은 무방하다고 본다.

(3) 법인의 능력

법인도 권리의 주체로서 자연인과 마찬가지로 권리능력 · 행위능력 · 불법행위능력을 가진다. 법인에게는 자연인과 같은 제한능력자나 책임무능력자는 없다. 법인의 경우에는 법인에게 어떠한 범위의 권리와 의무를 인정할 것인가를 전제로 하여(권리능력), 그것을 누가 어떠한 형식으로 행하는가(행위능력), 누구의 어떠한 불법행위에 대하여 법인 자신이 배상책임을 부담하는가(불법행위능력)가 문제된다.

① 권리능력

법인은 법률의 규정에 따라 정관으로 정한 목적의 범위 내에서 권리와 의무의 주체가 된다(민법 제34조). 우리 민법은 명문규정으로 법률에 의한 제한과 목적에 의한 제한이 있음을 명백히 하고 있으나, 법인은 자연인과 달리 육체를 가지고 있지 않기에 자연의 성질상의 제한이 있음은 당연하다.

법인은 사람이 가지는 자연의 성질을 전제로 하는 생명권, 친권, 육체상의 자유권 등은 누릴 수 없다. 반면에 자연의 성질을 전제로 하지 않는 재산권, 명예권, 신용권, 정신적 자유권 등은 가지게 된다. 우리 민법상 법인에게는 상속권이 인정되지 않으나, 법인을 수증자로 하는 유증은 인정된다

② 행위능력

법인이 그의 권리능력의 범위내에서 권리와 의무를 현실적으로 취득 또는 부담하는 주요원인이 되는 것이 법률행위인 것은 자연인과 마찬가지이다. 권리능력의 범위 내에서 행위능력을

갖게 되는데, 이 경우 누가 그러한 행위를 하는가, 어떤 형식으로 하여야 하는가, 어떠한 범위에서 할 수 있는지가 문제된다.

법인의 행위는 현실적으로 자연인을 통하여 행하여 질 수 밖에 없는데, 이때의 자연인을 대표기관으로 부르게 된다. 대표기관의 행위는 자연인으로서의 행위가 아니라 법인의 행위로 간주된다. 이사, 임시이사. 특별대리인, 직무대행자, 청산인이 대표기관이 된다.

③ 불법행위능력

법인은 이사 기타 대표자가 그 직무에 관하여 타인에게 가한 손해를 배상할 책임이 있다. 이사 기타 대표자는 이로 인하여 자기의 손해배상책임을 면하지 못한다. 법인의 목적범위 외의 행위로 인하여 타인에게 손해를 가한 때에는 그 사항의 의결에 찬성하거나 그 의결을 집행한 사원, 이사 및 기타 대표자가 연대하여 배상하여야 한다(민법 제35조 1항, 2항).

우리 민법은 제35조 1항에서 법인의 불법행위의 성립요건과 그 효과를 정하고, 제35조 2항은 법인의 목적범위 외의 행위로 인하여 법인의 불법행위가 성립하지 않은 경우에 그 사항의 의결 등에 관여한 이사 등이 연대하여 배상책임을 지는 것으로 규정하고 있다.

(4) 법인의 주소

법인에 있어서도 자연인과 마찬가지로 일정한 장소를 주소로 하여 법률관계의 기준으로 정할 필요가 있다.

법인의 주소는 그 주된 사무소로 소재지에 있는 것으로 한다(민법 제36조). 법인의 최고수뇌부가 활동하는 장소가 주된 사무소이며, 사무소가 2개 이사우 있는 때에는 중심이 되는 중요한 사무소가 그 주된 사무소이다. 법인의 주소는 정관을 작성하여 기명날인하고 등기하여야 한다(민법 제40조, 제49조).

(5) 법인의 기관

법인이 독립한 인격자로서 사회적으로 활동하기 위해서는 법인의 의사를 결정하고 그 의사에 기하여 행동하고, 내부의 사무를 처리하는 일정한 조직을 필요로 하는데, 이러한 조직을 법인의 기관이라고 한다. 법인의 기관으로는 대표기관, 업무집행기관, 의사기관, 감독기관 등이 있다. 그리고 기관에는 법률상 반드시 두어야 하는 필요기관과 둘 수도 있는 임의기관이 있다. 필요적 기관으로는 이사가 있으며, 임의기관에는 감사가 있다. 법인의 최고의사결정기관인 사원총회는 사단법인에 있어서는 필요기관이나, 사원이 없는 재단법인에는 있을 수 없다.

① 이사(집행기관)

㉠ 법인의 대표

이사는 대외적으로 법인을 대표하고, 대내적으로는 법인의 업무를 집행하는 기관을 말한다(민법 제58조 1항, 제59조 1항). 이사가 대표하는 사무는 법인의 모든 사무로 제한이 없으며, 이사가 여러 명인 경우에는 각자가 법인을 대표할 수 있다. 즉 이사의 대표권은 단독대표가 원칙이며, 이사가 2인 이상이어도 이사는 각자 단독으로 대표할 수 있는 것이 원칙이다. 이사의 임면방법은 정관의 필요적 기재사항이므로 정관에 의하여 정해진다.

㉡ 업무집행기관

이사는 법인의 모든 내부적 사무를 집행한다. 이사가 여러 명인 경우에는 정관에 다른 규정이 없으면 법인의 사무집행은 이사의 과반수로 결정된다(민법 제58조). 또한 이사는 법인설립 허가 이후, 법인설립등기를 해야 하고(민법 제33조), 재산목록을 작성·비치해야 하며(민법 제55조1항), 법인이 채무를 완제하지 못한 경우에는 파산을 신청해야 하고(민법 제79조), 법인이 해산하는 때에는 청산인의 역할을 수행해야 하며(민법 제82조), 사원명부를 작성·비치해야 하며(민법 제55조 2항), 사원총회의 소집(민법 제69조, 제70조) 및 사원총회의 의사록을 작성해야 한다(민법 제76조).

㉢ 의무

이사는 선량한 관리자의 주의로 그의 직무를 수행해야 한다(민법 제61조).

② 감사

감사는 법인의 재산상황과 이사의 업무집행상황 감사, 재산상황 또는 업무 집행에 관하여 부정, 불비한 것이 있음을 발견한 때에는 이를 총회 또는 주무관청에 보고, 이를 보고하기 위하여 필요한 때에는 총회를 소집하는 일 등을 하는 임의기관이다(민법 제67조). 사단법인 또는 재단법인은 정관 또는 사원총회의 결의로써 이사에 대한 감독기관인 감사를 1인 또는 수인을 둘 수 있다(민법 제66조).

③ 사원총회

사단법인에는 최고의 의사결정기관인 사원총회가 있다. 사원총회는 사단법인을 구성하는 사원의 전원으로써 구성되는 의결기관이며, 반드시 두어야 하는 필요기관이다. 사원이 없는 재단법인에든 사원총회가 있을 수 없다.

㉠ 의사결정권

사원총회는 사단법인의 전 사원으로 구성되는 최고 의사결정기관이다. 또한 사원총회는 사단법인의 필수기관으로 정관의 규정으로 폐지할 수 없고, 그 구성원인 사원은 평등한 지위에서 법인의 운영에 관한 의사결정권을 가진다.

㉡ 정족수

총회의 결의는 민법 또는 정관에 다른 규정이 없으면 사원과반수의 출석과 출석사원의 과반수로 의결한다.

2. 권리의 객체

1) 물건

(1) 권리의 객체

권리는 일정한 이익을 보호 또는 향유하기 위하여 법에 의하여 권리주체에 주어진 법률상의 힘을 말하는 것인데, 이 힘의 대상을 권리의 객체라고 하며 대표적인 것이 물건이다. 물건이란 '유체물 및 전기 기타 관리할 수 있는 자연력'을 말한다(민법 제98조).

또한 채권은 채권자가 채무자에게 특정의 행위(급부)를 할 것을 청구해서 그 행위에 의한 이익을 누릴 수 있는 권리이다. 따라서 채무자의 행위 즉 급구가 채권의 객체이다.

(2) 물건의 성립요건

유체 및 관리할 수 있는 자연적인 것이어야 한다(예컨대 공간의 일부를 차지하거나, 사람의 오감에 의하여 지각할 수 있는 형태를 가지는 물질, 고체, 액체, 기체 등). 그리고 물건은 사람이 관리할 수 있어야 하고, 외계의 일부(비인격성)여야 한다. 물건은 하나의 독립된 객체를 가지는 것이 원칙이다.

2) 물건의 분류

민법상 물건에는 동산 · 부동산, 주물 · 종물, 원물 · 과실, 단일물 · 합성물 · 집합물, 융통물 · 불융통물, 가분물 · 불가분물, 소비물 · 비소비물, 대체물 · 비대체물, 특정물 · 불특정물 등으로 구분된다.

(1) 부동산과 동산

① 부동산

민법은 토지 및 그 정착물을 부동산으로 규정하고 있다(민법 제99조 1항). 토지는 일정한 범위의 지면에 정당한 이익 있는 범위 내에서의 그 수직의 상하(공중, 지하를 포함)를 포함한다. 토지의 구성물(암석, 토사 등)은 토지와는 별개의 독립한 물건이 아니며, 토지의 소유권은 당연히 그 구성물에도 미친다.

② 토지의 정착물

토지에 고정적으로 부착되어 용이하게 이동될 수 없는 물건으로서 그러한 상태로 사용되는 것이 그 물건의 거래상의성질로 인정되는 것이 토지의 정착물이다.

정착물에는 토지와 독립된 별개의 부동산으로 인정되는 것(건물 등)과 토지의 일부분에 불과한 것(담장, 교량)으로 나뉜다. 토지에 부착된 수목의 집단으로서 그 소유자가 입목에 관한 법률에 의하여 소유권보존등기를 받은 것을 입목이라고 하며 이러한 입목은 그 토지로부터 독립한 부동산으로 취급된다. 입목에 관한 법률의 적용을 받지 않는 수목의 집단이 명인방법이라는 관습법상의 공시방법을 갖춘 때에는 독립한 부동산으로서 거래의 목적이 된다. 즉 독립한 소유권의 객체가 된다.

③ 동산

부동산 이외의 물건을 동산이라 한다(민법 제99조 2항). 토지에 부착되어 있는 물건이라도 정착물이 아니면 동산이다(예:가식중의 수목). 또한 전기 기타 관리할 수 있는 자연력도 동산이다. 그리고 부동산 이외의 물건으로는 선박 · 자동차 · 항공기 · 건설기계 등이 포함되지만 이들은 등기 · 등록할 경우, 부동산으로 취급된다.

금전에 관하여 민법에는 특정한 규정이 없으나, 존재형태를 보면 동산의 일종이다. 일정한 관념적인 가치를 표상하는 수단으로 사용가치를 가지고 있기에, 동산에 적용되는 규정은 금전에 적용되지 않는 규정도 다수 있다.

(2) 주물과 종물

① 의의

물건의 소유자가 그 물건의 상용에 제공하기 위하여 자기소유인 다른 물건을 부속하게 한 때에 그 물건을 주물이라 하고 주물에 부속된 다른 물건을 종물이라고 한다(민법 제100조 1항). 예를 들어 배와 노, 자물쇠와 열쇠, 주택과 별도의 광, 시계와 시계줄 등의 관계이다.

② 종물의 요건과 효과

종물이 되기 위해서는 ㉠주물의 상용에 이바지 할 것, ㉡독립한 물건이어야 할 것, ㉢ 주물과 종물 모두 동일한 소유자에게 속하여야 할 것 등의 요건을 갖추어야 한다. 여기서 상용에 이바지 한다는 것은 사회관념상 계속해서 주물의 경제적 효용을 다하게 하는 작용을 말하며, 일시적으로 어떤 물건의 효용을 돕고 있는 것은 종물이 아니다.

종물은 주물의 처분에 따른다. 즉 종물은 주물과 그 법률적 운명을 같이한다는 의미이다.

(3) 원물과 과실

원물은 과실을 생기게 하는 물건이고, 물건으로부터 생기는 경제적 수익이 과실이다.

① 의의

물건으로부터 생기는 경제적 수익을 과실이라하고, 과실을 생기게 하는 물건을 원물이라고 한다. 과실에 관하여 민법은 천연과실과 법정과실의 두가지를 인정하고 있다.

② 천연과실

㉠ 물건의 용법에 의하여 수취하는 산출물이 천연과실이다(민법 제101조 1항). 물건의 용법에 의한다는 것은 원물의 정상적인 경제적 기능에 따라 원물의 본체를 해함이 없이 유기적으로 산출되는 것이다(과일 · 곡물 · 야채 등).

㉡ 천연과실은 그 원물로부터 분리하는 때에 이는 수취할 권리자에게 속한다(민법제102조 1항).

③ 법정과실

㉠ 물건의 사용대가로 받는 금전 기타 물건이 법정과실이다(제101조 제2항, 집세 · 이자 등). 물건의 사용대가는 타인에게 물건을 사용하게 하고 사용 후에 원물 자체 또는 동종 · 동질 · 동량의 것을 반환하여야 할 법률관계에 있을 때에 인정된다. 예를 들어 물건의 임차에 있어서 임차료, 금전대차에 있어서 이자 등이다. 원물과 과실 모두 물건이어야 하므로 노동의 대가, 권리사용의 대가는 과실이 아니다.

㉡ 법정과실은 거두어 들일 수 있는 권리의 존속기간 일수의 비율로 취득한다(민법 제101조 제2항). 이 규정은 임의규정이므로 당사자가 다른 약정을 하는 것은 무방하다.

3. 권리의 변동

1) 법률관계의 변동

사람의 사회생활관계 가운데 법의 적용을 받는 것이 법률관계이다. 법률관계의 내용은 사람과 사람과의 권리 · 의무관계로 나타나게 된다. 오늘날 사람의 생활관계는 발생 · 변경 · 소멸이라는 과정과 모습으로 끊임없이 변동하고 있으며, 이러한 변동은 법률관계의 발생 · 변경 · 소멸로서 나타난다. 법률관계가 변동한다는 것은 일정한 원인에 의하여 일정한 결과가 생기는 것인데, 변동의 원인을 법률요건이라 하고, 그 결과를 법률효과라고 한다.

생각건데 법률관계는 권리 · 의무의 관계이므로 법률관계의 변동 즉 법률효과는 권리 · 의무의 변동이 된다. 이를 권리의 측면에서 살펴보면, 법률효과는 권리의 변동인 권리의 발생 · 변경 · 소멸의 모습으로 나타난다.

2) 법률행위의 의의

(1) 법률행위

법률행위는 일정한 법률효과의 발생을 목적으로 하는 하나 또는 수개의 의사표시를 요소로 하는 사법상의 법률요건을 말한다(매매 · 임대차 · 혼인 · 증여 · 유언 등). 이 의사표시는 한 개의 의사표시로써 성립하는 경우(취소 · 추인 · 유언), 수개의 의사표시로써 성립하는 경우(매매계약 · 사단법인의 정관작성), 의사표시와 그 밖의 법률사실과의 결합에 의하여 성립하는 경우(질권 설정)가 있다.

(2) 법률행위가 그 효력을 발생하기 위해서는 법률행위의 목적이 확정성, 가능성, 적법성 및 사회적 타당성을 가져야 한다.

(3) 법률요건

권리의 변동은 반드시 일정한 원인이 있어야 하며 이러한 원인을 법률요건이라 한다.

(4) 법률효과

법률요건이 있을 때에 비로소 법이 인정하는 일정한 효과가 발생하게 되며 이 효과를 법률효과라고 한다.

(5) 법률관계는 권리의무관계로서 일정하게 고정되어 있지 않고 사회생활의 변화에 따라 함께 변동한다. 이러한 변동을 권리의무의 변동 또는 권리의 변동이라고 한다.

3) 법률행위의 요건

법률행위는 먼저 법률행위로서 성립하고 이어서 유효하다는 평가를 받게 된다. 따라서 법률행위가 성립하기 위한 요건으로서의 성립요건, 그리고 유효하기 위한 요건으로서 효력요건 또는 유효요건이 있다.

(1) 성립요건

법률행위의 실질적 유효 여부를 묻지 않고 법률행위라고 할 수 있을 만한 최소한의 외형적 · 형식적인 요건을 말한다.

① 일반적 성립요건

모든 법률행위에 요구되는 요건을 말하며, 당사자, 법률행위의 목적, 의사표시 세 가지이다.

② 특별성립요건

법률의 규정에 의해 정해지는 성립요건을 말하며, 예를 들어 일정한 방식, 요물성 등이 이에 속한다.

(2) 효력요건

이미 성립한 법률행위가 법률상 효력을 발생하는데 필요한 모든 요건을 말한다. 일반적 효력요건과 특별 효력요건이 있다.

① 일반적 효력요건

당사자가 능력을 가지고 있을 것, 목적이 확정, 가능, 적법하고, 사회적 타당성이 있을 것, 의사와 표시가 일치하고 하자가 없을 것 세 가지이다.

② 특별 효력요건

대리권의 존재, 조건의 성취, 기한의 도래, 유언자의 사망 등이 이에 속한다.

3) 법률행위의 종류

(1) 단독행위 · 계약 · 합동행위

법률행위의 요소인 의사표시의 모습에 의하여 분류하면 다음과 같다.

① 단독행위

하나의 의사표시로 성립되는 법률행위이다. 일방행위 또는 일방적 행위라고부른다. 단독행위는 상대방이 있느냐에 따라서 상대방 있는 단독행위와 상대방 없는 단독행위로 나누어진다.

상대방 있는 단독행위는 단독행위가 효력을 발생하려면 의사표시가 상대방에게 도달하여야 하는 것이다. 예를 들어 동의, 채무면제, 취소, 해제, 해지 등이 있다.

상대방 없는 단독행위는 단독행위의 의사표시를 받을 자가 특정되어 있지 않고, 그 의사표시가 있으면 곧 효력을 발생하게 된다. 예를 들어 유언, 재단법인의 설립행위, 권리의 포기 등이 있다.

② 계약

2인 이상의 당사자가 서로 대립하는 청약과 승낙의 의사표시의 합치에 의하여 성립하는 법률행위이다. 반드시 복수의 의사표시를 필요로 하는 점에서 단독행위와 구별되고, 복수의 의사표시의 방향이 대립적 · 교환적인 점에서 평행적 의사표시인 합동행위와 구별된다. 계약의 예로는 증여 · 매매 · 임대차 · 교환 등이 있다.

③ 합동행위

수인이 공동하여 동일한 목적을 위한 평행적 · 구심적인 두 개 이상의 의사표시가 합치하여 성립하는 법률행위이다. 사단법인의 설립행위가 그 예이다. 합동행위인 사단법인 설립행위에서는 다수의 당사자가 하나가 되어서, 법인설립이라는 목적에 협력하며, 그 결과 사답법인이 설립되게 된다.

(2) 요식행위 · 불요식 행위

의사표시를 일정한 방식에 따라서 행하여야 한다는 것이 법률행위의 요건이 되는냐에 관한 구별이다.

① 요식행위

서면의 작성과 같은 의사표시에 의한 일정한 형식을 필요로 하는 법률행위이다(혼인 · 유언 등).

② 불요식행위

법률행위의 형식에 대하여 법률에 특별한 정함이 없으면 법률행위의 방식은 자유이며 불요식이다(계약 등).

(3) 채권행위 · 물권행위 · 준물권행위

발생하는 법률효과의 종류에 다라 분류하면 다음과 같다.

① 채권행위

채권 · 채무를 발생시키는 법률행위이다(매매, 임대차 등). 채권행위에서는 채무자가 일정한 급부를 이행하여야 할 의무를 지는 점에서, 이를 의무부담행위라고도 한다. 채권행위에서는 이행이 남아있는 점에서, 이행의 문제가 남아있지 않는 물권행위와 준물권행위와 구별된다.

② 물권행위

물권의 변동을 목적으로 하는 법률행위이며, 이행의 문제를 남기지 않는다(소유권의 이전, 저당권의 설정 등). 민법은 물권행위이외에 일정한 공시(부동산은 등기, 동산은 인도)를 갖추어야 물권변동이 발생하는 것으로 성립요건주의를 취한다.

③ 준물권행위

물권 이외의 권리의 변동을 직접 발생시키는 법률행위로서 이행이라는 문제를 남기지 않는다. 채권양도, 채무면제, 채무인수 등이 이에 해당한다. 물권행위와 준물권행위를 채권행위에 대하여 처분행위라고 한다.

(4) 유상행위 · 무상행위

① 유상행위

유상행위는 자신의 재산의 출연에 있어서 상대방으로부터 그것에 대응하는 출연을 받을 것을 목적으로 하는 법률행위이다(매매, 임대차, 교환 등).

② 무상행위

무상행위는 자신의 재산의 출연에 있어서 상대방으로부터 그것에 대응하는 출연을 받지 않을 것을 목적으로 하는 법률행위이다(증여, 사용대차 등).

(5) 생전행위 · 사후행위

① 생전행위

법률행위의 효력이 행위자의 사망과는 관계없는 보통의 법률행위이다(매매 · 임대차 계약 등).

② 사후행위

행위자의 사망으로 인하여 효력이 발생하는 법률행위이다. 유언과 사인증여가 이에 해당한다. 사후행위는 행위자가 사망함으로써 그 효력이 발생하는 것이므로, 그 존재나 내용을 명확하게 할 필요가 있고 그러한 이유로 일정한 방식을 요구하는 것이 보통이다.

(6) 주된 행위 · 종된 행위

① 주(主)된 행위

법률행위가 유효하게 성립하기 위하여 다른 법률행위의 전제가 되는 법률행위이다(매매계약).

② 종(從)된 행위

법률행위의 효력이 발생하기 위하여 다른 법률행위의 존재를 전제로 하는 법률행위이다. 예를 들어 보증계약이나 저당권설정계약은 금전소비대차의 종된 계약이고, 부부재산계약은 혼인의 종된 계약이다.

4) 의사표시

(1) 의의

의사표시란 일정한 법률효과를 발생시키려는 내심의 의사를 외부로 표시하는 행위로서 법률행위에 있어서 꼭 필요한 요소가 되는 법률사실이다.

이러한 의사표시의 성립을 심리적과정으로 살펴보면, 먼저 일정한 법률효과를 발생시키고자 하는 의사(효과의사)를 결정하고, 이 효과의사를 외부에 발표하고자 하는 의사(표시의사)를 가지고, 효과의사를 외부에 발표하는 행위(표시행위)를 하는 3단계로 나눌 수 있다. 즉 의사표시의 법률효과가 발생하기 위해서는 의사와 표시가 일치해야 하며 의사의 형성과정에 문제가 없어야 한다.

(2) 의사표시의 불일치

의사와 표시가 일치하는 때에 당사자가 원하는대로의 법률효과가 발생한다. 하지만 거래의 실제에서는 여러 사정으로 표의자의 마음속의 의사와 표시행위로부터 추측되는 표시상의 효과의사가 합치되지 않은 경우가 있다. 이와 같이 내심적 효과의사와 표시상의 효과의사가 일치하지 않은 경우를 의사와 표시와의 불일치 또는 의사의 흠결이라고 한다.

의사와 표시의 불일치는 표의자가 스스로 불일치를 알고 있는 경우인 허위표시, 진의아닌 의사표시와 의사와 표시의 불일치를 표의자가 알지 못하는 착오로 나눌 수 있다.

① 진의 아닌 의사표시(비진의 의사표시)

표의자가 스스로 표시와 진의와의 불일치를 알면서 한 의사표시이다. 진의 아닌 의사표시는 원칙적으로 의사표시를 한 대로 효력이 발생한다. 다만 예외적으로 상대방이 표의자의 진의 아님을 알았거나 알 수 있었을 경우에는 그 진의 아닌 의사표시는 무효이다. 그러나 이때의 무효는 선의의 제3자에게 대항하지 못한다(친구에게 자동차를 줄 생각이 없으면서 친구에게 자동차를 주겠다고 표시한 경우).

② (통정)허위표시

통정이란 표의자가 진의 아닌 의사표시를 하는 것을 상대방이 알고 있는 것만으로는 부족하고, 상대방과의 합의 또는 양해를 의미한다. 따라서 표의자가 진의 아님을 알면서 진의와 다른 표시를 한 때, 상대방과 합의한 경우(친구에게 자전거를 빌려주면서 주겠다고 했으나 그럴 생각은 없고 친구도 그 사실을 알고 있는 경우), 이를 통정허위표시라 하며, 이 허위표시는 무효이다(민법 제108조 1항). 그러나 그 무효로써 선의의 제3자에게 대항하지 못한다(민법 제108조 2항).

③ 착오

표시된 내용과 의사의 내용이 일치하지 않음을 표의자 자신이 모르는 경우(매매계약서에 10만원이라고 쓴다는 것이 100만원이라고 잘못 기재하는 경우)로 착오에는 동기의 착오, 내용의 착오, 표시의 착오, 표시기관의 착오가 있다. 착오로 인한 의사표시는 내용의 중요부분에 착오가 있을 때 취소 할 수 있다. 그러나 그 착오가 표의자의 중대한 과실로 인한 때에는 취소하지 못한다.

(3) 하자 있는 의사표시

의사와 표시가 일치하지만 의사결정과정에 있어서, 타인의 사기나 강박이 개입하여 자유로운 의사결정을 하지 못한 상태에서 의사를 표시한 경우를 하자있는 의사표사라고 한다. 여기에는 사기에 의한 의사표시와 강박에 의한 의사표시가 있으며, 이러한 의사표시는 취소할 수 있다. 그러나 선의의 제3자에게는 대항하지 못한다.

① 사기에 의한 의사표시

표의자가 타인의 기망행위로 인한 착오에 빠져서 한 의사표시를 말한다. 기망은 적극적으로 허위사실을 진실이라고 하거나 또는 진실을 은폐, 침묵하여 허위사실을 믿게 하는 행위를 말한다. 여기서의 착오는 의사의 형성과정, 즉 의사표시의 동기에 착오가 있는 경우에 해당한다.동기의 착오이지만 그것이 타인의 기망행위에 의하여 생긴 부당한 것이라는 점에서 취소할 수 있는 것으로 한 것이다.

② 강박에 의한 의사표시

표의자가 타인(상대방 또는 제3자)의 강박행위에 의하여 공포심을 가지게 되고, 그 해악을 피하기 위해 마음에 없이 한 의사표시가 강박에 의한 표시이다. 비록 강박은 있었지만 표시에 상응하는 의사는 있었다는 점에서 의사와 표시의 불일치에 속하는 것은 아니다. 다만 그러한 의사표시가 타인의 강박에 의하여 의사결정의 자유가 침해된 상태에서 생긴 부당한 것이라는 점에서 취소할 수 있도록 한 것이다. 공포심은 물리적 · 무형적 힘에 의하여 심적 압박을 받는 경우를 말한다.

4. 법률행위의 대리

1) 대리의 의의

법률행위가 성립한 경우에 그 효과는 의사표시를 한 표의자에게 발생하는 것이 보통이다. 그런데 표의자가 아닌 다른 자에게 법률효과가 귀속하는 제도가 대리이다. 대리제도에서는 의사표시를 한 자와 법률효과를 받는 자가 분리되는 모습이 나타나게 된다.

대리는 타인(대리인)이 본인을 위한다는 것을 나타내어(본인의 이름으로) 의사표시를 하거나 또는 의사표시를 받음으로써 그 법률효과가 본인에게 직접 생기게 되는 제도이다(민법 제114조 1항).

2) 대리의 기능

행위능력자인 본인이 자신이 직접 법률행위를 할 수 없을 때에 제3자를 통해 대신하게 할 수 있고, 그 법적효과를 본인이 받는 점에서 사적자치의 영역을 확장할 수 있다. 또한 제한능력자는 법정대리인을 통하여 법률행위를 대리하게 함으로써 사적자치를 보충할 수 있다. 대리의 기능으로는 사적자치의 확장과 사적자치의 보충이 있는데, 임의대리는 전자와 법정대리는 후자와 관계된다.

3) 대리의 3면관계

대리에서는 본인 · 대리인 · 상대방과의 3면관계가 형성된다. 대리인에게는 대리권이 있어야 하고, 그 대리인이 본인을 위한 것임을 표시하여 대리행위를 하여야 하며, 그 경우 효과는 본인에게 귀속하게 된다.

(1) 본인과 대리인의 관계(대리권)

① 대리권의 발생

대리는 대리권이 법률의 규정에 의하여 발생하는 법정대리와 본인의 대리인에 대한 대리권 수여행위에 의하여 발생하는 임의대리가 있다.

② 대리권의 범위

법정대리의 경우에는 법률의 규정에 의하여 대리권의 범위가 정하여지고, 임의대리의 경우에는 수권행위의 따라 대리권의 범위가 정하여진다. 대리권의 범위가 불분명한 경우에는 보존행위와 목적물의 성질을 변경시키지 않는 범위내에서의 이용행위 · 개량행위를 할 수 있다.

(2) 대리인과 상대방의 관계(대리행위)

① 현명주의 원칙

대리인이 대리행위를 함에 있어서 본인을 위한 것을 표시하고 의사표시를 하여야 한다. 즉 대리인이 자신을 위한 법률행위가 아니라 본인을 위한 법률행위임을 표시하여야 한다. 그러한 표시를 현명이라하며, 이러한 원칙을 현명주의라고 한다.

대리인이 본인을 위한 것임을 현명하지 아니한 행위는 대리인 자신의 의사표시로 효력이 발생한다. 그러나 상대방이 대리인으로 한 것임을 알았거나 알 수 있었을 때에는 대리행위로서 효력이 생긴다(민법 제115조).

② 현명의 방식

일반적으로 '갑의 대리인 을'이라는 형식으로 이루어지지만 방식에는 제한이 없다. 법률행위의 전체로 보아 대리인을 위한 행위가 아니고 본인을 위하여 하는 행위라는 것을 인식할 수 있는 정도의 표시가 있으면 대리관계의 표시로 볼 수 있다.

③ 대리인의 행위능력

대리인은 의사능력만 있으면 족하고 행위능력자임을 요하지 않는다(민법 제117조). 제한능력자라도 법정대리인의 동의 없이도 타인의 대리인이 될 수 있으며, 대리인이 제한능력자라는 이유로 본인은 그 대리행위를 취소할 수 없다.

(3) 본인과 상대방의 관계(법률효과의 본인귀속)

대리인에 의한 법률행위의 효과는 본인에게 직접 귀속한다. 본인에게 귀속하는 효과란 대리행위로부터 발생하는 모든 법률효과이다. 따라서 법률행위가 아닌 대리인의 불법행위에 대해서는 본인에게는 책임이 없다.

4) 대리의 종류

(1) 임의대리와 법정대리

임의대리는 본인의 대리권한위임(수권행위)에 의하여 대리권이 주어지는 경우를 말하며, 법정대리는 본인의 의사와 무관하게 법률의 규정 또는 법원의 선임에 의하여 대리권이 주어지는 경우를 말한다.

(2) 능동대리와 수동대리

능동대리는 대리인이 본인을 위하여 상대방에게 '의사표시를 표현하는' 대리를 말하며, 수동대리는 대리인이 본인을 대리하여 상대방으로부터 '의사표시를 수령하는' 대리를 말한다.

(3) 유권대리와 무권대리

유권대리는 대리권의 유무에 따라 정당한 대리권을 가진 경우를 말하고, 무권대리는 대리권한이 없는 자가 한 대리행위를 말한다.

5) 무권대리

무권대리는 대리행위의 요건은 갖추고 있으나 대리권 없이 행하여진 대리행위를 말한다. 처음부터 대리권 없는 사람의 대리행위는 물론 대리권이 있더라도 그 범위를 넘어서 대리행위를 한 경우도 포함한다. 원칙적으로는 대리행위의 효과는 본인에게 생기지 않을 뿐만아니라 대리인도 대리의사를 가지고 한 것이기에 대리인에게도 그 효과가 발생하지 않는다. 하지만 대리권의 존재나 범위를 제3자가 쉽게 알 수 없으므로, 거래의 상대방의 위험을 최소화 하기 위하여 민법은 무권대리 규정을 두고 있다. 표현대리와 협의의 무권대리로 나뉜다.

(1) 표현대리

대리인에게 대리권이 없음에도 불구하고 그것이 있는 것과 같은 외관이 있고, 그러한 외관의 발생에 관하여 본인이 어느 정도의 원인을 제공하고 있는 경우에, 그 무권대리행위에 대하여 본인에게 책임을 지도록 하게 한 것이 표현대리제도이다. 이는 외관을 신뢰한 선의 · 무과실의 제3자를 보호하고, 거래의 안전을 보장하며 대리제도의 신용을 유지하려는 취지에서 마련된 제도이다.

① 대리권수여의 표시에 의한 표현대리(민법 제125조)

본인이 제3자에 대하여, 타인에게 대리권을 수여함을 표시한 자는 그 대리권의 범위 내에서 행한 그 타인과 그 제3자간의 법률행위에 대하여 책임이 있다. 그러나 제3자가 대리권 없음을 알았거나 알 수 있었을 때에는 그러하지 아니하다. 여기에서 제3자는 대리행위의 상대방이 될 자이다. 또한 책임이 있다는 것은 본인이 무권대리행위라는 것을 이유로 그 효과가 자기에게 미치는 것을 거부하지 못한다. 따라서 무권대리행위는 진정한 대리인의 행위와 마찬가지이며, 그 무권대리행위의 효과는 본인에게 귀속된다.

② 권한을 넘는 표현대리(민법 제126조)

대리인이 그 권한을 넘는 법률행위를 한 경우에 제3자가 그 권한이 있다고 믿을 만한 정당한 이유가 있을 때에는 본인은 그 행위에 대하여 책임이 있다.

③ 대리권 소멸 후의 표현대리(민법 제129조)

대리권의 소멸은 선의의 제3자에게 대항하지 못한다. 그러나 제3자가 과실로 인하여 그 사실을 알지 못한 때에는 그러하지 아니하다.

(2) 협의의 무권대리

무권대리 중에서 표현대리의 요건을 갖추지 않은 경우로서, 대리권 없는 자가 타인의 대리인으로 한 계약은 본인이 이를 추인하지 아니하면 본인에 대하여 효력이 없다(민법 제130조).

6) 대리권의 제한

(1) 각자대리

대리인이 여러명인 경우 각자 본인을 대리한다. 그러나 법률의 규정이나 수권행위에 달리 정함이 있는 경우에는 그러하지 아니하다(제119조).

(2) 자기계약, 쌍방대리의 금지

대리인이 한편으로는 본인을 대리하고, 다른 한편으로는 자기자신의 자격으로, 자기 혼자서 본인과 대리인 사이의 계약을 맺는 것이 자기계약(자기 대리)이다. 쌍방대리는 대리인이 한편으로는 본인을 대리하고, 다른 한편으로는 상대방을 대리하여 자기만으로서 상방의 계약을 체결하는 것이다.

대리인은 본인의 허락이 없으면 본인을 위하여 자기와 법률행위를 하거나(자기계약), 동일한 법률행위에 관하여 당사자쌍방을 대리하지 못한다. 그러나 다툼이 없는 채무의 이행은 할 수 있다(제124조).

자기계약과 쌍방대리를 금지하는 이유는 그것을 제한 없이 허용하게 되면 본인의 이익을 해치는 경우가 발생하기 때문이다.

7) 대리권의 소멸

임의대리와 법정대리의 공통된 소멸사유로는 본인의 사망, 대리인의 사망, 대리인의 금치산, 파산이 있다. 임의대리의 특유한 소멸사유로는 원인된 법률관계의 소멸, 수권행위의 철회, 본인의 파산이 있다.

8) 복대리

복대리는 대리인이 그의 권한 내의 행위를 행하게 하기 위하여, 대리인 자신의 이름으로 선임한 본인의 대리인이다. 복대리인을 선임할 수 있는 권한을 복임권이라고 하고, 복대리인 선임행위를 복임행위라고 한다.

5. 법률행위의 무효와 취소

1) 법률행위의 무효와 효과

(1) 무효의 의의

법률행위의 무효란 법률행위가 성립한 때부터 법률상 당연히 그 효력이 없는 것으로 확정되어 있는 것을 말한다. 법률행위의 무효는 법률행위가 성립된 것을 전제로 하며, 법률행위의 불성립의 경우에는 법률행위의 무효에 관한 일반규정이 적용되지 않는다(민법 제137~138조).

(2) 효과

법률행위가 무효이면 그 법률행위의 내용에 따른 법률효과는 발생하지 않는다. 법률행위의 무효는 특정인의 주장을 기다릴 필요 없이 처음부터 당연히 법률효과는 발생하지 않는다. 법률행위가 물권행위이면 물권변동은 일어나지 않고, 채권행위이면 채권과 채무는 발생하지 않는다. 무효인 법률행위에 기해서는 청구권이 발생하지 않으므로 이행의 문제는 발생하지 않는다. 무효는 언제까지 방치하더라도 보정되지 않으며, 시간의 경과에 의하여 치유되지는 않는다.

2) 무효의 종류

민법상 법률행위의 무효로는 의사무능력자의 법률행위 · 불능한 법률행위 · 강행규정에 반하는 법률행위 · 사회질서에 반하는 법률행위 · 불공정한 법률행위 · 비진의의사표시, 통정허위표시 등이 있다.

(1) 절대적 무효

법률행위를 한 당사자 외에 제3자에 대한 관계에서도 무효인 것을 절대적 무효라고 한다. 그러므로 당사자는 법률행위의 무효를 선의 제3자에게도 대항할 수 있다. 반사회적 법률행위, 불공정한 법률행위 같은 절대적 무효는 당사자가 추인하여도 효력이 없다.

(2) 상대적 무효

당사자에게만 무효를 주장할 수 있고 특정인에게는 무효를 주장할 수 없는 것을 상대적 무효라고 한다. 비진의표시 단서의 무효, 허위표시의 무효는 선의 제3자에게 대항하지 못한다.

3) 무효행위의 전환과 추인

(1) 무효행위의 전환

무효행위의 전환은 갑이라는 행위로는 무효인 법률행위가 을이라는 행위로서는 유효하고, 또 당사자가 그 무효를 알았더라면 을로서의 행위를 의욕하였을 것으로 인정되는 경우에는, 무효인 갑행위를 을행위로서 그 효력을 인정하는 것이다(민법 제138조).

(2) 무효행위의 추인

무효행위는 법률행위로서의 효과가 발생하지 않는 것으로 확정하여 있으므로, 이후에 그 행위를 유효하게 하는 의사표시를 하더라도 유효로 되지 않는다. 그러나 당사자가 무효임을 알면서 추인한 때에는 그때부터 새로운 법률행위를 한 것으로 본다(민법 제139조 단서).

4) 법률행위의 취소

(1) 취소의 의의

법률행위의 취소란 유효하게 성립한 법률행위의 효력을 제한(무)능력이나 의사표시의 결함을 이유로 취소권자의 의사표시에 의하여 법률행위의 효과를 처음부터 소멸시키는 것을 한다. 취소할 수 있는 법률행위는 취소되기까지는 일단 유효하지만, 취소되면 소급하여 무효로 확정된다.

취소권자가 취소권을 포기하거나(추인), 행사기간의 경과로 취소권이 소멸하면 그 법률행위는 처음부터 유효한 것으로 확정된다. 취소할 수 있는 행위로는 제한능력자의 법률행위 · 착오로 인한 법률행위 · 사기 또는 강박에 의한 법률행위 등이다.

(2) 취소권자

취소권을 행사할 수 있는 자는 제한능력자 · 하자있는 의사표시를 한 자 · 그 대리인 또는 승계인이다(민법 제140조).

(3) 취소의 방법

취소는 취소권자의 단독의 의사표시로서 이루어진다. 재판상 행사하여야만 하는 것은 아니며, 특별한 방식을 요하지는 않는다. 판례는 취소원인의 진술없이도 취소의 의사표시는 유효하다고 본다. 취소할 수 있는 법률행위의 상대방이 확정된 경우에는 그 취소는 그 상대방에 대한 의사표시로 하여야 한다.

(4) 취소의 효과

취소를 하게 되면 그 법률행위는 처음부터 무효인 것으로 본다. 당사자의 '제한능력'을 이유로 취소하는 경우에는 모든 제3자에게 그 무효를 주장할 수 있다(절대적 취소). 그러나 거래의 안전을 보호하기 위하여 착오 · 사기 또는 강박에 의한 의사표시의 취소는 선의의 제3자에게는 대항할 수 없다(소극적 취소).

취소한 법률행위는 처음부터 무효인 것이 되므로, 이행을 하기 전이면 이행할 필요가 없고, 이행한 후이면 법률상 원인없이 급부한 것이 되어 부당이득반환을 청구할 수 있다. 민법은 제한능력자의 보호를 위하여, 법률행위를 취소한 경우에 법률행위로 인하여 받는 이익이 현존하는 한도에서 상환할 책임이 있다고 규정하고 있다(민법 제141조).

(5) 취소할 수 있는 법률행위의 추인

'취소할 수 있는 법률행위의 추인'은 취소할 수 있는 법률행위를 취소하지 않겠다는 의사표시이다. 즉 취소권의 포기이다. 이러한 추인이 있으면 취소할 수 있는 행위는 더 이상 취소 할 수 없고 확정적으로 유효하게 된다.

추인은 취소권의 포기이므로 법률행위의 취소권자가 추인할 수 있으며, 법률행위의 상대방에 대한 위사표시로 한다. 추인은 취소의 원인이 소멸된 후에 하여야 하고, 그 소멸전의 추인은 효력이 없다. 따라서 제한능력자는 능력자가 된 후에 착오 · 사기 · 강박에 의한 의사표시는 그 상태를 벗어나야 추인할 수 있다.

(6) 법정추인

취소할 수 있는 법률행위의 추인은 묵시적으로 할 수 있다. 그러나 묵시적 추인의 경우에는 당사자간에 다툼이 있을 수 있기 때문에, 민법은 추인의 요건을 갖춘 후에 일정한 사유가 있으면 추인한 것으로 보는데, 이를 '법정추인'이라고 한다. 법정추인은 법률의 규정에 의하여 추인의 의사표시가 의제되는 것이다.

법정추인의 사유는 ㉠전부나 일부의 이행, ㉡이행의 청구, ㉢경개, ㉣ 담보의 제공, ㉤취소할 수 있는 행위로 취득한 권리의 전부나 일부의 양도, ㉥ 강제집행이다.

6. 법률행위의 부관(조건과 기한)

1) 법률행위의 부관

당사자는 법률행위를 하면서 그 효력의 발생 또는 소멸을 장래의 일정한 사실에 의존케 할 수 있고, 이것은 법률행위 자유의 원칙상 가능하다. 여기서 법률행위의 부관이란 법률행위의 당사자가 그 효력의 발생 또는 소멸을 장래의 일정한 사실에 의존하게 하기 위하여 법률행위의 내용으로서 붙여지는 것을 말한다.

장래의 일정한 사실이 생기는 것이 불확실한 것이 조건이고, 확실한 것이 기한이다.

2) 조건

조건은 법률행위 효력의 발생 또는 소멸을 장래의 불확실한 사실의 성취 여부에 의존시키는 부관을 말한다.

법률행위의 효력의 '발생'을 조건에 의존케 하는 것이 정지조건이고, 법률행위의 효력의 '소멸'을 조건에 의존케 하는 것이 해제조건이다. 정지조건은 조건이 성취되어야 비로서 법률행위의 효력이 생겨서 권리와 의무가 발생하게 된다(운전면허를 취득하면 자동차를 사주겠다고 약정한 경우). 해제조건은 일단 법률행위의 효력이 생겨 권리와 의무가 생기지만 조건이 성취되면 그 효력을 잃게 된다(건축허가를 받지 못할 때에는 토지매매계약을 무효로 하기로 약정한 경우).

3) 기한

기한이란 법률행위의 효력의 발생이나 소멸을 장래 발생할 것이 확실한 사실의 발생에 의존시키는 부관이다. 기한이 되는 사실은 장차 그 성취가 확실한 것이지만 성취하는 시기가 확실한가에 따라 확정기간과 불확정기간으로 구분된다.

기한에는 시기와 종기가 있다. 법률행위의 효과가 기한이 도래한 때로부터 발생하는 경우에는 그 기한은 시기이며, 그것이 기한이 도래한 때로부터 소멸하는 경우에는 그 기한은 종기이다.

7. 기간

1) 의의

기간이란 어느 한 시점에서 다른 시점까지의 계속된 시간을 말한다. 기간은 시간의 연속을 의미하는 점에서 어느 특정한 시점을 의미하는 기일과는 다르다. 법률사실로서의 시간은 사건에 속한다.

2) 기간의 계산방법

기간의 계산방법에는 자연의 시간의 흐름을 순간에서 순간까지 계산하는 '자연적 계산법'과 역(曆)에 의하여 계산하는 '역법적 계산법'이 있다. 민법은 단기간에 관하여는 자연적 계산법을, 장기간에 관하여는 역법적 계산법을 사용하고 있다.

(1) 기간의 기산점

기간을 시 · 분 · 초로 정한 때에는 자연적 계산법에 의하여 즉시로부터 기산한다(민법 제156조). 기간을 일, 주, 월 또는 년으로 정한 때에는 기간의 초일은 산입하지 않는 것이 원칙이다. 그러나 예외적으로 그 기간이 오전 영시로부터 시작하는 때, 연령계산에는 초일을 산입한다(민법 제157조 단서, 제158조).

(2) 기간의 만료점

기간의 말일의 종료로써 기간은 만료한다(민법 제159조). 기간을 주 · 월 또는 년으로 정한 때에는 역(曆)에 의하여 계산하며, 월 또는 년의 처음으로부터 기산하지 아니하는 때에는 최후의 월 또는 년에서 그 기산일에 해당하는 날의 전일로 기간이 만료하며, 월 또는 년으로 기간을 정한 경우에 만일 최종의 월에 해당일이 없는 때에는 그 월의 말일로써 그 기간이 만료한다(민법 제160조). 기간의 말일이 공휴일에 해당한 때에는 기간은 그 익일(다음날)로 만료한다(민법 제161조).

8. 시효

1) 의의

시효란 일정한 사실상태가 오랫동안 계속된 경우에 그 사실상태가 진실한 권리관계에 합치하느냐의 여부를 불문하고, 그 사실상태를 그대로 존중하여 법률상 일정한 효과를 부여하는 제도를 말한다. 시효는 일정한 사실상태가 오랫동안 계속됨에 따라 권리의 취득 또는 권리의 소멸이라는 일정한 법률효과를 일어나게 하는 법률요건이다. 여기에는 취득시효와 소멸시효가 있다.

2) 종류

취득시효는 "20년간 소유의 의사로 평온 · 공연하게 부동산을 점유자는 등기함으로써 소유권을 취득한다"와 같이 사실상 권리자인 것과 같은 상태를 일정기간 계속하고 있는 자에게 그 권리를 취득시키는 시효이다(민법 제245조).

소멸시효는 "채권을 10년간 행사하지 아니하면 소멸시효가 완성한다"와 같이 같은 상태를 일정기간 계속하고 있는 자에게 그 권리를 취득시키는 취득시효와 권리를 행사하지 않는 상태가 일정기간 계속하고 있는 자의 권리를 소멸시키는 제도이다(민법 제162조 제1항).

3) 취득시효

(1) 점유취득시효

점유만으로 소유권을 취득하는 제도로서 20년간 소유의 의사로 평온 · 공연하게 부동산을 점유하는 자는 등기함으로써 그 소유권을 취득하는 제도로써 소유의 의사로 부동산을 점유(자주점유)하여야 하고, 부동산을 평온 · 공연하게 점유하여야 하며, 이러한 점유가 20년간 계속하여야 한다. 이렇게 20년간 타인의 부동산을 점유한 자는 시효취득을 주장할 수 있고 이에 따라 현재의 소유자를 상대로 시효취득을 원인으로 하는 소유권이전등기청구를 할 수 있고 소유권이전등기를 하여야 취득시효로서 효력이 발생한다.

(2) 등기부취득시효

원인무효의 등기명의인이 10년간 점유함으로써 소유권을 취득하는 제도로 부동산의 소유자가 아니면서 소유자로 등기되어 있어야 하고, 소유의 의사로 평온 · 공연 · 선의 · 무과실로 점유하여야 하며, 이러한 점유가 10년간 계속하여야 한다. 이러한 조건이 갖추어 지면 점유자는 점유를 개시한 때에 소급하여 부동산의 소유권을 취득한다.

4) 소멸시효의 기간

① 20년 : 채권 및 소유권 이외의 재산권(제162조 제2항)

② 10년 : 보통의 채권, 판결 · 파산절차 · 재판상 화해 기타 판결과 동일한 효력이 있는 것에 의하여 확정된 채권(제165조)

③ 5년 : 상법상 상행위로 인하여 생긴 채권

④ 3년 : 민법 제163조(특히 도급받은 자), 근로기준법상의 임금채권, 이자, 부양료, 급료, 사용료, 기타 1년 이내의 기간(정기급여채권)으로 정한 금전 또는 물건의 지급을 목적으로 하는 채권, 의사, 조산원, 간호원 및 약사의 치료, 근무 및 조제에 관한 채권, 변호사, 변리사, 공증인, 계리사 및 사법서사에 대한 직무상 보관한 서류의 반환을 청구하는 채권, 변호사, 변리사, 공증인, 계리사 및 사법서사의 직무에 관한 채권, 수공업자 및 제조자의 업무에 관한 채권 등

⑤ 1년 : 민법 제164조(음식료, 숙박비, 노역비), 의복, 침구, 장구 기타 동산의 사용료의 채권, 연예인의 임금 및 그에 공급한 물건의 대금채권, 학생 및 수업자의 교육, 의식 및 유숙에 관한 교주, 숙주, 교사의 채권 등

5) 소멸시효의 중단과 정지

(1) 시효의 중단

시효의 기초가 되는 계속된 사실상태와 상반되는 어떤 사실(권리자가 권리를 행사하거나 의무자가 의무를 승인하는 것)이 생긴 경우에 시효기간의 진행을 중단시키는 것을 말한다(청구 · 압류 또는 가압류 · 가처분 · 승인 등, 제168조). 시효의 중단이 있으면 이미 진행한 시효기간은 전혀 효력을 잃고 그 후부터 새로 시효기간을 계산한다(제178조).

(2) 시효의 정지

권리자가 시효를 중단시키는 것이 곤란하거나 불가능한 경우에 일정한 유예기간 동안 시효진행을 멈추게 하였다가 그러한 사정이 없어진 때에 다시 나머지 기간을 진행시키는 제도이다.

제3절 계약과 손해배상

1. 계약

1) 의의

계약이란 사법상의 일정한 법률효과의 발생을 목적으로 하는 두 개의 대립되는 의사표시 즉 청약과 승낙으로 이루어진 당사자 간의 합의를 말한다.

2) 계약 자유의 원칙

한 개인이 독립된 인격체로서 자유로운 의사에 기초하여 자유로이 계약 관계를 성립할 수 있다는 원칙

(1) 체결의 자유

가스, 수도, 전기 등을 공급하는 공익적인 기업 또는 집행관, 공증인, 의사 등 공익적인 직무를 수행하는 사람은 정당한 이유 없이 계약체결을 거절할 수 없다.

(2) 상대방 선택의 자유

장애인 특별고용 등과 같이 법률에서 특정한 상대방과 계약을 체결하도록 의무를 부과하는 경우는 상대방 선택의 자유가 제한된다.

(3) 내용결정의 자유

강행법규 또는 선량한 풍속 기타 사회질서에 관한 규정에 의하여 규제된 계약 또는 약관 거래와 같은 부합계약 등은 계약내용 결정의 자유에 대한 제한이 있다.

(4) 방식의 자유

법인설립, 혼인 등 서면으로만 계약이 성립되어야 하는 경우는 계약방식의 자유에 대한 제한이 있다.

3) 계약의 성립 요건

계약은 서로 대립하고 있는 의사표시의 합치에 의하여 성립하는데, 보통 청약승낙이라고 하는 서로 대립하는 두 의사표시의 합치에 의하여 성립한다. 다만, 예외적으로 청약만으로 성립하거나(예 : 호텔방을 예약하는 행위), 쌍방의 당사자가 동일내용의 청약(교차청약)을 하는 경우에도 계약이 성립한다(민법 제533조).

(1) 청약

일방이 타방에게 일정한 내용의 계약을 체결할 것을 제의하는 의사표시를 말한다.

(2) 승낙

청약에 대응하여 계약을 성립시킬 목적으로 청약자에 대해 행하여지는 청약수령자의 의사표시를 말한다.

(3) 의사실현에 의한 계약 성립

청약자의 의사표시나 관습에 의하여 승낙의 통지가 필요하지 않은 경우에는 계약은 승낙의 의사표시로 인정되는 사실이 있는 때에 성립한다(민법 제532조).

(4) 교차청약에 의한 계약성립

당사자 간에 동일한 내용의 청약이 상호교차 된 경우에는 양청약이 상대방에게 도달한 때에 계약이 성립한다(민법 제533조).

4) 쌍무계약

(1) 의의

서로 대가적인 의미를 가지는 채무를 부담하는 계약을 말한다.

(2) 동시이행항변권

① 의의

채권자가 자신의 채무를 이행할 때까지 채무자가 채무의 이행을 거절할 수 있는 권리를 말한다. 쌍무계약의 당사자 일방은 상대방이 채무이행을 제공할 때 까지 자기의 채무이행을 거절할 수 있다. 그러나 상대방의 채무가 변제기에 있지 아니하는 때에는 채무이행을 거절할 수 없다(민법 제536조 제1항). 당사자 일방이 상대방에게 먼저 이행하여야 할 경우에 상대방의 이행이 곤란할 현저한 사유가 있는 때에는 채무이행을 거절할 수 있다(민법 제536조 제2항).

② 요건

쌍방의 채무가 동일한 쌍무계약으로부터 발생하여야 하고, 쌍방의 채무가 변제기가 있어야 하며, 상대방이 이행 또는 이행의 제공을 하고 있지 않아야 한다.

(3) 위험부담

쌍무계약의 당사자 일방의 채무가 당사자쌍방의 책임 없는 사유로 이행할 수 없게 된 때에는 채무자는 상대방의 이행을 청구하지 못한다(민법 제537조). 반면, 예외적인 경우 채권자위험부담주의를 적용하는데, 쌍무계약의 당사자 일방의 채무가 채권자의 책임 있는 사유로 이행할 수 없게 된 때에는 채무자는 상대방의 이행을 청구할 수 있다. 또한 채권자의 수령지체 중에 당사자쌍방의 책임 없는 사유로 이행할 수 없게 된 때에도 채무자는 자기의 채무를 면함으로써 이익을 얻은 때에는 이를 채권자에게 상환하여야 한다(민법 제538조).

5) 계약의 해제와 해지

(1) 계약의 해제

"해제"란 일단 유효하게 성립한 계약을 소급하여 소멸시키는 일방적인 의사표시를 말한다.

① 계약 또는 법률의 규정에 의하여 당사자의 일방이나 쌍방이 해제의 권리가 있는 때에는 그 해제는 상대방에 대한 의사표시로 한다(민법 제543조 1항).

② 이러한 해제의 의사표시는 철회하지 못한다(민법 제543조 2항).

③ 당사자의 일방 또는 쌍방이 수인인 경우에는 계약의 해제는 그 전원으로부터 또는 전원에 대하여 하여야 하고, 이 경우 해제의 권리가 당사자 1인에 대하여 소멸한 때에는 다른 당사자에 대하여도 소멸한다(민법 제547조).

④ 효과

계약은 소급하여 효력을 잃는다. 또한 제3자의 권리를 해하지 못하며, 당사자 일방이 계약을 해제한 때에는 각 당사자는 그 상대방에 대하여 원상회복의 의무가 있다(민법 제548조 1항 본문). 또한 계약의 해제는 손해배상의 청구에 영향을 미치지 않는다(민법 제551조).

⑤ 해제권의 소멸

해제권의 행사의 기간을 정하지 아니한 때에는 상대방은 상당한 기간을 정하여 해제권행사 여부의 확답을 해제권자에게 최고할 수 있다. 다만, 이 기간 내에 해제의 통지를 받지 못한 때에는 해제권은 소멸한다(민법 제552조). 또한 해제권자의 고의나 과실로 인하여 계약의 목적물이 현저히 훼손되거나 이를 반환할 수 없게 된 때 또는 가공이나 개조로 인하여 다른 종류의 물건으로 변경된 때에는 해제권은 소멸한다(민법 제553조).

(2) 계약의 해지

"해지"란 계속적인 계약을 장래에 향하여 실효시키는 것을 말한다. 이것은 장래에 향하여 계약을 소멸시키는 점에서 해제의 소급적 효력과는 구별하여야 한다.

① 해지권의 발생

해지권도 당사자의 계약 또는 법률의 규정에 의하여 발생한다(민법 제543조 1항 참조).

② 해지권의 행사

해지는 상대방에 대한 의사표시로 하고, 해지의 의사표시는 철회하지 못한다(민법제543조 1항, 2항). 당사자 일방 또는 쌍방이 수인이 경우에는 계약의 해지는 그 전원으로부터 또는 전원에 대하여 하여야 한다. 이 경우에 해지의 권리가 당사자 1인에 대하여 소멸한 때에는 다른 당사자에 대하여도 소멸한다(민법제547조).

③ 효과

당사자 일방이 계약을 해지한 때에는 계약은 장래에 대하여 그 효력을 잃는다(민법 제550조). 계약의 해지는 손해배상의 청구에 영향을 미치지 않는다(민법 제551조).

6) 전형계약(「민법」이 규정하고 있는 14가지 계약)의 종류

(1) 증여

당사자 일방이 무상으로 재산을 상대방에게 수여하는 의사를 표시하고 상대방이 이를 승낙함으로써 성립하는 계약을 말한다.

(2) 매매

당사자 일방이 상대방에게 재산권의 이전을 약정하고 이에 대해 상대방이 그 대금을 지급할 것을 약정함으로써 성립하는 계약을 말한다.

(3) 교환

당사자 쌍방이 금전 이외의 재산권을 서로 이전할 것을 약정함으로써 성립하는 계약을 말한다.

(4) 소비대차

당사자 일방이 금전 기타 대체물의 소유권을 상대방에게 이전하고 상대방은 그와 같은 종류 · 품질 및 수량으로 반환하는 것을 내용으로 하는 계약을 말한다.

(5) 사용대차

당사자 일방이 상대방에게 무상으로 사용 · 수익하게 하기 위하여 목적물을 인도할 것을 약정하고 상대방은 이를 사용 · 수익한 후 그 물건을 반환할 것을 내용으로 하는 계약을 말한다.

(6) 임대차

당사자 일방이 상대방에게 목적물을 사용 · 수익하게 할 것을 약정하고 상대방이 이에 대하여 차임을 지급할 것을 내용으로 하는 계약을 말한다.

(7) 고용

당사자 일방이 상대방에 대하여 노무를 제공할 것을 약정하고 상대방이 이에 대하여 보수를 지급할 것을 내용으로 하는 계약을 말한다.

(8) 도급

당사자 일방이 어느 일을 완성할 것을 약정하고 상대방이 그 일의 결과에 대하여 보수를 지급할 것을 약정함으로써 성립하는 계약을 말한다.

(9) 현상광고

공고자가 어느 행위를 한 자에게 일정한 보수를 지급할 의사를 표시하고 이에 응한 자가 그 광고에 정한 행위를 완료함으로써 효력이 발생하는 계약을 말한다.

(10) 위임

당사자 일방이 상대방에 대하여 사무의 처리를 위탁하고 상대방이 이를 승낙함으로써 성립하는 계약을 말한다.

(11) 임치

당사자 일방이 상대방에 대하여 금전이나 유가증권 기타 물건의 보관을 위탁하고 상대방이 이를 승낙함으로써 성립하는 계약을 말한다.

(12) 조합

2인 이상이 상호출자하여 공동사업을 경영할 것을 약정함으로써 성립하는 계약을 말한다.

(13) 종신정기금

당사자 일방이 특정인(자기, 상대방 또는 제3자)이 사망할때까지 상대방 또는 제3자에게 정기적으로 급부할 것을 약정함으로써 성립하는 계약을 말한다.

(14) 화해

당사자가 서로 양보하여 당사자 간의 분쟁을 끝낼 것을 약정함으로써 성립하는 계약을 말한다.

2. 손해배상의 법적 근거

1) 채무불이행 책임

채무자가 채무의 내용에 좇은 이행을 하지 아니한 때에는 채권자는 손해배상을 청구할 수 있다. 그러나 채무자의 고의나 과실 없이 이행할 수 없게 된 때에는 그러하지 아니하다(민법 제390조).

(1) 계약책임의 발생원인

① 채무자는 계약상의 의무, 즉 채무에 대하여 신의성실의 원칙에 따라 이행하여야 한다.

② 이 계약상의 채무가 이행되지 않은 경우에 채권자는 강제이행, 손해배상, 계약의 해제를 신청할 수 있으며, 계약을 해제하더라도 그와 동시에 손해배상을 청구할 수도 있다.

③ 채무불이행책임의 발생원인은 이행지체 · 이행불능 · 불완전이행의 세 가지로 구분할 수 있다.

④ '이행지체'가 이행기에 이행이 가능함에도 불구하고 이행하지 않은 것임에 반해 '이행불능'은 이행기에 이행이 불능하다는 점에서 구별되며, '이행지체'가 이행기를 도과하는 것임에 반해 '불완전이행'은 이행기에 이행은 하였지만 그것이 불완전하다는 점에서 다르다.

(2) 이행지체

① 채무이행의 확정한 기한이 있는 경우에는 채무자는 기한이 도래한 때로부터 지체 책임이 있다. 채무이행의 불확정 기한이 있는 경우에는 채무자는 기한이 도래함을 안 때로부터 지체책임이 있다.

② 채무이행의 기한이 없는 경우에는 채무자는 이행청구를 받은 때로부터 지체책임이 있다.

③ 채무자의 책임 가중

이행지체 중 발생하는 손해에 대하여 채무자의 무과실 책임이다.

④ 계약의 해제

최고 후 이행하지 않으면 채권자는 계약을 해제할 수 있다.

⑤ 손해배상

지연으로 인한 본래급부의 이행과 손해배상 또는 수령의 거절과 전보배상 청구가 가능하다. 전보배상액의 판단시가는 최고 후 상당기간이 경과한 당시가 기준이 된다.

(3) 이행불능

① 이행불능이란 채권성립 후에 채무자의 귀책사유에 의해 채무를 이행할 수 없게 된 것을 말한다.

② 효과

손해배상청구권, 계약해제권, 대상청구권(물건 또는 권리 이전을 목적으로 하는 청구권) 등을 행사할 수 있다.

③ 채무자의 배상책임

이행불능의 경우에는 최고를 하지 않고도 해제가 가능하지만 최고를 하더라도 상관없다.

(4) 불완전 이행

① 불완전이행은 채무자가 채무의 이행이 일부 있었지만, 그것이 불완전하여 채무의 내용에 따른 이행이 되지 않아 채권자에게 손해를 입히는 채무불이행의 한 유형이다.

② 손해배상청구 및 추완청구권

이행방법이 불완전한 경우에는 불완전이행에 의해 발생한 손해를 청구할 수 있다. 이에 대해 하자 있는 불특정물을 급부 받은 경우에는 하자 없는 물건의 급부, 즉 추완을 요구할 수 있다.

③ 계약의 법정해제권

상당기간을 정하여 최고하고 채무자가 이에 불응하면 해제권이 발생하며, 완전이행이 불가능한 경우 최고 없이 계약을 해제할 수 있다.

2) 불법행위책임

(1) 의의

불법행위란 행위자의 고의 또는 과실로 인한 위법행위로 타인에게 손해를 가하는 행위로 채무불이행과 함께 손해배상청구권의 중요한 발생 원인이 된다.

(2) 효과

불법행위로 인해 생긴 손해는 가해자가 배상해야 한다(민법 제750조).

(3) 원칙

금전배상 및 일시에 손해의 전액을 지급하는 것이 원칙이지만, 타인의 신체 · 자유 · 명예를 해하거나 기타 정신상의 고통을 가함으로 인해 생긴 손해의 배상에 대해서는, 법원은 이를 정기금채무로 지급할 것을 명할 수 있고, 또 그 이행을 확보하기 위해 상당한 담보의 제공을 명할 수 있다.

(4) 예외

명예훼손의 경우에 법원은 피해자의 청구로 손해배상을 대신하거나 또는 손해배상과 함께 명예회복에 적당한 처분을 가해자에게 명할 수 있다.

3) 사용자의 책임

타인에게 사용되고 있는 자가 사용자의 사무를 집행함에 있어서 타인에게 위법한 손해를 가한 경우에, 사용자 또는 이에 갈음하는 대리감독자에게 그 손해배상책임을 지게 하는 것이 사용자책임이다(민법 제756조 1항, 2항).

4) 도급인의 책임

도급인은 수급인이 그 일에 관하여 제3자에게 가한 손해를 배상할 책임이 없다. 그러나 도급 또는 지시에 관하여 도급인에게 중대한 과실이 있을 때에는 그러하지 아니하다(민법 제757조).

5) 토지공작물의 점유자 · 소유자 책임

① 공작물의 설치 또는 보존의 하자로 인하여 타인에게 손해를 가한 때에는 공작물 점유자가 손해를 배상할 책임이 있다. 그러나 점유자가 손해의 방지에 필요한 주의를 해태하지 아니한 때에는 그 소유자가 손해를 배상할 책임이 있다(민법 제758조 1항).

② 위 ①의 경우에 점유자 또는 소유자는 그 손해의 원인에 대한 책임 있는 자에 대하여 구상권을 행사할 수 있다(민법 제756조 3항).

6) 자동차손해배상책임

① 자기를 위하여 자동차를 운행하는 자는 그 운행으로 인하여 다른 사람을 사망 또는 부상하게 한 때에는 그 손해를 배상할 책임을 진다. 다만, 다음에 해당하는 때에는 그러하지 아니하다(자동차손해배상보장법 제3조).

㉠ 승객이 아닌 자가 사망하거나 부상한 경우에 있어서 자기와 운전자가 자동차의 운행에 관하여 주의를 게을리 하지 아니하고, 피해자 또는 자기 및 운전자 외의 제3자에게 고의 또는 과실이 있으며, 자동차의 구조상의 결함 또는 기능에 장해가 없었다는 것을 증명한 때(제1호).

㉡ 승객이 사망하거나 부상한 경우에 있어서 그 사망 또는 부상이 그 승객의 고의나 자살 행위로 인한 것인 때(제2호).

② 자기를 위하여 자동차를 운행하는 자의 손해배상책임에 관하여는 제3조의 규정에 의한 경우 외에는 민법의 규정에 의한다(자동차손해배상보장법 제4조).

7) 공동불법행위책임

수인이 공동의 불법행위로 타인에게 손해를 가한 때에는 연대하여 그 손해를 배상할 책임이 있다. 공동 아닌 수인의 행위 중 어느 자의 행위가 그 손해를 가한 것인지를 알 수 없는 때에도 마찬가지이며, 교사자나 방조자는 공동행위자로 본다(민법 제760조).

제4절 민사소송법

1. 민사소송제도의 의의

'민사소송'이란 사법상의 권리 또는 법률관계에 대한 다툼을 법원이 국가의 재판권에 의해 법률적 · 강제적으로 해결 · 조정하기 위한 일련의 절차를 말하며, "사법상의 권리 또는 법률관계에 대한 다툼"이란「민법」·「상법」등 사법(私法)에 의해 규율되는 대등한 주체 사이의 신분상 또는 경제상 생활관계에 관한 다툼을 말한다.

2. 민사소송의 기본원리

1) 처분권주의

소송의 개시, 심판의 대상, 소송의 종결에 대해 당사자에게 주도권을 주는 것을 의미한다.

2) 변론주의와 입증책임

사실을 주장하고 증거를 제출할 책임을 당사자에게 맡기고 당사자가 주장 · 입증하는 것을 토대로 법원이 판결을 내려야 한다는 것을 의미한다.

3) 자유심증주의

사실을 판단함에 있어 법관이 증거조사결과와 당사자의 주장내용 · 태도 · 변론에서 받은 인상 등을 근거로 자유롭게 판단하는 것을 의미한다.

3. 민사소송절차의 종류

1) 통상소송절차

(1) 판결절차(3심제)

재판에 의해 사법상 권리관계의 존부를 관념적으로 확정하는 절차로 좁은 의미의 민사소송이다. 제1심, 제2심(항소심), 제3심(상소심) 절차로 나뉘며 재심도 판결절차에 해당한다.

(2) 강제집행절차

판결절차에서 확정된 권리의 내용을 강제력에 의해 실현하는 절차로 판결절차와는 별개의 독립절차이다.

2) 특별소송절차

(1) 간이소송절차

금전 기타 유가증권의 일정량 수량의 지급을 목적으로 하는 청구에 대해 채권자로 하여금 통상의 판결절차에 비해 간이 신속하게 채무명의를 얻게 하는 절차로 소액사건심판절차와 독촉절차가 있다.

(2) 가사소송절차

가정법원에서 가족 및 친족 간의 분쟁사건 기타 가정에 관한 사건을 해결하는 소송절차를 말한다.

(3) 도산절차

경제적 파탄시 공평을 도모하는 절차로 파산, 개인회생, 화의, 회사정리절차 등이 있다.

(4) 부수절차

판결절차에 부수적인 절차로 증거보전절차와 소송비용액확정 절차가 있으며, 강제집행에 부수적인 절차로 가압류, 가처분이 있다.

3. 민사소송의 이상

1) 적정

재판의 적정이란 법원이 정확하게 사실을 확정하고 법률을 적용하여 실체적 진실을 발견한 다음 승소해야 할 자를 반드시 승소시키는 올바른 재판을 하는 것을 말한다.

2) 공평

재판에 있어서 공평이란 소송의 심리에 있어서 법관이 제3자의 중립적 입장에서 당사자 쌍방에 평등하게 기회를 주는 것을 말한다. 헌법상의 평등원칙이 소송에서도 구현된 것으로서 당사자평등원칙이라고 한다.

3) 신속

적정 · 공평한 재판을 한다고 해도 재판이 늦어지면 권리보호를 거절하는 것과 마찬가지이다. 신속한 재판은 국민의 기본권이며 법원의 의무이다.

4) 소송경제

소송경제란 법원과 당사자가 들이는 비용과 노력을 최소한으로 하는 것을 말한다. 이 역시 당사자의 권리이며 법원의 의무라고 할 수 있으므로, 무자력자라고 해서 소송에 접근하기 어려워서는 안 될 것이며, 소송으로 얻는 이익에 비해 비용이 지나치게 커서도 안 된다.

5) 신의칙

신의성실원칙이란 상대방의 신뢰가 헛되이 하지 않도록 성실하게 행동해야 한다는 원칙으로서, 신의칙은 민사소송의 적정 · 공평 · 신송 · 경제라는 이상의 실현을 위한 행동원리이다.

4. 민사소송의 종류

1) 이행의 소

원고가 법원에 대하여 피고에게 일정한 급부의 이행을 청구할 수 있는 법적지위를 주장하여, 그 급부의 이행을 명하는 판결(즉, 이행판결)을 구하는 소를 말하며, 이를 급부의 소 또는 급부의 판결이라고도 한다.

2) 확인의 소

원고가 법원에 대하여 피고에 대한 특정한 권리 또는 법률관계의 존부를 주장하여 그 존부를 확인하는 판결(즉, 확인판결)을 구하는 것을 소를 말한다. 원고가 권리 등의 존재를 주장하는 경우를 적극적 확인의 소라 하고, 그 부존재를 주장하는 경우를 소극적 확인의 소라 한다.

3) 형성의 소

원고가 법원에 대하여 피고에 대한 특정한 내용의 법률관계의 형성을 구할 수 있는 지위가 있음을 주장하여 그 형성을 선고하는 판결(즉, 형성판결)을 구하는 소를 말하며, 이것을 창설의 소 또는 권리변경의 소라고도 한다. 형성의 소의 이익(소에 의하여 정당화 시킬 일정한 이익이 존재하는 경우에 소의 이익을 인정하는 것)은 실체법이나 소송법에 명문의 규정이 있는 경우에 한하여 인정된다.

5. 민사소송심리의 기본원칙

1) 변론주의

판결의 기초가 되는 소송자료인 사실과 증거의 수집을 전적으로 당사자의 책임으로 하는 주의로 제출주의라고도 한다(사적사치의 반영 · 진실발견을 위한 합리적 수단).

2) 당사자처분권주의

민사소송법의 심리에 관한 원칙으로 절차의 개시, 심리의 대상과 범위, 절차의 종결에 대하여 당사자에게 주도권을 주어 그의 처분에 맡기는 것으로, 처분권주의는 소송물에 대한 당사자의 자유를 의미하며, 변론주의를 포함하여 당사자주의라고도 한다.

3) 구술심리주의

구술심리주의는 변론과 증거조사를 모두 구술로 행하는 것을 원칙으로 하고 서면주의와 상반된다.

4) 직접심리주의

직접 변론을 듣고 증거조사를 한 법관이 재판을 해야 한다는 원칙이다(제204조 제1항). 사건을 심리 중에 법관이 바뀐 경우에는 당사자가 종전의 변론의 결과를 진술하도록 하여(제240조 제2항) 직접주의를 부분적으로 관철한다.

5) 공개심리주의

공개심리주의란 재판의 심리와 판결의 선고를 일반인이 방청할 수 있는 상태에서 행하는 주의로서 재판권 행사의 공명정대함을 국민에게 보여주어 재판에 대한 신뢰를 두텁게 하는 데에 그 목적이 있다. 여기서 재판이라 함은 법률상의 실체적 권리관계 자체를 확정하는 소송사건의 재판만을 뜻하며, 또 공개하여야 할 것은 변론절차와 판결의 선고이다(헌법 제109조 본문, 법원조직법 제57조 제1항 본문). 재판의 합의(법원조직법 제65조)는 공개하지 않으며, 임의적 변론이나 변론준비기일, 증거조사기일(변론기일 외의 경우) 등은 공개하지 않는다.

6) 쌍방심리주의(당사자 평등의 원칙)

쌍방심리주의란 소송의 심리에서 당사자 쌍방에게 공격, 방어방법 제출의 기회를 동등하게 부여해야 한다는 원칙으로 공평의 원칙 달성을 위해서 절차상 기회균등 내지 무기대등의 원칙이라고도 한다.

7) 적시제출주의

적시제출주의라 함은 당사자가 공격방어방법을 소송의 정도에 따라 적절한 시기에 제출하여야 한다는 원칙을 말한다(민사소송법 제146조). 재판장은 당사자의 의견을 들어 한쪽 또는 양쪽 당사자에 대하여 특정한 사항에 관하여 주장을 제출하거나 증거를 신청할 기간을 정할 수 있고, 이 기간을 넘긴 때에는 정당한 사유가 있음을 소명한 경우를 제외하고는 주장을 제출하거나 증거를 신청할 수 없도록 하고 있다(민사소송법 제147조).

6. 판 결(중간판결 · 종국판결)

1) 중간판결

중간판결은 소송의 진행 중에 당사자 사이에 쟁점으로 된 사항에 관하여 종국판결에 앞서서 미리 해결하는 판결이다. 이는 심리를 정리하고 종국판결을 준비하는 기능을 가진다. 따라서 종국판결을 할 수 있을 정도로 심리가 완료되기 전의 단계에서 쟁점에 관하여 중간판결을 할 실익이 있지만. 이 경우에 중간판결의 여부는 법원의 재량에 맡겨진다.

2) 종국판결(본인판결 · 소각하 판결 · 소송종료선언)

종국판결이란 소 또는 상소에 의하여 계속된 사건의 전부 또는 일부를 그 심급으로서 완결하는 판결, 즉 심급의 절차를 종료시키는 판결이다. 본인판결, 소각하판결이 그 전형적인 예이나, 소송종료선언도 이에 속한다. 당해 심급에서 사건을 완결시켜 끝나게 하는 것이면, 그 확정에 의하여 소송이 전체로서 종료되지 않는 경우라도 무방하다.

(1) 전부판결

동일소송절차에서 심판되는 사건의 전부를 동시에 판결시키는 종국판결이다. 법원은 사건의 전부에 대하여 심리를 완료한 때에는 전부판결을 하지 않으면 안 된다. 한 개의 소송절차에서 한 개의 청구가 심리된 때에 그 청구에 대하여 행한 판결이 전부판결임은 물론이고, 청구의 병합, 반소, 변론의 병합 등과 같이 한 개의 소송절차에서 수 개의 청구가 병합심리된 때에 그 수 개의 청구에 대해 동시에 한 개의 판결을 행한 때에도 그 판결은 한 개의 전부판결로 본다.

(2) 일부판결

동일소송절차에 의해 심판되는 사건의 일부를 다른 부분에서 분리하여 그것만 먼저 끝내는 종국판결이다. 일부판결은 복잡한 소송의 심리를 될 수 있는 한 간략히 함과 동시에 판결하기에 성숙한 부분만이라도 속히 해결해 주려는 제도이다.

7. 소송절차개요

소장의 제출 → 피고에게 소장부본송달 → 변론기일소환 → 제1차 변론기일 → 제2차, 제3차 변론기일 → 변론종결 → 판결선고 → 판결문송달

8. 소송보다 간편한 해결방법

1) 민사조정제도

① 당사자 간에 합의가 이루어져 조정이 성립되는 경우

② 당사자 간에 합의가 되지 않더라도 법원은 '조정에 갈음하는 결정'이란 합의안 제시할 수 있다. → 2주내 이의신청이 가능하다

2) 제소전 화해

민사분쟁이 소송으로 발전하는 것을 방지하기 위해서 소제기 전에 판사 앞에서 화해를 성립시키고자 하는 절차이다.

3) 지급명령신청

(1) 의의

금전이나 유가증권의 지급을 목적으로 하는 청구권에 관하여 채무자가 다투지 않을 것으로 예상될 경우, 채권자로 하여금 통상의 판결절차보다 간이 · 신속 · 저렴하게 채무명의를 얻게 하는 절차이다.

(2) 대한민국에서 공시송달에 의하지 않고 송달할 수 있는 경우에 한하여 인정된다.

(3) 관할법원

청구의 가액에 관계없이 지방법원 단독판사의 전속관할이다.

(4) 이의신청

지급명령이 송달된 후 2주일 내 가능하다.

(5) 지급명령에 대하여 이의신청이 없거나 이의신청을 취하하거나 각하결정이확정된 때는 지급명령이 확정되어 집행력 있는 채무명의의 효력이 생긴다.

기출문제(경비지도사 시험 중심)

1. 다음 설명 중 부당한 것은?
① 실질적 민법의 법위는 민법학의 대상에 해당한다. ② 실질적 민법은 일반사법에 해당한다.
③ 실질적 민법에는 민법전은 포함되지 않는다. ④ 실질적 민법은 민법의 법원에 해당한다.

정답 : ③ 민법전에는 실질적 의의의 민법이 아닌 것이 포함되기도 하지만, 민법전은 실질적 민법의 내용을 담고 있다.

2. 다음은 민법에 관한 설명이다. 옳지 않은 것은?
① 민법은 사법의 대표적인 것이다. ② 재산관계의 대표적인 것은 물권 · 채권관계이다.
③ 어음법은 상법의 특별법이다. ④ 민법은 재산 · 신분에 관한 법이다.

정답 : ③ 어음법은 민법에 관한 특별법이다.

3. 민법은 다음 중 어디에 속하는가?
① 일반사법 ② 일반공법 ③ 특별사법 ④ 사회법

정답 : ① 민법은 사람 · 장소 등에 제한을 두지 않는 일반법이고 공법에 대하여 사법의 지위에 있는 일반사법의 성격을 갖는다.

4. 민법의 기본원리의 현대적 수정원리에 대한 설명으로 바르지 못한 것은?
① 권리남용의 금지 ② 신의성실의 원칙 ③ 무과실책임 ④ 소유권 절대의 원칙

정답 : ④ 공공복리의 이념을 기초로 민법의 현대적 수정원리로는 ㉠ 소유권 공공의 원칙 ㉡ 계약공정의 원칙 : 계약자유의 원칙이 공서양속, 공정한 법률행위, 신의성실의 원칙 속에서만 유지되고 이러한 사회적 기준에 이르지 못하는 계약은 무효이다. ㉢ 무과실책임의 원칙이 있다.

5. 다음 설명 중 바르지 못한 것은?
① 근대민법의 3대원칙은 소유권절대의 원칙, 계약자유의 원칙, 과실책임의 원칙이다.
② 근대민법의 기본원칙의 수정원리는 공공복리의 원칙, 신의성실의 원칙, 권리남용금지의 원칙이다.
③ 근대민법의 기본원칙의 수정원리로서 최고의 원리는 공공복리의 원칙이다.
④ 계약자유의 원칙에는 상대방선택의 자유, 계약방식의 자유, 계약내용해석의 자유 등이 있다.

정답 : ④ 계약자유의 원칙에는 상대방선택의 자유, 계약방식의 자유, 계약내용 결정의 자유 등이 있다.

6. 다음 중 민법상 법적용의 순위로 바른 것은?
① 조리, 관습법, 자연법 ② 성문법, 관습법, 조리
③ 관습법, 판례법, 성문법 ④ 성문법, 판례법, 관습법

정답 : ② 민사에 관하여 법률에 규정이 없으면 관습법에 의하고, 관습법이 없으면 조리에 의한다(제1조)

7. 다음 중 신의칙에 해당하지 않는 것은 어느 것인가?
① 사적자치의 원칙 ② 권리남용금지의 원칙 ③ 실효의 원칙 ④ 금반언의 원칙(외관주의)

정답 : ① 근대민법은 개인주의적 기준위에서 사유재산권 존중의 원칙(소유권절대의 원칙), 계약자유의 원칙(사적자치의 원칙), 과실책임의 원칙 등 3원칙을 기본원리로 하였으나, 공공의 복리를 기초로 근대민법 3원칙의 수정이 불가피하게 되었으며, 민법의 지도이념으로 신의성실원칙, 권리남용금지의 원칙이 나타나게 되었다.

8. 신의성실의 원칙에 관한 다음 기술 중 틀린 것은?
① 신의칙을 사법의 최고지도원리로 규정한 것은 스위스민법이다.
② 신의성실의 원칙은 법 전반에 인정되는 원리이다.
③ 신의칙은 오직 권리행사와 의무이행에만 적용되는 것으로서 이에 기해 어떠한 의무가 도출되는 것은 아니다.
④ 신의칙은 영미법상의 금반언과 같은 취지이다.

정답 : ③ 신의칙은 권리행사와 의무이행은 물론 법률행위 해석의 표준이 되며 신의칙에 기해 부수적 주의의무가 도출되기도 한다.

9. 권리남용금지의 원칙에 관한 다음 설명 중 틀린 것은?
① 권리남용금지의 원칙은 권리의 사회성 · 공공성을 토대로 한 것이다.
② 권리를 행사하지 않는 경우에는 권리남용의 문제는 생기지 않는다.
③ 권리를 남용하면 위법한 행위로서 손해배상책임이 생기는 수가 있다.
④ 권리남용이 심한 경우에는 그 권리를 박탈당하는 경우도 있다.

정답 : ② 권리의 불성실한 불행사도 권리남용이 될 수 있다. 예컨대 미성년자의 혼인에 관한 동의권을 별다른 이유없이 행사하지 않아 미성년자의 혼인의 자유를 제한하는 경우 친권이 남용되었다고 본다. ③ 불법행위가 성립하므로 ④ 친권의 경우.

10. 다음 중 권리에 대한 설명으로 타당하지 않은 것은?
① 재산적 이익을 내용으로 하는 권리를 재산권이라 한다.
② 권리는 타인을 위하여 그 자에 대하여 일정한 법률효과를 발생케 하는 행위를 할 수 있는 법률상의 자격이다.
③ 권리는 일정한 이익을 향수케 하기 위하여 법이 부여한 힘이다.
④ 형성권이란 권리자의 일방적 의사표시에 의하여 법률관계를 변동시킬 수 있는 권리이다.

정답 : ② 권리는 자기 자신을 위해 주장할 수 있는 법이 부여한 힘이다.

11. 사권(私權)을 그 작용인 법률상의 효력에 따라 분류할 때 해당되지 않는 것은?
① 형성권 ② 청구권 ③ 지배권 ④ 인격권

정답 : ④ ※ 사권의 분류

1. 내용에 의한 분류

① 인격권 : 생명권, 신체권, 자유권, 명예권 등

② 신분권 : 친족권－친권, 부양청구권

상속권－재산상속권

③ 재산권 : 물 권－소유권, 점유권, 용익물권인 지상권 · 지역권 · 전세권

담보물권인 유치권 · 질권 · 저당권 등

채 권－특정인이 다른 특정인에 대해 일정한 행위를 요구하는 권리(급부보유력 포함)

무체재산권－저작권, 특허권, 상표권, 의장권 등

④ 사원권 : 주식회사의 주주권, 비영리법인의 사원권

2. 작용(효력)에 의한 분류

① 지배권 : 타인의 협력을 필요로 하지 않고 일정한 객체에 직접 지배력을 발휘할 수 있는 권리이다. 물권, 무체재산권, 친권, 인격권 등

② 청구권 : 특정인에 대하여 특정한 행위를 요구하는 권리

부양청구권, 부부간 동거청구권, 상속회복청구권등

③ 형성권 : 권리자의 일방적인 의사표시에 의하여 법률관계를 발생 · 변경 · 소멸시키는 권리로서 가능권이라고도 한다.

동의권, 취소권, 추인권, 상계권, 채권자취소권, 친생부인권 등

④ 항변권 : 타인의 청구권행사에 대해 그 작용을 저지할 수 있는 권리

연기적항변권 : 동시이행항변권, 보증인의 최고 · 검색권

영구적 항변권－상속인의 한정승인

12. 권리자의 일방적 의사표시로 법률관계를 발생 · 변경 · 소멸 기타의 법률상의 효과를 발생시키는 형식적 작용시키는 권리를 무엇이라고 하는가?

① 지배권 ② 청구권 ③ 형성권 ④ 항변권

정답 : ③ 형성권 : 권리자의 일방적인 의사표시에 의하여 법률관계를 발생 · 변경 · 소멸시키는 권리로서 가능권이라고도 한다.

13. 양도 또는 상속으로 타인에게 이전할 수 없는 권리는?

① 물권 ② 인격권 ③ 저작권 ④ 손해배상청구권

정답 : ②

① 물권 : 특정한 물건을 직접 지배하여 이익을 얻는 권리로써 양도성이 매우 강하다.

③ 저작권 : 문학 · 학술(學術) 또는 예술의 범위에 속하는 창작물인 저작물과 그에 수반하는 이익에 대한 독점적 권리로써 타인이나 그 밖의 사람에게 양도 또는 상속이 가능하다.

④ 손해배상청구권 : 위법(違法)한 행위에 의하여 타인에게 끼친 손해를 전보(塡補)하여 손해가 없었던 것과 동일한 상태로 복귀시키는 일로써 손해배상청구권 역시 양도가 가능하다.

② 인격권 : 권리의 주체와 분리할 수 없는 인격적 이익을 내용으로 하는 권리, 즉 생명 · 신체 · 자유 · 정조 · 성명 등을 목적으로 하는 사권(私權)이다.

따라서 개인적 사권인 ② 인격권은 양도나 상속이 불가능하다.

14. 타인의 청구권을 거절할 수 있는 사권이며, 타인의 공격을 막는 방어적 수단으로 사용되며, 상대방에게 청구권이 있음을 부인하는 것이 아니라, 그것을 전제하고 다만 그 행사를 배척하는 것인 것을 무엇이라고 하는가?

① 취소권 ② 추인권 ③ 해제권 ④ 항변권

정답 : ④ 항변권 : 타인의 청구권행사에 대해 그 작용을 저지할 수 있는 권리

연기적항변권 : 동시이행항변권, 보증인의 최고 · 검색권

영구적 항변권–상속인의 한정승인

15. 다음 중 권리를 가지며 의무를 질 수 있는 자를 권리, 의무의 ( )라고 한다.
( )속에 들어갈 적당한 말은?

① 주체 ② 법률관계 ③ 실체 ④ 객체

정답 : ① 권리를 향유하고 의무를 부담하는 자를 권리, 의무의 주체라고 한다.

16. 다음 중 권리능력에 관한 설명으로 타당한 것은?

① 행위능력은 모든 자연인에게 인정된다.
② 대표자 또는 관리인이 있는 비법인사단은 권리능력이 없지만 민사소송법상 당사자능력이 인정된다.
③ 민사상 미성년자는 만 19세 이하인 자를 의미한다.
④ 미성년자가 법정대리인의 동의 없이 행한 법률행위의 경우에 미성년자는 취소할 수 없다.

정답 : ② 민사상 미성년자는 만 19세 미만인 자를 말한다. 미성년자가 법정대리인의 동의 없이 행한 법률행위의 경우에 미성년자도 취소할 수 있다.

17. 다음 설명 중 바르지 못한 것은?

① 권리의 주체는 곧 의무의 주체이기도 하다.
② 권리능력자는 모두 행위능력자이다.
③ 자연인은 모두 권리능력자이다.
④ 태아는 일정한 경우에 권리능력이 인정된다.

정답 : ② 사람은 출생에 의하여 권리능력을 취득한다. 그러나 권리능력이 있다고 하여 모두 행위능력이 인정되지는 않는다(미성년자 등).

18. 다음 중 권리의 주체에 대한 설명으로 틀린 것은?
① 행위능력은 모든 자연인에게 인정되고 있다.
② 자연인은 생존한 동안 권리와 의무의 주체가 된다.
③ 실종선고를 받은 자는 실종기간이 만료하면 사망한 것으로 본다.
④ 민법은 권리능력자로서 자연인과 법인을 인정하고 있다.

정답 : ① 생존하는 자연인 모두에게 인정되는 것은 권리능력이다. 행위능력은 행위무능력자에 해당하지 않은 자연인에게 인정된다.

19. 민법상 권리능력에 관한 다음 기술 중 틀린 것은?
① 태아는 일반적으로 출생한 것으로 본다.
② 외국인은 내국인과 평등한 권리능력을 갖는 것이 원칙이다.
③ 기형아도 권리능력을 갖는다.
④ 법인은 설립등기를 하여야 권리능력을 갖는다.

정답 : ① ① 민법상 태아는 개별적으로만 출생한 경우로 간주하는 개별보호주의가 원칙이다.② 내외국인 평등주의가 원칙이다. ③ 살아서 출생한 이상 기형 또는 정형을 묻지 않고 모두 권리능력을 갖는다. ④ 설립등기는 법인의 성립요건이다(제33조).

20. 민법상 권리능력에 관한 설명으로 옳은 것은?
① 권리능력에 관한 규정은 임의규정이다.
② 설립등기는 법인의 성립요건이다.
③ 실종선고는 실종자의 권리능력을 박탈하는 제도이다.
④ 태아는 채무불이행에 기한 손해배상청구권을 갖는다.

정답 : ②

권리능력이란 법률적으로 가지는 권리를 의미하며, 권리는 출생에 의해 취득되고 사망에 의해 상실하는 필수규정이다. 또한 실종선고제도는 법원이 실종선고를 함으로써 사망으로 간주하는 제도이며, 실종기간이 만료했을 때야 비로소 사망으로 본다.

불법행위, 손해배상청구, 유증, 상속은 예외적으로 태아에게 인정되는 행위이지만, 채무불이행책임은 태아에게 인정되지 않는다.

따라서 ② 설립등기를 함으로써 법인은 성립하게 된다는 것이 옳은 답이다

21. 출생에 관하여 우리 민법상 통설로 인정되는 것은?
① 진통설 ② 독립호흡설 ③ 분만개시설 ④ 전부노출설

정답 : ④ 형법은 진통설이 민법은 전부노출설이 통설이다.

22. 거래의 안전을 보호하기 위한 제도라고 볼 수 없는 것은?

① 표현대리제도 ② 무능력제도 ③ 선의취득제도 ④ 시효제도

정답 : ② 무능력자 보호제도는 거래의 안전을 위협하지만 민법이 인정하는 절대적 보호사유이다. 반면 표현대리제도, 선의취득제토, 시효제도는 모두 거래안전을 보호하기 위한 제도이다.

23. 다음 우리나라의 민법상의 주소에 관한 내용으로 맞지 않는 것은?

① 민법에서는 객관주의와 복수주의를 택한다.

② 국내에 주소가 없거나 주소를 알 수 없을 때에는 거소를 주소로 본다.

③ 법인의 주소효력은 주된 사무소의 소재지로부터 생긴다.

④ 현재지가 주소로서의 효력을 가지는 경우 등의 예외는 있다.

정답 : ④ 거소 및 가주소는 예외적으로 주소로서의 효력을 가지는 경우는 있지만 현재지는 주소로서의 효력을 가지는 경우는 없다.

24. 실종선고에 의하여 사망의 효과가 생기는 시기는?

① 실종선고 후 일정한 기간을 경과하였을 때 ② 실종선고시

③ 실종기간이 만료한 때 ④ 실종한 때

정답 : ③ 실종선고가 있으면 실종자는 보통실종은 5년, 특별실종은 1년의 실종기간 만료시 사망한 것으로 본다(제28조).

25. 법인의 설립에 관한 입법주의 중에서 우리 민법의 태도가 아닌 것은?

① 허가주의 ② 자유설립주의 ③ 특허주의 ④ 인가주의

정답 : ② 우리민법은 법인설립에 대하여 준칙주의, 인가주의, 허가주의, 특허주의, 강제주의를 취한다.

26. 민법상 법인에 관한 설명으로 옳은 것은?

① 모든 사단법인과 재단법인에는 이사를 두어야 한다.

② 수인의 이사는 법인의 사무에 관하여 연대하여 법인을 대표한다.

③ 법인의 대표에 관하여는 대리에 관한 규정을 준용하지 않는다.

④ 정관에 기재되지 아니한 이사의 대표권 제한은 유효하다.

정답 : ① 사단법인이란 법인의 실체가 일정한 목적을 위하여 결합된 사람의 단체를 의미하며, 재단법인이란 법인의 실체가 일정한 목적을 위해 제공된 재산인 경우를 의미한다. 법인은 법률의 규정에 따라 정관으로 정한 목적의 범위 내에서 권리와 의무의 주체가 된다.

법인의 임원은 5인 이상 이사(대표이사 포함)와 2인 이상 감사를 두어야 하며 정관에 기재되지 않은 이사는 대표권의 제한을 받는다. 또한 법인의 대표이사는 대외적으로는 법인을 대표한다. 하지만 이사가 수인인 경우에는 각자 단독으로 법인을 대표할 수 있다. 또한 법인은 대리에 관한 규정을 준용할 수 있다. 따라서 ① 법인에는 5인 이상의 이사를 두어야 하기 때문에 정답이다.

27. 법인의 설립등기에 관함 다음 설명 중 옳은 것은?
① 재단법인 · 사단법인의 성립요건이다.
② 비영리법인에서는 대항요건이다.
③ 재단법인 · 사단법인의 대항요건이다.
④ 비영리법인에서는 성립요건이고 영리법인에서는 대항요건이다.

정답 : ① 법인은 그 주된 사무소의 소재지에서 설립등기를 함으로써 성립한다(제33조).

28. 다음 중 민법상 물건이 아닌 것은?
① 동산 및 부동산 ② 사람의 신체 ③ 전기와 광열 ④ 천연가스

정답 : ② 물건은 외계의 일부이어야 한다. 따라서 살아있는 사람의 신체는 물건이 아니다. 그러나 사자(死者)의 시신은 물건이 될 수 있다.

29. 민법상 물건에 관한 설명 증 틀린 것은?
① 물건이란 유체물 및 전기 기타 관리할 수 있는 자연력이다.
② 물건은 외계의 일부이어야 한다.
③ 민법은 동산과 부동산, 주물과 종물, 원물과 과실의 3종류를 규정한다.
④ 부동산이란 토지만을 말한다.

정답 : ④ ① 본법에서 물건이라 함은 유체물 및 전기 기타 관리할 수 있는 자연력을 말한다(제98조). ② 물건은 지배가능성이 있어야 하고 외계의 일부라야 한다. ④ 부동산이란 토지와 그 정착물(건물 등)을 말하지만, 판례에 의해 인정되는 토지정착물(수목의 집단,미분리의 과실, 농작물)도 있다.

30 민법상 과실(果實)에 해당하지 않는 것은?
① 지상권의 지료 ② 임대차의 차임 ③ 특허권의 사용료 ④ 젖소로부터 짜낸 우유

정답 : ③

민법상 과실은 천연과실과 법정과실로 나눌 수 있는데, 천연과실은 물건의 용법에 의하여 수취하는 산출물인 과일, 곡물, 야채 등을 의미하여 ④ 젖소에게 짜낸 우유에 해당하며, 법정과실은 물건의 사용대가로 받는 금전 기타 물건은 법정과실이다. 법정과실은 수취할 권리의 존속기간 일수의 비율로 취득한다. 따라서 ①, ②은 물건의 사용대가이기 때문에 법정과실이며, ③의 특허권은 물건이 아니기 때문에 과실에 해당하지 않는다.

31. 갑이라는 사람은 자신의 집을 월세를 놓아서 을이라는 사람에게 매달 금 500,000만원을 받는다 이러한 것을 무엇이라고 하는가?
① 천연과실 ② 법정과실 ③ 과실 ④ 담보의 제공

정답 : ② 물건의 사용대가로 받는 금전 기타 물건은 법정과실이다(제101조, 제2항, 집세 · 지료 · 이자 등).물건의 용법에 의하여 수취하는 산출물은 천연과실이다(제101조, 제1항, 과일 · 곡물 · 야채 등

32. 다음 중 법률행위는 어느 것인가?

① 변제　② 사무관리　③ 최고　④ 계약

정답 : ④ 변제, 사무관리, 최고는 준법률행위에 속한다.

33. 다음 중 의사표시의 효력발생요건은 어느 것인가?

① 요지주의　② 발신주의　③ 표백주의　④ 도달주의

정답 : ④ 민법은 도달주의를 원칙으로 하고 예외적으로 발신주의를 취하는 경우도 있다.

34. 의사표시에 관한 다음 기술 중 맞는 것은?

① 사기에 의한 의사표시의 취소는 선의의 제3자에게 대항할 수 없다.

② 사기에 의한 의사표시는 언제나 취소할 수 있다.

③ 착오로 인한 의사표시는 원칙적으로 무효이다.

④ 허위표시는 당사자 사이에는 유효하다.

정답 : ④ ③ 착오로 인한 의사표시는 취소할 수 있으며, ④ 통정허위표시는 당사자 사이에서는 무효이다.

35. 다음 중 의사와 표시의 불일치라고 볼 수 없는 것은?

① 착오　② 허위표시　③ 강박에 의한 의사표시　④ 진의 아닌 의사표시

정답 : ③ 의사와 표시가 일치하지 않는 경우로는 비진의표시, 허위표시, 착오의 세 가지 경우가 있다.

36. 민법상 착오에 의한 법률행위의 취소에 관한 설명으로 틀린 것은?

① 표의자에게 고의 또는 중대한 과실이 없어야 한다.

② 법률행위의 내용의 중요부분에 착오가 있는 때에는 취소할 수 있다.

③ 화해계약은 화해의 목적인 분쟁 이외의 사항에 착오가 있으면 취소할 수 없다.

④ 표의자의 고의 또는 중대한 과실에 대한 입증책임은 상대방에게 있다.

정답 : ③

착오에 의한 의사표시는 법률행위의 내용의 중요부분에 착오가 있는 때에는 취소할 수 있다. 그러나 그 착오가 표의자의 중대한 과실로 인한 때에는 취소하지 못한다. 또한 고의 또는 중대한 과실에 대한 입증책임은 상대방에게 있다.

따라서 ③ 화해계약은 분쟁 이외의 사항에도 착오가 있으면 취소할 수 있으므로 정답이다.

37. 법률행위의 효력에 관한 설명으로 옳은 것은?

① 무효인 법률행위는 처음부터 무효가 되므로 부당이득의 문제가 생길 수 없다.

② 취소할 수 있는 법률행위는 취소하면 소급하여 효력을 잃으며 소급효는 절대적이다.

③ 사회질서에 반하여 무효가 된 법률행위라도 이를 알고 추인하면 새로운 법률행위가 된다.

④ 취소할 수 있는 법률행위를 추인하면 그때부터 확정적으로 유효가 된다.

정답 : ④ ① 법률행위가 무효인데, 이행된 급부가 있으면 부당이득이 되어 반환하여야 한다(제741조). ② 취소의 효과는 무능력을 이유로 하는 경우에는 절대적이지만 착오, 사기, 강박을 이유로 하는 경우에는 거래안전을 보호하는 취지에서 상대적으로 하며 취소의 효과는 선의의 제3자에게 대항하지 못한다(제109조, 제110조). ③ 무효이다.

38. 다음 중 법률행위의 효력발생요건이 아닌 것은?
① 당사자가 의사능력 · 행위능력을 가지고 있을 것
② 법률행위의 목적이 확정 · 가능 · 적법 · 사회적 타당성이 있을 것
③ 의사와 표시가 일치하고 하자가 없을 것
④ 당사자가 존재할 것

정답 : ④ 법률행위의 성립요건 : 법률행위의 실질적 유효 여부를 묻지 않고 법률행위라고 할 수 있을 만한 최소한의 외형적 · 형식적인 요건을 말한다. 일반적 성립요건은 모든 법률행위에 요구되는 요건을 말하며, 당사자, 목적, 의사표시 세가지이다. 특별성립요건은 법률의 규정에 의해 정해지는 성립요건을 말하며, 예를 들어 일정한 방식을 요하는 유언이 이에 속한다. 법률행위의 효력요건이란 이미 성립한 법률행위가 법률상 효력을 발생하는데 필요한 모든 요건을 말한다. 일반적 효력요건과 특별 효력요건이 있다. 일반적 효력요건은 당사자가 능력을 가지고 있을 것, 목적이 확정, 가능, 적법하고, 사회적 타당성이 있을 것, 의사와 표시가 일치하고 하자가 없을 것 세가지이다. 특별 효력요건은 예를 들어 대리권의 존재, 조건의 성취, 기한의 도래, 유언자의 사망 등이 이에 속한다.

39. 다음 중 법률효과가 처음부터 발생하지 않는 것은 어느 것인가?
① 착오　② 취소　③ 무효　④ 사기

정답 : ③ 법률행위의 무효란 당사자가 기도한 법률행위의 효력이 법률상 당연히 처음부터 생기지 않는 것을 말한다.

40. 다음 중 무효가 아닌 것은 ?
① 의사무능력자의 법률행위　② 불공정한 법률행위
③ 법률행위의 내용의 중요부분에 착오가 있는 의사표시　④ 통정허위표시

정답 : ③

무효사유	취소사유
• 의사무능력자의 행위　• 원시적 불능의 법률행위 • 강행법규에 위반하는 법률행위 • 반사회질서의 법률행위　• 불공정한 법률행위 • 상대방이 알거나 알 수 있었던 비진의의사표시 • 통정의 허위표시	• 행위무능력자의 법률행위 • 착오에 의한 의사표시 • 사기 · 강박에 의한 의사표시

41. 다음 중 대리에 관한 설명으로 옳지 않는 것은 어느 것인가?
① 대리인은 반드시 행위능력을 필요로 한다.
② 복대리인은 본인의 대리인이다.
③ 준법률행위에 대하여는 대리가 인정되지 않지만, 의사의 통지와 관념의 통지 등은 유추적용할 수 있다.
④ 법률규정에 의한 경우 지정권자의 지정행위 또는 법원의 선임행위에 의한 경우가 법정대리인의 발생 원인이다.

정답 : ① 대리인이 수인있는 경우 각자 본인을 대리함이 원칙이고(각자 대리의 원칙), 임의대리인은 원칙적으로 복임권이 없다. 본인은 의사능력이나 행위능력자임을 요하지 않으나 권리능력은 절대로 필요하며, 대리인은 의사능력자임을 요하나 행위능력자임을 요하지 아니한다.

42. 대리에 관한 설명으로 옳지 않은 것은?
① 대리권수여의 의사표시에 의한 표현대리에 있어서 표시는 상대방에 대하여 하여야 한다.
② 무권대리로 인하여 무권대리인이 부담하는 책임은 과실을 요건으로 하지 않는다.
③ 무능력자가 무권대리를 한 경우에는 계약의 이행 또는 손해배상책임을 지지 않는다.
④ 무권대리로 인하여 상대방은 거절권을 가진다.

정답 : ④ ① 제125조의 관념의 통지이다. ② 무과실책임(통설 · 판례). ③ 제135조 제2항. ④ 본인이 거절권을 가진다(제132조).

43. 본인과 무권대리인 사이에 실제로는 대리권이 없음에도 불구하고 대리권의 존재를 추측할 수 있을만 한 사정이 있는 경우에는 무권대리행위의 상대방이 기대하는 대로 대리의 효력을 발생케 하는 제도는?
① 표현대리 ② 복대리 ③ 쌍방대리 ④ 법정대리

정답 : ① 표현대리는 대리인에게 대리권이 없음에도 불구하고, 대리권이 있는 것과 같은 외관의 발생에 관해 본인이 어느 정도 원인을 제공한 경우, 그러한 외관을 신뢰하여 거래한 상대방을 보호하고 거래안전을 도모하고 대리제도의 신용을 유지하기 위해 그 무권대리행위를 본인에 대해 효력을 발생시키는 제도를 말한다.

44. 법정대리에 관한 다음 설명 중 옳은 것은 어느 것인가?
① 법정대리인의 대리행위는 대리인이 그 책임을 진다.
② 법정대리권은 법률의 규정, 지정권자의 지정행위, 법원의 선임행위 등으로 발생한다.
③ 법정대리인의 대리행위는 요식행위이다.
④ 법정대리인의 대리권에는 제한이 없다.

정답 : ④ ① 법정대리인의 대리행위는 본인이 그 책임을 진다. ③ 그 대리행위가 요식행위인 것은 아니다. 또한 ④ 임의대리와 같이 대리권에는 일정한 제한(공동대리와 자기계약 · 쌍방대리)이 있다.

45. 다음 중 대리가 허용될 수 있는 행위는 어느 것인가?

① 매매계약　② 불법행위　③ 사실행위　④ 유 언

정답 : ① 대리행위에는 법률행위에서만 인정되고 불법행위와 사실행위에는 인정되지 않고 있다. 또한 가족법상의행위에도 인정되지 않는다

46. 대리권이 존재하지만 그 범위를 정하지 않은 경우에 대리인이 할 수 없는 것은?

① 보존행위　② 이용행위　③ 개량행위　④ 처분행위

정답 : ④ 민법 제118조에 따르면 권한을 정하지 아니한 대리인은 보존행위나 대리의 목적인 물건이나 권리의 성질을 변하지 아니하는 범위에서 그 이용 또는 개량하는 행위만 할 수 있고, 처분행위(處分行爲)는 할 수 없다.

47. 다음 중 대리권 소멸 사유가 아닌 것은?

① 본인 사망　② 대리인 사망　③ 본인의 금치산　④ 대리인 금치산

정답 : ③ 본인의 사망, 대리인의 사망 · 금치산 선고 및 파산선고를 받은 때는 법정대리와 임의대리에 공통한 소멸원인이다.

48. 대리에 관한 다음 설명 중 옳은 것은?

① 대리인이 수인 일 때는 공동대리를 원칙으로 한다

② 대리인은 행위무능력자라도 상관없다

③ 대리인은 행위능력자이어야 한다

④ 임의대리인은 자유로이 복대리인을 선임 할 수 있다

정답 : ② 대리인이 수인일 때는 각자대리가 원칙이다. 행위무능력자도 대리인이 될 수 있다. 임의대리인은 원칙적으로 복임권을 가지지 아니하나, 본인의 승락이 있거나 부득이한 사유가 있는 때에 한하여 복임권을 가진다. 법정대리인은 언제나 복임권을 가진다.(민법 제122조)

49. 조건부 법률행위에 관한 설명으로 옳지 않은 것은?

① 조건이 선량한 풍속 기타 사회질서에 위반한 것인 때에는 그 법률행위는 무효로 한다.

② 상계 · 취소 · 철회 등에 관하여는 조건을 붙일 수 없다.

③ 조건과 친하지 않은 법률행위에 조건을 붙인 경우에도 그 법률행위는 원칙적으로 유효하다.

④ 유언에는 조건을 붙일 수 없다.

정답 : ③ ③ 조건을 붙일 수 없는 법률행위에 조건을 붙인 경우에는, 법률에 규정이 있는 때에는 그에 따르고, 그러한 규정이 없는 경우에는 법률행위 전체가 무효가 된다(제137조).

50. 시기를 붙일 수 있는 것은?

① 채무의 변제　② 상속의 포기　③ 입 양　④ 이 혼

정답 : ① 법률행위에 시기를 붙이면 그 효과가 곧 발생하지 못하므로 효과가 곧 발생해야 되는 가족법상의 행위에 시기를 붙이는 것은 허용되지 않는다. 따라서 ② ③ ④는 틀림.

51. 다음 중 시효제도의 존재이유에 대하여 틀린 것은?
① 증거보전 곤란 구제 ② 권리 위에 잠자는 자에게 권리 없다.
③ 연속한 사실상태의 존중 ④ 진정한 권리자 보호

정답 : ④ 진정한 권리자를 오히려 불이익하게 할 수 있다.

52. 다음 중 소멸시효의 중단사유가 아닌 것은 어느 것인가?
① 승인 ② 청구 ③ 압류 ④ 취소

정답 : ④ 소멸시효의 중단은 권리의 불행사라는 사실상태가 부정되는 일정한 사유가 있으면 진행되어 온 시효기간이 그 효력을 잃고 그때로부터 새로이 시효가 진행되는 제도로 ① ,② ,③과 가압류, 가처분 등이 있다.

53. A 상가의 경비책임자인 을의 부주의로 인해 갑 점포에 도둑이 들었다. 이 경우 경비책임자인 을의 민사상 손해배상책임과 관련한 다음 설명 중 옳지 않은 것은?
① 불법행위로 인한 손해배상에 있어서는 정신적 손해가 포함될 수 없다.
② 을은 갑에 대해 계약상의 손해배상책임을 부담할 수도 있다.
③ 갑이 을에게 불법행위에 기한 손해배상을 청구하기 위해서는 을에게 고의 또는 과실이 인정되어야 한다.
④ 을의 불법행위책임이 인정되려면, 을의 부주의한 행위와 갑의 손해사이에 인과관계가 인정되어야 한다.

정답 : ① 손해배상은 타인의 권리나 이익을 침해하여 가한 손해(정신적인 손해도 포함된다)에 대한 배상(손해전보를 위한 금전 등의 급여)이다(민법 제390조 · 제750조). 타인의 신체, 자유 또는 명예를 해하거나 기타 정신상 고통을 가한 자는 재산 이외의 손해에 대하여도 배상할 책임이 있다(민법 제751①).

54. 민법상 경비계약에 관한 설명으로 옳은 것은?
① 경비계약은 위임계약의 일종이다.
② 경비업자는 계약상 채무를 자기재산과 동일한 주의로 이행하여야 한다.
③ 고객은 경비계약상의 채무가 이행되지 않는 경우 강제이행을 청구할 수 있다.
④ 경비원이 경비업무를 하면서 타인에게 손해를 가한 때에는 경비업자는 책임을 져야 한다.

정답 : ④

경비계약은 경비업체에 도급을 의뢰하는 도급계약이며, 경비업자는 당연히 자기재산과 경비업체와 관련된 계약 · 채무를 구분해야 한다.

만약 고객이 경비계약상의 채무 등이 이행되지 않은 경우에는 채무불이행 책임을 손해배상으로 청구할 수 있다.

따라서 ④ 경비원의 과실로 타인 또는 경비구역 내 손해를 가한 때에는 경비업자가 그 책임을 져야 한다.

55. 민법상 경비계약의 위반에 관한 설명으로 옳은 것을 모두 고르면?

> ㄱ. 경비원이 예정대로 모집되지 않아 경비 개시 시간에 경비를 개시하지 않는 경우는 이행지체에 해당한다.
> ㄴ. 경비계약 체결 후 경비 개시 전제 경비업체가 도산한 경우에는 이행불능에 해당한다.
> ㄷ. 경비계약에서 정한 인원수보다 적은 수의 경비원을 파견하여 경비한 경우는 불완전이행에 해당한다.
> ㄹ. 경비원이 경비 중 고객의 금고에서 현금을 절취한 경우는 적극적 채권침해에 해당한다.

① ㄱ, ㄴ ② ㄱ, ㄴ, ㄷ ③ ㄴ, ㄷ ④ ㄴ, ㄷ, ㄹ

정답 : ②

경비계약의 위반

① 이행지체 책임 : 경비원이 예정대로 모집되지 않거나 경비기계의 도착이 지연되어 경비계약 개시 시간에 경비가 불가능한 경우 불완전이행에 해당한다.

② 이행불능 책임 : 계약 후 경비업체가 도산하였거나 기계경비계약을 체결한 후 경비기계의 대금을 변제하지 못해 차압당한 경우 이행불능에 해당한다.

③ 불완전 이행책임 : 운송경비 중 물건을 떨어뜨려 부상을 입히거나 수량이 부족한 경우, 경비 중 사정에 의해 경비하지 않은 날이 있거나 계약 시 정한 인원수의 경비원을 파견하지 않은 경우 불완전 이행에 해당한다.

④ 경비원이 고객의 금고에서 현금을 절취한 경우는 경비원의 불법행위에 해당하므로 민사책임이 발생하는 동시에 형사책임도 성립하는 경우가 많다.

따라서 ㄹ을 제외한 ㄱ,ㄴ,ㄷ이 옳은 설명이다.

56. 다음 중 용익 물권이 아닌 것은?

① 지역권 ② 유치권 ③ 지상권 ④ 전세권

정답 : ②

57. 다음 중 부동산을 객체로 하는 물권이 아닌 것은?

① 유치권 ② 저당권 ③ 질 권 ④ 지상권

정답 : ③

58. 다음 중 민법상 부당이득의 요건이 아닌 것은?
① 타인의 재산 또는 노무로 인하여 이익을 얻을 것
② 수익은 법률행위에 의하여 얻은 것일 것
③ 그 이익이 법률상의 원인이 없는 것일 때.
④ 타인에게 손해를 가할 것

정답 : ② 법률상 원인없이 타인의 재산 또는 노무로 인하여 이익을 얻고, 이로 인하여 타인에게 손해를 가한 자는 그 이익을 반환하여야 하는데 이를 부당이득라고 한다. 부당이득은 법률상 원인 없는 이득이 생겼다는 사실 자체만으로 이득반환의무를 발생케 하는 것으로 그 성질은 사람의 행위와는 관계없는 사건에 해당한다. 따라서 수익이 법률행위에 의해 얻어질 것을 요건으로 하지 않는다.

59. 불법행위로 인한 손해배상책임의 성립요건으로 타당하지 않은 것은?
① 고의 또는 과실에 의한 행위일 것 ② 위법행위
③ 중대한 과실에 의한 행위일 것 ④ 손해의 발생

정답 : ③ 불법행위책임이란 고의 또는 과실로 인한 위법행위로 타인에게 손해를 가한 자는 그 손해를 배상할 책임을 말한다. 여기에서 과실은 중과실 · 경과실 모두 포함한다. 따라서 중대한 과실에 의해야만 불법행위에 의한 손해배상책임이 성립하는 것은 아니다.

60. 갑이 전파상에 고장난 라디오를 수리의뢰한 경우, 전파상 주인이 수리대금을 받을 때까지 갑에게 라디오의 반환을 거부할 수 있는 권리는?
① 저당권 ② 질권 ③ 지역권 ④ 유치권

정답 : ④ 타인의 물건 또는 유가증권을 점유한 자가 그 물건이나 유가증권에 관하여 생긴 채권을 가지는 경우에, 그 채권의 변제를 받을 때까지 그 물건 또는 유가증권을 점유함으로써, 채무자의 변제를 간접적으로 강제하는 담보물권이다(민법 제320조). 그 예로서는 타인의 물건을 수선한 자가 수선비의 지급을 받을 때까지 그 물건을 유치하거나, 임차인이 임차물에 가한 필요비의 상환을 받을 때까지 그 임차물을 유치하거나, 유가증권의 수치인이 그 임치에 대한 보수를 받을 때까지 임치물인 유가증권을 유치하는 것을 들 수 있다. 이와 같이 수선을 부탁한 자나 임대인은 그 수선비 · 필요비 등을 지급하지 않고서는 그 물건을 찾아올 수 없으므로, 심리적 압박을 받게 되어 채무를 변제하게 되고 이렇게 함으로써 그 물건 등의 점유자의 채권은 담보되는 것이다. 이러한 유치권은 법률상 당연히 주어진다.

① 채무자 또는 제3자(물상보증인)가 채무의 담보로 제공한 부동산 기타의 목적물을 채권자가 제공자로부터 인도받지 않고서도 채무의 변제가 없는 경우에 그 목적물로부터 우선변제를 받을 수 있는 담보물권이다(민법 제356조). 저당목적물에 대한 점유 및 사용 · 수익권이 여전히 소유자에게 있다는 점에서, 교환가치에 대한 배타적 지배를 내용으로 하는 전형적인 가치권의 성격을 띤다.

② 채권자가 그의 채권의 담보로서, 채무자 또는 제3자(물상보증인)로부터 받은 물건 또는 재산권을 채무의 변제가 있을 때까지 유치함으로써, 채무의 변제를 간접적으로 강제하는 동시에, 변제가 없는 때에는 그 목적물로부터 우선적으로 변제를 받는 권리이다(민법 제329조, 제345조).

③ 지역권설정행위에서 정한 일정한 목적을 위하여 타인의 토지를 자기의 토지의 편익에 이용하는 부동산용익물권의 일종이다(제291조). 예컨대 타인의 토지를 통행하거나, 그 토지를 거쳐 물을 끌어오거나, 그 토지에 일정한 높이 이상의 건물을 건축하지 않는 등 두 개의 토지 사이의 이용을 조절하는 것을 목적으로 한다.

61. 갑이 을에게 100만원을 빌려주고 그 담보로 을이 제공한 보석반지를 점유하고 있다. 만일 을이 약정일에 100만원을 변제하지 아니한 경우에, 갑은 담보권을 실행하여 다른 채권자보다 자기 채권의 우선변제를 받을 수 있다. 갑의 담보물권을 무엇이라 하는가?

① 지상권 ② 전세권 ③ 저당권 ④ 질권

정답 : ④ 민법상 물권은 점유권과 본권으로 나누어지고, 본권은 다시 소유권과 제한물권으로 분류된다. 제한물권은 용익물권과 담보물권으로 구분되는데, 용익물권에는 지상권 · 지역권 · 전세권이 있으며, 담보물권으로는 유치권 · 질권 · 저당권이 있다. 질권은 채권자가 채권의 담보로 채무자 또는 제3자(물상보증인)로부터 받은 물건을 채무의 변제가 있을 때까지 유치함으로써 채무의 변제를 간접적으로 강제하는 동시에, 변제가 없는 때에는 그 질물로부터 우선적으로 변제를 받을 수 있는 담보물권을 말한다. 유치권은 타인의 물건 또는 유가증권에 관한 채권의 변제를 받을 때까지 그 물건이나 유가증권을 유치할 수 있는 권리를 말한다.예를 들면 세탁소에서 세탁대금의 지급을 받기까지는 세탁한 옷을 유치하여 그 반환을 거절할 수 있다. 저당권은 채무자 또는 제삼자(物上保證人)가 채무의 담보로 제공한 부동산, 기타의 목적물로부터 채무자의 채무불이행시 우선적으로 변제받을 수 있는 담보물권이다

62. 다음 중 채권의 발생원인과 그 연결이 올바른 것은?

① 사용대차-당사자일방이 재산권을 상대방에게 이전할 것을 약정하고 상대방이 그 대금을 지급할 것을 약정함으로써 효력발생

② 소비대차-당사자 일방이 상대방에게 목적물을 사용 · 수익하게 할 것을 약정하고 상대방이 이에 대하여 차임을 지급할 것을 약정함으로써 그 효력 발생

③ 도급- 당사자 일방이 어느 일을 완성할 것을 약정하고 그 일의 효과에 대하여 보수를 지급할 것을 약정함으로써 효력 발행

④ 고용-당사자 일방이 상대방에 대하여 금전이나 유가증권 기타 물건의 보관을 위탁하고 상대방이 이를 승낙함으로써 그 효력 발생

정답 : ③ ① 사용대차는 당사자 일방이 상대방에게 무상으로 목적물을 사용 · 수익하게 할 것을 약정하고 상대방이 이에 대하여 사용 · 수익한 후 그 물건을 반환할 것을 약정함으로써 그 효력 발생

② 소비대차는 당사자 일방이 금전 기타 대체물의 소유권을 상대방에게 이전할 것을 약정하고 상대방은 그와 같은 종류 · 품질 및 수량으로 반환할 것을 약정함으로서 성립한다.

④ 임치는 당사자의 일방(임치인)이 상대방에 대하여 금전이나 유가증권, 기타 물건의 보관을 위탁하고, 상대방(수치인)이 이를 승낙함으로써 성립되는 계약이다(민법 제693조)

63. 여러 채무자가 같은 내용의 급부에 관하여 각각 독립해서 전부의 급부를 하여야 할 채무를 부담하고 그 중 한 채무자가 전부의 급부를 하면 모든 채무자의 채무가 소멸하게 되는 다수당사자의 채무관계는?

① 분할채권관계　② 연대채무　③ 보증채무　④ 양도담보

정답 : ② 연대채무 라 함은 수인의 채무자가 동일내용의 급부에 관하여 각자 독립적으로 전부의 급부를 하여야 할 채무를 부담하고 그 중의 1인의 급부가 있으면 다른 채무자도 그 범위에서 채무를 면하는 다수 당사자의 채무이고 보증채무라 함은 주된 채무와 동일 내용을 가지며 주채무의 이행이 없을 때 이를 이행 할 책임을 부담함으로써 주채무에 대한 채권을 담보하는 채무이다.

64. 보증채무에 관한 기술로서 틀린 것은?

① 주된 채무가 소멸하면 보증채무도 소멸한다.

② 주된 채무가 이행되지 않을때 비로소 이행할 의무가 있다.

③ 보증인은 채권자가 주채무자에게 먼저 청구할 것을 요구할 수 있다.

④ 채권자는 채무자와 보증인 중 임의로 선택하여 채무의 전부 이행을 청구할 수 있다.

정답 : ④ 보증채무에 있어서 채권자는 먼저 주채무자에 채부의 이행을 청구하여야 한다.

연대채무 라 함은 수인의 채무자가 동일내용의 급부에 관하여 각자 독립적으로 전부의 급부를 하여야 할 채무를 부담하고 그 중의 1인의 급부가 있으면 다른 채무자도 그 범위에서 채무를 면하는 다수 당사자의 채무이고 보증채무라 함은 주된 채무와 동일 내용을 가지며 주채무의 이행이 없을 때 이를 이행 할 책임을 부담함으로써 주채무에 대한 채권을 담보하는 채무이다.

65. 민법상 상속 및 유언에 관한 설명으로 틀린 것은?

① 계자는 계모의 재산을 상속할 수 없다.

② 상속개시 전에는 특별한 사유가 있으면 상속을 포기할 수 있다.

③ 자필증서, 녹음, 공정증서, 비밀증서, 구수증서에 의한 유언만 인정된다.

④ 상속채무의 초과사실을 몰라서 단순승인이 된 경우, 중과실이 없는 상속인은 그 사실을 안 날로부터 3월 안에 한정승인을 할 수 있다.

정답 : ②

계자는 계모의 친족이 아니기 때문에 상속이 불가하며, 유언의 방식으로는 자필(自筆) 증서에 의한 유언, 녹음에 의한 유언, 공정증서에 의한 유언, 비밀증서에 의한 유언, 구수증서에 의한 유언만이 인정된다.

하지만 상속개시 이전에는 상속의 효력이 발생하지 않으므로 상속의 취소 또는 포기가 불가능 하다. 따라서 ② 상속개시 이전에 특별한 사유가 있다고 해도 상속이 개시되기 이전 상속의 포기가 불가하다.

66. 부모 A, B를 모시고 있는 C는 D와 혼인하여 아들 E와 딸 F를 두었는데, 어느 날 교통사고로 C가 사망하였다. 그 후 A가 3억 5천만 원의 재산을 남겨두고 사망한 경우, 상속인들에게 귀속되는 법정상속분으로 옳은 것은?

① B : 2억 1천만 원 ② D : 1억 4천만 원 ③ E : 8천만 원 ④ F : 6천만 원

정답 : ①

직계비속(자식, 손자)과 배우자의 각각 법정상속분은 1:1.5, 즉 배우자는 60%이며 직계비속은 40%의 상속을 받는다. 따라서 배우자인 B는 A가 사망한 경우 3억 5천만 원의 60%인 2억 1천만 원을 상속받을 수 있으며, 직계비속인 C는 1억 4천만 원을 상속받을 수 있으나 C가 사망했기 때문에 C의 배우자인 D는 8천 4백만 원을 상속받고 E와 F는 각각 5천 6백만원을 나누어 상속받는다.

따라서 ① B가 2억 1천만 원을 상속받는 것이 맞는 답이다.

67. 다음 중 민사소송의 심리와 재판의 과정을 지배하는 원칙이 아닌 것은?

① 변론주의 ② 당사자 처분주의 ③ 공개주의 ④ 실체진실주의

정답 : ④ 실체적 진실주의, 적정절차원칙, 신속한 재판의 원칙은 형사소송상의 목적원리이다.

68. 다음 중 법정대리인의 동의없이 소송을 제기할 수 있는 능력을 무엇이라 하는가?

① 당사자 능력 ② 행위능력 ③ 권리능력 ④ 소송능력

정답 : ④ ㉠ 소송능력 : 당사자로서 유효하게 각종 소송행위를 하거나 소송행위를 받기위해 갖추어야 할 능력을 말한다. 소송능력은 유효하게 단독으로 법률행위를 할 수 있는 능력인 민법상의 행위능력에 대응하는 것으로서, 소송상의 행위능력이라고도 한다.㉡ 당사자 능력 : 소송의 주체가 될 수 있는 일반적인 능력을 말한다. 원고 · 피고가 될 수 있는 능력이다. 당사자능력은 소송상의 권리능력이라고도 불리며, 민법상의 권리능력에 대응된다.

69. 다음 중 소송으로 구제를 받을 수 없는 것은?

① 지상권 ② 임차권 ③ 소유권 ④ 반사적 이익

정답 : ④ 소송으로 구제 받을 수 있는 것은 법률상이익이지, 반사적이익은 소송으로 구제 받을 수 없다.

70. 다음은 판결의 종류를 설명한 것이다. 그 설명이 틀린 것은?

① 원고의 청구권을 인정하고 피고에게 의무이행을 명하는 것을 내용으로 하는 판결을 이행판결이라 한다.
② 권리 · 법률관계의 존재나 부존재를 확정하는 것을 내용으로 하는 판결을 확인판결이라 한다.
③ 종국판결은 소송사건의 심리가 다 끝난 뒤에 선고하여 그 심급을 종결시키는 판결로서, 일반적으로 판결이라 하면 이를 말한다.
④ 원고의 청구가 이유없다고 배척하는 판결, 즉 원고를 패소시키는 판결을 각하판결이라 한다.

정답 : ④ 원고의 청구가 이유없다고 배척하는 판결은 기각판결이다. 각하판결은 소송요건을 갖추지 못한 때에 본안심리를 하지 않고 이루어지는 판결을 말한다. .

71. A가 B를 상대로 대여금반환청구의 소를 서울지방법원에 제기한 뒤 이 소송의 계속 중 동일한 소를 부산지방법원에 제기한 경우 저촉되는 민사송법상의 원리는?

① 변론주의 ② 당사자주의 ③ 재소의 금지 ④ 중복제소의 금지

정답 : ④

① 변론주의란 민사 소송법에서 소송의 해결 또는 심리(審理) 자료의 수집을 당사자의 권능과 책임으로 하는 주의를 말한다.

② 당사자주의란 형사 소송 절차에서 법원이 소송의 주도권을 당사자에게 주는 것을 말한다.

③ 재소의 금지란 한 번 취소하였거나 기각된 소송을 다시 기소하는 일을 금지하는 것을 말한다.

④ 중복제소의 금지란 동일한 사건에 대한 소송을 관할권을 가진 하나의 법원에 대해서만 제기할 수 있으며, 여러 관할 법원에 대해 여러 소 제기를 금지하는 것을 의미한다.

따라서 ④ 중복제소의 금지가 옳은 답이다.

72. 민사소송에서 자백으로 간주할 수 있는 경우가 아닌 것은?

① 상대방이 주장하는 사실을 명백히 다투지 아니한 경우

② 상대방이 주장한 사실에 대하여 알지 못한다고 진술한 경우

③ 한 쪽 당사자가 변론기일에 출석하지 아니한 경우

④ 피고가 소장 부본을 송달받고 30일 이내에 답변서를 제출하지 아니한 경우 또는 소송상 법관의 면전에서 하는 것을 의미한다.

정답 : ②

민사소송법상 자백이란 자기의 범죄 사실의 전부 또는 그 주요 부분을 인정하는 피고인의 진술 또는 소송의 당사자가 자기에게 불이익한 사실을 인정하는 일이며 재판 외에서 상대방이나 제3자에 대하여 한 것이나 소송상 법관의 면전에서 하는 것을 의미한다.

따라서 ② 상대방이 주장한 사실에 대하여 알지 못한다고 진술한 경우에는 자백이라 볼 수 없다.

73. 1심에 불복하여 2심에 이의를 제기하는 것을 무엇이라 하는가?

① 항고 ② 항소 ③ 재심 ④ 준항고

정답 : ② ㉠ 항소 : 항상 1심 판결에 대한 상소방법 ㉡ 상고 : 원칙적으로 2심 판결에 대한 상소방법 ㉢ 항고 : 결정에 대한 상소방법

74. 소송자료의 제출을 소송당사자에게 일임하는 것을 무엇이라 하는가?

① 직권주의 ② 법률주의 ③ 직접심리주의 ④ 변론주의

정답 : ④ 변론주의는 소송자료의 수집, 제출 책임을 당사자에게 일임하고 법원은 그것에 의거 재판하는 원칙이다.

75. 다음 중 판결의 기초가 되는 소송자료의 수집과 제출의 책임을 당사자에게 맡기고 그 소송자료만을 재판의 기초로 삼는다는 원칙을 무엇이라 하는가?

① 변론주의 ② 직권주의 ③ 공개심리주의 ④ 직접심리주의

정답 : ① 당사자주의는 처분권주의와 변론주의를 그 내용으로 한다. 처분권주의란 소송절차의 개시 · 변경 · 종료가 당사자에 의해 이루어짐을 말하며, 변론주의란 소송자료의 수집과 제출의 책임을 당사자에 있으며 법원은 소송자료만을 재판의 기초로 삼는다는 원칙을 말한다...

제4장 형법

1절 **형법의 이해**
2절 **범죄론**
3절 **형벌론**
4절 **형법각칙**

제1절 형법의 이해

1. 형법의 기초

1) 형법의 의의

형법이란 범죄의 성립요건과 법적효과로서의 형사제재(형벌과 보안처분)를 규정한 법규범의 총체를 말한다.

2) 형법의 범위

형법은 협의의 형법과 광의의 형법으로 사용될 수 있다. 형법학의 연구대상은 광의의 형법을 연구대상으로 한다. 또한 협의의 형법과 형식적의미의 형법은 동의어로 사용될 수 있으나 광의의 형법과 실질적 의미의 형법은 동의어는 아니다. 왜냐하면 실질적의미의 형법이란 범죄와 그 효과인 형벌 및 보안처분을 규율한 것을 말하는데 광의의 형법 속에는 위의 내용 외에 다른 것도 포함되어 있기 때문이다. 실질적의미의 형법에는 형법의 일반법으로서의 형법과 제반 특별형법이 포함된다(국가보안법, 조세범처벌법, 특정범죄가중처벌 등에 관한 법률 등)

협의의 형법은 형법이라는 명칭이 붙어 있는 형법전을 의미하는데 형법전에는 실질적의미의 형법에 포함되지 않는 것도 포함되어 있다. 예를 들면, 친고죄의 고소, 양형의 조건, 형의 집행, 형의 실효가 있다.

3) 형법의 성격

형법은 당위적 법규범의 영역에 속하는 것으로서 범죄현상에 관한 사실적 연구를 내용으로 하고 있는 범죄학 · 형사정책과 구별된다.

(1) 가설적 규범

일정한 범죄행위를 조건으로 하여, 이에 대한 법률 효과로서 일정한 형벌을 과할 것을 가설적으로 규정하는 규범이다("타인의 재물을 절취하는 자는.....에 처한다")

(2) 행위규범 · 재판규범

형법은 살인죄(형법 제250조 제1항)의 규정을 둠으로써 법관에게 "살인죄를 범한 사람에게는 .....형에 처하라"고 명령하는 한편(재판규범), 일반인에게는 "살인죄를 범하지 말라"고 명령하고 있다(행위규범).

(3) 평가규범 · 의사결정규범

형법이 일정한 행위를 범죄로 규정하고 그에 대하여 형벌이라는 법률효과를 과하는 것은 그 행위가 법질서에 반하는 것으로 평가하였기 때문이다(평가규범). 다른 한편으로는 형법은 일반인에게 형법에 범죄로 규정되어 있는 행위를 결의 · 수행하여서는 안된다는 의무를 부과함으로써 일반인의 의사를 결정하는 규범으로서의 역할도 반사적으로 수행하게 된다(의사결정규범).

4) 형법의 기능

실정법은 규범으로서의 일정한 기능을 수행하는데 오늘날의 형법은 일반적으로 보호적 기능과 보장적 기능, 사회질서유지기능을 갖는다.

(1) 보호적 기능

형법의 보호적 기능이란 형법이 일정한 행위를 범죄로 규정하고, 이에 형벌을 과함으로써 일정한 가치 또는 이익을 범죄적 침해나 침해위험으로부터 보호하는 기능을 말한다. 형법에 의하여 보호되는 가치 또는 이익을 '법익'이라고 하며, 보호적 기능을 형법의 제1차적 기능이라고 할 수 있다.

보호적 기능 안에는 법익보호측면과 사회윤리적 행위가치 보호측면이 있다. 형법은 범죄의 피해자가 될 수 있는 법익의 주체에 대해서는 그들의 법익을 보호해 주며, 잠재적 범죄인으로서의 일반인에 대해서는 그들의 윤리적 행위가치를 보호해 주는 것이다.

(2) 보장적 기능

보장적 기능은 형법이 국가 형벌권의 발동을 제한하여 개인의 자유를 보장하는 기능을 의미하는 것이다. 보호적 기능은 적극적 의미를 갖는 형법의 제1차적 기능이지만 보장적 기능은 형법의 부작용을 막아야 한다는 소극적 의미를 갖는 기능이라고 할 수 있다. 형법의 보장적 기능은 잠재적 범죄인으로서의 '일반인'에 대해서는 형법에 범죄로 규정된 행위 이외에는 어떠한 행위를 하여도 처벌 받지 않는다는 것을 보장한다. 또한 다른 한편으로는 '범죄인'에 대해서는 그들도 형법에 규정된 형벌의 종류와 범위안에서만 형사소송절차에 따라 처벌 받도록 함으로써 국가나 사인에 의한 형벌권의 자의적 행사로부터 범죄인의 인권을 보장한다. 이러한 점에서 형법은 '범죄인의 마그나 카르타'라고도 불린다.

(3) 사회질서유지 기능

형벌과 보안처분이라는 수단에 의하여 범죄를 억제함으로써 사회질서를 유지하고 보호하는 기능으로, 범죄에 대한 형벌 · 보안처분을 예고하여 위하를 하는 소극적 일반예방기능을 담당하고, 사회일반인에게 법 충실 및 규범의 신뢰훈련을 시켜 일반인의 규범의식 강화시키는 적극적 일반예방기능을 하며, 범죄인을 개선 · 교화하여 재사회화 시킴으로써 범죄를 억압하는 특별예방기능을 통하여 사회질서를 유지하는 기능을 하고 있다. 사회질서유지기능은 형법의 '사회보호적 기능'으로 이해할 수 도 있다.

2. 형법의 기초 이념

1) 고전학파(구파)와 근대학파(신파)

(1) 형법이론

형법을 해석 · 적용하고 나아가 그 입법정책을 수립하는데 있어서는 형법의 원리가 되는 기본이론이 토대가 되어야 한다. 형법의 기본개념인 범죄와 형벌의 본질에 관한 기본이론을 형법이론이라고 한다. 형법이론은 형벌이론과 범죄이론으로 나눈다. 형벌이론으로는 응보형주의와 목적형주의, 일반예방주의와 특별예방주의가 서로 대립하고, 범죄이론으로는 객관주의와 주관주의가 대립한다. 형벌이론상의 응보형주의, 일반예방주의와 범죄이론상의 객관주의는 고전학파(구파)의 입장이고, 형벌이론상의 특별예방주의와 범죄이론상의 주관주의는 근대학파(신파)의 입장이다.

(2) 고전학파(구파)와 근대학파(신파)

① 고전학파(구파)

고전학파(구파)는 18세기 계몽철학의 산물인 개인주의, 자유주의 사상을 배경으로 하고 있으며, 칸트와 포이어바흐의 이론을 바탕으로하여 18세기 말에서 19세기에 걸쳐 성립 · 발달하였는데 이를 고전학파라고 한다. 고전학파(구파)의 이론은 자유의사를 지닌 추상적 이성인(person)으로서의 인간상을 전제로 한다(의사자유론). 죄형법정주의 원칙상 과형의 중점을 범죄의 외부에 나타난 객관적 해악의 부분, 즉 외적인 행위와 결과에 두고, 형벌의 종류와 경중도 이에 상응하여야 한다고 본다(객관주의). 형벌의 본질에 관하여는 형벌을 범행에 대한 필연적 응보라고 보며, 그 응보의 내용은 범죄와 균형을 이루는 고통이어야 한다(응보형주의). 형벌의 목적은 입법으로 형벌을 예고하거나 또는 범인에게 형벌을 부과함으로써 사회일반인에게 경고하여 장래의 범죄발생을 방지하는 것이라고 본다(일반예방주의).(Hegel, Feuerbach, Binding).

② 근대학파(신파)

근대학파(신파)는 19세기 후반 자본주의의 모순이 심화됨에 따라 범죄 특히 누범과 소년범이 격증하자, 이에 대하여 합리적으로 대처하지 못한 구파이론에 대한 반동으로 출발하였다. 신파이론은 범죄원인을 과학적으로 규명하여 그 방지대책을 마련하는 것을 형법의 중심적 과제로 삼았다. 신파는 인간이 자유의사를 가졌다고 하는 것은 주관적 환상에 불과하다고 보며, 인간은 선천적 · 유전적 '소질'과 후천적 '환경'의 지배를 받는 현실의 사람(Mensch)으로 파악하였다. 범죄인은 정상인과는 달이 선천적 또는 후천적으로 육체와 정신이 비정상적인 변태인이라고 본다(의사결정론). 의사결정론의 입장에서는 형벌의 대상은 소질과 환경으로 인하여 숙명적으로 인도되는 '행위'가 아니고 행위로 인하여 징표된 사회적 위험성을 가진 '범죄인' 그 자체라고 한다. 형벌은 그 본질상 사회를 보전 · 방위하기 위하여 범죄인을 개선 · 교화하여 재사회화하는 것을 목적으로 한다고 본다(주관주의). 형벌의 목적으로는 일반인에 대한 위하 · 경고보다는 범죄인 자체의 개선을 범죄의 예방을 중시하는 입장이다(특별예방주의).(Lombroso, Ferri, Garofalo, Liszt)

2) 응보형주의와 목적형주의

형벌의 본질에 대하여 응보형주의와 목적형주의 두가지 입장이 있다. 형벌의 본질을 범죄행위에 대한 응보라고 이해하는 '응보형주의'와 범죄로부터 사회를 방위 · 보호하려는 목적을 실현하기 위한 수단으로 보는 '목적형주의'가 있다.

(1) 응보형주의

응보형주의는 범죄에 대하여 형벌을 가하는 것은 필연적 응보라고 생각하는 입장이다. 응보형주의에 의하면 형벌의 목적은 범죄라고 하는 과거의 사실에 대하여 응보를 하는 데 있다고 한다. 응보 이외에는 아무런 목적이 없으며 형벌 그 자체를 형벌의 목적으로 삼는다(절대주의). 다만 오늘날의 응보형주의자들 중에는 형벌의 본질과 목적을 구별하여 형벌의 본질은 응보이지만, 형벌의 목적은 응보이외의 요소, 즉 사회질서의 유지와 국가권위의 보호 또는 일반예방에 있다고 주장하는 입장도 있다(상대적 응보형주의). 칸트는 형벌은 범죄에 대한 응보로서만 의미를 갖는다고 보는 절대적 형벌론과 동해보복론을 주장하였다. 헤겔은 형벌의 정당성은 단순한 동해보복이 아니라 범죄와 형벌의 동가치성에서 찾을 수 있다고 보았다.

(2) 목적형주의

목적형주의는 형벌의 본질에 대하여 형벌은 범죄로부터 사회를 방위 · 보호하려는 목적을 실현하기 위한 수단이라고 보는 입장이며(상대주의), 예방형주의라고도 불린다. 형벌의 내용은 범죄인의 반사회적 성격에 대한 개선 · 교육이어야 한다고 보며(교육형주의), 범죄인의 개선 · 교육을 통하여 범죄로부터 사회를 방위한다고 한다(사회방위주의). 목적형주의는 일반예방주의와 특별예방주의로 분류된다.

3) 일반예방주의와 특별예방주의

(1) 일반예방주의

일반예방주의는 형벌의 사회적 작용에 중점을 두어 형벌의 목적은 범죄인의 처벌을 통하여 사회일반인을 위하 · 위협하여 그들로 하여금 장차 범죄에 빠지는 것을 예방함에 있다고 보는 입장이다. 근대에 들어서는 입법에 의하여 법률에 의하여 형벌을 예고하여 사회일반을 위하함으로써 일반예방의 목적을 추구하는데 이와같이 전통적인 일반예방주의는 범죄의 발생을 방지한다는 '소극적 일반예방'의 의미를 갖고 있다.

현대적 일반예방주의는 근대적 일반예방주의의 소극적 취지를 넘어서서 법질서에 대한 국민의 신뢰를 유지 · 강화함으로써 법질서의 권위와 안정을 지켜주는 것이 형벌제도의 목적이 되어야 한다는 '적극적 일반예방주'의 입장이다.

(2) 특별예방주의

특별예방주의는 형벌의 특정 범죄인에 대한 작용에 중점을 두어, 형벌의 목적은 구체적인 범죄인을 개선 · 교육하여 그로 하여금 다시 범죄에 빠지지 않도록 예방함에 있다고 보는 입장이다. 이는 범인을 교육하여 그의 반사회적 성격을 교화 · 개선함으로써 사회적 적응을 도와주고(교육형주의), 범인을 분류하여 그의 빈사회적 성격에 따라 그에 적합한 형벌을 부과하고자 한다(형벌의 개별화).

4) 객관주의와 주관주의

형법상 범죄의 본질을 파악함에 있어서 객관주의와 주관주의 입장이 대립되고 있다. 행위로 인하여 발생한 외적 · 객관적 번죄사실을 중시하는 것이 객관주의 입장이며, 범죄를 범하는 행위자의 성격이나 주관적인 내심의 악성을 중시하는 것이 주관주의 입장이다.

(1) 객관주의

객관주의는 범죄의 본질적 요소를 외적 · 객관적으로 나타난 행위와 결과에서 찾고 있는 입장이다. 객관적 사실을 중시함으로써 내심적 생각과 사상의 자유를 보장한다는 자유주의의 실현에 기여하게 되며, 형벌은 객관적으로 나타난 범죄사실에 따라 경중이 결정되어 한다고 본다.

(2) 주관주의

주관주의는 행위자의 내심의 악성을 범죄의 본질적 요소로 파악하는 입장이다. 왜냐하면, 특정행위가 범죄로 인정되는 이유는 그것이 행위자의 내심의 악성, 나아가서 그 사회적 위험성을 징표하여 나타내 보여주는 것이기 때문이라는 것이다. 행위자의 내심의 악성이 범죄의 본질적 요소이므로, 법익침해의 결과가 존재하지 않는 경우에 있어서도 내심의 악성이 입증되기만 하면 국가는 행위자를 얼마든지 범죄인으로 취급할 수 있다는 입장이다.

3. 죄형법정주의

1) 의의와 연혁

(1) 죄형법정주의 의의

죄형법정주의는 "법률없이는 범죄없다.","법률없이는 형벌없다"라는 표현에서 알 수 있듯이 어떤 행위가 범죄로 되고 그 범죄에 대하여 어떠한 처벌을 할 것인가를 미리 성문에 법률에 규정되어 있어야 한다는 원칙을 말한다. 죄형법정주의는 법치주의와 개인주의 · 자유주의 사상을 바탕으로 성립한 근대 형법의 기본원리이다.

죄형법정주의는 형벌권의 자의적 행사로부터 국민의 자유와 안전을 보장하는 보장적 기능을 수행하며, 국민에게 법의식의 내적 규범을 시킴으로서 사회의 법질서안정에 기여하는 적극적 일반예방기능을 수행한다.

(2) 죄형법정주의의 연혁

죄형법정주의는 로마법에서 인정되는 원칙이 아니다. 왜냐하면 구성요건의 개념이 없었던 로마의 의사형법에서는 죄형법정주의가 인정될 여지는 없었으며, 소급에 의한 처벌도 허용되었다. 일반적으로 죄형법정주의의 연혁을 마그나카르타라고 본다. 다만, 마그나카르타 제39조 "어떠한 자유인도 동등한 신분을 가진자의 적법한 재판이나 국법에 의하지 아니하고는 체포, 구금되지 아니하며, 재산을 빼앗기거나 법적 보호를 박탈당하지 아니하고, 추방 또는 훼멸되지 아니하며, 폭력이 가해지거나 투옥되지 아니한다."라고 규정하여 어디에도 실체법적 보장의 내용은 없고 절차법적 내용만으로 규정되어 있어, 죄형법정주의 연혁이 아니라고 보는 유력한 견해가 있다.

2) 이론적 배경

죄형법정주의는 18세기 계몽주의 내지 인권사상의 소산으로 법치주의와 개인주의 · 자유주의 사상이 그 토대가 되고 있다.

(1) 삼권분립이론

몽테스키외의 삼권분립론에 따르면 국가권력을 입법 · 사법 · 행정으로 구분하여 각각 독립한 국가기관으로 하여금 분장케 하는 것이 요구된다. 따라서 법원은 입법기관인 의회가 제정한 법률을 구체적인 사안에 대하여 기계적으로 적용하여야 하며, 법률의 해석을 통하여 그 적용의 범위를 확장하는 것은 실질적인 입법권의 행사이므로 하용되지 않는다. 따라서 국가의 형벌권이 발동됨에 있어서는 미리 범죄와 형벌의 관계를 의회가 엄격하게 법률로 규정할 필요가 있다.

(2) 포이에르바흐(Feuerbach)의 심리강제설

포이에르바흐는 범죄를 행함으로써 얻는 쾌감보다 범죄 후에 받게되는 형벌의 고통이 더 크다는 것을 일반국민에게 알림으로써 인간의 합리적인 판단에 의하여 범죄를 스스로 억제하게 끔 심리적으로 강제해야한다고 주장한다. 이렇게 하기 위해서는 국가가 어더한 행위가 범죄이고 그에 대한 형벌이 무엇인가를 미리 형벌법규로서 정확히 명시될 것 이 요구된다고 한다.

3) 죄형법정주의의 내용

죄형법정주의 원칙으로는 법률주의(관습형법금지, 포괄적위임금지), 유추해석금지, 소급효금지, 규정의 명확성, 규정의 적정성 등이 있다.

(1) 법률주의

법률주의는 범죄의 범죄의 인정과 형벌의 부과에 대해서는 성문법인 법률에 의하여 규정할 것이 요구된다는 원칙을 말한다. 여기서 법률은 국회에 의해 입법된 형식적 의미의 법률을 의미한다. 관습법, 명령, 규칙에 의하여 범죄를 인정하거나 형벌을 부과하는 것은 원칙적으로 금지된다는 원칙이다. 법률주의에 따라 관습형법은 원칙적으로 금지되며, 형법상 위임에 있어서 포괄적 위임은 금지된다.

① 관습형법 금지

관습형법 금지는 형법의 법원은 성분법인 법률에 국한되고 관습법은 형법의 법원이 될 수 없다는 원칙을 의미한다. 관습법에 의한 새로운 범죄행위, 형벌, 보안처분의 창설 · 가중 등은 허용되지 않는다.

② 위임입법(포괄적 위임입법금지)

법률에서 처벌대상과 형벌의 종류와 범위를 정한 후 그 구체적인 내용에 관하여 일정한 범위를 정하여 하위법인 명령 · 규칙 · 조례에 위임하는 위임입법은 허용될 수 있다. 하위법에 포괄적 · 전면적으로 위임하는 것은 금지된다.

(2) 소급효 금지의 원칙

소급효금지원칙이라 함은 형법은 그 시행 이후의 행위에만 적용되고, 시행이전의 행위에 대하여는 소급하여 적용되지 않는다는 것을 말한다. 형벌불소급원칙, 행위시법주의라고 한다.

(3) 유추해석의 금지[10)]

형법의 규정은 그 문언에 따라 문리해석과 논리해석의 방법을 기초로 엄격히 해석되어야 하고 유추해석은 허용되지 않는다는 원칙을 말한다. 우리 형법상 허용되는 해석과 금지되는 유추에 관하여는 일반적으로 언어의 가능한 의미의 한계를 들고 있으며, 이 언어의 가능한 의미를 넘는 해석은 형법상 그 명칭이 확장해석이건, 유추해석이건, 관계없이 허용되지 아니하며, 언어의 가능한 의미 내에 머무르는 경우는 허용되는 해석으로 보고 있다.

언어의 가능한 의미도 하나의 규범적인 해석을 전제로 하고 있는 바, 이를 보충하는 하나의 잣대로는 가벌성의 범위를 확장하는 해석은 일반적으로 언어의 가능한 범위의 틀을 넘는 해석이고, 가벌성을 축소하는 해석은 허용되는 것으로 보고 있다.

(4) 명확성의 원칙

명확성원칙이라 함은 무엇이 범죄이고 그에 대한 형벌은 어떠한 것인가가 법률로 명확하게 규정되어야 한다는 것이다. 명확성원칙은 범죄성립요건인 구성요건의 명확성, 형벌규정의 명확성으로 이해된다.

형벌규정의 명확성 원칙에 비추어, 절대적 부정기형은 허용되지 아니하나, 상대적 부정기형은 형기를 수용자의 개선 · 교화의 진도에 따르게 하여, 교정교육의 효과를 기대하는 것으로 교육사상이 지배하고 있는 소년범과 상습범에 대하여 형벌의 개별화사상에 입각하여 인정되고 있다.

(5) 적정성의 원칙

범죄와 형벌을 규정하는 법률의 내용은 인간의 존엄과 가치, 기본권의 보장, 자유민주주의 원리를 실질적으로 보장할 수 있도록 적정해야 한다는 원칙이다.

---

10) 대법원 2003. 3. 28. 선고 2001도2479 판결
구 약사법(2000. 1. 12. 법률 제6153호로 개정되기 전의 것, 이하 같다) 제35조 제1항은 '약국개설자가 아니면 의약품을 판매할 수 없다.'고 규정하고 있는바, 국민의 보건 향상에 기여함을 목적으로 하는 약사법의 입법목적과 약사법이 '수출'과 '판매'의 용어를 구별하여 사용하고 있는 점, 약사법이 제5장 제2절에서 '의약품 등의 수입허가 등', 제3절에서 '의약품 등의 판매업'에 관하여 규정하면서도 의약품의 수출에 관하여 규율하는 일반적인 규정을 두고 있지 않은 점, 그리고 형벌법규의 유추해석이나 확대해석은 허용될 수 없는 점 등을 종합하면, 구 약사법 제35조 제1항의 '판매'는 국내에서 불특정 또는 다수인에게 의약품을 유상으로 양도하는 행위를 말하고 여기에 의약품을 다른 나라로 수출하는 행위는 포함되지 않는다고 보아야 한다.

4) 현행법상의 죄형법정주의

우리나라 헌법은 제12조 1항에서 "누구든지..... 법률과 적법한 절차에 의하지 아니하고는 처벌 · 보안처분 · 강제노역을 받지 아니한다"고 규정하여 죄형법정주의 원칙을 선언하고 있다. 제13조 1항에서는 "모든 국민은 행위시의 법률에 의하여 범죄로 구성하지 아니하는 행위로 소추되지 아니한다"고 소급효금지 원칙을 명문화하고 있다. 헌법의 규정을 구체화한 형법에서는 제1조 1항에서 범죄의 성립과 처벌은 행위시의 법률에 의하도록 형법의 소급효를 금지하고 있다.

4. 형법의 효력범위

1) 시간적 범위

(1) 행위시법주의(소급효 금지의 원칙)

형법은 범죄의 성립과 처벌은 행위시의 법률에 의한다(제1조 1항)고 하여 행위시법주의를 명시하고 있다. 행위시에 범죄로서 규정되어 있지 않았거나 경한 형으로 규정되어 있는 것을 행위 후에 범죄로서 규정하여 또는 중한 형으로 규정하여 처벌하지 못한다.

(2) 행위시법주의의 예외(재판시법주의)

소급효 금지의 원칙은 행위자에게 불리한 재판시법의 적용을 부정하는 것이므로 행위자에게 유리한 신법을 소급적용하는 것은 죄형법정주의원칙에 반하지 않는다. 우리 형법은 제1조 2항에서 "범죄 후 법률의 변경에 의하여 그 행위가 범죄를 구성하지 아니하거나 형이 구법보다 경한 때에는 신법에 의한다"고 규정하여 형법의 행위시법주의와 소급효금지원칙에 대한 예외를 허용하고 있다. 즉 행위자에게 유리한 신법의 소급적용을 허용하고 있다.

(3) 한시법(限時法)

한시법이라 함은 제정시에 미리 유효기간을 예정하여, 그 기간의 경과에 의하여 당연히 실효될 것을 정하고 있는 형벌법규를 말한다.

한시법이 폐지된 이후 유효기간동안 행해진 범죄에 대하여 행위시법주의의 예외를 인정할 것인가에 대하여 논의가 있다. 추급효 긍정설은 한시법의 추급효를 인정하지 않는다면 유효기간의 종료가 가까워지면 위반행위가 속출하여도 이를 처벌할 수 없게 되어 법의 실효성을 유지할 수 없음은 물론 심히 불공평한 결과를 초래한다는 점을 이유로 하고 있다. 추급효 부정설(신법의 소급효 인정, 면소 판결설, 제1조 2항 적용설)은 우리 형법 제1조 2항의 해석론과 법률이 실효된 후에 특별한 규정이 없음에도 불구하고 추급효를 인정하는 것은 죄형법정주의의 유추해석에 반한다는 것을 근거로 들고 있다.

동기설(판례의 입장)은 법률변경의 동기가 법적 견해의 변경에 기인한 경우와 단순한 사실관계의 변화에 기인한 경우를 구별하여, 전자에 있어서는 행위의 가벌성이 소멸되었으므로 처벌할 수 없지만(추급효 부정), 후자에 있어서는 가벌성이 없어지지 아니하므로 한시법의 추급효를 인정해야 한다는 것이다.

2) 장소적 범위

(1) 의의

형법의 장소적 적용범위라 함은 형법이 어떠한 장소에서 발생한 범죄에 대하여 적용되는가의 문제이다.

(2) 입법상 원칙

① 속지주의

자국의 영역내에서 발생한 모든 범죄에 대하여 행위자의 국적여하를 불문하고 자국의 형법을 적용한다는 입장이다.

② 속인주의

자국민의 외국에서 범한 범죄에 대하여도 자국형법을 적용하는 것은 적극적 속인주의라고 하고, 외국에서 자국민의 자국 또는 자국민의 법익에 대한 범죄에 대하여만 자국형법을 적용하는 소극적 속인주의라 한다.

③ 보호주의

보호주의란 자국 또는 자국민의 법익을 침해하는 범죄에 대하여는 누구에 의하여 어느 곳에서 발생하였는가에 관계없이 자국형법을 적용하는 원칙이다. 전자를 국가보호주의, 후자를 개인보호주의라고 한다.

④ 세계주의

세계주의는 범죄에 대한 사회방위의 국제적 연대의 면에서 범죄지, 범죄인의 국적, 침해법익의 주체 여부를 불문하고 자국의 형법을 적용할 수 있다는 원칙을 말한다. 전쟁범죄, 테러범죄, 마약범죄, 인신매매, 통화위조 등 세계의 공동질서와 인도적 질서를 해하는 범죄에 대하여 국제사회가 공동으로 대처할 필요성에서 등장한 원칙이다. 형법은 총칙에서는 명문규정을 두고 있지 않으나, 형법각칙에서는 '약취, 유인 및 인신매매의 죄' 등 세계주의와 관련된 규정을 두고 있다.

(3) 속지주의

현행형법은 제2조에서 속지주의를 원칙으로 하고 있으며 제3조에서 속인주의와 제5조와 제6조에서 보호주의의 원칙을 가미하고 있다. 다만, 속인주의 원칙에 대하여 제7조에서 범죄로 인하여 외국에서 형의 전부 또는 일부의 집행을 받은 내국인에 대해서는 형의 임의적 감면을 규정하고 있다.

3) 인적 범위

(1) 원칙

형법은 그 효력이 미치는 시간적 · 장소적 범위내에서는 원칙적으로 우리 국적을 갖는 모든 사람의 범죄에 대하여 적용된다. 그러므로 형법의 효력의 인적범위의 문제는 우리나라 영역내에서 예외적으로 우리 형법의 적용을 받지 않는자의 범위에 관한 문제로 이해 할 수 있다.

(2) 예외

① 국내법상 예외

대통령은 내란 또는 외환의 죄를 범한 경우를 제외하고는 재직 중 형사상 소추를 받지 않으며(헌법 제84조), 국회의원은 국회에서 직무상 행한 발언과 표결에 대하여 국회외에서 형사상 책임을 지지 않는다(헌법 제45조).

② 국제법상 예외

국제법상 치외법권을 가지는 외국의 원수와 외교관, 그 가족 및 내국인이 아닌 수행원에 대하여는 형법이 적용되지 않는다.

제2절 범죄론

1. 범죄의 기본개념

1) 의의

범죄는 국가형벌권의 발생요건이 되는 행위이다. 범죄없이는 형벌을 과할 수 없다는 죄형법정주의원칙에 따라 범죄개념의 확정은 형벌권의 발생을 위한 전제가 된다. 실질적의미의 범죄는 법질서에 비추어 보아 형벌을 과할 필요가 있는 행위로서, 사회적 유해성, 법익을 해치는 일체의 행위, 즉 반사회적 행위를 말한다. 실질적의미의 범죄는 입법자에게 어떤 행위를 범죄로 할 것이며 범죄의 한계가 무엇인가에 대한 기준을 제시하며 형법의 해석에 관하여는 간접적인 역할을 담당한다. 이는 형사정책과 밀접한 관련을 가지며, 범죄의 형사정책적 의의라고 할 수 있다.

형식적의미의 범죄는 실정법인 형법에 의한 형벌부과의 대상이 되는 행위를 말한다. 구성요건에 해당하고 위법하며, 행위자에게 책임이 인정되는 행위를 말한다. 형법학에서 논하는 범죄개념은 형식적의미의 범죄개념이다.

2) 범죄의 성립요건

형법상 범죄가 성립하기 위해서는 일정한 행위가 구성요건에 해당하고(구성요건해당성), 위법성 조각사유에 해당하지 않음으로 위법성이 인정되며(위법성), 행위자에 대하여 그 행위 당시의 구체적 상황에서 법적으로 비난가능하여야 한다(책임)

3) 범죄의 처벌조건

범죄의 처벌조건이라 함은 범죄의 성립요건을 갖추어서 범죄로서는 성립된 행위에 있어서 행위자의 특별한 개인적 사정에 의하여 행위의 가벌성만을 좌우하는 요건이다.

객관적 처벌조건[10]은 범죄의 성립요건을 갖추어 범죄로서 성립된 행위의 가벌성만을 좌우하는 객관적 사유를 말한다. 형벌을 근거지우거나 가중시키는 경우에는 책임 없이 형벌을 받는 것이기 때문에 책임주의의 원칙에 반하나 우리 형법은 위 객관적 처벌조건이 발생한 경우에는

---

10)사전수뢰죄에 있어서 '공무원 또는 중죄인인 된 사실, 파산범죄에 있어서 파산선고가 확정된 때

형벌을 제한적으로 작용하기 때문에 책임주의에 위배되지 않는다.

인적 처벌조건은 인적처벌 조각사유[10]와 인적처벌 소멸사유로 나눌 수 있다. 인적 처벌 조각사유는 범죄가 성립되나, 행위 당시에 존재하는 특별한 신분관계로 인하여 가벌성이 배제되는 경우이다. 인적 처벌 소멸사유[11]는 가벌적 행위 후에 발생한 행위자의 특별한 태도로 인하여 이미 성립한 가벌성을 소급적으로 소멸시키는 것이다.

4) 범죄의 종류

(1) 형식범과 실질범

형식범이란 구성요건의 내용이 결과의 발생을 요하지 않고 법에 규정된 행위를 함으로써 충족되는 범죄로 주거침입죄, 퇴거불응죄, 위증죄 등이 이에 해당한다. 실질범이란 구성요건의 내용이 행위 뿐만 아니라 결과의 발생도 요하는 범죄로 대부분의 범죄가 이에 해당하며, 결과범이라고도 한다.

(2) 침해범과 위험범

침해범이란 구성요건이 법익에 대한 현실적 침해를 요하는 범죄로 살인죄 등 대부분의 범죄가 여기에 해당한다. 위험범은 구성요건이 보호하고자 하는 법익에 대한 위험의 야기로 충분한 범죄이다. 구체적 위험범은 구체적으로 범익침해의 위험이 발생할 것을 구성요건상 명문으로 요하는 범죄이다(자기소유일반건조물 등 방화죄 등). 추상적 위험범은 구체적으로 법익침해의 위험이 발생할 것을 요하지 않으며, 일정한 행위만 수행되면 위험도 발생한 것으로 입법상 의제되는 범죄이다(현주건조물방화죄 등).

(3) 즉시범, 상태범, 계속범

즉시범은 실행행위 및 그로 인한 결과의 발생과 동시에 범죄가 완성되고 종료되는 범죄를 말하며, 대부분의 범죄가 이에 속한다(살인죄 등). 상태범은 구성요건 결과의 발생과 동시에 범죄행위도 완성되지만 범행종료 후에도 법익침해의 위법상태가 계속되는 범죄이다. 그 위법상태하에서의 행위는 따로 독립된 범죄로 취급되지 아니한다. 절도죄의 경우, 행위자가 탈취한 재물을 사후에 처분하는 행위는 불가벌적 사후행위로서 횡령죄, 손괴죄 등 별죄를 구성하지

10)친족상도례, 국회의원면책특권

11)중지미수에 있어서 형의 면제, 각칙 상 자수로 인한 형의 면제

아니한다.

계속범은 범죄의 완성을 위하여 침해사실의 시간적 계속이 요구되는 범죄이다. 계속범은 법익침해의 행위나 상태가 계속되는 동안 범행은 종료되지 아니한다(체포 · 감금죄, 미성년자 약취 · 유인죄, 주거침입죄 등).

(4) 일반범, 신분범

일반범이란 누구나 행위자가 될 수 있는 범죄이며, 신분범은 구성요건상 행위자에게 일정ㅎ란 신분이 요구되는 범죄를 발한다(수뢰죄, 위증죄 등).

4) 행위론

(1) 의의

범죄는 구성요건에 해당하는 위법 · 유책의 행위이므로, 범죄는 기본적으로 행위의 한 경우이다. 따라서 범죄의 개념을 확정하기 위해서는 구성요건해당성 · 위법성 · 책임을 논하기 이전에 먼저 행위의 개념을 정립할 필요가 있으며, 행위의 본질을 어떻게 이해할 것인가가 문제된다.

(2) 행위론의 기능

① 한계 기능

형법적으로 의미있는 행위와 무의미한 비행위를 구별하여 구성요건 판단에 앞서 불법판단의 대상이 될 수 없는 비행위를 형법적 평가대상에서 제외시키는 기능이다(행위개념의 실천적 기능).

② 분류 기능

형법상 의미가 있는 모든 종류의 인간의 행위를 하나의 통일개념으로 파악하는 기능이다. 통일적 행위개념으로부터 고의행위와 과실행위, 작위행위와 부작위행위 등이 분류되어 나올 수 있어야 한다(근본 요소로서의 기능).

③ 결합 기능

불법 · 책임 · 형벌이라는 형법적 가치판단을 체계적으로 연결시켜주는 기능이다(체계적 기능). 따라서 행위개념은 구성요건 · 위법성 · 책임에 대해서 중립적이어야 하며, 그 내용은 구체적 실체를 가져야 한다.

(3) 행위론의 내용

① 인과적 행위론

인과적 행위론은 행위자의 내심에 존재하는 모종의 의사와 거동사이에 자연과학적 인과관계가 인정되기만 하면 행위의 존재가 인정되고, 의사의 내용인 고의와 과실은 행위의 요소가 아니라 책임판단의 요소가 되는 것으로 이해한다. 행위의 개념요소로 유의성, 인과성과 거동성을 요구한다. 행위의 개념요소로 거동성을 요구하기 때문에 행위개념에 부작위를 포함시키기 곤란한 면이 있다.

② 목적적행위론

목적적 행위론은 행위는 예견 · 의도된 결과를 실현하기 위하여 인과관계를 조종하여 진행시키는 행위자의 적극적 목적활동이며, 행위자의 의사의 내용인 고의와 과실은 행위의 요소가 된다. 행위의 개념요소로 목적성을 강조하기 때문에 목적성을 갖지 않는 과실범의 행위성을 인정하기 어렵게 된다.

③ 사회적 행위론

사회적 행위론은 형법상 행위를 사회현상의 하나로 파악하여 행위의 사회적 의미에 중점을 둔다. 행위를 "인간의 의사에 의하여 지배되거나 지배가능한 사회적 의미있는 신체작용"으로 이해한다. 행위의 개념요소로 사회적 의미성과 중요성을 들고 있다. 사회적 행위론 작위, 부작위, 고의, 과실행위를 포섭할 수 있다.

2. 구성요건과 구성요건해당성

1) 구성요건과 구성요건해당성

(1) 의의

구성요건이란 '사람을 살해한 자' 등과 같이 형벌을 과하는 근거가 되는 행위의 유형을 추상적으로 기술한 것을 말한다. 구성요건해당성은 구체적인 행위사실이 추상적인 법규정에 해당하게 됨을 말한다

(2) 구성요건 요소

마이어(Max Ernst Mayer)는 구성요건을 위법성의 인식근거로 파악하였다. 구성요건해당성이 인정되는 행위는 위법한 것으로 추정된다는 것이다. 구성요건은 위법성에 대한 추정기능을 가지므로 구성요건해당성은 행위의 위법성에 대한 종국적 판단이 아니라 잠정적 판단에 지나지 않는다. 그러므로 위법성조각사유에 의해서 위법성의 추정은 깨어진다.

오늘날 구성요건요소는 기술적 · 규범적 요소와 객관적 · 주관적 요소로 나누어 볼 수 있다. 구성요건의 기술적(몰가치적) 요소란 가치판단을 거치지 않고 단순한 사실적 인식만으로 확인할 수 있는 요소를 말한다(사람, 살해 등). 규범적 요소는 사실적 인심만으로는 부족하고 규범적 가치판단을 통하여서 확정되는 요소를 말한다(재물의 타인성, 유가증권, 정상의 주의 등).

구성요건의 객관적요소는 행위나 행위자의 외부적 · 객관적 측면이 구성요건의 내용으로 되어 있는 것이다. 행위의 주체, 행위의 태양, 행위의 객체, 행위상황, 결과, 인과관계 등이 이에 속한다. 구성요건의 주관적 요소는 행위자의 정신적 · 심리적 사정이 구성요건의 내용이 된다. 일반적인 주관적 구성요건요소로는 고의, 과실이 있으며, 특수한 주관적 구성요건요소로는 목적범의 목적, 경향범의 경향 등이 있다.

2) 부작위범

(1) 의의

부작위범이란 부작위에 의해 범하는 범죄를 말한다. 즉, 법규범이 요구하는 일정한 행위를 이행하지 않음으로써 성립하는 범죄를 말한다.

(2) 부작위범의 종류

진정부작위범과 부진정부작위범의 구별에 관하여는 형식설과 실질설이 있는데 형식설은 형법규정상 문언의 형식에 따라 구별하는 입장이다. 여기에서는 형식설에 따라 분류하기로 한다.

① 진정부작위범

진정부작위범은 법적으로 요구된 행위의 단순한 불이행이나 거부와 같이, 일정한 부작위 그 자체에 의하여 범죄의 구성요건이 실현되는 경우이다(퇴거불응죄, 다중불해산죄 등). 형법각칙의 구성요건에 '....하지 아니한 자'로 행위의 주체로 규정되어 있는 경우이다.

② 부진정부작위범

부진정부작위범은 구성요건 자체는 작위에 의하여 실현될 것을 예상하고 작위범의 형태로 규정되어 있음에도 불구하고 부작위에 의하여 그 구성요건이 실현되는 것을 말한다. 결과발생 방지의 의무를 지는 자의 '부작위에 의한 작위범'이라고 할 수 있다(살해행위는 엄마가 아이에게 수유하지 않는 것과 같이 부작위에 의해서도 실현됨).

3) 인과관계

(1) 의의

결과의 발생을 구성요건요소로 하는 결과범에 있어서는 구성요건적 실행행위가 원인이 되어 결과가 발생하였을 때에 구성요건이 충족되어 범죄가 기수에 이르게 된다. 여기에서 범죄의 결과가 그에 선행하는 구성요건적 실행행위에 의해 발생된 것이라 판단되는 행위와 결과간의 관계를 인과관계라고 한다. 결과의 발생을 필요로 하지 않는 거동범은 거동 그자체로 범죄가 완성됨으로 인과관계의 문제는 발생하지 않는다.

(2) 인과관계의 범위

① 조건설

조건설은 행위와 결과 사이에 그 행위가 없었다면 결과가 발생하지 않았다고 볼 수 있는 관계가 있을 때 인과관계를 인정하게 된다. 즉 "그 행위가 없었더라면 그 결과가 발생하지 않았을 것이다"라는 콘티치오 공식이 성립되는 모든 경우에 행위와 결과사이에 인과관계가 인정된다고 보는 입장이다. 조건설은 조건설이 가설적 제거절차를 밟는다는 점에서 방법론상 잘못이 있고 가설적 인과관계와 이중적 인과관계의 경우 인과관계를 부정할 뿐 아니라 부작위범의 경우 부작위와 결과 사이의 인과관계도 설명하기 어려우며, 인과관계가 지나치게 확대되는 불합리가 있다(살인자의 출산, 살인자에게 흉기를 판매한 자에게도 인과관계가 인정됨)는 비판을 받는다.

② 상당인과관계설

상당인과관계설은 일상적 생활경험에 비추어 일정한 행위가 있을 경우, 그러한 결과가 발생하는 것이 상당하다고 인정되는 경우에 인과관계를 인정하는 학설이다. 상당인과관계설은 인과연관의 존부와 형사책임의 귀속문제를 포괄하여 해결하고 있는 입장이다.

㉠ 주관적 상당인과관계설 : 주관적 상당인과관계설 : 행위 당시에 행위자가 인식하였거나 인식할 수 있었던 사정을 기초로 하여 상당성을 판단해야 한다는 견해이다. 행위 후에 새롭게 발생하였거나 밝혀진 사정은 판단대상에서 제외된다.

㉡ 객관적 상당인과관계설 : 행위 당시에 객관적으로 존재했던 모든 사정과 행위 후의 사정이라도 행위 당시에 일반적으로 예견할 수 있었던 모든 사정을 종합하여 제3자인 법관의 입장에서 상당성을 판단해야 한다는 견해이다. .

㉢ 절충적 상당인과관계설 : 행위 당시에 일반인이 인식할 수 있었던 사정 및 일반인이 인식할 수 없었던 사정이라도 행위자가 특히 인식하고 있었던 사정을 기초로 하여 상당성을 판단해야 한다는 견해이다.

③ 합법칙적 조건설: 행위가 시간적으로 뒤따르는 외계의 변화에 연결되고 행위와 합법칙적으로 결합되어 구성요건적 결과로 실행되었을 때 합법칙적 조건이 인정된다. 합법칙적 조건설은 인과연관의 존부에 관한 기준이며, 형사책임의 귀속문제는 객관적 귀속이론으로 해결하는 이원론적 입장이다.

4) 고의

(1) 의의

고의라 함은 범죄사실의 인식을 말하며, 행위자가 일정한 범죄사실, 구성요건 사실을 인식하면서도 그 범죄사실을 수행하는 행위로 나아가는 주관적 태도를 말한다. 형법은 “죄의 성립요소인 사실을 인식하지 못한 행위는 벌하지 아니한다(형법 제13조)”라고 규정함으로써 죄의 성립요소인 사실, 즉 구성요건에 해당하는 범죄사실의 인식을 고의라고 정의하고 있다. 오늘날 고의는 구성요건요소와 책임요소의 이중적 기능을 하는 것으로 이해된다. 구성요건요소로서의 고의는 행위자의 ‘인식의 내용’을 의미하며, 책임고의는 ‘인식형성의 동기 내지는 방향’을 의미한다.

(2) 고의의 내용

우리 형법규정상 고의의 내용은 ‘죄의 성립요소인 구성요건적 사실에 대한 인식’ 이다.

① 인식의 대상

고의의 성립을 위해서는 구성요건에 해당하는 범죄사실을 인식함을 요한다. 범죄사실의 인식은 원칙적으로 구성요건 사실의 전부에 대한 인식을 요한다. 예를 들어 공무집행방해죄의 고의가 성립되기 위해서는 상대방이 공무원이고 공무집행 중이며, 그에게 폭행 · 협박을 가한다는 구성요건 사실에 대한 인식이 필요하다. 결과범에 있어서는 결과와 인관관계에 대한 인식도 필요하다. 고의의 성립에 위법성인식이 필요한가에 대하여는 오늘날 위법성인식은 고의와는 분리된 책임요소로로 파악하는 것이 일반적이다.

② 인식의 의미

고의에 있어서 형법 제13조의 '인식'의 의미에 관하여는 인식설, 의사설, 인용설의 학설들이 제기되었다. 인식설은 범죄사실의 인식만 있으면 고의가 성립한다고 본다. 인식설에 의하면 인식있는 과실도 고의로 보게 되어 고의의 범위가 부당하게 광범위하게 된다. 의사설은 고의가 성립하기 위해서는 범죄사실의 인식만으로는 부족하고, 결과발생에 대한 즉 구성요건실현에 대한 의욕 · 희망이 필요하다고 본다. 의사설은 미필적고의를 고의로 볼 수 없게 되어 고의의 범위가 너무 축소되는 결함이 있다.

판례의 입장인 인용설은 행위자가 결과발생을 적극적으로 의욕 · 희망하는 것까지는 요하지 아니하나, 단순한 범죄사실만의 인식만으로는 부족하고 범죄사실을 인식하면서 결과의 발생을 받아드릴 때, 즉 인용할 때에 고의가 성립한다고 한다. 인용설에 따르면 미필적 고의를 고의로 파악할 수 있다.

(3) 고의의 종류

① 확정적 고의

확정적 고의는 구성요건적 결과의 실현을 행위자가 확정적으로 인식하였거나 예견한 경우이다.

② 불확정적 고의

불확정적 고의는 구성요건 결과에 대한 인식 또는 예견이 불명확한 경우를 말한다.이에는 미필적고의, 택일적 고의, 개괄적 고의 등이 있다.

택일적 고의는 결과발생 자체는 확정적이나, 객체가 택일적이어서 그 객체들 가운데 하나에 대해서만 결과가 일어날 수 있는 경우를 말한다. 예를 들어 갑과 을이 나란이 걸어가는데 그

두 사람 가운데 누가 맞아도 좋다고 생각하고 총을 쏘는 경우이다. 개괄적 고의는 결과발생 자체는 확정적이나, 객체가 다수이어서 어느 객체에 그 결과가 일어날 것인지가 불확정적인 경우이다. 예를 들어 군중을 향하여 발포하는 경우이다.

미필적 고의는 행위자가 결과발생을 확정적으로 인식한 것이 아니라 어느 정도의 가능성만을 인식한 데 그친 경우이다. 결과발생을 적극적으로 의욕 · 의도 하지 않았지만 자신의 행위에 따르는 결과발생을 인용 · 긍정한 경우이다. 고의의 의지적 요소인 의사와 지적요소인 인식의 면에서 확정적 고의에 비하여 그 정도가 낮은 경우이다. 행위자가 결과발생의 가능성은 인식하였으나, 결과발생에 대한 의사가 없는 인식있는 과실과는 차이가 있다.

5) 과실

(1) 의의

형법상 과실은 정상의 주의를 태만함으로 인하여 죄의 성립요소인 사실을 인식하지 못한 경우를 말한다(형법 제14조)

과실도 구성요건요소와 책임요소의 이중적 기능을 하는 것으로 이해된다. 구성요건요소로서의 과실은 행위자가 사회일반인의 객관적 주의의무의 수준에 비추어 그러한 주의의무를 태만하여 구성요건의 실현을 인식 · 회피하지 못한 것인지의 여부를 판단하는 것이다.

부주의로 범죄사실을 인식하지 못한 경우의 책임조건을 말한다. 다시 말해서 범죄사실의 인식이 없고 따라서 사실의 발생에 대한 의욕도 없지만 부주의로 인하여 결과를 발생케 하였을 때 성립한다. 예컨대 운전자가 부주의로 인하여 행인을 치어 죽인 경우인데, 이때 살해의 고의는 없으나 부주의로 인하여 살해라는 결과가 발생하였으므로 과실치사죄가 성립한다.

(2) 성립요건

과실범의 일반적 구성요건요소로는 범죄사실의 불인식, 정상의 주의를 태만함, 결과의 발생 등을 들 수 있다.

① 범죄사실의 불인식

과실의 성립에는 죄의 성립요소인 사실 즉, 구성요건에 해당하는 객관적 사실에 대한 인식 · 인용이 없었음을 요한다.

② 주의의무 위반(정상의 주의를 태만함)

과실범이 성립하기 위해서는 범죄사실의 불인식이 행위자가 정상의 주의를 태만함으로 인하여 야기되었음을 요한다. 따라서 과실범이 성립하기 위해서는 기본적으로 범죄사실의 예견·인식이 가능할 것을 요하며, 범죄사실의 예견이 객관적으로 불가능한 경우에는 과실범이 성립되지 않는다.

(3) 과실의 종류

① (일반)과실과 업무상 과실

과실은 요구되는 주의의무의 정도에 따라 (일반)과실과 업무상 과실, 중과실로 나눌 수 있다.

일반의 과실은 보통 일반인의 과실, 업무상 과실은 일정한 업무에 종사하는 자의 그 업무상 특별히 요구되는 주의를 태만히 하는 경우의 과실을 의미한다. (일반)과실에 비하여 형이 가중된다.

② 경과실과 중과실

주의의무의 정도가 보통인 경우의 과실을 경과실, 주의의무의 정도가 큰 경우의 과실은 중과실을 의미한다. 중과실은 주의의무의 중대한 태만의 경우이다. 행위자가 조금만 주의를 하였더라도 요구되는 주의의무를 위반하지 않았을 경솔한 태도를 말한다. 중과실도 (일반)과실에 비하여 형이 가중된다. 형법상 중과실에 의한 범죄는 중실화죄(형법 제171조), 중과실교통방해죄(형법 제189조), 중과실치사상죄(형법 제268조)등이 있다.

③ 인식있는 과실과 인식없는 과실

인식있는 과실은 결과발생의 가능성을 인식하면서도 자신의 구체적인 행위의 경우에는 결과가 발생하지 아니할 것으로 믿는 경우이다. 인식없는 과실은 결과발생의 가능성에 대한 인식도 전혀 없는 경우이다.

(4) 처벌

과실범은 원칙적으로 처벌되지 않으며, 법률에의 특별한 규정이 있는 경우에만 예외적으로 처벌된다. 또한 과실범의 형은 고의범에 비하여 경하다.

3. 위법성

1) 개 념

(1) 의의

범죄의 성립요건으로서의 위법성이라 함은 구성요건에 해당하는 행위가 법적기준에 비추어 허용되지 아니한다는 점을 의미하는 법적반가치성을 말한다.

(2) 위법성과 구성요건해당성

행위가 구성요건에 해당하면 그 행위는 원칙적으로 위법성을 갖는다. 여기서 행위가 구성요건에는 해당하나, 예외적인 사유로 인하여 위법하지 않은 것으로 평가되는 경우가 있을 수 있는데, 이러한 사유를 위법성조각사유라고 한다.

(3) 위법성과 불법

'위법성'은 구성요건에 해당하는 행위와 전체 법질서 사이의 상치의 관계를 갖는 개념이다. 이에 대하여 '불법'은 '위법성이 인정된 구성요건해당행위'를 의미하는 개념이다. 위법성은 순수한 관계개념에 반하여, 불법은 행위를 그 내용으로 포함하고 있는 실질개념이다. 따라서 불법은 행위의 대상 · 수단 · 방식 등에 따라 그 양의 경중이나 질의 차이가 있지만, 위법성은 그 유무, 즉 위법과 적법의 구별이 있을 뿐이다.

(4) 위법성의 평가 방법(주관적 위법성론과 객관적 위법성론)

① 객관적 위법성론(통설)

위법성이란 객관적 평가규범에 대한 위반을 의미한다는 견해로써, 모든 사람이 규범에 수명자가 되므로 개인의 책임능력유무는 고려대상이 되지 아니하므로 책임무능력자의 행위도 위법성이 인정되므로 이에 대한 정당방위가 가능하다.

② 주관적 위법성론

위법성이란 개인의 의사에 직접 영향을 미치기 위한 명령의 형태로 나타나는 주관적인 의사결정규범에 대한 위반을 의미한다는 견해로써 위법성 판단은 책임판단과 결합하여 귀책 가능성이 위법성의 본질이다. 그러므로 책임무능력자는 규범의 수명자가 될 수 없기 때문에 위법한 행위를 할 수 없으므로 이에 대하여 정당방위는 할 수 없고, 긴급피난만이 가능하다.

(5) 위법성조각사유

위법성조각사유란 구성요건에 해당하는 행위가 일정한 요건을 갖춘 경우에 그 행위의 위법성이 부정되는 예외적인 사유를 말한다. 형법상 위법성조각의 사유로는 정당방위, 긴급피난, 피해자의 승낙, 자구행위, 정당행위 등이 있다.

2) 정당방위

(1) 개념

정당방위는 자기 또는 타인의 법익에 대한 현재의 부당한 침해를 방위하기 위한 행위로서 상당한 이유가 있는 행위를 말한다(형법 제21조 1항). 정당방위는 현재의 침해에 대한 사전적 긴급행위라는 면에서 이미 침해된 청구권을 보전하기 위한 사후적 긴급행위인 자구행위와 구별된다.

(2) 성립요건과 효과

정당방위가 성립하기 위하여는 ①자기 또는 타인의 법익에 대한 현재의 부당한 침해, ② 방위행위를 의미하는 방위하기 위한 행위, ③ 방위행위가 상당한 이유가 있을 것 등이다.

자기 또는 타인의 법익에 대한 현재의 부당한 침해를 정당방위상황이라고 한다. '자기'는 방위행위자 자신을 말하며, '타인'은 방위행위자 이외의 자로서 자연인, 법인, 법인 아닌 단체 등을 포함한다. '현재의'란 법익의 침해가 행해지고 있거나 또는 침해가 임박한 긴급의 위험상태를 의미한다. 부당의 의미는 위법한 것으로 이해된다. '방위하기 위한 행위'에 있어서는 구성요건해당행위를 행한다는 방위의사인 주관적 정당화요소가 방위행위자에게 있어야 한다. 주관적 정당화요소로서의 방위의사가 인정되기 위해서는 정당방위상황에 관한 인식과 의사가 필요하다. '상당한 이유'가 인정되기 위해서는 행위 당시의 사정에 비추어 방위행위가 객관적으로 상당한 것으로 판단되어야 한다. 상당한 이유를 판단하는 기준이 되는 요소로는 필요성, 균형성, 보충성, 사회윤리적 적합성 등을 들 수 있다.

(3) 과잉방위와 오상방위

① 과잉방위

과잉방위는 방위행위가 정당방위의 다른 요건은 갖추었으나, 그 정도를 초과하여 상당성을 결한 경우를 말한다. 과잉방위는 상당성을 결하여 부당한 방위행위로 인정되는 경우이다. 특히 방위행위가 야간 또는 기타 불안스러운 상황 하에서 공포, 경악, 흥분 또는 당황으로 인한 때에는 책임이 조각되어 벌하지 아니한다(형법 제21조 3항)

② 오상방위

오상방위는 객관적으로 정당방위의 요건(정당방위상황)이 구비되어 있지 않음에도 불구하고 주관적으로 그것이 존재하는 것으로 오인하여 행하는 방위행위를 말한다. 오상방위는 정당방위에 해당하지 않으므로 행위의 위법성이 조각되지 아니한다. 이는 행위자가 자기 행위의 위법성을 인식하지 못한 경우로서, 위법성조각사유의 전제사실에 관한 착오에 해당한다.

3) 긴급피난

(1) 개념

긴급피난은 자기 또는 타인의 법익에 대한 현재의 위난을 피하기 위한 행위로 상당한 이유가 있는 때에는 이를 처벌하지 아니한다(형법 제22조 1항). 예를 들어 광견의 공격을 피하기 위하여 부득이 무단으로 타인의 주거에 침입한 경우이다. 긴급피난은 법익에 대한 현재의 위난을 피하기 위하여 그 위난의 발생원인의 정 · 부정과는 관계없이 타인의 법익을 침해하는 것으로 정 대 정의 관계에서도 인정 될 수 있다.

(2) 성립요건과 효과

긴급피난이 성립하기 위해서는 ① 긴급피난상황으로서의 '자기 또는 타인의 법익에 대한 현재의 위난', ② 피난행위를 의미하는 '피하기 위한 행위', ③ 상당한 이유가 있어야 한다.

'자기'는 피난행위자 자신을 말하며, '타인'은 피난행위자 이외의 자로서 자연인, 법인, 법인 아닌 단체 등을 포함한다. 법익은 법적으로 보호되는 이익을 가리키는 것으로서, 보호의 필요성과 가치가 인정되어야 한다. '현재의' 위난이란 그 위난이 발생한 상태이거나 바로 발생할 것으로 예견되는 경우이다. 긴급피난은 정 대 정의 경우에도 성립되므로 그 인정범위는 정당방위에 비하여 좁다고 보아야 할 것이다. 따라서 피난행위에 의하여 보호되는 이익이 피난행위에 의해 침해되는 이익보다 본질적으로 우월해야 하며(균형성원칙). 위난을 피할 수 있는 다른 수단이 존재할 때에는 긴급피난이 허용되지 않는다(보충성원칙). 긴급피난이 성립하면 피난행위는 위법성이 조각되어 무죄가 된다.

(3) 과잉피난과 오상피난

① 과잉피난

과잉피난은 피난행위의 상당성이 인정되지 못하는 경우이므로, 그 피난행위는 위법하다. 다만 정황에 의하여 행위자의 책임이 감경 또는 조각되어 형을 감 경 또는 면제할 수 있다(형법 제22조 3항). 특히 피난행위가 야간 또는 기타 불안스러운 상황 하에서 공포, 경악, 흥분 또는 당황으로 인한 때에는 책임이 조각되어 벌하지 아니한다(형법 제22조 3항, 제21조 3항).

② 오상피난

오상피난은 객관적으로 긴급피난의 요건이 구비되어 있지 않음에도 불구하고, 주관적으로 이를 구비했다고 오신하고 피난행위로 나아간 경우를 말한다. 즉, 현재의 위난이 존재하지 아니하는 상황인데도 불구하고 존재한다고 오신하여 피난행위로 나아간 경우이다. 오상피난은 긴급피난이 아니므로 위법성이 조각되지 않는다. 이는 행위자가 자기 행위의 위법성을 인식하지 못한 경우로서 위법성조각사유의 전제사실에 관한 착오에 해당한다. 제한적 책임설에 따르면 구성요건착오에 준하여 '오상'에 관한 행위자의 과실 유무에 따라 과실범의 성립여부만이 문제된다.

4) 피해자의 승낙에 의한 행위

(1) 의의

피해자의 승낙은 법익의 처분권자가 타인에 대하여 자신의 법익을 침해할 수 있도록 허용한다는 것이다.

우리 형법의 해석에 있어서 침해행위의 위법성을 조각하는 '승락'과 구성요건해당성을 조각하는 '양해'의 구별을 긍정하는 견해에 따르면, 법익의 가치가 개인의 의사와 독립해서는 존재의의가 약한 경우의 패하자의 동의는 양해로서 구성요건해당성조각사유이지만, 법익의 가치가 개인의 의사를 초월해서 공동체를 위해서도 중요한 비중을 갖고 있는 경우의 피해자의 동의는 승낙으로서 위법성조각사유가 된다고 이해한다.

(2) 성립요건과 효과

피해자의 승낙에 의해 법익을 훼손한 행위가 처벌되지 않기 위해서는 ① 처분할 수 있는 자의 승낙, ② 승낙에 의한 침해행위, ③ 법률에 특별한 규정이 없을 것의 요건을 충족하여야 한다. 처분할 수 잇는 자란 법적으로 보호되고 있는 법익의 주체를 원칙적으로 말한다. 타인의 법익에 대하여는 그 법익에 대한 처분권을 승낙자가 가지고 있는 경우를 제외하고는 원칙적으로 인정되지 않는다. 여기서의 법익은 개인적 법익만을 의미하며, 사회적 법익과 국가적 법익에 대한 침해는 승락에 의하여 위법성이 조각될 수 없다. 사회적 법익과 개인적 법익을 동시에 보호하는 성격의 범죄에 있어서 피해자의 승낙이 있는 경우에는 개인적 법익에 관한 부분은 위법성이 조각된다.[10] 개인적 법익이라 할지라도 가장 중요한 법익인 생명에 대한 침해인 살인과 낙태의 경우에는 피해자의 승낙이 있더라도, 승낙에 의한 행위 자체가 범죄의 구성요건으로 되어 있는 경우에는 처벌(촉탁 · 승낙에 의한 살인죄, 동의낙태죄)된다.

승낙의 의사표시는 판단능력을 갖고 있는 자의 자유로운 의사에 의하여 진지하게 행하여졌을 것을 요한다. 유아, 정신병자의 의사표시, 기망이나 강요에 의한 의사표시 등은 유효한 승낙에 해당하지 않는다.

5) 자구행위

(1) 의의

자구행위는 법정절차에 의하여 청구권을 보전하기 불능한 경우에 그 청구권의 실행불능 또는 현저한 실행곤란을 피하기 위한 상당한 행위를 의미한다(형법 제23조 1항). 자구행위는 정당방위와 같이 부당한 침해에 대하여 행해지는 긴급행위로서 '부정 대 정'의 관계에서 인정되는 위법성조각사유이다. 정당방위는 현재의 침해를 피하기 위한 사전적 구제행위임에 대하여 자구행위는 침해가 발생된 이후에 행해지는 사후적 구제행위이다. 긴급피난은 사전적 구제행위이며, '정 대 정'의 관계에서도 인정되는 행위라는 점에서 자구행위와 구별된다. 긴급피난은 타인의 법익을 보호하기 위해서도 인정되지만, 자구행위는 자신의 청구권의 보전을 위해서만 인정된다.

---

10) 예를 들어, 타인소유 일반물건의 방화에 대해서 소유자의 승낙이 있는 경우에 자기소유 일반물건방화죄가 성립된다.

(2) 성립요건과 효과

자구행위가 성립하기 위해서는 ① 자구행위 상황으로서 '법정절차에 의하여 청구권을 보전하기 불능할 것', ②자구행위인 '청구권의 실행불능 또는 현저한 실행곤란을 피하기 위한 행위', ③ 상당한 이유의 요건을 갖추어야 한다.

여기서의 청구권은 재산적 청구권(채권적 · 물권적 청구권 불문)과 비재산적 청구권(무채 재산권, 인격권, 친족권, 상속권)이 포함된다. 단, 원상회복이 불가능한 생명 · 신체 · 자유 · 정조 · 명예는 포함되지 않는다. 타인의 청구권을 위한 자구행위는 인정되지 아니하나, 청구권자로부터 실행행위를 위임받은 경우에는 가능하다. 그리고 법문에는 불법한 침해라고 명시되어 있지 않으나, 침해된 권리를 보전하기 위한 행위이므로, 불법한 침해가 있어야 한다.

법정절차에 의한 청구권 보전의 불능이라 함은 법정절차에 의한 청구권 보전이 불가능한 긴급사정과 즉시 자력으로 구제하지 않으면 청구권의 실행이 불가능하거나 현저히 곤란해지는 긴급사정까지 존재함을 의미한다. 다만, 충분한 인적 · 물적 담보가 확보되어 있는 때에는 청구권의 실행이 가능하므로 자구행위를 할 수 없다.

자구행위는 위법성조각사유이므로 자구행위가 성립하면 위법성이 조각되어 무죄이다.

6) 정당행위

(1) 의의

정당행위란 법령에 의한 행위, 또는 업무로 인한 행위, 기타 사회상규에 위배되지 아니하는 행위로 위법성이 조각되어 벌하지 아니한다(형법 제20조)

정당행위는 개별적인 위법성조각사유 이외의 모든 가능한 초법규적 위법성조각사유를 포괄한 일반적 위법성조각사유이다. 그러므로 어떤 행위가 개별적인 위법성조각사유에 해당되지 않더라도 그 행위의 최종적 위법성조각사유의 여부에 대한 판단은 정당행위로 판단할 수 있다.

(2) 내용

① 법령에 의한 행위

법령에 의한 행위라 함은 법령에 근거한 행위 내지 법령의 집행을 위하여 행하여지는 행위를 발한다.

㉠ 공무원의 직무집행행위

공무원이 법령상 요구된 직무를 집행하기 위하여 행하는 행위로서 형법상 구성요건해당성이 인정된 경우이다. 민사소송법상 강제집행행위, 형사소송법상 강제처분 및 형의 집행행위, 경찰관직무집행법상의 불심검문 등이 있다.

㉡ 징계행위

법령에 명시된 징계행위는 사회상규에 위배되지 않는 한 위법성이 조각된다. 예를 들어 친권자의 징계행위(민법 제915조), 각급학교장의 징계행위(초 · 중등교육법 제18조, 고등교육법 제13조), 소년원장, 소년분류심사원장의 징계행위(보호소년 등의 처우에 관한 법률 제15조 1항)등이 해당된다.

㉢ 현행범인의 체포

현행범인은 누구든지 영장없이 체포할 수 있다(형사소송법 제212조). 따라서 사인이 현행범인을 체포하더라도 체포죄(형법 제276조)로 처벌되지 않는다.

㉣ 노동쟁의행위

쟁의행위는 노동조합과 사용자 또는 사용자 단체 간에 임금 · 근로시간 · 복지 · 기타 대우 등 근로조건의 결정에 관나한 주장의 불일치로 인하여 발생한 분쟁상태인 노동쟁위에 있어서 파업 · 태업 · 직장폐쇄 기타 노동관계 당사자가 그 주장을 관철할 목적으로 행하는 행위와 이에 대항하는 행위로서 업무의 정상적인 운영을 저해하는 행위를 말한다(노동조합 및 노동관계조정법 제2조 5호,6호).

② 업무로 인한 행위

업무로 인한 행위란 사람이 사회생활상의 지위에 따라 계속 · 반복의 의사로 종사하는 사무의 수행으로서 행해지는 행위를 말한다. 업무는 타인의 위법한 가치로부터 보호할 가치가 있으면 되고, 그 업무의 기초가 된 계약이나 행정해위 등이 반드시 적법하여야 하는 것은 아니다. 업무로 인한 행위에는 의사의 치료행위, 성직자와 변호사의 업무상 행위 등이 있다.

③ 기타 사회상규에 위배되지 않는 행위

사회상규에 위배되지 않는 행위는 법질서 전체의 정신이나 그 배후에 있는 사회윤리 내지 사회통념에 비추어 용인될 수 있는 행위를 말한다. 여기에서 사회상규는 국가의 법질서 전체를 기초로 국민일반의 사회생활상의 건전한 윤리감정, 규범의식을 의미한다. 사회상규에 위배되지 않는 행위로 인정되기 위해서는 행위의 동기나 목적의 정당성, 행위의 수단이나 방법의 상당성, 보호이익과 침해이익의 균형성, 그 행위이외에 다른 수단이나 방법이 없는 보충성, 긴급성 등의 요건을 갖추어야 한다. 법령에 의한 행위, 업무로 인한 행위에 해당하지 아니한 경우에도 '사회상규에 위배되지 않는 행위'로서 위법성이 조각될 수 있다. 예를 들어 의사 아닌 자의 무면허 치료 · 시술행위도 그 목적과 방법 · 정도가 사회상규에 위배되지 않는 한 구체적인 상황에 따라 위법성이 조각될 수 있다.

4. 책임

1) 의의

형법상 책임이란 위법한 행위를 한 자에 대하여 가하여지는 주관적 · 인격적 비난가능성을 말한다. 형법상 책임이 인정되기 위해서는 행위자에게 책임능력이 있어야 하고, 책임형식으로서의 고의 · 과실과 위법성에 대한 인식 및 인식가능성, 적법행위에 대한 기대가능성 등이 갖추어져야 한다.

2) 책임의 근거

형법상 책임은 인간의 의사결정의 자유를 근거로 한다. 행위자에게 자신의 의사에 따라 범죄아닌 적법한 다른 행위를 선택 · 결정할 수 있는 능력과 기회가 있을 때에만 범죄행위에 대하여 행위자를 비난할 수 있기 때문이다. 이러한 점이 형법상 책임의 근거의 문제이며, 도의적 책임론, 사회적 책임론, 도의적 책임론이 논의되고 있다.

(1) 도의적 책임론

도의적 책임론에서는 책임을 위법행위를 한 행위자에 대하여 도의적으로 비난하기 위한 요건 즉 '도의적 비난가능성'으로 이해한다. 도의적 책임론은 자유의사를 전제로 하는 구파(고전학파)의 입장으로, 모든 개인은 자유의사를 갖는다는 전제아래 행위자는 그 자유로운 의사결정에 기하여 위법한 행위를 하였기 때문에 도의적 비난을 받는다고 본다. 도의적 책임론에서는 책임의 근거를 자유의사에 두었기 때문에 자유의사가 없는 책임무능력자는 범죄무능력자로서 그에게는 형벌을 과할 수 없다고 본다. 따라서 도의적 책임론에서는 책임능력은 범죄능력을 의미하며, 책임무능력자에게 부과되는 보안처분과 책임능력자에게 부과되는 형벌의 질적차이를 인정하게 된다.

(2) 사회적 책임론

사회적책임론은 형법상의 책임의 근거를 인간의 반사회적 성격에서 찾는다. 즉 반사회적인 위험한 성격을 갖고 있는 행위자가 사회방위처분을 받아야할 지위를 책임으로 이해한다. 범죄론에 있어서는 주관주의, 형벌론에 있어서는 목적형주의와 결합되는 책임론으로 근대학파의 입장이다.

사회적 책임론은 책임을 행위자를 사회적으로 비난하기 위한 요건으로 이해하며, 행위자에 대한 사회방위처분을 하기 위한 요건으로 파악한다. 사회적 책임론은 행위자의 반사회적 성격을 책임의 기초로 파악함으로 책임무능력자라도 반사회적 성격이 인정되면 사회방위처분의 대상이 된다. 따라서 책임능력은 형벌에 의한 범죄행위자의 개선가능성을 의미하는 형벌능력으로 의미하게 되고, 형벌과 보안처분은 그 대상을 달리할 뿐 사회방위 수단인 점에서는 차이가 없다.

(3) 인격적 책임론

인격적책임론은 인간이 소질과 환경의 제약을 받으면서도 기본적으로는 일정한 의사결정과 행동의 자유를 가지는 것으로 본다. 인격적 책임론은 인간이 소질과 환경 그 자체를 어느 정도까지 지배할 수 있다고 보는 주체적 · 인격적 인간관을 전제하고 있으며, 행위자의 구체적 행위 뿐만 아니라 그 배후에 잠재된 인격도 책임의 기초로 이해하고 있다.

3) 책임능력

(1) 의의

책임능력이라함은 행위자가 스스로 사물을 변별하고 의사를 결정 할 수 있는 능력을 말한다. 그러므로 책임능력은 자기가 하고자 하는 행위가 어떤 의미를 가지고 있는지를 통찰할 수 있는 사물변별능력(지적요소)과 이러한 통찰에 맞추어 자기의 의사를 결정할 수 있는 의사결정능력(의사적요소)을 포함한다.

(2) 책임무능력자

책임무능력자는 책임능력을 전혀 갖추지 못하여 책임이 조각되는 자를 말한다. 우리 형법상만 14세가 되지 아니한 형사미성년자(형법 제9조)와 심신상실자가 여기에 해당한다. 심신상실자는 심신장애로 인하여 사물을 변별할 능력이 없거나, 의사를 결정할 능력이 없는 자를 말한다(형법 제 10조 1항).

(3) 한정책임능력자

한정책임능력자라 함은 완전한 책임능력을 갖추지 못하여 책임이 감경되는 자를 말한다. 심신미약자와 농아자가 여기에 해당한다. 심신미약자는 심신장애로 인하여 사물을 변별할 능력이나 의사를 결정할 능력이 미약한 자이다(형법 제10조 2항). 농아자는 농자인 동시에 아자인 자, 즉 청각기능과 언어기능이 모두 결여된 자를 말한다(형법제 11조).

4) 위법성 인식

위법성의 인식이란 행위자가 자신의 행위의 위법에 관하여 인식하고 있음을 의미한다. 위법성의 인식이 인정됨에 있어서 행위자가 자신의 행위를 금지하고 있는 구체적인 법규정을 알고 있음을 요구하지는 않는다. 자신의 행위가 전체 법질서의 관점에서 허용되지 않는다는 점에 관한 인식이 있으면 족하다. 다수의 견해인 제한적 책임설에 따르면 위법성의 인식은 원칙적으로 책임의 요소로 기능하지만, 예외적으로 '위법성조각사유의 전제사실의 착오'에 있어서는 고의의 요소로 기능하여 위법성의 인식이 없는 경우 고의가 조각될 수 있다고 본다.

5) 기대가능성

기대가능성이란 행위 당시의 구체적인 사정하에서 행위자에게 위법한 행위를 피하고 적법행위를 할 것을 기대할 수 있는 가능성을 말한다. 책임능력자가 고의 또는 과실로 범죄행위를 하였을 경우에도 기대가능성이 없으면 그 책임이 조각된다. 형법상의 기대불가능성을 이유로 한 책임조각사유는 강요된 행위(형법 제12조), 과잉방위(형법 제21조 3항), 과잉피난(형법 제22조 3항, 제21조 3항), 친족간의 범인은닉과 증거인멸(형법 제151조 2항) 등이 있다.

6) 고의 · 과실(책임요소)

오늘날 고의는 구성요건요소와 책임요소의 이중적 기능을 하는 것으로 이해된다. 구성요건요소로서의 고의는 행위자의 '인식의 내용'을 의미하며, 책임고의는 '인식형성의 동기 내지는 방향'을 의미한다. 구성요건요소로서의 고의의 심사에 있어서는 행위자의 인식내용이 무엇인가를 밝혀 그 행위에 적용될 구성요건을 가려내게 된다. 책임고의에 있어서는 그 행위자가 행위당시의 상황에서 그러한 내용의 인식, 즉 고의를 갖게 된 주관적 사정을 심사하는 것이다. 행위자가 적법한 다른 방향의 인식을 갖지 못하고 굳이 그러한 구성요건고의를 갖게 된 데 대한 비난가능성이 책임고의이다.

과실도 구성요건요소와 책임요소의 이중적 기능을 하는 것으로 이해된다. 구성요건요소로서의 과실은 행위자가 사회일반인의 객관적 주의의무의 수준에 비추어 그러한 주의의무를 태만하여 구성요건의 실현을 인식 · 회피하지 못한 것인지의 여부를 판단하는 것이다. 책임요소로서의 과실은 그 행위자가 구성요건실현행위 당시의 상황에서 자신의 주의의무를 태만하게 된 동기나 개인적 주의능력 등의 주관적 사정을 심사하게 된다.

5. 미수론

1) 미수범 의의

범죄의 실행에 착수하여 행위를 종료하지 못하였거나 결과가 발생하지 아니한 때, 이를 미수범이라 한다(형법 제25조). 범죄의 준비로서의 음모 · 예비는 범죄실행의 착수이전의 단계이며, 미수와 기수는 범죄실행의 착수 이후의 단계이다.미수는 예비 · 음모와 구별된다. 음모는 범죄실현을 위한 단독 또는 2인 이상의 심적준비를 말하고, 예비는 범죄를 실현하기 위한 일체의 준비행위로서 실행의 착수에 이르지 않는 단계를 말한다. 중요한 법익에 대해서는 예외적으로 범죄행위를 위한 음모나 예비만으로도 법익침해의 위험성이 야기될 수 있으므로 음모나 예비가 처벌된다(형법 제28조, 제90조 1항).

미수범은 형법 각 조문에 처벌규정이 있는 경우에 한하여 처벌되며, 기수보다 형이 감경될 수 있다. 미수범에는 장애미수, 중지미수, 불능미수가 있는데 이 중에서 장애미수를 좁은 의미의 미수라하고 한다.

2) 장애미수

협의의 미수범인 장애미수는 범죄의 실행에 착수하여 자신의 의사에 반하여 행위를 종료하지 못하였거나 결과가 발생하지 아니한 경우이다. 장애미수의 성립요건은 주관적 요건인 고의와 객관적 요건인 범죄의 실행의 착수, 범죄의 미완성의 세가지로 이루어졌다.

범죄의 미완성에는 행위를 종료하지 못한 경우인 착수미수와, 행위는 종료하였어도 결과가 발생하지 아니한 경우인 실행미수로 나뉜다. 착수미수는 행위를 종료하지 못한 것으로서 범죄의 실행에 착수하였으나 실행행위 자체를 종료하지 못한 경우이다. 예를 들어 총으로 사람을 살해하려고 하였으나, 타인에 의해 제지되어 살해하지 못한 경우이다. 실행미수는 범죄의 실행에 착수하여 실행행위는 종료하였으나, 결과가 발생하지 않은 경우이다. 사람을 살해하려고 총을 발사하였지만 명중하지 않았거나, 사망의 결과가 발생하지 않은 경우이다. 미수범은 법률에 처벌규정이 있는 경우에만 처벌되며, 그 형은 기수범보다 감경될 수 있다(형법 제29조, 제25조 2항) 장애미수는 임의적 장애사유이다.

3) 중지미수

중지미수는 범죄의 실행에 착수한 자가 범죄의 완성에 이르기 전에 자의로 실행행위를 중지하거나, 그 행위로 인한 결과의 발생을 방지한 경우이다(형법 제26조). 범죄의 미완성이 외적 장애가 아닌 행위자의 자의에 기인하고 있다는 점에서 장애미수와 구별된다. 중지미수에 있어서는 행위자의 형을 감경 또는 면제한다. 행위자의 형을 반드시 감경 또는 면제해야 하는 형의 필요적 감면사유이다.

4) 불능미수

불능미수는 범죄실행의 수단 또는 대상의 착오로 인하여 구성요건적 결과의 발생은 불가능하지만 그 위험성은 인정되는 미수범이다.

범죄의 실행에 착수하였으나 행위 그 자체의 성질상 또는 행위의 대상인 객체의 성질상 결과의 발생이 불가능한 경우를 말한다. 예를 들어 독약을 먹인다는 것이 실수하여 사탕을 먹였다든가(수단의 착오), 임신하지 않는 부녀를 임신하였다고 착각하여 낙태수술을 하는 경우(대상의 착오)가 이에 속한다. 불능미수가 성립하기 위해서는 고의에 의한 실행의 착수, 실행의 수단 또는 대상의 착오로 인한 결과발생의 불가능, 위험성의 요건을 갖추어야 한다. 불능범은 처벌하지 않는 것이 원칙이지만 위험성이 있는 경우에는 그 형을 감경 또는 면제한다(제27조). 불능미수는 임의적 감면사유이다.

6. 정범 및 공범론

1) 공범의 의의

공범이란 수인이 공동으로 하나의 범죄구성요건을 실현하는 것이다. 형법상의 범죄구성요건은 원칙적으로 정범 1인에 의해 범죄가 실현되는 단독범을 전제로 하고 있으며, 하나의 범죄구성요건을 수인이 공동으로 실현하는 경우에 발생하는 특수한 문제가 공범이다. 공범은 광의의 공범과 협의의 공범으로 나뉜다. 광의의 공범은 공동정범, 간접정범, 교사범, 종범 등 모두 포함하는 개념이다. 협의의 공범은 광의의 공범 중 정범에 해당하는 공동정범과 간접정범을 제외한 본래적 의미의 공범인 교사범과 종범만을 의미한다.

2) 공범의 종류

공범의 종류에는 수인이 공동하지 않으면 범죄가 성립될 수 없는 경우를 필요적 공범(내란죄, 도박죄, 소요죄 등)이라 하며, 단독으로 구성될 수 있는 범죄에 대하여 두사람 이상이 공동하는 것을 임의적 공범이라 한다. 일반적으로 공범이라고 할 때는 임의적 공범을 가리킨다(제30조 이하의 공범). 임의적 공범은 다시 공동정범 · 교사범 · 종범 등으로 구분된다(제30조).

① 공동정범

공동정범이란 2인 이상이 공동으로 범죄를 실행하는 것을 의미한다. 주관적으로는 범죄의 실행을 공동으로 한다는 의사의 존재가 필요하고, 객관적으로는 실행 행위의 공동이라는 사실의 존재가 필요하다. 공동정범은 각자를 그 죄의 정범으로 처벌한다.

② 교사범

교사범이란 타인을 교사하여 범죄를 실행하게 하는 경우이다. 교사범이 성립하기 위해서는 타인을 교사함을 요하고, 피교사자가 교사에 의하여 범죄의 실행을 결의하고 또 이 결의에 의하여 범죄의 실행으로 나오는 것이 필요하다. 교사범은 범죄를 실행한 자와 동일한 형으로 처벌한다.

③ 종범

타인의 범죄실행을 방조하는 경우를 말하고, 방조범이라고도 한다. 종범이 성립하기 위하여는 먼저 방조행위가 있어야 하고, 다음으로 정범, 즉 피방조자가 범죄의 실행행위를 할 것이 필요하다. 종범의 형은 정범의 형보다 감경한다. 필요적 감경사유이다.

3) 동시범

(1) 동시범의 의의

동시범은 2인 이상이 상호 의사의 연락 없이 동일한 객체에 대하여 구성요건적 결과를 실현하는 것을 말한다. 동시범은 2인 이상의 행위가 결합된 범죄라는 점에서 단독범과 구별되고, 상호의사의 연락이 없다는 점에서 공동정범과 구별된다.

(2) 동시범의 요건

형법 제19조의 규정과 관련하여 미수범으로 취급되는 동시범의 요건은 다음과 같다.

첫째, 2인 이상의 실행행위가 있어야 한다. 여기서의 행위는 실행행위를 의미하며, 예비 · 음모는 포함되지 않는다.

둘째, 행위자들 사이에는 범행을 공동으로 실행하려는 의사의 연락이 없어야 한다.

셋째, 행위의 객체가 동일할 것을 요한다. 행위의 장소와 시간이 반드시 동일할 필요는 없다.

(3) 동시범의 처벌

동시범에 있어서 원인된 행위가 판명된 경우에는 각인의 행위가 고의이건 과실이건 관계없이 각자는 자신의 책임의 한도내에서 독립하여 정범으로 책임을 진다. 원인된 행위가 판명되지 않은 경우, 고의행위와 고의행위가 경합된 때에는 각인을 미수범으로 처벌한다. 상해죄의 동시범인 경우에 원인된 행위가 판명되지 않은 경우에는 각자를 공동정범의 예에 의하여 처벌한다. 경합된 각인의 행위가 모두 고의의 기수범으로 처벌된다.

4) 간접정범

간접정범은 실행행위로 인하여 처벌되지 않거나 또는 과실범으로 처벌되는 타인을 이용하여 범죄를 실행하는 경우이다). 일반적으로 책임무능력자 또는 고의 없는 자(생명 있는 도구)를 이용하여 범죄를 실행하는 경우를 말한다. 예를 들어 정신병자를 충동하여 어린아이를 살해하게 하거나, 사정을 모르는 간호사에세 독약을 주어 환자를 살해하게 하는 것이다. 우리 형법은 어느 행위로 처벌되지 아니하는 자 또는 과실범으로 처벌되는 자를 교사 또는 방조하여 범죄행의의 결과를 발생하게 한 자는 교사 또는 방조의 예에 따라 처벌하고 있다(형법 제34조 1항)

7. 죄수론

1) 죄수론의 의의

죄수론은 범죄의 개수가 1개인가 또는 수개인가의 문제에 관한 이론이다. 죄수론에서는 1인에 의한 행위의 죄수문제를 다룬다는 점에서 하나의 범죄에 수인이 가담한 경우에 있어서 가담한 자들의 죄를 논하는 공범론과는 구별된다. 죄수론에서는 동일인의 행위가 일죄인가 수죄인가의 문제와 일죄의 경우, 순수한 형태의 일죄인 단순일죄인가 또는 처분상 · 과형상 일죄인지를 논한다. 범죄의 개수는 형법의 적용과 형사소송법상의 공소제기의 효력이나 판결의 확정력의 범위와 관련하여 중요한 의미를 가진다.

2) 죄수결정의 표준

형법은 명문으로 죄수결정의 표준에 관하여 규정하지 않고 있으며, 판례도 개별적 범죄유형에 있어서 사실관계의 구체적 상황에 따라 죄수결정의 표준을 달리하고 있다.

(1) 행위표준설

범죄는 기본적으로 행위에 의하여 수행되는 것이므로 자연적 의미 또는 법적 · 사회적 의미의 '행위'의 개수를 표준으로 하여 범죄의 개수를 결정하여야 한다고 본다. 행위표준설에서는 행위가 1개이면 범죄도 1개, 행위가 수개이면 범죄도 수개이다.

(2) 법익표준설

범죄의 개수를 범죄의 본질이 법익침해라는 관점에서 침해되는 법익의 수에 따라 결정한다.

(3) 의사표준설

범죄의사의 수를 표준으로 하여 죄수를 결정한다. 행위자의 의사의 수가 하나이면 일죄, 수개이면 수죄라고 본다.

(4) 구성요건표준설

행위자의 행위에 의한 구성요건 충족의 회수에 따라 실정법의 측면에서 죄수를 결정한다. 구성요건을 1회 충족하면 일죄, 2회 충족하면 두 개의 죄가 된다.

3) 상상적 경합범

(1) 의의

상상적 경합이란 1개의 행위가 수개의 죄에 해당하는 경우를 말한다(형법 제40조). 예를 들어, 한발의 탄환으로 수인을 살해하는 경우(동종류의 상상적 경합) 또는 한발의 탄환으로 사람을 살해하고 동시에 타인의 재물을 손괴하는 경우(이종류의 상상적 경합)가 있다. 상상적 경합은 1개의 행위가 수개의 죄에 해당되는 것이나, 실체적 경합은 수개의 행위가 수개의 죄에 해당하는 것이라는 점에서 차이가 있다.

(2) 처벌

상상적 경합에 있어서 행위자는 가장 중한 죄에 정한 형으로 처벌된다. 상상적 경합범은 실질적으로 수죄이나 그것이 1개의 행위로 인하였다는 점에 기인하여 과형상(또는 처분상)의 일죄로서 가장 중한 형으로 처벌된다. 따라서 상상적 경합의 관계에 있는 수죄 중 하나에 관하여 공소가 제기되면 나머지 범죄에 대해서도 공소제기의 효력이 미친다. 가장 중한 죄에 정한 형이란 법정형이 중한 것을 의미한다.

4) 실체적 경합범

(1) 의의

범죄의 실체적 경합은 1인이 범한 판결이 확정되지 아니한 수개의 죄(동시적 경합범)와 금고이상의 형에 처한 판결이 확정된 죄와 그 판결확정 전에 범한 죄(사후적 경합범)의 관계를 말한다. 동시적 경합범이 성립되기 위해서는 수개의 죄는 모두 판결이 확정되지 않아야 하며, 수개의 죄는 모두 기소되어 동시에 판결이 되어야 한다. 사후적 경합범이 성립되기 위해서는 판결이 확정된 죄와 그 판결이 확정되기 전에 범한 죄의 경우이어야 한다.

(2) 처벌

① 동시적 경합범의 경우

㉠ 가중주의(원칙)

사형 · 무기징역 · 무기금고 이외의 동종의 형인 때에는 가장 중한 죄에 정한 형의 장기 또는 다액의 2분의 1까지 가중(형법 제38조, 1항 2호).

㉡ 흡수주의

가장 중한 죄에 정한 형이 사형 · 무기징역 · 무기금고인 때에는 가장 중한 죄에 정한 형으로 처벌(형법 제38조, 1항 1호).

㉢ 병과주의

각죄에 정한 형이 무기징역이나 무기금고 이외의 이종의 형인 때에는 병과(형법 제38조, 1항 3호)

② 사후적 경합범의 경우

㉠ 판결을 받지 아니한 경합범 : 그 죄에 대하여 형을 선고

㉡ 수개의 판결과 처벌 : 경합범을 병합하여 동시에 판결할 경우의 처벌례에 따라 집행

5) 누범

(1) 의의

형법은 금고 이상의 형을 받아 그 집행을 종료하거나 면제를 받은 후 3년 이내에 금고 이상에 해당하는 죄를 범한 자를 누범으로 규정하고 있다(형법 제35조).

(2) 성립요건

전범과 후범이 모두 금고 이상의 형에 해당하여야 하고, 전범의 형집행의 종료 또는 면제 후 3년 내에 금고이상에 해당하는 후범을 범하여야 한다.

(3) 처벌

누범(후범)의 형은 그 죄에 정한 형의 장기의 2배까지 가중한다(형법 제35조 2항). 따라서 누범의 처단형은 그 죄에 정한 장기의 2배 이하로 된다. 가중되는 것은 장기이며, 단기는 가중되지 않는다. 단 가중되더라도 장기는 50년을 초과 할 수 없다(형법 제42조 단서).

제3절 형벌론

1. 형벌의 의의와 종류

1) 형벌의 의의

형벌이란 범죄행위에 대한 법률상 효과로서 국가가 범죄인에 대하여 부과하는 법익 박탈의 처분이다. 형벌은 범죄에 대한 응보로서의 의미를 기본적으로 가지며, 사회일반인을 위하 · 경고하여 범죄를 방지하는 일반예방적 기능을 수행한다. 형벌은 국가가 범죄행위자에 대하여 권력으로써 강행하는 제재이므로 사인 간에 발생하는 손해배상이나 친자 · 사제간의 징계 등과 구별되며, 범죄에 대하여 과하는 것이므로(법률없으면 형벌없다) 행정법상의 의무위반에 대한 제재인 행정벌이나 특별권력관계에 있는 자에 대한 제재인 징계벌 등과 구별된다.

2) 형벌의 종류

(1) 일반적인 분류

① 박탈하는 법익에 따른 분류

형벌이 박탈하는 법익을 기준으로 하여, 형벌은 생명형, 자유형, 명예형, 재산형으로 분류된다. 사형은 생명을 박탈하는 형벌이므로, 생명형에 해당한다. 자유형에는 징역, 금고, 구류가 있다. 명예형에는 자격상실과 자격정지가 있으며, 자격형이라고도 한다.

재산형에는 벌금, 과료, 몰수가 있다.

② 부가성 여부에 따른 분류

형벌의 부가성 여부에 따라 분류가 가능하다. 독립적으로 그 형만을 선고할 수 있는 것을 주형이라 하고, 주형에 부가하여서만 선고될 수 있는 것을 부가형이라 한다. 몰수는 명문규정에 의하여 부가형에 해당한다(형법 제49조). 자격상실은 특별히 재판에 의해 독립적으로 그 형만 따로 선고되는 것이 아니고, 다른 일정한 형이 확정되면 그 형의 효력으로서 당연히 소정의 자격이 상실되는 것이기에 주형으로서의 성격을 갖는다고 보기 힘들다. 몰수와 자격상실 이외의 형벌은 모두 주형에 해당한다.

(2) 형법상의 형벌

① 사형

사형은 수형자의 생명을 박탈하는 형벌이다. 형벌 중 가장 중한 것으로 극형이라고도 한다.

형법은 내란죄, 외환유치죄. 현주건조물 등 방화치사죄, 살인죄, 강간 등 살인죄 범행시 18세 미만인 자에게는 사형 또는 무기형을 과하지 아니하며(소년법 제59조), 사형은 교정시설의 사형장에서 교수하여 집행한다(형의 집행 및 수용자의 처우에 관한 법률 제91조 1항). 사형은 법무부장관의 명령에 의하여 집행하며, 사형집행의 명령은 판결이 확정된 날로부터 6월이내에 하여야 한다(형사소송법 제463조, 제465조 1항).

② 징역, 금고, 구류

형법상 자유형으로 징역, 금고, 구류가 있다. 신체의 자유를 박탈 하는 형벌이다. 징역은 수형자를 형무소내에 구치하여 정역에 복무하게 하는 형벌이다(형법 제67조)

징역은 무기 또는 유기로 하고, 유기는 1개월 이상 30년 이하로 한다. 단 가중할 때에는 50년까지이다. 무기징역을 감경할 때에는 10년 이상 50년 이하의 징역으로 한다(형법 제67조) 유기징역을 감경할 때에는 그 형기의 2분의 1로 한다(형법 제55조 1항 3호). 금고의 형을 받은 자는 정역에 복무하지 않고 형무소에 구치하는 점에서 징역과 구별된다. 행형상 수형자의 신청이 있는 경우에는 작업을 과할 수 있다. 구류는 수형자를 형무소에 구치하는 형벌로서 형의 내용은 금고와 같으나 그 기간이 1일 이상 30일 미만이다. 구류의 형을 받은자는 형법상 정역에 복무하게 하지 않으나, 행형상 수형자의 신청이 있는 경우에는 작업을 과할 수 있다.

③ 자격상실, 자격정지

자격상실과 자격정지는 수형자의 일정한 자격을 상실 또는 정지시키는 것을 내용으로 하는 형벌이다. 수형자의 사회생활상의 명예를 박탈 · 제한한다는 점에서 명예형 또는 자격형이라고 한다. 자격상실은 형법이외의 다른 법률은 규정을 두고 있지 않다.

사형 · 무기징역 또는 무기금고의 판결을 받은 자는 공무원이 되는 자격, 공법상 선거권과 피선거권, 법률로 요건을 정한 공법상 업무에 관한 자격, 법인의 이사 · 감사 또는 지배인 기타 법인의 업무에 관한 검사역이나 재산관리인이 되는 자격을 상실한다(형법 제43조 1항). 자격상실을 감경할 때에는 7년 이상의 자격정지로 한다(형법 제55조 1항).

자격정지는 수형자의 일정한 자격을 일시 정지시키는 것을 내용으로 하는 형벌이다. 자격정지는 일정한 자격이 당연히 정지하는 경우와 선고에 의하여 정지되는 경우가 있다. 유기징역 또는 유기금고의 판결을 받은 자는 그 형의 집행이 종료하거나 면제될 때까지 공무원이 되는 자격, 공법상 선거권과 피선거권, 법률로 요건을 정한 공법상 업무에 관한 자격이 당연히 정지된다. 자격의 당연정지는 자유형이 집행되는 경우에 있어서 자유형의 집행의 효율성을 높이고 그 행형상의 목적을 달성하기 위한 제도이다.

판결의 선고로써 자격정지를 부과하는 경우에는 공무원이 되는 자격, 공법상 선거권과 피선거권, 법률로 요건을 정한 공법상 업무에 관한 자격의 전부 또는 일부를 1년 이상 15년 이하의 기간동안 정지한다.

④ 벌금, 과료, 몰수

벌금, 과료, 몰수는 수형자로부터 일정한 재산을 박탈하는 것을 내용으로 하는 형벌이다.

재산의 박탁을 내용으로 하기에 재산형이라고도 한다.

벌금은 수형자에 대하여 일정한 금전상의 지급의무를 강제적으로 부과하는 형벌이다. 과료는 액수와 노역장 유치기간에서 벌금과 차이가 있다. 벌금과 과료는 금전상의 지급의무를 부과하는 채권적 효력을 가지지만, 몰수는 일정한 물건에 대한 소유권을 국가에 귀속시키는 물권적 효력을 가진다.

벌금은 5만원 이상으로 하며, 감경할 때에는 그 다액의 2분의 1로 한다. 벌금을 감경할 때에는 5만원 미만으로 할 수 있다(형법 제45조 단서). 벌금을 납입하지 아니한 자는 1일 이상 3년 이하의 노역장에 유치하여 작업에 복무하게 할 수 있다(형법 제70조 1항). 과료는 2천원 이상 5만원 미만으로 한다. 과료를 감액할 때에는 그 다액의 2분의 1로 한다. 과료를 납입하지 아니한 자는 1일 이상 30일 미만의 노역장에 유치하여 작업에 복무하게 할 수 있다(형법 제69조 2항).

몰수는 범죄행위와 관련된 일정한 재산권을 박탈하여 국가에 귀속시키는 것을 내용으로 하는 형벌이다. 범인 이외의 자의 소유에 속하지 아니하거나 범죄 후 범인이외의 자가 정을 알면서 취득한 물건으로서 범죄행위에 제공하였거나 제공하려고 한 물건과 범죄행위로 인하여 발생하거나 이로 인하여 취득한 물건 또는 이러한 물건의 대가로 취득한 물건이 몰수의 대상이며, 그 전부 또는 일부를 몰수할 수 있다.(형법 제48조 1항). 추징은 몰수대상인 믈건의 전부 또는 일부를 몰수하기 불능한 때에 몰수에 대신하여 그 가액의 납부를 명함으로써 몰수의 취지를 관철하기 위한 제도이다.

2. 형의 선고유예

1) 의의

형의 선고유예는 형을 선고하여야 할 경우에 그 범정이 경미한 범인에 대하여 그 선고를 유예하였다가 일정한 기간이 지나면 면소된 것으로 하는 제도이다. 형의 선고유예는 형벌을 선고하지는 않지만 유죄판결의 일종이다.

2) 요건

1년 이하의 징역이나 금고, 자격정지 또는 벌금의 형을 선고할 경우에 양형의 조건에 관한 형법 제51조의 사항을 참작하여 개전의 정상(情狀)이 현저한 때에는 그 선고를 유예할 수 있다. 자격정지 이상의 형을 받은 전과가 없는 초범자일것이 요구된다. 개전의 정상(情狀)이 현저하다는 것은 피고인에게 형을 선고하지 않아도 재범의 위험성이 없다고 인정되는 것을 의미하며, 이에 대한 판단은 법원의 재량사항이다. 판결선고시를 기준으로 개전의 정상이 현저할 것을 요한다.

3) 효과

선고유예의 판결을 받은 날로부터 자격정지 이상의 형의 선고를 받음이 없이 2년을 경과한 때에는 면소된 것으로 간주한다(형법 제60조). 면소는 소추나 처벌의 필요성이 인정되지 않는 일정한 경우에 판결로서 선고되는 것이다.

형의 선고유예를 받은 자가 유예기간 중 자격정지 이상의 형에 처한 판결이 확정되거나 자격정지 이상의 형에 처한 전과가 발견된 때에는 그 유예한 형을 선고한다(형법 제61조). 이 경우 형의 선고는 필요적이므로 법원은 유예한 형을 반드시 선고하여야 한다.

3. 형의 집행유예

1) 의의

형의 집행유예는 유죄판결을 하면서도 그 형의 집행을 일정한 기간 동안 유예하고, 유예기간동안 집행유예의 취소 또는 실효됨이 없이 그 기간을 무사히 경과하면 형의 선고가 효력을 잃어 형의 선고가 없었던 것 같이 취급되는 제도이다.

2) 요건

3년 이하의 징역이나 금고, 500만원이하의 벌금의 형을 선고할 경우에 양형의 조건에 관한 형법 제51조의 사항을 참작하여 그 정상에 참작할 만한 사유가 있는 때에는 형의 집행을 유예할 수 있다. 다만 금고 이상의 형을 선고한 판결이 확정된 때부터 그 집행을 종료하거나 집행이 면제된 후 3년까지의 기간에 범한 죄에 대하여 형을 선고하는 경우에는 형의 집행을 유예할 수 없다.

3) 효과

집행유예의 기간은 1년 이상 5년 이하이다. 집행유예 선고의 실효 또는 취소됨이 없이 유예기간을 경과하면 형의 선고는 효력을 상실한다(형법 제65조). 처음부터 형의 선고가 없었던 것으로 된다.

형의 집행을 유예하는 경우에는 보호관찰을 면하거나 사회봉사 또는 수강을 명할 수 있다.보호관찰, 사회봉사 · 수강명령은 법원의 재량사항이다.

4) 실효, 취소

(1) 실효

집행유예의 선고를 받은 자가 유예기간 중 금고 이상의 형을 선고를 받아 그 판결이 확정된 때에는 집행유예의 선고는 효력을 상실한다(형법 제63조). 집행유예의 선고가 실효되면 선고된 실형이 집행되게 된다.

(2) 취소

집행유예의 선고를 받은 후, 금고 이상의 형을 선고받아 집행을 종료한 후 또는 집행이 면제된 후로부터 3년을 경과하지 아니한 자라는 것이 발각된 때에는 집행유예의 선고를 취소한다(형법 제64조 1항). 제64조 1항의 집행유예의 취소는 필요적이다.

보호관찰이나 사회봉사 또는 수강을 명한 집행유예를 받은 자가 그 준수사항이나 명령을 위반하고 또 그 위반의 정도가 무거운 때에는 집행유예의 선고를 취소할 수 있다(형법 제64조 2항).제64조 2항의 집행유예의 취소는 임의적이다.

4. 가석방

1) 의의

가석방은 자유형의 집행 중에 있는 자가 수형생활을 통하여 그 행장이 양호하여 개전의 정이 현저한 때에, 형기의 만료전이라도 일정한 시기에 이를 임시로 석방하고 그 후 실효 또는 취소됨이 없이 일정한 기간을 경과하면 형의 집행을 종료한 것으로 보는 행정처분이다(형법 제72조 1항).

2) 요건

징역 또는 금고의 집행 중에 있는 자가 그 행장이 양호하여 개전의 정이 현저한 때에는 무기에 있어서는 20년, 유기에 있어서는 형기의 3분의 1을 경과한 후 행정처분으로 가석방을 할 수 있다. 소년범의 경우에는 무기형의 경우에는 5년, 15년 유기형의 경우에는 3년, 부정기형의 경우에는 단기의 3분의1을 경과하여야 한다(소년법 제65조). 벌금 또는 과료의 병과가 있는 때에는 그 금약을 완납하여야 한다(제72조 제2항). 벌금 또는 과료에 관한 노역장유치기간에 산입된 판결선고 전 구금일수는 그에 해당하는 금액이 납입된 것으로 간주한다(형법 제73조 2항)

가석방의 적격 여부는 형법상의 요건을 갖춘 수형자에 대하여 법무부장관소속하의 가석방심사위원회가 심사하며, 동 위원회가 가석방적격결정을 한 때에는 법무부장관에게 가석방허가를 신청하여야 하며, 그 신청이 적정하다고 인정되는 때에는 법무부장관은 가석방을 허가 할 수 있다(형의 집행 및 수용자의 처우에 관한 법률 제119 내지 122조).

3) 효과

가석방의 처분을 받은 후 처분이 실효 또는 취소되지 아니하고 가석방 기간을 경과한대에는 형의 집행을 종료한 것으로 본다. 가석방의 기간은 무기형에 있어서는 10년, 유기형에 있어서는 남은 형기로 하되 그 기간은 10년을 초과할 수 없다.

가석방된 자는 가석방기간 중 보호관찰을 받는다. 선고유예나 집행유예의 경우에 보호관찰이 임의적인 것과 달리, 가석방기간 동안에는 필요적으로 보호관찰이 개시된다.

4) 실효, 취소

(1) 실효

가석방 중 금고 이상의 형의 선고를 받아 그 판결이 확정된 때에는 가석방처분은 효력이 상실된다. 다만, 과실로 인한 죄로 형의 선고를 받았을 때에는 예외로 취급되어 그 죄로 금고 이상의 형의 판결이 확정되어도 가석방처분은 그대로 유효하게 된다(형법 제74조).

(2) 취소

가석방의 처분을 받은 자가 감시에 관한 규칙에 위반하거나 또는 보호관찰의 준수사항을 위반하고 그 정도가 무거운 때에는 가석방의 처분을 취소할 수 있다.(형법 제75조).

가석방이 실효되거나 취소되는 경우에는 가석방 당시의 잔여형기의 형이 집행된다. 이 경우, 가석방 중의 일수는 형기에 산입되지 않는다.

제4절 형법각칙

1. 개인적 법익에 대한 죄

1) 생명과 신체에 관한 죄

(1) 살인의 죄

살인의 죄는 사람을 살해함으로써 그 생명을 침해하는 것을 내용으로 하는 범죄이다. 살인의 죄의 보호법익은 사람의 생명이며, 보호의 정도는 침해범으로서의 보호이다.

살인의 죄에는 살인죄, 존속살해죄, 영아살해죄, 촉탁 · 승낙에 의한 살인죄, 자살관여죄, 위계 · 위력에 의한 살인죄 등이 있다.

(2) 상해와 폭행의 죄

상해와 폭행의 죄는 사람의 신체에 대한 침해를 내용으로 하는 범죄이다. 상해의 죄의 보호법익은 사람의 신체의 건강이며, 보호의 정도는 침해범으로서의 보호이다. 폭행의 죄의 보호법익은 사람의 신체의 안전이며, 보호의 정도는 형식범으로서의 보호이다.

이에 관한 죄로는 상해죄, 존속상해죄, 중상해죄, 존속중상해죄, 상해치사죄, 존속상해치사죄, 특수폭행죄 등이 있다.

(3) 과실치사상의 죄

과실치사상의 죄는 과실로 인하여 사람을 사망에 이르게 하거나 사람의 신체를 상해하는 것을 내용으로 하는 범죄이다. 과실치사죄는 사람의 생명을, 과실치상죄는 사람의 신체의 건강을 보호법익으로 한다. 보호의 정도는 침해범으로서의 보호이다.

과실로 인하여 타인을 사상에 이르게 함으로써 성립하는 죄로 과실상해죄, 과실치사죄, 업무상과실치사상죄, 중과실치사상죄 등이 있다.

(4) 낙태의 죄

낙태의 죄는 태아를 자연분반기에 앞서서 인위적으로 모체밖으로 배출하거나 태아를 모체내에서 살해하는 것을 내용으로 하는 범죄이다.

태아를 모체로부터 자연의 분만기 전에 분리하는 행위에 의하여 성립되는 죄로 자기낙태죄, 동의낙태죄, 부동의낙태죄, 업무상낙태죄, 낙태치사상죄 등이 있다.

(5) 유기와 학대의 죄

유기의 죄는 노유 · 질병 기타 사유로 인하여 부조를 요하는 자를 보호할 의무가 있는 자가 유기하는 것을 내용으로 하는 범죄이다. 학대의 죄는 자기의 보호 또는 감독을 받는 사람을 학대함으로써 성립하는 범죄이다. 유기와 학대의 죄에는 단순유기죄, 존속유기죄, 영아유기죄, 존속학대죄 등이 있다.

2) 자유에 관한 죄

(1) 체포와 감금의 죄

체포와 감금의 죄는 사람을 불법하게 체포 또는 감금함으로써 신체적 활동의 자유를 침해하는 것을 내용으로 하는 범죄이다. 체포와 감금의 죄의 보호법익은 사람의 신체활동의 자유, 즉 일정한 장소에서 떠날 수 있는 자유이며, 잠재적 자유를 의미한다. 보호의 정도는 침해범으로서의 보호이다. 체포와 감금의 죄에는 체포 · 감금죄, 존속체포 · 감금죄, 체포 · 감금치사상죄 등이 있다.

(2) 협박의 죄

협박의 죄는 해악을 고지함으로써 개인의 의사결정의 자유를 침해하는 것을 내용으로 하는 범죄이다. 보호의 정도에는 위험범이라는 견해와 침해범이라는 견해가 대립되어 있다. 우리 형법은 미수범처벌 규정을 두고 있지만, 판례는 위험범으로 보고 있다.

협박의 죄에는 단순협박죄, 존속협박죄, 특수협박죄 등이 있다.

(3) 약취와 유인의 죄

사람을 약취 또는 유인하는 죄이다. 폭행, 협박을 수단으로 하는 경우는 약취이고 기망 · 유혹을 수단으로 하는 경우는 유인이다. 이에는 미성년자를 약취 · 유인하는 미성년자약취 · 유인죄를 비롯하여 영리약취 · 유인죄, 부녀매매죄, 약취 · 유인매매죄, 국외이송죄, 결혼약취 · 유인죄 등이 있다.

(4) 강간과 추행의 죄

강간과 추행의 죄는 개인의 성적 자유를 침해하는 범죄이다. 보호법익은 개인의 성적 자기결정의 자유이고, 보호의 정도는 침해범이며 친고죄는 아니다.

강간과 추행의 죄에는 강간죄, 유사강간죄, 준강간 · 준강제추행죄, 강제추행죄, 미성년자의제 강간 · 의제강제추행죄, 미성년자간음죄, 피감호자간음죄, 피구금자간음죄, 강간 등 상해 · 치상죄, 강간 등 살인 · 치사죄 등이 이 있다.

3) 명예 · 신용 · 업무에 관한 죄

(1) 명예에 관한 죄

명예에 관한 죄는 공연히 사실을 적시하여 사람의 명예를 훼손하거나 사람을 모욕하는 것을 내용으로 하는 범죄이다. 보호법익으로서의 명예는 외적명예이며, 개인의 진가와는 관계없이 사람의 인격적 가치에 대해서 타인에 의해 일반적으로 주어지는 사회적 평가를 말한다. 명예에 관한 죄에는 명예훼손죄, 출판물에 의한 명예훼손죄, 모욕죄 등이 있다.

(2) 신용 · 업무와 경매에 관한 죄

신용 · 업무와 경매에 관한 죄는 사람의 신용을 훼손하거나, 업무를 방해하거나, 경매 · 입찰의 공정성을 침해하는 것을 내용으로 하는 범죄이다. 신용훼손죄는 신용을, 업무방해죄는 업무를, 경매 · 입찰방해죄는 경매 · 입찰의 공정성을 보호법익으로 하며, 보호의 정도는 추상적 위험범으로서의 보호이다. 신용 · 업무와 경매에 관한 죄에는 신용훼손죄, 업무방해죄, 경매입찰방해죄, 컴퓨터업무방해죄 등이 있다.

4) 사생활의 평온에 대한 죄

(1) 비밀침해의 죄

비밀침해의 죄는 개인의 사생활에 있어서의 비밀을 침해하는 것을 내용으로 하는 범죄이다. 비밀침해의 죄에는 비밀침해죄, 업무상 비밀누설죄 등이 있다.

(2) 주거침입의 죄

주거침입의 죄는 사람의 주거 또는 관리하는 장소의 평온과 안전을 침해하는 것을 내용으로 하는 범죄이다. 판례는 본죄의 보호법익을 그 주거를 지배하고 있는 공동생활자 모두의 사실상의 평온이라고 본다. 주거침입의 죄에는 주거침입죄, 퇴거불응죄, 특수주거침입죄, 주거 · 신체수색죄 등이 있다.

5) 재산에 관한 죄

(1) 절도에 관한 죄

절도의 죄란 타인의 재물을 절취할 것을 내용으로 하는 범죄이다. 절도의 죄의 주된 보호법익은 소유권이지만 부차적으로 평온한 점유도 보호법익이라고 본다.

절도의 죄에는 절도죄, 야간주거침입절도죄, 상습절도죄, 자동차 등 불법사용죄 등이 있다.

(2) 강도의 죄

강도의 죄는 폭행 또는 협박으로 타인의 재물을 강취하거나 기타 재산상의 이익을 취득하거나 제3자로 하여금 취득하게 하는 것을 내용으로 하는 범죄이다. 강도죄의 주된 보호법익은 재산권이나, 폭행 · 협박을 수단으로 하므로 신체의 완전성 및 개인의 자유도 보호법익이 된다. 강도의 죄에는 단순강도죄, 특수강도죄, 강도상해죄, 강도치사죄, 강도상해치사상죄, 강도살인죄, 강도강간죄, 준강도죄, 인질강도죄 등이 있다.

(3) 사기의 죄

사기의 죄는 사람을 기망하여 재물을 편취하거나 재산상의 이익을 얻거나, 또는 제3자로 하여금 재물의 교부를 받게 하거나 재산상의 이익을 얻게 함으로써 성립하는 범죄이다. 사기죄의 보호법익은 전체로서의 재산권이다. 사기의 죄에는 사기죄, 상습사기죄, 컴퓨터 등 사용사기죄, 준사기죄, 부당이득죄 등이 있다.

(4) 공갈의 죄

공갈의 죄는 사람을 공갈하여 재물의 교부를 받거나 재산상의 이익을 얻거나, 또는 제3자로 하여금 재물의 교부를 받게 하거나 재산상의 이익을 얻게 함으로써 성립하는 죄이다. 사기죄의 경우에는 처분행위자가 처분행위로 인하여 재산상의 손해가 발생하리라는 점을 인식하지 못한 무의식적인 자손행위이고, 공갈죄의 경우에는 의식적인 자손행위이다. 공갈죄는 재산권 이외에 피공갈자의 의사결정의 자유도 부차적인 보호법익이 된다.

(5) 횡령의 죄

횡령의 죄는 자기가 보관하는 타인의 재물이나 점유이탈물을 불법하게 영득하는 범죄이다. 횡령죄는 개개의 재물에 대한 위탁관계를 기초로 한 재물죄이며, 배임죄는 재산상의 이익을 침해하는 순수한 이득죄이다. 횡령의 죄에는 단순횡령죄, 업무상횡령죄, 점유이탈물횡령죄 등이 있다.

(6) 배임의 죄

배임의 죄는 타인의 사무를 처리하는 자가 배임행위에 의하여 재산상의 이익을 취득하거나 제3자로 하여금 이를 취득하게 하여 본인에게 손해를 가하는 것을 내용으로 하는 범죄이다. 보호법익은 전체로서의 재산권이다. 배임의 죄에는 배임죄, 업무상 배임죄, 배임수재죄, 배임증재죄 등이 있다.

(7) 장물에 관한 죄

장물의 죄는 재산죄에 의하여 불법으로 영득한 재물을 취득 · 양여 · 운반 · 보관 또는 알선함으로써 성립하는 범죄이다. 여기서 장물이 발생한 원인이 되는 범죄 또는 그 범인을 본범이라고 한다. 장물의 죄에는 장물취득 · 양도 · 운반 · 보관 · 알선죄, 상습장물죄, 업무상과실 · 중과실 장물죄 등이 있다.

(8) 손괴의 죄

손괴의 죄는 타인의 재물, 문서 또는 전자기록 등 특수매체기록을 손괴 또는 은닉 기타 방법으로 그 효용을 해하는 범죄이다. 재물손괴죄는 소유권이 이용가치를, 공익건조물파괴죄는 공익건조물의 이용에 대한 일반인의 이익을, 경계침범죄는 토지경계의 명확성을 보호법익으로 한다.

(9) 권리행사를 방해하는 죄

권리행사를 방해하는 죄는 타인의 점유 또는 권리의 목적이 된 자기의 물건에 대한 타인의 권리행사를 방하거나, 강제집행을 면할 목적으로 채권자를 해하는 범죄이다. 권리행사방해죄의 보호법익은 용익물권 · 담보물권 등의 제한물권과 채권이다. 점유강취죄의 보호법익은 제한물권과 자유권이다. 강제집행면탈죄의 보호법익은 채권자의 채권이다. 권리행사를 방해하는 죄에는 권리행사방해죄, 점유강취죄 · 준점유강취죄, 강제집행면탈죄, 중권리행사방해죄 등이다.

2. 사회적 법익에 대한 죄

1) 공공의 안전과 평온에 관한 죄

(1) 공안을 해하는 죄

공안을 해하는 죄는 공공의 안전과 평온을 해하는 것을 내용으로 하는 범죄이다. 공안을 해하는 죄는 공공의 안전과 평온을 보호법익으로 하는 사회적 법익에 관한 죄이다. 보호의 정도는 추상적 위험범으로서의 보호이다.

공안을 해하는 죄에는 범죄단체 등 조직죄, 소요죄, 다중불해산죄, 전시공수계약불이행죄, 공무원자격사칭죄 등이 있다.

(2) 폭발물에 관한 죄

폭발물에 관한 죄는 폭발물을 사용하여 사람의 생명 · 신체 또는 재산을 해하거나 기타 공안을 문란케 하는 범죄이다. 폭발물에 관한 죄의 보호법익은 공공의 안전과 평온이다. 폭발물에 관한 죄에는 폭발물사용죄, 전시폭발물사용죄, 전시폭발물제조 · 수입 · 수출 · 수수 · 소지죄 등이다.

(3) 방화와 실화의 죄

방화죄와 실화죄는 고의 또는 과실로 불을 놓아 건조물 등을 소훼하는 것을 내용으로 하는 범죄이다. 방화죄의 보호법익은 공공의 안전이라는 사회전체의 이익이지만 부차적으로 개인의 재산권도 보호법익으로 본다.

방화죄와 실화죄에는 타인소유일반물건방화죄, 현주건조물 등 방화죄 , 공용건조물방화죄, 타인소유일반물건에 대한 방화죄, 자기소유소유일반물건에 대한 방화죄, 현주건조물방화치사상죄, 연소죄 등이 있다.

(4) 일수와 수리에 관한 죄(제177조~제184조)

일수의 죄는 고의 또는 과실로 수해를 일으켜 공공의 안전을 해하는 것을 내용으로 하는 범죄이다. 수리방해죄는 수리권의 침해를 내용으로 하는 범죄이다. 일수의 죄의 주된 보호법익은 공공의 안전이지만, 부차적으로는 개인의 재산권도 보호법익이다.

(5) 교통방해의 죄(제185조~제191조)

교통방해의 죄는 육로 · 수로 · 교량을 손괴 또는 불통하게 하거나 기타 방법으로 교통을 방해함으로써 성립한다. 교통방해의 죄에는 일반교통방해죄, 기차 · 선박 등 교통방해죄, 기차 등 전복죄, 교통방해치사상죄 등이 있다.

2) 공공의 신용에 관한 죄

(1) 통화에 관한 죄

통화에 관한 죄는 행사할 목적으로 통화를 위조 · 변조하거나, 위조 · 변조한 통화를 행사 · 수입 · 수출 또는 취득하거나 통화유사물을 제조 · 수입 · 수출 · 판매하는 것이다. 보호법익은 통화에 대한 공공의 신용과 안전이다. 통화에 관한 죄에는 내국통화위조 · 변조죄, 내국유통외국통화위조죄 · 변조죄, 위조통화행사죄, 위조통화취득죄, 통화물유사물제조죄, 위조통화취득후지정행사죄 등이 있다.

(2) 유가증권 · 수표와 인지에 관한 죄

유가증권에 관한 죄는 행사할 목적으로 유가증권을 위조 · 변조 또는 허위작성하거나 위조 · 변조 · 허위작성한 유가증권을 행사 · 수입 · 수출하는 것을 내용으로 하는 범죄이다. 보호법익은 유가증권에 관한 공공의 신용과 거래의 안전이다. 유가증권에 관한 죄에는 유가증권 위조 · 변조죄, 자격모용 유가증권 작성죄, 허위 유가증권 작성죄, 위조유가증권 등 행사죄, 인지 · 우표 위조 · 변조죄, 위조 인지 · 우표행사죄 등이 있다.

(3) 문서에 관한 죄(제225조~제237조)

문서에 관한 죄는 행사할 목적으로 문서를 위조 · 변조하거나 허위의 문서를 작성하거나, 위조 · 변조 · 허위 작성된 문서를 행사하거나 문서를 부정행사하는 것을 내용으로 하는 범죄이다. 보호법익은 문서의 진정에 대한 공공의 신용이다. 문서에 관한 죄에는 사문서위조 · 변조죄, 자격모용에 의한 사문서작성죄, 사전자기록 위작 · 변작죄, 공문서 위조 · 변조죄, 자격모용에 의한 공문서작성죄, 공전자기록 위작 · 변작죄, 허위진단서 등 작성죄, 허위공문서 작성죄, 공정증서원본부실기재죄, 위조사문서 등행사죄, 위조공문서 등 행사죄, 사문서부정행사죄, 공문서부정행사죄 등이 있다.

(4) 인장에 관한 죄

인장에 관한 죄는 행사할 목적으로 인장 · 서명 · 기명 · 기호를 위조 또는 부정 사용하거나 위조 또는 부정 사용한 인장 · 서명 · 기명 · 기호를 행사함으로써 성립하는 범죄이다. 인장에 관한 죄의 보호법익은 인정 등의 진정에 대한 공공의 신용이다. 인장에 관한 죄에는 사인위조죄, 위조사인 행사죄, 공인위조죄, 위조 공인행사죄 등이 있다.

3) 공중의 건강에 관한 죄

(1) 음용수에 관한 죄

음용수에 관한 죄는 사람의 음용에 사용하는 정수 또는 그 수원에 오물 · 독물 기타 건강을 해치는 물건을 넣거나, 수도 기타 시설을 손괴하거나 불통시켜 공중의 음용수이용과 안전을 위태롭게 하는 것을 내용으로 하는 범죄이다. 음용수에 관한 죄는 공중의 건강을 보호법익으로 한다. 음용수에 관한 죄에는 음료수사용방해죄, 음용수유해물 혼입죄, 수도음용수 사용방해죄, 수도불통죄, 음용수혼독 치사상죄 등이 있다.

(2) 아편에 관한 죄

아편에 관한 죄는 아편을 흡식하거나 아편 또는 아편흡식기구를 제조아편 · 몰핀 또는 제조 · 수입 또는 판매할 목적으로 소지하는 범죄이다.

아편에 관한 죄에는 아편흡식죄, 아편 등 제조 · 수입 · 판매 또는 판매목적 소지죄, 아편흡식기장소제공죄 등이 있다.

4) 사회의 도덕에 관한 죄

(1) 성풍속에 관한 죄

성풍속에 관한 죄는 성생활에 관련되는 성도덕 내지 성풍속을 해하는 행위를 내용으로 하는 범죄이다. 성풍속에 관한 죄에는 음행매개죄, 음화 등 반포 · 판매 · 임대 · 공연전시죄, 공연음

란죄 등이 있다.

(2) 신앙에 관한 죄(제158조~제163조)

신앙에 관한 죄는 공중의 종교생활의 평온과 종교감정을 침해하는 것을 내용으로 하는 범죄이다. 사회풍속으로서의 종교감정과 종교생활의 평온을 보호법익으로 한다.

신앙에 관한 죄에는 장례식 등 방해죄, 사체 등 오욕죄, 분묘발굴죄, 사체 등 영득죄. 변사체 검시 방해죄 등이 있다.

(3) 도박과 복표에 관한 죄(제246조~제249조)

도박과 복표에 관한 죄는 도박하거나 도박을 개장하거나 복표를 발매 · 중개 또는 취득하는 것을 내용으로 하는 범죄이다. 보호법익은 국민일반의 건전한 근로관념과 공공의 미충양속, 사회의 경제도덕이다. 도박과 복표에 관한 죄에는 도박죄, 상습도박죄, 도박장소 등 개설죄 등이 있다.

3. 국가적 법익에 대한 죄

1) 국가의 존립과 권위에 대한 죄

(1) 내란의 죄

내란의 죄는 국가의 내부로부터 헌법의 기본질서를 침해하여 국가의 존립을 위태롭게하는 범죄이다. 내란의 죄에는 내란죄, 내란목적 살인죄 등이 있다.

(2) 외환의 죄

외환의 죄는 외환을 유치하거나 대한민국에 항적하거나 적국에 이익을 제공하여 국가의 안전을 위태롭게 하는 범죄이다. 외환의 죄에는 외환유치죄, 여적죄, 일반이적죄, 간첩죄, 모병이적죄, 시설제공이적죄, 시설파괴이적죄, 물건제공이적죄 등이 있다.

(3) 국교에 관한 죄

국교에 관한 죄는 국제법상 보호되는 외국의 이익을 침해함으로서 외국과ㄴ의 국교관계를 해하고 우리나라의 대외적 지위를 위태롭게 하는 범죄이다. 대한민국에 온 외국의 원수나 외교사절에 대하여 폭행 · 협박 · 모욕 또는 명예를 훼손하거나, 외국에 모욕할 목적으로 그 나라의 공용에 공하는 국기나 국장을 손상 제거 또는 오욕하거나, 외국에 대해서 사전(私戰)하거나, 외국간의 교전시에 중립에 관한 명령에 위반하거나, 외교상의 기밀을 누설하는 등의 죄이다.

(4) 국기에 관한 죄

국기에 관한 죄는 대한민국을 모욕할 목적으로 국기 또는 국장을 손상 · 제거 · 오욕 또는 비방하는 범죄이다. 국가의 권위와 대외적 체면을 보호법익으로 한다.

2) 국가의 기능에 대한 죄

(1) 공무원의 직무에 관한 죄

공무원의 직무에 관한 죄는 공무원이 직무를 위배하거나 직권을 남용하는 행위와 뇌물을 수수하는 행위를 내용으로 하는 범죄이다. 보호법익은 국가의 기능이다. 공무원의 직무에 관한 죄에는 직무유기죄, 피의사실공표죄, 공무상 비밀누설죄, 직권남용죄, 불법체포 · 감금죄, 폭행 · 가혹행위죄, 선거방해죄, 수뢰죄, 사전수뢰죄, 수뢰후 부정처사죄, 부정처사 후 수뢰죄, 제3자 뇌물공여죄, 사후수뢰죄 등이 있다.

(2) 공무방해에 관한 죄

공무방해에 관한 죄는 국가 또는 공공기관의 공권력행사를 방해하는 범죄이다. 공무원의 직무집행을 방해하는 죄이다. 공무방해에 관한 죄는 국가 또는 공공기관의 기능적 작용으로서의 공무 그 자체를 보호법익으로 한다. 공무방해에 관한 죄에는 공무집행방해죄, 직무 · 사직강요죄, 위계에 의한 공무집행방해죄, 공용물 파괴죄, 공무상보관물 무효죄, 부동산강제집행효용침해죄 등이 있다.

(3) 도주와 범인은닉의 죄

도주의 죄는 법률에 의하여 체포 · 구금된 자가 스스로 도주하거나, 타인이 범인의 도주에 관여하는 범죄이다. 범인은닉의 죄는 벌금이상의 형에 해당하는 죄를 범한 자를 은닉 · 도피하게 하는 범죄이다. 도주의 죄에는 도주죄, 집합명령위반죄, 특수도주죄, 도주원조죄, 범인은닉의 죄에는 범인 은닉 · 도피죄가 있다.

(4) 위증과 증거인멸의 죄

위증의 죄는 법률에 의하여 선서한 증인이 허위의 진술을 하거나, 법률에 의하여 선서한 감정인 · 통역인 · 번역인이 허위의 증언 · 감정 · 번역을 하는 것을 내용으로 하는 범죄이다. 증거인멸의 죄는 타인의 형사사건 또는 징계사건에 관한 증거를 인멸 · 은닉 · 위조 또는 변조하거나 위조 또는 변조한 증거를 사용하거나, 타인의 형사사건 또는 징계사건에 관한 증인을 은닉 또는 도피하게 하여 국가의 심판기능을 방해하는 범죄이다. 위증의 죄에는 위증죄, 모해위증죄, 허위감정 · 통역 · 번역죄, 증거인멸의 죄에는 증거인멸죄, 증인은닉 · 도피죄, 모해증거인멸죄 등이 있다.

(5) 무고의 죄

무고의 죄는 국가의 심판 작용의 공정을 침해하는 것을 내용으로 하는 범죄로 타인으로 하여금 형사처분 또는 징역처분을 받게 할 목적으로 공무소 또는 공무원에 대하여 허위의 사실을 신고함으로써 성립하는 목적범죄이다.

기출문제(경비지도사 시험 중심)

1. 형법의 의의에 관하여 올바른 기술은?
① 형법은 반사회적 행위와 그에 대한 제재를 정한 법률이다.
② 형법은 범죄와 그에 대한 제재를 정한 법률이다.
③ 형법은 범죄와 형벌 및 보안처분을 규정한 법률이다.
④ 형법은 반사회적 행위인 범죄와 국가정책을 규정한 법률이다.

정답 : ③ 형법은 범죄와 범죄에 대한 법률효과인 형벌 또는 보안처분을 규정하는 법규범의 총체를 가리킨다.

2. 형법에 관한 설명 중 바르지 못한 것은?
① 형법은 공법이고 사법법이며 형사법이고 실체법이다.
② 형법의 기능으로는 보호적 기능, 보장적 기능, 사회보호적 기능이 있다.
③ 자유민주주의 사회에서 특히 강조되는 형법의 기능은 보장적 기능이다.
④ 형벌제도는 위하시대 -복수시대 -과학시대 -박애시대 순으로 발전하였다.

정답 : ④ 형벌제도는 복수시대 -위하시대 -박애시대 -과학시대로 발전하였다.

3. 다음 중 형법의 규범적 성질로 볼 수 없는 것은 어느 것인가?
① 가설규범 ② 조직규범 ③ 행위규범 ④ 평가규범

정답 : ② 형법의 규범적 성격은 ㉠가설적 규범, ㉡평가규범, 의사결정규범, ㉢행위규범, 재판규범 등이 있다.

4. 다음 중 형법의 규범적 성격으로 타당하지 않은 것은?
① 재판규범 ② 위법규범 ③ 평가규범 ④ 행위규범

정답 : ② 형법은 규범인데, 규범이란 존재법칙과 구별되는 당위명제를 말한다. 규범으로서의 형법은 가설적 규범, 행위규범, 재판규범, 평가규범, 의사결정규범의 성격을 가진다.

5. 형법을 '일반국민의 마그나 카르타'라고 할 때 이는 형법의 어떤 기능을 가리키는가?
① 보호적 기능 ② 보장적 기능 ③ 사회보호적 기능 ④ 규율적 기능

정답 : ② 형법의 보장적기능이라고도 하는데, 국가가 자의적으로 형벌권을 행사하는 것을 막아 국민의 자유와 권리를 보장 해주는 기능을 말한다.

6. 다음 중 국가 형벌권의 발동과 관련하여 범죄인의 인권보장과 관계되는 것은 어느 것인가?
① 강제적 기능 ② 보장적 기능 ③ 사회보전적 기능 ④ 보호적 기능

정답 : ②

7. 다음 중 형법전에 규정되어 있음에도 불구하고, 사회적 위험부담이 큰 행위를 시행하려 할 때의 올바른 조치는?

① 법대로 시행한다. ② 벌하지 아니한다. ③ 특별법 제정으로 해결한다. ④ 시행을 유예한다.

정답 : ③ 이른바 12 · 12사건과 같이 기존의 법제(형사법)를 적용하는데 문제점을 해소하고 사회적 위험부담이 큰 행위로 사건을 해결하기 위하여 5 · 18민주화운동등에관한특별법을 제정하여 해결하였다.

8. 다음 중 신파(근대학파)의 형법이론과 가장 거리가 먼 것은 어느 것인가?

① 의사책임 ② 목적형주의 ③ 형벌개별화 ④ 사회적책임론

정답 : ① 의사책임은 구파의 형법이론이다.

9. 다음 중 신파의 형법이론과 가장 관계가 없는 것은?

① 도의적 책임론 ② 행위자주의 ③ 형벌과 보안처분의 일원론 ④ 사회적 책임론

정답 : ① 도의적 책임론은 구파의 형법이론이다.

10. 범인이 다시 죄를 범하지 않게 하기 위해 처벌한다는 사상은?

① 응보형사상 ② 계몽주의 ③ 일반예방사상 ④ 특별예방사상

정답 : ④ 특별예방사상은 범죄인 그 자체에 대한 형벌의 작용에 중점을 두어 형벌의 작용은 범죄인의 범죄성에 대응하는 것이고, 형벌은 범죄인 자신으로 하여금 다시 죄를 범하지 않도록 예방을 목적으로 하는 수단이라고 한다.

11. 죄형법정주의에 관한 설명 중 틀린 것은?

① 죄형법정주의에 따라 부정기형도 금지되므로 모든 부정기형은 허용되지 않는다.
② 프랑스 인권선언 제8조에도 규정되어 있다.
③ 피고인에게 유리한 유추해석은 허용된다.
④ 파생원칙으로 유추해석금지, 관습형법의 배제, 형벌불소급, 명확성의 원칙 등이 있다.

정답 : ① 금지되는 부정기형은 절대적 부정기형이며, 상대적 부정기형은 허용된다.

12. 다음 중 죄형법정주의의 파생적 원칙이 아닌 것은?

① 관습형법 금지의 원칙 ② 부정기형의 원칙 ③ 유추해석금지의 원칙 ④ 효력불소급의 원칙

정답 : ② 죄형법정주의란 어떤 행위가 범죄가 되고 그 범죄에 대하여 어떤 처벌을 할 것인가는 미리 성문의 법률에 규정되어 있어야 한다는 원칙을 의미한다. 이러한 죄형법정주의의 파생원칙으로는 관습형법금지의 원칙, 명확성원칙(절대적부정기형금지의 원칙), 형벌불소급의 원칙, 유추해석금지의 원칙, 적정성의 원칙이 있다.

13. 범죄의 성립과 처벌은 어느 때의 법률에 의하는가?

① 행위시 ② 재판시 ③ 변론종결시 ④ 상소시

정답 : ①

14. 소급효금지의 원칙과 관련된 설명으로 옳지 않은 것은?

① 사후입법에 의해 새로운 구성요건을 창설하거나 이미 존재하는 구성요건의 처벌 범위의 확장을 금한다는 원칙이다.

② 이 원칙은 형벌은 물론 형법상의 보호관찰에도 적용된다.

③ 형사소송법 규정에 대하여는 이 원칙이 적용되지 않는다는 것이 다수설이다.

④ 판례의 변경으로 인한 소급처벌까지 금지되는 것은 아니다.

정답 : ② 판례는 형법상의 보호관찰에 소습효금지원칙이 적용되지 않는다고 본다. 보호관찰은 장래의 위험성으로부터 행위자를 보호하고 사회를 방위하기 위한 합목적적인 조치이므로, 그에 관하여 반드시 행위 이전에 규정되어 있어야 하는 것은 아니고 재판시의 규정에 의하여 보호관찰을 받을 것을 명할 수 있다(대판 1997.6.13, 97도703).

15. 법의 형식적 효력에 관한 다음 기술 중 타당하지 않은 것은?

① 법률은 법률의 규정이 없는 한, 그 공포일로부터 20일이 경과하면 효력을 발생한다.

② 한시법에 있어서 시행기간이 경과하여 적용되지 않게 된 경우, 이는 명시적 폐지에 해당한다.

③ 구법에 의해 취득한 기득권은 신법의 시행으로 소급하여 박탈하지 못한다는 원칙은 절대적인 것이어서 입법으로도 제한할 수 없다.

④ 범죄행위가 있은 후 법률의 변경에 의하여 그 행위가 범죄를 구성하지 아니하거나 형이 구법보다 가벼운 때에는 신법에 의한다.

정답 : ③ 소급효금지원칙은 법적안정성을 위해 인정 되는 것이다. 행위시법주의(소급효 금지의 원칙)란 범죄의 성립과 처벌은 행위시의 법률에 의하며(형법 제1조 1항), 행위시에 범죄로서 규정되어 있지 않았거나 경한 형으로 규정되어 있는 것을 행위 후에 범죄로서 규정하여 또는 중한 형으로 규정하여 처벌하지 못함을 말한다. 하지만 예외적으로 범죄 후 법률의 변경에 의하여 그 행위가 범죄를 구성하지 아니하거나 형이 경해진 때에는 변경된 법률에 의하여 처벌한다(형법 제1조 2항).

16. 한시법과 관련이 있는 것은?

① 형법의 장소적 적용범위에 관한 범위이다.

② 형법의 시적 적용범위의 문제로 한시법의 추급효를 금지한다.

③ 관습형법금지의 원칙

④ 형법의 해석원칙 중 축소해석의 원칙을 말한다.

정답 : ② 한시법은 법률의 폐지에 관하여 전에 미리 유효기간을 예정하여 그 기간이 지나면 당연히 실효되도록 하는 형벌법규를 말한다. 한시법이론은 한시법의 효력범위에 관한 논의로 추급효 인정여부에 대하여는 견해가 대립된다. 판례는 동기설의 입장이다.

17. 우리 형법의 장소적 적용범위로 올바른 것은?
① 범죄지가 대한민국내이고 범죄자가 외국인이라면 속인주의에 의한다.
② 범죄지가 대한민국내이고 범죄자가 내국인이라면 속인주의에 의한다.
③ 범죄지가 외국이고 범죄자가 내국인이라면 속인주의에 의한다.
④ 범죄지가 외국에 있는 한국선박내이고 범죄자가 외국인이라면 속인주의에 의한다.

정답 : ③

18. 미국인 甲이 미국에서 한국인 乙을 살해하였을 경우 대한민국 형법이 적용되는 것은 다음어느 것인가?
① 속지주의　② 속인주의　③ 세계주의　④ 보호주의

정답 : ④ 보호주의는 범죄지 여하를 불문하고 자국 내지 자국민의 이익이 침해된 경우에는 자국의 형법을 적용한다는 것이다(형법 제6조).

19. 다음 설명 중 세계주의에 의하여 우리 형법으로 처벌할 수 있는 경우는?
① 홍콩에서 미국달러를 위조한 필리핀인을 처벌하는 경우
② 필리핀에 정박중인 한국군함에서 필리핀인을 살해한 필리핀인을 처벌하는 경우
③ 한국에서 한국인을 살해한 필리핀인을 처벌하는 경우
④ 영국내에서 영국인을 폭행한 한국인을 처벌하는 경우.

정답 : ①

20. 다음 중 친고죄가 아닌것은?
① 모욕죄　② 업무상 비밀누설죄　③ 사자명예훼손죄　④과실상해죄

정답 : ④는 반의사불벌죄이다..

21. 친고죄에 관한 설명으로 옳은 것은?
① 피해자의 법정대리인은 고소할 수 있다.
② 고소는 구술로 할 수 없다.
③ 고소를 취소 한 자도 다시 고소 할 수 있다.
④ 친고죄에 대하여는 범인을 알게 된 날로부터 1년을 경과하면 고소하지 못한다.

정답 : ① 친고죄는 범죄의 피해자 기타 법률이 정한 자의 고소 · 고발이 있어야 공소할 수 있는 범죄를 말한다. 형법상 간통죄 · 강간죄, 강제추행죄, 준 강간죄 · 준 강제추행죄, 미성년자 등 간음죄, 업무상 위력 등에 의한 간음죄, 혼인빙자간음죄, 미성년(13세 미만)자에 대한 간음 · 추행죄, 사자(死者)명예훼손죄, 모욕죄 등이 친고죄에 해당하며 친고죄를 인정하는 이유는 피해자나 피해자 가족의 의사와 명예를 존중할 필요가 있거나, 그 죄질이 경미한 경우이기 때문이다.

– 형사소송법 제230조 (고소기간)

① 친고죄에 대하여는 범인을 알게 된 날로부터 6월을 경과하면 고소하지 못한다. 단 고소할 수 없는 불가항력의 사유가 있는 때에는 그 사유가 없어진 날로부터 기산한다.

② 형법 제291조의 죄로 약취, 유인된 자가 혼인을 한 경우의 고소는 혼인의 무효 또는 취소의 재판이 확정된 날로부터 전항의 기간이 진행된다.

22. 다음 중 반의사불벌죄가 아닌 것은?

① 업무상 비밀누설죄 ② 외국 국기 · 국장모독죄

③ 폭행죄, 협박죄 ④ 출판 등에 의한 명예훼손죄

정답 : ① 은 친고죄에 해당한다.

23. 다음 중 반의사 불벌죄가 아닌 것은 어느 것인가?

① 명예훼손 ② 횡령 ③ 폭행 ④ 협박

정답 : ②

24. 형법상 반의사불벌죄가 아닌 것은?

① 폭행죄 ② 존속협박죄 ③ 상해죄 ④ 명예훼손죄

정답 : ③

반의사불벌죄란 형법에서 피해자가 처벌을 바라지 아니한다는 의사 표시를 하면 처벌할 수 없는 범죄를 말한다. 반의사불벌죄에는 단순 · 존속 폭행죄, 과실상해죄, 단순 · 존속 협박죄, 명예 훼손죄 등이 있다.

따라서 ③ 상해죄는 반의사불벌죄에 해당하지 않는다.

25. 다음 중 범죄의 분류에 대한 설명 중 옳지 못한 것은?

① 즉시범 · 상태범 · 계속범은 행위에 의해 야기된 위법상태의 계속성유무에 따른 구별이다.

② 계속범이란 행위에 의해 야기된 위법상태가 원하는 시점까지 계속됨으로써 행위의 계속과 위법상태의 계속이 일치하는 범죄이다.

③ 즉시범의 예로는 체포감금죄, 주거침입죄 등이 있다.

④ 상태범은 구성요건적 행위가 기수이후에도 위법상태가 계속되는 범죄이다.

정답 : ③ ③ 즉시범이란 법익의 침해 또는 위험의 야기로 기수에 이름과 동시에 종료되는 범죄이다.

② 계속범은 구성요건적 행위가 일정 시간 동안 계속됨으로써 기수가 되는 범죄이다. 법익침해의 행위나 상태 계속되는 동안 범행은 종료되지 않는다. 체포 · 감금죄, 미성년자약취 · 유인죄 등이다.

26. 다음 증 진정신분범에 해당하지 않는 것은?

① 배임죄 ② 횡령죄 ③ 수뢰죄 ④ 존속살해죄

정답 : ④

27. 다음 중 부진정 신분범에 속하지 않는 것은?

① 상습도박죄 ② 업무상비밀누설죄 ③ 업무상낙태죄 ④ 업무상과실치사상죄

정답 : ③

28. 다음 중 구체적 위험범이 아닌것은?

① 중상해죄 ② 가스 · 전기등 방류죄 ③ 중손괴죄 ④ 중체포죄

정답 : ④ 중체포죄는 계속범

29. 다음중 목적범이 아닌것은?

① 선거방해죄 ② 내란죄 ③ 범죄단체조직죄 ④ 국기 · 국장의 모독죄

정답 : ①

30. 구성요건에 대한 설명으로 바르지 못한 것은?

① 구성요건은 불법유형으로서의 의미를 갖는다.
② 구성요건은 위법성의 존재근거라는 설도 있다.
③ 구성요건에 해당하면 모든 범죄는 기수이다.
④ 구성요건해당성은 범죄의 성립요건이다.

정답 : ③

31. 다음 중 범죄의 객체에 관한 설명 중 바르지 못한 설명은?

① 범죄의 객체와 보호법익은 다르다.
② 범죄의 객체는 물적 대상으로서 구성요건에 기술되어 있다.
③ 범죄의 객체와 행위의 객체는 다르다.
④ 범죄의 객체가 없는 범죄도 있다.

정답 : ③ 범죄의 객체와 행위의 객체는 같다. ④ 범죄는 보호객체 없이 존재하지 않으나 범죄객체가 없는 범죄(위증죄, 소요죄, 무고죄 등)는 존재한다.

32. 법인의 형사책임에 대한 설명으로 옳지 않은 것은?

① 법인의 범죄능력에 대해서 부정설을 취하는 판례는 법인처벌의 근거에 대해서는 대체로 과실책임설의 입장이다.
② 현행 형법은 법인을 범죄주체로 보고 있지 않지만, 몇몇 특별법에서는 법인을 자연인인 행위자와 함께 처벌하여 그 수형능력을 인정하고 있다.
③ 양별규정에 대한 학설 중 무과실책임설은 소위 대위책임(전가책임)을 인정한 것이다.
④ 법인이 처벌되는 경우에도 반드시 그 범죄능력이 인정된 것이라고는 볼 수 없다.

정답 : ① 무과실 책임의 입장이다

33. 甲과 乙이 각각 丙에게 치사량의 독약을 먹여 丙을 살해하려고 하는 경우를 무엇이라 하는가?
① 누적적 인과관계 ② 단절적 인과관계 ③ 비유형적 인과관계 ④ 이중적(택일적) 인과관계

정답 : ④ 이중적 인과관계란 단독으로도 결과를 야기시킬 수 있는 수개의 조건이 결합하여 결과를 야기시킨 경우이다.

34. 고의의 본질에 관한 다음 설명 중 부당한 것은?
① 의사설에 의하면 고의의 성립범위가 지나치게 확대된다.
② 의사설에 의하면 미필적 고의는 과실로 취급된다.
③ 인식설은 고의의 지적요소를 강조하는 견해이다.
④ 인식설에 의하면 인식 있는 과실이 고의로 취급된다.

정답 : ①

35. 산에서 사슴을 쏘려고 총을 겨누었을 때 부근에 사람이 있는 것을 알고도 설마 맞지 않겠지 하고 발사하여 사람이 맞은 경우, 결과의 발생 그 자체는 불명확하나 행위자가 결과발생의 가능성을 인식하는 고의를 무엇이라고 하는가?
① 미필적 고의 ② 택일적 고의 ③ 선택적 고의 ④ 확정적 고의

정답 : ①

36. 다음 중 부작위범에 해당되는 죄는?
① 주거침입죄 ② 유기죄 ③ 퇴거불응죄 ④ 살인죄

정답 : ③ 부작위범에는 다중불해산죄, 퇴거불응죄, 전시군수계약불이행죄, 전시공수계약불이행죄가 있다.

37. 다음 중 부진정 부작위범에게 인정되는 작위의무에 해당하는 것은?
① 일반인의 현행범 체포의무 ② 친족간의 부양의무
③ 살인계획을 알게 된 자의 신고의무 ④ 교통사고로 쓰러진 자에 대한 통행인의 구조의무.

정답 : ② 부진정부작위범의 작위의무는 법령, 계약, 조리 및 선행행위에 의하여 발생한다. 친족간의 부양의무는 법령에 의한 작위의무이다.

38. 위법성인식이란 무엇인가?
① 자기의 행위가 실질적으로 위법하다는 인식이다.
② 행위의 가벌성에 대한 인식이다.
③ 불법구성요건의 주관적 표지에 대한 인식이다.
④ 불법구성요건의 객관적 표지에 대한 인식이다.

정답 : ① 위법성인식은 스스로의 행위가 법규범에 반한다는 인식으로 행위자에 의해 개별적으로 명확하게 인식된 법규범 내지 그 가벌성은 아닐지라도 어떤 법규범에 반한다는 의식으로 충분하다.

39. 정당방위에 관한 다음 설명 중 옳지 않은 것은?
① 정당방위는 부정 대 정의 관계이다.
② 정당방위에서는 이익교량이라는 생각은 원칙적으로 배제된다.
③ 부작위에 대하여는 정당방위를 할 수 없다.
④ 심신상실자에 대하여도 정당방위는 가능하다.

정답 : ② 부작위에 대해서도 정당방위를 할 수 있다.

40. 긴급피난에 관한 설명으로 옳지 않은 것은?
① 위법성이 조각되기 위해서는 피난행위가 최후의 수단이어야 한다.
② 위난의 원인은 적법 · 위법을 불문한다.
③ 위난을 피하지 못할 책임이 있는 자에게는 긴급피난이 원칙적으로 허용되지 않는다.
④ 제3자의 개인적 법익을 위한 긴급피난은 허용되지 않는다.

정답 : ④ 긴급피난에 의해 보호될 수 있는 법익은 자기 또는 타인의 모든 법익이다(형법 제22조 제1항).

41. 달려오는 광견을 피하기 위하여 남의 집에 뛰어 들어 값비싼 도자기를 망가뜨린 경우는 다음 중 어디에 해당하는가?
① 정당방위　② 긴급피난　③ 정당행위　④ 자구행위

정답 : ② 정당방위 : 자기 또는 타인(他人)의 법익에 대한 현재의 부당한 침해를 방위하기 위한 행위. 긴급피난 : 급박한 위난(危難)을 피하기 위하여 부득이 취한 행위 정당행위 : 법령에 의한 행위 또는 업무로 인한 행위 기타 사회 상규에 위배되지 아니하는 행위(형법 20조). 자구행위 : 법정 절차에 의하여 청구권을 보전할 수 없을 경우에 그 청구권의 실행 불능 또는 현저한 실행 곤란을 피하기 위한 행위(형법 23조).

42. 형법상 피해자의 승낙에 대한 설명으로 옳지 않은 것은?
① 승낙이 위법성을 조각하는 것은 개인적 법익에 관한 죄에 국한된다.
② 승낙은 반드시 책임능력자에 의해 행하여질 필요는 없다.
③ 사후의 승낙이 예상되어도 행위시에 승낙이 없으면 위법성을 조각하지 않는다.
④ 착오에 의한 승낙도 취소가 없는 한 유효하다.

정답 : ④ 피해자의 승낙은 구성요건적 행위의 불법내용에 피해자를 대상으로 하는 행위의 객체에 대한 침해가 독자적으로 사회생활에서 중요성을 가지는 범죄에 있어서 피해자가 법익침해에 동의함으로써 위법섬이 조각되는 경우를 말한다. 통설은 피해자의 승낙을 구성요건을 조각하는 양해와 위법성을 조각하는 승낙으로 구별한다. 피해자의 승낙은 자유로운 의사결정에 의한 진지한 승낙이어야 한다. 따라서 기망 · 착오 · 강제 등 의사의 흠결상태에서 행해진 승낙은 효력이 없다. 여기서 승낙은 양해와 그 성질을 달리한다.

43. 다음에서 위법성을 조각하는 사유가 아닌 것은?

① 본인의 자유로운 처분이 불가능한 법익에 대한 피해자의 승낙 행위

② 타인의 법익에 대한 부당한 침해를 방위하기 위하여 상당한 이유가 있는 행위

③ 타인의 법익에 대한 현재의 위난을 피하기 위하여 상당한 이유가 있는 행위

④ 법령에 의한 행위 또는 업무로 인한 행위

정답 : ① 위법성조각사유로서의 피해자의 승락은 법익의 처분권능을 가진 자가 타인에 대하여 그의 법익의 피해를 허락하는 것을 의미한다.

44. 다음 중 A건물에서 대형화재가 난 후, B건물로 그 불이 옮겨붙고 다시 C건물로 불이 옮겨 붙으려고 하여, C건물주인이 B건물을 손괴하여 C건물로 불이 옮겨 붙지 않게 했다면, 이때의 위법성 조각사유는 어느 것인가?

① 자구행위 ② 긴급피난 ③ 정당방위 ④ 과잉방위

정답 : ② 자기 또는 타인의 법익에 대한 현재의 위난을 피하기 위한 행위는 상당한 이유가 있는 때에는 이를 긴급피난이라 하여 처벌하지 아니한다(제22조). 예컨대 폭주하는 자동차를 피하려다 이웃집 유리창을 깨뜨린다든가, 광견이 사람을 물어뜯을려고 할 때 이를 타살하는 경우 등이다.

45. 의사가 환자를 치료하기 위해서 환자의 배를 절개하는 행위를 무엇이라고 하는가?

① 업무상 정당행위 ② 피해자의 승낙 ③ 자구행위 ④ 정당행위

정답 : ①

46. 다음 중 위법성 조각사유가 아닌 것은 어느 것인가?

① 정당방위 ② 피해자 승낙 ③ 사실의 착오 ④ 긴급피난

정답 : ③ 사실의 착오(구성요건적 착오)는 행위자가 주관적으로 인식한 사실과 현실적으로 발생한 객관적인 범죄사실이 불일치하는 것을 말한다.위법성 조각사유는 어떤 행위가 구성요건에 해당함으로써 갖는 위법성을 배제시켜 주는 사유로서 정당방위, 긴급피난, 피해자의 승낙, 정당행위가 있다.

47. 다음 중 위법성이 조각되는 경우가 아닌 것은?

① 민사소송법상 집행관의 강제집행행위

② 친권자의 징계행위

③ 임부의 승낙에 의한 낙태

④ 맹견의 공격을 피하기 위해 부득이 남의 집 대문을 부수고 들어가 피신하는 행위

정답 : ③

48. 다음 ( )안에 알맞은 것은?

형법상 법령에 의한 행위 또는 업무로 인한 행위 기타 사회상규에 위배되지 아니하는 행위는 벌하지 아니한다. 여기서 법령에 의한 행위 또는 업무로 인한 행위 기타 사회상규에 위배되지 아니하는 행위를 ( )라 부른다.

① 정당행위 ② 정당방위행위 ③ 긴급피난행위 ④ 자구행위

정답 : ①

49. 책임능력에 관한 설명으로 옳지 않은 것은?

① 농아자의 행위는 형을 감경한다.
② 법관은 심신장애 여부에 대하여 전문가의 감정결과에 기속된다.
③ 형사미성년자에게는 형벌은 과할 수 없으나, 소년법에 의한 보호처분은 가능하다.
④ 사회적 책임론은 책임능력의 본질을 형벌능력으로 이해한다.

정답 : ② 법관은 전문가의 감정결과에 기속되지는 않는다.

50. 형법상 책임이 조각되는 사유가 아닌 것은?

① 심신상실자의 행위 ② 14세 미만자의 행위
③ 피해자의 승낙에 의한 행위 ④ 강요된 행위

정답 : ③

형법상 책임조각사유

(1) 책임무능력자의 행위 : 형사미성년자(만 14세 미만)나 심신상실자(금치산자)의 행위

(2) 한정책임능력자의 행위 : 심신미약자(한정치산자), 농아자의 행위

(3) 고의 없는 행위

따라서 강요된 행위는 고의가 없으므로 책임이 조각되지만 ③ 피해자의 승낙에 의한 행위는 위법상 조각 사유이므로 책임조각사유에 해당하지 않는다.

51. 중지범이 성립할 여지가 가장 적은 범죄유형은?

① 결과적 가중범 ② 계속범 ③ 거동범 ④ 결합범

정답 : ③ 중지미수는 범인이 자의로 실행에 착수한 행위를 중지하거나 그 행위로 인한 결과의 발생을 방지한 때에 성립한다. 거동범은 행위만 있으면 기수가 되고 결과발생을 요하지 않는 범죄이다. 따라서 미수를 인정할 수 없는 것이 원칙이므로 미수의 일종인 중지미수도 인정할 수 없다.

52. 다음 중 실행의 착수를 그만두거나 실행 후 그 결과를 방지하는 것과 관계있는 것은?

① 장애미수 ② 착수미수 ③ 실행미수 ④ 중지미수

정답 : ④

53. 법률상 형의 필요적 감경사유에 해당하는 것은 ?

① 중지미수　② 현행범의 자수　③ 장애미수　④ 불능범

정답 : ① 필요적 감경사유로는 심신미약자와 농아자, 종범의 행위이다. 자수와 자복, 불능법은 임의적 감면사유, 장애미수는 임의적 감경사유, 중지미수는 필요적 감면사유이다.

54. 타인의 범죄적 의사를 결정하게 하여 범죄를 실행하게 하는 경우는?

① 종범　② 교사범　③ 미수범　④ 공동정범

정답 : ②

55. 甲이라는 사람은 초등학교 5학년인 乙을 이용하여 범죄를 저지르게 하였다. 즉 갑은 을을 사주하여 병이라는 사람을 살해하게 하였다. 갑의 범죄 형태는?

① 간접정범　② 동시범　③ 공범　④ 미수범

정답 : ① 간접정범이란 책임무능력자 또는 고의 없는 자(생명 있는 도구)를 이용하여 범죄를 실행하는 경우를 말한다. 즉 어느 행위로 인하여 처벌되지 아니하는 자 또는 과실범으로 처벌되는 자를 교사 또는 방조하여 범죄행위의 결과를 발생하게 한 자를 말한다. 예를 들면 정신병자를 사주하여 사람을 살해하는 경우가 여기에 해당한다.

56. 공범에 관한 설명 중 옳은 것은?

① 부작위에 의한 교사행위도 가능하다.

② 절도죄를 범하려고 결의하고 있는 자에게 특수절도죄를 범하도록 교사한 경우에는 교사의 미수가 될 뿐이다.

③ 신분자가 비신분자에게 진정신분범의 죄를 범하도록 교사한 경우에는 교사범이 아니라 간접정범이 성립한다.

④ 필요적 공범의 관련 가담자 모두 총칙의 공범규정이 적용된다.

정답 : ③ ① 부작위를 통한 교사는 불가능하다.② 특수절도죄의 교사가 된다.④ 내부 가담자는 총칙규정이 배제되고, 외부 가담자에게만 총칙의 공범규정이 적용된다.

57. 형법상 공범에 관한 설명 중 틀린 것은?

① 어느 행위로 인하여 처벌되지 아니하는 자를 교사하여 범죄행위의 결과를 발생하게 한 자도 처벌한다.

② 교사를 받은 자가 범죄의 실행을 승낙하고 실행의 착수에 이르지 아니한 때에는 교사자와 피교사자를 음모 또는 예비에 준하여 처벌한다.

③ 2인 이상이 공동으로 죄를 범한 때에는 각자를 그 죄의 정범으로 처벌한다.

④ 종범은 정범과 동일한 형으로 처벌한다.

정답 : ④ 종범은 필요적 감경사유이다.

58. 다음 중 필요적 공범이 아닌 것은?

① 도박죄　② 소요죄　③ 내란죄　④ 낙태죄

정답 : ④ 필요적 공범은 형법 각칙의 구성요건상 2인 이상의 실행행위가 예정되어 있는 경우의 범죄이다. 소요죄, 내란죄, 야간공동폭행, 집단적 폭행, 특수공무방해, 도박, 수뢰, 증뢰죄 등이다.

59. 다음 중 옳은 설명은?

① 독립행위의 경합이 있는 경우 결과발생의 원인된 행위가 판명되었더라도 모두 미수로 처벌된다.

② 두 사람이 서로 공동정범의 관계에 있는 경우에는 결과발생이 누구의 행위로 인한 것인가가 판명되지 않더라도 모두 기수로 처벌된다

③ 독립행위의 경합으로 상해의 결과가 발생한 경우에도 원인된 행위가 판명되지 않은 이상 모두 미수로 처벌된다.

④ 독립한 과실행위가 경합하여 화재가 발생한 경우, 그 원인된 행위가 판명되지 않았더라도 모두 실화죄로 처벌된다.

정답 : ② 공동정범이란 2인 이상의 자가 공동의 범죄계획에 따라 각자 실행의 단계에서 본질적인 기능을 분담하여 이를 행함으로써 성립하는 범죄를 말하며, 동시범에 있어서는 공범이 아니라 단독정범이 결합된 것에 불과하므로 그 결과발생의 원인된 행위가 판명되지 아니한 때에는 각 행위를 미수범으로 처벌하지만(제19조),공동정범에 있어서는 원인된 행위가 판명되지 않아도 발생된 결과에 대하여 전원이 기수범으로 처벌된다.

60. 경합론에 관한 설명으로 옳은 것은?

① 상상적 경합에는 법조경합이 포함된다.

② 계속범과 연속범은 상상적 경합의 한 예이다.

③ 실체적 경합은 불가벌적 사후행위를 포함하지 않는다.

④ 상상적 경합은 동일법조를 수회 위반하는 경우에만 인정된다.

정답 : ③ ③ 불가벌적 사후행위는 법조경합 중 흡수관계로서 일죄에 속한다. 그러나 실체적 경합은 수죄이다. ① 상상적 경합은 실질적으로 수죄이지만 과형상의 일죄이므로 상상적 경합에 법조경합이 포함될 수 없다. ② 포괄일죄의 태양에는 결합범, 계속범, 연속범, 집합범 등이 있다. ④ 1개의 행위로 수인을 살해 또는 상해한 때에는 그 주체의 수에 상응하는 살인죄 또는 상해죄의 상상적 경합이 된다.

61. 갑은 사제폭탄을 제조, 정 소유의 가옥에 투척하여 을을 살해하고 병에게 상해를 입혔다. 그리고 정 소유의 가옥은 파손되었다. 이러한 경우 살인죄, 상해죄, 손괴죄의 관계는?

① 누범　② 포괄적 일죄　③ 상상적 경합범　④ 경합범

정답 : ③ 상상적 경합이란 「1개의 행위가 수개의 죄에 해당하는 경우」(형법 제40조)를 말한다. 예컨대, 일발을 탄환으로 수인을 살해하는 경우(동종류의 상상적 경합) 또는 일발의 탄환으로 사람을 살해하고 동시에 타인의 재물을 손괴하는 경우(이종류의 상상적 경합)이다.

62. 다음 중 불가벌적 사후행위에 해당하는 범죄는 어느 것인가?

① 사기죄 ② 상해죄 ③ 절도죄 ④ 살인죄

정답 : ③ 불가벌적 사후행위는 상태범에 있어서 범죄후의 행위가 새로운 범죄를 구성하지 않는 범죄를 말한다(예 : 절취한 물건을 버린 경우).

63. 다음 중 형벌이 아닌 것은 어느 것인가?

① 구류 ② 과태료 ③ 자격정지 ④ 과료

정답 : ② 형법상 형벌은 사형, 징역, 금고, 자격상실, 자격정지, 벌금, 구류, 과료, 몰수이다. 과태료는 행정질서벌이다.

64. 다음 중 재산형의 종류에 해당하지 않는 것은 어느 것인가?

① 과료 ② 구류 ③ 몰수 ④ 벌금

정답 : ② 형벌을 일반적으로 분류하면 생명형(사형), 자유형(징역. 금고. 구류), 명예형(자격상실. 자격정지), 재산형(벌금. 과료. 몰수) 등이 있다.

65. 양형에 있어서 형법이 정한 참작사유에 해당하지 않는 것은?

① 범인의 연령 ② 범행수단 ③ 전과사실 ④ 범행동기

정답 : ③ 양형의 조건(제51조) : ㉠ 범인의 연령, 성행, 지능과 환경 ㉡ 피해자와의 관계 ㉢ 범행의 동기, 수단과 결과 ㉣ 범행후의 정황 그리고 이미 법적 구성요건으로 되어 있는 상황을 양형에 있어서 이중으로 평가할 수는 없다.

66. 다음 중 임의적 감면사유에 해당하지 않는 것은 어느 것인가?

① 농아자 ② 자복 ③ 과잉방위 ④ 자수

정답 : ① 필요적 감경사유로는 심신미약자와 농아자, 종범의 행위이다.

67.형의 선고유예를 받은 날로부터 2년이 경과한 때에는 어떠한 효과가 발생하는가?

① 무죄로 간주한다. ② 형집행이 완료된 것으로 간주한다.

③ 형의 선고는 효력을 잃는다. ④ 면소된 것으로 간주한다.

정답 : ④ 선고유예란 경미한 범인에 대하여 일정한 기간 동안 형의 선고를 유예하고, 그 유예기간을 경과한 때에는 면소된 것으로 간주하는 제도를 말한다.

집행유예란 형을 선고함에 있어서 일정기간 동안 형의 집행을 유예하고 그 유예기간을 경과한 때에는 형의 선고의 효력을 잃게 하는 제도를 말한다.

	집행유예	선고유예	가석방
요 건	① 3년이하의징역 · 금고형을 선고할 경우일 것 ② 정상참작사유가존재할 것 ③ 금고이상의형의선고를 받아 집행종료 또는 면제 후 5년을 경과할 것	① 1년이하의징역 · 금고 · 자격정지 · 벌금형을 선고할 경우일 것 ② 개전의 정상이 현저 할 것 ③ 자격정지이상의형을 받은 전과가 없을 것	① 무기는 10년, 유기는 형기의 3분의1을 경과한 후일 것 ② 행상이양호하여개전의 정이 현저할 것 ③ 병과된벌금 · 과료를 완납할 것
기 간	1년이상 5년이하	2년(단축불가)	무기형은 10년, 유기형은 잔형기(10년 초과불가)
효 과	형 선고의 효력 상실	면소된 것으로 간주	형집행을 종료한 것으로 간주

68. 다음 중 집행유예의 조건으로 틀린 것은?

① 개전의 정이 있어야 한다.

② 금고 이상의 형을 선고받고 그 형이 종료된 후 5년이 경과되어야 한다.

③ 집행유예 기간은 1~5년이다.

④ 3년 이하의 징역형 또는 금고형의 대상자에 한한다.

정답 : ① 개전의 정은 선고유예, 가석방 요건이며 정상참작사유는 집행유예 요건이다.

69. 벌금을 납입하지 않은 경우에 노역장에 유치할 수 있는 기간은?

① 1일이상 1년 이하 ② 1일이상 6월이하 ③ 1월이상 5년이하 ④ 1일이상 3년이하

정답 : ④ 벌금을 납입하지 아니한 자는 1일 이상 3년 이하, 과료를 납입하지 아니한 자는의 기간 노역장에 유치하여 작업에 복무하게 한다(형법 제69조 제2항).

70. 다음 중 A는 B를 C로 오인하고 C를 살해할 의사로써 B를 칼로 찔러, B가 사망한 경우 A에 해당되는 죄는 다음 중 어느 것인가?

① 무죄 ② B에 대한 과실살인죄 ③ C에 대한 살인미수죄 ④ B에 대한 살인죄

정답 : ④ A가 B를 C로 오인하고 C를 살해한 것이 아니라 B를 살해했으므로 C에 대한 살인미수죄가 아니라 B에 대한 살인죄가 성립된다.

71. 개인적 법익에 관한 죄 중 재산범죄에 해당하는 것은?

① 공갈죄 ② 도박죄 ③ 뇌물죄 ④ 유가증권위조죄

정답 : ①

개인적 법익에 관한 죄 중 재산범죄에 해당하는 형법상의 재산죄는 절도죄, 강도죄, 사기죄, 공갈죄, 횡령죄, 배임죄, 장물죄, 손괴죄, 권리행사방해죄가 있다.

따라서 ① 공갈죄가 개인적 법익에 관한 재산범죄에 해당한다.

72. 형법상 국가적 법익에 대한 죄가 아닌 것은?

① 위증죄 ② 범인은닉죄 ③ 무고죄 ④ 통화위조죄

정답 : ④

(1) 국가적 법익에 대한 죄

1) 국가의 존립에 대한 죄 : 내란의 죄, 외환의 죄, 국교에 관한 죄

2) 국가의 권위와 기능에 대한 죄 : 국기에 관한 죄, 공무원의 직무에 관한 죄, 도주죄, 범인은닉죄, 위증과 증거인멸의 죄, 무고죄

(2) 사회적 법익에 대한 죄

1) 공공의 신용에 관한 죄 : 통화에 관한 죄(통화위조죄), 유가증권 · 수표와 인지에 관한 죄, 문서에 관한 죄, 인장에 관한 죄

따라서 ④ 통화위조죄는 사회적 법익에 관한 죄이다.

73. 甲은 乙의 방에 몰래 들어가 乙이 개인적으로 사용하는 일반전화를 무단으로 사용하였다. 이 경우 甲의 형법상 죄책은?

① 주거침입죄와 사기죄 ② 주거침입죄와 절도죄

③ 주거침입죄 ④ 주거침입죄와 편의시설부정이용죄.

정답 : ③ ③사기죄가 성립하기 위하여는 기망행위와 이에 기한 피해자의 처분행위가 있어야 할 것인바, 타인의 일반전화를 무단으로 이용하여 전화통화를 하는 행위는 전기통신사업자인 한국전기통신공사가 일반전화 가입자인 타인에게 통신을 매개하여 주는 역무를 부당하게 이용하는 것에 불과하여 한국전기통신공사에 대한 기망행위에 해당한다고 볼 수 없을 뿐만 아니라, 이에 따라 제공되는 역무도 일반전화 가입자와 한국전기통신공사 사이에 체결된 서비스이용계약에 따라 제공되는 것으로서 한국전기통신공사가 착오에 빠져 처분행위를 한 것이라고 볼 수 없으므로, 결국 위와 같은 행위는 형법상의 사기죄를 구성하지 아니한다(대법원 1999. 6. 25. 98도3891).

따라서 이 사안의 경우 주거침입죄만 성립한다.

74. 다음 중 경비원이 자기 근무지 안으로부터의 퇴거를 요구했을 경우 이에 불복하였을 때 이에 해당되는 죄는?

① 상해죄 ② 절도죄 ③ 퇴거불응죄 ④ 주거침입죄

정답 : ③ 퇴거불응죄는 사람의 주거, 관리하는 건조물, 선박이나 항공기 또는 점유하는 방실에 적법하게 또는 과실로 들어간 자가 주거자 · 관리자 · 점유자의 퇴거요구를 받고 응하지 아니함으로써 성립하는 범죄이다.

75. 형법상 여럿이 함께 모여 거액의 도박을 한 경우 다음 중 어디에 해당하는가?

① 공동정범 ② 간접정범 ③ 공모공동정범 ④ 필요적 공범

정답 : ④ 필요적 공범이란 형법의 개별구성요건 자체가 수인의 참가를 내용으로 하고 있는 범죄유형을 말한다. 즉 범죄의 성질상 당연히 수인의 행위주체를 필요로 하는 범죄이다.

뇌물죄, 아동혹사죄, 내란죄 소요죄 등이 이에 해당한다.

① 공동정범은 2인 이상이 공동으로 범행하는 것을 말한다.

② 간접정범은 의사지배로써 처벌되지 아니하는 또는 과실범으로 처벌되는 타인을 도구로 이용하여 범죄를 실행하는 자를 말한다. (예: 갑이 심신상실자인 A를 충동질 하여 방화를 하게 한 경우)

③ 공모공동정범: 2인 이상이 사전에 범죄를 모의 하였으나 그 중 일부만이 범죄실행에 참여하고 나머지는 참여하지 않은 경우에 참여하지 않은 자까지 공동정범으로 처벌할 수 있는 가의 문제이다. 처벌할 수 있다는 입장에서는 이러한 경우를 공모공동정범이라 한다. 즉 공동실행의 사실이 없이 공모만을 한 경우에도 공동정범이 된다는 입장이다.

제5장 형사소송법

1절 **형사소송의 기초**

2절 **수사**

3절 **공소**

4절 **공판**

5절 **증거**

6절 **재판**

7절 **상소**

8절 **비상구제절차**

9절 **특별절차**

제1절 형사소송의 기초

1. 형사소송의 의의

1) 형사소송의 개념

형사소송법은 형법과 함께 넓은 의미에서 형사법을 구성한다. 형법은 범죄와 범죄에 대한 법률효과인 형벌과 보안처분을 규정한 법체계를 의미함에 반하여, 형사소송법은 형법을 적용하고 실현하기 위한 절차를 규정하는 국가적 법률체계를 의미한다.

형법이 형벌권의 발생요건을 규정하는 법률이라면, 형사소송법은 형벌권을 실현하기 위한 법률이라고 볼 수 있다. 그러므로 형법은 국가의 형벌권을 규율하는 법체계로 형사사법에 의한 정의를 실현하는 법이라면, 형사소송법은 형사사법에 있어서의 정의를 실현하는 법이다.

2) 형사절차법정주의

형사소송에 의하여 국가의 형벌권을 실현하기 위하여 필연적으로 개인의 자유와 권리를 침해하는 행위가 발생하므로 수사기관이 함부로 개인의 자유와 권리를 침해하는 것을 방지하기 위하여 형사절차를 법으로 정할 것을 요구하고 이를 형사절차 법정주의라고 한다.

우리 헌법 제12조 제1항에서도 "모든 국민은 신체의 자유를 가진다. 누구든지 법률에 의하지 아니하고는 체포 · 구속 · 압수 · 수색 또는 심문을 받지 아니하며, 법률과 적법한 절차에 의하지 아니하고는 처벌 · 보안처분 또는 강제노역을 받지 아니한다"고 규정하여 형사절차 법정주의를 천명하고 있다.

2. 형사소송법의 기본이념

형사소송의 최고이념은 실체적 진실발견에 있다. 그렇지만 실체적 진실발견은 어떠한 희생을 치르더라도 달성해야 하는 유일한 목적은 될 수 없으며, 실체적 진실발견도 적정절차의 보장속에서 신속하게 이루어져야 한다는 제한을 받지 않을 수 없다. 이러한 의미에서 실체적 진실주의, 적정절차원칙, 신속한 재판의 원칙 등은 형사소송법의 목적원리로 기능하게 된다.

1) 실체진실발견주의

실체진실주의(The Truthfinding Function of the Process)란 소송의 실체에 관하여 객관적인 진실을 발견하여 사안의 진상을 명백히 하자는 것으로, 법원은 당사자의 주장, 사실의 인부, 제출한 증거에 구속되지 않고 판단하여 객관적인 진실을 발견하여야 한다는 것을 의미한다. 형사소송법은 피고인과 피해자 사이의 사적 분쟁을 해결하기 위한 제도가 아니라 국가공형벌권을 실현하는 절차이기 때문이다.

적극적 실체진실주의란 범죄 되는 사실을 명백히 하여 죄 있는 사람을 빠짐없이 처벌하자는 주의를 말하며, 소극적 실체진실주의[15]란 죄 없는 자를 유죄로 하여서는 아니 된다는 주의를 말한다.

2) 적정절차의 원칙

적정절차(Due process of law)란 헌법정신을 구현한 공정한 법정절차에 의하여 형벌권이 실현되어야 한다는 원칙을 말한다. 즉 법치국가적 형사소송의 최고의 원리는 인간의 존엄과 가치를 인정하고 기본적 인권을 보장함을 최고의 원리로 하여야 하므로 인간을 단순한 소송의 객체로 머무르게 하여서는 아니 되며, 이로 인하여 피고인은 소송의 주체로서 독립된 권리를 가지며 방어권을 행사할 수 있게 된다. 형사소송법 제308조의2 및 제312조에서 "적법한 절차"라고 규정한 것은 적법절차를 구체화한 규정으로 볼 수 있다.

3) 신속한 재판의 원칙

"재판의 지연은 재판의 거부와 같다(Justice delayed, justice denied)"라는 법언에서 알 수 있듯이 재판의 신속 또한 형사소송의 이념이 될 수 있다. 헌법 제27조 제3항에서 헌법상의 기본권으로 신속한 재판을 보장하고 있으며, 「국민의 형사재판참여에 관한 법률」의 시행에 의하여 배심제도가 도입됨으로써 더욱더 신속한 재판은 필요하게 되었다.

우리나라 형사소송법은 신속한 재판을 위하여 먼저 수사와 공소제기 단계에서부터 검사의 수사권 집중(형사소송법 제195조), 수사기관의 구속기간 제한(형사소송법 제202조, 제203조), 기소편의주의(형사소송법 제247조 제1항, 제255조), 공소시효(형사소송법 제249조) 등의 제도를 마련하고 있으며, 공판단계에서는 공판준비절차(형사소송법 제266조:공소장부본의 송달, 제267조, 제270조:공판기일의 지정과 변경, 제273조, 제274:공판기일 의거조사와 증거제출, 제266조의5 내지 14:공판전 준비절차, 제266조의16:기일간 공판준비절차), 심판범위의

15) "열 사람의 범인을 놓치는 한이 있더라고 한 사람의 죄 없는 사람을 벌하여서는 안 된다(Better ten guilty escape than One innocent Suffers)" 또는 "의심스러운 때에는 피고인의 이익으로"라는 법훈으로 표현되고 있다.

한정, 궐석재판제도(형사소송법 제277조의2), 집중심리제도(형사소송법 제267조의2), 대표변호인제도(형사소송법 제32조의2), 재판장의 소송지휘권(형사소송법 제279조), 구속기간의 제한(형사소송법 제92조), 판결선고기간제한(형사소송법 제318조의4) 등을 규정하고 있으며, 상소심에서도 상소심의 구조, 상소기간의 제한(형사소송법 제358조, 제374조) 등을 마련하고 간이공판절차(형사소송법 제286조의2), 약식명령(형사소송법 제453조), 즉결심판절차 등 특수한 공판제도를 마련하여 이 원칙에 기여하고 있다.

3. 형사소송의 기본구조

1) 규문주의 · 탄핵주의

(1) 규문주의

법원이 범죄사실을 발견하였을 때 그 소추를 기다리지 않고 직권으로 범죄를 수사하여 범인을 체포, 심리, 재판하는 구조이다. 재판기관과 소추기관의 주체가 동일한 경우를 말하며, 규문주의에 따르면 불고불리의 원칙은 적용이 없고, 피고인은 심리의 객체가 될 따름이다.

(2) 탄핵주의

재판기관과 소추기관이 분리된 경우를 말하며 불고불리의 원칙은 적용이 있다. 이에는 소송의 주도권을 누가 가지고 있는가에 따라서 당사자주의와 직권주의로 나누어진다.

2) 직권주의 · 당사자주의

(1) 직권주의

직권주의는 소송에서의 주도적 지위를 법원에게 인정하는 소송구조로 대륙법계의 전통적 입장이다. 심리의 능률과 피고인에게 실질적인 도움을 법원이 후견적인 입장에서 제공하여 실체진실발견에 도움이 되나, 피고인의 소송당사자의 지위의 형해화(形骸化)를 가져올 위험이 있으며. 법원의 독단과 자의를 방지할 수 없다는 단점이 있다.

(2) 당사자주의

당사자주의는 당사자인 검사와 피고인에게 소송의 주도적 지위를 인정하여 당사자에 의해 소송이 진행되는 구조로, 영미법계의 전통적 입장인 배심제도에서부터 발전한 제도이다. 당사자주의의 표현으로는 공소장일본주의, 검사의 모두진술, 교호신문제도, 피고인신문의 방법, 당사자 신청에 의한 증거조사, 공소장변경제도, 피고인의 공판기일 변경신청권, 제1회 공판기일 유예기간, 전문법칙, 탄핵증거, 당사자의 최종변론인정 등이 그 예이다.

(3) 현행 형사소송법의 태도

형사소송의 구조를 당사자주의와 직권주의 중 어느 것으로 할 것인가의 문제는 입법정책의 문제로서 우리나라 형사소송법은 그 해석상 소송절차의 전반에 걸쳐 기본적으로 당사자주의 소송구조를 취하고 있는 것으로 이해된다.

4. 형사소송의 주체(당사자)

형사소송절차는 공소권을 행사하여 형벌을 청구하는 원고인 검사와 공소가 제기되어 이를 방어하는 자인 피고인이 대립하고, 이에 대하여 제3자인 법원이 심판하는 소송구조를 이루고 있다.

1) 법원

(1) 국법상 의미의 법원

국법상의 의미의 법원은 사법행정상의 의미의 법원(법원조직법상의 법원)으로 관청 및 관서로서의 법원을 말한다.

(2) 소송법상 의미의 법원

형사소송법상의 법원의 의미로 재판권을 행사하는 단독판사와 합의부가 이에 해당된다. 국법상 의미의 법원은 대법원장 및 법원장의 지휘 · 감독을 받는데 반하여 소송법상 의미의 법원은 이에 제한을 받지 않는다.

(3) 법원의 구성

① 재판장

법원이 합의부인 경우, 그 구성원 중 1인이 재판장이 된다. 재판장은 합의부에서 당해 사건의 소송절차의 진행을 담당하는 권한이 있다. 합의체 기관으로서 재판장은 공판기일지정권, 소송지휘권, 법정경찰권 등의 권한이 있으며, 독립하여서는 급속을 요하는 경우, 피고인을 소환 구속할 수 있는 권한이 있다. 그러나 심판에 있어서는 다른 합의부 법관과 동일한 권한을 가질 뿐이다.

② 수명법관

합의체 법관 중 재판장의 명을 받고 특정한 소송행위를 하는 법관이다(형사소송법 제136조, 제266조의2). 수명법관은 공판준비기일을 진행할 수 있으며, 수명법관은 공판준비기일에 관하여 법원 또는 재판장과 동일한 권한이 있다. 이러한 수명법관의 행위에 대하여는 준항고를 할 수 있다(형사소송법제416조).

③ 수탁판사

수소법원이 다른 법원의 판사에게 일정한 소송행위에 대하여 촉탁을 하고, 이에 촉탁을 받은 판사를 말한다. 촉탁을 받은 법관은 일정한 경우에 다른 법원 판사에게 전촉을 할 수 있다(형사소송법제77조 제2항, 제136조 제2항). 전촉을 받은 판사 역시 수탁판사이다.

④ 수임판사

수소법원과는 독립하여 특정한 소송법상의 권한을 행사하는 법관을 말한다. 예를 들면 각종의 영장을 발부하는 판사(형사소송법 제201조), 증거보전절차를 행하는 판사(형사소송법 184조:단 기각결정에 대하여는 개정 형사소송법에 3일 이내에 항고할 수 있다). 수사상의 증인신문을 행하는 판사(형사소송법 제221조의2)가 이에 해당한다.

⑤ 수소법원

형사피고사건이 계속된 법원을 말한다. 다만, 증거보전청구를 받은 판사나 구속영장을 발부하는 판사는 수소법원이 아니다.

2) 검사

(1) 의의

검사는 수사절차에서는 수사의 주재자로서, 수사의 결과 공소제기 여부를 독점적으로 결정하며, 공판절차에서는 피고인과 대립되는 당사자로서 법원에 대하여 법령의 정당한 적용을 청구하고, 재판이 확정된 경우에는 형의 집행을 지휘 · 감독하는 형사사법의 정의를 실현하는 데 있어 필수적인 역할을 하는 능동적이고 적극적인 국가기관이다.

(2) 조직법상 지위

① 준사법기관

검사는 법무부에 소속된 행정기관으로서 국가의 행정목적을 위해 활동하는 준사법기관이다.

② 단독제 관청

검사는 검찰사무를 처리하는 단독제의 관청이다. 검찰권의 행사에는 항상 1인제가 채택되어 있고, 합의제는 존재하지 아니한다.

③ 검사의 신분보장

검사는 탄핵 또는 금고 이상의 형을 받거나 징계처분 또는 적격심사에 의하지 아니하면 파면 · 퇴직 · 정직 또는 감봉의 처분을 받지 아니한다(검찰청법 제37조). 검사(검찰총장을 제외한다)에 대하여는 임명된 해부터 7년이 되는 해마다 적격심사를 한다(검찰청법 제39조).

(3) 검찰사무의 지휘 · 감독

① 지휘 · 감독권

검사는 검찰사무에 관하여 소속 상급자의 지휘 · 감독에 따른다. 다만, 검사는 구체적인 사건과 관련된 사건에 관하여 상급자의 지휘 감독이 있는 경우 이 지휘 · 감독의 적법성 또는 정당성 여부에 대하여 이견이 있는 때에는 이의를 제기할 수 있다(검찰청법 제7조).

② 직무승계와 이전의 권한

검찰총장, 각급 검찰청의 검사장 및 지청장은 소속 검사로 하여금 그 권한에 속하는 직무의 일부를 처리하게 할 수 있고, 소속검사의 직무를 자신이 처리하거나 다른 검사로 하여금 처리하게 할 수 있다(검찰청법 제7조의2). 검사의 교체, 이전으로 소송법상의 효과에는 영향이 없으므로 조사절차나 공판절차를 갱신할 필요가 없다.

③ 법무부장관의 지휘 · 감독권

법무부장관은 검찰사무의 최고 감독자로서 일반적으로 검사를 지휘 · 감독하고, 구체적인 사건에 대하여는 검찰총장만을 지휘 · 감독한다(검찰청법 제8조).

④ 직무대리권

각급 검찰청의 차장검사는 소속장을 보좌하며 소속장이 사고가 있을 때에는 특별한 대리권의 수권이 없더라도 그 직무대리권한을 가진다(검찰청법 제13조).

(4) 검사의 소송상 지위

① 수사의 주재자

검사는 수사의 주재자로서 수사권, 수사지휘권, 수사종결권을 가지고 있다.

② 공소권의 주체

공소제기는 검사만이 할 수 있으며, 공소수행의 담당자가 된다.

③ 검사의 객관의무

검사는 피고인에 대립되는 당사자이면서도 공익의 대표자로서 피고인의 정당한 이익을 옹호해야 하는 의무도 존재한다. 그러므로 피고인에게 이익 되는 사실도 조사 · 제출할 수 있으며, 피고인의 이익을 위하여 상소와 재심을 청구할 수 있고 비상상고도 할 수 있다. 그러므로 검사가 피고인에게 유리한 수사결과만을 기록에서 빼내어 증거로 제출하지 않는다면 이는 객관의무에 위배한 위법한 행위가 되어 국가배상책임을 지게 된다.

④ 재판의 집행기관

재판집행은 검사가 지휘한다. 검사는 사형 또는 자유형의 집행을 위하여 구금되지 않은 자가 소환에 응하지 않을 경우, 형집행장을 발부하여 구인하도록 하고 있다(형사소송법 제473조). 다만, 구속영장의 집행이나 압수 · 수색영장의 집행은 예외적으로 재판장 · 수명법관 · 수탁판사가 재판집행을 지휘할 수도 있다.

3) 피고인

(1) 의의

피고인이란 검사에 의하여 형사책임을 져야 할 자로서 공소가 제기된 자 및 즉결심판절차에서 경찰서장에 의하여 즉결심판이 청구된 자도 피고인에 해당한다. 공소가 제기된 자이면 진범인가의 여부, 당사자능력 및 소송능력의 유무 또는 공소제기가 유효한 것인지는 문제가 되지 않는다. 그러므로 피의자는 공소제기에 의하여 피고인이 되며, 형의 확정에 의하여 수형자가 된다.

(2) 피고인의 지위

① 소송당사자로서의 지위

피고인에게 인정되는 방어권은 첫째 방어준비를 위한 권리, 진술거부권과 진술권, 증거조사에 있어서의 방어권, 방어능력의 보충 등이 있다. 소송절차의 참여권은 법원의 구성에 참여하는 권리, 공판정출석권, 증거조사참여권, 강제처분절차 등의 참여권 등이 있다.

② 증거방법으로서의 지위

피고인의 임의적 진술은 증거가 될 수 있고 피고인의 신체는 검증의 대상이 될 수 있으므로 피고인은 인적 증거방법과 물적 증거방법으로서의 지위를 가진다. 피고인을 증인으로 신문할 수 있는지가 인적 증거방법으로서의 지위에서 문제가 된다. 형사소송법상 증인은 제3자임을 요하고, 피고인에게 증인적격을 인정하게 되면 진술의무를 강제하는 것이 되어서 피고인에게 인정된 진술거부권이 형해화(形骸化)될 수 있으므로 부정하는 것이 타당하다. 이와 관련하여 공범인 공동피고인도 증인적격을 부정하고 있다.

③ 절차의 대상으로서의 지위

피고인은 소환, 구속, 수색, 압수 등의 강제처분의 대상이 되는 지위를 갖고 있다.

4) 변호인

(1) 의의

변호인이란 피고인 또는 피의자의 방어력을 보충함을 임무로 하는 보조자를 말한다. 즉 피고인 또는 피의자는 일반적으로 법률의 문외한으로 검사와 대등한 역량을 가진 변호인을 통하여 자기에게 이익이 되는 증거를 수집 · 제출함으로써 당사자대등 내지 무기대등의 원칙을 실현하여, 적정절차의 원칙(공정한 재판)을 지키기 위한 제도이다. 직권주의에 있어서 검사와 법원이 담당하는 피고인을 위한 변호적 기능을 실질적 변호라고 하고, 변호인에 의한 변호적 기능을 형식적 의미의 변호라고 한다.

(2) 변호인의 지위

① 피고인 또는 피의자의 보호자

변호인은 단순한 피의자 및 피고인의 대리인에 그치는 것이 아니므로 피고인의 이익을 위해서 피고인의 의사에 반하여 소송활동을 할 수 있다. 즉 피고인의 자백에도 불구하고 무죄변론을 할 수 있다.

② 공익적 지위

변호인은 피의자, 피고인의 이익을 보호하는 보호자의 지위를 가지고 있다. 그러나 이러한 변호인의 보호자의 지위도 진실과 정의에 구속되지 않을 수 없게 된다. 이러한 또 하나의 변호인의 의무를 진실의무 혹은 공익적 지위라고 한다.

③ 보호자의 지위와 공익적 지위(진실의무)의 조화

변호인의 주된 지위는 피고인의 보호자지위라는 점에는 의심이 없으므로 변호인의 공익적 지위는 그 한계로서 소극적인 의미를 가지는 것에 불과하므로 변호인은 공정한 재판의 이념에 비추어 법률상 허용되지 아니하는 수단 혹은 국가법질서에 반하는 변호활동만 할 수 없다고 보아야 한다. 이를 구체적으로 살펴보면 변호인의 법적 조언 및 진술거부권의 행사의 권고 등은 가능하나, 임의자백의 철회, 증인에게 위증을 교사하거나 증거인멸을 지시하는 것은 허용되지 않는다. 또한 변호인은 피고인의 자백에 구속되지 아니하므로 피고인의 자백이 진실과 다르다고 생각되는 경우는 물론 입증 부족이나 미비를 이유로 무죄변론을 할 수 있다.

(3) 변호인의 권한

변호인의 권한은 변호인의 고유의 권한인 고유권과 피고인의 권한을 대리하는 대리권으로 나뉜다. 변호인의 고유권으로는 피고인과의 접견교통권, 변호인의 기록 열람 · 등사권 등이 있다.

변호인은 성질상 대리가 허용되지 않는 경우를 제외하고는 모든 소송행위에서 피고인과 피의자를 대리할 수 있는 권한이 있다. 대리권은 본인의 의사에 반할 수 있는지에 따라 종속대리권과 독립대리권으로 나눌 수 있다.

종속대리권은 본인의 의사에 종속하여 행사할 수 있는 대리권이다. 법조문에 피고인의 권리로 규정되어 있지만 피고인의 의사에 종속되어 행사할 수 있다. 종속대리권에는 관할이전의 신청, 관할위반의 신청, 상소의 취하 등이 있다.

독립대리권은 본인의 의사에 반하여 행사할 수 있는 대리권이다. 법조문에 변호인의 권리로 규정되어 있다. 본인의 명시한 의사에 반하여 행사할 수 있는 것으로는 구속취소의 청구, 보석의 청구, 공판기일변경신청, 증거보전의 청구, 증거조사에 대한 이의신청 등이 있다. 명시한 의사에 반해서 할 수는 없으나 묵시적 의사에 반하여 할 수 있는 것으로는 기피신청, 상소의 제기 등이 있다.

제2절 수사

1. 수사의 의의

수사(Investigation)란 범죄혐의의 유무를 명백히 하여 공소제기 및 유지 여부를 결정하기 위하여 범인을 발견 · 확보하고 증거를 수집 · 보전하는 수사기관의 활동을 말한다. 즉 범죄의 유무와 범인의 체포 및 증거의 수집을 위한 수사기관의 활동이라고 말할 수 있다.

2. 수사의 구조

1) 규문적 수사관

강제처분은 수사기관이 본래적으로 가지고 있는 것이므로 법원의 영장은 허가장의 성질이 있으며, 피의자신문을 위한 구인도 가능하다. 이에 의하더라도 수사단계에서 적법절차의 원리가 당연히 적용되어야 하고, 피고인 전단계인 피의자는 준당사자적 지위를 가지고 있으므로 피의자에게 일정한 권리를 보장할 수 있다.

2) 탄핵적 수사관

수사는 공판준비활동으로 강제처분은 법원이 행하는 것이므로 영장 또한 명령장의 성질이 있으며 피의자신문을 위한 구인은 불가능하다. 수사는 공판절차와 달리 원칙적으로 규문주의적 성격을 가질 수밖에 없고, 헌법적 형사소송의 원리상 탄핵적 수사관을 취하지 아니하더라도 당연히 피고인의 권리는 보장받을 수 있다는 비판이 있다.

3) 소송적 수사관

검사를 종국적 판단자로 하여 사법경찰관과 피의자가 서로 대립하는 소송구조로 판단하는 견해로서 수사절차의 독자성과 중요성을 강조하므로 피의자를 수사의 객체가 아니라 수사의 주체로 보아야 한다는 입장이다. 그러나 수사권 독립이 이루어지지 아니한 이상 삼면대립 소송구조가 성립될 수 없다는 비판이 있다.

3. 수사의 단서

1) 의의

형사소송법에는 고소, 고발, 자수, 변사자 검시, 현행범체포를 명문의 규정으로 수사의 단서로 보고 있다. 이 중에서 고소, 고발, 자수가 있는 경우에는 즉시 수사가 개시되고, 그 이외의 수사의 단서는 범죄인지에 의하여 수사가 개시된다.

불심검문, 변사체검시, 현행범체포, 기사, 세평 등은 수사기관 자신의 체험에 의한 수사의 개시원인이 되는 반면, 고소, 고발, 자수, 진정, 범죄신고 등은 타인의 체험의 정취에 의한 수사개시의 원인이다.

2) 변사자 검시

(1) 의의

변사자 또는 변사의 의심 있는 사체가 있는 때에는 그 소재지를 관할하는 지방검찰청검사가 검시하여야 한다(형사소송법 제222조). 이 때 검사는 사법경찰관에게 변사자 검시와 검증의 처분을 명할 수 있다. 변사자는 자연사 또는 통상의 병사가 아닌 범죄로 인하여 사망한 것이라고 의심이 가는 사체를 의미한다. 그러므로 익사 또는 천재지변으로 인하여 사망한 것이 명백한 경우에는 변사체가 아니므로 검시의 대상이 되지 아니한다.

(2) 성질

수사의 단서의 일종이므로 영장이 필요 없으나 검시로 인하여 범죄혐의가 있는 경우에 긴급을 요하는 경우에는 영장 없이 검증을 할 수 있다(형사소송법 제222조 제2항). 이 경우 영장 없이 타인의 주거에 들어가서 검시를 할 수 있는가에 대하여는 학설의 대립이 있으나, 당사자의 동의가 없는 경우에는 영장이 필요하다고 해석하는 것이 다수설이다.

3) 불심검문

(1) 의의

경찰관직무집행법 제3조 제1항에서는 “경찰관은 수상한 거동 기타 주위의 사정을 합리적으로 판단하여 어떠한 죄를 범하였거나 범하려 하고 있다고 의심할 만한 상당한 이유가 있는 자 또는 이미 행하여진 범죄나 행하여지려고 하는 범죄행위에 관하여 그 사실을 안다고 인정되는 자를 정지시켜 질문할 수 있다"라고 하여 불심검문을 명문으로 인정하고 있다.

(2) 법적 성격

경찰관직무집행법 제3조에서 "어떤 죄를 범하였거나 이미 행하여진 범죄나 그 사실을 안다고 인정되는 자"라고 규정한 부분은 보안행정 경찰작용이 아니라 이미 저질러진 범죄에 대한 수사작용이므로 검사의 지휘를 받아야 하다고 보는 보안경찰작용과 사법경찰작용 병유설이 있으나, 경찰관직무집행법 제3조에서 불심검문의 대상범죄를 특정하지 아니하고 "어떠한 죄"라고 규정하고 있으므로 불심검문은 행정(보안)경찰작용에 속한다고 보는 것이 타당하다. 그러므로 불심검문은 수사에서 요구되는 객관적 사실에 바탕을 둔 주관적 혐의가 있을 때만 하는 것이 아니라 널리 사전 범죄예방의 필요성에 의하여 거동불심자에게 행할 수 있고 이에 의하여 범죄의 혐의가 인정되면 수사가 개시되는 수사의 단서가 된다고 하겠다.

(3) 불심검문의 대상

거동불심자를 대상으로 하는데, 여기서의 거동불심자란 수상한 거동 기타 주위의 사정을 합리적으로 판단하여 어떠한 죄를 범하였거나 범하려 하고 있다고 의심할 만한 상당한 이유가 있는 자 또는 이미 행하여진 범죄나 행하여지려고 하는 범죄행위에 관하여 그 사실을 안다고 인정되는 자를 말한다.

(4) 불심검문의 방법

① 정지와 질문

정지에 관하여는 자동차 검문이, 질문에 대하여는 소지품검사가 허용될 수 있는지 문제가 된다.

㉠ 질문의 방법

거동불심자에게 질문하거나 동행을 요구할 경우 경찰관은 당해인에게 자신의 신분을 표시하는 증표를 제시하면서 소속과 성명을 밝히고 그 목적과 이유를 설명하여야 하며, 동행의 경우에는 동행장소를 밝혀야 한다(동법 제3조 제4항). 이 경우 행선지, 성명, 주소, 연령 등을 묻을 수 있고, 질문을 할 때에 흉기의 소지 여부를 조사할 수 있다

(동법 제3조 제3항). 다만 이때의 질문은 임의수단이므로 당해인은 답변을 강요당하지 아니한다(동법 제3조 제7항).

㉡ 정지의 한계

정지에 있어서 경찰관은 사태의 긴급성, 혐의의 정도, 질문의 필요성과 수단의 상당성 등 여러 가지 정황을 판단하여 강제에 이르지 않는 정도의 유형력의 행사는 허용된다고 본다.[15)]

② 동행의 요구

경찰관은 질문을 위하여 그 장소에서 질문하는 것이 당해인에게 불리하거나 교통의 방해가 된다고 인정되는 때에는 질문하기 위하여 부근의 경찰서 · 지구대 · 파출소 또는 출장소(이하 "경찰관서"라 하되, 지방해양경찰관서를 포함한다)에 동행할 것을 요구할 수 있다. 이 경우 당해인은 경찰관의 동행요구를 거절할 수 있다(동법 제3조 제2항). 동행을 한 경우 경찰관은 당해인의 가족 또는 친지 등에게 동행한 경찰관의 신분, 동행장소, 동행목적과 이유를 고지하거나 본인으로 하여금 즉시 연락할 수 있는 기회를 부여하여야 하며, 변호인의 조력을 받을 권리가 있음을 고지하여야 한다(동법 제3조 제5항). 동행을 한 경우 경찰관은 당해인을 6시간을 초과하여 경찰관서에 머물게 할 수 없다(동법 제3조 제6항). 이 경우 당해인은 형사소송에 관한 법률에 의하지 아니하고는 신체를 구속당하지 아니하며, 그 의사에 반하여 답변을 강요당하지 아니한다(동법 제3조 제7항).

4) 소지품검사

(1) 의의

불심검문에 수반하여 흉기 기타 물건의 소지 여부를 밝히기 위하여, 거동불심자의 착의 또는 휴대품을 조사하는 것을 말한다. 즉 소지품을 외부에서 관찰하고, 그 내용을 질문하며, 의복 또는 휴대품을 외부에서 가볍게 손으로 만져보고, 그 내용의 개시를 요구하고, 개시된 내용물을 검사하는 일련의 행위를 소지품검사라고 한다.

(2) 소지품 검사의 허용 여부

---

15) 예:정지를 위하여 길을 막거나 추적하는 정도, 몸에 손을 대는 정도

흉기 조사는 경찰관직무집행법 제3조 제3항에 명문의 규정이 있지만 일반 소지품검사에 대하여는 명문의 규정이 없으므로 허용되지 아니한다는 견해도 있으나, 소지품검사는 불심검문의 안전을 확보하고 질문의 실효성을 위해 불심검문에 부수하여 이루어지는 행위이므로 경찰관직무집행법 제3조에 근거가 있다고 할 것이므로 그 범위 내에서는 허용된다고 보아야 한다. 그러므로 범죄수사를 위한 소지품검사는 허용되지 아니한다.

(3) 소지품 검사의 한계

① Stop and Frisk

미국의 Terry v. Ohio Case(1968)에서 확립된 이론으로 경찰관이 강도의 의심이 있는 3인을 검문하면서 의복의 외부를 가볍게 만진 결과 Pistol을 발견하고, 경찰서에 연행하여 무기소지죄로 기소한 사건에 대하여 미연방대법원은 "미 수정헌법 제4조에 의한 합리적인 수색이므로 압수된 무기를 증거로 사용할 수 있다"라고 판시하여 확립된 것이다.

그러나 이후 Sibron v. N.Y Case(1968)에서는 마약상습자와 식당에서 대화하고 있는 Sibron을 경찰관이 길로 불러내어 주머니에 손을 넣어 수색한 결과 헤로인을 발견한 사건에 대하여 미 연방대법원은 "주머니에 손을 넣어서 수색하는 것은 상당한 방법에 해당될 수 없으므로 미 수정헌법 제4조에 반한다"라고 판시하였다.

② 소지품의 외표 검사 및 개시요구와 내용조사

흉기조사는 경찰관직무집행법 제3조 제3항에 의하여, 일반소지품 검사는 동법 제3조에서 가능하므로 소지품에 대한 외표검사는 가능하다. 다음으로 흉기조사인 경우에는 흉기를 소지한 것이 확실한 경우에는 질문자의 안전과 제3자의 생명, 신체의 보호를 위하여 강제력이 아닌 유형력의 행사를 통해 개시를 요구할 수 있으나, 일반 소지품의 개시요구는 강요적인 행동과 언동에 의하지 않는 경우에만 가능하다고 보아야 할 것이다.

5) 자동차 검문

(1) 의의

자동차 검문이란 범죄의 예방과 검거를 목적으로 통행중인 자동차를 정지시켜 운전자 및 동

승자에게 질문하는 것을 말한다. 자동차 검문에는 교통검문[15], 경계검문[16], 긴급수배검문[17]이 있다.

(2) 법적 근거

교통검문은 도로교통법 제47조 일시정지권에 근거가 있으나, 그 외에는 법에 직접적인 근거가 없어 문제가 되나, 경계검문은 경찰관집무집행법 제3조에 근거가 있다고 볼 것이며, 긴급수배검문은 동법과 형사소송법상의 임의수사에 관한 규정에서 근거를 찾을 수 있다.

6) 고소

(1) 의의

고소는 범죄의 직접적인 피해자 또는 그와 일정한 관계가 있는 고소권자가 수사기관에 범죄사실을 신고하여 범인의 처벌을 구하는 의사표시를 말한다. 그러므로 수사기관이 아닌 법원에 진정서를 제출하거나 단순한 도난신고서나 피해전말서는 고소가 아니다.

(2) 고소의 방법

서면 또는 구술로 검사 또는 사법경찰관에게 한다. 이때 구술에 의한 고소를 받은 경우엔 조서를 작성하여야 하나, 고소조서에는 처벌을 희망하는 의사표시가 있으면 되므로 독립된 조서를 요하지 않는다. 그러나 전보, 전화 또는 팩시밀리에 의한 고소의 경우에는 별도의 조서가 작성되어야 고소의 효력이 발생한다. 왜냐하면 전화, 전보 등으로는 서명 날인을 할 수 없으므로 별도의 조서가 작성되어야 한다.

7) 고발

(1) 의의

고소권자와 범인 이외의 제3자가 수사기관에 대하여 범죄사실을 신고하여 범인의 소추를 구하는 의사표시를 말한다. 고발은 원칙적으로 수사의 단서에 불과하지만, 관세법이나 조세범처벌법 위반사건의 경우에는 소송조건으로서의 성질도 갖는다.

---

15) 도로교통법위반의 단속을 위한 검문:일시정지권(도로교통법 제47조)

16) 불특정한 범죄의 예방과 검거를 목적으로 한 검문:경찰관직무집행법 제3조 제1항

17) 특정범죄의 범인의 검거와 수사정보의 수집을 위한 검문:경찰관직무집행법 제3조, 임의수사(제199조)

(2) 고발권자와 고발의 제한

누구든지 범죄가 있다고 사료하는 때에는 고발할 수 있다. 공무원은 그 직무를 행함에 있어 범죄가 있다고 사료하는 때에는 고발하여야 한다(형사소송법 제234조 제2항). 자기 또는 배우자의 직계존속을 고발하지 못한다(형사소송법 제235조).

8) 자수

(1) 의의

형법 제52조 제1항 소정의 자수란 범인이 자발적으로 자신의 범죄사실을 수사기관에 신고하여 그 소추를 구하는 의사표시를 말한다. 자수를 형의 감경사유로 삼는 주된 이유는 범인이 그 죄를 뉘우치고 있다는 점에 있으므로 범죄사실을 부인하거나 죄의 뉘우침이 없는 자수는 그 외형은 자수일지라도 법률상형의 감경사유가 되는 진정한 자수라고는 할 수 없다.

(2) 시기

"자수"에는 범행이 발각되고 지명수배된 후의 자진출두도 포함되는 것으로 판례가 해석하고 있으므로 이것이 "자수"라는 단어의 관용적 용례이다.

(3) 방법

자수의 신고방법에는 법률상 특별한 제한이 없으므로 제3자를 통하여서도 할 수 있으나, 제3자에게 자수의 의사를 경찰서에 전달하여 달라고 말한 경우에는 자수로 볼 수 없다. 자수라 함은 범인이 스스로 수사책임이 있는 관서에 자기의 범행을 고하고 그 처분을 구하는 의사표시를 하는 것을 말하고, 가령 수사기관의 직무상의 질문 또는 조사에 응하여 범죄사실을 진술하는 것은 자백일 뿐 자수로는 되지 않는다.

4. 수사의 방법

1) 임의수사와 강제수사의 구별기준

형식설과 적법절차기준설 및 실질설의 대립이 있으나, 새로운 수사기법의 등장에 의한 인권침해의 소지를 방지하고 명확한 기준을 가지고 판단하기 위하여 상대방의 의사에 반하여 법익을 침해하는 처분은 강제처분이라고 보는 실질설이 타당하다.

2) 임의수사원칙과 강제수사의 규제

(1) 임의수사의 원칙

형사소송법은 제199조 전단에서 수사에 관하여는 그 목적을 달성하기 위해 필요한 조사를 할 수 있다. 다만, 강제처분은 이 법률에 특별한 규정이 있는 경우에 한한다고 규정하여 임의수사를 원칙으로 하고 있다. 또한 피의자에 대한 수사는 불구속 상태에서 함을 원칙으로 하고, 검사 · 사법경찰관리와 그 밖에 직무상 수사에 관계있는 자는 피의자 또는 다른 사람의 인권을 존중하고 수사과정에서 취득한 비밀을 엄수하며 수사에 방해되는 일이 없도록 해야 한다(형사소송법 제198조). 지방검찰청 검사장 또는 지청장은 불법체포 · 구속의 유무를 조사하기 위하여 검사로 하여금 매월 1회 이상 관할수사관서의 피의자의 체포 · 구속장소를 감찰하게 하여야 한다. 감찰하는 검사는 체포 또는 구속된 자를 심문하고 관련서류를 조사하여야 한다. 검사는 적법한 절차에 의하지 아니하고 체포 또는 구속된 것이라고 의심할 만한 상당한 이유가 있는 경우에는 즉시 체포 또는 구속된 자를 석방하거나 사건을 검찰에 송치할 것을 명해야 한다(형사소송법 제198조의2).

(2) 강제수사의 규제

① 강제수사법정주의

강제수사는 법률에 특별한 규정이 없으면 할 수 없다고 규정하고 있다(형사소송법 제199조 제1항). 그러나 강제수사법정주의는 과학기술의 발달로 인하여 형사소송법이 생각하지 못한 새로운 강제처분이 나타남에 따라 탄력적인 해석이 필요하다고 생각된다.

② 영장주의

영장주의란 법원 또는 법관이 발부한 적법한 영장에 의하지 않으면 형사절차상의 강제처분을 할 수 없는 원칙을 말한다. 그러므로 영장은 구체적 사건과 관련하여 내용이 특정되어 있어야 한다. 즉 구속영장인 경우에는 범죄사실과 피의자가 특정되어 있어야 할 뿐만 아니라 인치할 장소 및 구금장소가 명시되어 있어야 한다. 그러나 통신비밀보호법은 전기통신의 감청에 대해서는 일정기간에 걸친 포괄적인 통신제한 조치를 허용하고 있다.

③ 비례성의 원칙

강제처분을 함에 있어서도 필요한 최소한도의 범위 안에서만 하여야 한다(형사소송법 제199조). 그러므로 강제수사는 임의수사에 의하여 형사소송 목적을 달성할 수 없는 경우에 한하여 이루어져야 하는 것이며, 이러한 비례성의 원칙은 강제처분의 실행과 기간 및 방법을 제한하는 근본원칙이 되는 것이다.

3) 임의수사의 방법

(1) 피의자신문

① 의의

검사 또는 사법경찰관은 수사에 필요한 때에는 피의자의 출석을 요구하여 진술을 들을 수 있다(형사소송법 제200조 제1항). 이를 피의자신문이라고 한다. 이러한 피의자신문은 진술거부권이 보장되어 있는 임의수사이나 피의자의 자백을 획득하는 기회로 남용할 위험이 있으므로 이에 대한 법적 규제가 필요한 것이다.

② 피의자신문의 방법

㉠ 주체

검사와 사법경찰관이 작성하여야 한다. 다만, 판례는 사법경찰리 작성의 진술조서 및 피의자신문조서는 형사소송법 제196조 제2항과 이에 근거를 둔 사법경찰관리 집무규칙 제2조 및 경찰서직제 제6조, 경찰공무원법 제3조에 의하여 사법경찰리가 검사의 지휘를 받고 수사사무를 보조하기 위하여 작성한 서류라 할 것이므로 이를 권한 없는 자의 조서라 할 수 없다고[15] 하여 작성권한자에 포함시키고 있다.

㉡ 출석요구

수사기관은 피의자를 질문하기 위하여 피의자의 출석을 요구하여야 한다(형사소송법 제200조 제1항). 출석요구의 방법은 원칙적으로 출석요구서에 의하나 이외에도 서면, 전화, 구두, 인편 등 제한이 없다. 출석요구의 장소도 반드시 수사관서에 한하지 아니하므로 수사기관이 피의자가 있는 곳에 가서 하여도 무방하다. 피의자신문은 임의수사이므로 피의자는 출석요구에 응할 필요가 없고 신문중이라도 언제든지 퇴거할 수 있다.

15)대법원 1982.12.28. 82도1080

㉢ 진술거부권의 고지(형사소송법 제244조의3)

검사 또는 사법경찰관은 피의자를 신문하기 전에 일체의 진술을 하지 아니하거나 개개의 질문에 대하여 진술을 하지 아니할 수 있다는 것, 진술을 하지 아니하더라도 불이익을 받지 아니한다는 것, 진술을 거부할 권리를 포기하고 행한 진술은 법정에서 유죄의 증거로 사용될 수 있다는 것, 신문을 받을 때에는 변호인을 참여하게 하는 등 변호인의 조력을 받을 수 있다는 것을 알려주어야 한다.

㉣ 피의자신문의 내용 · 방법

검사 또는 사법경찰관이 피의자를 신문함에는 먼저 그 성명, 연령, 본적, 주거와 직업을 물어 피의자임에 틀림없음을 확인하여야 한다(형사소송법 제241조). 검사 또는 사법경찰관은 피의자에 대하여 범죄사실과 정상에 관한 필요사항을 신문하여야 하며 그 이익 되는 사실을 진술할 기회를 주어야 한다(형사소송법 제242조). 검사 또는 사법경찰관이 사실을 발견함에 필요한 때에는 피의자와 다른 피의자 또는 피의자 아닌 자와 대질하게 할 수 있다(형사소송법 제245조).

(2) 참고인 조사

① 의의

검사 또는 사법경찰관은 수사에 필요한 때에는 피의자 아닌 자의 출석을 요구하여 진술을 들을 수 있다(형사소송법 제221조). 이를 참고인 조사라고 한다.

② 증인과의 구별

참고인 조사는 임의수사이므로 증인과 달리 강제로 소환 내지 구인을 당하지 않는다. 이를 보완하기 위하여 형사소송법은 증인신문의 청구제도(형사소송법 제221조의2)를 마련하고 있다.[15]

③ 피의자신문과 구별

피의자신문과 달리 참고인조사에는 진술거부권의 고지가 필요 없다.

④ 참고인 진술조서의 영상녹화(형사소송법 제221조 단서)

참고인의 진술을 받는 경우 참고인의 동의를 받아 영상녹화할 수 있다.

---

15) 221조의2

범죄의 수사에 없어서는 아니 될 사실을 안다고 명백히 인정되는 자가 전조(참고인 신문)의 규정에 의한 출석 또는 진술을 거부한 경우에는 검사는 제1회 공판기일 전에 한하여 판사에게 그에 대한 증인신문을 청구할 수 있다.

(3) 감정 · 통역 · 변역의 위촉

검사 또는 사법경찰관은 수사에 필요한 때에는 피의자 아닌 자의 출석을 요구하여 진술을 들을 수 있고 감정, 통역 또는 번역을 위촉할 수 있다(형사소송법 제221조). 참고인과 달리 어떠한 방법에 의하여도 출석을 강요할 수 없다. 왜냐하면 감정인, 통역인, 번역인은 대체할 수 있으므로 다른 사람에게 위촉할 수 있기 때문이다. 감정을 위촉하는 경우에 감정유치가 필요하다고 인정될 경우에는 검사는 감정유치를 청구할 수 있다(형사소송법 제221조의3). 감정을 위촉받은 자는 판사의 허가를 얻어 감정에 필요한 처분을 할 수 있다(형사소송법 제221조의4).

(4) 사실조회

수사에 관하여는 공무소 기타 공사단체에 조회하여 필요한 사항의 보고를 요구할 수 있다(제199조). 다만, 컴퓨터 등을 통한 개인정보의 대량처리가 가능하진 현실에서 사실조회의 법적 성격은 새롭게 논의될 필요가 있다는 견해가 있다. 사실조회를 통해 처리되는 개인정보는 매우 상세하고 다양할 뿐만 아니라 그로 인해 피의자뿐만 아니라 불특정다수인의 개인정보가 함께 공개 또는 처리되는 일이 불가피해졌기 때문이다. 바꾸어 말하면 사실조회의 법적 성격에 대한 논의의 핵심은 공사단체의 의무부담이 문제가 아니라 헌법이 보장하는 개인정보의 자기결정권에 대한 제한 내지 침해라고 보는 것이다. 구체적으로 공공기관 등에 대하여 피의자의 전과나 거주 장소 등을 조회하는 경우는 임의수사라고 보나, 피의사실과 관련된 전과나 신분을 가진 사람들 또는 피의사실과 관련된 중요한 사항들을 포괄적으로 조회하는 경우 등은 강제수사로 보게 된다.

4) 강제수사

(1) 의의

형사소송절차에 있어서 강제력의 요소를 포함하는 일체의 처분을 광의의 강제처분이라 하고, 이 중에서 증거조사에 관한 처분(증인신문, 감정, 법원의 검증, 통역, 번역)을 제외한 것으로 형사소송법상의 일반적 의미의 강제처분을 협의의 강제처분이라고 한다.

(2) 대상에 따른 강제처분

① 대인적 강제처분 : 사람을 대상으로 하는 강제처분으로 영장에 의한 체포(형사

소송법 제200조의2), 긴급체포(형사소송법 제200조의3), 구속영장발부의 실질심사를 위한 구인(형사소송법 제201조의2 제2항), 현행범인체포(형사소송법 제212조), 구속(형사소송법 제201조) 등이 있다.

② 대물적 강제처분:사물을 대상으로 하는 강제처분으로는 압수, 수색, 검증이 있다.

(3) 주체에 따른 강제처분

① 법원에 의한 강제처분:법원에 의한 강제처분으로는 피고인에 대한 구속 · 감정유치 · 소환, 공판정 외에서의 압수 · 수색, 증인에 대한 구인, 감정인의 감정허가 등이 있다.

② 판사에 의한 강제처분:판사에 의한 강제처분으로는 피의자에 대한 감정유치, 증거보전을 위한 압수 · 수색 등이 있다.

③ 수사기관에 의한 강제처분:수사기관에 의한 강제처분으로는 피의자의 체포 · 구속, 압수 · 수색 · 검증, 참고인에 대한 구인 등이 있다.

(4) 체포

① 의의

구속사유가 엄격하여 수사초기에 있어서 피의자의 신병을 확보하기 위하여 탈법적으로 자행되어온 임의동행, 보호실유치를 근절하고, 체포와 구속을 나누어 각 단계에서 인간의 자유 박탈의 기간을 최소화함으로써 인권을 보장하기 위하여 체포제도를 도입하였으나, 체포제도의 도입은 신병확보를 통한 수사를 더욱 정착시킴으로써 물증중심의 수사를 소홀히 하고, 피의자신문을 위한 출석을 강제하는 결과가 된다는 문제점이 있다. 현행법은 구속이전에 반드시 체포할 것을 요구하는 체포전치주의를 취하고 있지는 않다.

② 체포의 요건

㉠ 범죄혐의의 상당성

피의자가 죄를 범하였다고 의심할 만한 상당한 이유가 있는 경우(객관적 혐의)여야 하며, 여기서의 혐의는 객관적인 범죄혐의로 무죄추정을 깨뜨릴 수 있는 정도의 유죄의 판결에 대한 고도의 개연성 내지 충분한 혐의를 말한다.

㉡ 체포의 사유

정당한 이유 없이 수사기관의 출석요구에 응하지 아니하거나 응하지 아니할 우려가 있어야 한다. 그러므로 구속사유인 도망이나 증거인멸의 우려가 있어야 하는 것은 아니다. 다만, 다액 50만원 이하의 벌금, 구류 또는 과료에 해당하는 사건에 관하여는 피의자가 일정한 주거가 없는 경우 또는 정당한 이유 없이 출석요구에 응하지 아니한 경우에 한하여 체포할 수 있다(형사소송법 제200조의2 제1항).

㉢ 체포의 필요성

소극적 요건으로 명백히 체포의 필요가 인정되지 아니하는 경우에는 체포하여서는 안 된다. 여기서의 명백히 체포의 필요성이 인정되지 아니하는 경우란 피의자의 연령과 경력, 가족관계나 교우관계, 범죄의 경중 및 태양 기타 제반 사정에 비추어 피의자가 도망할 염려나 증거를 인멸할 염려가 없는 경우를 말한다(형사소송규칙 제96조의2). 그러므로 체포의 필요성이 의심스러운 경우에는 체포할 수 있다고 해야 한다.

(5) 긴급체포

① 의의

긴급체포라 함은 중대한 죄를 범하였다고 의심할 만한 상당한 이유가 있는 피의자를 수사기관이 법관의 체포영장을 발부받지 아니하고 체포하는 것을 말한다. 긴급체포를 인정하는 것은 영장주의의 원칙을 일관함으로써 중대한 범죄를 범한 범인을 놓치는 것을 방지하려는 데 그 이유가 있다. 이는 현행범인의 체포와 함께 영장주의의 예외로 인정되고 있다.

② 법적 근거

우리 헌법은 영장주의를 선언하면서 "다만, 장기 3년 이상의 형에 해당하는 죄를 범하고 도피 또는 증거인멸의 염려가 있을 때에는 사후에 영장을 청구할 수 있다"고 규정하여(헌법 제12조 제3항 단서) 긴급체포에 대한 헌법적 근거를 마련하고 있으며, 현행 형사소송법 제200조의3 제1항에도 긴급체포의 요건에 관한 구체적 규정을 두고 있다.

③ 긴급체포의 요건

㉠ 긴급체포 요건의 판단 시기

긴급체포의 요건을 갖추었는지 여부는 사후에 밝혀진 사정을 기초로 판단하는 것이 아니라 체포 당시의 상황을 기초로 판단하여야 하고, 이에 관한 검사나 사법경찰관 등 수사주체의 판단에는 상당한 재량의 여지가 있다고 할 것이나, 긴급체포 당시의 상황으로 보아서도 그 요건의 충족 여부에 관한 검사나 사법경찰관의 판단이 경험칙에 비추어 현저히 합리성을 잃은 경우에는 그 체포는 위법한 체포라 할 것이다.

㉡ 범죄의 중대성

검사 또는 사법경찰관(사법경찰리는 긴급체포를 할 수 없다)은 법정형이 사형, 무기 또는 장기 3년 이상의 징역 또는 금고에 해당하는 죄를 범하였다고 의심할 만한 상당한 이유가 있어야 한다.

㉢ 필요성(형사소송법 제200조의3 제1항 제1호, 제2호)

긴급체포를 하는 경우 다음 각각의 사유 중 어느 하나에 해당하면 긴급체포를 할 수 있다. 피의자가 증거를 인멸할 염려가 있는 때, 피의자가 도망하거나 도망할 우려가 있는 때

㉣ 긴급성

긴급을 요한다 함은 피의자를 우연히 발견한 경우 등과 같이 체포영장을 받을 시간적 여유가 없는 때를 말한다. 자진출석하여 조사 후 귀가를 요구하는 경우에도 긴급성이 인정될 수 있는가와 관련하여 소환에 응하여 구속사유가 없는 경우 긴급체포가 허용되지 않는다고 볼 수도 있으나, 조사과정 중 자신의 범죄혐의의 중대성을 자각하여 도주할 우려가 발생할 수도 있으므로 피의자가 출석하게 된 경위, 출석횟수, 출석 불응이 있었는지, 조사시간, 수사상황 등 제반사정을 고려하여 조사과정에서 중범죄의 혐의가 인정됨에 따라 구속을 우려하여 귀가를 요구하는 것과 같이 도망 및 증거인멸의 우려가 현저한 경우 긴급체포할 수 있다고 보아야 한다는 것이 판례이다.

(6) 현행범인

① 의의

현행범인에 대하여 영장주의의 예외를 인정하는 것은 범행과 시간적으로 근접하여 범죄의 명백성이 인정되기 때문이다.

② 현행범인

㉠ 범죄의 실행 중 또는 실행즉후인 자

범죄의 실행중이거나 실행의 즉후인 자를 현행범인이라 한다. 여기서 '범죄의 실행의 즉후인 자'라고 함은 범죄의 실행행위를 종료한 직후의 범인이라는 것이 체포하는 자의 입장에서 볼 때 명백한 경우를 말하고, 또 '범죄의 실행행위를 종료한 직후'라고 함은 범죄행위를 실행하여 끝마친 순간 또는 이에 아주 접착된 시간적 단계를 의미하는 것으로 해석되므로, 시간적으로나 장소적으로 보아 체포를 당하는 자가 방금 범죄를 실행한 범인이라는 점에 관한 죄증이 명백히 존재하는 것으로 인정되는 경우에만 현행범인으로 볼 수 있다.

③ 준현행범인

준현행범인이란 범인으로 호창되어 추적되고 있는 자, 장물이나 범죄에 사용되었다고 인정함에 충분한 흉기 기타의 물건을 소지하고 있는 자, 신체 또는 의복류에 현저한 증적이 있는 자, 누구임을 물음에 대하여 도망하려 하는 자(사인이 묻는 경우도 포함된다)를 말한다.

④ 현행범 체포의 요건

㉠ 범죄와 범인의 명백성

형법상의 구성요건, 위법성, 책임 중 하나라도 없음이 명백한 경우에는 현행범으로 체포할 수 없다. 그러므로 형사미성년자는 현행범인이라는 이유로 체포가 인정되지 않는다. 다만, 친고죄에 있어서는 고소가 없는 경우라도 현행범으로 체포할 수 있다. 일반수사기관은 군법적용자라할지라도 체포할 수 있다.

㉡ 체포의 필요성

현행범인 체포의 요건으로서는 행위의 가벌성, 범죄의 현행성, 시간적 접착성, 범인·범죄의 명백성 외에 체포의 필요성, 즉 도망 또는 증거인멸의 염려가 있을 것을 요한다.

㉢ 비례성

다액 50만원 이하의 벌금, 구류 또는 과료에 해당하는 죄의 현행범인에 대하여는 범인의 주거가 분명하지 아니한 때에 한하여 현행범체포가 가능하다.

(7) 구속

① 의의

피의자 구속이란 수사기관이 판사가 발부한 구속영장에 의하여 피의자를 구인 또는 구금하는 것이며, 체포된 피의자 및 체포되지 않는 피의자를 불문하고 구속할 수 있다. 피고인 구속이란 공소제기된 후에 법원이 구속영장에 의하여 피고인을 구금하는 것을 말한다. 그러므로 구속의 여부와 피고인의 지위인정과는 아무런 관련이 없다.

② 구속의 종류

구속에는 피의자나 피고인을 일정한 장소에 24시간 이내로 인치하는 강제처분인 구인과 피의자, 피고인을 교도소, 구치소에 감금하는 구금이 있다. 이러한 구금을 미결구금이라고 한다. 그러므로 구금은 형벌의 일종인 구류와는 다르다. 피의자 구인은 구속 전 피의자심문을 위한 수단으로 이용될 수 있다(형사소송법 제201조의2 제2항). 구인도 구속의 일종이므로 구인을 위한 구속영장이 발부되어야 하며 구인을 위한 구속영장이 발부되기 위해서는 구속사유가 있어야 한다. 문제가 되는 것은 피의자신문을 위해서 구인이 허용되는지 문제가 되나 체포제도가 도입된 이상 허용되지 않는다고 보는 것이 타당하다. 형사소송법은 법원은 인치받은 피고인을 유치할 필요가 있는 때에는 교도소, 구치소 또는 경찰서 유치장에 유치할 수 있고, 이 경우 유치기간은 인치한 때로부터 24시간을 초과할 수 없다고 규정하였다(형사소송법 제71조의2).

③ 구속의 목적

구속의 목적은 피고인의 자백을 받아내기 위한 수단이나 수사의 편의를 위하여 하는 것이 아니라, 피고인 또는 피의자의 자유를 제한함에 의하여 형사소송에의 출석을 보장하고, 증거를 인멸함에 의한 수사와 심리의 방해를 제거하며, 확정된 형벌의 집행을 확보하기 위한 제도이다.

④ 구속의 요건

㉠ 범죄의 혐의의 상당성

객관적인 범죄의 혐의가 있어야 한다. 즉 범죄의 혐의는 무죄추정을 깨뜨릴 정도로 유죄판결에 대한 고도의 개연성이 있어야 한다. 그러므로 위법성조각사유나 책임조각사유가 있는 경우, 공소시효의 완성과 같은 사유가 있는 경우에는 범죄혐의를 인정할 수 없다.

㉡ 구속의 사유

일정한 주거가 없는 경우, 증거를 인멸할 염려가 있는 경우, 도망 또는 도망할 염려가 있는 경우에 가능하다. 이러한 구속사유를 심사함에 있어서 범죄의 중대성, 재범의 위혐성, 피해자, 중요참고인 등에 대한 위해우려 등을 고려하여야 한다(형사소송법 제70조 제2항).

㉢ 비례성의 원칙

다액 50만원 이하의 벌금, 구류 또는 과료에 해당하는 사건에 대하여서는 주거부정인 경우에만 구속할 수 있다.

(8) 압수 · 수색 · 검증

① 의의

법원 및 수사기관이 증거물이나 몰수물의 수집과 보전을 목적으로 하는 강제처분을 대물적 강제처분이라고 하고 여기에는 압수, 수색, 검증이 있다. 다만, 이 중에서 법원이 행하는 검증은 증거조사의 방법의 하나에 지나지 아니하므로 수사기관의 검증만이 강제처분에 해당한다. 여기서 수사기관이 행하는 대물적 강제처분을 대물적 강제수사라고 한다. 그러나 증거물과 몰수물의 수집과 확보라는 의미에서 양자는 공통되고 있으므로 대물적 강제수사에 있어서도 법원의 압수, 수색의 규정이 준용되고 있다(형사소송법 제219조).

② 요건

㉠ 영장주의 원칙

법원이 공판정에서 행하는 압수, 수색에는 영장주의가 적용되지 아니하지만[15], 그 외의 대물적 강제처분에 있어서도 원칙적으로 영장주의의 원칙이 적용된다. 그러므로 수사기관이 대물적 강제수사를 하기 위해서는 검사는 범죄수사에 필요한 때에는 지방법원판사에게 청구하여 발부받은 영장에 의하여 압수 · 수색 또는 검증을 할 수 있고, 사법경찰관이 범죄수사에 필요한 때에는 검사에게 신청하여 검사의 청구로 지방법원판사가 발부한 영장에 의하여 압수 · 수색 또는 검증을 할 수 있다(형사소송법 제215조). 다만, 대물적 강제수사에 있어서도 압수 · 수색의 긴급성과 필요성이 있는 경우에는 영장주의의 예외를 인정하고 있다.

㉡ 범죄의 혐의

대물적 강제처분은 대인적 강제처분에 앞서서 행하여진다는 점에서 여기서 인정되는 범죄혐의는 구속의 경우에 요구되는 정도에 이를 것을 요구하는 것이 아니라 단순한

15) 그러나 법원의 압수, 수색이라도 공판정 외에서 행하여지는 경우에는 영장주의가 적용된다(제113조).

혐의 또는 최소의 혐의로 족하다는 견해도 있으나, 형사소송규칙 제107조, 제108조에서 요구하는 정도를 고려하면 역시 대인적 강제처분에서 요구되는 정도의 범죄의 혐의가 필요하다고 보아야 한다.

㉢ 압수 · 수색의 필요성

형사소송법 제215조의 "범죄수사에 필요한 때"라 함은 단지 수사를 위해 필요할 뿐만 아니라 강제처분으로서 압수를 행하지 않으면 수사의 목적을 달성할 수 없는 경우를 말하고, 그 필요성이 인정되는 경우에도 무제한적으로 허용되는 것은 아니며, 압수물이 증거물 내지 몰수하여야 할 물건으로 보이는 것이라 하더라도, 범죄의 형태나 경중, 압수물의 증거가치 및 중요성, 증거인멸의 우려 유무, 압수로 인하여 피압수자가 받을 불이익의 정도 등 제반 사정을 종합적으로 고려하여 판단해야 한다는 것이 판례의 태도이다.[15] 또한 형사소송규칙에서도 압수수색영장에는 압수수색의 사유를 기재하여야 하고(형사소송규칙 제58조) 영장을 청구를 할 때에는 피의자에게 범죄의 혐의가 있다고 인정되는 자료와 압수 · 수색 또는 검증의 필요를 인정할 수 있는 자료를 제출하여야 한다고 하고 있다(형사소송규칙 제108조).

5. 수사의 종결

수사는 범죄의 혐의를 밝혀 공소를 제기, 유지할 것인가를 결정하기 위한 수사기관의 활동으로 검사는 범죄사실이 명백하게 되었거나 수사를 계속할 필요가 없는 경우에 수사를 종결한다. 수사의 종결은 검사만이 할 수 있고 사법경찰관이 수사를 하였을 경우에는 관계서류와 증거를 검사에게 송부하여야 한다(형사소송법 제238조). 다만, 20만원 이하의 벌금 또는 구류, 과료에 처할 범죄사건으로 즉결심판절차에 의하여 처리될 경미사건인 경우에는 예외적으로 경찰서장이 시 · 군법원에 즉결심판을 청구함으로써 수사절차를 종결한다.

수사결과 범죄의 객관적 혐의가 명백하고 소송조건을 구비하여 유죄판결을 받을 수 있는 경우에는 검사는 공소를 제기한다(형사소송법 제246조). 벌금이하의 형에 해당하여 약식명령을 할 수 있는 경우에는 공소제기와 동시에 약식명령을 청구한다.

수사를 통하여 범죄혐의가 없거나, 죄가 되지 않거나 , 공소권이 없는 경우에는 불기소처분을 하게 된다. 기소유예처분은 피의사건에 관하여 범죄의 혐의가 인정되고 소추조건도 구비되

15) 대법원 2004.3.23. 2003모126 결정

었으나 범인의 연령, 성행, 지능과 환경, 범죄의 동기, 수단과 결과, 범행후의 정황 등을 참작하여 공소를 제기하지 아니하는 것이다. 기소중지는 검사가 피의자의 소재불명 등의 사유로 인하여 수사를 종결할 수 없는 경우에 그 사유가 해소될 때까지 하는 처분을 말한다.

제3절 공소

1. 공소의 의의

공소는 법원에 대하여 구체적 형사사건에 대하여 심판을 요구하는 검사의 법률행위적 소송행위이다. 불고불리의 원칙상 검사의 공소가 없는 경우에는 법원은 사건에 대하여 심판할 수 없으므로 공소의 제기는 형사절차에서 중요한 의미를 가지는 소송행위이다.

2. 기소편의주의

1) 의의

형사소송법 제247조 제1항에서는 검사는 형법 제51조 사항을 참작하여 공소를 제기하지 아니할 수 있다고 규정하여 기소편의주의를 채택하고 있다. 이와는 달리 충분한 혐의가 있고 소송조건을 갖춘 경우에는 반드시 공소를 제기하여야 한다는 원칙을 기소법정주의라고 한다.

2) 기소편의주의의 장단점

기소편의주의는 소송경제에 도움이 되고, 형사사법에 탄력적인 운영을 통하여 구체적 정의의 실현이 가능하고, 범죄인에게 조기개선의 기회와 일반예방의 목적을 달성하는 장점이 있으나, 검사의 자의를 배제할 수 없다는 단점이 발생하므로 기소편의주의는 기소합리주의가 될 것을 요구한다.

3. 기소독점주의

1) 의의

검사는 「형법」 제51조의 사항을 참작하여 공소를 제기하지 아니할 수 있다(형사소송법 제247조)고 하여 검사에게 기소독점권을 부여하고 있다.

2) 장점과 단점

장점으로는 공익의 대표자인 검사에 의하여 개인의 감정이나 지방적인 특수한 사정에 치우치지 않고 국가적 입장에서 공평한 소추를 할 수 있게 한다는 점에서 형사사법에 있어서 실질적 정의를 실현하기 위한 최상의 역할분담으로 볼 수 있다. 단점으로는 검사의 자의와 독선에 빠질 위험이 있으며 비민주적인 검사의 권한남용을 초래할 위험이 있다.

3) 기소독점주의에 대한 규제

친고죄에 있어서 고소권자의 고소가 있는 경우에만 공소를 제기할 수 있게 하는 것도 기소독점주의에 대한 제한으로서 의미가 있으며, 형사소송법에서는 다음과 같은 예외와 규제를 두고 있다.

(1) 제한(기소강제절차)

고소권자로서 고소를 한 자(「형법」 제123조부터 제126조까지의 죄에 대하여는 고발을 한 자를 포함한다)는 검사로부터 공소를 제기하지 아니한다는 통지를 받은 때에는 그 검사 소속의 지방검찰청 소재지를 관할하는 고등법원(이하 "관할 고등법원"이라 한다)에 그 당부에 관한 재정을 신청할 수 있고, 이러한 청구가 이유가 있다고 고등법원의 결정이 있는 경우 재정결정서를 송부받은 관할 지방검찰청 검사장 또는 지청장은 지체 없이 담당 검사를 지정하고 지정받은 검사는 공소를 제기하여야 하므로 이러한 점에서 기소독점의 제한으로서 의미를 가진다(형사소송법 제260조 이하). 다만, 재정신청을 하려면 검찰청법 제10조에 따른 항고를 거쳐야 한다.

(2) 예외

경찰서장이 선고형이 20만원 이하의 벌금, 구류, 과료에 해당하는 경우에 검사의 공소제기 없이 법원에 심판을 구하는 제도를 두고 있다(즉결심판에관한절차법 제2조).

4. 공소시효

1) 의의

공소시효란 검사가 일정한 기간 동안 공소를 제기하지 않고 방치하는 경우에 국가의 소추권을 소멸시키는 제도를 말한다. 공소시효는 형의 시효와 더불어 형사시효의 일종이다.

2) 시효기간과 시효의 기산점

(1) 공소시효 기간

형사소송법에서는 종래 공소시효 기간을 연장하여 다음과 같이 정하였다(형사소송법 제249조). 다만, 구법 당시 범한 죄에 대하여는 종전의 규정을 적용하여 판단하여야 한다(부칙 제3조).

① 사형에 해당하는 범죄에는 25년

② 무기징역 또는 무기금고에 해당하는 범죄에는 15년

③ 장기 10년 이상의 징역 또는 금고에 해당하는 범죄에는 10년

④ 장기 10년 미만의 징역 또는 금고에 해당하는 범죄에는 7년

⑤ 장기 5년 미만의 징역 또는 금고, 장기 10년 이상의 자격정지 또는 벌금에 해당하는 범죄에는 5년

⑥ 장기 5년 이상의 자격정지에 해당하는 범죄에는 3년

⑦ 장기 5년 미만의 자격정지, 구류, 과료 또는 몰수에 해당하는 범죄에는 1년
다만 사람을 살해한 범죄(종범은 제외한다)로 사형에 해당하는 범죄에 대하여는 공소시효를 적용하지 아니한다

(2) 의제 공소시효

공소가 제기된 범죄는 판결의 확정이 없이 공소를 제기한 때로부터 25년을 경과하면 공소시효가 완성한 것으로 간주한다.

제4절 공판

1. 공판절차의 의의

1) 의의

광의로는 공소가 제기되어 사건이 수소법원에 계속된 이후부터 공판절차가 종료될 때까지의 전절차, 협의로는 공판기일에서의 심리절차를 말한다. 공개주의는 밀행주의와 당사자공개주의에 대립되는 개념으로서 일반 국민에게 법원의 재판과정에 대한 방청을 허용하는 것을 말한다.

2) 근거

법원의 심판절차를 국민의 감시 하에 둠으로써 재판의 공정을 보장하고, 재판에 대한 국민의 신뢰를 유지하는 데 있다.

3) 한계

재판의 심리가 국가의 안전보장 또는 안녕질서를 방해하거나 선량한 풍속을 해할 염려가 있는 때에는 법원은 결정으로 재판을 공개하지 않을 수 있다. 다만, 판결의 선고는 반드시 공개하여야 한다.

다만 소년보호사건(원칙적 비공개)과 성폭력범죄(법원의 결정으로 비공개)에 대하여서는 공개주의의 제한이 있다.

비공개의 결정은 이유를 개시하여 '선고'하여야 한다. 법원의 결정임에도 불구하고 "고지"로 하지 않고 판결과 같이 선고로 한다는 것에 주의하여야 한다.

2. 공판준비절차

공판준비절차란 공판기일에서 심리를 준비하기 위하여 수소법원에서 행하여지는 절차를 말한다. 제1회 공판기일 전인가 제2회 공판기일 전인가는 문제가 되지 않는다. 공판준비절차란 수소법원이 행하는 것이므로 증거보전 등은 준비절차가 아니다. 공판준비는 공판중심주의를 침해하지 않는 범위에서 행하여야 하므로 공판준비기일 전의 증서조사의 범위는 신중하게 결정하여야 할 것이다.

3. 공판기일절차

1) 모두절차

(1) 진술거부권의 고지

재판장은 피고인에게 진술하지 아니하거나 개개의 질문에 대하여 진술을 거부할 수 있음을 고지하여야 한다(형사소송법 제283조의2 제2항).

(2) 인정신문

재판장은 피고인의 성명, 연령, 등록기준지, 주거와 직업을 물어서 피고인임에 틀림없음을 확인하여야 한다(형사소송법 제284조).

(3) 검사의 모두진술

검사는 공소장에 의하여 공소사실 · 죄명 및 적용법조를 낭독하여야 한다. 다만, 재판장은 필요하다고 인정하는 때에는 검사에게 공소의 요지를 진술하게 할 수 있다(형사소송법 제285조). 현행 형사소송법은 검사의 모두절차를 필요적 절차로 하였다.

(4) 피고인의 모두진술

피고인은 검사의 모두진술이 끝난 뒤에 공소사실의 인정 여부를 진술하여야 한다. 다만, 피고인이 진술거부권을 행사하는 경우에는 그러하지 아니하다. 피고인 및 변호인은 이익이 되는 사실 등을 진술할 수 있다(형사소송법 제286조).

피고인은 모두진술을 통하여 관할이전신청(형사소송법 제15조), 기피신청(형사소송법 제18조), 국선변호인의 선정청구(형사소송법 제33조), 공판기일변경신청(형사소송법 제270조) 등을 할 수 있다. 중요한 것은 관할위반의 신청(형사소송법 제320조), 공소장부본송달의 하자에 대한 이의신청(형사소송법 제266조), 제1회 공판기일의 유예기간에 대한 이의신청(형사소송법 제269조)은 피고인의 모두진술시에 하지 아니하면 하자는 치유된다.

(5) 재판장의 쟁점 정리

재판장은 피고인의 모두진술이 끝난 다음에 피고인 또는 변호인에게 쟁점의 정리를 위하여 필요한 질문을 할 수 있다(형사소송법 제287조 제1항).

(6) 검사, 변호인의 증거관계에 대한 진술

재판장은 증거조사를 하기에 앞서 검사 및 변호인으로 하여금 공소사실 등의 증명과 관련된 주장 및 입증계획 등을 진술하게 할 수 있다. 다만, 증거로 할 수 없거나 증거로 신청할 의사가 없는 자료에 기초하여 법원에 사건에 대한 예단 또는 편견을 발생하게 할 염려가 있는 사항은 진술할 수 없다(형사소송법 제287조 제2항).

2) 사실심리절차

(1) 증거조사

① 의의

증거조사란 법원이 피고사건의 사실인정과 형의 양정에 관한 심증을 얻기 위하여 인증, 서증, 물증 등 각종의 증거방법을 조사하여 그 내용을 판단하는 소송행위를 말한다. 이러한 증거조사는 재판장의 쟁점정리 및 검사 · 변호인의 증거관계 등에 대한 진술에 대한 절차가 끝난 다음에 한다(형사소송법 제290조). 이러한 증거조사는 법원에 대하여는 심증을 얻기 위하여 행하는 것이지만 당사자에 대하여는 증거의 내용을 알게 하여 공격 · 방어의 기회를 주게 하는 기능을 하게 된다. 그러므로 증거조사의 방법을 법정하고 있는 이유가 여기에 있다.

② 주체

증거조사의 주체는 법원이다. 증거조사는 공판기일에 공판정에서 법원이 직접행하는 것이 원칙이나 공판정 외에서의 증거조사도 허용된다. 증인의 법정 외의 신문이 이에 해당된다.

③ 당사자의 증거조사의 신청

검사 · 피고인 또는 변호인은 특별한 사정이 없는 한 필요한 증거를 일괄하여 신청하여야 한다(형사소송규칙 제132조).

검사, 피고인 또는 변호인은 서류나 물건을 증거로 제출할 수 있고, 증인 · 감정인 · 통역인 또는 번역인의 신문을 신청할 수 있다(형사소송법 제294조 제1항). 법원은 검사, 피고인 또는 변호인이 고의로 증거를 뒤늦게 신청함으로써 공판의 완결을 지연하는 것으로 인정할 때에는 직권 또는 상대방의 신청에 따라 결정으로 이를 각하할 수 있다(형사소송법 제294조 제2항).

④ 증거결정

법원은 당사자의 증거신청에 대하여 결정을 하여야 한다(형사소송법 제295조). 다만, 증거신청이 법령에 위반한 경우(형사소송규칙 제132조의2 규정에 위반한 경우), 신청된 증거가 증거능력이 없거나 관련성이 없는 경우, 증거조사가 법률상, 사실상 불가능한 경우에 증거신청을 기각할 수 있다.

⑤ 직권에 의한 증거결정 및 조사

법원은 직권으로 증거를 조사할 수 있다(형사소송법 제295조 후단). 이러한 법원의 직권조사에 관하여 법원의 권한으로 보는 견해도 있으나, 실체진실주의와 공정한 재판이 형사소송의 최고의 이념이 된다는 점을 고려하면 법원의 직권에 의한 증거조사는 법원의 권한임과 동시에 법원의 의무가 된다고 보아야 한다. 따라서 법원이 직권에 의한 증거조사를 다하지 아니한 때에는 심리미진의 위법이 있다고 해야 한다.[15] 다만, 이러한 법원의 직권에 의한 증거조사는 당사자에 신청에 의한 증거조사에 대하여 보충적인 것이므로 법원이 당사자에 의한 증거조사를 미루어 두고 직권에 의한 증거조사를 하는 것은 허용되지 않는다.

⑥ 증거조사

법원은 검사가 신청한 증거를 조사한 후 피고인 또는 변호인이 신청한 증거를 조사한다. 법원은 위의 조사가 끝난 후 직권으로 결정한 증거를 조사한다. 다만, 법원은 직권 또는 검사, 피고인 · 변호인의 신청에 따라 앞의 순서를 변경할 수 있다(제291조의2). 간이공판절차에서는 이러한 증거조사의 방법이 법원이 상당하다고 인정하는 방법으로 할 수 있다는 점에 특색이 있다(형사소송법 제297조의2).

(2) 피고인 신문

① 의의

사실심리절차의 시작은 피고인신문으로부터 시작되며 피고인 신문이란 피고인에 대하여 공소사실과 정상에 관하여 필요한 사항을 신문하는 절차이다. 이는 당사자의 지위와 증거방법으로서의 지위를 피고인이 가지고 있음을 명백히 한 것이라고 볼 수 있다. 피고인의 증거방법으로서의 지위를 인정한다고 하여 당사자의 지위를 침해할 수 없으므로 피고인에게 각개의 신문에 대하여 진술거부권을 인정하고 있다. 이러한 피고인이 공판정에서 공소사실에 대하여 자백한 때에는 법원은 간이공판절차에 의하여 심판할 수 있다(형사소송법 제286조의2).

---

15) 대법원 1974.1.15. 73도2522

② 피고인신문의 순서

검사 또는 변호인은 증거조사 종료 후에 순차로 피고인에게 공소사실 및 정상에 관해 필요한 사항을 신문할 수 있다. 다만, 재판장은 필요하다고 인정하는 때에는 증거조사가 완료되기 전이라도 이를 허가할 수 있다. 재판장은 필요하다고 인정하는 때에는 피고인을 신문할 수 있다. 피고인 신문은 검사, 변호인이 먼저 이를 신문하고 다음에 다른 검사, 변호인 또는 피고인이 신문한다. 재판장은 위의 신문이 끝난 뒤에 신문할 수 있다. 다만, 재판장은 필요하다고 인정하면 앞의 규정에 불구하고 어느 때나 신문할 수 있으며 신문순서를 변경할 수 있다(형사소송법 제296조의2).

③ 방법

피고인을 신문함에는 진술을 강요하거나 답변을 유도하거나 그 밖의 위압적 · 모욕적 신문을 하여서는 안 된다(형사소송규칙 제128조). 재판장은 피고인이 어떤 재정인의 면전에서 충분한 진술을 할 수 없다고 인정한 때에는 그 재정인을 퇴정하게 하고 진술하게 할 수 있다.

(3) 최종변론

재판장은 필요하다고 인정하는 경우 검사, 피고인 또는 변호인의 본질적인 권리를 해치지 아니하는 범위 내에서 의견진술의 시간을 제한할 수 있다(형사소송규칙 제145조).

① 검사의 최종변론

피고인신문이 종료한 때에는 검사는 사실과 법률적용에 관하여 의견을 진술하여야 한다. 단, 검사의 출석 없이 공판을 연 경우에는 공소장의 기재사항에 의하여 검사의 의견진술이 있는 것으로 간주한다(형사소송법 제302조). 이를 검사의 논고라고 한다.

② 피고인과 변호인의 최후진술

재판장은 검사의 의견을 들은 후 피고인과 변호인에게 최종의 의견을 진술할 기회를 주어야 한다(형사소송법 제303조). 최종 진술의 기회는 피고인과 변호인 모두에게 주어야 하며, 이러한 절차가 생략된 경우 혹은 한쪽에만 진술의 기회를 부여하고 판결을 선고하는 것은 위법이라고 하여야 한다. 변호인이 공판기일통지서를 받고도 공판기일에 출석하지 아니하여 변호인 없이 변론을 종결한 경우에는 변호인에게 기회를 주지 아니하였다고 하더라도 위법은 아니다. 피고인의 최종진술을 끝으로 변론을 종결하고 판결을 선고하면 된다. 그러나 법원은 필요하다고 인정되는 경우에는 직권 또는 검사, 피고인, 변호인의 신청에 의하여 결정으로 종결한 변론을 재개 할 수 있다(형사소송법 제305조).

3) 판결선고절차

(1) 방법

판결의 선고는 반드시 공개하여야 하며 선고는 공판정에서 재판장이 재판서의 주문을 낭독하고 이유의 요지를 설명하여야 한다. 필요한 경우에는 피고인에게 적절한 훈계를 할 수 있다. 형을 선고하는 경우에는 재판장은 피고인에게 상소기간과 상소법원을 고지하여야 한다(형사소송법 제324조).

(2) 피고인의 출석

① 원칙

판결선고기일에 피고인은 출석하여야 한다.

② 예외

제453조 제1항에 따라 피고인만이 정식재판의 청구를 하여 판결을 선고하는 사건과(형사소송법 제277조 제4호) 피고인의 출석 없이 재판할 수 있는 경우나 피고인이 진술하지 아니하거나 재판장의 허가 없이 퇴정하거나 재판장의 질서유지를 위한 퇴정명령을 받은 때에는 피고인의 진술 없이 판결할 수 있다(형사소송법 제330조).

(3) 검사의 출석과 변호인의 출석

판결선고기일에는 검사의 출석 없이 개정할 수 있다. 판결선고기일에는 필요적 변호사건인 경우에도 변호인의 출석을 요하지 않는다.

(4) 판결의 선고

판결의 선고는 변론을 종결한 기일에 하여야 한다. 다만, 특별한 사정이 있는 때에는 따로 선고기일을 지정할 수 있다. 변론을 종결한 기일에 판결을 선고하는 경우에는 판결의 선고 후에 판결서를 작성할 수 있다. 이러한 경우에는 선고 후 5일 내에 판결서를 작성하여야 한다(형사소송규칙 제146조). 따로 선고기일을 정한 경우에도 선고기일은 변론종결 후 14일 이내로 지정되어야 한다(형사소송법 제318조의4).

제5절 증거

1. 증거의 의의

1) 증거, 증명, 입증취지

형사절차에서 심판의 대상이 되는 피고인과 범죄사실을 밝혀내는 과정에서 사실관계의 확인자료를 증거라고 하고 이를 확인하는 과정을 증명이라고 한다. 증명의 대상이 대는 자료를 요증사실이라고 하고, 증거와 증명하고자 하는 사실과의 관계를 입증취지라고 한다.

2) 증거방법과 증거자료

형사소송법상 증거의 개념은 증거방법과 증거자료의 두 가지 의미로 사용된다. 첫째로, 증거는 증거방법의 의미로 사용되는데, 증거방법이란 증인, 감정인, 증거물, 증거서류와 같이 사실의 인정에 사용될 수 있는 유체물 자체를 말한다. 증거방법은 증거조사의 객체가 된다. 여기서 피고인이 증거방법이 된다는 점이 소송의 주체성과 다소 문제가 발생하나, 피고인이 임의로 하는 진술은 증거로 사용될 수 있으므로 제한적인 범위 내에서 증거방법으로 지위를 가진다고 볼 수 있다.

두 번째로, 증거는 증거자료라는 의미로 사용되는데, 증거자료라고 함은 증거방법을 조사하여 얻어진 내용 자체를 말한다. 예를 들면 피고인의 진술, 증인의 증언, 감정인의 감정의견, 증거물의 성질과 상태 등은 증거자료가 된다.

2. 증거의 종류

1) 인적 증거와 물적 증거

(1) 인적 증거

인적 증거란 사람의 진술내용이 증거로 되는 것을 말하며, 인증이라고도 말한다. 이에 해당하는 것으로는 증인의 증언, 감정인의 진술, 피고인의 진술과 같은 것을 말한다. 인적 증거에 대한 증거조사는 신문의 방법에 의한다.

(2) 물적 증거

물적 증거란 물건의 존재 또는 상태가 증거로 되는 것을 말하며 물증이라고도 말한다. 이에 해당하는 것으로는 범행에 사용된 흉기, 절도죄의 장물이 해당된다. 물적 증거에 대한 증거조사는 제시의 방법에 의한다.

2)직접증거와 간접증거(요증사실과 관련된 분류)

직접증거란 요증사실을 직접적으로 증명하는 증거를 말하고, 간접증거란 요증사실을 간접적으로 증명하는 증거를 말한다. 간접증거를 흔히 정황증거라고 한다. 예를 들면 범행현장을 목격한 증인의 증언과 문서위조죄에 있어서 위조문서는 직접증거가 되고, 범행현장에서 발견된 피고인의 지문은 간접증거가 된다.

이러한 직접증거와 간접증거의 구별은 규문절차의 증거법정주의 아래에서 직접증거에 보다 높은 증명력을 인정하던 시대에서는 커다란 의미가 있었으나, 지금은 증명력에 관하여 자유심증주의에 의하고 있고 과학적 증거수집의 기법이 발달함에 의하여 오히려 간접증거의 중요성이 강조되고 있다.

3) 본증과 반증

거증책임을 지고 있는 자가 제출하는 증거를 본증이라고 하고 이에 대하여는 법관의 확신이 들 정도의 입증이 필요한 반면, 반대 당사자가 제출하는 증거를 반증이라고 하고 이에 대하여는 법관의 의심이 들 정도만 입증이 필요하다.

일반적으로 범죄사실에 대한 구성요건해당성, 위법성조각사유의 부존재, 책임조각사유의 부존재, 처벌조각사유의 부존재, 소송법적 사실은 검사에게 입증책임이 있으나, 예외적으로 거증책임의 전환의 규정인 상해의 동시범의 특례와 형법 제310조의 명예훼손죄에 있어서 진실성의 입증은 피고인에게 거증책임이 있다.

4) 진술증거와 비진술증거(전문법칙과 관련된 분류)

진술증거란 사람의 진술이 증거로 되는 경우를 말하고, 비진술증거란 단순한 증거물이나 신체성상 등이 증거로 되는 경우를 말한다. 진술증거와 비진술증거의 구별의 실익은 먼저 진술증거는 진술의 임의성이 인정되어야 증거능력이 있고, 전문법칙이 적용되어 증거능력이 제한될 수 있다는 점에 있다.

진술증거는 구술에 의한 진술증거와 서면에 의한 진술증거로 나누어 볼 수 있다. 증인의 증언은 구술에 의한 진술증거가 되고, 피의자신문조서는 서면에 의한 진술증거가 된다.

여기서 진술증거는 다시 원본증거와 전문증거가 있는데 범죄사실에 관련된 사실을 직접 체험한 자가 중간 매개체를 거치지 않고 직접 법원에 진술하는 경우는 원본증거가 되고, 직접 체험자의 진술이 서면이나 타인의 진술이라는 매개를 통하여 법원에 전달되는 경우에 전문증거가 된다.

5) 실질증거와 보조증거(증명의 대상과 관련된 분류)[15)]

주요사실(살인사건에 있어서 살인을 입증하는 증거)의 존부를 직 · 간접적으로 증명하기 위하여 사용되는 증거를 실질증거라 하고, 주요사실이 아닌 사실로서 실질증거의 증명력을 다투기 위해 사용되는 증거를 보조증거라고 한다. 예를 들면 범행을 목격한 증인의 증언이 실질증거라면 그 증인의 정신병력에 대하여 증언하는 증인을 보조증거라고 할 수 있다. 보조증거는 그 자체만으로는 주요사실을 증명할 수 없다는 점에서 실질증거와 구별이 된다.

보조증거는 다시 증강증거와 탄핵증거로 나누어진다. 증강증거는 실질증거의 증거능력을 뒷받침하고 증명력을 강화시키는 증거를 말하며, 탄핵증거는 이를 감소, 멸실시키는 증거를 말한다. 여기서 문제가 되는 것이 자백의 보강증거를 실질증거라고 보아야 하는지, 아니면 보조증거로 보아야 하는지 문제가 된다. 자백에 대하여 그의 증명력을 증가하는 증거라는 점에서 보조증거로 보는 입장도 있으나, 자백의 보강증거에도 증거능력이 필요하다는 점에서 실질증거로 보는 것이 다수설이다. 다만, 자백의 보강증거에 대하여 증거능력이 있을 것을 요한다는 점에서는 다툼이 없다.

3. 증거능력과 증명력

증거능력이란 증거가 엄격한 증명의 자료로 사용될 수 있는 법률상의 자격을 말하고 증명력이란 당해 증거가 요증 사실을 추인하는 힘(증거의 실질적 가치)을 말한다. 증거능력은 법률로 규정되어 있으나 증명력의 판단은 법관의 자유심증에 의한다.

4. 증거재판주의

15) 예를 들면, 살인사건에 있어서 살인을 목격한 갑의 증언은 실질증거라고 한다. 이 때 을이 갑이 자신에게는 다른 말을 했다는 증언을 하는 경우에 이를 보강증거(탄핵증거)라고 한다.

1) 의의

형사소송법은 제307조에서 “사실의 인정은 증거에 의하여야 한다”고 규정하여 증거재판주의를 선언하고 있다. 즉 공소범죄사실 등 주요사실을 증거능력이 있는 증거에 의하여 법에 규정한 절차 즉 당사자주의 방식에 입각한 조사방식에 의하여 재판을 하여야 함을 말한다.

2) 엄격한 증명과 자유로운 증명

법률상 증거능력이 있고 적법한 증거조사를 해서 얻은 증명을 엄격한 증명이라고 하고, 전문증거와 같이 증거능력이 없는 증거 혹은 법원이 상당하다고 인정되는 방법에 의하여 얻은 증명을 자유로운 증명이라고 한다. 여기서 주의할 점은 엄격한 증명과 자유로운 증명은 증거능력 유무와 증거조사의 방법에 차이가 있을 뿐이고 심증의 정도에서는 차이가 있는 것이 아니라는 점이다. 즉 양자 모두 합리적 의심이 없는 증명이 필요하다. 그러므로 형사소송법 제307조 제2항에서는 “범죄사실의 인정은 합리적인 의심이 없는 정도의 증명에 이르러야 한다”고 규정하고 있다.

3) 불요증 사실

증명의 대상이 사실의 성질에 비추어 증명이 필요 없는 사실을 말한다. 여기에는 공지의 사실, 추정된 사실 및 공무원의 직무상 비밀과 같은 거증금지사실이 있다.

5. 자유심증주의

1) 의의

자유심증주의란 증거의 증명력을 적극적 또는 소극적으로 법정하지 아니하고 법관의 자유로운 판단에 맡기는 주의를 말한다. 우리 형사소송법 제308조에서도 “증거의 증명력은 법관의 자유판단에 의한다”고 규정하여 자유심증주의를 천명하고 있다.

2) 배경 및 취지

중세의 법정증거주의는 법관의 자의를 배제함으로써 재판에 대한 법적 안정성을 보장하고자 하였으나, 자백이 증거의 왕의 자리를 차지함에 의하여 잔혹한 고문이 자행되고 구체적인 사건에 있어서 실체진실을 발견할 수 없게 되었다. 프랑스혁명 이후 계몽주의 사상과 합리적 이성주의에 의하여 법관의 양심과 이성에 따른 자유심증주의가 증거법의 기본원리가 되었다.

3) 자유심증주의의 예외

(1) 공판조서의 배타적 증명력

형사소송법 제56조에서는 소송경제적 차원에서 "공판기일의 소송절차로서 공판조서에 기재된 것은 그 조서만으로써 증명한다"고 하여 공판조서에 기재된 내용은 법관의 심증여하에 불구하고 기재된 대로 인정하여야 한다는 점에서 자유심증주의의 예외가 된다.

(2) 자백의 증명력 제한

형사소송법 제310조에서는 실체진실주의와 인권보장을 위하여 "피고인의 자백이 그 피고인에게 불이익한 유일의 증거인 때에는 이를 유죄의 증거로 하지 못한다"라고 하여 자백의 보강법칙을 규정하고 있다. 그러므로 자백이 증거능력이 있다고 할지라고 자백이 유일한 증거일 경우에는 유죄를 선고할 수 없다는 점에서 자유심증주의의 예외에 해당된다. 다만, 고의, 과실, 목적, 전과와 같은 것은 자백만으로 인정할 수 있다.

6. 자백배제법칙과 위법수집 증거배제법칙

1) 자백배제법칙

(1) 의의

형사소송법 제309조에는 "피고인의 자백이 고문, 폭행, 협박, 신체구속의 부당한 장기화 또는 기망 기타의 방법으로 임의로 진술한 것이 아니라고 의심할 만한 이유가 있는 때에는 이를 유죄의 증거로 하지 못한다"라고 하여 자백배제법칙을 천명하고 있다.

(2) 적용범위

고문 · 폭행 · 협박 및 신체구속의 부당한 장기화로 인한 상태에서 자백을 한 경우는 당연히 위법한 자백이자, 허위가 개입될 여지가 있는 자백이므로 당연히 증거능력이 부정된다. 여기서 주의할 점은 다른 피고인이 고문당하는 것을 보고 한 자백도 증거능력이 부정된다는 점이다.

(3) 효과

동의를 얻어도 증거로 사용할 수 없으며, 탄핵증거로도 사용할 수 없다.

2) 위법수집 증거배제법칙

(1) 의의

형사소송법의 이념인 적정절차의 원리를 실현하고 위법수사를 방지하기 위하여 형사소송법은 제308조의2에서 “적법한 절차에 따르지 아니하고 수집한 증거는 증거로 할 수 없다”고 하여 위법수집증거배제법칙을 명문의 규정으로 인정하고 있다.

(2) 효과

절대적 증거능력이 없으므로 원칙적으로 증거동의의 대상도 아니며, 이러한 증거를 탄핵증거로 사용할 수도 없다.

7. 전문법칙

1) 의의

요증사실을 경험한 사람이 직접 법원에 그 경험내용을 보고하지 아니하고 다른 매개체를 통하여 간접적으로 보고하는 경우에 이러한 매개체를 전문증거(hearsay evidence)라고 말한다. 여기서 매개체가 서류인 경우에는 전문서류(진술서, 진술녹취서)라고 하고 사람인 경우에는 전문증인이라고 말한다.

우리 형사소송법은 제310조의2에서 제311조~제316조에 규정한 것 이외에는 공판준비 또는 공판기일에서의 진술에 대신하여 진술을 기재한 서류나 공판준비 또는 공판기일 외에서의 타인의 진술을 내용으로 하는 진술은 이를 증거로 할 수 없다고 하여, 전문법칙(hearsay is no evidence)을 천명하고 있다.

2) 적용요건

(1) 적용범위

① 진술증거

진술증거에만 적용된다. 그러므로 지문이나 흉기와 같은 증거물과 위조문서와 같은 서증에는 전문법칙이 적용되지 아니한다. 다만, 전문으로서의 행동(Conduct as hearsay) 예를 들면, A 앞에서 참고인이 범행현장에서 범인으로 갑을 지목한 사실을 A가 법정에 나와서 증언을 하는 경우에 대하여 A의 증언을 전문증언이라고 하는 견해와 정황증거로 사용하자는 견해의 대립이 있다.

② 요증사실과의 관계

원진술의 내용이 된 사실의 존부가 요증사실인 경우에는 전문증거가 되지만 원진술의 존재 자체가 주요사실이 되는 경우(요증사실의 일부를 이루는 경우)에는 전문증거가 아니다. 즉 갑은 을에게 병이 와서 살인을 하였다고 갑에게 말한 사실이 있는 것을 을에게 말한 경우 을이 병의 살인 사건에 나와서 증언을 하는 경우에는 전문증언이 되지만, 갑의 명예훼손사건에 나와서 증언을 하는 경우에는 전문증거가 아니고 원본증거가 되는 것이다.

(2) 전문법칙이 적용되지 않는 경우

① 탄핵증거

증인의 증언의 증명력을 탄핵하기 위하여 공판정의 진술과 모순되는 진술을 증거로 제출하는 경우에는 적극적으로 원진술의 진실성을 증명하기 위한 경우가 아니므로 전문법칙이 적용되지 아니한다.

② 정황증거에 사용된 언어

갑이 사람을 죽이면서 "나는 신이다"라고 한 것을 을이 들어서 갑의 살인사건에 나와서 증언을 하는 경우에 을의 증언이 증명하려는 것은 갑이 신이라는 것에 대한 증명이 아니라 갑의 정신이상에 대한 정황증거로서 사용되는 것일 뿐이므로 전문진술이 아니다.

③ 언어적 행동

갑이 피해자에게 일정한 말을 하면서 행동한 것을 본 을이 갑의 폭행사건에 나와서 갑이 한 말을 증언하는 경우에 을의 증언이 증명하고자 하는 것이 갑의 말의 진실성에 대한 증명이 아니라, 위의 말이 폭행인지를 판단하는 자료로 사용하는 경우에 지나지 아니하므로 이 또한 전문진술이 아니다.

④ 동의

당사자가 증거로 동의한 경우에는 전문법칙이 적용되지 아니한다. 판례는 전문법칙의 예외에 해당한다고 본다.

8. 자백의 보강법칙

1) 의의

자백의 보강법칙이란 피고인의 자백이 증거능력과 신용성을 갖추어 법관이 유죄의 합리적 의심이 없는 고도의 개연성을 인정한 경우에 있어서도 보강증거가 없으면 유죄로 할 수 없다는 원칙을 말한다. 우리 형사소송법도 제310조에서 "피고인의 자백이 그 피고인에게 불이익한 유일의 증거인 때에는 이를 유죄의 증거로 하지 못한다"고 규정하여 자백의 보강법칙을 천명하고 있다.

2) 자백의 보강법칙의 취지

자백의 보강법칙을 요구하는 직접적인 이유는 허위자백으로 인한 오판의 위험을 방지(자백의 진실성 담보)하고 간접적으로는 자백 편중으로 인한 인권의 침해의 방지에 그 이유가 있다.

3) 자백의 보강법칙의 적용범위

즉결심판과 소년보호사건에는 보강법칙이 적용되지 않으나, 약식명령과 간이공판절차에서는 자백의 보강법칙이 적용된다.

9. 탄핵증거

전문법칙에 의하여 증거능력이 없는 전문증거가 진술증거의 증명력을 다투기 위하여 사용되는 것을 탄핵증거라고 한다. 탄핵증거로 제출할 수 있는 증거의 범위는 법정에서 진술한 자의 진술과 상이한 동일인의 법정 외에서의 진술에 한정된다. 탄핵증거는 법관으로 하여금 진술자의 진술의 모순성을 파악하게 하여 정확한 사실인정을 할 수 있는 자료로서 기능을 하나, 임의성 없는 자백(형사소송법 제309조) 증인의 증언이후 수사기관에서 작성한 당해 증인의 진술조서등은 탄핵증거로 제출할 수 없다.

제6절 재판

1. 재판의 의의

광의로는 법원, 법관의 의사표시에 의하여 일정한 법률적 효과가 발생하는 법률행위적 소송행위를 말하고 협의로는 유죄 · 무죄에 대한 실체적 종국재판을 의미한다. 법률 행위적 소송행위(유죄 · 무죄의 판결)라는 점에서 법관의 사실 행위적 소송행위(증거조사)와 구별된다.

2. 재판의 종류

1) 기능에 의한 분류

(1) 종국재판

심급을 종결시키는 재판으로 상소가 가능하나 철회나 변경이 허용되지 아니한다. 유죄 · 무죄의 재판, 공소기각 재판, 관할위판 재판, 면소재판 및 상소심에서의 파기재판, 상소기각의 재판, 파기환송, 파기 이송 모두 종국재판이다.

(2) 종국전 재판

종국재판에 이르기까지의 절차에 관한 재판을 종국전 재판 혹은 중간재판이라고 한다. 이러한 종국전 재판에 대하여는 원칙적으로 상소가 불가능하나 합목적성의 원칙이 지배하므로 재판을 한 법원이 취소 혹은 변경이 가능하다. 결정과 명령은 종국전 재판이다.

2) 재판의 내용에 의한 분류

(1) 실체재판

유죄 · 무죄의 종국재판을 실체 재판(본안재판)이라고 하고 실체재판은 모두 종국재판으로 판결의 형식을 취하고 기판력이 발생한다.

(2) 형식재판

공소기각재판, 면소판결, 관할 위반의 판결을 형식재판이라고 하고, 이 중에서 면소판결만이 기판력이 발생한다.

3) 재판의 형식에 의한 분류

(1) 판결

판결에 대하여는 원칙적으로 필요적 변론을 거쳐서 하는 재판(형사소송법 제37조 제1항)으로 실체재판과 형식재판인 관할위반, 공소기각, 면소판결이 있다.[15] 이에 대한 불복은 2심을 항소, 3심을 상고라고 한다. 재심과 비상상고는 판결에 대하여만 할 수 있다.

(2) 결정

결정은 법원의 종국전 재판의 원칙적인 모습이며, 임의적 변론(형사소송법 제37조 제2항)으로 할 수 있으나, 필요한 경우에는 사실조사를 할 수 있고(형사소송법 제37조 제3항), 상소를 불허하는 결정을 제외하고는 결정에도 이유를 명시하여야 한다(형사소송법 제39조). 이에 대한 불복은 2심을 항고, 3심을 재항고라고 한다.[16]

(3) 명령

명령은 법원이 하는 것이 아니라 재판장, 수명법관 혹은 수탁판사인 법관이 하는 것으로 명령은 모두 종국전 재판이다. 다만, 약식명령은 독립된 형식의 재판이다. 이에 대한 불복은 이의 신청(형사소송법 제304조 등), 준항고(형사소송법 제416조)로 할 수 있다.

3. 재판의 성립과 방식

1) 내부적 성립

(1) 합의부의 재판의 내부적 성립

합의는 과반수로 결정하며(법원조직법 제66조 제1항), 합의에 관한 의견이 3설 이상 분립하

15) 다만, 형식재판의 경우에는 공소기각결정의 경우가 있다.

16) 다만, 공고기각결정은 종국재판임에도 결정의 형식으로 한다.

여 각각 과반수에 달하지 못하는 때에는 과반수에 달하기까지 피고인에게 가장 불리한 의견의 수에 순차 유리한 의견의 수를 더하여 그 중 가장 유리한 의견에 의한다(동조 제2항 제2호). 재판의 합의는 공개하지 아니한다(동법 제65조). 다만, 대법원의 재판서에는 합의에 관여한 모든 대법관이 의견을 표시하여야 한다(동법 제15조).

(2) 단독판사의 내부적 성립

합의라는 단계가 없으므로 재판서의 작성시에 내부적 성립이 된다고 보는 것이 타당하다. 만일 재판서를 작성하지 않고 재판을 선고 또는 고지하는 경우에는 재판의 선고 또는 고지시에 내부적 성립과 동시에 외부적 성립이 생긴다고 보아야 한다.

(3) 효과

내부적 성립이 발생하고 난 뒤에는 법관이 경질된 경우에도 공판절차를 갱신할 필요가 없다.

2) 외부적 성립

(1) 성립시기

재판의 외부적 성립은 선고시 혹은 고지시에 외부적 성립이 발생한다.

(2) 효과

상소기간이 진행하며, 구속영장이 실효되고, 재판의 집행력이 발생하고 가납명령이 있는 벌금도 즉시 집행할 수 있다. 외부적 성립이 발생하면 구속력이 발생하므로 법원 자신도 재판의 내용을 변경, 철회할 수 없다.

4. 재판의 내용

1) 유죄판결

피고사건에 대하여 범죄의 증명이 있는 때 선고하는 재판이다. 여기에는 형선고의 판결, 선고유예의 판결, 형면제의 판결이 있다.

2) 무죄판결

피고사건의 실체에 관하여 범죄로 되지 않거나 범죄사실의 증명이 없는 때 하는 재판이다.

3) 관할위반과 공소기각의 재판

(1) 관할위반의 재판

피고사건의 법원의 관할에 속하지 않는 때 하는 재판이다.

(2) 공소기각의 재판

피고사건이 관할권 이외의 형식적 소송조건이 결여된 경우 사건의 실체 즉, 유 · 무죄에 대한 판단을 하지 않고 소송을 종결시키는 재판이다. 여기에는 공소기각의 판결(형사소송법 제327조)과 공소기각의 결정(형사소송법 제328조)이 있다.

4) 면소판결

피고사건에 관하여 ① 확정판결, ② 일반사면, ③ 공소시효의 완성, ④ 판결선고전 법령개폐로 인한 형의 폐지 등의 사유가 있는 경우 하는 재판을 말한다(형사소송법 제326조). 형식재판이면서도 기판력이 인정되는 특색이 있다.

5. 재판의 효력

재판이 통상의 불복방법에 의하여는 다툴 수 없게 되는 것을 재판의 확정이라 하고 재판이 확정되므로 재판의 효력이 발생한다.

재판의 효력으로는 ① 통상의 불복방법으로 다툴 수 없게 되는 불가쟁적 효력, ② 동일한 사정에서 동일한 사항에 대하여 다른 판단을 할 수 없는 내용적 구속력, ③ 유 · 무죄의 실체재판에 있어 동일한 사유로 다시 공소를 제기할 수 없는 기판력, ④ 유죄의 실체재판에 있어 선고된 형벌을 집행케 되는 집행력이 발생한다.

제7절 상소

1. 상소의 의의

상소는 미확정의 재판에 대한 상급법원에 그 구제를 구하는 불복신청제도를 말한다. 형사소송법이 인정하는 상소제도로는 항소(형사소송법 제357조 이하), 상고(형사소송법 제371조 이하) 그리고 항고(형사소송법 제402조 이하)가 있다.

2. 상소의 기능

상소제도는 오판을 시정함으로써 피고인의 이익을 보장하고 법령해석의 통일을 기함으로써 피고인의 평등권을 보장하고 법적 안정성을 실현하는 데 도움이 된다. 뿐만 아니라 올바른 사실인식과 법률해석을 진리의 인식발견이라고 부른다면 상소제도는 진리의 발견의 목적을 추구하는 제도라고 할 수 있다.

3. 상소의 종류

1) 항소

항소란 제1심판결에 불복하여 제2심법원에 제기하는 상소를 말하는 것으로 제1심 법원의 판결에 대하여 불복이 있으면 지방법원 단독판사가 선고한 것은 지방법원 본원합의부에 항소할 수 있으며 지방법원 합의부가 선고한 것은 고등법원에 항소할 수 있다.

2) 상고

상고는 제2심판결에 대하여 불복이 있은 경우의 상소이다. 제2심판결에 대하여 불복이 있는 자는 대법원에 상고할 수 있으며, 이때 상고장을 원심법원인 항소심법원에 제출하여야 한다.

상고도 상소의 일종인 이상 당사자의 구체적인 구제를 목적으로 함과 동시에 법령의 통일을 도모하며 헌법의 정당한 해석을 확보하고, 하급법원의 재판의 현저한 결함을 시정함을 목적으로 하고 있다.

3) 항고

항고는 법원의 결정에 대하여 불복이 있는 때의 상소이다. 항고를 함에는 항고장을 원심법원에 제출하여야 한다. 법원의 명령에 대하여 불복이 있을 때에는 일정한 경우에 준항고를 할 수 있다.

4) 비약상고

제1심판결에 대한 항소를 제기하지 않고서 직접 대법원에 상고할 수 있는 경우를 비약상고라고 한다. 비약상고는 법령해석의 통일에 신속을 기하고, 피고인의 이익을 일찍 회복시키기 위하여 인정된 제도이다.

4. 불이익변경금지의 원칙

상고는 피고인이나 검사나 다같이 할 수 있으나, 피고인이 상소를 한 경우에는 원판결보다 중한 형을 판결할 수 없다는 원칙을 말한다.

제8절 비상구제절차

1. 재심

확정된 판결에 대하여 주로 사실인정의 부당을 시정하고자 인정된 절차로서 법이 정하는 일정한 사유가 있는 경우에 확정된 원판결을 한 법원에 청구하여 다시 심리를 고쳐하는 제도이다. 재심사유는 형사소송법 제420조에서 제한적으로 규정하고 있으며 청구를 받은 법원은 재심사유의 유 · 무을 따져 청구가 타당하다고 인정되는 경우 확정된 사건에 대한 당해 심급에 따라 다시 심판한다. 재심절차는 확정판결에 대한 시정제도라는 점에서 상소와 구별되고 청구권자가 검찰총장에 제한되지 않는다는 점에서 비상상고와 구별된다.

유죄의 확정판결, 상소기각판결, 위헌법률심판에 의하여 위헌결정된 법률에 기한판결에 대하여 재심의 청구가 가능하므로 무죄, 면소, 공소기각, 관할 위반의 판결, 결정, 명령에 대하여는 할 수 없다.

2. 비상상고

비상상고는 법령위반을 이유로 하여 검찰총장이 원판결을 한 법원이 아니라 대법원에 하는 비상구제절차로 인하여 발생한 판결이 확정판결이 선고된 자에게 원칙적으로 미치지 않는 특색을 가지고 있는 제도이다.

비상상고는 확정판결의 시정제도인 점에서 미확정판결의 시정제도인 상소 특히 상고와 다르다. 또한 비상상고는 신청의 이유가 심판의 법령위반이고 신청권자가 검찰총장에 국한되며, 관할법원이 원판결을 한 법원이 아닌 대법원이고 그 판결의 효력은 원칙적으로 피고인에게 미치지 아니한다는 점에서 재심과도 다르다. 비상상고가 허용되는 경우는 판결이 확정된 사건의 심판이 법령에 위반된 때이다.

비상상고의 대상은 모든 확정판결이 대상이 된다. 그러므로 유죄판결, 무죄판결, 면소판결, 공소기각판결, 관할위반판결 모두 비상상고의 대상이 되고 판결의 형식은 아니더라도 확정판결의 효력이 부여되는 약식명령, 즉결심판, 경범죄처벌법 및 도로교통법상의 범칙금납부도 비상상고의 대상이 된다. 또한 공소기각결정, 항소기각결정, 상고기각결정 등도 결정의 형식을 취하지만 그 사건에 대한 종국판결이므로 비상상고의 대상이 된다. 다만 당연 무효의 판결이 비상상고의 대상이 되는지에 대하여 통설은 당연 무효의 판결이라 할지라도 판결은 확정되어 존재하므로 비상상고의 대상이 된다고 본다.

제9절 특별절차

1. 약식절차

약식절차란 지방법원 관할에 속한 사건에 대하여 검사의 청구가 있는 경우 공판절차를 거치지 아니하고 검사가 제출한 자료만을 가지고 서면심리에 의해서 피고인에게 벌금 · 과료 또는 몰수(구류는 제외)를 과하는 간편한 형사절차를 말한다). 약식절차는 형사재판의 신속을 기하며 공개재판에 따르는 피고인의 심리적 · 시간적 · 경제적 부담을 덜어준다는 점에서 제도의 존재이유가 있다

검사 또는 피고인은 약식명령의 고지를 받은 날로부터 7일 이내에 정식재판을 청구할 수 있다. 약식명령의 청구기간이 경과하거나 그 청구의 취하 또는 기각의 결정이 확정된 때에는 확정판결과 동일한 효력이 있다.

2. 즉결심판절차

1) 의의

즉결심판이란 즉결심판절차에 의한 재판을 의미한다. 즉결심판절차란 지방법원, 지원 또는 시 · 군법원의 판사가 피고인에게 20만원 이하의 벌금, 구류 또는 과료에 처할 수 있는 경미한 범죄에 관하여 공판절차에서 처리하지 아니하고 즉결하는 심판절차를 말한다(즉결심판에관한절차법 제2조).

2) 목적

즉결심판절차는 범증이 명백하고 죄질이 경미한 범죄사건을 신속 · 적정한 절차로 심판하기 위하여 만들어진 제도이다(즉결심판에관한절차법 제1조). 이러한 경미사건에 대하여는 약식절차라는 형사소송법상의 제도가 있으나 약식절차에 의하여는 격증하는 경미사건에 신속하고 적절하게 대처할 수 없다는 고려에 의하여 만들어졌으며, 이는 피고인의 시간적 · 정신적 부담을 덜어준다는 의미에서 피고인의 이익을 위해서도 필요한 제도이다.

기출문제(경비지도사 시험 중심)

1. 형사소송법의 기본이념과 성격이 맞지 않는 것은?
① 피고인의 무죄추정
② 거증책임의 피고인에의 전환
③ 소극적, 실체적 진실주의
④ 열 사람의 범인을 놓치는 한이 있더라도 한 사람의 억울한 죄인을 만들어서는 아니된다.

정답 : ② 원칙적으로 거증책임은 검사에게 있다.

2. "의심스러운 때에는 피고인의 이익으로" 라는 법언과 관계가 없는 것은?
① 실체적 진실주의 ② 검사의 입증책임
③ 무죄추정의 원칙 ④ 자백의 보강법칙

정답 : ④

3. 신속한 재판을 위한 제도가 아닌 것은?
① 법원 직원의 제척, 기피, 회피 ② 약식절차
③ 공판기일 전의 증거조사 절차 ④ 심급에 따른 구속기간의 제한

정답 : ①은 공정한 재판을 위한 제도이다.

4. 실체진실주의를 공판절차에 구현하기 위한 제도로서 타당하지 않은 것은?
① 직권에 의한 증거조사 ② 증거재판주의
③ 상소제도 ④ 피고인에 대한 진술거부권의 고지

정답 : ④는 피고인의 인권보장과 관계있는 제도이다.

5. 신속한 재판의 원칙에 관한 다음 기술 중 틀린 것은?
① 신속한 재판을 받을 권리는 헌법상 보장된 형사피고인의 기본적 인권이다.
② 신속한 재판은 피고인의 이익보호는 물론 실체진실발견에도 기여한다.
③ 기소편의주의는 신속한 재판의 이념에 봉사한다.
④ 소송촉진에 관한 특례법은 오직 형사피고인의 이익을 위한 제도이다.

정답 : ④ 소송촉진 등에 관한 특례법은 형사피해자를 위한 제도이기도 하다.

6. 우리나라 형사소송법이 채택하고 있지 않는 것은?
① 당사자처분주의 ② 탄핵주의 ③ 국가소추주의 ④ 공개주의

정답 : ① 당사자처분권주의는 민사소송법이 채택하고 있다.

7. 다음 중 우리나라 형사소송법상의 기본원리에 해당하지 않는 것은?

① 기소편의주의 ② 자유심증주의 ③ 규문주의 ④ 실체적 진실주의

정답 : ③

우리 형사소송법의 기본이념으로서는 실체진실주의, 적정절차의 원칙, 신속한 재판의 원칙, 소송구조에 관해서는 탄핵주의를, 공소제기와 관련해서는 기소편의주의, 기소독점주의를 취하고 있다.

탄핵주의는 형사사건의 심판에 있어서 심판을 담당하는 법원은 재판기관이 아닌 자의 소추를 전제로 하여 재판절차를 개시하는 주의이다. 재판기관과 소추기관을 분리한다.

규문주의는 법원이 소추를 전제로 하지 아니하고 직권으로서 스스로 심리를 개시하여 재판을 하는 주의이다.

기소편의주의(起訴便宜主義)

범죄가 성립하고 소송조건이 완비된 경우에도 검사가 반드시 기소를 강제당하지 않고, 기소 · 불기소에 관한 재량권(裁量權)이 검사에게 인정되는 제도이다. 이와 반대로 검사의 재량권을 인정하지 않고, 반드시 공소를 제기해야 한다는 기소법정주의(起訴法定主義)가 있다. 기소법정주의에 있어서는 검사의 자의(恣意)를 방지하며, 형사사법이 정치적인 고려에 의하여 좌우되지 않는다는 장점도 있으나, 범죄의 정상을 참작함이 없이 법률적으로 범죄가 성립되는 경우에는 반드시 기소해야 하므로 구체적 정의(正義)에도 반하고, 형사정책상 타당치 않다. 우리나라 현행법은 형사소송법 제247조 1항에서 볼 수 있듯이 기소편의주의를 취하고 있다. 또한 1심 판결 전이라면 검사는 언제든지 공소를 취소할 수 있게 하였다.

기소독점주의(起訴獨占主義)

국가와 공익을 대표한 검사가 범죄자에 대하여 법원에 국가형벌권의 발동을 촉구하는 공소를 기소(起訴)라고 하는데, 이러한 기소권은 오직 검사만이 독점한다는 것이다. 형사소송법 제246조에서는 '공소는 검사가 제기하여 수행한다'라고 규정하여 이를 명백히 하고 있다. 검사에게 공소권을 독점시키는 기소독점주의는 기소 · 불기소의 전국적 기준을 기대할 수 있고, 기소권 행사의 적정을 기할 수 있다는 장점이 있다. 그러나 공소권의 행사가 오직 검사에게만 독점된다는 것은 검찰의 권한이 그만큼 막강하다는 것을 뜻하고, 따라서 기소권이 독선에 흐르거나 정치적 영향에 좌우될 위험성이 내포하고 있다. 특히 검찰권이 정치 권력으로부터 중립을 확보하지 못할 경우, 기소독점주의는 수사권과 공소권을 갖는 검찰독재로 흐를 가능성이 있다.

8. 다음 중 형사소송의 주체라고 보기 힘든 자는?

① 법원 ② 검사 ③ 피고인 ④ 변호인

정답 : ④ 소송을 성립시키고 발전하게 하는데 필요한 최소한의 주체를 소송의 주체라고 한다. 이러한 소송의 주체에는 법원 · 검사 · 피고인이 있다. 이를 소송의 3주체라고 한다. 법원은 재판권의 주체임에 대해, 재판을 받는 주체는 검사와 피고인인데 이를 당사자라고 한다. 변호인은 소송의 주체가 아니라 소송의 주체인 피고인의 보조자에 지나지 않는다.

9. 다음 중 당사자 주의의 표현이 아닌 것은?

① 상호신문제도　② 공판기일의 지정　③ 피고인의 진술거부권　④ 증거조사 신청권

정답 : ②

10. 적정절차의 원칙을 구현하기 위한 것과 거리가 먼 것은?

① 공판정출석권　② 공평한 법원의 구성　③ 제척, 기피, 회피제도　④ 구속기간의 제한

정답 : ④ 적정절차는 공평한 재판의 원칙을 그 내용으로 하며 이에는 공평한 법원의 구성, 피고인의 방어권보장, 무기평등의 원칙을 그 내용으로 한다. 구속기간의 제한은 공판절차의 신속한 진행을 위한 제도이다

11. 다음 중 법관의 제척원인이 아닌 것은?

① 법관이 피해자인 때
② 법관이 피고인 또는 피해자의 법정대리인인 때
③ 법관이 불공평한 재판을 할 염려가 있을 때
④ 법관이 전심재판에 관여한 때

정답 : ④ 기피사유에 해당한다.

12. 다음 설명 중 옳지 않은 것은?

① 제척은 법률의 규정에 의하여 당연히 그 효력이 발생한다.
② 기피란 제척원인을 제외하고 법관이 불공평한 재판을 할 염려가 있는 때 인정된다.
③ 기피는 당사자의 신청이 있는 경우에 법원의 결정에 의해 효력이 발생한다.
④ 제척, 기피, 회피에 관한 규정은 법원의 사무관 등에게도 준용된다.

정답 : ②

13. 법관의 기피에 관한 다음의 설명 중 틀린 것은?

① 당사자의 신청이 있어야 한다.
② 제척사유는 모두 기피사유가 될 수 있다.
③ 기피사유는 유형적으로 규정되어 있다.
④ 변호인은 피고인의 명시한 의사에 반하지 아니하는 때에 한하여 신청할 수 있다.

정답 : ③

14. 다음 중 공평한 재판을 하기 위한 제도가 아닌 것은?

① 사법권의 독립　② 제척, 기피, 회피제도　③ 영장제도　④ 법관의 신분보장

정답 : ③ 영장제도는 인권보장을 위한 제도이다.

15. 동일사건이 사물관할을 달리하는 수개의 법원에 계속된 때에는?
① 각기 심판한다. ② 먼저 공소를 받은 법원이 심판한다.
③ 법원 합의부가 심판한다. ④ 대법원에서 심판한다.

정답 : ③

16. 관할에 관한 설명 중 맞지 않는 것은?
① 법원의 직권으로 관할을 조사하여야 한다.
② 관할위반인 경우 소송행위는 효력이 없다.
③ 피고인의 주소, 거소 또는 현재지는 토지관할로 된다.
④ 법원은 필요한 경우 관할구역 외에서 직무를 행할 수 있다.

정답 : ② 관할위반의 경우 소송행위는 그 효력에 영향이 없다.

17. 다음 중 합의제 사건이 아닌 것은?
① 사형, 무기, 단기 1년 이상의 징역 또는 금고에 해당하는 사건
② 갑 사건과 동시에 심판할 공범사건
③ 병역법위반사건
④ 지방법원판사에 대한 제척, 기피사건

정답 : ③ 합의부의 관할사건으로는 사형, 무기, 단기 1년 이상의 징역 또는 금고에 해당하는 사건, 위 사건과 동시에 심판할 공범사건, 지방법원판사에 대한 제척,기피사건, 법률에 의하여 지방법원 합의부의 권한에 속하는 사건, 합의부가 결정한 사건이 있다.

18. 변사자에 대한 검시권은 누구에게 있는가?
① 법원 ② 검사 ③ 경찰서장 ④ 사법경찰관

정답 : ②

19. 검찰총장만이 행할 수 잇는 것은?
① 준항고 ② 즉시항고 ③ 비상상고 ④ 재심

정답 : ③

20. 현행 형사소송법상 피의자에게 인정되지 아니하는 것은?
① 증거보전청구권
② 구속적부심사청구권
③ 진술거부권
④ 보석 청구권

정답 : ④

21. 현행 형사소송법상의 피해자의 지위에 대한 설명 중 옳지 않은 것은?

① 범죄로 인한 피해자는 고소할 수 있다.

② 사기죄로 인한 피해자는 그 피고인에 대한 형사재판절차에 부대하여 배상명령을 신청할 수 있다.

③ 피해자가 증인으로서 당해 형사사건의 공판기일을 출석한 때에 그 기회에 구두로 배상신청을 할 수 없다.

④ 피해자는 증인으로 신문하여 줄 것을 법원에 신청할 수 있고, 법원이 피해자를 신문하는 경우에는 피해자에게 당해 사건에 관한 의견을 진술할 기회를 주어야 한다.

정답 : ③ 배상신청은 공판의 변론 종결시까지 사건이 계속된 법원에 하여야 한다. 배상신청은 서면에 의함을 원칙으로 하나, 피해자가 증인으로 법정에 출석한 때에는 구술로 신청할 수 있다.

22. 피고인의 권리가 아닌 것은?

① 구속적부심사청구권 ② 증거보전청구권 ③ 진술거부권 ④ 법관기피신청권

정답 : ① 구속적부심사청구권은 피의자에게만 인정된다.

체포 · 구속적부심사제란 체포 · 구속영장에 의하여 체포나 구속된 피의자 또는 그 변호인 · 가족 등이 관할법원에 체포 또는 구속의 적부심사를 청구할 경우, 법관이 즉시 피의자와 변호인이 출석한 공개법정에서 체포 또는 구속의 이유(도주염려 · 증거인멸 · 주거부정 등)를 밝히도록 하고, 체포 또는 구속의 이유가 부당하거나 적법한 것이 아닐 때에는 법관이 직권으로 피의자를 석방하는 제도를 말한다.

23. 다음 중 현행법상 진술거부권의 설명으로 옳지 않은 것은?

① 피고인 또는 피의자에게 인정된다.

② 공판절차 또는 수사절차에서 인정된다.

③ 불리한 진술뿐만 아니라 유리한 진술도 거부할 수 있다.

④ 재판장은 진술거부권을 고지할 수도 있다.

정답 : ④ 재판장의 진술거부권의 고지는 반드시 하여야 한다.

24. 피고인이라고 볼 수 있는 사람은?

① 범죄의 혐의를 받아 구속된 자

② 범죄의 혐의를 받아 사법경찰관의 조사를 받고 있는 자

③ 범죄의 혐의를 받아 검사의 조사를 받고 있는 자

④ 범죄의 혐의를 받고 검사로부터 공소가 제기된 자.

정답 : ④

25.다음 중 피고인의 청구가 없어도 국선변호인을 선임할 수 있는 경우가 아닌 것은?

① 농아자 ② 미성년자 ③ 60세 이상인 자 ④ 심신장애의 의심이 있는 자

정답 : ③

헌법 제12조 제4항 단서에서는 국선변호인의 선임은 형사피고인에게만 인정된다. 국선변호인이란 피고인의 이익을 위하여 법원이 직권으로 선임하는 변호인을 의미한다. 형사소송법상 법원이 직권으로 변호인을 선임하여야 하는 경우로는 피고인이 ⅰ) 미성년자, ⅱ) 70세 이상인 자, ⅲ) 농아자, ⅳ) 심신장애의 의심이 있는 자, ⅴ) 빈곤 기타의 사유로 변호인을 선임할 수 없는 자(이 경우만은 피고인의 청구가 있어야 한다), ⅵ) 사형 · 무기 또는 단기 3년 이상의 징역이나 금고에 해당하는 자(필요적 변호사건 : 형소법 제282조 · 제283조), 그리고 ⅶ) 구속적부심사에 있어서 구속된 피의자에게 변호인이 없는 때(형소법 제214조의2 제9항) 등이다.

26. 법원이 직권으로 국선변호인을 선정하여야 하는 경우가 아닌 것은?

① 피고인이 미성년자인 때　② 피고인이 파산한 때

③ 피고인이 농아자인 때　④ 피고인이 심신장애의 의심이 있는 때

정답 : ②

국선변호인을 법원이 직권으로 선임해야 하는 사유는 형사소송법 제33조 제1항(국선변호인의 선임)에 의한다.

1) 피고인이 구속된 때　2) 피고인이 미성년자인 때

3) 피고인이 70세 이상인 때　4) 피고인이 농아자인 때

5) 피고인이 심신장애의 의심이 있는 때　6) 피고인이 사형, 무기 또는 단기 3년 이상의 징역이나 금고에 해당하는 사건으로 기소된 때

형사소송법 제 33조 제2항의 사유인 피고인의 빈곤, 파산 등의 사유로 피고인이 국선변호인을 신청한 때에는 법원의 판단으로 국선변호인을 선임한다.

따라서 ② 피고가 파산한 때에는 법원이 직권으로 국선변호인을 선임하지 않는다.

27. 형사절차에 관한 설명으로 틀린 것은?

① 수사기관은 피의자가 출석요구에 응하지 않으면 체포영장을 청구할 수 있다.

② 수사기관은 피의자의 죄질이 무겁고 도주의 우려가 있는 경우 구속영장을 청구할 수 있다.

③ 현행범은 누구든지 영장 없이 체포할 수 있다.

④ 수사기관은 24시간 이내에 구속영장을 청구하지 않은 경우 피의자를 즉시 석방해야 한다.

정답 : ④

① 체포영장의 사유 : 범죄혐의, 출석요구 불응 또는 불응우려, 체포의 필요성

② 구속영장의 사유 : 도망 또는 도망의 우려, 주거부정(일정한 주거가 없을 때), 증거인멸의 위험

③ 현행범은 영장 없이 누구나 체포할 수 있다. 체포한 현행범인을 체포한 후에는 긴급체포의 규정에 따라 체포 후 48시간 이내에 구속영장을 청구해야 한다.

④ 수사기관은 범인을 체포한 후 48시간 이내에 구속영장을 청구하지 않은 경우 피의자를 즉시 석방해야 한다. 따라서 ④ 24시간이 아닌 48시간이다.

28. 타인의 범죄행위로 생명과 신체에 중대한 피해를 받은 자가 취할 수 있는 조치는?
① 국가를 상대로 손해배상을 청구할 수 있다.
② 검찰청에 범죄피해자구조를 청구할 수 있다.
③ 헌법상 보장된 형사보상을 청구할 수 있다.
④ 검찰청에 행정심판을 청구할 수 있다.

정답 : ②

① 국가를 상대로 손해배상을 청구하는 것은 국가가 자신에게 한 위법행위로 인한 손해를 되돌려 손해를 입지 않는 상황과 동일하게 복귀시키는 일을 뜻한다.

③ 형사보상제도란 국가형사사법의 과오에 의하여 죄 없는 선량한 국민이 죄인의 누명을 쓰고 미결구금 또는 형의 집행을 받아서 손해가 발생하였을 때, 그 손해를 국가가 보상하여 주는 제도를 뜻한다.

④ 행정심판이란 행정청의 위법 · 부당한 처분 그밖에 공권력의 행사 · 불행사 등으로 인한 국민의 권리 또는 이익을 침해받은 국민이 행정기관에 제기하는 청구를 뜻한다.

② 범죄피해자구조란 범죄로 인한 생명 · 신체의 피해자를 구조하기 위해 제정한 법률로써 범죄행위로 인하여 사망한 자의 유족이나 해를 당한 자를 구조함을 목적으로 한다.

따라서 타인의 범죄행위로 생명과 신체에 피해를 입었다면 범죄피해자구조법에 의한 범죄피해자구조를 청구해야 한다.

29. 고소에 관한 설명으로 틀린 것은?
① 범죄를 인지한 제3자가 하여야 한다.
② 수사 개시의 원인이 된다.
③ 원칙적으로 서면으로 하지만, 구두로 하여도 무방하다.
④ 제1심 판결 선고 전까지 취소할 수 있다.

정답 : ①

고소란 범죄의 피해자 또는 그와 일정한 관계에 있는 고소권자가 수사기관에 대하여 범죄사실을 신고하여 범인의 처벌을 구하는 의사표시를 말한다. 고소는 수사개시의 단서가 되며, 서면 또는 구두에 의해서 고소가 가능하다. 또한 고소능력이란 행위능력과 구분되는 것으로 의사능력만 있으면 가능하며 고소의 취소는 고소의 의사표시를 철회하는 것을 말하며 제1심 판결 선고 전까지 취소할 수 있다.

따라서 ① 제 3자, 즉 고소권자와 범인 이외의 사람이 수사기관에 범죄사실을 신고하는 것은 고소가 아니라 고발이다.

30. 검찰의 소관 사항이 아닌 것은?
① 무혐의처분 ② 약식기소 ③ 즉결심판의 청구 ④ 선도조건부 기소유예

정답 : ③

검찰의 소관은 수사개시 이후 피의자에 대한 체포 영장의 청구 및 구속영장의 청구와 공소제기서부터 피의자에 대한 불기소처분(무혐의처분)과 기소유예 판결, 약식기소 등이 있다.

즉결심판의 청구는 정식 형사소송 절차를 거치지 않고 즉결심판에 관한 절차법에 따라 경찰서장의 청구로 순회판사(巡廻判事)가 행하는 약식재판을 뜻한다.

따라서 ③ 즉결심판의 청구는 검찰(검사)의 소관이 아닌 경찰(경찰서장)의 청구를 요한다.

31. 소송절차의 실체면이 절차면에 영향을 주는 경우가 아닌 것은?

① 사물관할의 표준 ② 긴급구속의 요건 ③ 필요적 변호의 요부 ④ 위법수집증거의 배제법칙

정답 : ④는 절차가 실체면에 영향을 주는 경우이다.

32. 공시송달은 다음 어느 경우에 하는가?

① 피고인의 생사가 불명인 경우 ② 피고인의 청구가 있는 경우

③ 주거나 현재지를 알 수 없는 경우 ④ 소환장의 송달이 불능인 경우

정답 : ③ 공시송달은 피고인의 주거 · 사무소와 현재지를 알 수 없을 때, 피고인이 재판권이 미치지 아니하는 장소에 있는 경우에 다른 방법으로 송달할 수 없을 때에 할 수 있다.

33. 다음 중 소송조건이 구비되지 아니한 경우에 하는 재판으로서 틀린 것은

① 무죄판결 ② 공소기각의 판결 ③ 공소기각의 결정 ④ 면소의 판결

정답 : ① 소송조건이 구비되지 아니한 경우에는 형식재판을 한다.

34. 다음 중 형식적 소송조건이 아닌 것은?

① 피고인에 대하여 재판권이 있을 것 ② 확정판결이 있을 때

③ 공소제기가 유효하고 공소의 취소가 없을 때 ④ 피고인이 당사자능력을 가질 것

정답 : ② 형식적 소송조건은 공소기각 또는 관할위반의 재판을 하는 것으로 열거된 소송조건을 말하며, 실체적 소송조건은 면소판결을 해야 할 것으로 규정된 소송조건을 말한다. 면소판결이란 피고사건에 관하여 ㉠확정판결 ㉡일반사면 ㉢공소시효의 완성 ㉣범죄후 법령개페로 형의 폐지 등의 사유가 있는 경우 하는 재판을 말한다(제326조).

35. 다음 중 실체적 소송요건에 해당하지 않는 것은 어느 것인가?

① 공소시효의 만료 전 ② 확정판결이 없었을 것

③ 사면이 없었을 것 ④ 피고사건이 관할 법원에 속할 것

정답 : ④

36. 다음 중 수사개시의 단서에 해당되지 않는 것은?

① 변사자의 검시 ② 불심검문 ③ 고소, 고발 ④ 검 증

정답 : ④ 수사개시의 단서 : 수사기관이 어느 사건에 대해 주관적 혐의를 가지게 된 원인

검증은 증거조사방법 내지 증거수집 활동이며 그 자체가 수사의 단서는 아니다.

37. 범죄의 피해자가 수사기관에 범죄사실을 신고하여 그 소추를 촉구하는 의사표시는?

① 고소　② 신고　③ 진정　④ 고발

정답 : ① 고소는 범죄의 피해자가 수사기관(경찰, 검찰)에 범죄사실을 신고하여 범인을 (형사)처벌해 달라는 의사표시를 말한다.(일반적으로 고소장 제출)

고발은 범죄의 피해자이외의 사람이(제3자) 수사기관에 범죄사실을 신고하여 범인을 형사처벌해달라는 의사표시를 말한다.(통상 고발장을 제출)

단순히 형사처벌을 희망하지 않고 수사를 해 달라고 하는 경우는 고소 내지 고발이라고 하지 않고 진정, 탄원 등이라고 부른다. 이는 수사의 단서가 되며, 수사기관의 범죄인지에 의해 비로서 수사가 개시되며 그 이전에는 내사단계에 해당한다.

38. 친고죄의 고소에 관한 것 중 옳지 않은 것은?

① 고소를 취소한 자는 다시 고소할 수 없다.

② 친고죄를 범한 피고인이 1심에서 실형을 선고받고 항소심에 이르러 피해자와 원만히 합의가 이루어져 고소가 취소된 경우, 항소심법원은 제1심 판결을 취소하고 공소기각판결을 선고하여야 한다.

③ 친고죄의 고소의 취소는 서면 또는 구두로 검사 또는 사법경찰관에게 할 수 있다.

④ 1개의 범죄사실의 일부에 대한 고소는 그 전부에 미친다.

정답 : ② 고소는 제1심판결선고 전까지 취소할 수 있다. 제1심판결선고 후의 고소취소는 무효이다.

39. 다음 중 구속된 피의자의 법적 권리가 아닌 것은?

① 변호인선임권　② 구속적부심사청구권　③ 보석 청구권　④ 진술거부권

정답 : ③ 피의자에게 보증금납입조건부 석방제도가 인정되나, 피의자에게 보석청구권을 인정하는 것은 아니다.

40. 현행범인의 체포에 관한 설명 중 틀린 것은?

① 검사나 사법경찰관 아닌 자는 현행범인 체포를 위하여 타인의 주거에 침입할 수 없다.

② 검사나 사법경찰관 아닌 자가 현행범인을 체포한 때에는 지체없이 검사나 사법경찰관에게 인도해야 한다.

③ 경미한 범죄라도 현행범인인 때에는 언제나 영장없이 체포할 수 있다.

④ 현행범으로 체포된 자를 인도받은 검사나 사법경찰관은 구속절차를 취하거나 석방한다.

정답 : ③ 다액 50만원 이하의 벌금, 구류 또는 과료에 해당하는 경미한 죄의 현행범인에 대하여는 범인의 주거가 분명하지 아니한 경우에 한하여 영장없이 체포할 수 있다.

41. 다음 중 현행범인의 체포한 후 구속영장을 청구하지 아니한 때에는 즉시 피의자를 석방하여야 하는 법정허용시간은 얼마인가?

① 48시간　② 56시간　③ 60시간　④ 72시간

정답 : ①

사전영장이 원칙이나, 예외적으로 ① 현행범인(준현행범인 포함)인 경우(48시간 내 구속영장 청구), ② 긴급체포의 경우(장기 3년 이상의 형에 해당하는 죄를 범하고 도피 또는 증거인멸의 염려가 있을 경우)에는 사후영장(48시간 내 구속영장청구)도 가능하다(헌법 제12조 3항 단서). 또한 ③ 대통령의 비상계엄 선포시에는 영장제도가 일시 제한될 수 있다(헌법 제77조 3항). 그러나 이 경우에도 영장제도를 배제하는 것은 아니다(제1공화국 헌법위원회 결정).

42. 수사상 신체구속에 관한 설명으로 잘못된 것은?

① 피고인 또는 피의자의 신체의 자유를 제한하는 대인적 강제처분이다.

② 체포영장에 의한 체포, 긴급체포 ,현행범체포, 구속영장에 의한 구속이 있다.

③ 긴급체포한 피의자에 대해서는 검사가 72시간 이내에 판사에게 구속영장을 청구하면 된다.

④ 구속은 구인과 구금을 포함한다.

정답 : ③ 긴급체포한 피의자에 대해서는 검사는 48시간 이내에 판사에게 구속영장을 청구하여야 한다.

43. 다음 중 사법경찰관의 법적 허용 구속 기간은 얼마인가?

① 15일　② 10일　③ 20일　④ 2개월

정답 : ② 사법경찰관과 검사는 10일의 범위내에서 피의자를 구속하며 검사는 10일의 범위내에서 1차에 한하여 연장할 수 있다. 사법경찰관은 연장을 하지 못하므로 최장구속기간은 원칙적으로 10일이다. 국가보안법위반 사항에 대해서는 1차에 한하여 연장이 가능하므로 20일이다.

44. 구속에 관한 사항 중 옳지 아니한 것은?

① 죄를 범하였다고 의심할 만한 상당한 이유가 있어야 한다.

② 같은 범죄에 대하여는 재차 구속할 수 없다.

③ 구인과 구금을 포함한다.

④ 면소의 판결이 확정되면 구금영장은 당연히 효력을 잃는 것이 원칙이다.

정답 : ② 다른 중요한 증거가 발견된 경우에는 동일한 사건에 대하여도 재차 구속할 수 있다.

45. 구속영장이 실효되는 경우가 아닌것은?

① 구속의 취소　② 무죄의 판결선고　③ 형의 집행유예와 판결선고　④ 보석의 허가결정

정답 : ④ 보석의 허가 결정은 구속영장의 집행이 정지될뿐 구속영장의 효력은 지속된다.

46. 다음 중 형사소송법상의 구속의 요건으로 법원이 피고인을 구속할 수 있는 사유로 볼 수 없는 것은?

① 사형, 무기, 단기 1년 이상의 징역에 처할 범죄를 범하였을 때

② 일정한 주거가 없는 때

③ 증거를 인멸할 염려가 있는 때

④ 도망 또는 도망할 염려가 있는 때

정답 : ①

구속의 실질적 요건은 다음과 같다. ㉠죄를 범하였다고 의심할 만한 상당한 이유가 있을 것, ㉡구속의 필요성이 있을 것 : 일정한 주거가 없을 때, 증거를 인멸할 염려가 있을 때, 피고인이 도망 또는 도주할 우려가 있을 때, 단, 다액 50만원 이하의 벌금.구류.과료 에 해당하는 사건은 일정한 주거가 없을 때만 구속할 수 있다.

47. 보석에 관한 설명 중 옳지 않은 것은?
① 보석에는 필요적 보석과 임의적 보석이 있다.
② 병보석의 경우 보증금액을 정하지 않을 수 있다.
③ 피고인의 직계친족이나 형제자매도 보석을 청구할 수 있다.
④ 법원은 보석청구자 이외의 자에게 보증금의 납입을 허가할 수 있다.

정답 : ② 보석허가시에는 보증금액을 정하여야 하며 보증금액을 납입한 후가 아니면 보석허가 결정을 집행하지못한다.

48. 구속의 적부심사에 관한 다음 설명 중 틀린 것은?
① 검사가 인지한 사건으로 구속영장이 발부된 자의 경우는 구속의 적부심사를 청구할 수 있다.
② 죄명에 관계없이 공소가 제기되기 전까지는 청구할 수 있다.
③ 피의자의 고용주도 청구권자가 될 수 있다.
④ 사형, 무기 또는 단기 5년 이상의 징역이나 금고에 해당하는 죄에 대해서만 청구할 수 없다.

정답 : ④ 누구든지 체포 또는 구속을 당한 때에는 구속의 적부심을 청구할 수 있다.

49. 자유심증주의에 대한 설명으로 옳은 것은?
① 증거의 수집은 법관의 자유로운 판단에 의한다.
② 증거의 증거능력의 유무는 법관의 자유로운 판단에 따른다.
③ 증거의 증명력은 법관의 자유로운 판단에 따른다.
④ 공판정의 자백은 당연히 증거능력을 가진다.

정답 : ③ 자유심증주의란 증거의 증명력을 적극적 또는 소극적으로 법정하지 않고, 법관의 자유로운 판단에 맡기는 주의를 말하며, 증거평가자유의 원칙이라고도 한다.

50. 기소, 불기소의 재량권을 검사에게 위임하는 것을 무엇이라 하는가?
① 국가소추주의 ② 기소편의주의 ③ 기소독점주의 ④ 검사동일체 원칙

정답 : ② 기소편의주의는 검사가 기소여부를 결정할 때 범죄의 혐의가 충분하고 소송조건이 구비된 경우 재량에 의해 불기소처분을 내릴 수 있다는 원칙으로 기소법정주의의 상대적 개념이다.

51. 공소의 제기에 관한 다음 설명 중 틀린 것은?
① 공소제기가 없는 한 법원이 심판 할 수 없다는 원칙을 불고불리의 원칙이라 한다.
② 범죄혐의가 있는 자라도 기소여부는 검사의 재량으로 결정할 수 있다는 원칙을 기소독점주의라 한다.

③ 범죄혐의가 없거나,혐의가 있더라도 처벌할 수 없는 경우에는 불기소처분을 한다.
④ 국가기관인 검사의 소추에 의하여 형사소송이 개시되는 원칙을 국가소추주의라 한다.

정답 : ② 범죄혐의가 있는 자라도 기소여부는 검사의 재량으로 결정할 수 있다는 원칙을 기소편의주의라고 한다.

52. 검사의 불기소처분에 불복이 있는 고소인 또는 고발인은 원칙적으로 누구에게 항고할 수 있는가 ?
① 해당 검사 ② 해당 검사 소속의 검찰청의 장
③ 관할 고등법원의 장 ④ 관할 고등 검찰청의 장

정답 : ④ 항고는 고등검찰청의 검사장에게, 재항고는 검찰총장에게 한다.

53. 검사의 불기소처분에 대하여 법원에 그 구제를 구하는 방법은?
① 즉시항고 ② 특별항고 ③ 이의신청 ④ 재정신청

정답 : ④

54. 다음 중 수사종결의 사유가 아닌것은?
① 공소취소 ② 기소유예 ③ 공소보류 ④ 이송처분

정답 : ① 공소취소는 공소의 제기가 있은 후 검사가 법원에 대하여 이를 철회하는 일방적 소송행위로 수사종결처분이 아님.

55. 공소의 취소는 언제까지 가능한가?
① 제1심 변론종결전까지 ② 제1심 판결선고전까지
③ 재판확정전까지 ④ 제2심 변론종결전까지

정답 : ②

56. 공소없으면 심판없다'라는 것은 다음 중 어느 원칙을 나타낸 것인가?
① 공소불가분의 원칙 ② 기소강제주의 원칙 ③ 불고불리의 원칙 ④ 불이익변경금지의 원칙

정답 : ③ '공소없으면 심판없다'는 표현은 불고불리의 원칙을 말한다.

57. 공소시효에 관한 설명 중 틀린 것은?
① 공소시효는 범죄행위가 개시된 때로부터 진행된다.
② 공소시효기간은 법정형에 따라 그 기간의 장단이 정하여진다.
③ 공범 증 1인에 대하여 기소된 경우 다른 공범자에 대하여도 공소시효의 진행이 정지된다.
④ 고소제기에 의하여 공소시효의 진행이 정지된다.

정답 : ① 공소시효기간의 기산점은 범죄행위가 종료한 때부터 진행한다.

58. 공판중심주의의 내용을 이루는 것이라고 보기 어려운 것은?

① 공개주의 ② 구두주의 ③ 변론주의 ④ 직접심리주의

정답 : ① 공판중심주의는 직접심리주의와 구두변론주의를 바탕으로 하여 확립된 원칙으로 사건의 실체에 대한 심리를 공판기일에서의 심리에 집중시킴으로써 심리의 능률과 재판의 정확을 보장하며 피고인의 방어권행사에 충실을 기하려는 것을 목적으로 하고 있다.

59. 법정경찰권에 속하는 것은?

① 공판절차의 정지 ② 재판장의 처분에 관한 이의신청 결정

③ 국선변호인의 선정 ④ 일정한 자의 입정금지, 퇴정명령

정답 : ④ ①②③은 법원의 소송지휘권의 행사의 내용이다.

60. 모두진술에 관한 다음 설명 증 틀린 것은?

① 검사가 하는 것이다. ② 기소의 요지를 밝히는 것이다.

③ 피고인이 하는 것이다. ④ 사건개요와 입증지침을 밝힌다.

정답 : ③ 검사는 공소장에 의하여 기소의 요지를 진술하여야 한다. 이를 검사의 모두진술이라 한다.

61. 현행 형사소송법이 채택하고 있는 공판정에서의 원칙적인 증인신문방식은?

① 직접신문제도 ② 변호사신문제도 ③ 개별신문제도 ④ 교호신문제도

정답④

62. 다음 중 일사부재리의 효력이 발생하지 않는 판결은?

① 유죄의 판결 ② 무죄의 판결 ③ 면소판결 ④ 공소기각의 판결

정답 : ④

63. 상소에 관한 다음의 설명 증 틀린 것은?

① 상소를 취하한 자는 그 사건에 대하여 다시 상소를 하지 못한다.

② 상소는 재판의 일부에 대하여도 할 수 있다.

③ 상소의 제기는 그 기간내에 구두 또는 서면으로 한다.

④ 상소의 제기기간은 재판을 선고 또는 고지한 날로부터 진행한다.

정답 : ③ 상소의 제기는 반드시 서면으로 하여야 한다.

64. 항고에 대한 다음 설명 중 틀린 것은?

① 대법원에 할 수 있는 항고는 재항고와 즉시항고이다.

② 대법원의 결정에 대하여는 불복항고할 수 없다.

③ 구속적부심사 기각결정에 대하여는 재항고할 수 있다.

④ 보석허가결정에 대하여는 즉시항고할 수 없다.

정답 : ③ 구속적부심사의 결정에는 기각결정, 석방결정 모두 항고하지 못한다.

65. 비약적 상고를 할 수 있는 경우가 아닌 것은?

① 원심판결이 인정한 사실에 대하여 법령을 적용하지 아니하였을 때

② 원심판결의 법령적용에 착오가 있는 때

③ 원심판결이 있은 후 형의 폐지 · 변경이 있는 때

④ 원심판결의 양형이 심히 부당한 때

정답 : ④는 항소이유이다.

66. 다음 중 사형을 집행할 수 있는 명령권자는?

① 대통령 ② 대법원장 ③ 법무부장관 ④ 검찰총장

정답 : ③

67. 재심에 관한 설명 중 틀린 것은?

① 검사도 피고인의 이익을 위하여 재심을 청구할 수 있다.

② 재심청구가 기각된 후에도 그 사건에 대하여 다시 재심을 청구할 수 있다.

③ 무죄의 확정판결도 재심의 대상이 될 수 있다.

④ 재심에도 불이익변경금지의 원칙이 적용된다.

정답 : ③ 재심의 대상은 유죄의 확정판결이다.

68. 확정판결에 대하여 주로 사실오인의 부당성을 시정하기 위하여 인정된 비상구제절차는?

① 재심 ② 비상상고 ③ 상고 ④ 즉시항고

정답 : ① 재심은 유죄의 확정판결에 대하여 주로 사실 인정의 부당을 시정하기 위하여 인정되는 비상구제절차이다.

69. 약식절차에 관한 다음 설명 중 옳지 않은 것은?

① 약식명령을 청구할 수 있는 사건은 벌금, 과료, 몰수의 형이 법정형에 선택적으로 규정되어 있으면 된다.

② 약식명령은 검사의 청구가 있을 것을 요건으로 한다.

③ 약식절차는 검사가 제출한 자료를 기초로 서면심리에 의하여 형을 선고하는 재판절차이다.

④ 약식절차에서도 공소장일본주의가 적용된다.

정답 : ④

70. 즉결심판의 청구와 재판의 집행은 누가 하는가?

① 청구는 경찰서장, 집행은 검사가 한다. ② 경찰서장이 모두 한다.

③ 검사가 한다. ④ 청구는 검사, 집행은 경찰서장이 한다.

정답 : ② 즉결심판의 청구와 집행 모두 경찰서장이 하며, 집행결과를 관할 검사에게 보고하여야 한다.

71. 소위 약식명령은 누가 청구하는가?

① 관할 경찰서장　② 검 사　③ 법원서기　④ 피해자

정답 : ② 약식명령의 청구는 검사가 공소의 제기와 동시에 서면으로 한다. 지방법원은 검사의 청구가 있는 때에는 공판절차없이 약식명령으로 피고인을 벌금, 과료 또는 몰수에 처할 수 있다.

제6장
행정법

1절 **행정과 권력분립**

2절 **행정의 의의**

3절 **행정의 분류**

4절 **우리나라 행정법의 기본원리**

5절 **법치행정의 원리**

6절 **행정법의 일반법원칙**

7절 **행정상의 법률관계**

8절 **공권과 공의무**

9절 **행정상의 법률요건과 법률사실**

10절 **일반행정작용**

11절 **그 밖의 행정작용**

12절 **행정상의 의무이행 확보수단**

13절 **행정구제법**

제1절 행정과 권력분립

1. 행정법학의 개념과 특성

1) 개념

행정법학은 규범과학의 하나이다. 행정법학이란 행정에 관한 법을 연구하는 법률학 즉 행정법에 관한 학문을 말하며, 법이나 국가의 공권력에 의해 강제되는 규범이다. 이러한 법에 관한 학문을 규범과학이라 부른다. 규범과학에서는 마땅히 있어야 할 세계를 상징하고 그러한 당위의 세계를 인식대상으로 한다. '행정법'이라는 이름의 통일(일반)법전이나 통칙적 규정은 없으며 행정조직과 작용에 관한 성문 또는 불문의 무수한 법으로 존재하지만 전체로서의 공통의 지도원리를 가진 통일적인 법체계를 이루고 있다는 점에 착안하여 행정법이라고 부른다.

(1) 행정법은 「행정조직과 작용」에 관한 법이다.

이 점에서 입법권의 조직과 작용에 관한 입법권인 국회법이나 사법권의 조직작용에 관한 사법법인 법원조직법 등과는 구별된다.

행정법은 통치권 중 「행정부분」에 관한 법이라는 점에서 국가와 통치권 전반에 대한 근본조직과 근본작용에 관한 법인 헌법과 구별되지만 헌법이 행정조직에 관한 근거법이라는 점에서는 행정법의 법원이 되기도 한다.

(2) 행정법은 「행정구제」에 관한 법이다.

행정구제에 관한 법은 행정소송법, 행정심판법 등이 있는데 형사소송법, 민사소송법과 구별된다.

(3) 행정에 관한 「국내」공법이다.

행정법(예를들면 식품위생법과 같은)은 외국에 대해서는 구속력을 가지는 국제조약과 같은 「국제법」이 아니라 「국내법」이다. 주의해야 할 것은 행정법이 국제법은 아니지만 행정과 관련된 국제조약이 헌법에 의하여 체결 · 비준 · 공포되면 그것도 우리 행정법의 법원이 된다는 점이다.

(4) 행정법은 행정에 관한 국내「공법」이다.

행정법은 행정에 관한 모든 법이 아니라「행정에 고유한 공법 즉 행정법」을 말한다. 공법은 공법관계를 규율하는 법이므로 사경제적 국고작용은 사법의 규율대상이 된다. 사법관계인 국고관계 또는 국고작용은 행정법의 규율대상이 아니다.

(5) 특성

행정법학은 다음과 같은 특성을 가지고 있다.

① 법학(법률학)이다.

② 규범과학, 규범학 (행정학은 존재과학이다)

③ 당위를 인식대상으로 한다. (행정학은 사실, 존재(sein)가 대상이다)

④ 행정에 관한 법규범을 대상으로 한다. (행정학은 행정현상을 대상으로 한다)

2. 권력분립의 이론과「행정」관념의 성립

1) 권력분립의 이념과 전제

권력의 분립은 절대군주정에 의하여 신음하던 근대시민세력이 그들의 자유를 위하여 군주의 압제에 대항하는 근대의 정치적 · 역사적 투쟁의 산물이다. 이러한 권력분립의 이념은 국민의 자유권 보장이다. 즉, 국민의 자유권을 보장하기 위한 정치조직원리가 권력분립의 원리이다.

권력의 분립은 자유권을 보장하기 위하여 자유를 억압하는 권력의 약화를 통해 권력을 억제하기 위하여 발달한 정치조직원리이지, 이론의 산물이 아니다. 또한 통치의 능률과 전문화를 위한 기능적 분업의 원리도 아니다.

2) 권력분립이론의 역사적 배경

권력분립의 배경은 근대의 정치적 환경이다. 근대의 여러 정치요소 중 특히 권력의 분립과 관련되는 것은 자유권의 보장이다. 군주의 정치적 억압에 대항한 시민사회가 그들의 자유를 쟁취하기 위하여 의회를 통해 군주에 대항하면서(의회주의) 신분간의 정치적 권력의 분장을 요구하면서 그 때까지 군주의 수중에 있던 모든 권력을 합한 개념인 통치권을 하나씩 의회가 빼앗아 오는 과정을 통해 권력의 분립이 이루어 졌다. 하지만 자유를 이념으로 전개된 근대는 나라마다 조금씩 배경과 내용이 다르다. 행정이라는 권력의 일부가 별도의 개념을 가지게 된 것은 권력의 분립이 직접적인 원인이었다. '자유권'과 '권력의 분립'이야 말로 프랑스 인권선언이 지적한 대로 근대헌법의 가장 기초적 내용이다. 그러나 민주주의나 국민주권주의는 같은 근대라도 시간적으로나 나라에 따라 다르다. 프랑스는 곧 국민주권주의에 의한 민주주의를 했지만 독일은 국민주권주의가 아닌 국가주권주의를 취하는 외견적 · 입헌군주정이었다. 또 영국은 사법국가주의를 취했지만 독일과 프랑스는 행정국가주의였었다.

3) 행정개념과 권력분립

행정이란 현상은 권력분립 이전부터 존재하였다. 하지만 행정이라는 개념은 그것이 포함되어 하나로 되어있던 통치권이 권력분립의 원리에 의해 여러 가지 권력으로 나누어지면서 생겨난 개념이다.

통치작용의 한 내용을 이루는 행정이란 원래는 통치권의 한 내용으로 모두 왕에 귀속되는 통치권에 포함되는 개념이었다. 그러나 근대에 들어 시민세력이 대두하면서 의회를 만들고 군주에 대하여 권력을 나누어 줄 것을 요구하였다. 이들에 의하여 권력분립의 원리가 주장되고, 국가 권력을 합한 개념인 통치권에 대한 권력의 분립의 원리가 적용되자 비로소 통치권의 한 내용이었던 행정도 입법이나 사법과 함께 분리되어 별도의 개념으로 인식되기 시작한 것이다.

4) 권력분립의 내용

권력분립은 법의 지배를 원리로 하는 국가에서(법치주의를 전제로 한다) 국가권력을 입법, 사법, 행정으로 나누고(권력의 분립) 나누어진 권력을 서로 다른 국가기관에 나누어 맡겨서(상이한 국가기관의 권력분장) 국가기관끼리 서로 감시하고 견제함으로서 권력의 자의적 행사를 제한하고(국가권력 약화 내지는 통제기능) 국민의 자유를 보장하고자 하는 제도이다.(권력분립의 최종목표는 국민의 자유보장)

자유권의 보장은 자유주의, 개인주의 자유방임적 소극국가를 배경으로 하는 근대입헌국가의 가치이념이다.

5) 권력분립의 이론 (고전적 권력분립이론)

(1) 창시자 (J. Locke의 2권분립론)

J. Locke는 저서(Two Treatises on Civil Government-시민정부이론 또는 정부이론)에서 입법권과 집행권과의 분립과 입법권 우의를 주장하였다. 이 이론은 영국의 의원내각제에 많은 영향을 미쳤다.

(2) 완성자 (체계화, Montesquieu의 3권분립론)

Montesquieu는 「법의 정신」에서 입법권, 사법권, 행정권의 삼권분립론을 주장하여 사법권 독립의 기초를 마련하고 권력분립이론을 완성(체계화)하였다.

그의 권력분립이론의 특징은 3권의 견제와 균형을 강조하여 전제를 억제하고 개인의 자유보장을 그 이념으로 하였다. 그의 이론은 미국의 대통령제와 18세기의 독일, 프랑스의 정치제도에 많은 영향을 주었다.

6) 권력분립이론의 현대적 의의(현대적 실질적 권력분립이론)

고전적 권력분립이론은 권력(권력자, 국가)에 대한 의심에서 출발한 소극적, 방어적 태도에 기인하기 때문에 적극국가를 특징으로 하는 현대행정의 요청에 따라 수정을 요하게 되었다.

(1) 동태적 권력분립론

K. Lowenstein은 고전적 권력분립주의를 "20세기 현실에 비추어보면 낡고 유리적인 것"이라고 하면서 오늘날의 다원적 대중사회에 있어서는 동태적 기능적 권력분립론으로 국가기능을 정책결정 · 정책집행 · 정책통제 등으로 재구성해야 한다고 주장하였다. 그러나 그도 전통적 권력분립이론의 존재의의를 완전히 부정하지는 않았다. 현대행정이 사회권적 기본권을 충족하는 복리행정 수요상 권력집중이 불가피하다 할 것이나 자유권적 기본권 역시 그 중요성이 상존하고 있는 한 권력분립은 민주국가의 중요한 원칙이란 점은 변함이 없다.

(2) 포괄적 권력분립이론

Kagi는 국가기능에 의한 권력분립을 전제로 ①헌법제정권과 개정권의 분리 ②입법부의 양원제 ③복수정당체 ④임기제 ⑤연방제와 지방자치제 등의 포괄적 권력분립론을 주장하였다.

제2절 행정의 의의

행정의 개념은 권력분립의 산물이지만 각국의 권력분립의 현실은 제도(개관, 형식적 의미의 행정)와 이론(성질, 실질적 의미의 행정)이 반드시 일치하지는 않는다. 행정을 실질적 의미의 행정과 형식적 의미의 행정으로 나누어 고찰하는 이유도 여기에 있다.

1. 형식적 의미의 행정

1) 개념

형식적 의미의 행정이란 권력분립상의 실정법적 국가기관을 기준으로 행정부에 속하는 기관(예컨대 행정심판위원회, 대통령 등)에 의하여 이루어지는 모든 작용(예컨대 행정심판, 행정행위, 행정입법)을 말한다. 주관적 의미의 행정이라고도 한다.

2) 법적의미

형식적 의미의 행정은 그 내용과 성질을 불문하고 행정부에 속하는 모든 작용을 행정이라고 정의함으로써 권력분립론의 내용과 일치하지 아니하지만, 행정이 국가기관의 권한행사라는 점에서 헌법이 행정기관에 부여한 작용을 하나의 행정개념으로 설정할 필요가 있다는 점과 행정법의 연구범위를 확장하는 점에서 의미가 있다 (즉, 실질적 의미의 행정은 아니지만 형식적 의미의 행정인 행정입법이나 행정심판도 행정법의 연구대상이 된다).

3) 내용

형식적 의미의 행정에는 다음 사항들이 포함된다.

첫째, 행정부에 의한 일반 추상적 법규의 정립행위인 실질적 의미의 입법
(예컨대 행정입법, 대통령령 제정, 총리령 제정, 긴급명령 발포)

둘째, 행정청에 의한 과거의 분쟁해결작용 또는 법규의 해석작용을 통한 법선언 작용인 실질적 의미의 사법 (예컨대 행정심판의 재결, 징계위원회의 의결)

셋째, 법규에 의하여 정하여진 국가의 의사를 구체적으로 실현하는 실질적 의미의 행정(예컨대 행정행위, 영업허가, 조세부과처분 등의 행정처분)

2. 실질적 의미의 행정

실질적 의미의 행정이란 그 행사기관을 불문하고 국가작용의 성질과 내용을 표준으로 할 때 그 본질적 내용을 "법 집행"으로 볼 수 있는 국가작용을 말한다. 어느 기관이 담당하느냐는 불문하고 성질에 따른 구분을 한다고 하지만 행정의 개념에 대한 보편적 정의는 행정자체의 성질 때문에 아직은 없고 긍정설과 부정설의 견해 대립이 있다. 통설은 긍정설에 해당하는 적극적인 양태설(결과실현설)이며 행정개념의 역사적 형성과정이 반영된 공제설도 그 내용이 포괄적이라는 점에서 중요하다.

1) 학설

(1) 긍정설

① 소극설 (공제설, 증류설)

행정의 개념을 권력분립론에서 출발하여 통치권에서 개념정의가 가능한 사법작용과 입법작용 및 통치행위를 뺀 나머지 작용이라고 정의한다. 행정을 국가작용 중에서 입법도 사법도 아닌 나머지(잔여물)의 모든 국가작용으로 파악한다 (Jellinek, Hatschek).

② 적극설

㉠ 목적설 : 행정은 법 아래서 국가목적을 실현하기 위하여 행하는 국가목적적 · 공익목적적 작용이다(O.Mayer).

㉡ 결과실현설 (양태설,태양설) [통설] : 실질적 의미의 행정을 파악하는데 일반적으로 사용되는 이 학설은「행정은 법 아래서 법의 규제를 받으면서 현실적 · 구체적으로 국가 목적의 적극적 실현을 위하여 행하여지는 전체로서의 통일성을 가진 계속적인 형성적 국가활동」(田中)이라고 정의한다.

(2) 부정설

① 법단계설

순수법학파인 Kelen견해로 국가기관을 전제로 성질을 구분하여 모든 국가기관은 법정립 · 법집행 · 법선언의 성질을 갖고 있으므로 3권을 성질에 의해 구분하는 것은 불가능하다고 본다. 이 견해에 의하면 입법은 '헌법의 직접적 집행'이 되고 행정은 그러한 법집행을 통한 '헌법의 간접적 집행'이 되는 단계구조가 드러난다(Kelsen).

② 기관양태설

사법과 행정의 구별에 치중한 이 학설은 기관의 태양을 표준으로 하여 행정기관은 상하복종관계에 있는「종속적 계층제」인 반면 사법기관은 상호독립적인「병렬적 복합체」를 이루고 있다(Merkl).

2) 형식적 의미의 행정과 실질적 의미의 행정의 구체적 구별

(1) 실질적과 형식적의 의미

① 실질적 의미의 입법 · 행정에 있어서「실질적」의 의미는 그것을 행하는 기관이 행정부이든 입법부이든 즉, 기관과 관계없이 행위나 작용의 성질과 내용이 본질적으로 행정이냐 아니냐를 따지는 것이다. 즉 행정심판은 행정청이 하지만 성질은 법 선언작용이므로 실질적 의미의 사법에 해당한다.

② 형식적 의미의 입법 · 사법 · 행정이라고 할 때「형식적」의 의미는 그 행위나 작용의 성질과는 관계없이 그저 그 행위가 법적으로 어느 기관에 속하며, 그 행위의 주체가 누구냐에 따라서 입법, 사법, 행정을 구분하는 것이다. 따라서 국회가 한 행위이면 그 내용을 보지 않고 무조건 입법행위, 행정부가 한 행위이면 무조건 행정이라고 보는 견해이다.

(2) 실질적 의미의 행정

① 입법부, 행정부, 사법부, 어느 기관에서 하든 관계없이 그 작용이 법 아래서 구체적 사실에 관한 법을 집행하는 것 (즉 행정)이면 모두 실질적 의미의 행정에 속한다.

② 형식적 의미의 사법인 법원행정처장의 직원명령이나 형식적 의미의 입법인 국회사무총장의 직원임명 등은 모두 실질적 의미의 행정에 속하게 된다.

(3) 형식적 의미의 행정

① 그 작용의 성질과 관계없이 행정기관이 하는 것은 모두 행정이라는 것이다.

② 실질적 의미의 입법인 행정입법이나 실질적 의미의 사법인 행정심판 재결 등이 이에 속한다.

(4) 실질적 의미의 입법과 형식적 의미의 입법

① 실질적 의미의 입법이란 기관과 관계없이 그 내용, 성질이 법 제적작용인 것이다. 예컨대 행정입법(대통령령, 부령, 총리령 제정)은 실질적 의미의 입법이며 형식적 의미의 행정이다. 사법입법(법원규칙 제정)은 실질적 의미의 입법이자, 형식적 의미의 사법이다.

② 형식적 의미의 입법 : 입법부(즉 국회)가 하는 것이면 내용 성질을 따지지 않고 무조건 입법으로 본다. 예컨대 국회사무청장의 직원임명, 국회규칙 제정 등

(5) 실질적 의미의 사법과 형식적 의미의 사법

① 실질적 의미의 사법 : 기관과 관계없이 그 내용, 성질이 과거의 분쟁을 해결하는 법 선언작용이면 사법이다. 예컨대 행정심판재결, 징계의결 (징계처분은 실질적 의미의 행정), 국회직원 징계결정 등

② 형식적 의미의 사법 : 그 내용, 성질과 관계없이 사법부의 권한에 속하면 사법이다. 예컨대 대법원 행정규칙 제정, 법원 일반직 공무원 임명 등

3) 행정의 개념적 특징 (개념징표설의 입장)

Forsthoff는 행정은 "정의할 수 없고 묘사할 수 밖에 없다"하여 종래의 개념 정의 방식에 의한 접근방법보다는 행정의 개념징표의 발견을 통한 접근방법을 유용하게 보고 개념징표로서의 행정은 아래와 같다고 하였다.

(1) 공익을 실현하기 위한 활동이다. 이 특성은 모든 국가작용에 인정되는 특성이다.

(2) 미래의 일정한 상태를 실현하기 위한 공동체의 적극적 사회형성활동이다.

(미래지향적 형성활동)

(3) 공법적인 권리주체(행정주체)에 의한 활동이다.

(4) 개별적 사안에 구체적 조치(처분)를 취하는 활동이다.

(5) 행정은 법규와 명령에 의하여 포괄적인 지도와 통제를 받으며 행해지는 한편, 자유활동 영역도 인정된다.

(6) 행정은 그 목적달성을 위하여 다양한 행위형식을 동원한다.

제3절 행정의 분류

1. 주체에 의한 분류

- 행정주체
  - 시원적 행정주체
    - 국가가 행하는 행정관청 (관치행정)
  - 전래적 행정주체
    - 공공단체가 행하는 자치행정
    - 수탁사인이 행하는 위임행정

2. 목적에 의한 분류 (행정작용상의 분류)

국가의 유지 존립을 목적으로 하는 국가목적적 행정과 질서유지 및 공공복리를 목적으로 하는 사회목적적 행정으로 나눌 수 있다.

- 국가목적적 행정
  - 재무행정
    - 조세 · 전매
    - 예산 · 회계
  - 군사행정
    - 군정
    - 군령
  - 사법행정
  - 외무행정

- 사회목적적 행정
  - 질서행정 (경찰행정)
  - 복리행정
    - 급부행정
      - 공급행정
      - 사회보장행정
      - 조성행정
    - 규제행정
      - 경제규제
      - 사회보장행정
    - 공용부담
      - 경제규제
      - 사회보장행정

3. 법적효과에 의한 분류

1) 침해적(침익적, 부과적, 부담적)행정

국민의 자유나 권리를 제한하거나 의무, 부담을 주는 행정을 침해적 행정이라고 한다.

2) 수익적(급부적) 행정

권리나 이익을 부여하거나 의무나 부담을 해제하여 주는 행정을 수익적 행정이라 한다.

3) 복효적 행정(이중효과적 행정, 제3자효 행정)

수익적 효과에 침해적 효과가 동시에 나타나는 행정을 말한다.

복효적행정(이중효과적 행정)은 하나의 행정행위가 이익과 불이익의 효과를 동시에 발생시키는 행정을 말한다. 복효적행정(이중효과적행정)은 상대방에게 이익을 주고 제3자에게는 불이익을 주거나, 반대로 상대방에게는 불이익을 주고 제3자에게는 이익을 주는 제3자효 행정행위와 상대방 일인에 대하여 수익적 효과와 침해적 효과를 동시에 발생케하는 혼합효행정을 포함하는 의미이다.

4. 수단에 의한 분류

1) 권력행정

행정주체가 국민에 대하여 공권력을 행사하여 일방적으로 명령, 강제하거나 법률관계 또는 권리를 발생 · 변경 · 소멸시키는 작용으로 반드시 법적 근거를 요하며, 행정행위나 행정강제가 이에 해당한다.

2) 비권력적행정 (관리행정)

행정주체가 국민의 임의적 협력이나 합의에 의하거나 공물 등을 관리하는 작용으로 법적 근거가 있으면 좋지만 반드시 요구되는 것은 아니다. 광의의 국고작용에는 포함되지만 협의의 국고작용은 행정에서 제외된다.

5. 임무에 의한 분류

1) 질서행정(경찰행정)

공공의 안녕과 질서를 유지하기 위한 소극적 행정이다.

2) 급부행정

행정주체가 급부수단을 통해 국민의 생활을 돌보는 행정이다. 영조물 행정, 조성행정, 공기업행정 등이 있다.

3) 유도행정

행정주체가 국민의 경제적 사회적 생활을 자기가 의도한 방향으로 유도 · 촉진하는 행정을 말하며 행정계획, 자금조성 행정이 이에 해당한다.

4) 공과행정 (공조)

행정주체가 행정에 필요한 자금(조세, 부담금)을 조달하는 활동을 말한다.

5) 조달행정

행정을 위해 필요한 인적 물적 수단을 확보 관리하는 활동을 말한다.

제4절 우리나라 행정법의 기본원리

1. 민주주의 원리

1) 민주주의는 우리 헌법상의 기본원리이자 행정법의 기본원리이다.

2) 헌법은 행정의 영역에서 민주주의의 원리를 실현하기 위하여 다음 사항을 두고 있다.

① 행정권의 발동으로부터 국민의 기본권 보장 (헌법 제37조 2항)

② 행정기관의 조직은 정당성 있는 국민의 대표기관으로 구성 (헌법 제41조 1항, 제67조 1항, 제118조)

③ 행정기관의 법정

④ 공무원의 국민에 대한 책임

⑤ 지방자치제도 보장

2. 실질적 법치주의 원리

우리 헌법은 실질적 법치국가라는 표현을 명문으로 사용하고 있지는 않지만 기 본권 보장, 위헌법률심사제도(헌법 제111조), 포괄적 위임입법 금지(헌법 제75조, 제95조), 행정 구제제도의 확대 등을 규정하고 있으므로 우리 헌법이 실질적 법치국가를 지향 한다는 점은 명백하다. 우리나라는 실질적 법치국가에 해당하고 형식적 법치국가 는 아니다.

3.사회복지주의 원리

우리 행정법은 생존권의 보장, 사회적 · 경제적 약자의 보호를 위한 사회보장, 사경제에 대한 국가의 합리적 개입을 통해 사회복지국가 원리를 실현하고 있다.

4. 사법국가주의

우리나라는 행정사건도 사법부에 속하는 일반법원이 담당하는 사법국가주의를 취하고 있다. 우리나라는 실체법은 공 · 사법의 이원체계를 인정하는 대륙법계에 속하지만 국민의 권리구제를 충실히 하기 위하여 사법국가주의를 취하고 있다. 우리나라는 행정부 내부의 행정재판소가 행정사건을 담당하는 행정국가주의가 아니다.

5. 지방분권주의

우리 헌법은 지방분권주의를 채택하고 있다(헌법 제117조 1항). 이에 따라 지방의회의 의원과 지방자치 단체장을 주민의 선거에 의해 선출하고 있다.

6. 국가안전보장원리

헌법은 국군의 사명, 국가안전보장회의, 계엄 등의 규정에 근거하여 군사행정을 통한 국가의 존속 · 안정을 꾀하고 있다. 그러나 이 원리를 지나치게 강조하여 기본권의 유린이 합리화되어서는 아니된다.

제5절 법치행정의 원리

1. 법치행정의 의의

'법률에 의한 행정의 원리' 또는 '법치행정의 원칙'은 법치주의가 행정면에서 나타난 것으로 "행정권도 법의 기속을 받고, 법의 근거를 요하며 행정권이 법에 위반하여 국민에게 손해를 주는 경우에는 재판 등을 통한 구제제도가 마련되어 있어야 한다는 것"으로 행정법 성립의 전제 조건이다.

1) 법치주의란 행정권 등의 작용이 법률에 기속되는 동시에 법률의 적용을 보장하는 재판제도를 가짐으로써 인권보장을 달성하려는 원리이다.

2) 법치주의는 근대입헌주의 국가의 권력분립주의에 근거를 둔 것으로 법치행정의 원칙과 사법적 보호를 그 내용으로 한다.

3) 법치주의는 각국의 역사적 기반에 따라 다르다. 영미법계는 '보통법'을 중심으로 한 '법의 지배'원칙에 따라 초기부터 실질적 법치주의가 발달하였으나 독일은 2차 대전 전에는 '법률의 지배'를 원칙으로 하는 형식적 법치주의였다가 2차대전 후, Nazi 법학에 대학 반성으로 법률의 지배원칙을 수정하여 실질적 법치주의로 전환하였다.

2. 형식적 법치주의

1) 의의

(1) 형식적 법치주의는 2차대전 이전의 독일에서 인정되었던 것으로 O.Mayer의「법률의 지배」의 원칙에 의해 체계화되었다.

(2) 형식적 법치주의란 법률의 법규창조력, 법률의 유보를 내용으로 하며

"행정은 의회가 제정한 형식적 의미의 법률에 기속되며, 그 발동도 형식적 의미의 법률에 의하여야 한다는 원칙"을 말한다. 이것은 행정의 합법성은 곧 행정의 정당성의 근거가 된다는 논리가 되어, 국민의 권리보장은 형식적인 것에 그치게 된다. 이것은 나중에 Nazi 정권에 의해 악용되었다.

2) 내용

형식적 법치주의 하에서의 법률의 지배는 법률의 법규창조력, 법률의 우위, 법률의 유보 세 요소를 그 내용으로 한다.

(1) 법률의 법규창조력

법률의 법규창조력이라 함은 국민의 권리 · 의무에 구속력을 가지는 법규범인 법규를 창조하는 것은 의회의 전속적 권한에 속하며, 의회에서 제정한 형식적 의미의 「법률」만이 법규로서의 구속력을 갖는다는 것을 의미한다.

① 우리 실정법에서 법률의 법규 창조력의 구체적 내용

㉠ 입법권은 원칙적으로 국회에 있다.

㉡ 행정부는 법률의 구체적 수권이 있는 경우에만 법규명령을 제정할 수 있다.

② 법률의 법규창조력의 예외 : 행정권이 의회로부터 수권없이 독자적으로 제정할 수 있는 독립명령과 긴급명령의 제정권은 법률의 법규창조력을 제약하는 것으로 2차대전 전의 독일에서 광범위하게 인정되었다.

(2) 법률의 우위

법률의 우위란 법률은 국가의 의사 중 최상위의 것이므로 다른 국가의 의사 즉 행정부의 의사인 행정처분이나 사법부의 의사인 재판은 법률의 형식으로 표시된 국가 의사에 저촉될 수 없다는 것을 의미한다.

① 이 원칙은 행정의 모든 영역에서 적용된다. 특히, 법률유보의 원칙에 비해 거의 예외가 없다.

② 법률의 실질적 내용을 묻지 않기 때문에 법률의 절대적 우위를 의미한다.

③ 이것은 법치행정의 소극적 측면이다.

(3) 법률의 유보

법률의 유보란 국민의 자유와 재산권을 침해하는 행정권의 발동은 반드시 법률의 수권을 요한다는 것을 말한다.

① 이것은 법치행정의 적극적 측면이다.

② 법률유보의 적용범위는 헌법 각 조항에서 열거하고 있는 권리와 자유에 한하여 그것을 침해하는 경우에만 타당하다고 보는 입법사항설과 헌법이 열거하는 자유와 권리 이외의 모든 「자유와 재산을 침해」하는 권력적 행정작용에만 적용된다는 침해유보설이 형식적 법치주의의 법률유보와 합치된다. 종래의 통설인 침해유보설에 의하면 그 이외의 작용은 모두 행정의 자유로운 영역 즉 행정유보사항이다.

3) 특징

(1) 형식적 인권보장

형식적 법치주의는 법률의 목적이나 내용이 실질적 인권보장을 이념으로 하는 것인지는 문제삼지 않으므로 인권의 보장은 형식적이다.

(2) 재판작용에 의한 권리구제의 미흡

행정소송사항을 한정적으로 인정하는 열기주의를 취하여 권리구제와 행정통제의 기회를 축소하였다.

4) 형식적 법치주의의 문제점

(1) 법률의 우위를 절대시하여 법률에 의한 독제를 가능케 한다.

(2) 포괄적 위임입법이 가능하다.

(3) 행정의 광범위한 자유재량권의 설정을 통해 법률에 의한 행정을 사실상 포기하는 단점을 갖고 있다.

3. 실질적 법치주의

1) 의의

(1) 실질적 법치주의란 형식적 법치주의를 당연한 전제로 인정하고, 나아가 법의 실질적 내용도 헌법과 정의에 합치하는 "법의 지배"를 통해 인권의 실질적 보장과 권리구제의 확대를 추구하는 민주주의 정치이념의 표현이다.

(2) 실질적 법치주의는 영국에서 발달하여 Dicey에 의해 체계화된 「법의 지배」원칙과 독일에서 2차대전 후의 '법률의 지배원칙의 수정'이 이에 해당되는데 후자가 중요하다.

(3) 실질적 법치주의는 합법성과 정당성을 구별하여 자연법적으로 정당한 내용을 가진 실정법의 지배를 추구하게 되었다.

(4) 실질적 법치주의는 합헌적 법률의 지배라고 할 수 있으며 실질적 법치주의는 자연법의 부활을 전제로 한다.

2) 영국의 법의 지배 원리

법의 지배원리는 영국에서 성립되고 미국에 계수된 것으로 다이시(A.V.Dicey)에 의하여 체계화되었다.

(1) 법의 절대적 우위

일반법(보통법)의 절대적 우월, 즉 보통법이 군주의 자의적 전제권력의 지배를 대치한다는 것이다.

(2) 법 앞의 평등

모든 계층의 사람이 누구나 일반법원 즉 사법법원에서 재판을 받고 보통법에 복종한다.

① 이 때의 사법법원은 대륙법계의 행정법원에 대치되는 것으로 행정소송도 따로 행정법원에서 심판하는 것이 아니라 민 · 형사사건과 같이 일반법원에서 심사한다고 함으로써 '행정제도'의 발달을 막게 되었고 이에 따라 영미에서는 행정법의 발달이 늦게된 원인이 되기도 하였다.

② 보통법(Common Law)또는 일반법이란 주로 판례에 의해 형성된 것으로 공법관계나 사법관계를 가리지 않고 모두 적용되었다.

(3) 판례법 또는 헌법률

판례를 통해 형성된 "보통법의 산물"로서 인권에 관한 헌법의 일반원칙(헌법률)을 기본명제로 한다.

3) 독일의 「법률의 지배원칙의 현대적 수정」의 내용

독일도 2차 대전 후 형식적 법치주의에 대한 반성으로 영국의 법의 지배의 영향을 받아 법률의 지배의 원칙에 대한 수정을 기하게 되었고 이러한 수정의 내용이 독일의 실질적 법치주의가 된다. 2차대전 후의 독일의 실질적법치주의는 헌법상의 기본권 보장을 위한 위헌법률심사제와 영미식의 사법국가주의를 채택하는 등 합헌적 법률의 우위원칙을 확립하고 있다. 실질적 법치주의는 한마디로 국민의 권리구제의 확대강화 경향이자 행정법의 새로운 이론적 경향이다.

(1) 합헌적 법률의 우위

형식적법치주의에서의 법률은 의회가 제정한 형식적 의미의 법률만을 가리키는 것이었으나 실질적법치주의에서의 법률의 개념은 형식적 의미의 법률은 물론이고 불문법을 포함하는 넓은 의미의 법을 포함하며, 형식적 절차의 정당성 뿐 아니라 내용에서도 합헌적인 것을 요구한다.

이를 보장하기 위하여 법률에 의한 기본권 침해를 불허하는 헌법원칙을 인정하고 위헌법률심사제, 헌법재판제도 등이 요구되는데 이는 실질적 법치주의의 특징이 된다.

(2) 법률의 법규창조력의 강화

국민의 권리와 자유에 대한 구속력을 가지는 법규의 창설은 의회가 제정한 법률로써만 가능하다는 원칙이다.

① 법률의 법규창조력의 예외로서 긴급명령을 들 수 있다.

② 법률의 법규창조력의 강화로 현대 실질적 법치주의는 포괄적 위임입법을 금지하고 있다.

(3) 법률유보

① 의의 : 법률유보란 행정권의 발동은 법률의 수권에 의하여야 한다는 것을 말하며 그 근거는 헌법상의 민주주의 원칙, 법치국가원칙, 기본권보장의 원칙 등에서 나온다. 법률유보에서의 법률의 개념은 원칙적으로 형식적 의미의 법률을 의미하지만 간접적인 근거인 경우 즉, 법률의 위임에 따라 법규명령에 의한 경우도 가능한 것으로 보는 견해도 있다.

② 법률유보와 관련개념과의 구별

㉠ 의회유보 : 일반적인 법률유보의 개념을 그 대상의 위임금지를 통하여 강화한 개념이 의회유보이다. 의회유보란 의회가 직접 법률로써 규율해야 하는 사항과 명령에 위임할 수 있는 사항을 구별하면서 법률사항인 경우에는 반드시 의회의 형식적 법률로써 규율하여야 한다는 원칙이다.

㉡ 행정유보 ; 행정기관이 법률에 의한 제한을 받지 않고 스스로 규율할 수 있는 행정의 고유한 영역을 말한다. 행정유보는 법률유보원칙을 부정하는 것은 아니며 보충적인 관계에 있다.

③ 법률유보 적용영역에 관한 학설 : 법률유보의 적용범위에 관한 학설로 종래에는 침해유보설이 통설이었다. 그러나 최근에는 그 범위가 확대되는 경향이 있으며 학설도 다양하게 전개되고 있다.

㉠ 침해유보설(규제유보설) : 행정이 국민의 권리와 자유를 침해하거나 새로운 의무를

부과하는 행정작용의 경우에는 반드시 법률의 수권이 필요하지만 그 밖에 수익적 행정작용이나 특별권력관계를 포함한 국가 내부의 영역에는 법률의 수권을 요하지 않는다고 하는 견해로서 19세기 후반 독일의 입헌군주정의 산물이다. 이 학설은 기본권을 국가권력에 의한 개인의 생활영역에의 침해에 대한 방어권으로 보는 자유권적 기본권이 전부였던 19세기의 상황에는 부합하는 이론이지만 생존권적 기본권이 강조되는 현대 복리국가의 급부행정의 특성에는 부응하지 못하고 있다.

㉡ 전부유보설 : 전부유보설은 권력행정은 물론이고 비권력적 · 수익적 행정을 포함하여 행정의 모든 영역에 법률의 수권이 필요하다는 학설이다.

㉢ 급부행정유보설(사회유보설) : 급부행정유보설은 침해행정 뿐만 아니라 급부행정에서 특히 사회보장행정에 대하여 법률유보의 원칙이 적용되어야 한다는 견해이다.

㉣ 중요사항유보설(본질사항유보설) : 중요사항유보설은 일반권력관계 뿐만 아니라 특별권력관계에 있어서도 본질적 사항에 대한 결정만은 반드시 직접 법률의 근거가 있어야 하지만, 비본질적 사항에 대해서는 법률의 근거없이도 행정권을 발동할 수 있다는 이론이다.

㉤ 신침해유보설 : 신침해유보설은 원칙적으로 침해유보설의 입장에 서면서도 특별권력관계에는 법률유보의 적용을 긍정하고 있으나 급부행정의 영역에는 법률유보가 필수적인 것이 아니라고 보는 것이다.

제6절 행정법의 일반법원칙

1. 의의

행정법의 일반원칙이란 행정법의 모든 분야에 적용되고 지배되는 일반적 원리를 말하는데 불문법원인 조리법으로 설명된다.

행정법의 일반원칙은 대부분 헌법을 포함한 여러 실정법과 자연법의 내용을 이루는 정의 또는 형평 관념에서 도출·정립된 것으로서 행정법은 헌법의 집행법으로서의 헌법에 구속되는 것은 물론 행정법의 일반원칙에도 당연히 구속된다.

2. 비례의 원칙(과잉금지의 원칙)

1) 의의

비례의 원칙이란 행정목적 실현을 위한 구체적 수단의 선택에 있어서 행정목적을 통해 달성하고자 하는 공익과 그로 인하여 침해되는 국민의 권리 사이에 정당한 균형 또는 비례가 있어야 한다는 원칙이다. 비례의 원칙은 일명 과잉금지의 원칙이라고도 한다.

2) 내용

- 광의의 비례원칙 (과잉금지의 원칙)
  - 적합성의 원칙
  - 필요성의 원칙 (최소한 침해의 원칙)
  - 상당성의 원칙 (협의의 비례의 원칙)

(1) 적합성의 원칙

적합성의 원칙이라 함은 행정목적을 위해 선택적 수단 또는 조치 등이 달성하고자 하는 목적에 적합하여야 한다는 원칙을 말한다.

(2) 필요성의 원칙(최소침해의 원칙)

필요성의 원칙이란 행정목적을 달성할 수 있는 여러 가지 수단 중에서 최소한의 침해나 간섭을 가져오는 수단을 선택하여야 한다는 원칙이다.

위험한 건물에 대한 개보수명령으로 목적으로 달성할 수 있음에도 불구하고 철거명령을 내리는 것은 필요성의 원칙에 반한다.

(3) 상당성의 원칙(협의의 비례의 원칙)

행정조치를 취함에 있어서 발생되는 침해가 그로 인하여 발생되는 공익보다 클 때에는 그러한 행정조치를 취해서는 안 된다는 것이다.

3) 비례원칙의 근거

(1) 헌법 제37조 2항 입법권의 한계로서의 비례원칙

" .....필요한 경우에 한하여 법률로 제한할 수 있으며...."

(2) 경찰관직무집행법 제1조 2항

"경찰관의 직권은 그 직무수행에 필요한 최소한도 내에서 행사되어야 하며..."

4) 비례원칙의 적용범위

비례의 원칙은 행정법의 일반원칙이므로 행정의 모든 영역에서 적용된다. 특히 적용되는 영역은 다음과 같다.

① 경찰행정 : 경찰관직무집행법 제1조 제2항

② 급부행정 : 과잉급부금지의원칙

③ 공익재량행위

④ 행정강제

3. 신뢰보호의 원칙

1) 의의

신뢰보호의 원칙이란 행정기관의 적극적 · 소극적 언동의 정당성 또는 존속성에 대한 국민의 보호가치있는 신뢰는 보호되어야 한다는 원칙이다.

신뢰보호의 원칙은 취소권 · 철회권의 제한과 관련하여 논의되어 왔으나 이제는 행정법의 모든 영역에 적용되는 일반원칙으로 본다.

이 원칙은 영미법상의 금반언의 원칙과 유사하나 금반언의 원칙은 절차법상의 원칙이며 신뢰보호보다 넓은 영역에서 인정된다는 차이가 있다.

2) 신뢰보호의 근거

(1) 이론적 근거로는 신뢰보호의 근거를 사법상의 신의성실의 원칙에서 구하는 신의칙설로서 독일의 미망인 사건의 근거가 되었다.

법적안정성설은 신뢰보호의 근거를 법치국가 및 그의 구성부분으로서의 법적 안정성을 들고 있다. 종래의 우리나라의 다수설이다.

(2) 실정법적 근거

행정절차법 제4조 2항의 "행정청은 법령 등의 해석 또는 행정청의 관행이 일반적으로 국민들에게 받아들여진 경우에는 공익 또는 제3자의 이익을 현저히 해할 우려가 있는 경우를 제외하고는 새로운 해석 또는 관행에 의하여 소급하여 불리하게 처리하여서는 안된다" 규정과 국세기본법 제18조 3항의 "세법의 해석 또는 국세행정의 관행이 일반적으로 납세자에게 받아들여진 경우에는 그 해석 또는 관행에 의한 행위 또는 계산은 정당한 것으로 보며 새로운 해석 또는 관행에 의하여 소급하여 과세되지 않는다"이 있다.

3) 신뢰보호의 요건

신뢰보호의 원칙에 의하여 개인의 권익이 보호되기 위하여는 다음과 같은 요건이 충족되어야 한다.

(1) 행정기관의 선행행위(선행조치)

국민에게 무엇을 믿게 하는 언동 즉 선행행위가 있어야 한다. 선행행위란 법령, 규칙, 행정행위, 합의, 약속, 행정계획 등의 행정청의 언동으로 적극적 · 소극적 및 명시적 · 묵시적인 것을 불문한다.

(2)신뢰의 보호가치

행정청의 언동의 정당성 · 계속성을 믿게 된 데에는 관계국민의 잘못이 없어야 한다.

(3) 처리보호(관계자의 신뢰에 기인한 처리)

신뢰보호를 통해 보호받는 실체는 행정을 신뢰하여 국민이 일정한 행위를 함으로써 얻게된 이익이지 단순한 행정에 대한 신뢰 그 자체가 아니다.

(4) 선행행위와 처분간의 인과관계의 존재

(5) 선행조치에 반하는 행정작용으로 인한 손해의 발생이 있어야 한다.

(6) 때로는 보충성을 그 요건으로 들기도 한다.

4. 평등의 원칙

1) 의의

행정작용을 함에 있어서 특별히 합리적 이유가 없는 한 행정기관은 상대방인 국민을 공평하게 대우하여야 한다는 내용으로서 특히 재량권 행사의 한계원리로서 중요한 의미를 갖는다.

2) 근거

헌법 제11조 1항「모든 국민은 법 앞에 평등하다. 누구든지… 차별을 받지 아니한다.」

3) 평등원칙 위반의 효과

위헌이 될 뿐 아니라 위법도 된다. 또한 행정의 자기구속의 원리가 전환규범이 될 때 그 근거가 되기도 한다.

5. 행정의 자기구속의 법리

1) 의의

행정의 자기구속의 법리란 행정청이 재량권을 행사하여 이전에 어떤 사안에 대하여 결정한 일이 있으면 같은 종류의 사안에 대하여는 동일한 결정을 해야 할 구속을 받는다는 것을 말한다.

2) 행정의 자기구속의 근거

행정의 자기구속의 근거는 다음과 같은 법의 일반원칙에서 발견된다. 재량권의 행사는 행정권이 스스로 정립한 행동준칙에 따라 균등하게 행사되어야 한다. 독일 Bonn기본법 하에서의 학설과 판례의 일반적 입장이며 현재 우리나라에서도 다수설의 입장이다.

3) 성립요건

행정의 자기구속이 성립하기 위해서는 관행으로까지 될 필요는 없지만 동종사안에 대한 1회 이상의 결정선례가 있어야 한다.

4) 효과

행정의 자기구속에 위반하는 결정이 있을 경우 상대방은 종전의 결정과 동일한 내용의 수익을 주장할 수 있다. 당사자는 단순한 행정규칙 위반이 아닌 평등원칙 위반을 이유로 취소쟁송을 행사할 수 있다.

6. 신의성실의 원칙(신의칙)

1) 의의

신의성실의 원칙이란 모든 사람은 사회공동체의 일원으로서 서로 상대방의 신뢰를 헛되이 하지 않도록 성의있게 행동해야 한다는 원리이다.

2) 근거

신의성실의 원칙은 민법의 원리인 동시에 법의 일반원칙으로 인정되고 있으며 1996.12.31에 공포된 행정절차법 제4조 제1항에 "행정청은 직무를 수행함에 있어서 신의에 따라 성실히 하여야 한다"고 하여 명문의 규정을 두고 있다.

7. 부당결부금지의 원칙

1) 의의

행정권한의 부당결부금지의 원칙이란 행정작용을 함에 있어서 그 작용과 실질적 관련이 없는 상대방의 반대급부와 결부시켜서는 안된다는 원칙이다. 사례는 다음과 같다.

① 건축허가를 함에 있어서 기존의 체납된 공과금을 납부할 것을 반대조건으로 하는 부관부과행위는 허용되지 않는다.

② 건축행정청이 건축허가를 함에 있어서 신청자의 부동산을 매각할 것을 허가의 발령조건으로 할 수 없다.

2) 근거

'법치국가의 원리'와 '자의의 금지'에서 근거를 갖는다.

3) 적용영역

행정행위의 부관, 공법상계약, 행정상의무이행강제 또는 실효성 확보 등이 한계로 적용한다.

제7절 행정상의 법률관계

1. 의의

행정상의 법률관계는 행정주체를 당사로 하는 모든 법률관계로서 공법관계와 사법관계를 포함한다. 행정상의 법률관계는 원칙적으로 국가 · 공공단체 등의 행정주체와 그 상대방인 국민간의 관계를 말한다.

넓은 의미에서는 국가와 공공단체 상호간의 법률관계나 공공단체 상호간의 관계 및 행정기관 상호간의 관계와 같은 행정조직법적 관계를 포함하기도 한다. 공법관계만을 의미하는 행정법관계와 공법관계는 물론 사법관계도 포함하는 행정상의 법률관계를 혼동하면 안된다.

2. 종류

행정상의 법률관계에는 행정상의 사법관계와 공법관계, 즉 행정법관계가 있다.

1) 행정법관계(공법관계)

행정법관계란 행정주체가 공권력으로써 국민에게 명령 · 강제하거나 공공복리를 위하여 공기업을 경영하거나 공물을 관리하는 행정상의 공법적 법률관계이다.

(1) 권력관계

권력관계란 행정주체가 우월한 지배권의 주체(우월한 의사주체)로서 국민에 대하여 일방적으로 명령 · 강제하는 관계이다.

① 권력관계는 경찰행정, 조세행정, 보건행정, 공용부담 등 전통적인 질서행정분야에서 많이 발견되는데, 허가, 인가 그들의 취소, 과세처분, 토지수용 등이 그 예이다.

② 권력관계는 불대등관계로서 행정주체의 우월성, 공정성, 자력집행성 등의 공법적 특색이 강하므로 특별한 규정이 없는 한 공법규정이 적용되고 그에 대한 분쟁은 행정쟁송사항이 된다.

(2) 관리관계

관리관계란 공공복리 등의 행정목적을 달성하기 위하여 공기업을 경영하거나 공물의 관리 등을 행하는 공법상의 비권력적 법률관계이다. 예컨대 도로, 하천과 같은 공물의 관리, 공기업의 경영, 회계 등이 이에 해당한다.

관리관계는 비권력적 관계이므로 본질적으로 사법관계와 차이가 없다. 그러므로 관리관계에는 원칙적으로 사법이 적용되며 명문의 규정이 있거나, 공공적 · 윤리적 성격이 입증되어야 공법적 규율이 가능한다.

2) 행정상의 사법관계(국고관계)

(1) 행정상의 사법관계(국고관계)란 행정주체가 당사자인 경우에도 우월적 의사의 주체가 아닌 사인의 지위에서 경제적 활동의 주체로서 활동을 하며, 특별한 공공성도 띠지 않는 비권력적 법률관계이다. 행정상의 사법관계는 주로 조달행정관계에서 나타나면 구체적인 사례는 다음과 같은 것이 있다.

① 물품구매(구입)계약

② (건축 등) 공사도급계약

③ 국고수표(어음) 발행

④ (한국은행으로부터) 일시차입(일시차금)

⑤ 국채 및 지방채 발행(기채)

⑥ 국유(잡종)재산 매각

⑦ 농지분배(반대설 있음)

⑧ 공기업(철도 · 지하철) 이용관계

⑨ 은행이나 광산의 경영

⑩ 회사의 주주가 되는 관계

(2) 행정상의 사법관계인 행정주체가 재산권의 주체인 국고, 즉 사인으로서 일반사인을 대하는 경우이므로 「같은 성질의 관계는 같은 법규로」 규율되어야 한다는 의미에서 국고관계는 원칙적으로 사법이 적용되고, 그 분쟁은 민사소송에 의한다.

(3) 행정사법

공행정 목적이 사법의 형식에 의하여 수행되는 행정작용은 그것이 직접 공행정목적을 수행하는 작용이며, 사법적(司法的) 형식에 의하여 행하여 지고, 공행정 목적은 일정한 범위 안에서 공법적 규율이 행하여진다는 특색을 갖는데 사법의 규율을 받는 사법적 형식에 의하여 행하여진다는 점에서는 전통적인 국고작용의 하나로 볼 수 있으나 그 목적이 경제적 이익이 아닌 공행정 목적의 실현이라는 점에서 전통적인(협의의) 국고작용과 다르다.

〈행정상 법률관계의 종류〉

- 행정작용법적 관계(협의의 행정상 법률관계)
  - 공법관계 (=행정법관계)
    - 권력관계
      - 일반권력관계
        - 행정행위(조세부과)
        - 행정형벌 부과
      - 특별권력관계
        - 공법상의 근무관계
        - 공사단과 사원의 관계
        - 영조물(국립대 등)이용 관계
        - 특별감독관계
    - 관리관계
      - 협의 등의 공법상계약
      - 공물(도로, 하천) 관리관계
  - 사법관계 (=국고관계)
    - 물품구입계약
    - 공사(건설) 도급계약
    - 국고수표(어음)발행 (한국은행으로부터)일시차입
    - 국공채 발행
    - 국유(잡종)재산매각
    - 농지분배
    - 공기업(철도, 지하철) 이용
    - 국영광산 운영
    - 주식시장 참가
- 행정조직법적 관계
  - 행정주체 상호관계
  - 행정기관 상호관계

3. 특별행정법관계

1) 의의

특별행정법관계(특별권력관계, 특별신분관계)란 행정주체와 국민간의 일반권력관계와 달리 특별한 공법상 원인에 기하여 성립되며 일정한 행정목적에 필요한 한도 내에서 그 특별권력주체에게 포괄적 지배권이 인정되는 법률관계를 말한다.

2) 성립

(1) 역사적 배경 – 19세기 말 독일의 입헌군주제하에서 군주와 의회간의 타협의 산물로서 성립되었다. 즉, 법치주의를 인정하는 대신 군주는 행정조직 내부관계에 있어 법치주의의 예외가 인정되는 특권적 지위를 인정받게 된 것이다.

(2) 이론적 기초 – G. Jellinek의 국가법인설에 따라 하나의 법인격체인 국가 내에는 또 다른 권리 · 의무주체가 있을 수 없다고 한다. 국가와 국민간의 외부관계에서는 서로 대립하는 권리 · 의무관계가 성립되어 법치주의의 적용을 받지만 행정의 내부 즉, 특별권력관계에서는 그 구성원과 법주체로서의 행정권이 일체를 이루므로 상호대립하는 법주체를 전제로 하는 법규가 존재하지 않는다(P. Laband의 국가법인격에의 법의 불침투성이론). 이후 O. Mayer와 F. Fleiner가 체계화하였다.

3) 인정 여부에 관한 학설

(1) 긍정설

① 절대적 구별설 – 일반권력관계와 특별권력관계는 본질적으로 다르므로 법치주의가 전면배제된다고 한다.

② 상대적 구별설 – 양자는 본질적으로 다르지 않으므로 특별권력관계에도 법치주의가 적용됨이 원칙이다. 그러나 특별권력관계 내의 특수성을 인정하여 법치주의의 적용이 제한될 수 있다.

(2) 부정설

① 일반적 · 형식적 부정설 – 특별권력관계의 관념을 전면적으로 부정한다. 따라서 법치주의가 전면적으로 적용된다고 한다.

② 개별적 · 실질적 부정설 – 각각의 관계를 하나하나 분리하여 개별적 · 구체적으로 검토하는 이론이다. 독일의 재소자 판결에서 인정된 이론으로 동 판결에서는 교도소의 재소관계를 일반권력관계로 보았다. 이 이론에 따르면 공무원신분관계, 군복무관계, 교도소 수용관계 등은 일반권력관계로, 국 · 공립학교재학관계는 계약관계로 파악된다.

(3) 울레(C.H. Ule)의 수정이론 – 울레는 특별권력관계를 기본관계와 경영수행관계로 구분하여 이 중 기본관계만을 사법심사의 대상으로 해야 한다고 한다. 기본관계란 특별권력관계 자체의 성립 · 변경 · 소멸 또는 관계구성원의 법적 지위에 본질적으로 중요한 법률관계를 말한다(공무원의 임면 · 전직, 군인의 입대 · 제대, 국 · 공립학교학생의 입학 · 제적 · 정학, 수형자의 형의 집행 등). 경영수행관계란 관계구성원이 특별권력관계 내부에서 가지는 직무관계 또는 영조물 이용에 관련된 경영수행적 관계를 말한다(공무원에 대한 직무명령, 군인의 훈련, 학생의 수업 · 학점, 수형자에 대한 행형 등).

4) 성립과 소멸

(1) 성립

① 법률규정으로 직접 성립 – 징집대상자의 입대, 수형자의 수감, 공공조합에의 강제가입, 전염병 환자의 국 · 공립병원에의 강제입원 등

② ㉡ 본인의 의무적 동의로 성립 – 학령아동의 초등학교 취학 등

③ 본인의 임의적 동의로 성립 – 공무원임명, 국 · 공립대학입학, 국립도서관 이용 등

(2) 소멸

① 목적달성 – 병역의무의 완수, 국 · 공립대학생의 졸업 등

② 임의탈퇴 – 공무원의 사임, 학생의 자퇴 등

③ 권력주체의 일방적 배제 – 파면, 퇴학 등

5) 종류

(1) 공법상 근무관계 – 국가나 지방자치단체에 대하여 포괄적인 근무의무를 지는 관계로 민사상 고용관계, 공법상의 위임관계와 구별된다. 상대방의 동의에 의하여 성립하는 경우(공무원 근무관계), 법률에 근거하여 국가의 일방적 의사로 성립하는 경우(군복무 관계) 등이 있다.

(2) 공법상 영조물 이용관계 – 교도소 재소관계, 국 · 공립대학 재학관계, 국 · 공립병원 입원관계 등이 해당된다.

(3) 공법상 특별감독관계 – 국가사무를 위임받아 지방자치단체, 행정사무수임자(별정우체국장 등), 행정목적을 위해 설립된 공공조합, 특허기업자 등이 국가의 특별한 감독을 받는 관계를 말한다.

(4) 공법상 사단관계 – 공공조합과 그 조합원(의사회와 의사, 변호사회와 변호사 등)의 관계가 해당한다.

6) 특별권력관계의 내용

(1) 명령권 – 특별권력주체는 목적달성에 필요한 범위 내에서 그 구성원

에게 명령을 내릴 수 있다. 그 발동형식은 일반 · 추상적인 행정규칙(훈령 · 복무규정 · 영조물규칙 등) 또는 개별 · 구체적인 지시(직무명령 · 시정명령 등)의 형식에 의한다.

(2) 징계권(강제권) - 특별행정법관계의 내부질서를 유지하기 위해 질서문란자에 대하여 징계벌을 과할 수 있다. 단, 조리상 상당하다고 인정되는 범위 내에서만 발동 가능하며 특별권력관계로부터 배제와 신분상 이익의 박탈을 최고한도로 하여야 한다.

4. 행정의사의 공정력(예선적 효력)

1) 공정력의의와 법적성질

(1) 공정력의 의의

통설적 견해에 의하면 공정력이라 함은 행정법관계에 있어서 행정주체의 행정행위는 비록 그 성립과정에서 위법 · 부당 등의 하자가 있다 할지라도 그 하자가 중대 · 명백하여 당연 무효로 인정되는 경우를 제외하고는 일단 잠적적인 통용력이 있는 것으로 인정되어 권한있는 기관에 의하여 취소될 때까지는 그 행위의 상대방은 물론 제3자 및 국가기관도 이에 구속되어 그 효력을 부정할 수 없는 절차상의 효력을 말한다.

(2) 공정력의 법적성질

① 적법성 추정에서 잠적적인 사실상 통용력으로의 공정력 : 행정행위에 하자가 있을지라도 잠적적인 사실상의 통용력을 가지는 절차법적 효력이 인정되는 것에 불과하며 위법한 행위를 적법화시키는 실체법상 취소할 수 있는 행정행위의 치유사유가 아니다.

② 구속력과 공정력의 관계

㉠ 행정행위의 구속력이란 모든 행정행위가 적법 타당하게 행하여졌을 때에 그 행위의

내용에 따라 처분청을 포함하여 상대방, 관계인, 관례행정청, 법원 등을 구속하는 실체법적 효력의 성질을 가진다.

㉡ 이에 대하여 공정력이란 행정행위에 하자가 있어서 그 효력이 의심스러운 경우에도 상대방, 관계인, 처분청, 관계행정청, 법원 등에 대하여 행정행위의 구속력이 잠정적으로 통용되도록 하는 절차법상의 힘이다.

㉢ 따라서 공정력은 구속력을 주인으로 섬기는 호위병의 위치에 있고 구속력이 미치는 범위 내에서 구속력을 위하여 존재하는 것으로서 광의의 구속력에 포함되는 것이다.

③ 구성요건적 효력과 공정력의 관계

구성요건적 효력이란 유효한 행정행위가 존재하는 이상 모든 국가기관은 그의 존재를 존중하며 스스로의 판단의 기초 내지는 구성요건으로 삼아야 하는 구속력이며 공정력은 취소쟁송제도의 존재를 근거로 하는데 대하여 구성요건적 효력은 관할을 달리하는 국가기관 서로간의 권한행사를 존중하는데 근거를 두고 있으며 공정력의 구속 상대방은 행정행위의 상대방이나 이해관계인이지만 구성요건적 효력은 처분청이나 수소법원을 제외한 국가기관에 대한 구속력이다.

2) 공정력의 근거

(1) 이론적 근거

① 자기확인설: 재판에서의 판결과 행정행위를 본질적으로 유사하다고 보는 오토 마이어에 의하면 행정행위도 판결과 같이 행정기관의 계층적 구조를 거쳐 유효성이 확인된 것이므로 행정청이 그 스스로의 확인을 유지하는 한 상대방 등을 구속하는 힘을 갖는다는 것이다.

㉠ 행정행위는 판결과는 담당기관 · 절차 등에서 현저한 차이가 있음에도 불구하고 양자의 본질적 유사성을 인정하였다.

㉡ 재판의 심급과 행정관청의 계층은 상이한 것인데도 이를 유사하게 보았다.

㉢ 행정권의 모든 공권력적 작용은 사법권의 통제를 받게 되어 있는 점 등을 들어 비판을 가해지고 있다.

② 국가권위설 : 이는 포르스트호프가 자기확인설을 계승 발전시킨 것으로「행정행위는 법에 적합한가, 하자가 있는가의 여부와는 관계없이 국가권위의 표현으로서 국민은 이에 따라야 한다」는 주장이다.

행정권에 부당한 우월성을 인정하고 공정력을 내재적 효력으로 보는 관료적 · 권위주의적 사고의 산물이다.

③ 예선적 효력설

프랑스에 있어서 행정의 예선적 특권이란「행정결정에 대하여 국민이 사후에 불복신청을 하더라도 우선은 당장에 복종을 하여야 하며, 원칙적으로 모든 행정결정은 그 자체에 집행력을 가지고 있으며 공권력은 법률행위에 자기의 권리를 스스로 결정하고 이를 집행에까지 끌고가는 특권을 가진다. 또한 이러한 예선적 권리의 집행에 의하여 권리침해를 받은 관계인이 불복신청을 하더라도 이러한 예선적 권리의 집행에 의하여 권리침해를 받은 관계인이 불복신청을 하더라도 그것은 절차적 집행을 정지시키지 아니한다.」는 등을 내용으로 하고 있는 것이다.

④ 행정정책설(법적안정설)

행정행위에 하자가 있다고 하여 언제나 누구나 하자를 이유로 그 효력을 부인할 수 있다고 한다면 행정의 중단, 마비는 피할 수 없는 것이 된다. 따라서 우리나라의 다수설은 행정법관계의 안정성과 행정의 원활한 운영, 관계인의 신뢰보호 등의 정책적 관점에서 절차법상 잠정적인 통용력을 인정하는 것이 공정력이라고 한다. 현재의 다수설인 법적 안정성설은 Wolf. Bachof의 "법치국가에서 위법한 행정행위가 효력을 갖는 것은 객관적 법의 해석 · 적용에 관한 당국의 결정으로서 그 행위의 신뢰에 모든 사람이 법적 안정성의 이익을 갖는데 있다."고 한다.

(2) 실정법적 근거

현행법상 공정력이란 용어를 사용하여 직접적으로 인정하는 규정은 없으나 간접적으로 공정력을 인정하게 하는 근거는 취소소송과 관련하여 행정소송법 등에서 그 근거를 찾을 수 있다. 그 간접적인 근거는 다음과 같다.

행정소송법, 행정심판법 및 국세기본법과 같은 행정쟁송에 대한 단행법은 위법 부당한 행정처분이라고 할지라도 쟁송절차에 의하여 취소될 때까지는 구속력이 있음을 강요하는 힘을 인정하는데 그것을 공정력을 인정할 때만 인정되는 힘이라고 본다. 행정행위의 공정력을 행정쟁송제도의 반사적 효과라고 한다.

3) 행정행위의 공정력의 한계

행정행위의 공정력은 "취소할 수 있는 행정행위"에만 인정된다. 즉 하자있는 행정행위 중에서 하자가 중대하고 명백하여 당연 무효가 아니라야 하고 동시에 행정행위 즉 권력적 법률행위로서의 요건을 갖추어야 한다.

(1) 공정력이 인정되는 것은 "취소할 수 있는 행정행위"뿐이다.

(2) 공정력이 인정되지 않는 것

① 무효인 행정행위 : 행정행위의 하자가 중대 명백하여 당연 무효인 경우에는 처음부터 효력이 발생하지 아니하므로 공정력을 인정할 필요가 없다.

② 하자없이 성립한 유효한 행정행위 : 공정력은 행정행위에 하자가 있어서 그 효력이 의심스러운에도 불구하고 그 구속력을 유권적 결정이 있을 때까지는 잠정적으로 강요하는 힘이므로 이런 경우 공정력은 필요가 없다.

③ 사법행위, 비권력행위, 공법상계약 : 공정력은 행정행위 즉 권력적 공법행위에서만 인정되므로 비권력적 작용은 모두 공정력이 인정되지 않는다.

④ 사실행위 : 공정력은 권력적 법률행위인 행정행위에만 인정되므로 법률행위가 아닌 사실행위에는 인정되지 않는다.

5. 행정행위의 존속력(확정력)

행정행위는 확정판결과는 달리 영속적 · 종국적으로 관계 당사자를 구속하는 것이 아니다. 그러나 행정행위로 말하자면 그 행위로 인한 많은 법률관계가 형성되기 때문에 그 행정행위의 자유로운 취소 · 변경은 결코 바람직한 것이 아니다. 따라서 행정행위는 일단 성립되면 법적 안정성과 행정목적 달성을 위하여 그 효력을 유지하게 되는데 이를 행정행위의 존속력이라 한다. 행정행위의 존속력에는 불가쟁력과 불가변력이 있다.

1) 불가쟁력(형식적 존속력)

(1) 의의

행정행위의 상대방이나 이해관계인이 행정행위에 불복하더라도 쟁송제기기간이 경과하거나 쟁송수단을 다 거친 경우에는 더 이상 행정행위의 효력을 다툴 수 없게 되는 바, 이러한 구속력을 불가쟁력 또는 형식적 존속력(확정력)이라고 한다.

(2) 불가쟁력이 발생하는 사유

① 행정쟁송과 관련하여 쟁송수단이 인정되지 아니하는 행정행위는 그 행위의 효력발생과 동시에 불가쟁력이 발생한다.

② 쟁송기간이 인정되는 행정행위에는 출소기간 또는 상소기간을 경과하거나(행정심판법 제18조, 행정소송법 제20조) 행정쟁송의 모든 심급을 완료한 경우 불가쟁력이 발생한다.

(3) 불가쟁력을 인정하는 목적

행정쟁송제기기간을 경과한 행정행위의 불가쟁력을 인정하는 이유는 다음과 같다.

① 행정목적의 능률적 달성

② 제3자의 신뢰보호

③ 행정법관계의 조속한 안정

(4) 성질 · 효력 · 한계

① 불가쟁력은 행정행위의 상대방이나 이해관계인에 대한 구속력이며, 처분 행정청이나 국가기관을 구속하지는 않는다. 따라서 처분 행정청은 불가쟁력이 발생한 후에도 행정행위를 취소 · 변경할 수 있다. 즉 불가변력은 발생하지 않는다는 뜻이다. 불가쟁력과 불가변력은 무관한다.

② 불가쟁력이 발생한 행정행위에 대한 행정심판 행정소송의 제기는 부적합한 것으로 각하된다.

③ 무효인 행정행위는 쟁송제기기간의 제한을 받지 않으므로(행정심판법 제18조 7항, 행정소송법 제20조, 제38조), 불가쟁력이 발생하지 않는다.

④ 불가쟁력이 생긴 행위라 할지라도 그 행위의 위법이 확인되면 국가배상법에 따른 배상청구는 가능하다.

2) 불가변력(실질적 존속력)

(1) 의의

원칙적으로 행정청은 행정행위에 하자가 있거나 사후에 사정변경을 이유로 행정행위를 취소 · 변경 또는 철회할 수 있으며 이로써 행정의 법률적합성 · 공익적합성 · 정세적합성을 유지해 나갈 수 있다 그러나 예외적으로 일부의 행정행위는 법적 안정성을 도모하기 위하여 당해 행정행위의 성질에 의하여 처분청 등 행정기관의 직권에 의하여도 사후 변경행위인 취소나 철회가 허용되지 않는 효력이 발생하는 바 이를 불가변력 또는 실질적 존속력(확정력)이라고 한다.

(2) 불가변력이 인정되는 행정행위

실질적 존속력은 모든 행정행위에 공통되는 효력이 아니고 예외적으로 특별한 경우에만 인정된다.

① 준사법적 행위 : 행정심판의 재결과 같은 일정한 쟁송절차를 거쳐서 행해지는 확인판단적 · 준사법적 행정행위에 불가변력이 발생한다는 것은 공통된 의견이다. 공물경계사정, 합격자결정 등이 그 예이다.

② 법률에 규정이 있는 경우 : 공익사업을위한토지등의취득및보상에관한법률의 토지수용의 재결이나 국가배상심의회의 결정처럼 법률이 일정한 행위에 대하여 확정판결의 효력(공익사업을위한토지등의취득및보상에관한법률 제34조2 3항)이나 재판상의 화해의 효력(국가배상법 제16조)을 인정하는 경우에는 당사자가 이에 반하는 주장을 하지 못하며 타행정청이나 법원도 이에 구속된다.

6. 강제력

강제력이란 행정상의 의무가 이행되지 않는 경우에 행정행위의 실효성을 확보하기 위하여 인정되는 효력을 말한다. 따라서 강제력은 의무부과가 수반되는 하명행위에서 문제되며, 의무부과와 무관한 형성적 행위는 그 대상이 되지 못한다. 강제력의 내용으로는 집행력과 제재력이 있다.

1) 집행력 (자력집행력 – 행정강제)

(1) 의의

행정행위의 집행력이란 행정행위에 의해 부과된 행정상 의무를 상대방이 이행하지 않는 경우에 사법관계와는 달리 행정청의 강제력을 발동하여 그 의무를 실현시키는 힘을 말한다. 이 때 상대방은 수인의 의무가 발생한다. 행정행위의 집행력은 모든 행정행위에 존재하는 것은 아니고 의무를 발생시키는 하명행위에만 존재한다.

(2) 인정근거

집행력은 행정행위에 내재하는 효력은 아니며 하명행위와 집행행위는 별개의 행정작용이므로 자력집행을 위해서는 별도의 법적 수권이 필요하다.

예컨대 소득세 강제징수의 근거법은 조세부과처분의 근거인 소득세법이 아니라 강제징수의 근거규정인 국세징수법이 근거법이 된다. 집행력의 일반적인 법적 근거로는 행정대집행법과 국세징수법이 있다.

2) 제재력 (행정벌)

(1) 허가를 받지 않고 영업을 하거나 건축을 하는 등 행정행위에 의하여 부과된 의무(주로 부작위의무)를 위반하는 경우에 그 제재로서 행정형벌과 행정질서벌과 같은 행정벌을 부과할 수 있는 효력을 말한다.

(2) 행정벌을 과할 때도 의무를 명하는 행정행위의 발령근거 외에 별도의 법적 근거를 요함은 물론이나 통상적으로는 의무부과의 근거법령과 같은 법령의 다른 규정이 그 근거가 되고 있다.

7. 행정법관계의 당사자

법률관계에 있어서의 당사자란 보통 권리 · 의무의 주체를 말한다. 혹은 소송법에 있어서는 원고나 피고를 말하기도 한다. 행정법관계(공법관계)에서는 국가나 공공단체는 사인보다 우월한 입장에 있으므로 전자를 행정주체, 후자를 행정객체, 또는 행정의 상대방이라고 한다.

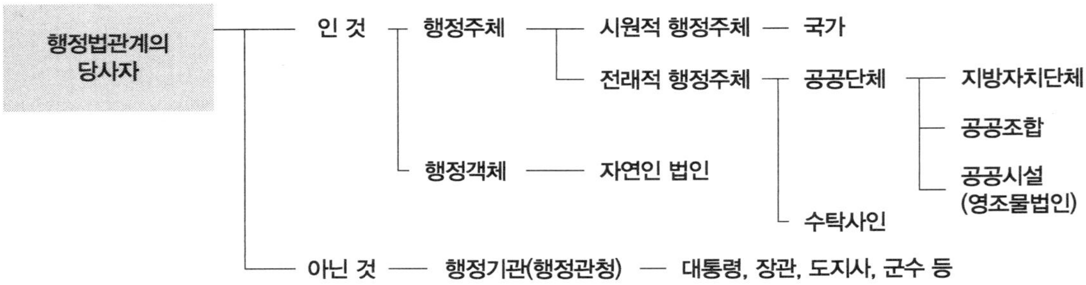

1) 행정주체

(1) 의의

행정법관계에 있어서 행정권을 행사하고 그의 법적 효과가 궁극적으로 귀속되는 당사자를 행정주체 또는 행정권의 주체라고 한다. 국가 · 공공단체가 행정주체가 됨에 보통이다. 예외적으로 행정권한을 위임받은 사인은 그 범위 내에서 행정주체가 된다.

행정주체와 구별해야 할 것이 행정기관이 있다. 행정주체는 스스로의 이름으로 행정권을 행사하고 그의 법적 효과가 자기에게 귀속되는데 대해(즉, 권리능력 또는 법인격이 있다) 행정기관은 마치 기타 법인에 있어서의 기관과 같이 행정주체를 위해 권한을 행사하지만 그 법적 효과는 권리능력이 없는 행정기관에게는 귀속되지 않고 행정주체에 귀속하게 된다.

(2) 종류

① 국가

국가는 독립된 법인격을 가지는 것으로서 국가의 행정주체로서의 지위는 누구로부터 전래된 것이 아니고 국가에 시원적으로 존재하는 지배권으로부터 나오는 것이며 이러한 의미에서 국가는 시원적인 행정주체이다. 국가는 행정객체가 될 수 없다.

② 지방자치단체

지방자치단체는 국가의 영토적 일부인 일정한 구역 내의 모든 주민에 대하여 국법이 인정한 한도에서 지배권을 행사하는 단체이다. 지방자치단체는 그의 지배권이 지방자치단체에 고유한 것이 아니고 국가로부터 부여된 것이라는 점에서 전래적 행정주체라고 하며 일정한 구역에 대한 지배권을 가지는 지역단체인 점에서 타 공법인과 구별된다.

행정주체로서의 지방자치단체에는 보통지방자치단체(서울특별시 · 광역시 · 도 · 시 · 군 · 자치구)와 특별지방자치단체(지방자치단체조합 등)가 있다.

읍 · 면 · 동 그리고 특별시나 광역시가 아닌 시에 설치된 구는 행정주체가 아니다. 우리나라는 특별시 외에 부산 · 대구 · 광주 · 인천 · 대전 · 울산 등에 광역시가 설치되어 있다.

③ 공공조합(공법상의 사단법인)

공공조합은 특수한 사업을 수행하기 위하여 일정한 이해관계인에 의해 구성된 공법상의 사단법인을 말하며 농업협동조합 · 농지개량조합 · 의료보험조합 · 상공회의소 · 변호사회 · 산림조합 · 대한교육연합회 · 교원공제조합 등이 그에 속한다.

④ 영조물법인

영조물법인은 법인격을 취득한 영조물을 의미한다. 여기에서 영조물이란 행정주체에 의하여 특정한 공적 목적에 계속적으로 봉사하도록 정해진 인적 물적 수단의 결합체로서 법인격을 취득한 것을 말한다. 현행법상 영조물법인에 해당하는 것으로는 한국방송공사, 서울대학교병원, 한국은행, 한국도로공사 등을 들 수 있다. 법인격 없는 영조물기관과 구별되기도 한다.

⑤ 공재단(공법상의 재단)

공재단 또는 공법상의 재단이라 함은 재단설립자에 의해 출연된 재산을 관리하기 위해 설립된 공공단체를 말한다. 공재단에는 그의 운영자 내지 직원 및 수혜자는 있으나 구성원은 없다는 점에서 영조물법인과 구별된다.

현행법상 공재단에 해당하는 것으로서는 한국연구재단, 한국정신문화연구원 등이 있다.

⑥ 공무수탁사인

사인은 원칙적으로 행정법관계에 있어서 행정주체의 상대방인 행정객체로서의 지위를 가진다 그러나 때로는 사인도 자신의 이름으로 공행정사무를 처리할 수 있는 권한을 부여받는 경우가 있는데 이렇게 법률이나 법률에 근거한 행위로 특정의 공적인 임무를 자기의 이름으로 수행할 수 있는 사인을 수탁사인이라고 한다.

그 예로는 별정우체국장, 토지수용법상 토지수용권이 부여된 기업자, 교육부장관으로부터 교원자격증의 수여권을 위탁받은 사립대학(교), 경찰사무, 호적사무를 위탁받은 선장 등이 있다.

2) 행정객체

행정주체에 의한 공권력 행사의 상대방을 행정객체라고 한다. 자연인과 사법인이 행정객체가 됨에 보통이나 공법인이 행정객체가 되는 경우도 있다. 그러나 국가는 행정객체가 되지 않는다는 것이 다수설이다.

제8절 공권과 공의무

행정법관계의 내용은 공권과 공의무로 이루어진다. 이는 다시 행정주체의 공권과 사인의 공권, 행정주체의 공의무와 사인의 공의무로 나눌 수 있다.

1. 공권

1) 의의

공권이란 공법관계에 있어서 직접 자기를 위하여 일정한 이익을 주장할 수 있는 법적인 힘을 말한다. 이는 단순한 반사적 이익과 구별된다.

2) 종류

(1) 행정주체의 공권

행정주체가 가지는 공권으로 이는 목적을 기준으로 조직권 · 형벌권 · 경찰권 · 통제권 · 재정권 · 군정권 등이 있으며, 내용을 기준으로 하명권 · 강제권 · 형성권 등이 있다.

(2) 사인의 공권

행정객체인 개인이 가지는 권리로 내용상 자유권, 수익권, 참정권이 있으며 기타 무하자재량행사청구권, 행정개입청구권, 절차적공권 등이 있다.

3) 특수성

국가 등 행정주체의 공권은 법률이 정하는 바에 따라 스스로 결정 · 집행할 수 있고 제재를 과할 수 있다(권리의 자율성, 자력집행성). 사인의 공권은 일신전속적인 경우가 많으므로 원칙상 이전 · 포기가 금지 · 제한되나 경제적 가치를 지닌 공권은 이전이 가능하다.

2. 공의무

1) 의의

공권에 대응한 개념으로서 공법상의 구속을 말하며 행정주체의 공의무와 사인의 공의무가 있다.

2) 종류

(1) 행정주체의(국가적) 공의무

행정주체가 개인에 대하여 부담하는 의무이다. 공의무가 이행되지 않은 경우 행정쟁송이나 손해배상을 통해 그 의무를 달성할 수 있다.

(2) 사인의(개인적) 공의무

행정주체의 공권에 대응하여 그 내용을 실현시키기 위하여 개인에 과하여진 의무이다. 법령이나 법령에 의한 행정행위에 의하여 발생되는 경우가 많으며 불이행시 행정권의 자력집행이 인정된다.

3) 특수성

사인의 공의무는 일신전속적인 것으로 이전 · 포기 · 대리가 금지 · 제한되나(병역의무, 교육의무 등), 순수한 경제적 의무는 이전 · 상속이 인정된다(납세의무 등).

3. 무하자재량행사청구권

1) 의의

개인이 행정청에 대하여 하자없는 즉, 적법한 재량처분을 구하는 적극적 공권을 말한다. 이는 재량행위에만 인정되는 것으로 행정청이 재량권의 한계를 준수하면서 처분을 할 것을 구할 수 있는 절차적 권리일 뿐 특정 처분을 행할 것을 요구할 수 있는 실체적 권리는 아니다. 독일에서 이론적으로 주장되어 우리나라에서도 널리 인정되고 있는, 새로이 등장한 개인적 공권이다. 1914년 뷜러(O. Bühler)에 의해 전개되고 바호프(O. Bachof)에 의해 체계화되었다.

2) 존재의 실익

재량행위로 인해 얻는 이익은 모두 반사적 이익으로서 원고적격이 인정되지 않는다. 그러나 무하자재량행사청구권으로 인해 재량행위에서도 원고적격을 인정할 수 있게 된다.

3) 성립요건

행정청에 재량권의 한계를 준수할 법적 의무가 있어야 하고 관계법규의 목적 · 취지가 공익 외에 개인의 이익도 보호하고 있어야 한다. 오늘날에는 대부분의 행정법규들이 공익뿐만 아니라 개인의 이익도 보호하고 있는 것으로 널리 인정되고 있다.

4) 내용

행정청이 재량을 가지고 있는 경우에 당해 재량의 하자를 범하지 말 것을 청구할 수 있는 권리에 그친다. 따라서 하자없이 재량을 행사하는 한 어떤 결정을 내리더라도 이 권리를 침해하는 것이 아니다. 다만, 예외적으로 재량권이 영(0)으로 수축됨으로써 오직 하나의 처분만이 적법한 재량권 행사로 인정되는 경우에는 이 권리는 행정개입청구권으로 전환될 수 있다.

5) 쟁송수단

무하자재량행사청구가 거부될 경우 이 거부처분에 대해 의무이행심판 · 취소심판 · 취소소송 등을 제기할 수 있다.

6) 판례

대법원은 검사임용거부처분취소소송에서 무하자재량행사청구권의 법리를 인정한 바 있다.(대판 1991. 2. 12. 90누5825). 그러나 그 후 교수임용거부처분취소소송에서는 다시 원고적격을 부인하여 각하한 바 있다. 또한 도시계획변경을 청구한 사건에서도 원고적격을 부인하여 각하하였다.

4. 행정개입청구권

1) 의의

기속행위와 재량권이 영(0)으로 수축되는 재량행위의 경우 사인이 행정청에 대해 자기 또는 타인에게 행정권을 발동해 줄 것을 청구할 수 있는 적극적 권리를 말한다. 이는 행정편의주의를 극복한 것으로서 과거에는 행정청의 개입으로 얻는 이익을 반사적 이익으로 보았으나 이 권리를 통해 공권화되었다. 행정개입청구권은 독일에서 처음 인정되었고 우리나라에서도 학설에 의해 인정받고 있다.

2) 성립요건

법규에 의해 구체적인 행정권발동의무가 부과되어 있어야 한다. 다만, 발동의무가 부과되어 있더라도 위해성이 수인의 한계를 넘을 경우에만 행정권이 개입해야 하고 또 위해가 발생하였더라도 당사자가 스스로 제거하지 못하는 경우에만 개입해야 한다. 이 외에 당해 법규가 개인의 이익도 보호하고 있어야 한다.

3) 내용

기속행위에 대해서는 당연히 이 청구권이 인정된다. 재량행위의 경우에 있어서도 재량권이 영으로 수축되는 예외적인 경우에는 인정된다. 다만, 이 경우에도 결정재량만이 영으로 수축될 뿐 행정청의 선택재량은 여전히 존재한다. 따라서 행정권은 반드시 개입해야 하나 그 수단의 선택에 있어서는 여전히 행정청이 재량권을 가진다.

4) 적용범위

행정개입청구권은 초기에는 경찰행정에서 논의되었으나 오늘날에는 급부행정 등 모든 행정영역에서 인정되고 있다.

5) 쟁송수단

의무이행소송이 가장 실효적이나 우리나라에서 이 소송형태는 인정되지 않으므로 의무이행심판과 부작위위법확인소송에 의해야 한다. 그리고 행정기관의 개입의무가 발생하였음에도 개입하지 않아 손해가 발생한 경우에는 손해배상을 청구할 수 있다(통설 · 판례).

6) 판례

아직 사인의 행정개입청구권을 직접적으로 인정한 예가 없다. 국민의 생명 · 신체 또는 공공의 안녕 · 질서에 급박한 경우란 단시간 내에 종결되는 것이 일반적이므로 이 권리가 성립되기는 쉽지 않다. 그러나 판례는 무장공비사건(김신조 사건)에서 경찰기관의 위법한 부작위로 인한 손해에 대해 국가의 배상책임을 인정한 바 있다. 이 판례는 행정개입청구권과 관련하여 손해배상책임을 인정한 판례로 볼 수 있다.

제9절 행정상의 법률요건과 법률사실

1. 의의

행정상의 법률요건이란 행정법관계의 발생 · 변경 또는 소멸의 법률효과를 발생시키는 원인이 되는 사실의 총체를 말한다.

행정상의 법률요건은 여러개의 법률사실로 이루어질 때도 있고 하나의 법률사실로 이루어지는 때도 있다. 예컨대 건축허가는 신청과 허가처분이라는 두 법률사실로 이루어지나 공법상의 상계는 하나의 의사표시로서 이루어진다. 또한 행정법상의 법률사실이란 전술한 법률요건을 이루고 있는 요소를 말한다. 법률사실이 하나로 성립되는 경우에는 법률요건과 법률사실은 같게 된다.

2. 행정상의 법률사실의 종류

행정상의 법률사실의 종류는 사람의 정신작용을 요소로 하느냐의 여부에 따라 행정상의 사건과 용태로 나누어진다.

1) 행정상의 사건

행정상의 사건이란 사람의 정신작용을 요소로 하지 아니하는 법률사실로서 사람의 생사, 시간의 경과, 일정한 연령에의 도달과 같은 자연적 사실도 있고 물건의 소유 · 점유 · 거주, 도로공사, 행정강제 등 사실행위도 있다.

이러한 사실들에는 모두 법률효과가 따르는데 가령 사망으로써 면허가 실효된다든지 시간의 경과로 권리가 상실된다는 것 등 행정법관계에 변동이 발생한다.

2) 행정상의 용태

행정상의 용태란 사람의 정신작용을 요소로 하는 공법상의 법률사실을 말한다. 이것은 다시 내부적 의식인지 외부적 거동인지에 따라 다음과 같이 구분된다.

(1) 외부적 용태(행위)

외부적 용태란 사람의 정신작용이 외부적 거동으로 발현된 것으로서 여기에는 일정한 공법상 법률효과가 따른다. 이것을 공법행위라 한다. 모든 종류의 공법행위가 이에 해당한다.

(2) 내부적 용태 (내심)

내부적 용태란 외부에 표시되지 아니한 정신상태 즉 내심으로서 여기에 법적 효과가 발생하는 것을 말한다. 예컨대 선의 · 악의 · 고의 · 과실 · 선량한 관리자의 주의(注意)등이 이에 해당한다.

3. 공법상의 사무관리

1) 사무관리의 의의

원래 사무관리란 법률상의 의무없이 타인의 사무를 관리하는 행위(민법제734조)를 말하는 민법상의 관념이었으나 공법의 분야에서도 이러한 사무관리는 얼마든지 있으므로 공법상에서도 이것이 인정된다.

또한 이러한 공법상의 사무관리는 이를 행할 공법상의 의무가 있기 때문이며 따라서 이것을 사무관리라고 할 수 없다는 견해가 있으나, 공무원의 사무관리행위는 국가에 대한 직무상의 의무이며 피관리자에 대하여는 의무없이 행하는 행위이므로 사무관리라고 보아야 할 것이다.

2) 공법상의 사무관리의 종류

(1) 강제관리

국가의 특별감독 밑에 있는 사업에 대하여 감독권의 작용으로서 당해 사업을 강제적으로 관리하는 경우를 말한다. (보호기업에 대한 강제관리)

(2) 보호관리

재해시에 행하는 구호, 행려병자 또는 사자의 취급과 보호 · 관리, 수난구호 등이 이에 해당한다.

(3) 역무제공

비상재해시 개인이 임의적으로 행정사무의 일부를 관리(역무제공)하는 것이다.

3) 사무관리에 관한 적용법규

공법상의 사무관리에 관하여는 일반법이나 통칙적 규정이 없으므로 특별한 규정이 없는 한 공법상의 사무관리에 있어서도 관리자의 통지의무, 비용상환 등의 문제는 민법의 규정(민법 제734조 내지 제740)이 준용되어야 한다.

4. 공법상의 부당이득

1) 의의

공법상의 부당이득이란 조세부과처분과 같은 공법상의 원인에 의하여 일단 급부가 행하여진 후에 그 원인이 무효이거나 취소됨으로써(취소할 수 있는 상태로는 안된다) 법률상 원인없는 급부가 되는 경우를 말한다. 예컨대 조세의 과납 · 오납, 봉급과액수령, 착오로 인한 사유지의 공유지 편입, 연금받을 자격없는 자의 연금수령, 공공요금 과납 등이다.

이러한 부당이득은 재산상의 이해조절을 위하여 그 반환이 문제된다. 공법상 부당이득에 관하여서는 개별법(국세기본법 등)의 규정이 있을 뿐 일반법이 없으므로 특별한 규정이 있는 경우를 제외하고는 민법(제741조 이하)의 규정이 적용된다.

2) 성질

공법상의 부당이득의 법률관계가 공법관계냐 사법관계냐가 문제된다. 따라서 그 반환청구권의 성질에 대해서 공권설과 사권설이 대립되고 있다. 다수설은 공권설을 판례는 사권설의 입장을 취한다.

(1) 사권설

공법상 부당이득은 행정행위 등 공법상의 원인에 의하여 발생했다 할지라도 그 원인이 무효 · 취소로 되어야만 부당이득의 문제가 생기며, 이 문제가 생길 때에는 이미 법률상 원인문제는 없어진 것이며 또한 이 부당이득 반환은 오로지 경제적인 이해조정이라는 것을 이유로 사권이라 한다. 판례는 이설을 지지하고 있다(대판1969.12.9, 69다1700).

(2) 공권설

공법상의 원인에 의하여 발생한 결과를 처리하기 위하여서는 공법상 원인의 무효·취소 여부와 관련되어 있으므로 공권으로 본다. 더구나 행정소송법 제3조 2항은 "행정청의 처분 등을 원인으로 하는 법률관계에 관한 소송 그 밖에 공법상의 법률관계에 관한 소송"을 당사자 소송이라고 규정함으로써 부당이득반환청구소송을 공법상의 당사자소송에 의하여야 한다고 주장한다. 다수설의 견해이다.

3) 유형

(1) 행정주체의 부당이득

① 부당이득의 성립요건

행정주체가 행정행위에 의하여 상대방으로부터 이익을 얻었을 때에는 그 행정행위가 위법·부당한 것으로 당연 무효이거나 취소가 되지 아니하는 한 부당이득이 될 수 없다. 따라서 취소할 수 있는 행정행위의 경우는 취소되기까지는 유효하게 존속하는 것이므로 그것으로 인한 이득을 부당시할 수 없고 그 행위에 대한 출소기간이 경과되면 반환청구권을 행사할 수도 없다.

행정행위에는 공정력이 인정되기 때문에 상대방은 채무(납부의무)가 없음을 알더라도 이행하지 않을 수 없기 때문에 조세부과처분 등 행정행위에 의하여 부과된 채무를 이행한 경우에는 비채변제(민법 제742조)가 적용되지 아니한다고 본다.

② 반환의무의 범위

행정주체의 부당이득반환의 범위에 대하여 행정법규에 있어서 많은 특별규정들은 수익자인 국가의 선의·악의를 불문하고 전액 상환을 규정하고 있다. 이러한 특별규정이 없더라도 받은 이익을 전부를 반환함은 당연하다. 국세기본법 제25조는 조세과오납금을 받은 이익에 이자를 붙이도록 규정하고 있다.

(2) 사인의 부당이득

① 성립요건

부당이득의 원인이 행정행위에 기인하는 경우에는 그 행정행위를 취소하기 전에는 부당이득이 성립되지 아니한다. 그러나 수익적 행정행위는 상대방에게 귀책사유가 없는 한 신뢰보호의 견지에서 행정청의 취소권이 제한되므로 행정청의 반환청구가 불가능한 경우가 있다.

② 반환의무의 범위

법에 위반되는 이득은 그 전액을 반환해야 한다.

4) 공법상 부당이득반환청구권의 시효

공법상 부당이득 반환청구권의 소멸시효기간은 특별한 규정이 없는 한 5년이다.(예산회계법 제71조, 국세기본법 제54조 등) 그러나 특별한 규정이 있거나(관세법, 공무원연금법), 제척기간이 있는 경우는 그에 따른다.

5. 공법행위

1) 의의

공법행위란 국가 공공단체 등 행정주체와 사인간에 있어서 공법적 효과를 발생 변경 소멸시키는 행위를 말한다. 공법행위란 말은 실정법상의 용어는 아니며, 강학상의 개념이다.

2) 종류

행정법학에 있어서 행정행위는 어려가지 표준에 의하여 다음과 같이 분류된다.

(1) 입법행위와 집행행위

입법행위란 행정권에 의한 행정상 입법을 의미하며, 집행행위란 행정권에 의한 법집행행위, 행정행위, 행정강제 등 행정작용의 대부분을 차지하는 것으로 행정법학 대상의 대부분을 차지한다.

(2) 행정주체의 공법행위와 사인의 공법행위

행정주체의 공법행위란 행정주체가 행정목적을 달성하기 위하여 행하는 행정상의 행위로서 권력행위, 관리행위, 행정상 입법, 행정행위 등의 작용을 말한다. 사인의 공법관계에 있어서 공법상 효과의 발생을 목적으로 하는 사인의 행위를 말한다. 종래에는 사인의 역할에 대해 소홀했지만 현대의 복리국가의 등장과 함께 행정기능이 확대됨에 따라 사인은 단순한 행정행위의 객체일 뿐 아니라 독립한 윤리적 책임주체로서 법적으로 주체성이 인정되는 '성년의 주민'으로서의 지위가 강조되고 있다.

(3) 권력행위와 비권력행위

권력행위란 행정주체가 우월한 공권력의 주체로서 행하는 행위를 말한다. 여기에는 행정행위, 구속적 행정계획, 행정입법 등이 있다.

비권력행위란 행정주체가 상대방과 대등한 지위에서 권력발동을 수단으로 하지 아니하는 관리권이 주체로서의 행위를 말한다. 공공시설, 공기업을 관리 · 경영하는 작용 등인데 행정사법, 행정상 계약의 형식으로 행하여진다.

(4) 단독행위와 쌍방행위

단독행위란 당사자 한쪽의 의사표시만으로써 법률효과가 발생하는 행위를 말한다. 행정행위, 행정입법 등이 그 예이다. 행정행위에는 일방적 의사로써 성립하고 효력이 발생하는 독립적 행정행위와 그 효력의 발생에 동의 신청 등 상대방의 협력을 요하는 쌍방적 행정행위가 있는데 전자의 예로는 조세부과를 들 수 있고 후자의 예는 공무원의 임명과 같은 수익적 행정행위에 많다. 이들은 모두 단독행위이며 비권력행위에도 포기나 상계와 같은 단독행위가 있다.

쌍방행위란 둘 이상의 당사자 의사표시의 합치로써 하나의 법률효과가 발생하는 것을 말하며, 공법상 계약과 공법상 합동행위가 여기에 해당된다.

(5) 단순행위와 합성행위

단순행위란 당사자의 의사표시의 수에 따라 1인의 의사표시로서 그것이 성립하는 경우를 말한다. 합성행위란 선거나 위원회의 의결과 같이 수인의 공동이 의사표시에 의하여 하나의 공법행위를 구성하기 위한 의사표시가 성립되는 것을 말한다. 합성행위가 유효하기 위해서는 법정의 의결수가 충족될 것을 요한다.

제10절 일반행정작용

1. 의의

행정주체(국가 지방자치단체)가 그의 행정목적을 달성하기 위하여 하는 법률적 작용과 사실적 작용을 총칭하여 행정작용이라 한다.

2. 행정작용의 분류

1) 행정작용의 형식에 의한 분류

행정작용은 그것이 이루어지는 행위형식에 따라 행정입법, 행정행위, 공법상이 계약과 합동행위, 행정지도, 행정계획 및 행정벌과 행정강제 등으로 나누어 볼 수 있다.

2) 행정작용의 목적에 의한 분류

행정작용은 그의 목적에 따라 국가목적적 작용과 사회목적적 작용으로 대별되고 국가목적적 작용은 다시 재정작용과 군정작용으로 사회목적적 작용은 질서행정작용, 급부행정작용, 규제행정작용 및 공용부담작용으로 세분할 수 있다.

3) 행정작용의 주체에 의한 분류

행정작용은 그 주체가 국가인지 지방자치단체인지에 따라 국가행정작용과 자치행정작용으로 나눌 수 있다.

4) 행정작용의 수단에 의한 분류

행정작용은 권력을 수단으로 하는 것인지의 여부에 따라 권력작용과 비권력작용으로 나눌 수 있다. 질서행정작용, 공용부담작용, 조세규제작용 등은 전자의 예에 급부행정작용, 회계작용 등은 후자의 예에 속한다.

5) 행정작용의 방향에 의한 분류

행정작용은 행정조직의 내부관계에 관한 것인지. 대외적인 법률관계에 관한 것인지에 따라 대내적 행정작용과 대외적 행정작용으로 나눌 수 있다.

3. 행정입법

1) 의의

행정상 입법이란 행정기관이 일반추상적 규정을 정립하는 작용 또는 그에 따라 정립된 규범을 말한다. 즉 행정상 입법은 실정법상의 개념이 아니라 학문상의 개념이다. 따라서 국가의 많은 법적 작용 가운데 일반적 추상적 규율을 법규범이라고 말할 수 있으며, 그 법규범 가운데 행정권이 제정한 것을 '명령' 또는 '행정입법'이라고 부른다.

2) 종류

행정상 입법은 국가행정권에 의한 입법과 자치입법으로 나누어진다. 전자는 다시 법규의 성질을 가진 법규명령과 그러하지 아니한 행정규칙으로 구별된다. 후자, 즉 자치입법은 자치단체가 법령의 범위 내에서 규정을 정립하는 작용을 말한다. 행정규칙을 행정명령이라고도 하는데, 법규성이 없다는 견해에 대해서는 반론이 있다. 자치입법은 다시 조례와 규칙 구분된다.

3) 행정상 입법의 필요성

국회입법의 원칙에도 불구하고 행정상 입법을 인정할 필요성이 생긴 것은 현대국가의 복리국가적 기능 때문이다. 현대의 단체주의적, 복리주의적 행정기능의 질적 · 양적 확대, 그의 전문화 · 기술화 등으로 행정입법을 불가결의 것으로 만들었으며 헌법이 명문으로 행정입법을 인정하는 나라도 늘기 시작하였는데, 우리의 헌법 제75조, 제95조, 제114조 6항도 그 중의 하나이다.

4) 행정상 입법과 법치주의

행정상 입법이 현대국가의 필요성에서 등장했다고 하지만, 그것이 법치주의와 모순되지 아니하느냐 하는 것이 문제된다. 그러나 행정입법은 헌법상 법률의 위임이 있을 때에만 가능하고, 사법심사가 가능하다는 점에서 법치주의에 반하는 제도가 아니다.

오늘날에 있어서 헌법에 의하여 많은 예외가 인정되어 완화되고, 오히려 문제의 중점은 위임입법의 대상, 제정절차 및 한계 그리고 행정입법에 대한 효과적 통제력을 확보하는대로 옮겨졌다. 특히 행정입법의 남용을 억제하고 통제하는 것이야말로 오늘날 행정입법의 가장 당면한 문제이다.

5) 법규명령

(1) 의의

법규명령이란 행정권에 의하여 성립되는 법규를 말한다. 법규란 국민의 권리 의무에 관계되는 일반 추상적 규정이므로 법규명령의 제정은 실질적 의미의 법률이며, 법규명령의 성립행위는 실질적 의미의 입법행위이다.

(2) 법규명령의 종류

법규명령은 다음과 같은 여러 가지 표준에 따라 분류된다.

① 수권의 근거에 의한 분류

㉠ 비상명령

비상사태의 수습을 위하여 행정권이 발하는 헌법적 효력을 가지는 명령이다. 비상명령의 예로는 우리나라 제4공화국 헌법상의 긴급조치, 제5공화국의 헌법상의 비상조치 등이 있지만 헌법상으로 비상명령은 인정되지 아니한다.

㉡ 법률대위명령

헌법에 직접 근거하여 발해지는 법률대위명령 이란 법률적 효력을 갖는 법률에 대체할 수 있는 효력을 가지는 법규명령을 말한다. 현행 헌법의 긴급명령, 긴급재정, 경제명령이 이에 해당한다.

㉢ 법률종속명령

법률의 수권에 의하여 제정되는 법률보다 하위의 효력을 가지는 법규명령을 말한다. 여기에는 위임명령과 집행명령이 있다. 이것은 법률의 범위 내에서는 효력을 갖는다.

ⓐ 위임명령

법률의 구체적인 위임을 받은 법규적 사항을 정하는 명령을 말한다. 법률로부터 위임받은 범위 내에서 새로운 법규적 사항을 정할 수 있으며 법령을 보충한다는 의미에서 보충명령이라고도 한다. 반드시 법률의 구체적인 위임(근거)이 있어야 한다.

ⓑ 집행명령

법규규정의 범위 내에서 그 실시에 관한 구체적 사항을 규정하는 명령을 말한다. 집행명령은 새로운 법규적 사항을 정할 수 없다. 그러나 새로운 법규사항이냐 아니냐

하는 것은 명백하지 아니하며, 또는 양자는 통상 시행령이나 시행규칙이라는 하나의 명령에서 규율됨이 일반적이므로 양자의 구별은 분명하지 아니한 경우가 많다. 집행명령은 상위법을 집행하기 위한 것이므로 상위법의 집행과 무관한 독자적인 집행명령은 인정될 수 없다. 집행명령도 법규명령의 하나이므로 법규성을 갖는다.

② 제정권자를 표준으로 한 분류

법규명령의 제정권자를 기준으로 분류하면 다음과 같다.

㉠ 대통령령

대통령이 제정하는 법규명령이며, 보통 시행령이라 부른다. 이 속에는 위임명령과 집행명령이 혼합되어 있다. 대통령령은 헌법 제75조와 제76조에 규정되어 있는 것을 말하는데 일반적으로는 시행령이라고 부르는 헌법 제75조의 대통령령을 말한다. 헌법 제76조의 긴급명령은 법률적 효력을 가지며 직권명령 또는 독립명령으로 분류한다.

㉡ 총리령

국무총리가 소관사무에 관하여, 법률이나 대통령령의 위임을 받아 또는 직권으로써 발하는 법규명령이다(헌법 제95조). 총리령에도 위임명령과 집행명령이 포함된다.

㉢ 부령

행정 각부의 장이 소관사무에 관하여 법률이나 대통령령의 위임을 받아 또는 직권으로 발하는 명령이다. 이 법 실무상 시행세칙으로 분리기도 하며 위임명령과 집행명령으로 이루어져 있다.

㉢ 중앙선거관리위원회 규칙

중앙선거관리위원회는 법령의 범위 내에서 선거관리 · 국민투표관리 · 정당사무에 관하여 규칙을 제정할 수 있는데(헌법 제114조 6항), 이것은 국민의 권리행사에 관한 규정이므로 법규의 성질을 가지는 법규명령의 하나이다.

㉣ 감사원 규칙

감사원은 감사원법 제52조에 의하여 감사절차 · 감사원의 내부규율 및 감사사무 처리에 관한 규칙을 제정할 수 있는데, 이러한 감사원 규칙은 헌법이 규정하지 아니한 법형식이므로 이것이 법규명령인지 대해서는 다툼이 있다. 감사원법(법률)에는 근거가 있으므로 법규성을 인정하는 것이 통설이다.

㉤ 행정규칙 형식의 법규명령

헌법에 근거규정이 없어도 법률의 수권을 통한 법규명령의 제정이 가능하다면 감사원 규칙 외에도 법규명령은 가능하다고 보는 견해가 있다. 그 예로 판례에 의하여 법규성이 인정되는 극히 일부의 국세청 훈령 및 고시를 들고 있다. 그러나 이것들은 입법을 통해 해결되기 전에는 선불리 법규명령 형식의 하나로 이해하는 것은 곤란하다. 대법원 판례는 형식에 관계없이 내용이 국민의 권리 · 의무에 관한 것이면 법규성을 인정하는 경향이다.

4. 행정행위

1) 의의

행정행위는 실정법상 개념이 아니라 학문상의 개념이며 실정법상으로는 허가 · 인가 · 하명 · 특허 · 면제 · 재결 등의 용어가 사용되며 이를 일반적으로 표현하는 말로는 행정처분 또는 처분이라는 용어가 사용되고 있다.

행정행위 개념은 행정재판제도를 가지는 독일이나 프랑스와 같은 국가에서 성립 · 발달하였는데 그 이유는 그들 국가에서는 행정주체의 모든 행정작용의 행정재판의 대상이 되는 것이 아니라 행정작용 중에서 특수한 법적 규율을 받고 그 때문에 타 행정작용과 구별되는 법적 성질(법적합성 · 공정성 · 존속성 · 자력집행성 등)을 가지는 행위, 즉 행정행위만이 그 대상이 되기 때문이다.

종래 행정재판제도를 갖지 않았던 영 · 미에서는 초기에 특별히 행정행위라는 개념을 구성할 필요를 느끼지 않았지만 현대의 행정기능이 확대 강화됨에 따라 agency action, administrative action 등 행정행위에 상당하는 용어가 행정절차법상 사용되고 있다.

2) 행정행위 개념

(1) 의의

행정행위 개념은 무수한 행정작용 중에서 특수한 법적성질을 가지고 특수한 법적 취급을 받는 일련의 행위를 추출해 내는 것이므로 실정법을 떠난 추상적 · 관념적인 것이 아니라 목적적 · 경험적인 것이다. 그러나 행정행위는 실정법상의 개념이 아니라 학문상의 개념이므로 학자에 따라 견해가 다를 수 밖에 없다. 광범위한 행정작용 중에서 어느 범위까지를 행정행위의 개념에 포함시킬 것이냐에 따른 견해의 대립이 있다.

(2) 행정행위의 개념에 관한 학설

행정행위의 개념이 학문적으로 성립한 탓으로 그 개념에 관해서는 학자에 따라 광 · 협의 여러 가지가 있다. 시험에서는 최협의 개념을 중심으로 출제된다.

① 최광의설

이는 '행정청 또는 행정주체가 행하는 모든 행위'를 행정행위로 보는 입장이다. 이러한 견해에 의하면 행정행위에는 행정청이 사실행위 · 입법행위 · 비권력적행위 · 통치행위 및 사법행위까지 포함하게 되어 개념 정립의 의의가 없어진다.

② 광의설

'행정주체가 행하는 공법행위'를 행정행위로 본다. 그러나 여기에는 사실행위 · 사법행위가 제외되나 통치행위 · 입법행위 · 권력행위 · 비권력행위가 포함되어 행정행위의 개념 정립이 취지에 비추어 보면 지나치게 넓은 폐단이 있다.

③ 협의설

이는 행정행위를 '행정청 또는 행정주체의 구체적 사실에 관한 법집행으로서 행하는 공법행위'의 뜻으로 사용하는 입장이다. 이러한 견해에 의하면 광의의 개념에서 행정입법이 제외되지만 여전히 공법상계약 · 합동행위 등과 같은 비권력적 행정작용까지도 행정행위 개념에 포함된다.

권력적 단독행위인 행정처분과 비권력적인 공법상계약 · 공법상합동행위와의 사이에는 공법상 성질에 차이가 있고 그 법적 취급이 상이한데도 불구하고 이를 무시하고 행정행위 개념의 범주 속에 넣은 점이 이 설의 문제이다.

④ 최협의설

'행정주체가 법 아래서 구체적 사실에 관한 법집행으로 행하는 공권력 발동으로서의 권력적 단독행위인 공법행위'를 행정행위로 본다. 이와 같이 행정행위의 개념을 가장 좁게 잡으면 행정처분만이 그 범위에 들어가고 관리행위인 공법상계약 · 공법상합동행위와 같은 비권력적 작용은 여기서 제외된다. 이 견해가 우리나라의 통설이다. 행정절차법 제2조 제2호의 "처분이라고 함은 행정청이 행하는 구체적 사실에 관한 법집행도 이 개념에 속한다. 판례는 "행정처분은 행정청의 일방적 의사표시로서 상대방에게 일정한 권리를 설정하고 의무를 명하는 공법상의 법률행위이다"라고 하였다. (대판1961.3.13,4292행상92)

3) 기속행위와 재량행위

(1) 의의

① 법치행정과 재량행위의 인정 의의

법치행정원칙상 행정도 법에 따라 행해야 하나 오늘날 행정의 양적 · 질적 확대로 인해 또한 행정은 구체적 사정에 가장 합당한 처분을 할 수 있다는 점에서 행정청에 일정한 한도의 독자적 판단권을 인정하는 것이 공익의 실현에 바람직한 경우가 많다.

② 재량행위의 종류

재량행위는 행정청이 당해 행위를 할 것인가의 여부에 관한 결정재량과 법적으로 허용되는 다수의 처분 중에서 어떠한 처분을 할 것인가에 관한 선택재량으로 나뉜다.

(2) 기속행위와 재량행위의 구별 필요성

① 공권의 내용

기속행위인 경우에는 실체적 공권이 성립하나, 재량행위인 경우에는 무하자재량행사청구권 등 형식적 · 절차적 공권만이 성립한다.

② 행정소송의 대상 여부

기속행위의 경우에는 그 위반시 곧바로 위법이 되어 행정심판과 행정소송 모두의 대상이 되나, 재량행위에서는 재량을 그르친 경우 부당에 그치므로 행정심판의 대상이 될 뿐 행정소송의 대상이 되지는 않는다. 다만, 재량의 일탈 · 남용에 이르면 위법이 되어 행정소송의 대상이 된다.(행정소송법 제27조)

③ 부관의 허용성 여부

견해의 대립은 있으나 원칙적으로 기속행위에는 부관을 붙일 수 없고, 재량행위에는 부관을 붙일 수 있다.

3) 기속행위와 재량행위의 구별기준

① 요건재량설(법규성, 판단재량설)

당해 법률이 요건규정에 공백을 두거나 종국목적(공익) 또는 중간목적만을 규정하고 있으면 행정청에 재량을 준 것으로 보고 그렇지 않으면 기속행위인 것으로 보는 견해이다. 그러나 종국목적 · 중간목적의 구별이 애매하고 법률문제인 요건인정을 사실문제인 재량으로 오인하고 있다는 비판을 받고 있다.

② 효과재량설(성질성)

재량의 여부는 요건이 아니라 법률효과의 선택에 판단의 여지가 인정되는가의 여부에 따라 결정된다는 학설이다. 이는 그 성질을 기준으로 하여 행정행위가 국민의 권리 · 이익을 제한 · 침해하거나 의무를 부과하는 침익적 행위는 기속행위이고 새로운 권리를 설정하거나 기타 이익을 부여하는 수익적 행위는 재량행위라고 한다. 그러나 침익적 행위에도 재량행위가 되는 경우가 많고 수익적 행정영역에서도 획일적으로 기속되는 경우가 적지 않다는 점에서 비판이 가해지고 있다.

③ 개별판단설(통설 · 판례)

재량의 수권 여부는 해당 근거법규의 규정형식('~할 수 있다.'의 경우에는 재량행위, '~해야 한다.'의 경우에는 기속행위), 작용의 성질, 헌법상 기본권과의 관련성 등을 종합적으로 검토하여 개별 · 구체적으로 판단하여야 한다.

5. 행정행위의 내용

1) 개설

행정행위는 법률행위적 행정행위와 준법률행위적 행정행위로 나누어지며, 전자는 명령적 행위와 형성적 행위로 후자는 확인 · 공증 · 통지 · 수리로 나누어진다.

2) 법률행위적 행정행위

(1)명령적 행위

명령적 행위란 사인이 원래부터 갖고 있던 자연적 자유를 제한하거나 또는 의무를 해제하여 제한되었던 자연적 자유를 회복시키는 행위를 말한다. 명령적 행위에 위반하는 행위에 대해서는 행정벌이나 행정강제가 과하여지지만 별도의 규정이 없는 한 그 행위의 법률상 효력에는 영향을 미치지 아니한다.

개인에게 권리 또는 능력을 설정 · 변경 · 소멸시키는 행위인 형성적 행위와 구별된다. 명령적 행위는 그 내용에 따라 다시 하명 · 허가 · 면제로 나누어 볼 수 있다.

① 하명

㉠ 개념

하명이란 국민에게 의무를 부가하여 그 자유를 제한하는 행위를 말한다. 이 의무에는 작위 · 부작위 · 수인 · 급부의 의무가 있다. 이 중에서 부작위 의무를 명하는 것으로 특히 금지라고 한다.

㉡ 성질

하명은 새로운 의무를 부과하여 자유를 제한하는 행위이므로 법령의 근거를 요하는 부담적 행정행위이며, 따라서 기속행위이다. 하명은 신청을 요하지 않는 일방적 행정행위이다.

㉢ 종류

하명은 내용 · 목적 · 대상에 따라 분류된다.

ⓐ 내용에 의한 분류 : 의무의 내용에 따라 다음과 같이 분류된다. 작위하명는 일정한 행위로 행할 것을 하명하는 것으로 장부비치의무 · 진화협력의무 등이 그 예이다. 부작위 하명은 일정한 부작위, 즉 금지를 명하는 하명이다. 금지에는 절대적 금지와 상대적 금지가 있는데 상대적 금지만이 허가의 대상이 된다. 급부하명이란 금전이나 물품의 지급 의무를 명하는 것으로서 조세부과 처분이 그것이다. 수인하명이란 행정청 등의 사실행위를 참고 견디라는 하명으로서 예컨대 토지의 측량을 위해 자기 땅의 출입 · 사용을 막아서는 안되는 의무가 그 예이다.

ⓑ 목적에 의한 분류 : 하명은 그 달성하려는 목적에 따라 경찰하명 · 재정하명 · 군정하명 · 조직하명으로 나누어진다.

ⓒ 대상에 의한 분류 : 하명은 그 대상에 따라 대인하명 · 대물하명 · 혼합하명으로 나누어진다.

ⓓ 상대방에 의한 분류: 하명은 그 상대방이 특정인이냐 또는 불특정 다수인이냐에 따

라 개별하명과 일반하명 또는 일반처분으로 구별된다.

㉣ 하명의 효과: 하명은 그 내용에 따라 상대방에게 일정한 공법상의 의무를 발생시킨다. 즉 하명의 내용에 따라 작위 · 부작위(금지) · 급부 · 수인의 의무를 진다. 이 의무는 행정청에 대한 것이므로 제 3자가 이 의무의 이행을 주장하거나, 그 의무위반 또는 불이행으로 인한 손해배상청구권을 가지는 것은 아니다.

㉤ 하명위반 불이행의 효과 : 하명의 내용인 공법상 의무에 위반한 때에는 처벌(행정벌)을 과하며, 그것을 불이행할 때에는 이행을 강제(행정강제)한다. 그러나 의무에 위반하여 행하여진 행위는 처벌의 대상이 되지만 그 행위의 법률상 효과는 법률의 특별한 규정이 없는 한 유효하다. 대법원도 하명에 위반된 법률행위의 유효성을 인정한 바 있다.

② 허가

㉠ 허가의 의의 : 허가란 법령에 의한 일방적 상대적 금지(부작위 의무)를 특정한 경우에 해제여 본래의 자연적 자유를 회복시켜 줌으로써 적법하게 일정한 행위(사실행위 또는 법률행위)를 할 수 있게 하는 행정행위를 말하는 바, 영업허가 · 건축허가 등이 그 예이다. 허가는 상대적 금지에 대하여서만 할 수 있고, 절대적 금지에 대하여서는 허가를 할 수 없다. 이상과 같은 뜻을 가진 허가라는 말은 학문상의 개념이며, 실정법상으로는 면허 · 인가 · 특허 · 승인 · 등록 등의 용어가 쓰여진다.

㉡ 허가의 성질

ⓐ 명령적 행위: 허가는 상대방에게 금지를 해제하여 자연적 자유를 회복시켜 주는 행위이므로 명령적 행위에 속하며, 이 점에서 형성적 행위인 특허 · 인가와 구별된다고 하는 것이 통설이다.

ⓑ 수익적 행정행위 · 신청을 요하는 행정행위 : 허가는 금지를 해제하여 자유를 회복시켜주는 행위이므로 수익적 행위이며, 또한 이러한 이익을 누리고자 하는 자가 신청을 하여야 한다는 점에서 신청을 요하는 행정행위이다. 다만 예외적으로 과거에 있었던 성탄절의 통행금지 해제와 같은 일반허가의 경우에는 신청을 요하지 아니한다.

ⓒ 기속행위 : 허가는 특별히 권리를 설정하여주는 것이 아니라. 공익목적을 위해 제한되었던 자유를 회복시켜 주는 것이므로 법령에 특별한 규정이 없는 한 기속행위 내지 기속재량행위에 속한다고 보는 것이 통설과 판례의 견해이다. 그

㉢ 허가의 종류: 허가의 종류를 여러가지 기준에 의하여 분류된다.

ⓐ 대인적 허가란 사람의 지식 · 기술 · 경험 등을 기준으로 하여 그 사람에 대하여 허가하는 것을 말한다. 대인적 허가는 일신전속적인 것이므로 이전성이 없다.

ⓑ 대물적 허가란 물건의 객관적 사정을 기준으로 하여 그 물건에 붙여진 허가를 말한다.

ⓒ 혼합적 허가란 인적 · 물적 시설을 심사대상으로 하여 그 시설에 대하여 허가한 것으로 말한다. 혼합적 허가의 이전성이 인정되는 경우에도 인적 구성이나 물적 시설에 변경이 있으면 허가갱신을 받아야 할 것이다.

③ 면제

면제란 법령에 의하여 부과된 일반적인 작위 · 급부 · 수인의 의무를 특정한 경우에 해제하는 행정행위이다.

(2) 형성적행위

① 의의 및 종류

형성적 행위란 특정인에게 특정한 권리 · 능력(권리능력 · 행위능력)등의 법률상 힘이나 포괄적 법률관계를 발생 · 변경 · 소멸시키는 행정행위를 말한다. 형성적 행위는 사람이 자연상태에서는 가지지 아니하는 법률상의 힘을 발생 · 변경 · 소멸시킨다는 점에서 자연적 자유를 제한 또는 회복시키는 명령적 행위와 다르며, 또한 형성적 행위는 법률행위를 대상으로 하고 사실상의 행위와 법률행위 모두를 대상으로 하는 명령적 행위와 다르다. 형성적 행위는 직접 상대방을 위한 행위와 타인을 위한 행위로 크게 나누어지며, 전자는 다시 설권행위 · 변권행위 · 박권행위로 나누어지고, 설권행위(광의의 특허)에는 권리설정행위(협의의 특허) · 능력설정행위 · 포괄적 법률관계 설정행위가 있다. 후자에는 인가 · 공법상 대리가 있다.

② 특허

㉠ 특허의 개념

특허란 특정인에게 새로운 법률상의 힘인 권리 · 능력 · 포괄적 법률관계 등을 설정하여 주는 행정행위를 말한다. 토지수용권 · 도로통행료징수권의 설정 및 광업허가 등은 권리 설정행위이며, 공법인 설립행위는 능력설정행위이며, 공무원임명 귀화 · 허가 등은 포괄적 법률관계 설정행위이다.

㉡ 특허의 성질

특허는 상대방에게 권리 등을 설정하여 주는 행위인 점에서 형성적 행위에 속하며, 이 점에서 명령적 행위의 일종으로서 상대방에게 자연적 자유를 회복시켜주는 행위인 허가와 구별된다. 특허는 법률상의 힘과 같은 이익을 부여하는 행위이므로 특별한 규정이 없는 한 자유재량행위이다. 특허나 허가는 수익적 행위이므로 신청을 요한다는 점에서는 공통된다. 하지만 특허는 출원을 필수적 요소로 하는데 비해서 허가는 예외가 인정된다.

㉢ 특허의 효과: 특허의 효과는 제3자에게 대항할 수 있는 새로운 법률상의 힘을 가진다. 특허에 의해 설정되는 권리는 공권이 대부분이지만, 사권인 경우(광업권 어업권)도 있다. 대인적 특허의 효과는 일신전속이므로 타인에게 이전할 수 없으나, 대물적 특허의 효과는 이전이 허용되는 것이 보통이다.

㉣ 특허의 사례 (허가나 관습법상의 권리와 구별할 것) : 광업허가, 어업면허, 귀화허가, 공기업 특허, 토지수용법상 사업인정 공유수면매립면허, 하천 등의 공물의 장기적 점용(계속사용) 도로 · 하천 통행료 징수권설정, 공무원임명, 가스사업인가, 운수사업면허, 석유정제업허가, 궤도 · 삭도사업면허

③ 인가 (보충행위)

㉠ 인가의 개념

인가란 행정청이 행정객체간에 행하여지는 법률적 행위를 동의하여 그 행위의 법률상 효력을 완성시켜 주는 보충적 행정행위이다. 국민이 행하는 법률행위 중 공익에 밀접한 관계가 있는 행위는 그 효력발생을 위하여 행정청의 동의를 요건으로 하고 있는 경우가 있다. 이러한 행정청은 국민이 행하는 법률행위를 인가하여 그 행위의 효력을 완성시켜 주게 된다. 법령상으로는 인가 등 기타의 용어가 사용되고 있음은 허가나 특허의 경우가 같다.

㉡ 인가의 성질

인가는 사인간의 법률행위를 보충하여 그 효력을 완성시켜 주는 행위이다. 따라서 인가 없는 법률행위는 법률효과가 발생하지 아니한다. 인가는 법률행위의 유효요건이지 적법요건이 아니다. 허가와 달리 인가는 유효요건이므로 인가없는 행위는 효력을 원칙적으로 처벌을 할 수 없다.

㉢ 인가의 사례 : 농지임대차의 인가, 비영리법인 설립인가, 특허기업의요금인가 공공조합 설립인가, 지방채 기채승인, 공공조합 정관승인, 사립대 설립인가, 토지거래허가, 공법인 정관변경인가, 특허기업 사업양도인가, 농지매매허가, 하천사용권양도인가, 수도공급규정인가

④ 대리

㉠ 대리란 제3자가 해야 할 일을 행정청이 대신하여 행함으로써 제3자가 행한 것과 같은 법적 효과를 일으키는 행정행위를 말한다. 여기에서의 대리는 법정대리이며 행정조직 내부에서 행해지는 행정청의 대리와는 구분된다.

㉡ 대리는 '주체'를 기준으로 한 분류의 하나로 봄이 타당하며, 그의 법적 효과를 표준으로 할 때에는 대부분 형성적 행위에 해당한다.

㉢ 대리의 예로서 납세의무자가 행하여야 할 조세의 납부를 채무자가 대신하여 압류재산의 공매 · 청산 등을 행하는 경우, 공공조직 · 특허기업체 등이 스스로 행하여야 할 정관작성 · 이사임면 등을 감독청이 대신 행하는 경우 등을 들 수 있다.

허가 · 특허 · 인가의 구별

구분	허가	특허	인가
의의	일반적 금지를 해제하여 적법하게 행위를 할 수 있는 자연적 자유를 회복	특정인에게 특정한 권리를 설정하는 행위	법률행위에 동의하여 그 효력을 완성시켜주는 보충행위
출원	신청을 요하는 행위, 일반허가에는 신청불요	신청을 요하는 행위	신청을 요하는 행위, 수정인가는 법적 근거 필요
대상	사실행위, 법률행위	사실행위, 법률행위	법률행위
성질	명령적 행위 · 허가거부는 기속행위, 행위의 적법요건	형성적 행위, 원칙적으로 재량행위	형성적 행위, 원칙적으로 재량행위, 법률행위의 유효요건
효과	금지해제 · 자유회복, 반사적 이익, 무허가 행위는 처벌의 대상이나 그 행위는 유효	새로운 권리설정, 법률상 힘의 부여	법률행위의 효력을 보충완성. 하자를 치유하지 못함. 무인가 행위는 법률행위의 무효일 뿐 처벌은 없다.
수정	수정허가 가능	수정특허 가능성에 대해 학설 양분	수정인가 불가능
형식	• 행정처분형식 허가–가능 • 법규허가–불가능	• 특허처분–가능 • 법규특허–가능	• 인가처분–가능 • 법규인가–불가능
효과의 성질	• 공법효과–가능 • 사법효과–불가능	• 공법효과–가능 • 사법효과–가능	• 공법효과–가능 • 사법효과–가능
감독	소극적 감독	적극적 감독	대상

3) 준법률행위적 행정행위

(1) 확인

㉠ 확인의 개념

확인이란 어떤 사실이나 법률관계의 존부 또는 정당성 여부에 관하여 의문이나 분쟁이 있는 경우에, 행정청이 공적 권위로서 이를 판단하여 확정하는 행정행위를 말한다. 도로 · 하천 등의 구역결정, 발명의 특허 당선인의 결정, 신체검사, 용도지역 · 지구 · 구역 등의 결정, 합격자 결정, 건축의 준공검사, 교과서의 검정, 이의신청의 결정, 행정심판의 결정, 소득금액의 결정 등이 그 예이다.

㉡ 확인의 성질

확인은 특정한 사실 또는 법률관계의 존부 · 정부 등에 관한 분쟁을 전제로 하는 판단작용이라는 점에서 법원의 판결과 그 성질이 비슷하다. 따라서 확인을 준사법적 행위라고 부르기도 한다. 또한 판단 · 확정은 일정한 사실이나 법률관계에 구속되며 재량의 여지가 없으므로 확인은 기속행위이다.

㉢ 확인의 종류

확인은 각 행정분야로 조직법상 · 복리행정법상 · 재정법상 · 쟁송법상의 확인으로 나눌 수 있다. 예컨대 당선인 결정 · 생활보조비 지급결정 · 소득금액결정 · 행정심판의 의결 등이 그에 따른 사례이다.

㉣ 확인의 형식

확인은 특정한 사실 또는 법률관계의 존재여부 또는 정당성 여부를 법이 정한 바에 따라 공적으로 확정하는 효과를 발생한다. 따라서 확인행위에는 불가변력이 발생한다.

(2) 공증

① 공증의 개념

의심이나 분쟁이 없는 특정한 사실 또는 법률관계의 존부를 공적으로 증명하는 행정행위를 공증이라 한다. 공증은 다음과 같은 차이점이 있다.

확인은 판단의 표시이나 공증은 인식의 표시이다. 확인은 의문 또는 분쟁이 있을 때에 이를 판단하는 작용이지만, 공증은 분쟁이 없거나 또는 확인된 사실 또는 법률관계에 대하여 행하여진다.

② 공증의 사례

부동산 등기 · 각종 증명서(토지대장등재, 여권, 주민등록증발급, 영수증허가증발행교부, 회의록 · 의사록 작성, 감찰발급 선거인명부 등록, 광업원부에의 등재, 합격증서, 당선증서 발급, 임명장 교부, 인감증명발행교부) · 허가증 · 면허증 · 검인 등이 있다

③ 공증의 효과

어떤 사실 또는 법률관계의 존부를 공적 권위로써 증명하는 효력을 가진다. 이 공적 증거력은 반증이 없는 한 부정할 수 없으며, 진실한 것으로 추정된다.

공증은 공적 증거력을 발생시키는 외에, 법령의 정해진 바에 따라 권리행사의 요건(선거인명부에의 등록 등), 권리의 제3자에의 대항요건(부동산등기부에의 등기 등) 또는 권리발생의 요건(광업원부에의 등록 등)이 되기도 한다.

(3) 통지

① 어떤 사실을 특정인 또는 불특정 다수인에게 알리는 행정행위를 통지라 한다. 통지는 이 미 내부적으로 성립한 행정행위를 외부적으로 표시하는 교부나 송달 등 표시행위와 다르다. 그것을 행정행위의 효력발생요건으로서 독립한 행정행위인 통지와는 다르다.

② ₩통지에는 특정한 사실에 관한 관념의 통지(토지세목의 공고 · 통지, 특허출원공고 · 사업인정고시. 행정자치부 장관의 위헌명령 공고, 귀하의 고시 등)와 행위자의 의사의 통지(납세의 독촉 · 대집행영장 통지 · 대집행의 계고)가 있다. 통지의 효과는 법률에 정하는 바에 의하여 발생한다는 점에서 준법률행위적행정행위에 속한다.

(4) 수리

① 타인의 의사표시행위를 유효한 것으로 받아들이는 행위를 수리라 한다. 예컨대 원서 · 신고서 · 소원장 등의 제출을 하자가 없는 것으로 받아들이는 행위를 말한다.

② 수리는 타인의 의사표시 행위를 유효한 것으로 판단하여 받아들이는 인식표시 행위인 점에서 일정한 법률효과가 발생하며, 법률효과가 발생하며, 따라서 사실행위에 불과한 단순한 수령 또는 도달과는 다르다.

③ 행정행위의 수리의 거부는 소극적 행정행위에 속하는 것으로서 불수리의 의사표시이며, 그에 대해서는 행정쟁송에 의해 다툴 수 있다.

④ 수리의 효과는 법령이 정한 바에 따라 다른데, 수리에 의해 사법상의 효과가 발생하기도 하며(혼인신고의 수리), 행정청에게 결정 · 재정 등을 행할 의무를 발생시키기도 한다. (이의신청 · 행정심판 등의 수리)

4) 행정행위의 무효와 취소

행정행위의 무효는 행정행위로서의 외형은 갖추고 있으나 그 하자가 중대하고 명백하여 아무런 효력이 인정되지 않으므로 누구에게도 구속력이 없는 경우를 말하고, 이에 반해 취소할 수 있는 행정행위는 하자가 있음에도 불구하고 권한있는 기관에 의한 취소가 있을 때까지는 효력을 갖는 경우를 말한다.

(1) 무효와 취소의 구별의 필요성

하자있는 행정행위를 무효인 것과 취소할 수 있는 것으로 나누는 것은 학설 · 판례가 모두 인정하고 있다. 이와 같이 구별하는 필요성은 주로 무효인 행정행위와 취소할 수 있는 행정행위의 결효를 주장하는 방법이 다르다는데 있으나, 그 밖에 사정판결 · 하자의 승계 · 치유 · 전환 · 선결문제 · 공정력 · 불가쟁력 등에 있어서 무효와 취소는 각각 달리 취급되어야 하는데 있다.

① 효력과의 관계

무효인 행정행위는 처음부터 행정행위로서의 아무런 효력을 발생하지 않는데 대하여, 취소할 수 있는 행정행위는 권한있는 기관에 의해 취소될 때까지는 효력을 발생한다.

② 공정력 · 구성요건적 효력과의 관계

행정행위는 공정력과 구성요건적 효력은 취소할 수 있는 행정행위에 대해서만 인정되며, 무효인 행정행위 대해서는 인정되지 않는다.

③ 불가쟁력과의 관계

무효인 행정행위는 타 행정행위로 전환되지 않는 한 언제까지나 무효이므로 쟁송제기기간의 제한을 받지 않는다. 따라서 불가쟁력이 없지만 취소할 수 있는 행정행위는 쟁송제기기간이 경과하면 불가쟁력을 발생하게 되므로 취소쟁송을 할 수 없다.

④ 쟁송형태와의 관계

취소할 수 있는 행정행위 대하여는 취소심판 또는 취소소송 형식으로 취소를 구할 수 있는데 대하여(행정심판법 제4조 행정소송법 제3조), 무효인 행정행위에 대해서는 무효확인심판 또는 무효확인소송의 형식으로 무효인정을 구할 수 있다(행정심판법 제4조 2호, 행정소송법 제4조 2호)

(2)구별의 기준에 관한 학설

무효와 취소의 구별에 관해서는 오늘날 일반적으로 하자의 정도가 중대하고 명백한 경우 무효인 행정행위가 되며, 그 밖의 하자인 경우에는 취소할 수 있는 행정행위로 본다. 이 때의 하자의 중대성은 행정행위가 중요한 법률요건을 위반하여 그 하자가 내용적으로 중요한 경우를 의미하며 또한 하자의 명백성이란 행정행위 자체에 하자가 존재함이 행정행위의 성립 당시부터 객관적으로 행정기관의 인식여부와 관계없이 통상인의 판단에 의해서도 인정될 수 있을 정도로 분명하다는 의미이다. 그러나 이러한 기준은 그 자체로서는 개념상 불명확하므로 구체적인 경우의 판례에 의해 개별적으로 수밖에 없을 것이다.

제11절 그 밖의 행정작용

1. 확약

1) 의의

확약이란 행정청이 국민에 대하여 장차 어떤 권력적인 공법적 행위를 하거나 또는 하지 아니할 것을 일방적으로 약속하는 의사표시로서 행정청이 이에 구속되는 것을 말한다. 예컨대 공무원임용의 내정, 각종 허가 · 인가에 대한 예비허가 · 인가(내허가 · 내인가라고 한다) 자진신고제에 대한 세율인하의 약속, 무허가 건축물의 양성화에 관한 약속, 무허가 건물을 자진 철거하는 주민에게 아파트 입주권을 주겠다는 약속 등이다.

2) 확약의 대상 및 형식

(1) 확약의 대상

확약의 원칙적 대상은 행정행위이다. 독일의 연방행정절차법은 확약의 대상을 행정행위의 발급 · 불발급이라고 규정하고 있다. 여기에는 현존의 행정행위의 변경 · 보충 · 폐지의 약속도 포함되며, 또한 기존의 행정행위 소급적 취소의 약속, 행정계획의 존속 · 실시 등도 포함된다고 한다. 확약의 대상을 행정행위에만 한정시키면 국민의 권리보호 차원에서 인정된 확약의 의의를 현저히 축소시키는 결과를 초래하기 때문이다.

(2) 확약의 형식

독일의 연방행정절차법은 확약의 유효요건으로 서면의 형식을 요구하고 있다. 우리나라 행정절차법안도 문서로 하여야 한다고 하여 요식성을 명시하였다. 명문의 규정이 없는 우리나라에서는 대다수의 학자들은 문서형식을 요하지 않는다고 본다.

2. 행정계획

1) 개념

행정계획은 행정주체가 일정한 행정활동을 위한 목표를 예측적으로 설정하고 서로 관련되는 행정수단의 조정과 종합화의 과정을 통하여 목표로 설정된 장래의 일정한 시점에 있어서의 일정한 질서를 실현할 것을 목적으로 하여 정립하는 활동기준을 말한다. 이를 분석하여 다른 행정작용과 비교해 보면 다음과 같다.

(1) 행정계획은 행정기관의 행위이다. 따라서 입법부가 행정작용의 기본방향을 정하는 법률을 제정하는 것은 행정계획이 아니다. 행정계획을 논함에 있어서는 그 주체가 행정기관인 것에 한정되어야 할 것이다.

(2) 행정계획은 행정목적 설정행위이다. 행정계획은 이와 같이 목적창설적 행위이므로 고도의 합리성에 의하여 지배되고 자유재량과는 다른 차원의 계획재량을 가진다고 한다.

(3) 행정계획은 수단종합행위이다. 즉 설정한 목적을 달성하기 위한 수단을 종합적으로 강구하는 행위이다.

(4) 행정계획은 행정작용의 기준설정행위이다. 행정계획은 설정된 목적에 따라 앞으로 있을 행정활동을 규제 또는 지도하는 기준을 정립하는 것이다.

2) 행정계획의 기능과 필요성

(1) 근대국가에서는 사회질서의 형성은 개인의 창의와 자유에 맡기는 것을 이념으로 생각하였으며 사회는 보이지 않는 손을 통해서 저절로 질서와 조화를 이룰 것으로 기대하였다. 그러나 오늘날에 있어서는 사회의 자연적 조화는 기대할 수 없게 되었다.

(2) 복지국가의 실현을 위하여는 사회계획 · 경제계획 등을 필요로 한다. 그 뿐 아니라 도시 · 환경 · 교육 · 자원 등의 문제는 서로 밀접한 관련성을 가지고 있으며 이런 복잡한 문제의 해결은 계획의 필요성이 가중하게 한 원인이 되었다.

3) 행정계획의 종류

행정계획은 그 기준에 따라 아래와 같이 여러 유형으로 나눌 수 있다.

(1) 전체계획과 부문계획

전체계획(종합계획)은 특정부문을 초월하는 다양한 대상 영역에 관련되는 것으로서 특정한 지역에 관련하여 당해 지역에서 의미를 갖는 모든 요소들을 포함하여 결정하는 제도이다. 주로 공간질서계획 지역발전계획 등이 포함되며 현행법상 국토개발종합계획 등이 이에 해당된다. 이에 반해 부문계획은 특정한 개발대상영역이나 특정된 전문부분에 한정하여 논하는 계획을 말하며 도로계획, 교통계획 등이 이에 해당한다.

(2) 단기계획 · 중기계획 · 장기계획

이는 기간적인 요소를 가지고 분류하는 계획이다. 우리나라에서는 '정부의 기획 및 심사분석에 관한 규정(대통령령)에 따르면 장기계획은 6년 이상의 기간, 중기계획은 2년 이상 5년 이하의 기간에 걸치는 계획을 말한다고 한다.

(3) 지역에 의한 분류

행정계획은 지역을 기준으로 하여 전국계획 · 도시권계획 · 도계획 · 군계획 · 특정지역계획으로 나누어진다. 전국건설종합계획에 해당하면, 이것에 의하여 지방계획이 확정되고 또한 특정지역을 공업단지화하는 것은 특정지역계획에 해당한다.

(4) 구속력의 유무에 의한 분류

행정계획은 법적 구속력의 유무에 따라 구속적계획과 비구속적계획으로 나누어진다. 이는 현실적으로 중요한 의미를 가진다.

① 구속적 계획

㉠ 법률명령적 행정계획 : 국민과 행정기관 모두를 구속하는 계획으로서 예컨대 국토의 계획 및 이용에 관한 법률에 의한 도시관리계획 구 국토이용관리법에 의한 국토이용계획, 구도시계획법에 의한 도시계획, 도시개발법에 의한 환지계획 등을 들 수 있다.

㉡ 행정규칙적 행정계획 : 행정기관만을 구속하는 계획이다. 상위계획인 종합계획 · 기

본계획은 상급행위기관에 의하여 결정된 것이며 이에 따라 하급행정기관은 하위계획인 시행계획 · 지정계획을 수립 · 집행하는 구속을 받는다. 또한 예산도 재정계획으로서 행정기관을 구속한다. 그러나 국민에 대한 직접적 구속력은 없다. 국토의계획및이용에관한법률에 의한 도시기본계획이 이에 해당한다.

(5) 비구속적계획

법적 구속력이 없는 행정활동의 지침, 국민지도의 방향을 나타내는 계획으로 영향적 계획과 자료제공적 계획이 있다.

3. 공법상계약

1) 의의

공법상 계약은 실정법상의 개념이 아닌 학문상의 개념이므로 통설에 따라 그 개념을 정리하면 공법상계약이란 공법상의 효과 발생을 목적으로 하는 행정주체를 포함하는 복수의 대등한 당사자간에 반대방향의 의사의 합치에 의하여 성립되는 공법행위를 말한다. 공법상계약은 반대방향의 의견의 합치에 의하여 성립된다. 따라서 계약당사자에게 발생하는 법률효과는 각각 상반하는 권리 · 의무로서의 반대의 의미를 가진다. 이 점에서 동일방향의 의사합치에 의하여 성립하는 합동행위 (시 · 도 조합의 설립 등)와 구분된다.

2) 공법상계약의 종류

공법상계약은 여러 가지 기준에 따라 다음과 같이 분류된다.

(1) 행정주체간의 계약

국가와 공공단체, 공공단체 상호간 또는 행정기관 상호간에 있어서 어떤 행정사무의 처리를 위하여 합의하는 경우가 여기에 해당한다. 예컨대 ① 농지개량조합의 조합비 부과징수를 구 · 시 · 군에 위탁하는 공공단체 상호간의 사무위탁 ② 교육사무위탁 ③조합비 징수위탁 ④ 도로하천 등 경비분담에 관한 지방자치단체간의 협약 ⑤ 구역 외의 공공시설 설치 협의 ⑥공무시행을 위한 협정 등이다. 이와같이 공공계약은 특별히 공법상의 협정이라고 부르는 경향이 있다.

(2) 행정주체와 사인간의 공법상 계약

가장 일반적인 공법상계약의 형태로서 행정주체와 사인사이에 어떤 법률관계를 성립시킬 법적 근거가 없을 때에는 당사자의 합의에 의하여 법률관계를 형성시키는 경우가 있다. 흔히 이러한 계약은 불대등관계에서의 공법상계약이라고도 하는 경우가 있으나, 계약의 당사자로서의 대등관계에 있다고 보아야 할 것이다. 여기에 대한 예로서 ①행정사무의 위탁 ② 보조금 지급에 관한 계약 ③ 보상에 관한 계약 ④ 비용부담에 관한 협약 ⑤ 지역개발에 관한 계약 ⑥ 환경보전협정 ⑦ 보상계약(지방자치단체와 운송업자 등 특허기업자간의 계약) ⑧ 특별신분관계 설정에 관한 계약(전문직공무원 임용) ⑨ 임의적 공용부담 등이 국내외 문헌에서 예시되고 있다.

(3) 사인상호간의 공법상계약

어떤 공법상 원인에 의하여 공법상의 권능을 가지는 사인이 다른 사인과 체결하는 공법상계약을 말한다. 예컨대 토지수용에 있어서 기업자와 토지소유자 사이의 토지수요에 관한 협의를 들 수 있다.

이러한 협의는 관할 토지수용위원회의 확인을 받으면 토지수용위원회에 의한 재결로 보게되고 이에는 일정한 공법적 효과가 발생하게 된다.. 이때의 기업자인 사인은 공무수탁사인으로서의 지위를 갖게 된다.

공법상계약 · 행정행위 · 사법싱계약의 구별

구분	공법상계약	행정행위	사법상계약
성질	비권력적 공법행위	권력적 공법행위	비권력적 공법행위
법 적용	원칙적으로 사법적용	원칙적으로 공법적용	사법적용
상대방의 의사표시	성립요건 (없으면 불성립)	유효요건 (없으면 무효)	성립요건 (없으면 불성립)
사적자치의 원칙 (계약해제 등)	제한됨	적용안됨	적용됨
권리구제(쟁송형태)	행정소송 (당사자소송)	행정소송 (항고소송)	민사소송
공정력 · 확정력 · 자력집행력	없다	있다	없다
성격	쌍방적 행위	일방적 행위 (쌍방적 행정행위 포함)	쌍방적 행위

4. 공법상합동행위

1) 개념

공법상합동행위라 함은 공법적 효과의 발생을 목적으로 하는 복수의 당사자 사이의 같은 방향(동일방향)간의 의사의 합치에 의하여 성립하는 공법행위를 말한다.

2) 사례

① 지방자치단체간의 협의로 지방자치단체조합을 설립하는 행위(지방자치법)
② 공공조합의 합의로 공공조합연합회(산립조합연합회)를 설립한 행위(산림조합법)
③ 공공조합(토지구획 정리조합, 도시재개발조합, 산립조합)설립행위

3) 공법상합동행위의 특색

공법상 합동행위는 의사표시의 방향이 동일하고 효과도 각 당사자에 동일하다는 점에서 공법상계약과 구별된다. 공법상 합동행위가 성립할 때 개개 당사자의 무능력, 착오 등을 이유로 무효 또는 취소를 주장할 수 없다.

공법상 합동행위는 제3자가 알 수 있도록 공고함이 원칙이며 일단 유효하게 성립하면 설립에 관여한 당사자 뿐 아니라 이후에 관여한 자도 구속당하며 정당한 절차에 따라 개정된 경우에는 모든 관계자를 구속한다.

5. 공법상 합성행위

1) 의의

독립된 법 주체로서의 복수의 당사자들이 의사가 결정 · 의결 등을 위하여 찬반이 의사표시로 된 다수결에 의해 구심적으로 표시되는 경우를 말한다.

2) 사례

선거 · 의회의 의결 · 위원회의 의결 · 중앙선거관리위원회의 결정 · 징계위원회의 의결 등이 있다.

6. 행정지도

1) 의의

(1) 행정지도는 행정주체가 일정한 행정목적 실현을 위하여 상대방의 임의적 협력을 기대하며 행하는 비권력적 사실행위로서 행정주체에 의한 비강제적인 권고 · 지도 · 요망 등이 이에 해당한다.

(2) 행정절차법상 행정지도의 개념

'행정지도'라 함은 행정기관이 그 소관사무의 범위 안에서 일정한 행정목표를 실현하기 위하여 특정인에게 일정한 행위를 하거나 하지 아니하도록 지도 · 권고 · 조언 등을 하는 행정작용을 말한다(행정절차법 제2조).

2) 행정지도의 종류

(1) 법적 근거 유무에 관한 분류

① 법령의 직접적 근거에 의한 행정지도

행정지도를 법령의 근거에 의하여 행하는 경우이다. 예컨대 모자보건법에 의한 수태조절지도, 농촌진흥법에 의한 지도사업, 국민기초생활보장법에 의한 피보호자에 대한 지도, 중소기업기본법에 의한 중소기업의 경영합리화, 직업안정법에 의한 직업보도 등을 들 수 있다. 행정지도에 법령의 근거를 요한다는 것과 법령의 근거가 있다는 것은 구별하여야 한다.

② 법령의 간접적인 근거에 의한 행정지도

예컨대 건축물의 철거 · 개축 · 사용제한 등 처분을 발할 수 있는 법적근거(건축법 제69조)가 있는 경우 그 처분에 갈음하여 행정지도를 하는 경우가 이에 해당한다.

③ 법령에 근거가 없는 경우

조직법에 의해서 부여된 행정기관의 일반적 권한에 의거하여 행해지는 행정지도가 이에 해당한다. 예컨대 청소년 선도를 위하여 밤10시 이전에 귀가를 지도하는 경우이다.

(2) 기능에 의한 분류

① 조성적 행정지도

일정한 정책목적을 실현하기 위하여 사인에게 정보나 지식을 제공하여 그 활동을 도와주는 행정지도를 말한다. 예컨대 중소기업자나 농민에 대한 기술지도, 산업정보 제공, 취업지도, 경영지도, 자금융자알선, 일정한 사인에 대한 장학지도 등이 해당한다.

② 조정적 행정지도

기업간의 이해관계의 대립이나 지역적 편중 등이 있을 때에 그 타협 · 조화를 위한 행정지도를 들 수 있다. 예컨대 기업의 계열화 촉진 · 과도경쟁의 방지 · 수입품목조정 · 기업단지화와 노사간분쟁조정, 금리조정권고 등을 들 수 있다.

③ 규제적 · 억제적 행정지도

물가의 억제를 위한 지도 등 행정목적 달성에 지장이 있는 모든 행위가 대상이 되며 국민의 활동을 규제함으로써 행정목적을 실현한다. 물가상승 억제권고, 토지거래 중지권고사치품 수입 · 소비억제 권고 등이 이에 해당한다.

제12절 행정상의 의무이행 확보수단

1. 개관

국민은 행정법상의 법규나 행정처분에 의하여 부과된 의무를 부담하고 이 의무를 이행함으로써 행정목적이 최종적으로 실현된다. 그러나 국민이 행정법상의 의무를 이행하지 아니하면 행정주체 스스로가 의무자의 신체 재산 등에 직접적 또는 간접적으로 실력을 가하여 본래의 행정목적을 달성하게 되는데 "행정의 실효성 확보수단", "행정상 의무의 이행확보수단", "행정상의 제재와 의무이행강제"등으로 표현되는 분야가 바로 여기에 해당한다.

1) 전통적 행정강제론

종래에는 행정상의 의무이행 확보수단을 직접적인 확보수단인 행정강제 외 간접적 확보수단인 행정벌로 나누고 다시 행정강제는 미리 의무를 명하고 그 불이행에 대하여 행정주체가 장래에 향하여 그 의무를 이행시키는 행정강제와 행정위반에 대처하여 목전의 긴박한 장해를 제거하기 위한 행정상의 즉시강제로 나누는 것이 보통이었다.

2) 행정강제의 새로운 이론적 경향

(1) 새로운 의무이행 수단의 등장과 평가

오늘날 사회가 복잡 다양해짐에 따라 새로운 의무이행수단이 등장하고 있는 바 과징금, 공표, 공급거부, 수익적 행정행위 거부처분 등이 그것이다. 이것들은 의무의 이행을 간접적으로 강제한다는 점에서 직접적인 이행강제수단인 전통적인 행정상 강제집행이나 제재벌인 행정벌과 공통점 및 차이점을 아울러 갖고 있다. 행정자치부 출제의 경향을 보면 "새로운 의무이행의 확보수단이 아닌 것은?" 이라는 문제에서 전통적 강제집행의 하나를 답으로 구성하는 문제를 출제한 것으로 보아 그 성질상의 차이를 인정하는 것으로 본다

(2) 미비한 현행제도의 보완책

① 전통적 제도의 보강

전통적인 제도로는 비대체적 작위의무나 부작위의무에 대한 강제이행수단이 미비하다. 이에

대해서는 집행벌이나 직접 강제제도가 있으나 일반적 규정이 없어 시행에 많은 문제점을 보이고 있다.

② 행정의무의 사법적 강제성

행정상의 강제제도가 미비한 우리나라나 일본의 경우 민사상의 강제집행수단의 활용에 대한 진지한 모색이 있다. 하지만 다수설은 부정적이다.

③ 즉시강제의 재검토 및 행정조사의 분립

종래 행정강제의 하나인 「즉시강제」도 협의의 즉시강제와 구별되는 「즉시집행또는 행정조사 개념의 등장으로 개념의 재조정이 시도되고 있다.

3) 행정의 실효성 확보수단 개관

- 전통적 수단
  - 행정벌
    - 행정형벌
    - 행정질서벌
  - 행정강제
    - 행정상의 강제집행
      - 대집행
      - 강제징수
      - 집행벌
      - 직접강제
    - 행정상의 강제집행
      - 경찰관 직무집행법상의 즉시강제
      - 개별법상의 즉시강제
- 새로운 실효성 확보수단
  - 금전벌
    - 가산세
    - 가산금
    - 과징금
    - 부당이득세
  - 공급거부
  - 공표
  - 관허사업 제한
  - 차량 등의 사용금지
  - 세무조사
  - 해외여행 제한
  - 수익적 행정행위의 철회

2. 행정강제

1) 의의

행정강제란 행정목적을 달성하기 위하여 사람의 신체 또는 재산에 실력을 가하여 행정상 필요한 상태를 실현하는 작용이다.

(1) 행정강제는 실력을 행사는 권력적 사실행위로써 법률효과를 수반하지 아니한다. 이 점에서 법적 행위인 행정행위와 구별된다.

(2) 행정강제는 행정상 필요한 상태를 실현하여 직접 행정목적을 달성하는 행위이다. 이 점에서 과거의 행정상의 의무위반에 대하여 제재를 가하여 심리적 강제를 행함으로써 의무이행을 간접적으로 확보하는 행정벌과 다르다.

(3) 행정강제에는 그 속에 수인의무가 내포되어 있으므로 상대방이 이에 저항할 수 없다.

(4) 행정강제는 자력집행력의 성질을 가진다. 따라서 사법상 의무인 법원에 의한 민사상의 강제집행과 다르다.

2) 행정강제의 종류

행정강제란 행정상 의무의 불이행을 전제로 하느냐의 여부에 따라 다음 두가지로 나누어진다.

(1) 행정상 강제집행

이미 과하여진 행정상 의무의 불이행이 있을 때에 행정청이 실력으로써 그 의무를 이행시키거나 또는 그것이 이행된 것과 같은 상태를 실현하는 작용이다.

(2) 행정상 즉시강제

목전에 급박한 위해를 제거할 필요가 있는 경우에 의무를 명할 시간적 여유가 없거나 성질상 의무를 명하여서는 목적달성이 곤란한 경우에 직접 국민의 신체 또는 재산에 실력을 가하여 행정상 필요한 상태를 실현하는 작용을 말한다.

3. 행정벌

1) 행정벌의 의의

행정벌이란 행정법상의 의무위반(과거의 비행)에 대하여 일반통치권에 근거하여 과하는 제재로서의 벌을 말한다. 행정벌은 직접적으로는 과거의 의무위반에 대하여 제재를 가함으로써 행정법규의 실효성을 확보함을 목적으로 하지만, 간접적으로는 이를 통해 의무자에게 심리적 압박을 가하여 의무자의 행정법상의 의무의 이행을 확보하는 기능도 아울러 가진다. 행정벌이 과하여지는 비행을 행정범이라 한다.

2) 행정벌의 성질

행정벌은 행정법상의 의무위반에 대하여 일반통치권에 기하여 제재로서 과하는 처벌이라는 점에서 행정강제 · 징계벌 · 집행벌 · 형사벌과 구별된다.

(1) 징계벌과의 구별

징계벌은 특별행정법관계에 있는 자에 대해 특별권력의 발동으로서 과하여지는 점에서 일반권력관계에 기초하는 행정벌과 구별된다. 양자는 그 목적, 대상, 처벌의 권력적 기초가 다르므로 일사부재리의 원칙(헌법 제13조)이 적용되지 않는다. 즉 병과가 가능하다.

(2) 집행벌(이행강제금)과의 구별

① 집행벌이란 행정법상의 의무의 불이행에 대하여 장래의 그 이행을 강제하기 위하여 과하는 금전벌로서, 행정상 강제집행의 한 방법이다. 이에 대하여 행정벌은 과거의 의무위반에 대한 제재라는 점에서 집행벌과 구별된다.

② 집행벌과 행정벌의 공통점

의무위반에 대한 제재나 의무불이행을 강제하는 수단으로 금전벌(과태료)을 가함으로써 본래의 의무이행을 확보하고자 하는 간접적 강제수단이라는 점에서 공통된다.

(3) 행정강제와의 구별

행정강제는 행정목적을 직접 실현한다는 점에서, 과거의 의무위반에 대한 제재인 행정벌과 다르다.

(4) 형사벌과의 구별

형사벌이란 법규의 규정을 기다릴 것이 없이 반사회성 · 반도덕성 · 죄악성을 띤 행위를 일반 통치권에 기하여 제재로서 과하는 처벌(자연범)인데, 행정범은 행위의 성질 자체는 반윤리성, 반사회성을 갖는 것은 아니나 특정한 행정목적의 실현을 위한 국가의 제정법을 침해한 법정범이라는 점에서 차이를 나타낸다. 오늘날 행정벌(행정범)과 형사벌(형사범)의 구별은 상대화해 가는 추세에 있다.

행정벌과 집행벌

구분	행정벌	집행벌
분류	행정벌	행정강제
성질(목적)	과거의 의무위반에 대한 제재	의무불이행에 대한 장래의 의무이행확보
일사부재리의원칙(기판력)	적용(행정형벌의 경우)	적용되지 않는다.
반복부과	할 수 없다	할 수 있다
원칙적 권한자	법원	처분청
사후부과	의무위반사실만 있으면 가능	의무이행기간 경과 후 집행전 의무이행하면 불가능

행정벌과 형사벌

구분	내용	행정벌 (여기서는 주로 행정형벌)	형사벌
	피침해이익의 성질	행정위반의 반행정행위	일반적 법익침해
	피침해규범	문화와 무관한 규범위반 행위(법정범)	문화규범 위반 행위(자연법)
구별	생활질서차이	파생적 생활질서위반	국가적 · 사회적 생활질서상, 기본적 생활질서위반
	윤리적 기준 (상대적 구별설의 견해)	비교적 반윤리성이 적다	반윤리적 행위
	형식	재판규범과 행위규범	재판규범
공통법	① 죄형법정주의가 적용된다. ② 형법총칙이 적용된다. ③ 법원에 의하여 처벌된다(형사소송절차에 의한다) ④ 원칙적으로 형사소송법이 적용된다. ⑤ 과거의 비행에 대한 제재이다.		
관계 (병과 여부)	① 행정벌(행정형벌)과 형사벌은 병과할 수 없다(다수설) ② 행정벌 중 행정질서벌과 형사벌은 병과할 수 있다.(판례) ③ 행정형벌과 행정질서벌은 병과할 수 없으나 제재적 행정처분의 병과는 가능하다.		

3) 행정벌의 종류

행정벌은 처벌내용에 따라 행정형벌과 행정질서벌로 나누어진다.

(1) 행정형벌

행정형벌이란 형법에 형명이 있는 형벌을 원칙적으로 형사소송법의 절차에 의하여 과하는 것을 말한다. 형법에 형명이 있는 형벌이란 사형 · 징역 · 금고 · 자격상실 · 자격정지 · 벌금 · 구류 · 과료 및 몰수를 말한다(형법 제41조). 원칙적으로 형법총칙이 적용되나 형사범을 규정한 형법각칙은 적용되지 않는다. 이에 대해서 예외적인 과벌절차로서 즉결심판절차 또는 통고처분절차 등이 인정되고 있다.

(2) 행정질서벌

행정벌로써 과태료를 과하는 경우를 행정질서벌이라고 한다. 이 경우 과벌절차는 특별한 규정이 없는 한 비송사건절차법에 의한다. 행정질서벌은 국가가 과하는 경우와 지방자치단체가 과하는 경우로 구분되며, 양자간에 여러 가지 차이가 있다.

4. 행정상의 실효성 확보를 위한 기타수단

1) 새로운 수단의 등장배경

새로운 종류의 실효성 확보수단이 등장하게 된 배경은 행정강제나 행정벌과 같은 전통적인 수단만으로는 오늘의 행정현실에 충분히 대응할 수 없다는 점과 행정상 의무이행의 확보와 관련된 행정법이 정비되어 있지 않은 데 있다.

2) 새로운 수단의 성격

행정의 실효성확보를 위한 새로운 수단의 성격에 관하여는 그것을 행정상의 제재수단의 일종으로 보는 견해와 새로운 의무이행 확보수단으로서 규정짓는 견해로 나누어져 있다. 그러나 전자 역시 행정벌을 포함한 행정상의 제재가 "간접적 의무이행 확보수단"으로서 기능하는 점을 인정하고 있는 점에서 양자간에 근본적인 견해차이가 있는 것은 아니다(대체적으로는 행정벌에 가까운 것으로 본다.)

새로운 수단으로는 과징금, 공급거부, 명단공표, 관허사업의 제한 등이 있다.

제13절 행정구제법

1. 개설

1) 행정구제의 의의

행정구제란 행정작용으로 인하여 권리 · 이익을 침해당한 기관에 대하여 그 작용의 취소 · 변경 및 손해전보를 요구하는 절차(사후구제)와 행정작용의 적법 타당성을 기하고, 국민의 권익침해를 예방하기 위하여 행정작용을 행하기 전에 진행되는 절차(사전구제)를 총칭하는 말이다.

- 행정구제
  - 사전적 구제
    - 행정절차
    - 청원
    - 옴부즈만 제도
  - 사후적 구제
    - 행정상 손해전보
      - 침해가 적법하면 – 손실보상
      - 침해가 위법하면 – 손해배장
    - 행정쟁송
      - 법원이 심판하면 – 행정소송
      - 행정청이 심판하면 – 행정심판

행정구제를 통하여 국민에 대한 권리구제의 길이 마련되어 있어야 법치주의가 실질적으로 구현되고 있다고 볼 수 있다. 행정구제제도는 관점을 달리하면 행정주체측과 상대방간의 이해조정, 즉 공익과 사익간의 이해조정을 위한 제도로 볼 수 있다. 행정구제법의 영역에서 행정주체측과 상대방은 항상 대립하는 것은 아니다.

2) 행정구제의 종류

(1) 사전적 행정구제

① 행정작용이 행하여지기 전에 행정기관과 국민과의 사이에 진행되는 절차를 말한다. 이에 해당되는 것으로서 영 · 미에서 발달하고 독일 등에 계수된 행정절차가 있다.

② 우리나라에서는 행정절차에 관한 일반법이 있다.

(2) 사후적 행정구제

① 사후적 행정구제란 위법 · 부당한 행정작용으로 인하여 권리침해가 행하여진 이후의 구제제도로서 이것이 우리나라 행정구제제도의 중심이 되어 있다. 행정구제법의 내용은 행정쟁송과 재산상이 손해전보 등으로 나누어졌다.

② 행정쟁송에는 행정심판과 행정소송이 있는 바, 전자는 행정기관이 이를 심리 · 판단하는 제도이며 후자는 심리 · 판단하는 권리구제제도이다.

③ 행정상 손해전보는 행정작용으로 인하여 국민에게 가하여진 정신적 · 경제적 손해를 회복시켜주는 권리구제제도이다. 행정상의 손해전보는 행정에 의한 재산권 침해의 적법여부와 따라 행정상의 손해배상과 손실보상으로 나누어짐이 보통이다.

2. 행정상 손해전보

1) 행정상 손해배상

(1) 의의

행정상 손해배상이란 공무원의 직무상 불법행위나 공공의 영조물의 설치 · 관리의 하자로 인하여 국민에게 손해가 발생한 때에 국가나 지방자치단체가 그 손해를 배상하는 것을 말한다. 우리나라에서는 국가배상법이 이에 관한 일반법으로 되어 있으므로 국가배상이라고도 불려진다.

(2) 행정상 손실보상과의 관계

① 양자의 차이

행정상 손해전보제도에는 위법한 행정작용에 의하여 사인의 이익이 침해된 경우 에 있어서의 구제수단인 소해배상제도와 적법한 행정작용에 의하여 사인의 이익이 침해된 경우에 있어서의 구제수단인 손실보상제도가 있다.

㉠ 전통적 논의

전통적으로 행정상 손해배상은 행정상 손실보상과 구별되어 왔는데 전자의 위법의 요건을 갖춘 행정작용에 대해 민법상의 불법행위책임을 행정법에 도입하여 인정되는 것으로서 개인주의적 법사상에 기초한 도덕적 책임주의를 기초원리로 하여 인정된 것이다. 이에 반하여 후자는 적법한 행정작용에 대하여 단체주의적 법사상과 사회적 공평부담주의에 기초하여 인정되는 제도로서 이해되었다.

㉡ 새로운 논의

그러나 오늘날은 양 제도를 통합적으로 고찰하려는 견해가 강하게 주장되고 있다. 행정상 손해배상의 주체로서의 국가는 인격을 갖지 못하므로 전통적인 주장처럼 도의적 책임주의에 있어서의 무과실책임주의(국가배상법 제5조) 및 범죄피해구조제도(헌법 제30조)등은 '손해 있는 곳에 국가의 배상책임이 있다'는 원칙을 확인하는 것으로서 불법행위로 인한 손해배상의 이론과 적법행위로 인한 손실보상의 이론과의 구별을 무의미하게 하고 있다는 점을 그 이유로 들고 있다. 그러나 이 둘은 일원화되는 것이라고는 볼 수 없다. 특히 우리나라는 무과실책임주의의 진행이 늦고 양자가 각각 다른 실정법적 근거와 원리에 입각하고 있다.

② 양자의 융합화 경향

이처럼 국가배상과 손실보상은 오늘날에는 이론 · 제도상으로 그 양자의 접근을 시도하려는 노력이 활발하게 전개되고 있다. 그러나 양자의 구별이 없어진 것은 아니다.

(3) 민사상 손해배상과의 구별

공권력 행사로 인한 손해배상은 초기에는 주권면책 등의 이유로 국가 자신이 그 책임을 지지 아니하고 가해자인 공무원이 개인적으로 민사책임을 지는데 그쳤다. 그러나 오늘날 국가배상법이 공공의 영조물의 설치 · 관리로 인한 손해배상에는 그 점유자의 면책이 인정되지 아니한 것은 민사상의 손해배상과는 구별되는 점이다.

(4) 우리나라의 행정상 손해배상제도

행정상 손해배상제도에 대한 법적 근거로 헌법과 국가배상법이 있다.

① 헌법 제29조

우리나라 헌법 제29조 1항은 "공무원의 직무상 불법행위로 손해를 받은 국민은 법률이 정하는 바에 따라 국가 또는 공공단체에 정당한 배상을 청구할 수 있다. 이 경우 공무원 자신의 책임은 면제되지 아니한다"고 규정하여 공무원의 직무상 불법행위로 인한 손해에 대한 국가배상책임의 헌법적 보장을 명백히 하였다.

② 국가배상법

㉠ 행정상 손해배상의 일반법으로는 국가배상법이 제정되었다.

국가배상법 제8조는 "국가 또는 지방자치단체의 손해배상의 책임에 관하여서는 이 법의 규정에 의한 것을 제외하고는 민법의 규정에 의한다. 다만 민법 이외의 법률에 다른 규정이 있을 때에는 그 규정에 의한다"고 하여 동법이 행정상 손해배상에 관한 일반법임을 명시하고 있다.

㉡ 국가배상법의 내용

국가배상법은 공무원의 직무책임(제2조 등) 외의 영조물의 하자책임(제5조 등)에 관해서 배상기준 및 배상절차 등 세부적인 사항에 관해서도 상세한 규정을 두고 있다(제3조 이하).

국가배상법의 내용

국가배상법에 명문의 규정이 있는 것	국가배상법에 명문의 규정이 없는 것
① 과실책임주의 (제2조) ② 무과실책임주의 (제5조) ③ 국가배상법 적용순의 (제8조) ④ 외국인에 대한 상호보증주의 (제7조) ⑤ 군인 등에 대한 이중배상금지원칙 ⑥ 국가배상법에 규정이 없을 때 민법준용 ⑦ 생명 · 신체로 인한 손해배상청구권의 양도 · 압류 금지	① 과실상계 ② 행정소송 제기 ③ 소의 병합제기 ④ 소멸시효기간 (손해배상청구권의 소멸시효를 3년으로 보는 것은 민법을 준용한 결과이다)

직무행위로 인정한 경우	직무행위성을 부정한 경우
① 교도소 내에서의 사형(死刑,lynch) ② 상관의 명에 의한 이사짐 운반 ③ 비번중인 경찰관의 불심검문 ④ 수사도중의 고문행위 (권인숙 성고문사건, 김근태 고문사건) ⑤ 휴직중인 공무원의 위생검열 ⑥ 수사 중 피의자 소지품의 불법영득 ⑦ 직무수행 중 수뢰행위 ⑧ 허위의 인감증명 발급행위(공증행위) ⑨ 훈계권 행사로서의 기합행위 학군단 소속차량의 교수장례식 참여운행	① 개인적 원한에 의한 총기사고 ② 압류중이 절도행위 ③ 휴가중의 폭력행위 ④ 퇴근 후 음주난동행위 ⑤ 부대이탈 후 민간인 사살 ⑥ 휘발유 불법처분중의 발화사고 ⑦ 고참병 훈계살인 ⑧ 군의관의 포경수술

③ 국가배상법의 성격

㉠ 사법설 (판례의 입장)

이 설에 의하면 국가배상법은 민법의 특별법으로서 같은 사법체계에 속하는 법이라 한다. 사법설을 취하는 경우 그 청구권은 사권으로 보게 된다. 소송실무상으로는 사법설에 입각하여 국가배상청구사건을 통상의 민사소송사건으로 다루고 있다.

㉡ 공법설 (다수설)

공법설은 민법과 국가배상법 사이에는 일반법과 특별법의 관계가 성립될 수 없다고 본다. 즉 공법적 원인에 의해 발생한 손해에 대한 배상을 규율하는 국가배상법은 성질상 공법이며 그 청구권은 공권이라는 것이다. 따라서 국가배상에 관한 소송은 공법상의 당사자 소송으로서 행정소송의 적용이 있어야 할 것이다.

국가배상법과 국가배상청구권

구분	국가배상법의 성질	청구권	소송
학설(다수설)	공법설	공권	행정소송(당사자소송)
판례	사법설	사권	민사소송

2) 행정상 손실보상

(1) 행정상 손실보상의 개념

행정상 손실보상이란 공공필요를 위한 적법한 공권력의 행사에 의하여 개인의 재산에 가하여진 특별한 희생에 대하여, 전체적인 공평부담의 견지에서 이를 조절하기 위하여 행하는 재산적 보상을 의미한다.

① '적법한 행위'로 인한 손실의 보상

행정상 손실보상은 적법한 공권력 행사라는 점에서 위법한 공권력행사의 경우인 행정상 손해배상제도와 구별된다.

② 적법한 '공권력 행사'로 인한 손실보상

행정상 손실보상은 그 원인이 공권력 행사에 의한 경우만 대상이 되므로 사법적 성질을 가지는 공공용지의 임의매수와 같은 비권력적 행정작용은 손실보상의 원인행위에서 제외된다. 손해배상의 원인행위에는 국고행위를 제외하고 비권력적 관리작용도 포함된다. 손실보상의 원인은 언제나 적법한 국가적 공권의 행사이며 정당한 권한행사에 의하여 가하여진 손실에 대한 보상이므로 그것은 당연히 공법적 성질을 가지면 그 보상의무도 공법상의 의무이다.

③ 사인의 '재산권 행사의 제약'에 대한 손실보상

손실보상을 위해서는 공권력 행사로 인해 사인의 재산권 행사에 제약 또는 침해를 하는 결과가 나타나야 한다. 헌법은 제23조 제3항에서 재산권의 수용 · 사용 또는 제한행위를 재산권 제약행위의 유형으로서 명시하고 있다. 공용침해라는 용어를 사용하기도 한다.

④ 행정상 손실보상은 특별 · 우연한 희생에 대한 보상이다.

특별한 희생이란 손실을 받는 자가 특정 또는 한정되어 있고 일반인의 재산권에는 부과되지 아니하는 손실을 말한다. 일반인의 재산권에 부과되는 제약은 사회적 제약이라고 보아서 여기에는 보상을 하지 아니한다. 또한 우연한 희생이란 몰수 압류 등과 같이 자기에게 귀책사유 등 필연적인 이유가 있어서 손실을 받는 것이 아니라 우연히 그 때의 공공필요를 충족시킬 수 있는 위치에 있기에 손실을 받게 되는 것을 말한다.

⑤ 행정상 손실보상은 공평부담의 견지에서 행하는 조절적 보상이다.

이것은 특정인의 손실 위에 일반인이 권익을 얻는 것을 의미하므로 이것을 그대로 방치하면 공적 부담에 있어서의 평등과 사회정의에 어긋난다. 따라서 일반인이 낸 세금으로 특별한 희생자에게 그 손실을 메워주는 것이다.

손해배상과 손실보상

구분	손해배상	손실보상
본질	위법한 행정작용에 대한 구제이다.	적법한 행정작용에 대한 구제이다.
기초이념 및 책임	개인주의에 입각한 도의적과실책임주의에 기초한다	단체주의에 입각한 전체적(사회적)공평부담 사상과 무과실책임주의에 기초한다.
헌법적 근거	헌법 제29조	헌법 제23조
일반법(법률)의 존재	있다(국가배상법)	없다
청구권의 성질	• 다수설 – 공권설(채권적 성질) • 판례 – 사권설(양도 · 압류 금지)	• 다수설 – 공권(채권적성질) • 판 례 – 사권설(양도 · 압류가능)
청구권의 발생원인	• 위법 유책(고의 · 과실)한 공무원의 직무상 행위 • 영조물의 설치관리상의 하자(무과실책임)가 원인이다.	공권력의 적법, 무책한 행사에 따른 사유재산에 가하여진 특별한 희생에 의한 손실이다.

구분	손해배상	손실보상
보상기준	공무원의 직무상 가해행위나 영조물의 하자와 상당인과관계에 있는 모든 손해이다	정당한 보상이 원칙이다. (정당한 보상은 원칙적으로 완전보상이나 상당보상도 가능하다)
기준시기	불법행위를 기준으로 한다	협의시나 재결시의 가격을 기준으로 한다 (토지수용법)
보상내용	재산 · 신체 · 정신 · 생명	재산(만)
전보방법	금전배상이 원칙이다	원칙적으로 금전보상이 인정되나 예외적으로 채권, 현물매수 보상이 가능하다
청구절차	배상심의회의결정(임의절차) → 배상소송	협의 불성립 → 재결(불복) → 행정소송
책임자	• 헌법–국가 · 공공단체 • 법률–국가 · 지방자치단체	기업자

(2) 손실보상청구권의 성질

① 공권설

행정상 손실보상은 적법한 공권력이 행사로 입게 된 특별한 희생에 대한 보상이기 때문에 공권력발동과 관련된 것으로 이에 법률관계는 공법관계이며 따라서 보상청구권도 공법상의 권리라 한다. 이것이 우리나라의 통설이다. 공권설에 의하면 이것에 관한 소송은 행정소송으로서 형식적 당사자소송에 의하게 될 것이다. 판례도 토지수용법에 의한 보상금 증감청구소송을 행정소송으로 본 적도 있다.(대판1993.5.25, 92누15772)

② 사권설

손실보상의 원인행위가 공법적인 것이라 하더라도 그에 대한 손실보상 자체는 당사자의 의사 또는 법률의 규정에 의거한 사법상의 채권 · 채무관계로 보아, 손실보상청구권을 사법상의 권리로 보는 견해이다. 이설에 의하면 그에 관한 소송은 당연히 민사소송에 의한다. 대법원은 일반적으로 사권설의 입장을 취하고 있다.

손실보상청구권의 성질

구분	성질	권리	구제
학설 (통설)	공법관계	공권설	행정소송(형식적당사자 소송)
판례 (대판)	사법관계	사권설	민사소송

〈판례〉

하천법 부칙 제2조 제1항 소정의 손실은 사법상의 권리에 대한 손실을 본질적 내용으로 하는 것으로서 국가 등에 대하여 위 조항 소정의 손실보상금의 지급을 구하는 권리는 사법상의 권리이고 이의 지급을 구하는 소송은 민사소송이라 할 것이다. (대판1991.4.26, 96다8978, 1969.5.19, 67다2038)

(3) 행정상 손실보상의 요건

행정상 손실보상의 원인은 헌법 제23조 3항이 규정한 '공공필요에 의한 재산권의 수용 · 사용 또는 제한'이다. 그러나 헌법의 동조항이 규정한 요건 외에 손실보상청구권의 성립을 위한 구체적 요건을 규정한 일반적 규정은 없고 다만, 개별법에서 규정하고 있을 뿐이다.(공익사업을위한토지등의취득및보상에관한법률이 체계화를 시도하고 있지만 아직은 일반법으로 인정하기 어렵다). 이 점은 행정상 손해배상에 있어서 일반법인 국가배상법이 존재한다는 것과 다르다.

(4) 행정상 손실보상의 기준

① 보상기준에 관한 학설

㉠ 완전보상설

손실보상은 피침해재산을 침해 전후를 비교하여 경제적 가치에 있어서 증감이 없도록 완전히 보상하여야 한다는 견해가 이 설이다. 다시 여기에도 부대적 손실을 포함한 손실의 전부를 보상하여야 한다는 손실전부보상설과 손실보상은 피침해재산의 거래가격에 따른 객관적 가치를 완전히 보상하면 되고 부대적 손실까지 보상할 필요가 없다는 객관적 가치보상설이 있다. 손실전부보상설이 다수설이다. 우리나라의 공익사업을위한토지등의취득및보상에관한법률이 보상액의 기준을 인근토지의 거래가격으로 한 점, 사업시행으로 인한 이익과 손실과의 상계금지, 잔지보상 등을 규정한 것은 완전보상의 원칙의 표현으로 볼 수 있다. 판례와 헌법재판소의 입장이기도 하다.

〈판례〉

과수목이 기술적인 면에서 이식이 가능하다 하더라도 경제적으로 이식가능 연령을 초과하여 이식이 불가능하다면 이전료를 보상하고 이전케 할 것이 아니라 동종물건의 인근에 있어서의 거래가액 등을 고려한 적정가격을 보상하고 수용하여야 할 것인 바, 적정거래가격보다 더 적은 이전료를 보상하고 이전케 한 수용재결처분은 위법하다. (대판1984.5.29, 83누638)

㉡ 상당보상설

손실보상은 오늘날 복지주의에 따라 개인의 이익과 사회의 이익을 정당히 비교형량하여 합리적인 조화를 이룬 보상이어야 한다는 것이 상당보상설이다. 사회정의의 실현을 위하여 합리적인 이유가 있으면 완전한 보상을 하회하는 보상도 가능하며 침해행위에 부수하는 손실, 즉 영업상 손실 · 이전료 · 원상복귀 · 기타 생활보상 등 완전한 보상을 상회하는 보상도 가능하다고 본다. 생활보상이 그 표현이다. 입법예로서는 바이마르헌법, 우리나라 제1공 · 제2공 및 제5공화국헌법도 여기에 해당된다.

② 우리나라 헌법 및 법률이 정한 보상기준

㉠ 헌법상의 보상기준

현행헌법(제6공화국헌법) 제23조 3항은 "공공필요에 의한 재산권의 수용 · 사용 또는 제한 및 그에 대한 보상은 법률로서 하되 정당한 보상을 지급하여야 한다"고 규정되어 있다. 따라서 우리 헌법은 명문으로「정당한」보상을 그 기준으로 하고 있다. 이 때의 정당한 보상의 의미는 원칙적으로는 완전보상을 하나 경우에 따라서는 완전보상을 상회하는 생활보상이나 완전보상을 하회하는 보상도 할 수 있는 것으로 본다. 공익사업을위한토지등의취득및보상에관한법률 제67조는 ⓐ 보상액의 산정은 협의에 의한 경우에는 협의성립 당시의 가격을 재결에 의한 경우에는 수용 또는 사용의 재결 당시의 가격을 기준으로 한다. ⓑ보상액의 산정에 있어서 당해 공익사업으로 인하여 토지 등의 가격에 변동이 있는 때에는 이를 고려하지 아니한다라고 하여 원칙적으로 재결 당시의 시가에 의한 재산권의 보상(시가보상, 완전보상)을 규정하고 있으면서, 다른 한편으로는 부대적 손실의 보상(상당보상, 생화보상)도 규정하고 잇다. 즉 잔여지 보상, 매수 및 수용청구, 영업의 손실보상, 이주대책 등을 규정하여 시가를 상회하는 보상의 근거를 마련하고 있다.

㉡ 법률상의 보상기준

오늘날의 개별법 사이의 모순 또는 저촉을 방지하고 법체계의 통일성을 확보하기 위하여 생긴 단일화의 입법추세의 반영의 하나로서 공익사업을위한토지등의취득및보상에관한법률이 제정되었다. 과거의 토지수용법(판례는 공법으로 봄)과 공공용지의취득및손실보상에관한특례법(판례는 사법으로 봄)을 단일화한 통합법인 공익사업을위한토지등의취득및보상에관한법률은 완전보상의 원칙에 관한 규정과 상당보상에 대한 규정을 함께 규정하고 있다.

③ 현행법상 보상의 주요원칙

㉠ 정당한 보상이 원칙

우리 헌법이 '정당한 보상'이란 원칙적으로 완전한 보상을 해주어야 하지만 경우에 따라서는 완전보상(시가보상)을 하회하거나 상회하는 생활보상까지 해주어야 하는 것으로 해석할 수 있다.

㉡ 개발이익의 배제

국민의 부담으로 이루어진 공공사업으로 인하여 지가 등이 상승한 경우에 그 개발이익을 보상에서 배제할 필요가 있다. 개발이익 환수에 관한 법률이나 과거의 국토이용관리법상의 개발부담금 그리고 헌법불합치결정으로 폐지된 토지초과이득세징수및토지초과이득세법 등은 이 원칙을 구현하기 위한 제도였다. 헌법재판소도 구 토지수용법상의 공시지가제가 개발이익의 배제를 위한 취지의 규정이라는 전제하에 동 규정이 헌법상 정당보상의 원칙 및 평등의 원칙에 반하는 것은 아니라고 판시하였다.

㉢ 생활보상의 원칙

댐의 수몰로 마을 전부가 수몰하는 경우와 같이 전래의 거주지를 떠나 생활을 재건해야 하는 경우에는 객관적가치의 보상이 아니라, 그것 외에도 삶의 기본터전을 마련해주어야만 보상의 의미가 있는 경우가 있다. 헌법 제34조 제1항의 인간다운 생활을 할 권리가 헌법적 근거가 되고 이를 구체화하는 규정들이 공익사업을위한토지등의취득및손실보상에관한법률 등에 있다. 이 원칙은 현행법상의 원칙이긴 하지만 특별한 경우에만 적용되는 원칙일 뿐 일반적 · 원칙적인 형태는 아니다.

4. 행정상 쟁송

1) 행정상 쟁송의 의의

행정상 쟁송이란 법치주의 원칙에 대하여 행정상 법률관계에 대한 분쟁이 있을 경우에 이해관계있는 당사자로부터 쟁송제기에 의하여 국가기관이 이를 심리 · 판단하는 절차를 말한다.

2) 행정쟁송의 분류

이러한 행정쟁송은 그 기준에 따라 여러 가지로 분류된다.

(1) 정식쟁송과 약식쟁송

정식쟁송은 심리절차에 있어서 당사자에 구술변론의 권리가 보장되고 그 판정기관이 쟁송당사자와 이해관계없는 제3자의 지위에 있는 등 분쟁의 공정한 해결을 위해 절차적으로 보장되고 있는 쟁송 유형을 말한다. 행정소송이 이에 해당한다. 약식쟁송은 이러한 여건을 갖추고 있지 못한 쟁송을 말하며 행정심판이 이에 해당한다.

(2) 항고쟁송과 당사자쟁송

항고쟁송은 이미 행하여진 처분의 위법이나 부당을 다투어서 그 취소나 변경을 구하는 쟁송을 말한다.

당사자쟁송은 서로 대립하는 대등 당사자 상호간의 법률관계의 형성이나 존부를 다투는 쟁송을 말하며 토지수용법상의 재결이나 행정소송법상의 당사자소송이 이에 해당한다.

(3) 시심적 쟁송과 복심적 쟁송

시심적 쟁송은 행정법관계의 형성이나 존부에 관한 1차적 행정작용 자체가 쟁송의 형식을 거쳐 행하여지는 경우의 절차를 말한다. 당사자쟁송과 형식적 쟁송이 이에 속한다.

복심적 쟁송은 이미 행하여진 행정기관의 처분의 위법이나 부당을 다투어서 이의 재심사를 구하는 쟁송을 말한다. 항고쟁송이 이에 해당한다.

(4) 주관적쟁송과 객관적쟁송

주관적 쟁송은 쟁송 당사자의 개인적 권익의 구제를 목적으로 하는 것으로 행정법규의 객관적인 적정성의 확보나 타당성 확보를 이유로 하여 인정되는 쟁송 유형을 말한다. 통상적인 행정쟁송의 경우가 이에 해당한다.

객관적 쟁송은 공익의 보호를 주된 목적으로 하는 것으로서 행정법규의 객관적인 적정성의 확보나 타당성 확보를 이유로 하여 인정되는 쟁송 유형을 말한다. 법률에 의하여 이러한 쟁송 유형이 마련되고 있는 경우에만 그 제기가 인정된다.

(5) 행정심판과 행정소송

행정심판은 행정법상의 분쟁에 대하여 행정기관이 스스로 심리하고 판정하는 쟁송절차를 말하며 행정소송은 법원이 주체가 되어 행정법상의 분쟁을 해결하는 절차를 말한다.

(6) 실질적 쟁송과 형식적 쟁송

① 실질적 쟁송

행정작용이 국민의 권리를 침해했을 경우에 피해자의 쟁송제기로 그 분쟁을 해결하는 절차를 말한다. 이것은 권리침해 이후의 사후구제절차라는 점에서 사후적 절차라고도 한다.

② 형식적 쟁송

행정상 법률관계에 관한 분쟁을 실질적으로 해결하기 위한 것이 아니라 행정작용의 위법 · 부당성을 피하고 그 신중과 공정을 기함으로써 장차에 있어서 분쟁의 발생을 예방하기 위하여 형식상 분쟁해결의 절차를 거치는 것을 말한다. 이것은 행정작용이 국민의 권리를 침해하기 전에 그것을 예방하기 위하여 행하여지는 사전적 절차로서 경찰서장이 영업허가의 취소처분 등을 하려고 할 때에 경찰서장은 그 영업주에게 출두를 요구하여 청문을 행하여야 하며, 영업주는 청문에 있어서 자기를 위하여 변명하거나 증거를 제출할 수 있는 바 (고물상영업법 제25조, 전당포영업법 제28조, 약사법 제69조의2 참조) 강학상의 행정절차가 이에 해당한다.

행정쟁송의 종류

구별기준	종류	성격 · 특징
절차의 목적 · 시기 분쟁의 존재 여부	실질적 쟁송	① 의의 : 위법 · 부당한 행정작용으로 권리 · 이익을 침해된 자가 일정국가 기관에 이의를 제기하여 그 위법부당을 시정하고 이로써 침해된 권리이익의 회복을 구하는 절차이다. ② 성격 : 분쟁의 사후적 · 유권적 판정절차이다. ③ 사례 : 행정소송 · 행정심판
	형식적 쟁송	① 의의 : 공권력의 행사를 신중 · 공정히 하고 분쟁의 발생을 미연에 방지하기 위하여 행정기관이 공권력을 행사함에 있어서 밟아야 할 사전적 권리 구제절차 ② 성격 : 사전적 · 예방적 권리구제절차 ③ 종류 : 행정소송 · 행정심판

구별기준	종류	성격 · 특징
심판기관	행정소송	① 의의 : 법원이 판단의 주체인 쟁송이다. ② 성격 : 정식쟁송이다. ③ 우리나라는 사법국가주의이므로 일반법원의 관할이다.
	행정심판	① 의의 : 법원이 아닌 행정기관이 판단의 주체가 되는 쟁송이다. ② 성격 : 약식쟁송이다. ③ 우리나라는 사법국가주의가 원칙이지만 행정심판은 행정국가주의적 요소가 있다. ④ 종류 : 심판기관이 직근상급관청이면 – 행정심판 심판기관이 처분청이면 – 이의신청

행정쟁송절차의 내용

종류	심판기관	심리절차	사례
정식쟁송	완전히 독립한 지위	① 구술 변론주의 ② 당사자주의 ③ 공개주의 원칙	행정소송
약식쟁송	불완전한 독립	① 서면 구술병행주의 ② 비공개주의 ③ 직권주의 요소 강함	행정심판

쟁송의 대상과 목적 당사자 사이의 관계

	의의	단계	피고	사례
항고 쟁송	① 행정청이 우월한 지위에서 행한 처분의 취소 변경을 구하는 쟁송이다. ② 이미 존재하는 공권적행위(부작위포함)를 전제로 그 효력을 다투는 것이다. ※ 주의 : 처분의 공정력을 제거하는 소송이라고 설명하는 분도 있는데 그것은 취소소송이나 취소 심판의 경우에만 해당되는 말이다.	모두 복심적 쟁송이다	처분청(작위청 · 부작위청 등의행정기관) ※ 행정기관은 법인격이 없는데도 항고쟁송의 피고적격을 가지는데 이를 기관인력이라고 한다.	1. 행정심판 ① 취소심판 ② 무효등확인심판 ③ 의무이행심판 ④ 이의신청 2. 행정소송 ① 취소 변경소송 ② 무효등확인소송 ③ 부작위위법확인 소송
당사자 쟁송	① 양당사자가 대등한 지위에서 법률상의 분쟁을 다투는 쟁송이다. ② 대등한 당사자 간에 법률상의 다툼이 있는 경우에 일방당사자가 타방 당사자를 상대로 제3자인 심판기관에 심판을 구하여 제1차적 행정작용 자체가 쟁송의 형식에 의하여 행하여지는 것	제1심 당사자소송 (실질적 당사자소송)은 시심적 쟁송이다. ※ 항고쟁송은 모두(언제나)복심이지만 당사자쟁송은 언제나 시심인 것은 아니다.	행정주체(국가 지방자치단체 등) ① 공무원의 봉급 청구 ② 공법상 손실 보상 청구 ③ 공법상 계약에 관한 소송	① 행정심판(토지수용의)재결신청 ② 행정소송 중 당사자 소송

쟁송의 관계

구분	의의	성질	사례
복심적 쟁송	① 이미 이루어진 행위의 재심사절차로서의 쟁송이다 ② 이미 존재하는 행정작용을 전제로 하여 그것의 하자를 주장하는 자가 그에 대한 심판을 구하는 쟁송이다.	모든 항고쟁송과 상소에 의해 다투게된 당사자쟁송이 이에 해당한다.	① 행정심판법상의 행정심판 모두 ② 이의신청 ③ 행정소송법상의 항고소송 모두 ㉠ 취소소송 ㉡ 무효등확인소송 ㉢ 부작위위법확인소송
시심적 쟁송	① 법률관계의 형성 · 변경 등이 쟁송의 형식을 거쳐 판결로서 처음으로 이루어지는 경우의 쟁송이다. ② 법률관계의 형성 존부에 관한 1차적인 행정작용 그 자체가 쟁송의 형식에 의하여 정하여 지는 것이다.	당사자쟁송의 제1심 쟁송이 이에 해당한다.	① 행정심판(토지수용의)재결신청 ② 행정소송 중 실질적당사자소송

3) 행정심판

(1) 행정심판의 의의

① 개념의 정의

행정심판이란 행정기관에 있어서 심리 · 결정되는 쟁송을 말한다. 즉 행정상 법률관계의 형성이나 법률사실의 존부 · 정부에 대한 분쟁을 행정기관이 심리 · 판단하는 절차를 말한다. 실정법상으로 이의신청 · 심판청구 등의 용어로 사용되기도 한다.

㉠ 광의의 행정심판

광의의 행정심판이란 그 재결기관이 행정청이거나 법원이거나를 불문한다. 또한 재결절차가 정식절차냐 약식절차냐를 불문하고 행정상의 법률관계에 관한 분쟁의 해결절차를 총칭한다.

㉡ 협의의 행정심판

협의의 행정심판이란 행정조직 내의 특별기관이 행정상의 법률관계에 관한 분쟁을 재결하는 절차를 총칭한다. 종래에는 대륙법계 국가만의 특유한 제도였으나 오늘날에는 영미법계 국가에 있어서도 인정되고 있다.

② 행정심판의 이중적 성격

행정심판에는 대체로 두가지 성격을 가지고 있다고 하는 바, 하나는 심판작용성이며 다른 하나는 행정행위이다. 첫째 판단작용으로서의 행정심판은 준사법적 성질을 가지며 권리구제제도로서의 기능을 발휘할 수 있다. 둘째로 행정심판은 국가의 행정의사를 표현하고 행정목적을 실현하는 권력적 행위이므로 행정행위로서의 성격을 가진다.

행정심판의 성질

판단작용	사실의 인정과 법의 해석 · 적용이라는 재판에 준한 판단작용으로 준사법적 작용이다. 미국에서 사실문제는 행정청의 판단을 최종적인 것으로 본다.
행정행위(행정처분)	국가의 행정의사를 표현하고 행정목적을 실현하는 권력적 행위이다.
준사법적 행위	형식적 의미의 행정, 실질적 의미의 사법에 속한다.
비종심	법률적 쟁송에 관하여는 종심이 아니다.
종 심	부당(공익위반)에 관하여 종심이다.
약식쟁송	직권심리, 서면 · 구두 병행주의, 심판기관의 불완전한 독립 등을 특색으로 한다.
기타	① 대심적 구조 ② 주관적 쟁송(객관적 심판은 없다) ③ 항고쟁송의 원칙(예외적으로 당사자 심판이 있다) ④ 실질쟁송

(2) 행정심판의 종류

제4조 【행정심판의 종류】행정심판은 다음의 세 가지로 구분한다.

1. 취소심판 : 행정청의 위법 또는 부당한 처분의 취소 또는 변경을 하는 심판
2. 무효등확인심판 : 행정청의 처분의 효력 유무 또는 존재 여부에 대한 확인을 하는 심판
3. 의무이행심판 : 행정청의 위법 또는 부당한 거부처분이나 부작위에 대하여 일정한 처분을 하도록 하는 심판

① 취소심판

㉠ 의의

취소심판이란 행정청의 위법 또는 부당한 처분의 취소 또는 변경을 구하는 심판이다. 이 취소심판은 항고쟁송이며 행정심판 중에서 중심적인 위치를 차지한다.

㉡ 성질

취소심판의 성질에 관하여 형성적 쟁송으로 보는 견해와 확인적 쟁송으로 보는 견해가 있다. 형성적 쟁송설이 통설이다.

㉢ 재결

취소심판의 청구가 부적합한 것이거나 이유없다고 인정할 때에는 당해 심판청구를 각하 또는 기각하는 재결을 행한다(행정심판법 제32조 ①②) 다만, 심판청구가 이유있다고 인정하는 경우에도 이를 인용하는 것이 현저히 공공복리에 적합하지 아니하다고 인정할 때에는 그 심판청구를 기각하는 사정재결을 할 수 있다.(행정심판법 제33조①). 한편 취소심판의 청구가 이유있다고 인정할 때에는 형성재결이나 이행재결도 가능하다.

② 무효 등 확인심판

㉠ 의의

무효등확인심판이란 「행정청의 처분의 효력 유무 또는 존재 여부에 대한 확인을 하는 심판」을 말한다.(행정심판법 제4조 제2호) 그러나 행정처분이 무효인지 취소할 수 있는 것이지를 식별한다는 것은 쉽지 않으며 행정처분이 무효 또는 부존재인 경우에도 처분의 외관이 있기 때문에 행정청에 이하여 집행될 우려가 있다. 따라서 행정처분의 상대방이나 이해관계인은 행정행위의 존재여부 또는 그 효력의 무효에 대해 다툼이 있는 때에는 무효등확인심판이나 부존재확인심판을 받을 필요가 있다. 취소심판의 경우와는 달리 무효등확인심판은 청구기간의 제한을 받지 않는다. (행정심판법 제18조⑦). 한편 행정심판법은 무효등확인심판의 경우 사정재결에 관한 규정이 적요되지 않는다고 명시하고 있다.(행정심판법 제33조③)

㉡ 성질

무효등확인심판의 성질과 관련하여 학설은 무효등확인소송의 경우와 마찬가지로 확인적쟁송설 · 형성적쟁송설 · 준형성적쟁송설로 나뉜다. 통설인 준형성적쟁송설에 의하면 무효등확인심판은 무효 등을 확인 · 선고하는 점에서 실질적으로 확인적 쟁송의 성질을 갖지만 형식적으로는 행정주체가 우월한 지위에서 행한 처분 등의 유무를 직접 심판의 대상으로 하는 점에서 형성적 쟁송의 성질 또한 갖는 것으로 본다.

③ 의무이행심판

㉠ 의의

의무이행심판이란 「행정청의 위법 또는 부당한 거부처분이나 부작위에 대하여 일정한 처분을 하도록 하는 행정심판」을 말한다.(행정심판법 제4조 제3호) 예컨대 허가신청을 하였는데 위법 부당하게 이를 불허하는 경우에 거부처분을 취소하여 이전의 신청에 대한 허가를 요구하거나 부작위로 방치한 처분의 이행을 구하는 행정심판 등이 이에 해당한다. 거부처분에 대한 의무이행심판은 청구기간의 제한을 받으나, 부작위에 대한 의무이행심판은 그 제한을 받지 않는다.(행정심판법 제18조⑦)

㉡ 성질

의무이행심판은 행정청에 대하여 일정한 처분을 할 것을 명시하는 재결을 구하는 행정심판이므로 이행쟁송의 성질과 항고쟁송으로서의 성질을 가지므로 현재의 이행쟁송만이 가능하고 장래의 이행쟁송(민사소송법 제229조 참조)과 같은 것은 허용되지 않는다.

㉢ 재결

재결청은 심판의 청구가 이유있다고 인정할 때에는 지체없이 신청에 따른 처분을 하거나(처분재결, 형식재결), 처분청에게 그 신청에 따른 처분을 할 것을 명하는 재결을 한다(처분명령재결, 이행재결) (행정심판법 제32조⑤)

4) 행정소송

(1) 행정소송의 개념

행정소송이란 법원이 행정상 법률관계의 분쟁에 대하여 정식재판절차에 따라 이를 심리 · 판단하는 것을 말한다. 이를 분석하면 다음과 같다.

① 행정소송이란 공정과 신중성이 보장된 정식쟁송이다. 이 점에서 약식쟁송인 행정 심판과 구별된다. 행정소송은 정식쟁송이므로, ① 구두변론 · 대심주의 · 당사자주의 등의 절차가 마련되어 있고, ② 판정기간이 당사자로부터 독립된 중립적인 제 3자인 법원이다.

② 행정소송은 행정상 법률관계의 분쟁, 행정사건에 관한 쟁송이다. 그러한 점에서 행정소송은 헌법소송 · 형사소송 · 민사소송 등과 구별된다. 민사소송과 행정소송과의 구별은 구체적인 사건의 성질과 거기에 적용되는 법의 성질에 따라 판단할 수 밖에 없다.

행정소송과 행정심판의 공통점과 상이점

구분		공통점 및 상이점	
		행정소송	행정심판
심판범위	개괄주의 원치 채택	예외가 적다	예외가 많다
	불고불리의 원칙 채택	예외가 적다	예외가 많다
	예외적으로 직권조사를 허용하는 경우	민사에 대해서는 특성이 되나 행정심판보다는 적게 적용된다	가장 많다
쟁송대상 (법적 분쟁이 전제되는 경우)	① 사실문제 ② 법률문제	없음 (공통점)	
	③ 공익(재량위반)	원칙적 : 안된다 예외적 : 일탈 · 남용 등은 된다.	원칙적으로 된다
절차	① 실질적 쟁송 ② 주관적 쟁송 ③ 대심구조	없음(공통점)	
	④ 사법절차화 정도	정식쟁송:구두변론주의 당사자주의(처분권주의), 공개주의 원칙	약식쟁송 : 구술 · 서면 병행주의, 직권주의, 비공개주의
목적	권리구제 및 행정통제	권리구제에 더욱 치중	행정의 자율적 통제에 치중
쟁송제기 기간	취소쟁송의 경우 쟁송 기간 제한이 있다는 점	처분 등이 있음을 안 날로부터 90일 이내, 처분이 있은 날로부터 1년 이내	처분이 있음을 안 날로부터 90일, 처분이 있은 날로부터 180일 이내
판정범위	① 불이익 변경금지 원칙 적용 ② 불고불리의원칙적용 ③ 일정한 요건하에 청구취지 변경인정	없음(공통점)	
	④ 부작위에 대한 구제 수단 ⑤ 형성판결	부작위 위법확인 소송 소극적 형성판결만 인정(변경소송의 경우 일부변경만 인정)	이행심판 적극적 형성 · 소극적 형성판결 모두 인정
권력분립상의 한계		있다	없다

(2) 우리나라의 행정소송제도

역사적인 이유에 의한 아무런 제약이 없는 우리나라는 행정소송을 행정작용으로 보는 대륙형의 행정국가주의에 입각할 것이냐, 아니면 행정소송을 사법작용으로 보는 영미형의 사법국가 주의를 채택할 것이냐의 문제는 전적으로 헌법정책상의 결단에 맡겨졌다.

① 행정국가주의설에 의하면 사법은 민사소송과 형사소송만을 의미하여 이들만이 법원의 고유한 권한에 속한다. 따라서 행정소송은 성질상 행정작용이며 민·형사소송사건의 재판인 사법작용이 아니라는 견해이다. 우리나라에서 이러한 해석을 하는 분은 없다.

② 그러나 사법국가주의설은 행정소송도 민사·형사소송과 같이 당연하 사법작용에 포함되며, 따라서 행정재판도 통상의 사법재판소의 관할이 된다. 우리나라 헌법 제101조 제1항의 사법의 개념 속에는 민사·형사·행정·선거소송 등이 모두 포함되는 것으로 보아야 한다는 견해이다. 이 설이 다수설이다.

(3) 행정소송의 종류

제3조 (행정소송의 종류) 행정소송은 다음의 네가지로 구분한다(개정 88.8.5)

1. 항고소송 : 행정청의 처분 등이나 부작위에 대하여 제기하는 소송
2. 당사자소송 : 행정청의 처분등을 원인으로 하는 법률관계에 관한 소송 그 밖에 공법상의 법률관계에 관한 소송으로서 그 법률관계의 한쪽 당사자를 피고로 하는 소송
3. 민중소송 : 국가 또는 공공단체의 기관이 법률에 위반되는 행위를 한 때에 직 접 자기의 법률상 이익과 관계없이 그 시정을 구하기 위하여 제기하는 소송
4. 기관소송 : 국가 또는 공공단체의 기관 상호간에 있어서의 권한의 존부 또는 그 행사에 관한 다툼이 있을 때에 이에 대하여 제기하는 소송. 다만, 헌법재판소법 제2조의 규정에 의하여 헌법재판소의 관장사항으로 되는 소송을 제외한다.

① 성질에 의한 분류

㉠ 형성의 소

형성의 소는 법률관계의 변동을 일으키는 일정한 법률요건의 존재를 주장하여 그 변동을 선언하는 판결을 구하는 소이다. 따라서 형성판결을 새로운 행정법상의 법률관계를 발생케 하고 기존의 행정법상의 법률관계를 변경·소멸케 하는 판결이다. 형성판결은 이러한 의미에서 창설적 효력을 가진다. 항고소송 중 행정청의 위법한 처분 등의 소멸·변경을 구하는 취소소송이 이에 해당한다.

㉡ 이행의 소

이행의 소는 피고에 대한 특정한 이행청구권의 존재를 주장하여, 그 확정과 이에 기한

이행을 명하는 판결을 구하는 소이다. 행정청의 위법한 부작위에 대한 의무이행소송, 부작위청구소송이나 일정한 이행명령을 목적으로 하는 당사자 소송(일반이행소송)은 이행의 소에 속한다. 현행 행정소송법에서는 인정하고 있지 않다.

㉢ 확인의 소

확인의 소는 특정한 권리 또는 법률관계의 존재 또는 부존재를 주장하여 이를 확인하는 판결을 구하는 소이다. 항고소송 중 확인소송 · 부작위 위법확인 소송이나 공법상의 법률관계의 존부를 확인받기 위한 당사자의 소송이 이에 속한다.

② 내용에 의한 분류

㉠ 항고소송

항고소송이란 행정청의 위법한 공권력의 적극적 행사로 인하여 생긴 권리침해를 제거하거나 또는 행정청이 법률상 의무있는 처분을 소극적으로 하지 아니함으로써 실현되지 아니한 권리를 구제받기 위하여 제기하는 소송을 말한다. 우리나라 행정소송법은 항고소송의 종류로서 취소소송 · 무효 등 확인소송 · 부작위 위법확인 소송을 예시하고 있다. 예시된 세가지를 법정항고소송이라고 한다.

ⓐ 법정항고소송

첫째, 취소소송으로 행정청이 위법한 처분 등을 취소 또는 변경하는 소송이다(행정소송법 제4조 제1호). 항고소송의 가장 원칙적인 형태이다.

둘째, 무효 등 확인소송으로 행정청이 처분 등의 효력무효 또는 존재여부를 확인하는 소송을 말한다.(행정소송법 제4조 제2호)

셋째, 부작위 위법확인 소송으로 행정청의 부작위가 위법하다는 것을 확인하는 소송을 말한다(행정소송법 제4조 제3호).

ⓑ 무명항고소송

행정소송의 항고소송은 아니지만 앞으로 국민의 권리의식의 각성과 학설 · 판례의 노력에 의하여 개척될 권리구제에 보다 충실한 소송의 형태를 무명항고소송이라 한다. 의무이행소송 · 예방적 의무확인소송 · 예방적 금지소송 · 무하자 재량행사청구소송등을 들수 있다. 부작위청구소송을 대표적 무명항고소송의 예로 들기도 한다.

㉡ 당사자 소송

당사자 소송이란 행정청의 처분 등을 원인으로 하는 법률관계에 관한 소송과 그 밖에 공법상의 법률관계에 관한 소송으로서 그 법률관계의 한쪽 당사자를 피고로 하는 소송을 말한다(행정소송법 제3조 제2호).

㉢ 민중소송

민중소송이란 국가 또는 공공단체의 기관이 법률에 위반되는 행위를 한 때에, 직접 자기의 법률상 이익과 관계없이 그 시정을 구하기 위하여 제기하는 소송을 말한다(행정소송법 제3조 제3호).

㉣ 기관소송

기관소송이란 국가 또는 공공단체의 기관상호간에 있어서의 권한의 존부 또는 행사에 관한 다툼이 있을 때에 이에 대하여 제기하는 소송을 말한다(행정소송법 제3조 제4호)

행정소송 개관

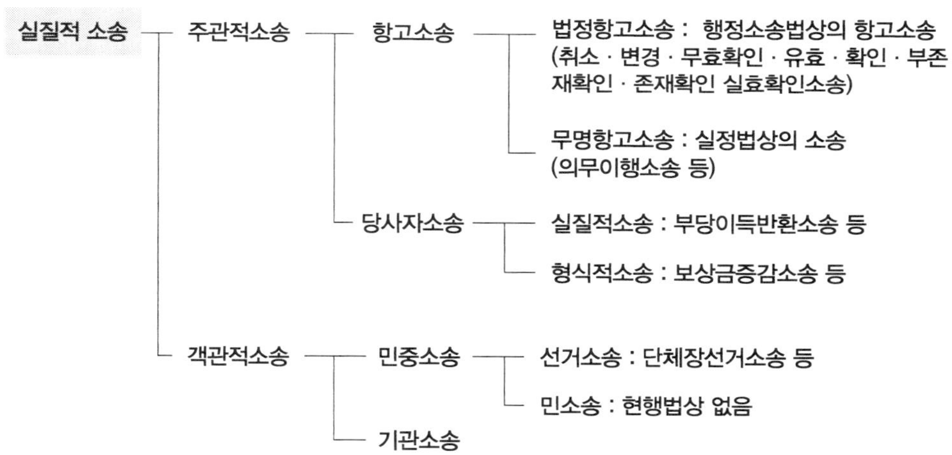

[주관적 소송]

① 개인의 권리 · 이익을 구제하기 위한 소송이다.

② 권리가 있으면 당연히 인정된다.

[객관적 소송](민중소송과 기관소송)

[재판의 절차]

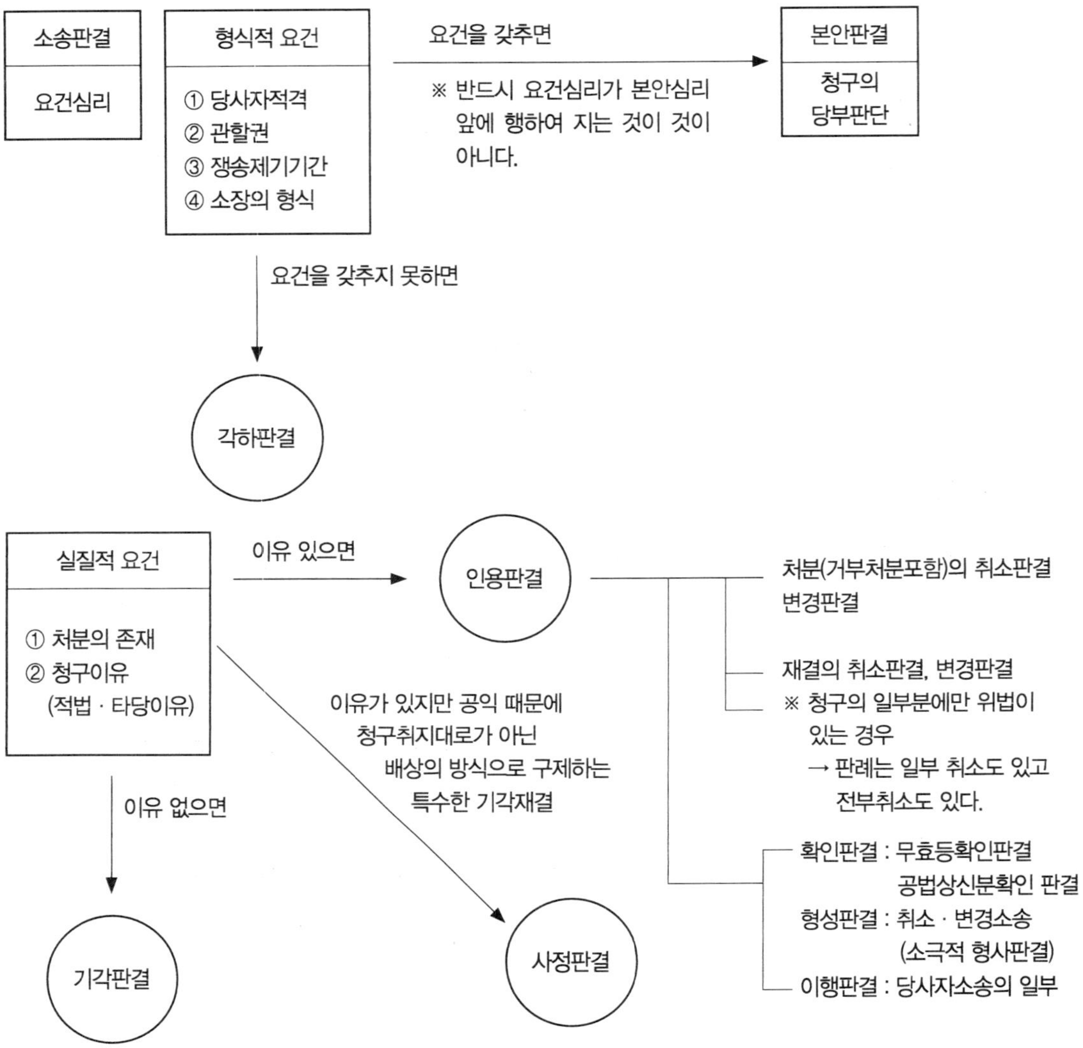

소송판결
요건심리
형식적 요건
① 당사자적격
② 관할권
③ 쟁송제기기간
④ 소장의 형식
요건을 갖추면
※ 반드시 요건심리가 본안심리 앞에 행하여 지는 것이 것이 아니다.
본안판결
청구의 당부판단
요건을 갖추지 못하면
각하판결
실질적 요건
① 처분의 존재
② 청구이유
(적법 · 타당이유)
이유 있으면
인용판결
처분(거부처분포함)의 취소판결
변경판결
재결의 취소판결, 변경판결
※ 청구의 일부분에만 위법이 있는 경우
→ 판례는 일부 취소도 있고 전부취소도 있다.
확인판결 : 무효등확인판결
공법상신분확인 판결
형성판결 : 취소 · 변경소송
(소극적 형사판결)
이행판결 : 당사자소송의 일부
이유가 있지만 공익 때문에 청구취지대로가 아닌 배상의 방식으로 구제하는 특수한 기각재결
사정판결
이유 없으면
기각판결

기출문제(경비지도사 시험 중심)

1. 다음 중 행정법의 특질이라 할 수 없는 것은?

① 성문법 주의 ② 기술성 ③ 법형식의 다양성 ④ 사적자치의 원칙

정답 : ④ 사적자치의 원칙은 민법의 원칙에 속한다.

2. 다음 중 행정법의 기본원칙으로 볼 수 없는 것은?

① 신뢰보호의 원칙 ② 비례성의 원칙 ③ 부당결부금지의 원칙 ④ 권리남용금지의 원칙

정답 : ④ 행정법상 적용되는 기본원칙으로는 비례성원칙, 신뢰보호의 원칙, 비례성의 원칙, 평등의 원칙 ,부당결부금지의 원칙 등이 있다.

3. 행정법의 법원이 아닌 것은?

① 행정규칙 ② 자치법규 ③ 법규명령 ④ 행정처분

정답 : ④ 행정법의 법원으로는

1.성문법원 : 헌법, 법률, 법규명령, 행정규칙, 자치법규, 국제조약과 국제법규

2. 불문법원 : 관습법, 판례법, 조리

4. 다음 중 행정법원이 아닌 것은?

① 조례 ② 행정청의 사실상 관행 ③ 명령 ④ 관습법

정답 : ② 행정청의 사실상 관행만으로는 법적 확신에 이르지 않았으므로, 관습법으로 성립된 것은 아니기 때문에 법원이 될 수 없다.

5. 법원(法源)으로서 조례(條例)에 관한 설명으로 옳은 것은?

① 조례는 규칙의 하위규범이다.

② 국제법상의 기관들은 자체적으로 조례를 제정할 수 있다.

③ 시의회가 법률의 위임 범위 안에서 제정한 규범은 조례에 해당한다.

④ 재판의 근거로 사용된 조리(條理)는 조례가 될 수 없다.

정답 : ③ (1) 조례란 지방의회가 제정하는 것이며, 조례를 규정할 수 있는 사항은 법령의 범위 내에서 지방자치단체의 권한에 속하는 모든 사무 즉, 자치사무 및 단체위임사무인 자치법규에 속한다. 자치법규는 그 지방자치단체 내에서만 효력을 가지며 조례는 규칙의 상위법령이다.

(2) 국제법상 기관들이 자체적으로 제정할 수 있는 것은 조약이며, 조리는 일반적 상식으로 판단할 수 있는 사물의 본질적 법익을 의미하므로 조례가 될 수 있다.

따라서 시의회, 즉 지방자치단체가 법률이 정한 범위 안에서 제정한 규범은 조례에 해당하므로 ③이 정답이다.

6. 다음 중 행정주체와 국민과의 관계를 가장 잘 나타낸 것은?
① 사법관계이다.
② 권력관계이다.
③ 사법관계일 때도 있고 공법관계일 때도 있다.
④ 공법관계이다.

정답 : ③ 행정주체와 국민간의 관계는 공법관계와 함께 사법관계가 있을 수 있다.

7. 다음 중 행정주체에 해당하지 않는 것은?
① 공공조합 ② 국민 ③ 산림조합 ④ 별정우체국장

정답 : ② 행정주체에는 국가, 지방자치단체, 공공조합, 영조물법인, 공법상 재단, 공무수탁사인이 있다.

8. 지방자치법상 지방자치단체의 종류로 틀린 것은?
① 제주특별자치도 ② 서울특별시 광진구 ③ 수원시 팔달구 ④ 전라남도 장흥군

정답 : ③

①, ②, ④은 광역(상급)자치단체(특별시, 광역시, 도)에 해당하며, ③은 행정 편의구로 행정주체의 한 종류인 지방자치단체에 속하지 않는다.

9. 다음 중 행정행위의 특징으로 볼 수 없는 것은?
① 다음 행정처분에 대한 내용적인 구속력인 기판력
② 일정기간이 지나면 그 효력을 다투지 못하는 불가쟁성
③ 당연무효를 제외하고는 일단 유효함을 인정받는 공정력
④ 법에 따라 적합하게 이루어져야 하는 법적합성

정답 : ① 기판력은 법원에서 행한 판결의 효력 중 하나이다. 기판력이란 전소와 후소 사이에서 법원은 전소 판결의 내용과 반하는 판단을 할 수 없고, 당사자는 전소의 판결 내용과 모순되는 주장을 할 수 없음을 말한다.

10. 다음 중 준법률행위적 행정행위가 아닌 것은 어느 것인가?
① 공증 ② 하명 ③ 확인 ④ 수리

정답 : ② 행정행위 ㉠ 법률행위적 행정행위 : 행정청의 의사표시+그 의사 내용 → 법적 효과 발생 ㉡ 준법률행위적 행정행위 : 의사표시 의외의 정신작용+법률 규정 → 법적 효과 발생(판단 · 인식 · 관념) 준법률행위적 행정행위에는 확인, 공증, 통지 ,수리가 있다.

11. 준법률행위적 행정행위가 아닌 것은?
① 특정인 또는 불특정 다수인에게 특정한 사실을 알리는 통지
② 특정한 사실이나 법률관계를 공적으로 증명하는 공증

③ 타인의 행위를 유효한 것으로 받아들이는 수령
④ 국민에게 권리를 설정해 주는 특허

정답 : ④ 준법률행위적 행정행위에는 확인 · 공증 · 통지 · 수리가 있다. 특허는 법률행위적 행정행위 그 중에서도 형성적 행정행위에 속한다. 법률행위적 행정행위는 명령적행정행위, 형성적 행정행위로 나뉘는데, 명령적행정행위에는 하명 · 허가 · 면제가 있다.

형성적 행정행위에는 특허 · 인가 · 대리가 있다.

12. 다음은 행정처분에 관한 설명이다 타당하지 않은 것은?
① 행정처분은 행정청이 행하는 공권력 작용이다.
② 행정처분에는 조건을 부가할 수 없다.
③ 경미한 하자있는 행정처분에는 공정력이 인정된다.
④ 행정처분에 대해서만 항고소송을 제기할 수 있다.

정답 : ② 행정처분(행정행위)의 효력을 제한하기 위해 부관을 붙일 수 있다고 본다.

항고소송의 대상이 되기 위해서는 행정청의 작용 중 처분성이 긍정되는 것만 가능하다.

처분이란 행정청이 행하는 구체적 사실에 관한 법 집행으로서 공권력 행사 그 밖에 이에 준하는 행정작용을 말한다.

13. 행정행위(처분등)의 효과를 제한하기 위하여 주된 행정행위에 부가된 종된 행정청의 의사표시는?
① 행정행위의 공정력 ② 행정행위의 불가쟁력 ③ 행정행위의 부관 ④ 행정행위의 강제력

정답 : ③ 행정행위의 효력을 제한하기 위하여 주된 의사표시에 붙여지는 종된 의사표시를 부관이라고 한다.

14. 다음 중 행정법상의 대체적 작위의무의 불이행에 대하여 당해 행정청이 스스로 또는 제3자로 하여금 의무자가 하여야 할 작위를 실현시키고 그 비용을 의무자로부터 징수하는 것은?
① 집행법 ② 대집행 ③ 행정상의 강제징수 ④ 직접강제

정답 : ② 대집행이란 대체적 작위의무의 불이행의 경우에, 당해 행정기관이 의무자가 행할 의무를 스스로 이행하거나 제3자로 하여금 이를 행하게 하고 그 비용을 의무자로부터 징수하는 것을 말하며, 예로서는 위법건축물 또는 위법광고물의 철거행위나, 폐기물을 법령에 위반하게 처리한 경우에 환경부장관 등으로부터 발령된 조치명령을 위반하는 때의 대집행이 해당한다.

15. 다음 중 개인적 공권이 아닌 것은?
① 경찰권 ② 수익권 ③ 참정권 ④ 청원권

정답 : ① 개인적 공권이란 행정상의 법률관계에서 개인이 행정주체에게 자신의 이익을 위하여 작위, 부작위, 수인, 급부 등의 특정한 행위를 요구할 수 있는 법률상의 힘을 말한다. 경찰권은 국가적 공권에 속한다.

16. 개인적(국민적) 공권에 해당하지 않는 것은?

① 자유권　② 참정권　③ 독립권　④ 수익권

정답 : ③

개인적 공권에 해당하는 권리

① 포괄적 기본권 (기본권, 평등권)　② 자유권적 기본권 (자유권, 재산권)

③ 생존권적 기본권 (수익권, 환경권)　④ 기본권 보장을 위한 기본권 (청구권, 청원권)

⑤ 참정권적 기본권 (참정권, 선거권)

독립권이란 한 나라가 외국의 간섭을 받지 않고 대내외적인 문제를 독자적으로 처리할 수 있는 권리를 말한다.

따라서 ③ 독립권은 개인적 공권이 아닌 국가적 공권이므로 개인적 공권에 해당하지 않는다.

17. 손해배상과 손실보상의 가장 본질적인 구별기준은?

① 침해의 위법 · 적법성 여부　② 고의 · 과실　③ 공무원 직무행위　④ 손해액수

정답 : ①

18. 다음 사례에서 손해배상책임에 관한 설명으로 틀린 것은?

① A 경비업체 직원인 갑은 순찰 도중 을을 강도로 오인하고 구타하여 전치 6주의 상해를 입혔다면 갑은 불법행위에 다른 손해배상책임을 부담한다.

② 위 사례에서 A경비업체는 갑의 선임과 감독에 관하여 상당한 주의를 하여도 손해가 발생 하였다는 사실을 입증하지 못하는 한 사용자책임에 따른 손해배상책임을 부담한다.

③ 우리 판례는 갑의 선임과 감독에 관하여 상당한 주의를 기울였다는 사실의 입증 · 증명 책임을 A경비업체에 부담시키고 있으며, 이에 관한 사업자의 주장을 폭넓게 인정하고 있다.

④ 이 경우 피해자인 을은 A경비업체를 상대로 하거나, 경비원인 갑을 상대로 손해배상을 청구할 수 있으며, 만약 A경비업체로부터 손해배상을 받은 경우에는 갑을 상대로 손해배상청구를 할 수 없게 된다.

정답 : ③ A경비업체는 피용자 갑의 행위에 대한 민법상의 사용자책임(민법 제756조)을 지게 된다. 다만 사용자에게 피용자의 선임 및 사무감독에 상당한 주의를 한 때, 또는 상당한 주의를 하여도 손해가 있을 경우에는 사용자는 책임을 지지 않는다. 이러한 사유의 입증은 사용자에게 입증책임이 있다. 하지만 실무상으로 사용자의 면책주장을 인정한 판례는 찾아볼 수 없다. 따라서 판례가 사업자의 주장을 폭넓게 인정하고 있다는 부분은 틀린 말이다.

19. 국가배상에 관한 설명 중 맞는 것은?

① 도로건설을 위해 자신의 토지를 수용당한 개인은 국가배상청구권을 가진다.

② 공무원이 직무수행 중 적법하게 타인에게 손해를 입힌 경우 국가가 배상책임을 진다.

③ 도로 · 하천 등의 설치 또는 관리에 하자가 있어 손해를 받은 개인은 국가가 배상책임을 진다.

④ 공무원은 어떠한 경우에도 국가배상청구권을 행사할 수 없다.

정답 : ③ 도로 · 하천의 설치 · 관리자가 국가일 때에는 국가를 상대로 손해배상 청구를 할 수 있다.

① 적법한 공권력 행사에 의한 사회적 제약범위를 넘어선 재산적 침해에 대해서는 손실보상이 이루어질 수 있다.

② 공무원의 위법한 공행정작용에 의한 재산적 · 비재산적 침해에 대해 이루어지는 것은 국가배상이다.

④ 이중배상금지자에 속하는 군인 · 군무원 · 경찰 · 향토예비군에 해당하지 않는 공무원은 국가배상을 청구할 수 있다.

20. 행정구제제도 중 사전구제제도에 해당하는 것은?

① 옴부즈만제도 ② 행정상의 손해배상제도 ③ 행정심판 ④ 행정상의 손실보상제도

정답 : ① 행정구제에는 사전적 권리구제 제도로서 행정절차, 청원, 옴부즈만제도 등이 있고, 사후적 권리구제제도로서 행정상의 손실전보제도(행정상의 손실배상과 행정상의 손실보상제도)와 행정상의 쟁송제도(행정심판과 행정소송)가 있다.

21. 청원에 관한 다음 설명 중 틀린 것은?

① 청원은 반드시 문서로 해야 한다.

② 법률의 제정은 청원할 수 있으나, 법률의 폐지는 청원이 불가능하다.

③ 국회에 청원하고자 할 때에는 국회의원의 소개를 얻어야 한다.

④ 청원을 받은 국가기관은 이를 심사 · 처리하고 상대방에게 그 결과를 통지할 의무를 진다.

정답 : ② 청원이란 국민이 국가나 지방자치단체에 대하여 의견 또는 희망을 개진하고 시정을 구하는 것으로, 헌법상의 기본권의 하나로서 모든 국민에게 보장되고 있다.

① 국가기관에 문서로 청원할 권리를 가진다.

헌법

제26조 ①모든 국민은 법률이 정하는 바에 의하여 국가기관에 문서로 청원할 권리를 가진다. ②국가는 청원에 대하여 심사할 의무를 진다.

청원에 관한 일반법으로 청원법이 있으며, 국회법과 지방자치법에도 청원에 관한 규정이 있다.

청원법

제9조【청원서의 처리】①청원서를 접수한 관서가 그 주관에 속하지 아니한다고 인정할 때에는 주관관서에 이송하여야 한다.

② 상급관서가 청원서를 접수한 때에는 이를 직접 처분관서에 이송하여야 한다.

③ 처분관서가 청원서를 수리하거나 이송을 받은 때에는 그로부터 10일 이내에 필요한 보고서 기타의 참고문서를 첨부하여 제1차 상급관서에 제출하여야 한다. 다만, 청원을 수리하여 처분을 시정할 때에는 그러하지 아니한다.

④모든 관서는 전 2항의 경우를 제외하고는 청원을 수리하여 이를 성실 · 공정 · 신속히 심사 처리하고 그 결과를 청원인에게 통지하여야 한다.

② 청원의 불수리사항을 제외하면 어떠한 것이라도 청원할 수 있다. 그 대상인 국가작용의 적법성 · 위법성 · 부당성 여부를 불문하고, 이미 실행된 국가작용 뿐만 아니라 일정한 행위를 하지 말 것을 구하는 예방적인 것도 가능하다.

청원사항 (청원법 제4조)	• 피해의 구제 • 공무원의 비위의 시정 또는 공무원에 대한 징계나 처벌의 요구 • 법률 명령 규칙의 제정 개정 또는 폐지 • 공공의 제도 또는 시설의 운영 • 기타 공공기관의 권한에 속하는 사항
청원의 불수리사항 (청원법 제5조)	• 재판에 간섭하는 것 • 국가의 원수를 모독하는 것

③ 국회나 지방의회에 창원 하고자 할 때에는 국회의원이아 지방의원의 소개를 얻어야 한다.

④ 헌법에서는 수리 · 심사의무까지 규정하고 있으나, 청원법에서는 수리 · 심사 · 결과통지의무까지 규정하고 있다.

22. 다음 중 다툼당사자간의 법률관계를 관념적으로 확정하여 법률적 불안을 제거하려는 목적으로 제기되는 소의 종류는 어느 것인가?

① 존재의 소　② 이행의 소　③ 확인의 소　④ 형성의 소

정답 : ③ 확인의 소는 당사자간에 다툼이 있는 특정의 권리 또는 법률관계의 존재 또는 부존재에 관하여 판결에 의한 유권적 확정을 요구함을 내용으로 하는 소를 말한다.

23. 다음 중 행정기관에 의한 기본권 침해에 대한 구제방법이 아닌 것은?

① 위헌법률심사제도　② 행정소송　③ 국가배상청구　④ 행정심판

정답 : ① 위헌법률심사제도는 헌법재판소에 의한 기본권침해 구제수단이다.

24. 행정조직에 관한 설명으로 맞는 것은?

① 자문기관이 제공하는 의견은 행정관청을 구속한다.

② 지방자치단체의 권한에는 자치조직권, 자치입법권, 자치행정권, 자치사법권이 있다.

③ 특정 행정목적을 계속 수행하기 위해 인적 · 물적시설의 종합체에 독립된 인격이 부여된 공공단체를 영조물법인이라 한다.

④ 서울특별시는 지방자치단체 중 특별지방자치단체에 해당한다.

정답 : ③ ① 자문기관이 제공하는 의견은 행정관청을 구속하지 않는다.

② 자치사법권은 인정되지 않는다.

④ 서울특별시는 보통지방자치단체 중 광역지방자치단체의 하나에 속한다.

※지방자치단체의 종류

1. 보통 지방자치단체

① 개념 : 보통 지방자치단체란 조직과 수행업무가 일반적이고 보편적인 지방자치단체를 의미하며, 실정법상의 개념인 특별지방자치단체(제2조 ③, ④)에 대비되는 강학상의 개념이다.

② 종류

㉠ 기초 지방자치단체 : 시 · 군 · 구가 이에 해당한다. 기초적 · 제1차적 자치단체라고도 한다. 시는 그 대부분이 도시의 형태를 갖추고 인구 5만 이상이 되어야 하는 것이 원칙이나, 경우에 따라서는 시와 군을 통합한 지역이나 인구 5만 이상의 도시형태를 갖춘 지역이 있는 군을 도농복합형태의 시로 할 수 있다. 구는 자치구라고도 하며 특별시나 광역시의 관할구역 안에 있는 구를 의미하는 것이다. 광역시나 특별시가 아닌 시에 속한 구는 자치구가 아니다.

㉡ 광역 지방자치단체 : 특별시, 광역시, 도, 특별자치도가 이에 해당한다.

2. 특별 지방자치단체

보통 지방자치단체 이외에 특정한 목적을 수행하기 위하여 또는 행정사무의 공동처리를 위하여 지방자치법 제2조 제3항에 의하여 설립되는 지방자치단체를 말한다. 특별 지방자치단체의 예로서는 지방자치단체조합이 있다.

25. 소의 종류에 관한 설명 중 형성의 소에 관한 것은?
① 특정한 권리 또는 법률관계의 존재나 부존재의 확인을 요구하는 소
② 원고가 피고에 대하여 특정한 급부이행을 청구하는 소
③ 판결에 의하여 기존의 법률상태의 변경 · 소멸을 청구하는 소
④ 법률관계의 증명하는 서면의 진부확인을 구하는 소

정답 : ③

형성의 소 (形成의 訴)	기존 법률관계의 변동(발생 · 변경 · 소멸)을 구하는 소 예)취소소송
이행의 소 (履行의 訴)	이행청구권의 확정과 피고에 대한 이행명령을 구하는 소 예)의무이행소송, (예방적)부작위청구소송, 일정한 이행명령을 구하는 당사자 소송
확인의 소 (確認의 訴)	권리 또는 법률관계의 존부나 정부(正否)의 확인을 구하는 소 예)무효등확인소송, 부작위위법확인소송, 공법상 법률관계의 존부의 확인을 구하는 당사자 소송

제7장
노동법

1절 **노동법의 성립 및 체계**
2절 **한국 노동법의 체계**

제1절 노동법의 성립 및 체계

1. 근대 시민법원리의 수정

프랑스 대혁명 등 시민들의 노력으로 인간의 존엄성을 인정하지 않았던 봉건제도를 타파하고 모든 인간에게 자유와 평등을 보장하고 이를 실현하기 위한 국민의 기본적 인권의 보장을 이룩하였다. 이처럼 시민들의 노력으로 이룩한 시민법원리는 "현실적인 불평등한 인간"을 전제로 하지 않고 '이념적으로 평등한 인간상'을 전제로 소유권 절대의 원칙과 계약자유의 원칙, 과실 책임의 원칙을 기본으로 한다.

노동법은 시민법원리를 수정한 사회법이며, 노동자보호를 위한 보호법이라는 특성이 있다. 또한 사회법의 등장은 시민법을 수정하면서 국가가 개입해야 할 필요성에 의해 형성되었다.

시민법원리, 특히 계약자유의 원칙에 의해서 현실적으로 강자와 약자의 차별은 더욱더 심해졌다. 강자와 약자 간의 계약은 자유스럽게 행해졌으나 그 계약내용은 차별적이거나 불공평할 수밖에 없게 되어 모든 인간에게 부여되었던 자유와 평등은 강자의 약자에 대한 지배를 통하여 오히려 '부자유'와 '불평등'을 초래하게 되었다.

일자리는 적고 취업희망자는 많은 현실에서 취업을 하지 않고는 자신과 가족의 기본적 생활을 하기가 어려운 근로자와 근로자의 취업여부를 결정할 권한을 가진 사업주(자본가)와 실질적으로 대등한 계약당사자가 되는 것은 어렵다. 노동자는 채용이나 직장생활에 불이익을 받게 되거나 해고될 것을 우려하여 사업주가 제시하는 요구사항이나 근로조건이 비록 부당, 가혹하더라도 이를 감수 할 수밖에 없는 처지에 놓이는 경우가 많았다.

이러한 상황에서 장시간근로와 저임금, 열악한 근로환경, 비인간적인 대우에 불만이 고조된 노동자들이 단결하여 최소한의 인간다운 삶을 영위할 수 있도록 근로조건을 개선할 것을 요구하며 노동운동이 자생적으로 발생하였다. 이러한 노동운동에 대해 자본가들과 정치가들은 사회불안을 야기하는 범죄행위이자 계약의 자유를 침해하는 불법행위로 보고 강하게 진압하였다. 노동운동이 점차 확산되어 자본주의경제체제와 사회질서가 크게 불안정해지자 자본가들과 정치가들은 타협안을 제시하였다.

그것은 자본주의 경제체제와 사회질서는 유지하되 근대시민법의 원리를 수정하여 근로자와 사업주 사이의 근로계약에 국가가 개입하여 노동자가 인간으로서의 존엄과 자유를 보장받고 인간다운 생활을 할 수 있으며 사업주와 실질적으로 평등한 관계를 가질 수 있도록 하는 노동관련 법령들을 만드는 것이다. 이와 같이 노동법의 생성은 자본주의 경제체제에서 자유와 평등 생존을 확보하기 위한 노동자들의 투쟁과 아울러 체제를 유지하기 위한 지배계층의 양보의 역사를 배경으로 한다.

2. 노동기본권의 보장

노동자에게 인간다운 생활과 행복추구권을 보장하고 있지만 그것만으로는 부족하고 현실적으로 이를 실현하기 위해 단결된 힘으로 스스로의 권익을 옹호할 수 있는 권리를 부여해주어야 한다.

그것이 바로 노동기본권이다. 따라서 노동기본권은 헌법에서 보장하고 있고 사회법원리의 기본이면이 되고 있는 노동자의 인간다운 생활권과 모든 인간의 가장 기초적인 권리에 해당하는 행복추구권을 실현하기 위하여 노동자들에게만 특별히 부여한 권리하고 할 수 있다.

이 노동기본권의 가장 핵심적인 권리가 단결권, 단체교섭권, 단체행동권 즉 노동3권이며 그 외 근로의 권리, 산업재해보상청구권, 안전과 보건청구권, 실업보상청구권 등이 있으며 이외에도 구체적으로 명시되지는 않았지만, 노동자의 인간다운 생활권과 행복추구권을 실현하기 위한 하위 권리를 총칭한다고 보아야 할 것이다.

헌법은 제33조 제1항에서 "근로자는 노동조건의 향상을 위하여 자주적인 단결권, 단체교섭권 및 단체행동권을 가진다."고 하여 노동3권을 보장하고 있다.

3. 한국 노동법의 역사

(1) 미군정시대의 노동정책

8 · 15 해방으로 식민지 하에서 자행되어왔던 한국인에 대한 차별과 압박이 해제되고 조선총독부의 탄압에서 벗어나게 되자 노동조합의 활동을 포함한 정치적 사회적 활동이 활발해졌다.

해방 후 심화되는 사회 · 경제적 혼란과 노사대립이 격화됨에 따라 미군정은 노동문제에 관한 법령을 발포하였다.

해방 후 법령 제14호는 일반노동임금에 관한 법령(1945. 10. 10)을 비롯하여 다음과 같은 여러 가지 노동정책을 확립시켰다.

미군정의 주요 노동관계법령

일자	법령	내용
1945. 10. 10	제14호	일반임금에 관한 법령
1945. 10. 30	제19호	노동의 보호
1945. 12. 8	제34호	노동조정위원회법
1946. 7.23	제97호	노동문제에 관한 공공정책
1946. 9. 18	제112호	아동노동법규
1946. 11. 17	제121호	최고노동시간
1947. 5. 16	제4호	미성년자노동보호법

(2) 조선노동조합 전국평의회과 대한노총의 대립

1945년 11월 16일 '조선노동조합 전국평의회'[28]가 결성 된 후 노동운동의 중심역할을 수행하게 되었다. 신탁통치반대운동과 같은 조선노동당 주최의 정치집회에 참여하는 등 정치단체의 성격을 강하게 띠고 있었다.

또한 이와 대립되는 단체로 1946년 3월 10일 '대한독립촉성 노동총동맹'[29]이라는 우익 노동단체가 조직된다. 이는 이승만을 총재로 하는 '독립촉성 중앙협의회' 산하의 청년단체의 하나인 '대한독립촉성 전국청년연맹'이 조직한 것이다.

대한노총은 매우 정치지향적인 것으로 대정부, 대사용자 투쟁이 아니라 '반공산', '반전평' 투쟁을 기본으로 하는 것이었다.

따라서 대한노총은 노동자의 일상적인 요구를 실현하기 위한 투쟁에는 소홀한 대신 한국경찰, 군정당국이 결합하여 전평의 조직과 운동을 탄압하는 데 주력하였다.

전평과 미군정과의 대립은 1946년 9월 총파업과 1947년 3월 총파업 이후 계속 고조되었으며 결국 1947년 6월 미군정은 전평을 완전히 불법화시키는 조치를 취하기에 이른다.

전평이 시도했던 총파업이 모두 실패로 돌아가고 5 · 10 총선거로 남한에 단독정부가 수립됨에 따라서 전평과 대한노총의 투쟁은 대한노총 측의 승리로 돌아갔다.

28) 이하 '전평'이라고 표기한다.
29)이하 '대한노총'이라고 표기한다.

(3) 헌법의 제정

1948년 5월 10일 선거에 의해 선출된 국회의원들이 제정한 제헌헌법 제18조 제1항에는 "근로자의 단결, 단체교섭과 단체행동의 자유는 법률의 범위 내에서 보장된다."고 하여 노동3권을 법에서 처음으로 규정하게 되었다.

모든 노동자의 노동3권을 보장함과 동시에 법률에 의하여 제한을 받을 수 있도록 한 유보입법을 취하였다.

(4) 노동법의 제정

1) 국가공무원법 제정(1947)

1947년 제정된 국가공무원법 제37조는 "공무원은 정치활동에 참여하지 못하며 공무 이외이 일을 위한 집단적 행동을 하여서는 아니 된다."고 규정하고 있으며 이 규정은 1953년의 교육공무원법 제29조에 의해 교육공무원에게도 적용하였으며, 사립학교법 제41조에 의하여 사립학교 교원에게도 준용되었다.

2) 노동조합법(1953)

1953년 3월 8일 우리나라 최초의 단결권 보장법인 노동조합법이 제정되었다. 이 법 제6조에서는 "근로자는 자유로 노동조합을 조직하거나 또는 이에 가입할 수 있다. 단 현역군인, 군속, 경찰관리, 형무관리와 소방관리는 예외로 한다."고 규정하여 단서에 열거된 특수공무원을 제외하고는 모든 공무원과 민간사기업 노동자의 단결권을 보장하였다.

또한 이 법에 의하여 우리나라 최초로 부당노동행위제도가 입법화되었다. 제10조는 다음과 같이 규정하고 있다.

제10조 (사용자의 부당노동행위) 사용자는 다음에 게기하는 행위를 할 수 없다.

1. 근로자가 노동조합을 조직하거나 이에 가입하여 노동조합에 관한 직무를 수행하는 권리에 간섭 기타 영향을 주는 행위
2. 어느 노동조합의 일원이 됨을 조지 또는 장려할 목적으로 근로조건에 차별을 두거나 또는 노동조합에 참가한 이유로써 해고 기타 근로자에게 불이익을 주는 행위

그리고 제34조는 다음과 같이 규정하고 있다.

제34조(협약체결에 의한 상호의무)

1. 사용자 또는 그 단체는 전조에 규정하는 단체교섭 대표자와의 성실한 단체교섭체결을 정당한 이유 없이 거부 또는 해태할 수 없다.
2. 노동조합의 대표자는 사용자 또는 그 단체가 단체교섭의 체결을 요구할 경우에는 정당한 이유 없이 거부 또는 해태할 수 없다.

1953년 노동조합법에서는 사용자의 부당노동행위뿐만 아니라 노동조합의 부당노동행위까지 규제하고 있었다.

3) 노동쟁의조정법(1953)

1953년 3월 8일 노동쟁의조정법이 제정되었는데 주요내용은 다음과 같다.

제5조 제1항 "근로자 또는 사용자는 노동쟁의가 발생하였을 때 그 주장을 관철하기 위하여 쟁의행위를 행할 수 있다. 단, 단순한 노무에 종사하는 이외의 공무원은 예외로 한다."고 규정하여 단순노무종사자 이외의 일반공무원 등의 쟁의행위를 금지하였다.

제4조에는 공익사업의 범위를 운수사업, 통신사업, 수도 · 전기 또는 가스공급사업, 의료 또는 공중위생사업으로 정하고, 제22조에서 공익사업에 대하여는 행정관청의 요구 또는 노동위원회의 직권으로 중재를 행할 수 있다고 규정하고 있다.

또한 제12조에서는 사용자는 쟁의행위에 의하여 손해를 받았을 경우 근로자에 대하여 손해배상을 청구할 수 없다고 규정하고 있다.

4) 근로기준법(1953)

1953년 5월 10일 근로기준법이 제정되었다.

이 법은 제1장 총칙, 제2장 근로계약, 제3장 임금, 제4장 근로시간과 휴식, 제5장 여자와 소년, 제6장 안전과 보건, 제7장 기능습득, 제8장 재해보상, 제9장 취업규칙, 제10장 기숙사, 제11장 근로감독관, 제12장 벌칙 등으로 구성되어 있었다.

5) 정권별 노동법 변천사

정권	주요내용
이승만 정권	• 1947년 헌법 제18조 노동3권, 근로자의 이익균점권 규정 • 노동법제정(1953) : 노동조합법, 노동쟁의조정법, 노동위원회법, 근로기준법, 이는 맥아더 군정에 의해 만들어진 일본노동법을 그대로 모방
박정희 정권	• 1963년 개정 : 복수노조금지조항 삽입, 조합설립심사주의, 노조의 정치활동 금지, 임시총회소집권자 행정관청지면, 산업별 조합형태의 강제(전국적 규모의 단일조직 규정과 산하조직 쟁의의 상급단체 승인), 공익사업범위 확대, 노동쟁의발생신고에 대해 노동위원회의 적법심사권 부여, 긴급조정제도 신설 • 10월 유신(1972) : 헌법상의 노동3권을 법률에 의해 제한, 공무원 등 공공부문 노동자들의 단체행동권 제한, 노사협의회 기능을 노동조합 기능과 분리, 노동쟁의의 총회결의 조항 삽입, 쟁의적법심사와 알선 · 조정Π중재권을 행정관청으로 이관 • 1973. 1. 14 긴급조치 • 1974년 노동법개정 • 오일쇼크 등에 따른 노사관계 악화 • 임금채권 우선변제조항, 임금채권 소멸시효 3년, 부당노동행위 처벌강화
전두환 정권	• 1980. 12 국가보위입법회의에서 노동법 개정 : 제3자 개입금지 조항 신설, 종업원의 30인 이상 또는 1/5 이상 찬성으로 노조설립가능, 단체교섭 3자 위임 금지, 행정관청의 단협 변경 · 취소권, 불법쟁의 처벌조항 강화, 일반사업장도 강제중재 가능, 기업별 단위노조 강제, 노조임원은 1년 이상 근무자만 가능 • 1986년 개정 : 80년 이전으로 부분적 환원 • 1987년 11월(6. 29 선언, 87년 노동자 대투쟁 이후 개정) : 기업별 노조 강제규정 삭제, 1년 임원 자격 제한 폐지, 행정관청의 해산 및 임원개선명령권 삭제 유니온 샵 복원, 임금채권 최우선 변제(3개월), 근기법 적용 10인 이상 사업장으로 확대, 남녀고용평등법 제정
노태우 정권	• 1989년 : 근기법 적용 5인 이상 사업장으로 확대, 임금채권 최우선 변제 범위 확대(퇴직금, 재해보상금), 노동시간단축(주 44시간), 집단적 노사관계법(공무원 노조 인정) 개정 대통령 거부권 행사
김영삼 정권 이후	• 1993년 고용보험법 제정 • 1996년(노동시장 유연화, 노개위설치, 날치기 통과, 1997년 개정) : 정리해고제 · 변형근로시간제 도입(1999년부터 시행), 복수노조금지조항 개정, 쟁의기간 중 대체근로 요건 개정, 쟁의기간 중 임금지급 요구 금지, 노사협의회 강화
김대중 정권	• 1998. 2 : IMF. 신자유주의 구조조정, 노사정위원회, 정리해고 즉각 실시 잠정합의, 기업 인수합병시 정리해고제 도입, 근로자 파견제 도입 • 1999년 교원노조법 제정 • 2001. 8. 14 : 임신 · 출산을 이유로 하는 이직 방지, 여성근로자 고용촉진을 위한 시간외근로 · 야간근로 · 휴일근로 및 산전후의 휴가 등에 관한 규정 합리적 조정
노무현 정권	• 2004년 12월 31일 : 공무원노조특별법(공무원의 노동조합 설립 및 운영 등에 관한 법률) 통과 • 2005년 : 2005년 4월, 12월 국회에 비정규직 관련 개악법 상정 → 민주노총과 민주노동당을 비롯한 광범위한 민주진보진영의 투쟁과 국가인권위원회의 권고안 채택 등 비정규직에 대한 유리한 여론에 밀려 다음 국회로 넘김. • 2006월 : 비정규직 관련법, '노사관계제도 선진화 법안'(이하 노사관계 로드맵) 법제화 연내 강행처리 기정 사실화.

정권	주요내용
이명박 정권	• 임금 등을 지급하지 않은 사업주의 명단 공개 • 여러 차례의 도급으로 행해지는 사업에 있어서 체불임금지급 연대책임의 범위를 원수급인 등 귀책사유가 있는 모든 상위 수급인으로 확대 • 근로시간을 산정함에 있어 사용자의 지휘 · 감독 아래에 있는 대기시간 등을 근로시간에 포함 • 1년간 80퍼센트 미만을 출근한 근로자에게도 1개월 개근 시 1일의 연차 유급휴가 적용 • 연차휴가 사용촉진 조치를 시행할 수 있는 시점을 1년간의 휴가청구권 행사기한 "3개월 전"에서 "6개월 전"으로 앞당김 • 유산, 사산 등의 위험이 있는 경우에 산전후휴가를 출산 전에 나누어 사용
박근혜 정권	• 300인 미만 사업장 배우자 출산 휴가 3~5일로 확대 • 300인 미만 사업장 가족 돌봄 휴직제 의무화 • 예술인 산재보험 적용 • 4인 이하 사업장 퇴직급여 제도 : 2013년 1월 1일 이후의 기간에 대해 사용자 100% 부담 • 해고통보 간소화 : 사용자가 근로자에게 해고 예고를 하는 때에 해고사유와 해고시기를 명시하여 서면으로 한 경우 해고통보로 봄(2014. 3. 24 시행, 신설) • 다태아 산모의 출산전후휴가 확대(2014. 7.1) : 120일로 확대, 그 중 유급휴가 75일로 확대 • 단시간 근로자 초과근로수당 지급(2014. 9. 19 시행) • 비정규직 차별 징벌적 배상제도 도입 및 시정명령 효력확대(2014. 9. 19 시행) • 임신 중 근로시간 단축청구권(신설) : 상시 300명 이상의 근로자를 사용하는 사업 또는 사업장은 2014. 9. 25부터 시행, 상시 300명 미만의 근로자를 사용하는 사업 또는 사업장은 2016. 3. 25부터 시행 • 보험료 신용카드 납부허용(2014. 9. 25 시행)

제2절 한국 노동법의 체계

1. 노동법의 체계

1) 개별적 노동관계법

근로자와 사용자 사이의 근로계약의 체결, 전개, 종료를 둘러싼 관계를 규율하는 법으로 국가에 의한 근로자의 보호 내지 계약자유의 수정 · 제한을 지도이념으로 한다. 관련 법령으로는 근로기준법, 최저임금법, 근로자퇴직급여보장법, 남녀고용평등과 일 · 가정 양립 지원에 관한 법률, 산업안전보건법, 산업재해보상보험법, 선원법 등이 있다.

2) 집단적 노동관계법

근로자의 노동관계상의 이익을 대변하는 노동단체의 조직, 운영 및 노동단체와 사용자 측 사이의 단체교섭을 중심으로 전개되는 관계(노동운동 관계)를 규율하는 법으로 국가로부터의 자유(단결) 내지 집단적 노사자치를 지도이념으로 한다. 관련 법령으로는 노동조합 및 노동관계조정법, 공무원의 노동조합 설립 및 운영 등에 관한 법률, 교원의 노동조합 설립 및 운영 등에 관한 법률 등이 있다.

3) 특수 노동관계법

근로자의 경영참가 내지 노사협의회를 둘러싼 근로자와 사용자 간의 관계를 규율하는 법(노사협의제도, 경영참가제도, 협동적 노사관계법이라 부르기도 한다), 노동시장에서의 근로자의 구직활동 등을 둘러싼 관계를 규율하는 법(고용증진제도, 노동시장에 관한 법이라 부르기도 한다)으로 관련 법령으로는 근로자참여 및 협력증진에 관한 법률, 노동위원회법, 고용정책기본법, 직업안정법, 건설근로자의 고용개선 등에 관한 법률, 근로자 직업훈련촉진법, 고용보험법, 고령자고용촉진법, 장애인 고용 촉진 등에 관한 법률 등이 있다.

4) 비정규직 노동관계법

1997년 외환위기 이후 크게 늘어난 비정규직 근로자의 권익을 보호하기 위하여 제정 및 개정된 '기간제 및 단시간근로자 보호 등에 관한 법률'과 '파견근로자 보호 등에 관한 법률' 그리고 '노동위원회법'을 말하며 2007년 7월 1일부터 시행되었다. 비정규직보호법은 비정규직에 대한 차별처우를 시정 및 금지하고, 기간제와 단시간 근로의 남용을 제한하며, 불법파견에 대한 제재와 파견근로자 보호를 강화하고자 마련되었으나, 노사 양측이 모두 부정적 입장을 나타냈다. 노동계에서는 이 법들이 임시직 사용사유를 제한하지 않고, 파견근로를 확대시킬 뿐 아니라 차별해소 방안도 실효성이 없어 비정규직을 더욱 확산시킬 것이라며 개정해야 한다는 목소리가 높다. 일례로 기간제 근로자의 경우 2년 이상 일하면 정규직으로 전환하도록 규정하였으나, 사용주가 2년 이내에는 언제든지 해고할 수 있게 됨으로써 오히려 고용불안을 가중시키는 역효과를 초래하였다는 것이다. 한편, 사용자측에서는 고용기간 2년 초과시 무기계약으로 간주하고, 파견허용 대상업무의 포지티브 방식을 유지하도록 한 것 등에 대하여 노동시장의 유연성 제고에 역행하는 처사라며 비판하였다.

2. 구체적 내용(근로기준법을 중심으로)

1) 적용범위

(1) 제11조 제1항에서는 "이 법은 상시 5인 이상의 근로자를 사용하는 모든 사업 또는 사업장에 적용한다. 다만, 동거하는 친족만을 사용하는 사업 또는 사업장과 가사 사용인에 대해서는 적용하지 않는다."고 규정하고 있으며, 제2항에서는 "상시 4인 이하의 근로자를 사용하는 사업 또는 사업장에 대해서는 대통령령이 정하는 바에 따라 이 법의 일부 규정을 적용할 수 있다."고 규정하고 있다.

$$\text{상시근로자수} = \frac{\text{법적용 사유발생일 전 1개월동안 사용한 근로자 연인원}}{\text{법적용 사유발생일 전 1개월 중 가동일수}}$$

여기서 '상시'라는 말은 상태를 의미하는 것으로 사회통념에 따라 객관적으로 판단되어야 한다. 즉, 근로자의 수가 때때로 5인 미만이 되더라고 일반적으로 볼 때 5인 이상이 되는 경우에는 근로기준법 적용 사업장에 해당된다. 또 근로자의 수를 산정할 때는 일용 · 임시직이라도 그 산정에 포함시켜야 한다.

〈판례〉
주방직원이 3명, 홀에서 서빙하는 직원이 적어도 2명으로 보통 3–4명이고, 폐업일 직전 등 일시적으로 직원 수가 4인이었던 기간이 3–4개월인 식당은 근로기준법 적용대상이 '상시 5인 이상의 근로자를 사용하는 사업 또는 사업장'에 해당한다(대법 2008도 364, 2008. 03. 27).

(2) 4인 이하의 사업장에 적용되는 근로기준법 주요내용

균등한 처우를 규정한 제6조, 강제근로를 금지하고 있는 제7조, 폭행을 금지하고 있는 제8조, 중간착취의 배제를 정하고 있는 제9조, 공민권의 행사를 보장하고 있는 제10조, 근로자의 정의에 대한 제2조 제1호, 사용자의 정의에 대한 제2조 제2호, 근로계약에 대한 정의규정인 제2조 제4호, 임금에 대한 정의규정인 제2조 제5호, 단시간 근로자의 근로조건에 대하여 규정한 제18조, 근로자에게 손해배상의 예정을 하거나 위약금을 물도록 약정하는 것을 금지하고 있는 제20조 및 제21조, 해고를 할 경우 예고를 하도록 규정하고 있는 해고예고 조항 규정인 제26조, 체불금품 청산에 관한 규정인 제36조, 미지급 임금에 대한 지연이자를 규정한 제37조, 민사집행 시의 임금채권의 우선변제를 규정한 제38조, 체불 임금의 청구권 소멸시효를 규정한 제49조, 근로 도중의 휴게의무를 정한 제54조, 1주일에 1일의 유급휴일을 주도록 한 제55조, 미성년자에 대한 취업제한을 규정한 제65조, 임산부의 보호를 규정한 제74조, 재해보상을 규정한 제78조부터 제92조, 근로기준법 위반에 대한 벌칙을 규정한 제107조부터 제113조 등.

2) 근로자 · 노동자

(1) 제2조 제1항 제1호에서는 "근로자란 직업의 종류와 관계없이 임금을 목적으로 사업이나 사업장에 근로를 제공하는 자를 말한다."고 규정하고 있다. 조문에 따른다면 직장에서 일하면서 임금을 받는 자는 모두 근로자가 되며 따라서 모두 근로기준법의 보호를 받을 수 있어야 한다. 하지만 현실은 그렇지 않다. 법규정만 본다면 임금을 목적으로 노동을 제공하면 근로자로 쉽게 인정 할 수 있을 것인데 실무에서는 근로기준법의 근로자 개념 해석에 있어서 "사용자의 지휘 · 감독 하에서 근로를 제공하고 그 근로 자체에 대한 대가로서의 임금을 받는 자"를 근로자라고 일반적으로 해석 · 적용하고 있다. 이는 다른 말로 '사용종속관계'라고 하는데, "사용종속관계가 있고 근로의 대가로 임금을 받으면 근로기준법상의 근로자"라고 이해하면 될 것이다.

(2) 대부분의 근로자들은 사용종속관계가 인정되어 근로기준법의 보호대상이 되지만 판단이 쉽지 않은 경우도 많다. 예를 들면 재택근무자가 근로자인지의 문제가 제기된다. 재택근무자는 정해진 출퇴근 시간도 없으며 일하면서 상사로부터 구체적인 업무 지시도 받지 않는다. 그러나 전화나 인터넷으로 업무 지시를 받는 경우도 있고 일정한 근무시간도 채워야 한다. 즉 사용종속관계가 인정되는 요소와 부정되는 요소가 혼재되어 있어서 근로자 여부의 판단이 실무적으로 쉽지 않다. 이러한 판단의 어려움이 있는 대표적인 사례로는 골프장 캐디, 지입차주 운전기사, 증권회사의 외무원, 보험설계사, 학습지교사, 화장품 외무사원, 경영컨설턴트, 건설현장의 하도급자 등이 있다. 이들의 경우 일반적인 근로자성 판단기준이 마련되어 있지 않아서 문제가 생기면 그때그때 구체적 사실관계를 따져 근로자성을 판단할 수밖에 없다. 현재 이들에 대해서 대체적으로 근로자성을 부정하고 있으나, 골프장 캐디의 경우에는 근로자성을 인정한 판례와 부정한 판례가 있다.

(3) 근로자성 판단에서 고용형태나 근로형태는 문제가 되지 않는다. 사용종속관계가 있다면 임시직 근로자든 시간제 근무자든 아르바이트 학생이든 모두 근로자에 해당된다. 그리고 불법체류자인 외국인 이주노동자들도 당연히 근로기준법에서 정한 보호를 받을 수 있는 근로자이다.

(4) 4대 보험 가입 여부로 '근로자'인지를 확정적으로 판단해서는 안 된다. 사회보험이 근로자성을 입증하는 하나의 부분 요소는 되겠지만 전적으로 입증하지는 못한다. 현실적으로 아직 4대 보험에 가입되지 않는 사업장도 상당하기 때문이다.

〈사례〉

① 회사의 임원 : 회사의 정관에 의하여 업무집행권 또는 대표권을 가진 임원이 업무집행 사무를 담당하는 대가로 보수를 받는다 하더라도 그는 회사로부터 일정한 사무처리의 위임(상법 제382조 제2항)을 받고 있으므로 일반적으로는 근로기준법 상의 근로자라 할 수 없다. 그러나 감사는 법령상 원칙적으로 사업주를 겸할 수 없는 것이니 일반의 노동자와 같이 임금을 목적으로 근로를 제공하는 경우에는 근로기준법상의 근로자에 해당한다. 회사의 이사라고 하더라도 회사로

부터 위임받은 사무를 처리하는 이외에 일정한 노무를 담당하고 그 대가로 일정한 보수를 지급받아 왔다면 근로기준법상의 근로자라고 할 수 있다(대법원 97.10.24 선고 96다33037).

② 항운노조 소속 조합원 : 노동조합과 근로계약을 맺은 경우로서 근로자에 해당한다. 노동조합이 특정사업으로 영위한 근로자공급사업에 대하여는 당연히 산재법이 적용되는 것으로 보아야 한다(대법원 96.3.8 선고 94누15639 공보9호 1270P).

③ 불법취업 외국인 : 출입국관리법상의 취업자격이 없는 외국인 근로자도 근로기준법 소정의 근로자에 해당한다(대법원 95.9.15 선고 94누12067). 산업기술연수생이라는 명목으로 입국하여 취업자격이 없는 외국이 출입국관리법상의 고용제한 규정에 위반하여 사업장에 취업하여 근로를 제공하고 연수비 명목의 임금과 시간외수당을 지급받은 경우 산재보험법이 적용되는 근로자에 해당한다(대법원 97.10.10 선고 97누10352).

④ 외국인연수생 : 외국인이 국내기업과 체결한 산업기술연수계약이 단순한 산업기술의 연수만으로 그치는 것이 아니고 해당 기업의 사업장에서 지시/감독을 받으면서 근로를 제공하고 그 대가로 임금을 받는 내용이라면 그 외국인 연수자는 근로기준법 소정의 근로자에 해당한다(대법원 97.3.28 선고 96도694).

⑤ 지입차주 겸 운전사 : 대체로 대법원은 지입차주 겸 운전사의 근로자성에 대하여 지입회사와의 관계에서 근로자성을 부인하였다(대법원 96.11.29 선고 96누 11181).

⑥ 골프장 캐디 : 캐디는 골프장 시설운영자에 대하여 사용종속 관계 하에서 임금을 목적으로 근로를 제공하는 근로자기준법상의 근로자로 볼 수 없다(대법원 96.7.30. 선고 95누 13432).

⑦ 유흥업소의 접대부 : 업주로부터 받은 기본급 등 고정급은 없고 수입은 손님들로 부터 받은 팁이 전부이며, 팁 액수를 통제하지 않은 접대부는 근로기준법상의 근로자가 아니라고 한 사례.

3) 근로계약

(1) 제1조 제2항 제4호에서는 근로계약이란 근로자가 사용자에게 근로를 제공하고 사용자는 이에 대하여 임금을 지급하는 것을 목적으로 체결된 계약이라 규정하고 있다. 이는 근로자가 향후 사용종속관계에서 성실히 근로를 제공할 것임을 약속하고 이에 대하여 사용자는 임금 지급을 약속함으로써 성립하는 쌍무계약을 규정한 것이다.

(2) 근로계약은 반드시 서면으로 작성해야 한다. 물론 아르바이트 등의 근로형태에서는 구두만으로 근로계약을 체결하는 경우도 있지만 향후 발생할지도 모르는 근로조건에 대한 분쟁을 예방하기 위해서 주요사항은 반드시 서면으로 작성한다.

(3) 제17조에 의해서 근로계약서에는 반드시 임금, 소정근로시간, 휴일, 유급휴가, 그 밖에 대통령령으로 정하는 근로조건을 명시해야 하며 사용자는 임금의 구성항목 · 계산방법 · 지급방법 및 위 사항이 명시된 서면을 근로자에게 교부하여야 한다. 다만, 본문에 따른 사항이 단체협약 또는 취업규칙의 변경 등 대통령령으로 정하는 사유로 인하여 변경되는 경우에는 근로자의 요구가 있으면 그 근로자에게 교부하여야 한다.

(4) 비정규직 근로일 경우에는 '기간제 및 단시간 근로자 보호 등에 관한 법률'에 의해 근로계약기간에 관한 사항, 근로시간, 휴게에 관한 사항, 임금의 구성항목, 계산 방법 및 지불방법에 관한 사항, 휴일, 휴가에 관한 사항, 취업의 장소와 종사하여야 할 업무에 관한 사항, 근로일 및 근로일별 근로시간 등을 명시하여야 한다.

(5) 근로계약서를 서면으로 작성하지 않는다고 해서 근로계약이 무효가 되는 것은 아니다. 만약 근로자와 사용자 간에 구두합의에 따라 사실상 근로관계를 맺고 근로자가 업무에 임하게 되면 다른 동일한 근로자와 마찬가지로 묵시적 합의에 따른 근로계약이 체결된 것으로 본다. 따라서 근로계약은 존중되며 사업주는 임의대로 그 근로계약의 무효를 주장하지 못한다. 다만, 구두로 체결된 근로조건에 대하여 당사자 간 분쟁이 발생할 경우 누구의 주장이 맞는지 판별하기가 곤란하다. 따라서 근로계약을 서면으로 작성하여 근로자와 사용자가 한부씩 보관하는 것이 현명하다.

(6) **근로계약 체결시 금지되는 사항 : 제20조-제22조에 의해 위약예정의 금지, 전차금 상계의 금지, 강제저금의 금지 등이 있다.**

① 위약예정의 금지 : 근로자가 근로계약을 불이행할 것에 대비하여 그에 대한 위약금이나 손해배상액을 예정하는 계약내용을 체결하지 못한다.

② 전차금 상계의 금지 : 사용자는 전차금 및 근로할 것을 조건으로 하는 전대채권과 임금을 상계하지 못한다. 전차금이란 근로자가 근로를 제공하고 향후 임금에서 이를 변제하기로 하는 근로계약 내용에 따라 사용자가 미리 지급하는 금전을 말한다.

③ 강제저금의 금지 : 사용자는 강제저축 또는 저축금을 사용자가 관리한다는 내용을 근로계약에 포함하여 계약을 체결하지 못한다. 강제저축은 근로자의 자유로운 사직을 방해함으로써 사실상 강제근로를 유도하는 성격을 갖는다.

4) 임금

(1) **근로기준법 제2조 제5호에서 '임금이란 사용자가 근로의 대가로 근로자에게 임금, 봉급, 그 밖에 어떠한 명칭으로든지 지급하는 일체의 금품을 말한다'고 규정하고 있다.**

(2) 최저임금

최저생계비를 보장하기 위해서는 최저임금제가 제대로 실시되어야 한다. 최저임금제란 정부가 임금의 최저기준을 정해 놓음으로써 최저 생계비에도 못 미치는 저임금으로부터 근로자들을 보호하기 위한 것이다. 최저임금은 사업의 종류별 구별 없이 근로자를 사용하는 모든 사업 또는 사업장에서 동일하게 적용되어야 한다.

최저임금은 매년 8월 5일 까지 노동부장관이 최저임금심의위원회의 심의를 거쳐 발표하도록 되어 있다.

2014. 1. 1 ~ 2014. 12. 31의 최저임금액 : 1시간 5,210원

주당 소정근로시간이 40시간인 근로자의 월 환산 최저임금

5,210원 X 209시간 = 1,088,890원

※ [(주당 소정근로시간 40시간 + 유급주휴 8시간) / 7 X 365] / 12월 = 209시간

그러나, 인턴이나 수습 중에 있는 자로서 근무기간이 3개월 이내인 자에 대해서는 시간급 최저 임금액의 10% 감액 가능하다.

(3) 통상임금과 평균임금

우리가 근로기준법을 보다보면 통상임금, 평균임금이니 하는 말이 자주 나온다. "임금은 뭐고 통상임금이니 평균임금이니 하는 말은 무얼 의미하는 걸까? 아, 왜 이리 임금이란 말이 복잡하게 되어 있는 것일까?"하고 근로기준법을 검토하면서도 어렵게 느끼게 되는 부분이기도 하다.

사실 임금의 개념이 이렇게 복잡하게 되어 있는 것은 우리나라 근로기준법의 문제점이기는 하지만 근로기준법을 활용해야 하는 우리로서는 이 개념들을 정확히 잘 알아두어야 한다. 통상임금이나 평균임금은 추상적 개념으로서 근로자에게 지급되는 여러 임금의 기준액을 말한다.

제2조 제6호에 따르면 "평균임금"이란 이를 산정하여야 할 사유가 발생한 날 이전 3개월 동안에 그 근로자에게 지급된 임금의 총액을 그 기간의 총 일수로 나눈 금액을 말한다. 근로자가 취업한 후 3개월 미만인 경우도 이에 준한다고 규정하고 있다. 취업한 후 3개월이 안된 사람은 그 동안에 받은 임금 총액을 근무일수로 나누어 계산한다. 따라서 임금총액에는 기본급과 각종수당, 기타 임금이 모두 포함된다. 최종3개월의 기간으로 계산하는 이유는 회사에 입사하여 임금이 점점 증가하므로 더 높은 금액으로 지급하기 위해서이다. 단, 3개월의 기간 중 부상 또는 질병 때문에 휴업한 기간, 회사가 휴업한 기간, 그리고 수습 중의 기간은 제외하며 그 기간 동안에 지불된 임금도 임금총액에서 제외된다. 왜냐하면 휴업, 수습기간은 그만큼 받는 임금이 적기 때문에 평균임금을 산정할 때 그 기간을 포함시키면 훨씬 적은 평균임금이 계산되어 근로자에게 불리하기 때문이다.

통상임금이란 통상의 근로일이나 근로시간에 대해 통상적으로 지급되는 임금(시간급, 일급, 주급, 월급, 도급금액)을 말한다. 즉, '기본급' + '정기적, 고정적으로 모두에게 지급되는 수당'으로 이해하면 된다. 따라서 통상임금에는 전 직원에게 일괄적으로 지급되는 물가수당, 교통수당, 생산수당, 급식비, 후생수당 등은 포함되나 야간, 연장근로수당 등은 포함되지 않는다.

간단히 말해 통상임금이란 '자신의 기본급 + 출근하면 당연히 받을 수 있는 돈'이라고 할 수 있다. 이 통상임금은 해고예고수당, 연장 야간 휴일 근로수당, 월차유급휴가대체수당, 생리휴가수당, 산전 후 휴가수당 등을 계산할 때 이용된다. 결근을 하더라도 기본급은 지급되므로 통상임금에 포함되며, 그러한 의미에서 체력단력비, 승무수당, 가족수당 등도 통상임금에 포함된다. 식대의 경우에도 그것이 완전한 경비이거나 아니면 현물급여가 아닌 이상 고정적이고 일률적으로 모든 근로자에게 지급되었다면 통상임금에 포함될 수 있다.

이상을 종합하여 결론적으로 말하자면 계산되는 금액의 순위를 매겨보면 평균임금 〉 통상임금 〉 기본급 순으로 나타낼 수 있다.

판단기준에 따른 통상임금/평균임금 여부

판단기준	통상임금	평균임금
소정근로시간 또는 법정근로시간에 대하여 지급하기로 정하여진 기본급 임금	○	○
직무수당, 직책수당(반장수당, 소장수당), 물가수당, 기술수당, 면허수당, 특수작업수당, 위험수당, 특수지역에 근무하는 근로자에게 정기적 · 일률적으로 지급하는 수당	○	○
버스, 택시, 화물자동차, 선박, 항공기 증에 승무하여 운행 · 조종 · 항해 · 항공 등에 업무에 종사하는 자에게 근무일수와 관계없이 일정한 금액을 일률적으로 지급하는 수당 : 승무수당, 운항수당, 항해수당	○	○
연장근로수당, 야간근로수당, 휴일근로수당, 월차유급휴가근로수당, 연차유급휴가근로수당, 생리휴가보전수당, 취업규칙 등에 의하여 정하여진 휴일에 근로한 대가로 지급되는 휴일근로수당	X	○
근무성적 등에 따라 정기적으로 지급하는 수당 : 생산장려수당, 능률수당	X	○
장기근속자의 우대 또는 개근을 촉진하기 위한 수당 : 개근수당, 근속수당, 정근 수당 등	X	○
취업규칙 등에 미리 지급금약을 정하여 지급하는 일직 · 숙직수당	X	○
취업규칙 등에 지급조건, 금약, 지급시기가 정해져 있거나 전 근로자에게 관례적으로 지급하여 사회통념상 근로자가 당연히 지급받을 수 있다는 기대를 갖게 되는 경우 : 정기상여금, 체력단련비 등	X	○
일시적 · 불확정적으로 사용자의 재량이나 호의에 의해 지급되는 경영성과배분금, 격려금, 생산장려금, 포상금, 인센티브 등	X	X
봉사료(팁)으로서 사용자가 일괄관리 배분하는 경우	X	○
전 근로자에게 지급하는 통근수당, 차량유지비, 사택수당, 김장수당, 가족수당, 교육수당, 급식비 등	X	○

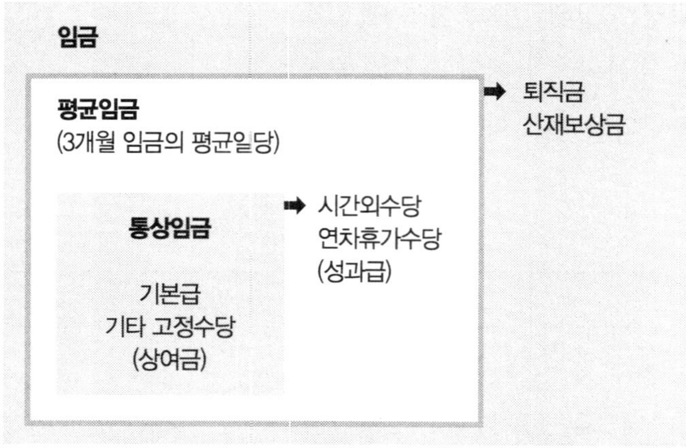

임금이 아닌 것

- 축의금
- 경조사비
- 출장비
- 작업복구입비

(4) 임금지급의 원칙

근로기준법 제43조에서는 "임금은 통화로 직접 근로자에게 그 전액을 지급하여야 한다. 또 매월 1회 이상 일정한 기일을 정하여 지급하여야 한다." 고 규정하고 있다.

이를 임금지불의 4원칙(통화불의 원칙, 직접불의 원칙, 전액불의 원칙, 월1회 이상 일정기일 지불의 원칙)이라 한다. 현금이 아닌 현물로 지급할 경우 그 가격의 불안정, 현금으로 바꾸는 불편 등의 불이익을 입을 수 있고 근로자 본인 이외의 사람이 임금을 대리로 수령함으로써 중간착취의 위험이 있으며 사용자가 임금일부를 공제하거나 유보하여 또는 정확한 날에 지급하지 않음으로써 근로자의 생존권이 위협 당하고 다른 직장으로 가지 못하게 되는 폐단을 방지하기 위한 것이다.

(5) 임금채권보호

그런데 만약 회사가 망해 버렸다면 어떻게 월급을 받을 수 있을까? 회사가 망했을 때는 보통 그 회사는 빚더미에 앉게 마련이다. 그러면 그 동안에 그 회사에 돈을 빌려 준 은행이나 사채업자들이 모두 몰려들어 서로 먼저 받으려고 할 것이다. 근로자들도 그 회사에 돈을 빌려주지는 않았지만 그 동안 일한 것에 대해 당연히 그 대가를 받을 권리가 있으므로 마찬가지 입장이다. 근로기준법 제38조에서는 이러한 경우 근로자들의 임금을 확보해주기 위해 최종 3개월분의 임금과 재해보상금을 다른 어떤 채권보다 우선적으로 지급하도록 규정함으로써 근로자의 임금채권을 보호하고 있다.

※ 임금채권보장법 : 국가가 사업주를 대신하여 근로자에게 최종 3개월분의 임금과 3년분의 퇴직금을 먼저 지급 ⇒ 상시근로자 수 300인 이하, 산재보험법 적용대상 사업주

(6) 도급 근로자에 대한 보호

제44조에서는 사업이 여러 차례의 도급에 따라 행하여지는 경우에 하수급인(下受給人)이 직상(直上) 수급인의 귀책사유로 근로자에게 임금을 지급하지 못한 경우에는 그 직상 수급인은 그 하수급인과 연대하여 책임을 진다. 다만, 직상 수급인의 귀책사유가 그 상위 수급인의 귀책사유에 의하여 발생한 경우에는 그 상위 수급인도 연대하여 책임을 진다고 규정하고 있다.

5) 근로시간 · 휴일 · 휴가

(1) 기준 근로시간 및 8시간 노동제

제50조에 의하여 "1주간의 근로시간은 휴게시간을 제하고 40시간을 초과할 수 없다"고 하여 1주간의 기본 소정근로시간으로 40시간을 규정하고 있다. 그리고 제1항에서는 "1일의 근로시간을 휴게시간을 제하고 8시간을 초과할 수 없다"고 못 박고 있다. 따라서 일 근로시간은 기본적으로는 8시간을 초과할 수 없다. 원래 근로기준법이 개정되기 이전에는 우리나라의 표준 근로시간은 주당 44시간이었다. 하지만 근로시간 단축의 세계적 흐름을 반영하여 주 2일 휴무제인 주당 40시간 근로제가 근로기준법 개정으로 입법화 되었다.

위 조항의 목적은 1일 8시간 노동제를 확립하고 (8시간만 일하더라도 충분히 먹고 살 수 있도록) 연장근로는 근로자 자신들이 원할 때 할 수 있도록 하기 위한 것이다.

그리고 연소자인 근로자(15세 이상 18세 미만인 자)의 경우에는 1일 기준근로시간은 7시간이고 1주일 동안의 기준근고시간은 40시간이 한도가 된다.

(2) 여러 가지 근로시간제도

① 탄력적 근로시간제도

근로시간을 사업장의 근무환경에 맞추어 탄력적으로 운용하기 위한 제도다. 사용자는 취업규칙에서 정하는 바에 따라 2주 이내의 일정한 단위기간을 평균하여 1주간의 근로시간이 주 40시간을 초과하지 않는 범위에서 특정한 주에 주 40시간을 초과하여 근무하게 할 수 있으며, 또 특정일에 8시간을 초과하여 근로하게 할 수 있다. 다만 특정 주의 근로시간을 48시간 이상 초과할 수 없다. 즉 2주간을 평균하였을 때 주 40시간이나 44시간이라는 기준근로시간을 준수하기는 하지만 업무량의 증감에 따라서 특정 주에 40시간이나 44시간을 초과하거나 특정일에 8시간을 초과하여 근로시킬 수 있는 제도이다. 이에 따라 사용자는 특정한 주나 요일에 연장근로수당을 지급하지 아니하고 합법적으로 기준근로시간을 초과하여 근무하게 할 수 있다.

② 선택적 근로시간제도

근로시간의 시작과 종료를 근로자의 결정에 맡기는 제도이다. 즉 1월 이내의 정산기간을 정해두고 정산기간을 평균하였을 때 1주간의 근로시간이 40시간을 초과하지 않는 범위에서 1주간에 주당 기준근로시간을 초과하여 근로하게 하거나, 일간 기준근로시간을 초과하여 근로하게 할 수 있다. 일정한 정산기간 동안 미리 정해진 총근로시간의 범위 안에서 근로자가 원하는 대로 출퇴근 시간을 조정할 수 있는 근로시간제를 말한다. 이 제도를 실시하려면 근로자 대표와의 서면합의가 필요하다. 서면합의서에는 다음의 사항이 들어가야 한다.

다 음

1. 선택적 근로시간제를 적용할 대상 근로자의 범위
2. 정산기간(1월 이내의 기간으로 정해야 한다)
3. 정산기간에서의 총 근로시간
4. 반드시 근로해야 할 시간대를 정하는 경우에는 그 개시 및 종료시각
5. 근로자가 그의 결정에 의하여 근로할 수 있는 시간대를 정하는 경우에는 그 개시 및 종료시각
6. 표준근로시간 등

참고로 선택적 근로시간제는 15세 이상 18세 미만의 연소근로자에게는 적용할 수 없다.

그리고 별도로 운수업 · 물품판매 및 보관업 · 금융보험업 · 영화제작 및 흥행업 · 통신업 · 교육연구 및 조사사업 · 광고업 · 의료 및 위생사업 · 접객업 · 소각 및 청소업 · 이용업 · 사회복지 사업의 경우에는 근로자 대표와 서면합의를 통하여 주 12시간을 초과하여 연장근로를 하게 하거나 휴게시간을 필요에 따라서 변경할 수 있다.

(3) 휴일

① 휴일근로

휴일은 기본적으로 근로자에게 근로의 의무가 강제되지 않은 날을 말한다. 따라서 휴일에 근로를 시키면 가산임금을 마땅히 지급해야 한다. 일단 주휴일은 근로기준법에서 일하지 않고서도 급여가 지급되는 유급휴일로 정하고 있으므로 휴일근로 여부와 상관없이 기본 100퍼센트의 통상임금이 지급되어야 한다. 그리고 유급휴일에 근로한 대가로 통상임금 100퍼센트를 지급해야 한다. 또 가산임금 법리에 따른 휴일근로수당 50퍼센트를 추가로 지급해야 한다. 따

라서 유급휴일에 근로한 대가는 통상임금을 기준으로 250퍼센트가 된다.

그러나 휴일이기는 하지만 취업규칙 등에 의하여 무급으로 정해둔 휴일에 출근하여 근무한 경우라면 우선 노무 제공에 따른 대가로 통상임금 100퍼센트와 휴일근로에 따른 가산임금 50퍼센트를 합하여 총 150퍼센트만 지급하면 된다. 따라서 휴일근로는 유급휴일인지 무급휴일인지가 중요하다.

② 휴일

근로자에게 근로의 의무가 면제된 날이 바로 휴일이며 이러한 휴일에는 근로의 의무가 없음에도 불구하고 급여가 지급되는 유급휴일과 근로의 의무가 없어 쉬는 대신 급여도 지급되지 않는 무급휴일이 있다.

현재 근로기준법 등 법령에 의하여 유급휴일로 정해진 날은 1주일에 한 번 있는 유급 주휴일과 5월 1일 근로자의 날 뿐이다. 원래 공휴일은 '관공서의 공휴일에 관한 규정'에 의거하여 관공서가 휴무하는 날로서 공무원에게만 적용되는 것이며, 당연히 일반 사기업에는 적용되지 않는다. 따라서 사용자에게는 근로자들에게 공휴일을 휴일로서 그것도 유급휴일로서 부여할 법적 의무는 없다. 단체협약이나 취업규칙 등에서 이를 무급휴일로 하고 있다면 이를 위법이라 할 수 없다.

유급주휴일은 근로자가 1주일을 개근할 경우 부여하는 법상 휴일로 보통 일요일이 되는 것이 상례인데 반드시 일요일을 유급 주휴일로 할 필요는 없다.

(4) 휴가

① 월차유급휴가

1월간 소정근로일수를 개근한 자에게 사용자는 1월에 1일의 월차유급휴일을 주어야 한다. 따라서 월을 개근하지 않은 경우에는 월차휴가를 부여할 의무가 없다.

㉠ 출근율계산 시 특정기간의 처리

ⓐ 공민권 행사를 위한 시간은 근로한 것으로 본다.

ⓑ 단체협약 등에서 정한 휴일, 산전후휴가, 생리휴가, 업무상 재해로 인한 휴업기간, 적법한 쟁의행위기간 등은 소정근로일수에 포함하되 출근한 것으로 본다. 지각, 조퇴, 외출 등의 사유로 소정근로일의 전부를 근로하지 못했다 하더라도 이를 결근으로 취급하면 위법이다.

㉡ 월차유급휴가의 사용방법

월차휴가는 근로자의 자유의사에 의해 1년간에 한해 휴가의 적치 및 분할사용이 가능하며 연차유급휴가와는 달리 월차유급휴가 사용시 사용자의 시기변경권은 인정되지 않는다.

㉢ 월차유급휴가의 소멸

월차유급휴가청구권은 휴가사용권이 발생한 날로부터 1년이 경과되면 소멸되나, 월차유급휴가수당은 발생하며 동 청구권의 소멸시효는 3년이다.

㉣ 휴가와 임금지급

ⓐ 월차유급휴가기간 중에는 근로의 제공이 없어도 통상의 임금이 지급된다.

ⓑ 휴가일 근로시

월차유급휴가에 당연히 유급으로 지급되는 임금과 당일 근로의 대가에 대한 임금이 지급되며, 휴일근로와 같이 가산임금의 지급은 인정되지 않는다.

※ 월차휴가제도는 주 40시간제 도입을 규정한 법률 제6947호에 의거하여 근로기준법에서 삭제되었다. 따라서 주 40시간 근로시간제를 도입한 사업장에서는 이 규정들이 적용되지 않는다.

② 연차유급휴가

제60조에 의하여 사용자는 1년간 80퍼센트 이상 출근한 근로자에게 15일의 유급휴가를 주어야 하며 사용자는 계속하여 근로한 기간이 1년 미만인 근로자 또는 1년간 80퍼센트 미만 출근한 근로자에게 1개월 개근 시 1일의 유급휴가를 주어야 한다. 또한 사용자는 3년 이상 계속하여 근로한 근로자에게는 제1항에 따른 휴가에 최초 1년을 초과하는 계속 근로 연수 매 2년에 대하여 1일을 가산한 유급휴가를 주어야 한다. 이 경우 가산휴가를 포함한 총 휴가 일수는 25일을 한도로 한다.

연차유급휴가는 원칙적으로 개별 근로자의 청구가 있는 시기에 주어야 한다. 또한 연차휴가는 그 청구권이 발생한 날로부터 1년간 행사하지 않으면 소멸한다. 그러나 사용자의 귀책사유 때문이면 휴가사용의 청구권이 소멸되지 않는다.

㉠ 출근율계산 시 특정기간의 처리

ⓐ 근로자가 업무상의 부상 또는 질병으로 휴업한 기간

ⓑ 임신 중의 여성이 제74조제1항부터 제3항까지의 규정에 따른 휴가로 휴업한 기간 (산전, 산후, 유산, 사산 휴가 등)

㉡ 연차휴급휴가 적용 제외

ⓐ 토지의 경작 · 개간, 식물의 재식(栽植) · 재배 · 채취 사업, 그 밖의 농림 사업

ⓑ 동물의 사육, 수산 동식물의 채포(採捕) · 양식 사업, 그 밖의 축산, 양잠, 수산 사업

ⓒ 감시(監視) 또는 단속적(斷續的)으로 근로에 종사하는 자로서 사용자가 고용노동부 장관의 승인을 받은 자

ⓓ 대통령령으로 정하는 업무에 종사하는 근로자

6) 징계 · 해고

(1) 징계의 종류

근로기준법 제23조에 의해서 전직 · 휴직 · 정직 · 감봉 · 해고 등이 있다,

(2) 해고

① 해고의 종류

통상해고(일방의 귀책사유 없이 이루어짐), 징계해고, 정리해고 ('긴박한' 경영상의 필요에 의한 해고), 부당노동행위로 인정되는 해고 등이 있다.

② 정당한 해고의 요건

정당한 이유가 있을 것(근로자가 뚜렷한 자료도 없이 사용자를 수사기관에 고소 · 고발하거나 공개석상에서 진실과 다른 내용, 과장된 내용을 가지고 회사를 비방하는 행위, 기술유출, 불법행위, 무단결근, 경력사칭 등), 합당한 절차를 거칠 것, 해고권한 남용금지

③ 해고예고와 해고수당

해고 30일 전 해고예고를 해야 하며, 예고하지 않은 경우, 30일 분 이상의 통상임금을 지급해야 한다. 또한 해고 사유와 해고시기는 서면으로 통지하여야 한다.

④ 부당해고구제

ⓐ 노동위원회 해고구제 신청 : 해고된 날로부터 3개월 이내에 신청

ⓑ 노동부 진정하기, 지방노동관서에 부당해고를 이유로 진정 등 민원제기

ⓒ 법원에 해고무효확인소송 청구

ⓓ 별도의 민사소송 : 구제받은 경우 해고된 날로부터 복직할 때까지의 미지급 임금 청구나 손해배상 청구 가능

7) 산업재해

(1) 산업재해보상보험

근로자가 일을 하다가 부상, 질병, 사망 등 피해를 당했을 때 그 손실에 대해 보상을 해 주기 위해 마련한 사회보험제도로서 1인 이상 규모의 모든 사업장에서 단 하루, 한 시간을 근무한 근로자라도 업무상 재해를 당하면 산업재해 보상을 받을 수 있다.

산업재해보상보험법상 사업주는 단지 보험료를 납부해야 하는 납부의무자일 뿐이지 산재보상과 관련한 직접 당사자가 아니다. 따라서 산재보상 관계는 기본적으로 산재보험 업무를 법률에 따라서 처리하고 있는 근로복지공단과 재해자인 근로자와의 관계다. 그러므로 사업장에서 재해가 발생하면 근로자 스스로 관련 신청서류를 첨부하여 관한 근로복지공단에 보상신청을 하면 된다. 다만 최초 요양신청은 사업주의 날인을 받아야 한다. 즉 재해 발생의 사실관계를 확인하고 부정수급의 방지를 위해서이다. 그러나 사업주가 요양신청서 등에 사실관계 확인을 위한 날인을 하지 않더라도 산재신청이 불가능한 것은 아니다. 추후 근로복지공단에서 사업주 측에 직접 확인 과정을 거친다. 그러므로 재해를 당한 근로자가 있다면 업무상 재해인지를 판단하여 근로복지공단에 재해보상을 단독으로 신청하면 된다.

(2) 업무상 재해(업무상 사고와 업무상 질병)

① 근로자가 업무를 수행하는 상태에서 사고가 발생하거나, 업무 시설물의 결함 또는 관리상 하자로 인해 사고가 발생했을 것.

② 사고와 근로자가 다치거나 사망한 사건 사이에 상당한 인과관계가 있을 것.

③ 근로자에게 악의적 의도가 없을 것

(3) 중요사례

① 출·퇴근 교통사고 : 원칙적으로 인정되지 않는다, 그러나 회사통근 버스 이용 시 사고는 인정한다.

② 출장 중 재해 : 인정, 그러나 경로 이탈은 인정되지 않는다.

③ 행사 중 재해

행사 경비 전액 회사가 부담한 경우 인정된다. 또한 노동조합 전임자 등 노동조합 활동과 관련하여 업무수행 중 발생한 재해에 관해서도 업무상 재해로 보고 있다. 그러나 정당한 노동조합의 업무 수행 중의 사고라 하더라도 그것이 그 업무의 성질상 사용자의 사업과는 무관한 상부 또는 연합관계에 있는 노동단체와 관련된 활동이거나 불법적인 노동조합 활동, 쟁의단계에 들어간 이후의 노동조합 활동 중에 발생했다면 업무상 재해로 인정하지 않는다.

④ 질병으로 인한 업무상 재해

재해발생 원인이 업무와 직접 관련이 없는 개인적 질병에 의한 것이라 하더라도 업무상 과로가 질병 · 사망을 악화 내지는 유발시켰다면 이는 업무상 재해로 인정될 수 있다.

(4) 급여 종류

① 요양급여 : 요양에 들어간 비용 전액 부담

② 휴업급여 : 1일당 평균임금의 70%부담, 근로기준법은 60% 부담

③ 장해급여 : 치유 뒤 그와 상당인과 관계있는 장해가 있는 경우 지급

④ 간병급여 : 치유 후 간병이 필요하다는 의학적 진단을 받아 실제로 간병 받은 경우

⑤ 유족급여 : 사망한 근로자의 유족에게 유족보상연금 또는 유족보상일시금 지급

⑥ 상병보상연금 : 요양을 시작한 날로부터 2년이 지난 뒤에도 부상이나 질병이 치유되지 않아 폐질 등급 제1급 내지 제3급에 해당되는 경우 휴업급여 대신 상병보상연금 지급

⑦ 장의비 : 평균임금 120일 분의 장의비를 그 장제하는 자에게 지급

8) 퇴직

(1) 퇴직급여제도

근로자퇴직급여 보장법 제4조에 따르면 사용자는 퇴직하는 근로자에게 급여를 지급하기 위

하여 퇴직급여제도 중 하나 이상의 제도를 설정하여야 하며 계속근로기간이 1년 미만인 근로자, 4주간을 평균하여 1주간의 소정근로시간이 15시간 미만인 근로자에 대하여는 그러하지 아니하다.

(2) 퇴직금

근로자와 사용자 사이에서 근로계약 관계가 종료될 때 또는 근로자의 퇴직금 중간정산의 요구가 있을 때 지급하는 금전을 말한다. 판례는 퇴직금에 대하여 후불제 임금 성격을 가진다고 보고 있다. 퇴직금은 지급사유가 발생한 날(보통은 퇴직일)로부터 14일 이내에 지급이 이루어져야 하며, 다만 특별한 사정이 있는 경우에는 당사자 간의 합의에 따라 지급 기일을 연기할 수도 있다. 퇴직금을 받을 수 있는 권리는 3년간 행사하지 않으면 시효로 인하여 소멸된다.

2010년 12월 1일부터는 4인 이하 사업장에도 법적 퇴직금제도가 의무적으로 적용되기 시작하였다. 그러나 4인 이하 사업장의 경우, 2012년 12월 31일까지의 기간에 대해서는 기존 5인 이상 사업장에 적용되던 퇴직금 수준의 50퍼센트만 지급하도록 규정하고 있다.

(3) 퇴직금 연금제도

일단 기존의 퇴직금제도와 현재 시행되고 있는 퇴직금연금제도의 차이점이 무엇일까? 회사가 근로자의 퇴직금을 관리하고 있다가 퇴직할 시, 일시금으로 정산해 지급하는 방식이 바로 기존의 퇴직금제도였다. 하지만 2005년 12월 이후로 근로자의 노후 생활 보장을 위해 퇴직금을 회사가 정한 금융기관에 보관하면서 다양한 금융상품에 투자할 수 있도록 한 것이 퇴직연금제도이다. 이 같은 제도의 목적은 회사의 자금난으로부터 근로자의 퇴직금을 보호하고, 다양한 투자수익을 올릴 수 있도록 한 것이다.

이 제도에 따르면 퇴직금의 중간정산이 안 되며, 목돈이 아닌 연금형식으로 퇴직금을 받아야 한다는 점이다. 대다수의 사업장이 2012년 7월 26일 이후로 중간정산이 금지되고, 퇴직금 지급에 대한 법적제도가 바뀌는 것을 묵인해온 터라 이 사실을 알고 있는 직장인들이 많지 않다는 것 또한 문제이다.

그러나 대통령령에서 정한 사유가 있을 경우에는 중간정산이 허용된다.

① 퇴직금 중간정산 허용 사유

ⓐ 무주택자가 주택을 구입하거나 주거목적으로 전세금 또는 보증금을 부담하는 경우

ⓑ 본인, 배우자, 부양가족이 6개월 이상 요양을 요하는 경우

ⓒ 최근 5년 이내 파산선고를 받거나 개인회생 개시결정을 받은 경우

ⓓ 임금피크제[30]를 실시하여 임금이 줄어든 경우

ⓔ 태풍, 홍수 등 천재지변으로 고용부장관이 정한 사유와 요건에 해당하는 경우

또한 2012년 7월 26일부터 시행된 '근로자 퇴직급여 보장법'에 따라 근로자들의 퇴직금을 의무적으로 개인형퇴직연금(IRP) 계좌에 넣어야 한다. 만약 본인이 계좌를 개설하지 않을 경우, 금융기관에서 자동으로 IRP계좌를 개설하여 퇴직금을 넣게 된다. 이러한 IRP계좌에 들어간 퇴직금은 연금으로 받거나 중도 해지할 수 있으며, 일시불로 찾을 수도 있다. 중도해지의 경우에는 아무런 제약 없이 해지 가능하며 일시불로 수령할 경우 퇴직소득세를 내야 한다. 단, 연금수령 나이인 55세를 넘어서야 이 모든 것이 가능하다고 한다. 또한 연금수령의 경우 나이나 가입기간에 상관없이 5년 이상 나누어 지급받을 수 있으며 종신형, 정기형 수령도 가능하다.

퇴직연금제도를 새롭게 도입하는 경우, 퇴직연금제도 시행 이전에 근무한 기간에 대해서는 일단 노사 합의로 실정에 맞게 자율적으로 정할 수 있다. 즉 퇴직연금 시행 이전 기간으로 소급하여 적용하는 방안, 퇴직연금 실시 이전 기간에 대해서는 추후 근로자 퇴직 시에 퇴직금으로 지급하는 방안, 퇴직금 중간정산제도를 이용하는 방안 등이 있다.

(4) 실업급여

실직자에게 실업급여를 지급하여 생계를 지원하고 재취업 촉진하며 실업의 예방과 직업 훈련강화를 위해 기업에 장려금 등을 지원하는 사회보험제도이다. 1인 이상 근로자를 고용하는 모든 사업장의 의무적 가입이며 여기에는 산전후 휴가급여, 육아 휴직 급여가 포함된다. 그러나 65세 이상 근로자, 1개월 근로시간 60시간 미만인 근로자, 공무원, 사립학교법에 의한 교직원 및 종사자, 거주 자격 없는 외국인 근로자는 가입할 수 없다.

① 구직급여 : 통상 실직 전 평균임금의 50% 지급

(최고 1일 40,000원, 최저 최저임금액의 90%)

30) 일정 연령이 된 근로자의 임금을 삭감하는 대신 정년까지 고용을 보장하는 제도

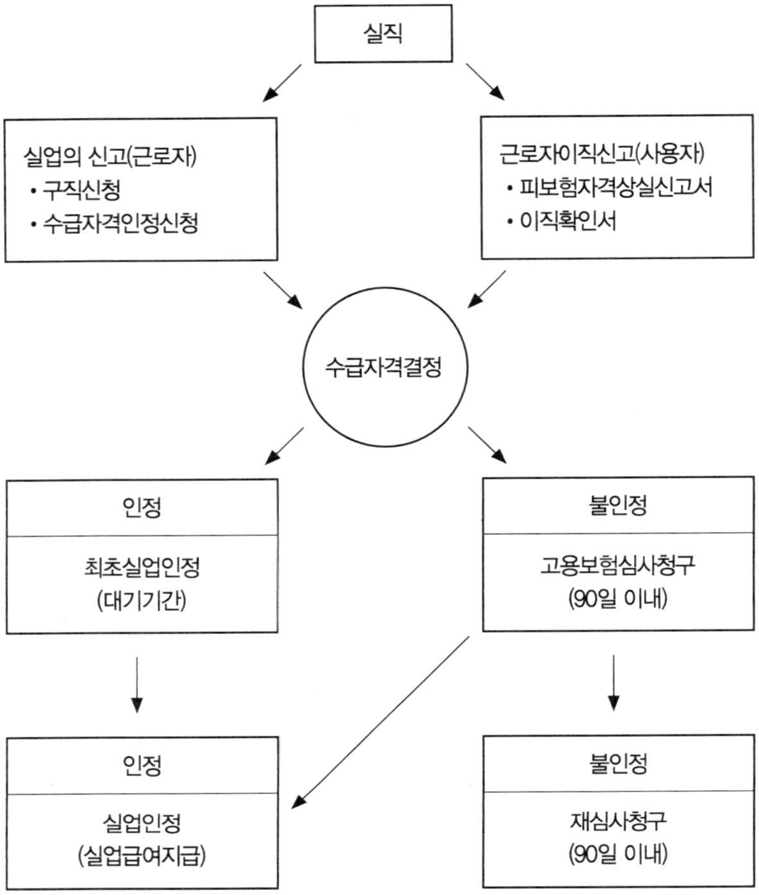

② 상병 급여 : 실업 신고이후 질병, 부상, 출산으로 취업할 수 없어 실업의 인정을 받지 못한 날에 대하여 구직급여에 갈음하여 지급

③ 훈련연장급여 : 취업촉진수당

구분		피보험 기간				
		1년 미만	1년 이상 3년 미만	3년 이상 5년 미만	5년 이상 10년 미만	10년 이상
이직일 현재 연령	30세 미만	90일	90일	120일	150일	180일
	30세이상 50세 미만	90일	120일	150일	180일	210일
	50세 이상 및 장애인	90일	150일	180일	210일	240일

9) 비정규직의 보호

(파견 근로자 보호 등에 관한 법률, 기간제 및 단시간 근로자의 보호 등에 관한 법률)

(1) 근로자 파견계약

근로자 파견은 파견 사업주가 근로자를 모집하여 자기 스스로 고용한 뒤, 그 고용관계를 유지하면서 다른 사업주의 사업장에 내보내어 업무에 종사하도록 하는 것을 말한다. 이 때 근로자를 직접 고용하여 파견하는 파견사업주가 있고, 이러한 근로자를 받아들여 실제 사용하는 사용사업주가 있다. 이들 파견사업주와 사용사업주 사이에서는 근로자 파견계약이 맺어지고, 파견계약에 의하여 사용사업주는 근로자 사용의 대가를 파견사업주에게 지급하면, 파견사업주는 그 중에서 일부를 파견 근로자들에게 약정한 급여로 지급하게 되는 것이다.

근로자 파견계약은 원칙적으로 각 개별 근로자마다 계약서를 작성해야 한다.

근로자 파견은 원칙적으로 1년 동안만 가능하다. 그러나 파견사업주와 사용사업주, 그리고 파견 근로자 상호간에 합의가 있는 경우라면 1년을 초과하지 않는 한도 내에서 연장이 가능하다. 그러나 연장된 기간을 포함하여 총 파견기간은 2년을 초과하지 못한다. 만일 사용사업주가 파견기간을 위반하고 2년을 초과하여 계속적으로 파견 근로자를 사용하는 경우에는 2년의 기간이 만료된 날의 다음 날부터 파견 근로자를 직접 고용해야 한다. 파견사업주와 사용사업주는 파견 근로자에게 차별적 처우를 하지 못하도록 강제적으로 규정하고 있으며 파견사업주는 정당한 이유 없이 파견 근로자 또는 파견 근로자로서 고용되고자 하는 자와 그 고용관계의 종료 후 사용사업주에게 직접 고용되는 것을 금지하는 내용의 근로계약을 체결해서는 안 된다.

(2) 기간제 근로자와 단시간 근로자

기간제 근로자는 6개월 등으로 일정한 기간의 정함이 있는 근로계약을 체결한 자를 말하고, 단시간 근로자는 1주간의 근로시간이 당해 사업장의 동종 업무에 종사하는 통상 근로자의 1주간 근로시간에 비하여 짧은 근로자를 말한다. 기간제 및 단시간 근로자의 보호 등에 관한 법률은 상시근로자 4인 이하의 사업장에는 일부 규정을 제외하고는 적용되지 않으므로 이러한 사업이나 사업장에서는 비록 비정규 근로자에 대한 근로조건의 차별이 있더라도 이 법으로 규율할 수 없다. 또한 위에서 살펴본 파견근로자는 상시근로자 산정에서 제외된다. 그리고 사업이나 사업장이 동거하는 친족만을 근로자로 사용하는 경우에도 적용되지 않는다.

이 법률에서는 사용자가 기간제 근로자를 사용함에 있어서 2년을 초과하지 못하도록 규정하고 있다. 따라서 사용자가 기간제 근로자를 2년을 초과하여 사용하는 경우에 그 기간제 근로자는 기간의 정함이 없는 보통의 정규직처럼 근로계약을 체결한 것으로 간주된다. 이에 따라 사용자는 그 기간제 근로자를 정규직원으로 계속 고용해야 하며, 만일 사용자가 기간제 근로자의 사용이 2년 초과되었음에도 불구하고 단지 근로계약기간이 만료되었음을 이유로 고용관계를 종료시키면 이는 부당한 해고에 해당한다. 즉 사용자 입장에서는 기간제 근로계약의 반복 갱신 등의 경우에는 계속 근로한 총기간이 2년을 초과하지 않는 범위 내에서만 기간제 근로자를 사용할 수 있다.

또한 사용자는 기간제 근로자임을 이유로 당해 사업 또는 사업장에서 동종 또는 유사한 업무에 종사하는 기간의 정함이 없는 근로계약을 체결한 근로자에 비하여 차별적 처우를 해서는 안 된다. 그리고 사용자는 단시간 근로자임을 이유로 당해 사업 또는 사업장의 동종 또는 유사한 업무에 종사하는 통상 근로자에 비하여 차별적 처우를 해서는 안 된다.

(3) 퇴직금

단시간 근로자의 경우에는 연차유급휴가, 여성생리휴가, 산전후 휴가 보장되며 1년 이상 근무시 퇴직금 수령할 수 있다. 그러나 4주간 평균 15시간 미만 근로자는 휴일, 연차, 유급 휴가 및 퇴직금은 없다. 또한 일용 근로자의 경우 실질적 계속 근로를 하는 경우 연차 등의 휴가가 인정된다.

기출문제(경비지도사 시험 중심)

1. 다음 중 사회법에 속하는 것은?
① 민법 ② 상법 ③ 사회보장법 ④ 사회보호법

정답 : ③ 사회법은 사회의 약자를 보호하기 위한 법으로써 노동법, 사회보장법, 경제법이 있다.

2. 다음 중 독점기업의 폐해를 억제하기 위한 수정자본주의적 원리에 근거한 법을 무슨 법이라고 하는가?
① 헌법 ② 국제법 ③ 민법 ④ 사회법

정답 : ④ 사회법이란 자본주의사회에서 일어나는 사회적 부조리를 해결하려는 수정자본주의에 입각한 법질서로서노동법, 경제법, 사회보장법 등이 있다.

3. 다음 중 사회법이 규율하는 올바른 대상에 해당하는 것은?
① 자본가만 해당된다. ② 노동자만 해당된다.
③ 자본가와 노동자만 해당된다. ④ 자본가, 노동자, 국민 모두 해당된다.

정답 : ④ 사회법은 자본가, 노동자, 일반국민 등에 적용된다.

사회법은 자본주의사회에서 일어나는 사회적 부조리를 해결하려는 수정자본주의에 입각한 실정법질서를 말한다. 사회법은 처음에는 노동자에게 '인간다운 생활을 보장하기 위하여' 사법 중에서 특히 고용계약법을 수정하여 '노동법'의 발전을 보게 되었으며, 그리고 노동법외에 경제법, 사회보장법 등의 사회정책적 입법을 포함하는 사회법이 형성되었다. 따라서 사회법은 자본가, 노동자, 일반국민 등에 적용된다.

4. 사회보장기본법상 국가 및 지방자치단체의 책임하에 생활유지능력이 없거나 생활이 어려운 국민의 최저생활을 보장하고 자립을 지원하는 제도는?
① 관련복지제도 ② 사회보험제도
③ 공공부조제도 ④ 사회복지서비스제도

정답 : ③ 공공부조"라 함은 국가 및 지방자치단체의 책임하에 생활유지능력이 없거나생활이 어려운 국민의 최저생활을 보장하고 자립을 지원하는 제도를 말한다.

사회보장기본법 제3조 (정의) 이 법에서 사용하는 용어의 정의는 다음과 같다.

1. "사회보장"이라 함은 질병 · 장애 · 노령 · 실업 · 사망 등의 사회적 위험으로부터 모든 국민을 보호하고 빈곤을 해소하며 국민생활의 질을 향상시키기 위하여 제공되는 사회보험 · 공공부조 · 사회복지서비스 및 관련복지제도를 말한다.
2. "사회보험"이라 함은 국민에게 발생하는 사회적 위험을 보험방식에 의하여 대처함으로써 국민건강과 소득을 보장하는 제도를 말한다.

3. "공공부조"라 함은 국가 및 지방자치단체의 책임하에 생활유지능력이 없거나 생활이 어려운 국민의 최저생활을 보장하고 자립을 지원하는 제도를 말한다.

4. "사회복지서비스"라 함은 국가 · 지방자치단체 및 민간부문의 도움을 필요로 하는모든 국민에게 상담 · 재활 · 직업소개 및 지도 · 사회복지시설이용 등을 제공하여 정상적인 사회생활이 가능하도록 지원하는 제도를 말한다.

5. "관련복지제도"라 함은 보건 · 주거 · 교육 · 고용 등의 분야에서 인간다운 생활이보장될 수 있도록 지원하는 각종 복지제도를 말한다.

5. 다음 중 사회보장기본법상 사회보장의 기본체계에 해당하는 것은?

① 국민연금, 건강보험 및 고용보험

② 사회보험, 공공부조, 사회복지서비스 및 관련 복지제도

③ 최저생활보장, 사회보험 및 산업재해보상

④ 건강보험, 사회보험 및 사회복지

정답 : ② 사회보장이라 함은 질병 · 장애 · 노령 · 실업 · 사망 등의 사회적 위험으로부터 모든 국민을 보호하고 빈곤을 해소하며 국민생활의 질을 향상시키기 위하여 제공되는 사회보험 · 공공부조 · 사회복지서비스 및 관련 복지제도를 말한다.

6. 다음 중 사회보험과 사보험과의 올바른 차이가 아닌 것은?

① 사회보험의 보험납부 비용은 모두 당사자의 부담이다.

② 사회보험은 가입은 강제적이다.

③ 사회보험의 수급자격과 보험료율 및 급부내용 등의 보험계약 내용은 법으로 정하여져 있다.

④ 사회보험의 계약의 체결 및 해약 등에는 조건이 수반된다.

정답 : ① 사회보험에는 원칙적으로 보험의 원리가 사용되지만 사보험과는 달리 사회적 조정의 요소가 가미되면서 보험의 원리는 일정한 수정을 받는다.

사회보험에서는 원칙적으로 보험의 원리가 사용되기는 하지만, 사보험과는 달리 사회적 조정의 요소가 가미되면서 보험의 원리는 일정한 수정을 받는다. 차이를 비교하면 다음과 같다.

(1) 가입여부

㉠ 사보험 : 당사자간의 자유로운 의사결정

㉡ 사회보험 : 법에 정해진 범위의 국민에게 가입의무가 부과됨

(2) 보험료 산정

㉠ 사보험 : 개인이 지니고 있는 위험의 정도 및 발생빈도를 기준으로 보험료 산정

㉡ 사회보험 : 가입자의 소득에 비례하여 산정(부담:본인, 국가, 학교법인 등)

(3) 급여산정

㉠ 사보험 : 보험급여는 가입자가 갹출한 보험료에 명확히 비례하여 산정

㉡ 사회보험 : 보험료에 비례하여 보험급여가 지급되는 것이 원칙이임

(4) 가족구성원 보험료 추가 부담 여부

㉠ 사보험 : 보험료 추가 부담.

㉡ 사회보험 : 부분적으로 추가로 보험료 부담을 지우지 않고 가족구성원의 위험 보호

7. 다음 중 노동법에 속하지 않는 것은?

① 남녀고용평등법 ② 고용보험법 ③ 근로기준법 ④ 노동조합 및 노동관계조정법

정답 : ② 고용보험법은 사회법에 속한다. 노동법에는 근로기준법, 노동조합 및 노동관계조정법, 근로자참여및협력증진에관한법률, 최저임금법, 남녀고용평등법 등이 속한다.

8. 다음 중 노동법상 근로3권이 아닌 것은?

① 근로권 ② 단결권 ③ 단체행동권 ④ 단체교섭권

정답 : ① 노동3권이라 함은 근로자들이 근로조건 향상을 위하여 자주적으로 단결하고 교섭하며 단체행동을 할 수있는 단결권 · 단결교섭권 · 단체행동권을 총칭하는 개념이다.

9. 다음 중 노동 3권을 처음으로 명시한 법은?

① 독일 바이마르 헌법 ② 세계인권선언 ③ 미국 독립선언 ④ 1791년 프랑스 헌법

정답 : ① 노동기본권을 헌법에서 처음으로 보장한 것은 1919년 독일 바이마르 헌법이며, 1948년 세계인권선언에도 명시하고, 1966년 국제인권규약, ILO조약에 있어서도 세계 공통의 기본권으로 확립되기에 이르렀다.

10. 다음 중 노동조합 및 노동관계조정법상"노동조합"의 정의로 맞는 것은?

① 근로자가 근로조건의 유지 · 개선 기타 근로자의 경제적 · 사회적 지위의 향상을 도모할 목적으로 조직하는 단체

② 근로자가 주체가 되어 자주적으로 조직한 단체로서 경비의 주된 부분을 사용자로부터 원조받는 단체

③ 공제 · 수양 기타 복리사업만을 목적으로 근로자가 자주적으로 조직한 단체

④ 근로자가 주체가 되는 주로 정치운동을 목적으로 하는 단체

정답 : ① 노동조합 및 노동관계조정법 제 2조 4호는 노동조합을 "노동자가 주체가 되어 자주적으로 단결하여 근로조건의 유지, 개선 기타 노동자의 경제적, 사회적 지위의 향상을 도모함을 목적으로 조직하는 단체 또는 그 연합단체"로 규정하고 있다.

11. 근로기준법상 임금의 지급방법과 관련하여 다음 기술 중 타당하지 않은 것은?

① 근로자가 제3자에게 임금수령을 위임 또는 대리하게 하는 법률행위는 원칙적으로 무효이다.

② 임금의 일부공제는 법령 또는 단체협약에 특별한 규정이 있는 경우에 한하여 인정된다.

③ 임금은 매월 1회 이상 지급하면 되고 원칙적으로 일정한 기일을 지정하여 지급하지 않아도 무방하다.

④ 임금이 체불된 경우에는 별단의 합의가 없는 한, 근로자는 법정지연이자분의 지급을 요구할 수 있다.

정답 : ③ 원칙적으로 임금은 매월 1회 이상 일정한 기일을 지정하여 지급하여야 한다.

법령 또는 단체협약에 특별한 규정이 있는 경우에는 임금의 일부를 공제하거나 통화 이외의 것으로 지급할 수 있다. 근로기준법은 제37조는 급여(일시금만 해당된다)의 전부 또는 일부를 그 지급 사유가 발생한 날부터 14일 이내에 지급하지 아니한 경우 그 다음 날부터 지급하는 날까지의 지연 일수에 대하여 연 100분의 40 이내의 범위에서 「은행법」에 따른 금융기관이 적용하는 연체금리 등 경제 여건을 고려하여 대통령령으로 정하는 이율에 따른 지연이자를 지급하여야 한다고 규정하고 있으므로, .근로자는 법정지연이자분의 지급을 요구할 수 있다.

참조조문

근로기준법 제43조 (임금 지급)

① 임금은 통화로 근로자에게 그 전액을 지급하여야 한다.다만, 법령 또는 단체협약에 특별한 규정이 있는 경우에는 임금의 일부를 공제하거나 통화 이외의 것으로 지급할 수 있다.

② 임금은 매월 1회 이상 일정한 날짜를 정하여 지급하여야 한다. 다만, 임시로 지급하는 임금, 수당, 그 밖에 이에 준하는 것 또는 대통령령으로 정하는 임금에 대하여는 그러하지 아니하다.

12. 노동법상 징계에 관한 설명으로 잘못된 것은?

① 감봉 ② 출근정지 ③ 경고 ④ 대기발령

정답 : ④ 공장, 사업장 내의 공동작업 질서를 위반한 데 대한 제재를 말한다. 원칙적으로 징계에 관해서는 노사 공동규범으로 당해 사유, 종류 및 절차를 정하고 특히 징계절차는 노사 공동으로 구성된 징계위원회가 이를 담당하여야 한다. 이와 관련하여 취업 규칙 내지 단체협약에 정직, 감봉, 견책, 경고, 출근정지 및 징계 해고 등에 관한 규정을 두는 것이 일반적이다.

13. 사용자가 근로자를 해고시키기 위해서는 '정당한 사유'가 있어야 하는바, 다음 중 정리해고의 정당성을 위한 요건이 아닌 것은?

① 해고를 하지 않으면 기업경영이 위태로울 정도의 급박한 경영상의 필요성이 존재할 것(급박한 경영상의 필요성)

② 경영방침이나 작업방식의 합리화, 신규채용의 금지, 일시 휴직 및 희망퇴직의 활용 등 해고회피를 위한 노력을 다하였어야 할 것(해고회피의 노력)

③ 합리적이고 공정한 기준을 설정하여 이에 따라 해고 대상자를 선별할 것(해고대상자선별의 합리성 · 공정성)

④ 해고대상자의 신속한 재취업 및 조속한 사회복귀와 정서적 불안감의 해소를 고려하여 해고사유 지득 당일 해고를 통보할 것(신속한 해고절차 유지)

정답 : ④ 정리해고가 근로기준법상의 정당한 해고가 되기 위해서는 ① 긴박한 경영상의 필요, ② 해고회피노력, ③ 공정하고 합리적인 해고기준 및 ④ 근로자대표와의 협의 등을 갖추어야 한다.

관련조문

근로기준법 제24조

제24조 (경영상 이유에 의한 해고의 제한)

① 사용자가 경영상 이유에 의하여 근로자를 해고하려면 긴박한 경영상의 필요가 있어야 한다. 이 경우 경영 악화를 방지하기 위한 사업의 양도 · 인수 · 합병은 긴박한 경영상의 필요가 있는 것으로 본다.

② 제1항의 경우에 사용자는 해고를 피하기 위한 노력을 다하여야 하며, 합리적이고 공정한 해고의 기준을 정하고 이에 따라 그 대상자를 선정하여야 한다. 이 경우 남녀의 성을 이유로 차별하여서는 아니 된다.

③ 사용자는 제2항에 따른 해고를 피하기 위한 방법과 해고의 기준 등에 관하여 그 사업 또는 사업장에 근로자의 과반수로 조직된 노동조합이 있는 경우에는 그 노동조합(근로자의 과반수로 조직된 노동조합이 없는 경우에는 근로자의 과반수를 대표하는 자를 말한다. 이하 "근로자대표"라 한다)에 해고를 하려는 날의 50일 전까지 통보하고 성실하게 협의하여야 한다.

④ 사용자는 제1항에 따라 대통령령으로 정하는 일정한 규모 이상의 인원을 해고하려면 대통령령으로 정하는 바에 따라 노동부장관에게 신고하여야 한다.

⑤ 사용자가 제1항부터 제3항까지의 규정에 따른 요건을 갖추어 근로자를 해고한 경우에는 제23조 제1항에 따른 정당한 이유가 있는 해고를 한 것으로 본다.

14. 다음 중 쟁의행위라고 할 수없는 것은?

① 직장폐쇄　② 태업　③ 파업　④ 단순히 사용자에게 고통을 주기위한 행위

정답 : ④

15. 다음 중 노동쟁의 수단에 속하지 않는 것은?

① 동맹파업　② 중재　③ 직장폐쇄　④ 태업

정답 : ② 근로자측의 쟁의행위에는 파업 · 태업 · 준법투쟁 · 생산관리 · 보이콧 · 피케팅 · 직장점거 등을 들 수 있다. 사용자측의 쟁의행위에는 직장폐쇄가 있다.

16. 여자나 소년의 근로를 특별히 보호하고 있는 법률은?

① 근로기준법　② 모자보건법　③ 남녀고용평등법　④ 노동조합및 노동조정관계법

정답 : ① 근로기준법에는 여자, 소년의 근로를 특별히 보호하고 있다.

17. 남녀고용평등법상 여성근로자의 모집에 있어서 구비요건으로 제시하여도 좋은 것은?

① 용모　② 자격증　③ 체중　④ 미혼

정답 : ② 사업주는 근로자의 모집 및 채용에 있어서 남녀를 차별하여서는 아니된다. 사업주는 여성근로자를 모집 · 채용함에 있어서 모집 · 채용하고자 하는 직무의 수행에 필요로 하지 아니하는 용모 · 키 · 체중 등의 신체적 조건, 미혼 조건 기타 노동부령이 정하는 조건을 제시하거나 요구하여서는 아니된다.

저자 **조성제**

경북대 법학과, 동대학원 졸업(법학박사)

대구한의대 경찰행정학과 교수

경비지도사시험, 9급 공무원시험, 경찰간부후보시험 출제위원

경찰청 성과평가위원, 국무총리실 정책평가단 평가위원

한국치안행정학회장, 국가위기관리학회 부회장

법학개론

초판 발행 2020년 3월 12일

저자 조성제

펴낸이 변창훈

펴낸곳 대구한의대학교 출판부

주소 3861 경상북도 경산시 한의대로 1

전화 053-819-1577, 1578

등록 1987년 11월 21일

ISBN 979-11-86788-29-5 93360

정가 22,000원